현대인을 위한

필수금융법

진 홍 기

法 文 社

머 리 말

우리는 매일 방송이나 신문에서 금융시장에 대해 보도하는 것을 들으면서 산다. '부동산 버블'이니, 미국 연방준비제도이사회에서 '금리'를 올렸다느니, 어느 회사의 주식이 곤두박질했다느니, 미국이 '양적완화'를 했다느니 하는 말이 바로 그것들이다. 우리는 현재 돈이 돈을 버는 '금융자본주의' 시대에 살고 있다. 비록 금융자본주의에 대한 비판적 시각이 존재하지만 이것이 전 세계로 전파되고 금융혁신은 거듭되고 있다는 점은 부인할 수 없다.

그러나 정작 우리들은 금융에 대한 정확한 지식을 가지고 있지 않은 채 주식에 투자하고, 펀드에 가입하거나 파생상품을 구입하는 등의 계약을 체결하기도 한다. 은행이 무엇을 하는 금융기관인지, 펀드는 무엇인지, 파생상품은 도대체 무엇이고 어떻게 거래되는지에 대해서 잘 모르면서 말이다. 필자가 강의를 시작하기 전에 학생들로부터 강의에서의 바람을 묻고 들어보면 그들은 돈 거래를 하면서 '사기'를 당하지 않는 방법을 가르쳐 주었으면 좋겠다는 말들을 한다. 그런 학생들의 바라는 점을 알게 되면서 우리들이 금융기관과 올바르게 거래하려면 어떻게 해야 하는지 그 방법과 관련된 법을 가르쳐야 한다는 생각이 앞섰다.

금융은 재테크의 하나로 돈을 굴려 더 큰 돈으로 만들어 주는 과학이 아니다. 오히려 우리들이 살아가면서 어떠한 목표를 설정하고 그러한 목표를 이루는 데 도움을 주는 과학이라고 해야 옳을 것 같다. 그 목표는 개인, 기업, 국가에 따라 다를 수 있다.

금융관계법은 크게 '금융거래법'과 '금융법'으로 나누어 볼 수 있다. 금융거래는 예컨대, 고객이 은행에 예금을 예치하거나 은행으로부터 돈을 꾸면서 자기 소유의 부동산을 담보로 제공하는 것 같이 금융기관과 일반인들이 하는 금융거래에 관한 법으로서 주로 민법, 기타 금융거래에 관한 특별법이 적용되는 분야이다. 한편, 이 책에서 다루고자 하는 주제는 위와 같은 금융거래를 원활하게 하는 하부구조로서의 금융법 즉, 이것을 쉽게 풀면 금융기관이 어떠한 일을 할 수 있도록 하게 하고 또, 그 금융기관이 우리가 믿을 수 있게 잘 작동하여 국민 경제에 이바지할 수 있도록 하는 방법 또는 규범에 대한 것이다. 이러한 금융법은 법 그 자체만으로는 이해하기 힘들고 오히려 금융역사, 금융시장에 대한 탐구는 물론이고 나아가서 인접과학인 경제학, 재정학뿐만 아니라 현대 심리학의 도움을 받아야 충분히 이해할 수 있다고 생각된다. 그것은 서브프라임 모기지 사태와 같은 글로벌 금융위기는 왜 일어났는지, 금융기관에 대한 규제는 꼭 할 수밖에 없는지, 그러한 규제를 한다면 어느 기관이 어떻게 해야 하는지, 나아가서 왜 사람들은 극성스럽게 돈을 벌기 위해 투기를 하는지 등에 대해 이해하기 위해서다.

몽테스키외는 『법의 정신』에서 법은 '인간의 이성'이라고 썼다. 그의 탁월한 통찰을 반박하기는 힘들지만 법은 그 나라의 역사적·문화적 산물이기도 하다. 그러므로 금융법도 각국의 사정에 따라 다를 수 있다. 그렇지만 금융법은 글로벌화 되어가는 경향이 있다. 또한 금융법은 온 세계가 홍역을 치른 글로벌 금융위기가 또 다시 일어나지 않도록 금융기관이 할 일을 정하여 어느 정도 이를 규제하고, 나아가서 금융시장을 안정시키기 위해 어떠한 장치를 마련해야 하는지에 관련되는 법이다. 결국 금융의 중심에는 인간이 있다는 점도 빼놓을 수 없다.

이 책은 학생들, 금융관계 종사자들을 위하여 그들에게 조금이나마 금융에 대한 이해를 도와주기 위한 목적으로 쓰였다. 필자의 지식이 매우 짧은 관계로 이 분야의 선구자들이 심혈을 기울여 쓴 글과 책을 참조할 수밖에 없었다. 필자로서는 나름대로 이들을 기초로 해서 필자의 시각으로 재구성하여 쉽게 알아볼 수 있도록 꾸며보았지만 그렇지 못하다는 생각이 앞선다.

이 책이 나올 수 있었던 것은 많은 분들의 도움이 있었기 때문이다. 그분들의 성함을 일일이 거론하지 않아도 여기에서 진심으로 감사하다는 마음을 전하고자 한다.

2018. 2.

진 홍 기

차 례

제 1 장 금융자본주의와 금융제도

제 2 장   금융기관

제 3 장   보험회사

제6장　지급결제전문기관

제 7 장   금융시장

제 8 장 금융규제와 금융감독

제 9 장 금융과 인간의 투기행위

제 1 장

금융자본주의와 금융제도

제1절 금융자본주의[1]

1. 금융과 자본주의 및 공산주의

금융(finance)이란 단어는 일반적으로 돈 많은 자산가들의 포트폴리오(portfolios)를 확대하고 리스크(risks)를 관리하며 세금을 적게 내도록 도와 줌으로써 그들을 더 큰 부자로 만들어 주는 자산관리(부의 관리, wealth management) 과학이라고 이해되어 왔다.[2] 그러나 금융을 위와 같이 좁게 해석해서 부자들을 도와주는 도구로만 생각한다면 인류가 추구하는 좋은 사회(Good Society)를 만드는 데 금융은 전혀 도움이 되지 않을 것이다.

역사적 관점에서 본다면 금융은 자본주의(capitalism)와 밀접한 관련이 있다. 자본주의는 흔히 16세기 이탈리아에서 발생한 것으로 설명되는데[3] 현대 사회에서 가장 빈번히 사용되는 용어 중 하나이지만 각 학자마다 용어의 정의 자체가 큰 폭으로 차이가 있기 때문에 이에 대한 명확한 정의는 없다.

어찌됐든 산업혁명 이후 지식인들은 자본주의의 특징이라고 일컬어지고 있는 시장 시스템(systems of markets), 사유재산(private properties), 법적 규범(legal rules), 계급 관계(class relations) 등 다양한 문제와 더 좋은 사회가 어떤 사회인지에 대해 열띤 논쟁을 벌여왔다. 되돌아보면 19세기 칼 마르크스(Karl Marx)의 자본주의에 대한 선동적인 비판에서부터 20세기 밀턴 프리드만(Milton Friedman)의 자유시장 옹호에 이르기까지 자본주의와 좋은 사회에 대한 논쟁이 계속 이어져 왔는데, 그 중심에는 산업 자본주의(industrial capitalism)가 있었다.

산업 자본주의는 식민지 개척과 해외무역 확대를 추구한 중상적 자본주의(merchant capitalism)시대를 거쳐서 1800년 경 산업혁명을 기반으로 상품의 대량생산(production), 은행업(banking), 거래(trade) 등을 기본 사상으로 출발하였고, 제2차 세계대전 이후 근대사회를 구성한 정치·경제적 시스템이다.[4]

비록 정부의 시장개입을 비판하면서 등장한 신자유주의(Neoliberalism)가 득세하였지만 지난 몇십 년은 금융자본주의(financial capitalsm) 시대였다고 해도 과언이 아니다. 한때 산업의 시녀에 불과했던 금융시스템(financial system)이 자본주의를 굴러가게 하는 동력으로서 급부상한 것이다.

1970년대 이후 전 세계에서 금융자본주의가 득세했다. 심지어 마르크스 공산주의(Marxian Communism) 국가까지도 예외가 아니었다. 아마도 이것은 역사적으로 가장 중요한 혁명이며, 과거와의 철저한 결별인 셈이었다.

1848년에 칼 마르크스와 프리드리히 엥겔스(Friedrich Engels)는 유럽 여러 도시에 일어난 일련의 폭동을 관찰하면서 그 사건에 내재된 특성과 핵심을 파악하고, 공산주의 동맹(원래는 기독교 조직)의 지원 아래 「공산당 선언(Communist Manifesto)」을 공동 집필해서 발표했다.

그런데 '공산주의(communism)'라는 단어는 프랑스어 '코뮌(commun)'에서 유래한다. '공동의(common)'라는 의미로, 이것이 공산주의 신념체제의 중심 교리이다. 즉, 사적소유를 폐기하고 생산수단인 자본을 공동소유하자는 것이 전통적인 형태의 공산주의이다. 한편, 중국의 사회주의 시장경제(social market economy)는 국민들에게 제한적이나마 사유재산(private ownership)을 허락하고, 혹은 이것을 적극적으로 권장하기도 한다. 현재 중국은 토지는 국유로 하고 있지만 지상 주택의 사유는 인정하고 있다.

자본의 공적 소유(public ownership of capital)에 대한 중심사상은, 마르크스의 『자본론(Capital)』에 따르면, '빈곤의 악순환(vicious circle of poverty)'을 끊는다는 것이다. 자본론에는, "그가 회사의 사장이기 때문에 자본가인 것이 아니다. 반대로 그가 자본가이기 때문에 그 회사의 사장인 것이다. 산업의 리더는 자본의 속성이고 봉건주의 시대에 장군과 판사가 토지 소유자인 것과 비슷하다. 자본주의 체제는 노동자를 모든 종류의 부에서 분리시킨다. 이 과정은 자본주의 체제를 위한 길을 내어주고 노동자를 그가 일한 수단에서 멀어지게 한다. 이는 최저생활과 생산의 사회적 수단이 자본으로 변하는 과정이며, 한편으로는 가장 근접한 생산자를 임금노동자로 만드는 과정이다."라고 쓰여져 있다.[5]

개발 경제학자(development economist) 에스더 듀플로(Esther Duflo)는 "신용대출 시장이 이상적인 시장에 가깝다고 보기는 어렵다. 특히 개발도상국에서는 자산의 분배가 이루어지지 않아 투자 자체를 하지 못하는 경우가 많다."고 설명한다.[6] 하지만 이것이 금융자본주의의 근본적인 문제는 아니다. 이상적인 자본주의 시스템(ideal capitalist system)에서는 좋은 사업 아이템을 가진 사람이라면 적어도 이론상으로는 얼마든지 융자를 받을 수 있다.

문제의 핵심은 우리가 어떻게 금융자본주의를 민주화하고 인간화하며 그 범위를 확장할 수 있는가(democratizing and humanizing and expanding the scope of

financial capitalism) 하는 문제이다.[7] 똑같은 문제가 전에는 마르크스를 신봉하다
가 새롭게 금융자본주의를 도입한 사회에도 남아 있다. 이러한 사회적인 딜레마
는 교육 분야에서 다루어져야 할 문제이기도 하다. 실제로 우리는 이미 전 세계
의 경제 시스템을 좀 더 앞선 공공교육과 의사소통을 통해 변화시키고 있다.[8]

2. 금융자본주의의 강학상 이론

'금융(finance)'은 라틴어 '목표(goal)'에서 파생된 단어라고 한다. 금융은 고전
라틴어 '피니스(finis)'에서 유래되었는데, 이는 '종료, 완성'으로 번역된다.[9] 고대시
대에도 이 '피니스'가 근대 영어에서의 '목적(end)'처럼 '목표(goal)'로 쓰였다는 사
실에 주목해야 한다.

경제학자들(economists)과 재무전문가들(financial professionals)은 대체로 금융
을 좁게 정의하려고 한다. 그래서 그들은 대부분 단기매매 전략(short-term trade
strategies)과 그 수익(results)이나 리스크 관리(risk management) 등과 관련된 주제
에 집중한다. 한편, 재무학(academic finance)은 투자를 함에 있어 최적의 포트폴
리오(optimal portfolio)를 설계하는 과학이다. 월스트리트에서 매일 이루어지는 활
동 또한 이처럼 매우 세부적인 행동에만 초점을 맞추고 있지만 이것은 금융이 관
여하는 분야 중 극히 일부일 뿐이다.

재무설계사나 금융전문가들이 실제로 하는 일은 본질적으로 거래를 성사시키는
일(딜 메이킹, Dealmaking)[10]이다. 상환, 대출, 담보, 주식, 인센티브 옵션, 투자회
수 등 금융주선(Financial Arrangement)은 이러한 딜 메이킹의 외적 요소일 뿐이다.
딜메이킹이란 합의된 사항을 실현하는 것이다. 그런데 이러한 합의(agreement)에
도달하려면 목표를 설정하고, 그것을 달성하기 위한 일을 하며, 그에 따른 리스크
(risks)를 감수하여야 한다. 금융은 여기에서 이러한 활동을 조절하고, 구조적으로
목표를 지키기는 역할을 제공한다.

그러므로 금융(finance)을 넓게 보면 목표한 것을 현실로 만들어 가는 과학이
다. 바꾸어 말하면, 금융은 목표를 성취하기 위해 필요한 경제적인 합의의 구조
(Structuring of the economic arrangements)이고, 그 성취에 필요한 자산을 관리하
는 일(stewardship of the assets)이라고 정의할 수도 있다. 한편, 목표가 구체화 되
면, 그것을 이루기 위한 적절한 금융도구가 필요하고 금융전문가의 도움이 필요
하다. 그런 면에서 금융은 공학과도 같다.

그러나 금융은 단순히 '돈을 버는 것(making money)'에 대한 문제가 아니라는

것을 기억해야 한다. 금융은 다른 목표, 즉 사회가 지향하는 어떤 목표를 지원하기 위해 존재하는 '기능적인' 과학('functional' science)이기 때문이다. 또, 금융은 목표 성취를 체계화하는 과학이자 필수적 기술이다. 고대 사회에서 돈을 빌려주기 시작한 때부터 현대 사회에서 장기주택담보대출(모기지론) 시장과 이것을 유지하기 위해 필요한 법적·규제적 구조(legal and regulatory structures)를 만들어 내기까지 수세기 동안 금융은 혁신하며 진화해왔다.

한편, 금융기관(financial institutions)이 사회의 목표와 이상에 더 부합한다면, 우리 사회는 더 강해지고 부유해질 것이지만 반대의 경우라면 2008년 서브프라임 모기지 사태처럼 사회를 혼란에 빠뜨릴 수도 있다. 나아가서 중요한 목표를 성취하고 그 성취에 필요한 자산을 관리하기 위해서는 많은 사람들의 협력이 필요하다. 그렇기 때문에 목표가 있는 사람들은 정보를 잘 모아야 한다.

금융의 개념을 정의하는 것은 금융자본주의를 어떻게 정의하는지에 따라 금융이라는 중요한 사회적 동력에 기준이 될 만한 이론을 발전시킬 수 있기 때문에 금융과 금융법(Financial law)을 연구하는 우리들에게는 대단히 중요하다고 할 수 있다. 말하자면 금융이 어떻게 작용해야 하는지에 대한 규범(norms), 바꾸어 말하면 금융과 관련된 법률을 이해하여야 한다. 그러므로 금융자본주의시대에 살고 있는 우리는 금융기관(Financial Institutions)이 사회적 공공이익을 위해 적합하고 유기적으로 잘 기능할 수 있도록 이들 금융기관에 대한 여러 모양의 규제(regulations)와 제한(restrictions)을 해야 한다는 점을 애석하게 생각해서는 안 된다.[11] 또한, 기업(enterprise)과 공공부문(public sector) 그리고 시민사회의 지도자들은 무엇을 어떻게 해야 하는지에 관한 기준(standard)도 정해야 한다. 이러한 지도자들은 좀 더 튼튼하고 풍요로운 경제(robust and prosperous economy)라는 목표를 위해 새로운 금융상품(Financial instrument)을 최대한 이용할 줄도 알아야 한다. 또한 우리는 너무 과도하지 않도록 경제를 가다듬고, 경제가 가지는 변동성(volatility)을 줄이며, 더 나아가서 금융이 선진국과 후진국 모두의 요구를 어떻게 채워줄 수 있는지 대해서도 생각해야 한다.[12]

이와 같이 금융은 사람과 기업과 사회기관들이 이러한 상상을 실현하고 목표를 구체화할 수 있도록 제도와 체계를 제공하는 것이다. 그러한 의미에서 우리가 배우고자 하는 금융법은 대단히 중요한 지위에 놓여 있다. 이 점을 잘 이해한다면 왜 지속적인 금융혁신(financial innovations)이 필요한지도 이해할 수 있을 것이다. 금융은 세계의 발견이자 기회이고, 정보기술(information technology)과도 깊이

연관되어 있기 때문이다.[13]

3. 금융자본주의의 진화와 그 확산

조지 더블유 에드워드(Georege W. Edward)는 J.P. Morgan을 필두로 한 대형 금융기관의 사기와 음모를 목격하고, 그의 책 『금융자본주의 진화(The Evolution of Financial Capitalism)』에서 '팍스 모르가나(모건 왕국)'라고 부르면서 금융자본주의라는 말을 처음으로 썼다.[14]

전 프랑스 대통령인 니콜라스 사르코지(Nicholas Sarkozy)는 "금융자본주의는 자본주의의 논리를 왜곡한다. 금융자본주의는 책임감이 결여된 시스템으로 도덕 관념마저 없다. 그저 모든 것을 시장의 논리로 변명하는 시스템일 뿐이다."라고 금융자본에 대한 불신감을 토로했다.[15] 영국의 전 수상인 토니 블레어(Tony Blair)도 2007년 시작된 금융위기에 대해 "금융위기 여파를 해결하기 위해서는 급진적 행동이 필요하다."고까지 말하였다.[16]

1990년 공산주의 국가였던 러시아의 자유시장 경제 진입에 대한 초안인 「500일 프로그램」을 쓴 러시아 경제학자 그레고리 야블린스키(Grigory Yavlinski)도 그의 책 『현실정치(Realpolitick)』의 '구조적변화: 산업자본주의에서 금융자본주의로'라는 장에서 "근본적인 구조의 변화는 선진국에서 나타나는 도덕적 해이(moral hazard)와 직접적인 관련이 있다. 구조의 변화란 금융부분의 빠른 성장과 그에 직접적으로 관련된 서비스의 성장을 말한다."고 하여 금융자본주의에 대해 비슷한 의구심을 보여 주었다.[17]

위와 같은 금융자본주의에 대한 불신에도 불구하고 현실적으로 금융자본주의를 능가하는 대안(viable alternative)이 없기 때문에 금융비판론자도 금융이 없는 자본주의 즉, 비금융자본주의(non-financial capitalism) 모델을 좋은 사회에 대한 청사진으로 제시하는 것 같지는 않다.

지금도 금융혁신(Financial Innovation)이 전 세계로 퍼져나가고 있다는 점은 부인할 수 없다. 중국은 1978년 덩샤오핑(鄧小平, Deng Xiaoping)에 의해 선진 재무구조(advanced financial structures)를 가진 사회주의적 시장경제(socialist market economy)를 도입했다. 이 때문에 중국은 경제대국으로 성장하지 않았는가? 인도의 경우도 같다. 1991년 당시 총리였던 나라심하 야오(Narasimha Yao)와 재무부 장관이었던(후에 총리가 된) 만모한 싱(Manmohan Singh)[18]에 의하여 현대 금융을 자유롭게 적용한 경제자유화(economic liberalization) 제도를 도입했다.

더욱 괄목할 만한 것을 공산주의 종주국이었던 러시아에서 볼 수 있다. 러시아의 보리스 옐친(Boris Yeltsin) 대통령은 1992년과 1994년 바우처[19] 민영화 시스템(voucher privatization system)을 도입했다. 재무장관 아나톨리 추바이스(Anatoli Chubais)는, 야블린스키 경제정책 이후에 매우 계획적이면서 공격적인 전략으로 러시아의 경제를 개혁했다. 당시 러시아는 자본의 공적 소유(public ownership of capital)에서 세계 1위였다.

하지만 선진국을 위해 기획된 복잡한 금융제도(financial structures)를 개발도상국에서 갑자기 도입하려다 보니 부의 불평등(inequality of benefits) 문제가 발생했다는 점을 부인할 수 없다. 기회주의자들이 이러한 혼란을 틈타 재빨리 막대한 부를 거머쥐었던 것은 사실이지만 중국, 인도, 러시아 국민들은 고도화된 금융발전과 더불어 놀라운 경제성장 속도를 경험했다. 더구나 국제통화기금(IMF) 자료에 따르면, 급성장하는 신흥국가들(독립국가연합, 중동, 사하라 사막 남단의 아프리카, 라틴 아메리카)은 최근 세계 금융위기에도 불구하고 지난 10년 동안 평균 6%의 GDP(gross domestic products) 성장률을 기록했다.[20]

1994년 설립되어 월드뱅크그룹(World Bank Group)으로 성장한 세계은행(World Bank)은 "가난이 없는 사회를 위해(Working for a World Free of Poverty)"라는 모토를 강조한다. 이 밖에도 아프리카개발은행(African Development Bank), 아시아개발은행(Asian Development Bank), 유럽부흥개발은행(European Bank for Reconstruction and Development), 미주개발은행(Inter-American Development Bank) 등이 설립되었다. 이같이 금융자본주의 확산을 위해 많은 국제기구가 만들어 졌다. 금융기관들(financial institutions)이 전 세계로 뻗어나가고 있는 것이다.

한편, 금융시장(financial market)을 대표하는 금융상품이 그저 주식이나 채권과 같은 것만이 아니다. 농산품의 교환가격은 주식이나 채권시장의 가격과 거의 동일하고, 보리와 쌀 등을 거래하는 식품시장은 금융시장과 같다.[21] 또한 세계의 저소득 인구 계층이 이런 식품시장 가격에 의지하고 있다는 사실은 금융기관의 중요성을 더욱 강조하게 한다. 금융기관을 좀 더 올바르게 만들어야 하는 이유도 바로 이 때문이다.

4. 정보화시대와 금융혁신

1995년 빌 게이츠(Bill Gates)는 『미래로 가는 길(The Road Ahead)』에서 정보화시대의 미래와 관련해서 재치 있고 상상력 넘치는 많은 예측을 했지만 자본주의 미래나 좋은 사회에 대한 비전을 보여주지 않았다.[22] 그보다는 기술적인 디테일에 사로 잡혀 있었다.[23]

우리는 정보화시대(Information Age)에 살고 있다. 20세기에 정보기술(情報技術, IT, Information Technology)의 급속한 발전은 깜짝 놀랄만한 수많은 변화들을 만들어냈다. 예컨대 '소어(Soar)'라는 컴퓨터 프로그램은 인간과 게임해서 늘 이길 뿐만 아니라 새로운 종류의 게임을 알려 주기도 한다.[24] IBM의 데이비드 페루치(David Ferruci)가 주도한 딥 Q&A(Deep Question and Answer)프로그램은 언어를 이해하고 정보를 수집하며 분석하는 능력까지 갖추고 있다. 가상으로 만든 제퍼디(Jeopardy) 같은 텔레비전 퀴즈 프로그램에서 테스트 한 결과, 인간 참가자를 대부분 이겼다.[25] 최근 이세돌 9단과 알파고의 바둑대결을 기억해보면 쉽게 이해할 수 있다. 안타깝게도 이세돌 9단이 이제 "인간이 알파고를 이길 수 없을 것"이라는 예측을 내놓았고, 최근 업그레이드 된 알파고는 내노라 하는 바둑 9단들을 상대로 60연승을 거두었다.[26]

그런데 2005년, 경제학자인 프랑크 레비(Frank Levy)와 리처드 J. 머네인(Richard J. Murnane)이 쓴 『새로운 노동의 분배: 컴퓨터가 어떻게 일자리를 만드는가(The New Division of Labour: How Computers Are Creating the Next Job Market)』에서 컴퓨터가 일상적인 업무들은 대체할 수는 있지만, '전문적 사고'나 '복잡한 의사소통'은 할 수 없을 것이라고 주장했다.[27]

금융공학(金融工學, financial engineering)의 세부적인 내용은 이해하면서도 그 지식이나 감수성을 인간의 문제에 적용할 수 있어야 한다. 그렇기 때문에 금융인은 금융기관들이 복잡한 사안(그것을 정의하는 법적인 체계)을 이해하고, 그 지식을 고객에게 쉽게 전달할 수 있도록 하여야 한다.

지난 몇 세대 동안 금융혁명(financial innovations)[28]이 계속 일어났다. 1840년 뉴욕 거리에서 사람들은 소년이 현금과 수표와 다른 거래들을 은행의 여러 창구로 배달하고 대신 금이나 통장을 받는 모습을 쉽게 볼 수 있었지만, 1853년 이후 뉴욕 어음교환소(Clearing House)가 생기면서 이런 모습은 영원히 사라졌다.[29] 이 변화는 전자나 컴퓨터가 아니기 때문에 우리가 떠올리는 그런 테크놀로지(technology)와는 관련이 없어 보일지 몰라도 분명 정보화 기술의 혁명(innovation in information technology)이었다. 이러한 혁명으로 거리에서 문서나 현찰을 배달하는 직업은 자취를 감추었지만, 금융 자체는 사라지지 않았다.[30]

청산(clearing) 기술도 컴퓨터의 출현과 함께 더욱 발전했지만 가까운 미래에는 컴퓨터가 포트폴리오(portfolio)에서 무엇이 필요하고 부족한지 사람들에게 효과적으로 상담해 줄 일은 없을 것이다. 금융은 인간의 목표를 달성시키는 작업인데, 특히 이 분야에서 기계는 당분간 기본적인 방식 외에는 기대할 것이 없지 않을까 싶기 때문이다.

한편, 금융상품[31] 혁신은 그다지 인정받는 분야가 아니다. 1908년 미국 제2 연방항소법원(Second Circuit Court: 연방순회법원)은 호텔 보안검사 회사와 로레인(Hotel Security Checking Co. v Lorraine co.)사건[32]에서, "영업 방식 제외 독트린(business method exemption doctrine, 영업 방식은 특허의 대상이 될 수 없다)"을 확인하였다. 법원은, 회계의 오류를 발견할 수 있는 경영방식은 오직 서류 작업과 사업적 감각으로만 이루어져 있다는 이유로 경영방식이 독창적이건 아니건 특허를 받을 수 없다는 것이었다.[33] 이 말은 곧 실체가 있는 혁신이란 '물리적인 도구가 이용된(physical means employed)' 것이어야 한다는 뜻이다.[34] 금융상품에 특허를 주기 어려운 또 다른 이유는 이것이 경제 전체와 상호 작용하는 까닭이다. 금융상품은 공학기술에 대한 특허처럼 그 효율을 곧바로 증명할 수가 없다. 일반적으로 금융상품에는 기계와 같은 물리적인 발명품이 갖는 수준의 독창성은 부족하다고 본 것이다.

금융특허는 1982년 메릴린치의 특허에서처럼 컴퓨터라는 도구가 활용될 때까지 기다려야 했다. 1982년 미국의 특허 및 상표사무국(U.S. Patent and Trade Office)은 메릴린치의 야심적인 금융상품인 종합자산관리계좌(CMA: Cash Management Account)에 '4346442'라는 특허 번호를 주었다. 그리고 얼마 후, 특허 사무실에서 금융상품의 특허 신청을 받아들이기 시작했다.[35]

금융혁신(financial innovation)의 과정은 여전히 중요하다. 비록 그것은 고독한 발명가가 연구실에서 만든 창작품이라기 보다는 좀 더 사회적이고 사업적인 맥락에서 만들어진 아이디어라고 말할 수 있다. 금융을 설명하고 금융의 성공을 묘사하는 것은 마치 움직이는 타깃을 조준하여 화살을 쏘고 있는 것과 같고 금융상품은 때때로 분열적이며 파괴적인 과정의 산물이라는 점을 이해해야 한다.

5. 국민경제에서 금융활동의 비중

금융활동에 소비되는 시간과 자원은 점점 더 많아지고 있다. 미국의 GDP에서 금융산업(financial corporate business)이 차지하는 비중은 2010년 9.1%를 기록했으며, 지금도 계속 증가중인데, 1948년에는 4.8%에 불과했다.[36] 이 숫자는 보험과

같은 관련 업종을 제외한 것이다.[37]

한국의 경우, 그 경제(GDP) 규모가 2018년 기준으로 약 1조 5,297억 달러로 세계 11위 정도임을 감안할 때, 제조업보다는 경쟁력이 떨어지는 한국 금융산업의 규모는 세계 30위 안팎에 위치할 것이라고 추정되고 있다.[38]

제2절 금융제도[39]

1. 금융제도의 의의

금융(finance)은 기본적으로 타인에게서 자금을 빌리거나 타인에게 자금을 빌려주는[40]거래를 하는 행위로 돈, 그리고 시장과 관계가 있다(Basically, finance looks at anything that has to do with money and the market).[41]

금융제도(financial system)는 이러한 금융거래(financial trade)에 관한 일체의 체계(structures)와 규범(norms)을 총칭하는 개념으로 금융시장, 금융기관, 금융수단·금융상품 등의 구조나 형태를 포괄하는 핵심적인 경제제도의 하나이다.[42]

금융제도는 ① 금융거래가 이루어지는 금융시장, ② 금융거래를 중개하는 금융기관, ③ 금융거래를 지원하고 감시하는 금융하부구조의 관점에서 볼 수 있다.

금융시장(financial market)은 자금의 수요자와 공급자가 금융거래를 하는 조직화된 장소를 말한다. 이러한 금융시장은 금리·주가·환율 등 금융자산 가격변수를 통해 자금의 수요와 공급을 조절하는 중요한 기능을 한다.

금융기관(financial institution)은 자금공급자와 수요자간에 거래를 성립시켜 주는 것을 목적으로 하는 사업체를 말한다.[43] 금융기관은 차입자의 신용도 분석에 관한 전문적인 노하우를 축적하고 지속적·반복적 거래를 통해 획득한 차입자에 대한 정보를 활용하여 정보의 비대칭성(情報非對稱性, Information asymmetry, 정보불균형)[44] 문제를 완화함으로써 자금공급의 효율성을 높이는 역할도 수행한다.

금융하부구조(Financial Infrastructure)는 시장의 금융거래 규범이나 금융기관 인가 및 경영, 재산권 보호 등을 규정하는 법률체계와 금융거래에 직접 참여하지는 않지만 금융거래와 금융기관 업무를 지원하고 감시하는 각종 기구(예: 법원, 금융감독기구)를 뜻한다.[45] 이 책의 주제인 금융법은 이러한 금융하부구조와 밀접한 관련이 있다.

금융제도는 법률체계가 어떻게 발전하였는가에 따라 달라질 수 있는데, 오늘날 세계 주요 국가들은 대체로 영국법이나 프랑스법 전통을 따르고 있다. 전자에 기초한 법률체계를 보통법(common law), 후자에 기초한 법체계를 시민법(civil law) 또는 대륙법이라고 부른다. 보통법 체계에서는 법의 원칙과 판례(precedent)를 중시하는 반면에 시민법 체계에서는 법률 그 자체 또는 그 해석에 의존하는 것이 특징이다. 이러한 체계의 차이는 투자자 권리 보호 정도에도 영향을 미침으로써 법률체계에 따라 각기 다른 금융제도가 발달하게 되는 요인을 제공하였는데 이를 좀 더 구체적으로 살펴보면 다음과 같다.

보통법 국가의 법원(courts)은 특수한 상황을 해결할 수 있는 법조문이 없을 경우 재판관(judge)이 동일·유사한 사안에서 형성, 집적된 판례의 해석을 통하여 일종의 법원(法源, source of law)으로 다룰 수 있기 때문에 투자자 보호와 관련된 분쟁을 더 효과적으로 해결할 수 있다. 반면 시민법 국가에서는, 법원이 입법기관이 제정한 법조문을 보수적으로 해석하는 경향이 있기 때문에 금융시장 참여자들 사이에 발생하는 각종 분쟁을 효과적으로 해결하지 못하는 경우가 많다. 이것은 보통법 체계가 주주나 채권자의 권리를 더 잘 보호할 수 있다는 것을 의미한다. 그래서 투자자 권리 보호가 미흡한 시민법 체계에서는 법원의 개입 없이 분쟁을 해결하고 계약을 집행하는 기관으로 은행이 등장하게 된다.

결국 투자자 권리 보호가 효과적인 보통법 국가의 경우에는 주식, 채권투자에 유입되는 자금이 상대적으로 풍부한 데다 기업도 은행대출보다 조건이 유리한 주식, 채권발행을 선호하는 경향이 많기 때문에 시장중심의 금융제도가 자연스럽게 발달할 가능성이 커진다. 반면에 시민법 전통을 가진 국가의 경우에는 투자자산 관리 및 기업 감시를 수행할 은행의 존재가 필요하므로 상대적으로 은행중심 금융제도가 발달하게 된다. 이 부분에 대해서는 나중에 상세하게 다루기로 한다.

한편, 금융시스템(Financial System)은 금융기관과 금융시장 등을 통해 ① 지급결제, ② 저축의 풀링(pooling), ③ 시간과 공간 차원의 자금이전, ④ 리스크의 풀링, ⑤ 정보비용의 감축 등의 기능을 수행한다.[46] 금융시스템을 통해 투자자들은 포트폴리오(portfolio)[47]를 다양화함으로써 리스크(risk)를 축소하고, 보험회사가 판매하는 상품을 매수하여 미래의 손실에 대비할 수 있다. 한편, 기업들은 파생금융상품 거래를 통해 각종 리스크를 투자가들에게 이전시킬 수 있다. 또한 은행 등 전문 금융중개기관(financial intermediaries)은 신용정보 수집 등의 탐색비용(search cost)을 축소하고, 금융시스템이 차입자의 신용정보를 전달해주며, 금융시장에서 형성되는 주식·채권 등 증권가격은 기업투자나 가계저축 의사결정을 잘 할 수 있도록 신호를 보냄으로써 자금의 효율적 배분에 기여한다.[48]

2. 금융제도의 유형

가. 은행 중심과 자본시장 중심

모든 제도가 그렇듯이 금융제도도 한 나라의 정치·경제·법률·역사적 배경 등에 따라 서로 다를 수밖에 없다. 크게 나라별로 보면 간접금융 위주의 은행중심 금융제도(bank-based financial system)가 발달한 한국, 일본, 독일 등과 직접금융 위주의 자본시장중심 금융제도(capital market-based financial system)[49]가 발달한 미국, 영국 등으로 나누어 볼 수 있다.

직접금융(direct financing)이란 기업이 금융기관을 통하지 않고 주식이나 채권을 발행하여 필요한 자금을 자본시장(capital market)으로부터 직접 조달하는 것을 의미하고,[50] 이러한 금융이 이루어지는 시장을 직접금융시장이라고 한다. 반면, 간접금융(indirect financing)은 자금을 필요로 하는 최종 차입자와 자금을 공급하는 최종 대출자가 직접적으로 연결되지 않고 그 사이에 은행 등 신용중개기관(credit intermediary)이 존재하고, 이 기관이 최종대출자의 자금을 흡수하여 최종 차입자에게 공급시켜주는 금융관계를 의미하는데, 이러한 금융이 이루어지는 시장을 간접금융시장이라고 한다.

시장중심 금융제도와 은행중심 금융제도는 여러 부분에서 차이가 있는데, 아래에서 살펴본다.

기업감시 측면에서 전자(시장중심 금융제도)는 주가 변동과 적대적 인수합병(hostile M&A)이 기업 감시에 중요한 역할을 하기 때문에 기업회계의 투명성(transparency)과 투자자 권리 보호를 중시하는 반면, 후자(은행중심 금융제도)는 은행과 기업 간의 장기적 관계를 통해 기업감시를 한다.

투자자들의 의견 수용 관점에서 보는 산업간 비교우위에 차이 측면에서[51] 전자는 투자자들의 견해가 일치할 필요가 없는 혁신산업에 유리한데, 그 이유는 주가를 매개로 해서 투자자와 기업 간 의사소통이 끊임없이 이루어짐으로써 경영방식에 대한 경험이 축적되지 않은 혁신산업의 감시 및 자금지원이 가능하기 때문이다. 반면 후자는 은행대출이 다수의 투자자로부터 모은 자금을 운용하는 만큼 투자자들의 견해 일치에 무리가 없는 전통산업에 적절하다고 할 수 있다. 요컨대

전자는 시장인지도가 높고 회계정보가 잘 갖추어져 있어서 경영정보를 얻기 쉬운 대기업에 유리한 반면 후자는 시장인지도가 낮고 회계정보가 불충분한 중소기업에 유리하다고 볼 수 있다.

성과구조(payoff structures)면에서 전자의 대표적인 금융수단인 주식은 투자수익이 기업의 경영성과에 비례하기 때문에 투자자는 기업이 좀 더 많은 위험을 감수하는 것을 용인하는 경향을 보이므로 투자위험이 큰 산업에 대한 자금공급에 유리한 반면, 후자의 금융수단인 은행대출은 투자 성과가 사전에 정해지지만 그 반면에 기업이 부도나면 이자는 물론 원금마저 회수할 수 없는 위험에 빠질 수 있어서 대출기업의 자산운용에 관해 보다 보수적인 입장을 취하게 되므로 수익이 낮지만 상대적으로 안전한 산업에 대한 자금공급에 유리하다.

그러나 두 금융제도의 유형을 비교해보면 다양한 구조적 차이로 각 장단점이 있다. 전자는 자금배분의 적정화, 부실기업 조기정리 등의 장점이 있으나, 기업경영자와 투자자간의 정보비대칭, 투자자금공급체계의 높은 변동성(volatility), 단기성과 중시로 인한 과소투자 우려 등이 단점으로 지적된다. 한편, 후자는 장기고객관계에 의한 정보비대칭 축소, 제조업의 경쟁력 강화 등에서 유리하지만, 기업이 부실화된다면 은행도 동반 부실화될 가능성이 있다는 단점이 있다.

한편, 지난 20년간 두 금융제도 또는 방식의 상대적 우월성에 대한 논쟁이 꾸준히 있었고 이를 뒷받침하기 위한 이론 및 실증분석 연구들도 많이 이루어졌다.[52] 그 동안의 연구 결과를 종합해 보면, 특정 금융제도의 선택이 경제성장이나 기업의 외부자금 조달능력에 영향을 주지 않는 것으로 나타났다. 오히려 금융의 전반적인 발달 상황, 계약관련 법체계의 발전 정도 그리고 투자자의 권리 보호 정도가 이들에게 더 큰 영향을 준다는 것이다. 이는 금융방식의 차이보다는 금융하부구조의 효율성이 전체 금융제도의 효율성을 결정하는 중요한 요소임을 말해준다.

따라서 최근에는 두 금융방식이 자금 지원에 있어 비교우위가 있는 부문이 서로 다르기 때문에 상호 경쟁적일 뿐 아니라 보완적이라는 인식이 높아졌다. 일반적으로 직접금융 수단인 시장성 자산은 무임승차(free riding) 문제[53]로 인해 정보 생산의 유인이 약하기 때문에 중소기업에게 적절하지 못한 반면, 은행을 이용하면 장기간 거래로 축적된 기업정보가 정보의 비대칭 문제를 완화할 수 있는 이점이 있기 때문이다.

두 금융방식이 균형적으로 발전해야 하는 또 다른 이유는 양자가 서로의 발전을 촉진한다는 것이다. 먼저 자본시장은 금융기관의 금융중개업무를 감시하는 역할을 수행하지만 금융기관은 기업의 정보비대칭 문제를 완화할 수 있는 반면 자신의 경영 불투명성을 해결하지는 못한다. 금융기관의 경영 불투명성은 정보독점을 가능케 하여 정보취득의 동기를 부여하는 면이 있으나 금융기관의 위험 추구 행동을 외부인이 감시하기 어렵게 하는 문제가 있기 때문이다. 그런데 자본시장이 효율적으로 기능한다면 금융기관이 발행한 주식이나 채권의 가격변동을 통해 금융기관의 위험추구 행동을 통제할 수 있게 된다.[54] 반대로 금융기관의 금융중개 기능의 발전은 자본시장의 발전을 촉진하는 역할을 수행한다. 즉, 금융기관은 축적된 정보를 토대로 자금차입자의 신용위험 등에 대한 정확한 정보를 생산·공급함으로써 자본시장이 해당 기업의 주식가격 등을 더 정확히 책정하는데 도움을 준다.

또 다른 관점에서 금융제도를 살펴보면 여러 가지 역사적 사건들이 복합적으로 영향을 받아서 한 나라의 금융제도가 형성되었다는 것을 알 수 있다.[55] 실제로 주요 선진국의 금융제도 변천사를 보면 산업화 당시에는 성장주도산업의 특성, 경제력 집중에 대한 사회적 태도, 금융위기 경험 등이 복합적으로 금융에 영향을 미친 것으로 보인다.

가장 먼저 산업혁명을 경험한 영국은 주로 경공업 위주로 산업화가 이루어짐에 따라 기업의 외부자금 조달필요성이 크지 않았고, 영국의 은행은 장기대출보다 단기무역금융에 특화하였다. 반면 산업화의 후발주자였던 독일은 중공업 위주의 산업화에 대규모 외부자금조달이 필요하였기 때문에 은행이 독일기업에게 장기투자자금을 공급하는 투자은행업무를 수행하였고, 그 과정에서 은행의 기업감시역할이 정착되었다.

미국도 산업화의 후발주자였기 때문에 비록 중공업 위주의 산업화로 대규모 외부자금이 필요했지만, 미국기업은 독일과는 달리 대규모 외부자금을 은행이 아닌 자본시장을 통해 조달하였다. 이러한 차이를 가져온 가장 근본적인 원인은 산업화가 진행되던 19세기 후반 경제력집중에 대한 사회적 견제가 미국에는 존재하였던 반면에 독일에서는 그렇지 않았다는 데 있다.

미국의 건국초기 재무장관이었던 알렉산더 해밀

▶ 알렉산더 해밀턴

턴(Alexander Hamilton)이 전국적인 지점망을 가진 은행들을 설립한 바 있지만 곧이어 미국 내에서 경제력 집중에 대한 정치적 반대여론이 비등해지면서 전국적인 지점망을 갖춘 대형은행은 사라지고 지역에 기반을 둔 소규모 은행이 난립하게 되었다. 이러한 미국의 분절된 은행제도는 산업화를 위한 대규모 투자자금을 동원하기에 적절하지 못했고, 잦은 은행위기 발생으로 투자자의 신뢰를 받기도 어려웠다. 그 결과 은행보다 자본시장을 통한 자금조달이 활성화될 수밖에 없었다. 이와 같은 과정을 거쳐 미국의 은행제도는 알렉산더 해밀턴의 주도하에 정착되기에 이르렀다.

나. 전업주의와 겸업주의

(1) 연혁과 발전

금융제도는 금융기관의 업무영역을 제한하는 정도에 따라 전업주의(compartmentalism) 금융제도와 겸업주의(universal banking) 금융제도로 분류되기도 한다.

전업주의는 은행, 증권회사, 및 보험회사가 소극적으로 은행업, 증권업, 보험업이라는 고유 업무 영역 안에서만 영위하는 것을 말하고, 반면에 겸업주의는 종래의 은행·보험·증권회사가 별개로 영위하던 고유업무 및 부수업무의 영역을 넘어서 '업무의 성질상 금융행위'(finance in nature)라고 할 수 있는 모든 업무

▶ 루즈벨트 대통령

를 '직접적'으로 혹은 제휴회사를 통해서 '간접적'으로 영위하도록 허용하는 것을 말한다. 아울러 겸업주의는 상업은행업(commercial banking)을 주축으로 하는 다른 금융과의 결합을 지칭하는 개념으로 사용되어 왔다.[56] 그리고 넓은 의미의(광의의) 겸업주의는 금융그룹 전체의 업무가 다각화됨으로써 안정적인 수익기반이 확보된다는 점에 초점을 맞춘 것이다. 그러나 협의의 겸업주의는 은행·증권·보험업을 하나의 본체로 수행하는 사내겸영 방식을 의미한다.[57] 두 금융제도는 근본적으로 금융기관 업무범위를 어디까지 규제하느냐에 달려 있다. 이러한 두 금융제도를 제대로 이해하기 위해서는 금융사(金融史, 금융역사)를 알아야 한다.

미국의 루스벨트 대통령은 1933년 6월 16일 은행업과 증권업의 겸영 규제를 골자로 하는 『글래스-스티걸법(Glass-Steagall Act)』(공식명칭은 『Banking Act of

1933』)에 서명하였는데, 이것이 전업주의 도입의 근거가 되었다. 또한, 루스벨트 대통령은 「뉴욕증권거래소(NYSE)」에도 철퇴를 가하기 위해 『1933년 증권법(Securities Act of 1933)』[58]과 『1934년 증권거래법(Securities and Exchange Act)』을 통과시켜 「증권거래위원회(Securities and Exchange Commission, SEC)」[59]를 설립해 증권시장에 대한 감독을 맡도록 했다.

▶ 1929년 경제공황 당시 모녀

『글래스-스티걸법』의 제정은 금융기관의 업무에 큰 영향을 미쳤는데 예컨대, 금융재벌인 J.P. 모건사는 전통적인 상업은행의 영역에서만 종사하는 모건은행(J.P. Morgan Chase & Co.)과 투자은행 업무에만 전념하는 모건스탠리(Morgan Stanley)로 분리될 수 밖에 없었다.[60] 한편, 이러한 법들이 제정된 배경에는 은행업과 증권업의 겸영이 이익상충 문제를 심화시켜 1930년대 초 대공황(금융공황)으로 발전하였다는 판단이 크게 작용하였다.

여기서 이익상충이란 금융기관이 여러 고객과 거래하면서 한 고객의 이익을 위해 다른 고객을 희생시키거나 고객의 이익보다 금융기관의 이익을 위해 거래하는 것을 말하는데, 주로 겸업주의에서 나타나는 부작용으로 널리 거론되고 있다. 예컨대, 은행이 주식투자를 원하는 고객에게 투자종목을 추천할 때 가장 유망한 종목 대신 은행이 인수한 주식을 추천할 경우(은행의 투자자문업무와 증권인수업무간 이익상충), 은행이 인수한 유가증권 중 매각되지 않은 부분을 은행이 관리하는 신탁계정에 편입함으로써 신탁계정 가입자에 손해를 입히는 경우(신탁업무와 증권인수업무간 이익상충) 등에서 이익상충의 사례를 찾아볼 수 있다.[61]

이러한 이익상충 문제 이외에 겸업을 반대하는 또 다른 이유는 일반적으로 겸업 금융기관은 그렇지 않은 금융기관보다 규모가 크기 때문에 겸업이 금융제도의 불안정성을 높여주는 결과 은행이 파산하면 전체 금융제도가 불안정해질 수 있는 가능성이 매우 커진다는 것이다. 또한 지급결제(payment)의 중추적 역할을 하는 은행이 위험성이 높은 증권업무를 함께 취급할 경우, 증권부문의 부실이 은행부문으로 전이되어 금융부문 전체가 위기에 빠질 수 있다는 점도 지적되었다. 결국 겸업은 대형화에 따른 대마불사(too-big-to-fail) 등을 통해 금융기관의 위험추구

유인을 강화하여 금융불안 가능성을 높일 수 있다고 볼 수 있다.[62]

반면, 겸업주의의 장점으로 정보생산의 우월성이 주로 거론된다. 은행이 겸영을 통해 기업과의 폭넓은 거래관계로 기업경영실태를 파악하여 거래기업의 차입행위는 물론 주식발행에 대한 정보를 취득함으로써 기업의 자금조달 및 운용실태를 종합적으로 관찰할 수 있기 때문에 겸업은행은 거래기업의 경영실태를 좀 더 정확히 파악할 수 있다는 것이다. 물론 기업은 일반적으로 시장인지도가 낮은 설립초기단계에서는 내부유보나 은행대출 등 간접금융에 주로 의존하지만 일단 인지도가 어느 정도 쌓이면 회사채나 주식 등 직접금융을 통한 자금조달 비중을 높인다.

겸업주의 금융제도의 또 다른 장점으로 거론되는 것은 은행이 여러 업무를 동시에 취급할 경우 따로 취급할 때에 비해 업무취급 비용을 절감함으로써 이른바 범위의 경제가 이루어질 수 있다고 한다. 그러나 1990년대 이후 금융혁신과 금융기관 간 경쟁 격화 등으로 업무범위 규제의 실효성이 저하되는 상황에서 각국의 금융제도는 업무영역규제를 완화하는 방향으로 변화하고 있다.

3. 글로벌 금융위기 이후 세계금융제도 개편 논의

1980년대 이후 세계 각국은 규제완화(deregulation), 금융자유화(liberalization of banking)를 적극 추진하였다. 이는 그간 국내저축동원이나 금융안정을 위해 금융부문에 가해오던 폭넓은 규제가 경쟁제한을 초래하여 금융기관의 혁신 노력을 제약함으로써 금융효율이 저하되었다는 인식에 바탕을 둔 것이다. 이러한 금융규제 완화 내지 폐지의 결과 ELS 증권·펀드[63]와 같은 신종금융상품이 등장하고 새로운 금융시장이 형성되는 등 금융혁신이 활발하게 일어났다. 이와 함께 금융기관의 업무영역 제한이 완화되면서 금융겸업화가 진전되었고 금융시장 통합화, 금융국제화(internalization of banking),[64] 금융기관의 대형화 등의 현상이 전 세계적으로 나타났다. 각국의 정책당국도 금융의 증권화(securitization)[65] 또는 자산유동화, 파생금융상품의 유용을 강조하면서 금융기관의 엄격한 리스크 관리 등 시장규율을 강조하기에 이르렀다.

이러한 자유화, 규제완화 추세가 있었지만 2008년 글로벌 금융위기를 계기로 미국, 영국 등 주요 선진국들은 금융위기 억제 및 재발방지를 위해 시스템리스크(system risk)를 예방하기 위한 규제강화 방안을 심각하게 논의하고 있다.[66]

가. 금융기관의 겸업과 전업

1990년대 이후 각국은 자국의 금융경쟁력을 강화하기 위해 겸업주의를 적극 도입·추진하였다. 영국의 마가렛 대처(Margaret Thatcher) 수상은 증권매매수수료 자유화, 증권업자간 장벽 철폐 등을 골자로 한 1986년 빅뱅(Big Bang)[67]을 통해 일찍이 은행의 증권사 인수를 허용함으로써 전업주의 원칙을 수정하였다.

▶ 마가렛 대처 수상

일본도 1993년 금융개혁 관련 법률 시행을 통해 은행의 증권 자회사 취득을 허용한 데 이어 1998년 『금융지주회사법』을 도입하여 금융겸업화를 본격적으로 도입하였다. 미국도 1999년 『금융서비스현대화법(Gramm-Leach-Bliley Act)』을 제정하여 은행·증권 겸업을 금지한 1933년 『글래스-스티걸법(Glass-Steagall Act)』을 사실상 폐지하고 금융지주회사가 은행 이외에 증권회사를 자회사로 둘 수 있게 하였다. 유럽 대부분의 국가들도 금융산업이 은행 중심으로 발전함에 따라 영미권 국가보다 훨씬 이전부터 겸업주의를 유지·발전시켰는데, 독일은 1990년대 수차례에 걸쳐 『자본시장진흥법』을 정비하여 투자자보호와 자본시장의 투명성을 높이는 조치를 취하였다. 우리나라도 금융환경 변화에 대응한 금융산업의 경쟁력 강화를 위하여 2000년 『금융지주회사법』을 제정하여 금융지주회사를 통한 금융겸업화를 추진하였다.

그러나 글로벌 금융위기가 일어나자 금융겸업의 부작용에 관한 우려가 다시 부각되면서 미국에서는 겸업은행들이 예금보장제도 및 중앙은행의 자금지원 등에 대한 기대를 바탕으로 과도한 리스크를 추구하고 투자은행(investment bank) 부문의 위험이 상업은행 부문으로 전이되면서 겸업은행들이 도산하였다는 비판이 제기되었다. 이에 따라 민주당인 오바마 정부

▶ 오바마 대통령

가 주도한 "오바마 금융개혁"의 일환으로서 2010년 7월 제정된 미국의 『도드-프랭크 법(Dodd-Frank Act)』이 탄생되었다.

한편, 영국은 은행부문 개혁방안을 마련하기 위해 은행개혁위원회(Independent Commission of Banking)를 설치하고 2011년 9월, 겸업은행에서 소매금융부문을 은행그룹내의 자회사로 존치시키되 독립된 이사회와 별도의 자본금을 보유하도록 하여 여타 부문과 엄격히 격리하는 계획을 발표하였다.

나. 영국의 빅뱅(Big Bang)과 미국의 도드-프랭크 법(Dodd-Frank Act)

(1) 영국의 빅뱅

영국에서는 일찍이 상업자본이 축적되고 증권시장이 발달하면서 은행업과 증권업이 분리 운영되는 전업주의 금융제도가 정착되어왔다.

영국의 금융시장은 1802년 「런던증권거래소(LSE: London Stock Exchange)」가 설립된 이후 국제금융시장으로서 중심역할을 했다. 그러나 1970년대 이후로는 각종 규제와 폐쇄적인 운영으로 금융환경 변화에 적응하지 못하여 그 위상이 크게 약화되었다. 그 당시 영국은 증권사들의 최저 수수료율 협정에 따라 증권거래 수수료가 0.125~1.65% 수준으로 매우 높았고, 은행업과 증권업을 분리, 운영하는 전업주의를 시행하였으며, 그 결과 매매 업무와 중개 업무의 겸업제한으로 거래소의 중매인(자버, jobber)은 매매(dealing) 업무만, 증권사 직원(브로커, broker)은 중개업무만을 담당하게 함으로써 업무의 효율성이 매우 낮아 포괄적인 금융서비스 제공이 불가능하였다. 게다가 외환규제 철폐로 해외증권투자가 활발해지자 많은 영국 주식이 수수료가 훨씬 낮은 미국시장에서 주식예탁증권(DR: Depositary Receipt)[68] 형태로 거래되었다.[69] 결과적으로 80년대 중반 런던증권거래소의 거래 규모는 뉴욕시장의 6%, 동경시장의 18% 수준에 불과하는 등, 미국 및 독일 등 외국계 금융기관에 비해 자본력과 영업력이 떨어졌다.

그래서 영국은 금융 빅뱅(big bang: 금융 시장에서의 갑작스런 규제 완화를 언급하는 뜻) 프로그램을 추진하게 되었는데 주요한 것들을 다음과 같다.

첫째, 증권업 참여자격을 확대하였다. 외부인의 증권회사 지분보유를 100%까지 허용하고 증권회사 간 합병 허용, 외국증권회사에 문호를 개방하면서 외국 금융기관의 런던시장 진출이 확대되었다.

둘째, 겸업주의를 도입하였다. 매매업무만 담당하던 자버와 중개 업무만 담당하던 브로커의 구분을 폐지하고, 은행업과 증권업의 겸업을 허용하면서 29개 증권사 가운데 21개 증권사는 자회사 방식을 통해 상업은행과 합병하면서 거대한 금융그룹을 형성하였다. 또한, 외국계 자본과 은행자본의 증권업 참여로 증권회사의 자본력이 크게 강화되어 수요자 중심의 서비스(one stop banking service)가 가능해 졌다.

셋째, 결제시스템과 거래 공시시스템 등을 개선하였다. 기존의 증권거래시스템을 보완하여 거래규모의 확대와 국내외거래 증대 등에 따른 결제를 용이하게 하고, 주가 및 거래동향 속보를 지속적으로 공시하기 위한 제도를 도입하였다.

넷째, 수수료를 자유화했다. 기존의 수수료는 0.125~1.65% 수준으로 매우 높아 경쟁력이 현저히 떨어졌던 것을 수수료의 최저한도제도를 폐지해서 수수료를 브로커와 고객 간에 자율적으로 결정되게 하여 경쟁력을 높였다.

다섯째, 투자자보호 관련법을 정비했다. 새로운 금융환경과 제도 하에서 일반투자자들을 보호하기 위해 2000년 『금융서비스시장법(Financial Services and Market Act 2000)』 등을 제정하여 지속가능한 성장을 구축하였다. 영국은 이로써 전 금융업종을 규율할 수 있는 단일법제를 성립시켰고, 또, 단일 금융감독기구로서 「금융감독원(FSA: Financial Services Authority)」을 창설하였다.

이러한 정책의 변화로 영국 4대 은행인 냇웨스트(NatWest), 로이즈(Lloyds), 바클레이즈(Barclays), 미들랜드(Midland) 은행(Bank)은 자회사를 통해 각종 투자업무에 진출하여 은행을 중심으로 하는 거대금융그룹을 형성하였다.

하지만, 영국의 빅뱅은 부작용이 전혀 없었던 것은 아니다. 1989년 도이치은행이 모건그랜펠을, 1995년 네덜란드 ING그룹이 베어링스를, 스위스은행이 워버그를 인수하는 등으로 유럽계 은행들이 영국 상업은행(merchant bank)을 흡수함으로써 영국 금융시장을 잠식하였다.

(2) 미국의 도드-프랭크 법

2008년 금융위기 이전 미국의 금융감독시스템은 너무 복잡했다.[70] 그렇기 때문에 사모펀드(PEF: private equity fund, 사모집합투자기구)나 헤지펀드(Hedge Fund)[71] 등의 그림자 금융(shadow banking)에 대해서는 정책당국이 그 현황조차 정확히 파악하지 못하고 있었고, 보험회사에 대한 연방 차원의 감독기관은 전혀 없었다.

글로벌 금융위기로 시스템상 중요한 금융기관(SIFIs: Systemically Important Financial Institutions)[72]의 부실화로 인한 신용경색과 이에 따른 실물경제도 침체하게 되었다. 결국, Citibank, Bank of America 등 주요은행은 물론이고, Goldman Sachs와 Morgan Stanley 등 투자은행과 AIG, American Express 등 비은행금융회사에까지 파산지경에 이르자 대규모의 공적자금[73]을 투입하여 이들을 파산으로부터 구제하였다.

이에 발맞추어 금융시스템의 대폭적인 개혁을 추진하였고, 2010. 7. 21. 『도드-프랭크 법(Dodd-Frank Act)』[74]을 제정하였다.[75] 동법은 감독시스템 개편, 'SIFIs'에 대한 규제·감독 강화, 소비자·투자자보호 강화 등의 내용을 포함하고 있는데, 우선 금융시장 전체의 시스템리스크를 관리하기 위해 「금융안정감시위원회(FSOC: Financial Stability Oversight Council)」[76]를 신설하고, 보험산업에 대한 보다 효율적인 감독을 위해 재무부 내에 「연방보험국(FIO: federal insurance office)」을 설치하였으며, 경영진의 도덕적 해이를 방지하기 위해 「연방예금보험공사(FDIC: federal deposit insurance corporation)」[77]의 지원을 받기 위해서는 경영진이 교체되어야 한다는 조항을 추가하면서 지원된 공적자금은 사후에 100% 회수하는 것으로 되었다.

도드-프랭크 법에서 가장 주목을 받은 것은 이른바 볼커룰(Volcker Rule)[78]이다. 볼커룰의 주요내용은 ① 규제 대상 기관의 자기계정거래(또는 자기매매, proprietary-trading)를 금지[79]하고, ② 헤지펀드 및 사모펀드의 취득 및 투자 등의 규제대상펀드 영업을 금지하며, ③ 볼커룰을 기반으로 지속적인 내부통제가 가능한 준법감시 프로그램(Compliance Program)을 운용한다는 것이다.[80] 이러한 볼커룰을 시행한 결과, 은행은 포트폴리오 헤징(hedging)[81]을 통해 위험관리를 함에 있어서도 볼커룰 도입 이전보다 높은 비용을 부담해야만 한다. 볼커룰이 적용되는 은행(banking entity)은 부보대상(insured) 예금 취급기관(depository institution), 부보대상 예금 취급기관의 지배회사(controlling company), 『국제은행법(International Banking Act of 1978)』제8조에 의한 은행지주회사, 위 회사들의 계열사 및 자회사[82]이다.

요약컨대 볼커룰에 의하면, 규제대상 은행은 고유계정상의 이익을 목적으로 금융상품거래를 하는 자기계정거래(proprietary trading)[83]를 하지 못한다. 여기에서 자기계정거래는 상업은행이 '고객예금'이 아닌 「자기자산」이나 「차입금」으로 채권과 주식, 각종 파생상품 등에 투자하여 고수익을 추구하는 '투자'행위를 말한다. 다만, 자기계정거래에서의 금융상품은 증권, 파생상품, 선물옵션을 포함하지만 현물 외국환 거래 및 현물 상품거래는 제외된다. 이것은 규제대상 은행이 시장가격 변동을 이용하여 차익거래를 할 수 없도록 하기 위함이다. 그러나 상업은행이 통상 해오던 증권인수(underwriting)업무[84] 등과 관련된 매매거래 행위에 대해서는 예외를 두고 있다.

그리고 규제대상 금융기관은 자기자본(BIS Tier 1)의 3% 이상 해당하는 금액을 사모펀드(PEF)[85] 또는 헤지펀드에 투자(ownership)하거나 운용(sponsorship)할 수 없다(사모펀드와 헤지펀드가 무엇인지에 대해서는 뒤에서 자세하게 설명한다). 또한, 헤지펀드 및 사모펀드의 초기 투자자금(seed investment)의 투자는 예외적으로 허용하지만, 해당 은행의 지분이 관련 헤지·사모펀드 자산규모의 3%를 넘지 않아야 하고, 이미 투자를 집행한 모든 사모펀드 및 헤지펀드에 대해서도 1년 이내에 보유한 지분을 3% 미만으로 낮추도록 하였다.[86] 그렇기 때문에 은행 및 은행계열사의 사모펀드와 헤지펀드에 대한 투자는 초기 투자에 국한하였고, 비은행 금융회사의 경우에도 'SIFIs'로 지정될 경우 트레이딩계정거래와 사모펀드 투자에 한도가 설정되었다.[87]

그밖에 금융소비자 보호를 강화하기 위해 대출과 신용카드 등 은행업무와 관련하여 소비자 보호 기능을 모두 담당하는 독립기관으로서 「소비자금융보호국(CFPB: consumer financial protection bureau)」을 신설하였다.[88] 일반 투자자를 보호하기 위해 장외파생상품도 「증권거래위원회(SEC: Securities and Exchange Commission)」와 「상품선물거래위원회(CFTC: Commodity Futures Trading Commission)」의 감독을 받아야 하고, 동 상품의 거래내역을 보고하여야 한다.[89] 또, 금융회사는 주택저당증권(mortgage-backed securities) 등 증권화 상품을 발행하는 경우, 해당 채권을 5% 이상 보유해야 하고, 증권화 상품의 발행자는 동 증권과 반대 방향의 포지션을 취하는 것이 금지된다.[90] 신용평가사(credit rating agency)에 대해서도 증권거래위원회가 직접 감독하게 하였다.[91]

또한 볼커룰은 개인이나 모든 거래 포지션을 취하는 거래주체, 은행법인, 금융지주가 본 조항을 남용할 것을 우려하여 헤징활동과 관련된 모든 포지션과 거래계약, 주체를 명확히 입증할 것을 요구[92]하고 있고, 시장조성업무와 마찬가지로 헤징활동을 수행하는 거래직원 보상 및 인센티브는 '자기계정거래 금지'조항을 위반하는 것으로 간주하고 있다.

(3) 금융선택법

2016년 미국 대통령선거에서 승리한 공화당은 금융회사에 대한 규제를 완화하여 상업은행의 대출기능을 회복시키려는 취지에서 2017년 6월 『도드-프랭크 법』

을 대체하는 법안인 『금융선택법(Financial Choice Act)』을 통과시켰다. 이 법은 『도드-프랭크 법』 핵심조항인 볼커룰을 은행이 자산대비 자기자본 비율을 현행 5%에서 10%로 상향하는 조건으로 삭제하였다.

다. 시스템리스크 관리 강화 및 대형화 규제

종전 금융규제가 금융시스템(financial system) 안정에 충분치 않았다는 지적이 제기되면서 국제기구는 시스템리스크 관리를 강화하기 위한 방안을 논의하였다. 2009년 4월 G20 런던정상회의에서 SIFIs의 도덕적 해이를 억제하기 위한 규제·감독을 실시하기로 합의하였다. 그 초점은 SIFIs을 선정하고 감독하는 방안, 동 금융기관의 파산 시 금융시장 붕괴를 예방하고 납세자의 부담을 줄이기 위한 정리(resolution) 방안 마련 등이었다. 위 런던정상 합의에 따라 출범한 국제기준 제정기구인 「금융안정위원회(FSB: Financial Stability Board)」와 국제결제은행(BIS) 산하 위원회인 「바젤은행감독위원회(BCBS: Basel Committee on Banking Supervision)」가 2011년 7월 발표한 SIFIs의 규제강화에 대한 공개권고안이 같은 해 11월 G20 정상회의에서 채택됨에 따라 2016년부터 시행되었다.

이와 함께 유사은행업(shadow banking)에 대한 규제도입이 FSB를 중심으로 추진되었다. 유사은행은 투자은행과 같이 전통적 은행과 달리 중앙은행 대출과 예금 보험제도의 지원대상은 아니지만 은행과 유사한 금융중개기능을 수행하는 기관을 지칭한다.[93] 이들은 기관투자자로부터 환매조건부매매(RP: repurchase agreements),[94] 기업어음(CP: commercial paper) 등의 비예금성부채로 자금을 조달하여 은행과 달리 엄격한 규제를 적용받지 않고 공적 보호 장치에서 배제되어 있고, 또 과도한 레버지지를 이용하여 투자하고 있기 때문에 시장의 신뢰가 부족하여 차입이 어려워질 경우 시스템리스크로 전이될 가능성이 높다. 2010년 11월 G20 서울 정상회의(2010 G-20 Seoul summit)[95]에서는 FSB에 유사은행업에 대한 규제강화 권고안을 마련하도록 요청함에 따라 FSB는 유사은행업의 동향 파악 및 리스크 억제 방안 등을 담은 보고서를 2011년 10월에 발표하였다. 유사은행업에 대한 최종적인 규제는 실무그룹의 추가 논의를 거쳐 2012년 말에 완료되었다.

라. 거시건전성정책 논의 및 감독체계 개편

2008년 글로벌 금융위기가 특정 금융기관의 부실보다는 신용팽창 및 자산가격 거품 등 거시경제 불균형과 그 조정과정에서 발생함에 따라 종래의 미시적 금융감독만으로는 금융안정을 도모하기 어렵다는 비판이 제기되었다. 이에 따라 세계적으로 개별 금융기관에 대한 건전성 규제와는 별도로 국가경제 전체 또는 금융시스템 차원에서의 거시건전성(macro-prudential) 정책[96]이 필요하다는 공감대가 형성되었다. 이는 금융시스템의 위기대응력을 강화하고, 실물과 금융부문의 상호작용에 따른 리스크를 억제하기 위한 정책체계 구축, 정책수단 개발로 발전되고 있다.[97]

거시건전성(Financial Macro-Prudentiality)이라는 용어는 1979년 6월 BIS Cooke Committee(현 바젤은행감독위원회) 회의에서 당시 의장이 유럽 은행들의 국외대출 급증이 금융안정을 저해할 수 있다는 지적과 함께 미시건전성 감독만으로는 '거시건전성 문제'를 야기할 수 있다는 점을 환기시키면서 처음 사용되었다. 이후 1986년 4월 BIS ECSC(현 세계금융제도위원회, Committee on the Global Financial System) 보고서에서도 '거시건전성 정책'이란 넓은 의미에서 '금융 및 지급결제시스템의 안전성과 건전성을 촉진하는 활동'이라고 정의하였다.

이에 따라 글로벌 금융위기 이후 주요국 중앙은행제도 및 금융감독체계 개편은 ① 중앙은행의 금융안정 기능 강화와 ② 이원적 금융감독기구 방식(twin peaks approach)[98]의 도입에 이르렀다. 이를 위해 앞에서 본 바와 같이 미국은 『도드-프랭크 법』을 제정하였고, 영국은 영란은행 내에 거시건전성 감독을 총괄하는 「금융정책위원회(FPC: Financial Policy Committee)」를 신설한 후, 금융감독원(FSA)을 중앙은행 산하로 통합하여 2012년부터 시행하였다. EU는 거시건전성에 관한 정보를 수집하고 대응조치를 권고하는 등의 기능을 담당하는 「유럽시스템리스크위원회(European Systemic Risk Board)」를 신설하고 유럽중앙은행(ECB)이 동 사무국 역할을 수행하도록 하였다. 아울러 선진국들은 미시건전성 규제와 금융소비자보호를 별개의 기구에서 담당하는 이원적감독기구방식을 채택하고 있다.[99]

제3절 한국의 금융제도 확립 역사

1. 한국 금융 약사(略史)

우리나라의 근대적인 은행제도는 대한제국이 1878년 6월 일본 제일국립은행의 부산지점 설치함으로써 도입되었다. 그 후 조선은행(1896년), 한성은행(1897년), 대한천일은행(1899년) 등 민족자본계 은행의 설립이 이어지면서 발전하였다.

우리나라 최초의 은행은 제일국립은행 부산지점이라고 할 수 있으나 우리나라의 순수 민간자본으로 설립된 민족은행은 1897년 2월 설립된 한성은행(漢城銀行, 조흥은행의 전신)이다. 우리나라에서 가장 오래된 은행지점은 113년의 역사와 전통이 숨 쉬는 인천의 대한천일은행(현 우리은행) 인천지점이다.[100]

▶ 최초의 은행지점

최초의 중앙은행은 1909년 설립된 구(舊)한국은행이지만 한일합방으로 일본에게 나라를 뺏긴 후 업무가 조선은행에 이관되었다. 그러나 우리나라의 자주적 금융제도의 확립은 당시 정치·경제상황 하에서 기대하기 어려웠고 결국 8·15광복과 더불어 한국은행이 복귀하면서부터 이루어졌다.

해방 후에도 수년간 우리 경제는 정치·사회적 혼란 속에서 물가가 급등하고 신용질서 및 금융조직체계가 문란한 상황이 지속되었다. 1948년 수립된 대한민국 정부는 금융제도의 근간이 되는 중앙은행과 일반은행 체계 확립을 위해 1950년 5월 『한국은행법』과 『은행법』을 제정·공포하고 6월에 한국은행을 설립하였다.[101]

1953년 휴전성립 후인 1954년 『은행법』이 시행됨과 더불어 은행의 민영화가 추진되어 정부소유 일반은행 주식이 소수 재벌에게 불하됨으로써 금융기관이 대주주의 사금고로 전락하고 정치자금의 공급원이 되는 폐단을 낳기도 하였다.

또한 1954년 1월 전쟁피해 복구를 위한 금융지원체제의 일환으로 한국산업은행이 기존의 식산은행으로부터 개편 설립되었다. 아울러 농업제도의 정비가 착수되면서 농업은행(1956년)이 설립되었고, 자본시장 발전을 위한 기반으로 대한증권거래소(1956년)가 설립됨으로써 비로소 자주적 금융제도의 기반이 구축되었다.

2. 경제개발을 위한 금융체제의 구축

1960년대에 들어서 경제개발 5개년 계획이 수립됨에 따라 1950년대 후반의 민영화 이후 소수 재벌에 의해 지배되어 온 일반은행의 주식이 『부정축재특별처리법』에 따른 환수처리 일환으로 정부에 다시 귀속되었다. 이에 따라 『한국은행법』이 전면개정(1962년)되어 정부의 금융기관에 대한 영향력이 대폭 강화되었고,

개발자금의 원활한 지원을 목적으로 농업협동조합(1961년), 중소기업은행(1961년), 국민은행(1963년), 한국외환은행(1967년), 한국주택은행(1969년) 등 특수은행이 대거 설립되었다.[102] 그 결과 금융제도는 정부의 경제개발계획을 효율적으로 지원하기 위한 성장금융체제로 변모되었다.

그러나 1970년대 고도성장의 부작용으로 기업의 재무구조가 크게 부실해지고 인플레이션 압력이 높아졌으며, 아울러 국제통화제도의 불안 등 세계경제여건의 악화로 국제수지 적자도 확대되었다. 이에 정부는 1972년 8·3 긴급경제조치를 단행하는 한편 사금융 제도의 금융화 및 금융구조의 다원화를 적극 추진한 결과 1972년 『구(舊) 단기금융업법』,[103] 『상호신용금고법』, 『신용협동조합법』과 1975년 『종합금융회사에 관한 법률』이 제정되어 다양한 형태의 비은행금융기관이 신설 또는 정비되었다.

이와 함께 직접금융시장을 통한 자금조달을 뒷받침하고, 기업공개 및 주식의 소유분산을 촉진하기 위해 1972년 『기업공개촉진법』을 제정하고, 1974년 증권투자신탁 전문회사인 한국투자신탁을 설립하였으며, 1977년 증권관리위원회와 증권감독원을 설립하여 증권시장의 감독 및 관리체계를 확립하였다.

3. 시장자율체제의 확립

정부는 1980년대에 들어서서 만성적 인플레이션, 금융산업 낙후 등 고도성장 과정에서 누적되어 온 여러 구조적인 문제점들이 드러남에 따라 경제정책의 기본 목표를 성장에서 안정으로 전환하였다.[104]

우선 1981~3년 중 은행의 자율경영체제 확립을 위해 시중은행을 모두 민영화하고,[105] 금융기관 간 경쟁을 촉진하기 위한 금융시장진입 제한을 완화하였다.

이와 함께 금융기관 취급업무도 다양화되었는데, 은행은 신용카드, 상업어음 일반매출 및 환매조건부채권매매(RP: repurchase agreements, 금융기관이 일정 기간이 지난 후 확정금리를 보태서 되사는 조건으로 발행하는 채권),[106] 양도성예금증서(CD: certificates of deposit) 업무 등을 할 수 있었고, 상호부금 및 신탁 업무도 단계적으로 할 수 있도록 하였다. 투자금융회사 및 증권회사는 팩토링(factoring, 은행이 고객의 상거래에 의해 발생한 매출채권을 양도 받아 매출채권을 매입한 후 매입대전을 양도인에게 지급하고 은행은 매출채권만기에 구매자로부터 매출대전을 지급받는 방식),[107] 기업어음(CP: commercial paper, 신용도가 양호한 기업이 기업 운영에 필요한 자금을 마련하기 위해 신용등급 평가를 기준으로 발행하는 단기어음), 어음관리계좌

(CMA: cash management account),[108] 수익증권(BMF: bond management fund, 증권 사가 한국은행으로부터 인수한 통화조절용 채권을 투자신탁회사에 편입하여 기금을 설 정하고 그것을 기초로 투자신탁회사가 발행하는 수익증권) 등 새로운 종류의(新種) 금 융상품을 차례로 개발하여 취급하게 되었다.

아울러 직접규제 통화관리 방식에서 탈피하여 간접규제 방식으로 점차 이행하 게 되었고,[109] 1988년 12월에는 정책금융을 제외한 모든 여신금리와 금융기관의 만기 2년 이상 장기수신금리에 대한 최고이율규제를 철폐하는 등 광범위한 금리 자유화 조치를 단행하였다. 1980년대에 들어와서는 금융자율화와 더불어 금융시 장의 대외개방도 점진적으로 확대되었다.[110]

4. 금융 자유화와 개방화

시장자율체제로 전환하려는 노력에도 불구하고 구조적 문제점들이 해소되지 않은 채 남아 있었다. 더욱이 미국 등 선진국으로부터 국내금융시장 개방 압력도 거세어져 국내 금융산업의 경쟁력 강화가 시급한 과제로 대두되었다.[111]

1991년 3월 금융자유화와 개방화를 추진하기 위해『금융기관의 합병 및 전환 에 관한 법률』이 제정되고,[112] 종합금융회사를 투자은행으로 육성한다는 계획에 따라 1995년 12월『종합금융회사에 관한 법률』을 개정하였으며,[113] 1995년 12월 에는『구(舊)증권투자신탁업법』을 개정하였다.[114] 한편 1995년 4월에는 고가의 내 구재, 주택, 기계 등을 구입하고자 하는 소비자에게 자금을 대여해 주고 이를 분 할상환 하도록 하는 할부금융 제도가 도입되었다.

금융기관 취급업무도 지속적으로 확대되어 은행은 추가로 새로운 종류의 환매 조건부채권 매매, 표지어음(cover bill, 금융회사가 할인 또는 보유한 매입어음을 기초 로 불특정 다수의 일반인에게 판매할 목적으로 금융회사가 발행한 어음)[115] 매출, 국공 채 창구판매, 일반은행의 금융채(financial bond, 은행, 종합금융회사, 여신금융전문회 사 등 금융기관이 자체적인 자금조달을 위하여 발행하는 채권) 발행 등을 할 수 있게 되었다. 증권회사는 또, 단계적으로 외화입출금, 환전, 외화매입, 외화차입 등의 외국환업무를 제한된 범위 내에서 할 수 있게 되었고, 보험회사는 국공채 창구판 매 업무를, 투자신탁회사는 단기금융상품펀드(MMF: money market fund, 금융회사 가 투자자들이 예치한 돈을 모아 펀드를 구성해서, 국공채, 금융기관 간 대출, 기업어음, 최우량 회사채 등 만기 1년 이내의 안전한 자산에 투자하는 상품) 업무를 각각 취급할 수 있게 되었다.

금리자유화를 다시 추진한 결과 1997년 은행의 요구불예금과 7일 미만 기업자유예금과 같은 일부 초단기 수신금리와 재정자금 대출금리를 제외한 대부분에 대한 금리자유화가 실현되었다.[116]

정부는 1992년 1월부터 금융시장을 개방하여 외국인에 대하여 일정 한도 범위 내에서 국내 상장주식에 직접투자할 수 있도록 허용하였다. 1993년 8월에는 『금융실명거래 및 비밀보장에 관한 긴급재정경제명령』에 따라 금융실명제를 전격 실시하였다.

5. 금융위기 극복과 금융선진화를 위한 금융개혁의 추진

1990년대 이후 금융제도 면에서 위와 같은 제도개선을 추진하였음에도 불구하고 1997년 말 금융·외환위기를 겪게 되었는데, 이는 적절한 금융하부구조를 갖추지 못한 채 금융자유화·개방화를 무턱대고 추진함으로써 금융기관 간 과당경쟁이 무분별한 자본유입과 과다여신으로 연결되었고, 금융기관 경영이 부실해진 결과였다.[117]

이러한 문제를 타개하기 위해 먼저 부실금융기관이 정리되었다.[118] 이를 위해 정부는 약 160조 원의 공적자금을 조성·투입하였다. 나아가서 금융하부구조 개선을 적극 추진하여 1997년 12월 관리변동환율제도에서 자유변동환율제도(freely floating exchange rate system)로 바꾸었고, 대외송금을 전면 자유화하는 등 외환자유화조치를 실시하였으며, 1998년 5월 외국인 주식투자 한도를 폐지하였다.

또한 정부는 금융기관 업무영역에 대한 규제를 대폭 완화[119]하였고, 2000년에는 『금융지주회사법』을 제정하였다. 은행은 1998년 9월 수익증권 판매 업무를, 2003년 8월에는 방카슈랑스(bancassurance) 업무를 할 수 있게 되었다. 2004년 1월에는 간접투자를 확대하기 위해 『구(舊) 간접투자자산운용업법』을 제정하였고,[120] 보험회사, 증권회사 등 금융기관의 설립기준과 자산운용 및 점포에 대한 규제를 완화하였다.

금융기관의 부실의 재발을 방지하기 위하여 금융기관 경영건전성에 대한 규제를 강화하고,[121] 2000년 1월 기업여신제도로서 차주의 미래채무상환능력까지 감안하는 자산건전성분류기준(FLC: Forward Looking Criteria)제도를 은행에 도입하였다.

경영의 투명성을 제고하고 책임경영체제의 확립을 목표로 1998년 11월 회계제도의 신뢰성 제고를 위해 금융기관 보유 유가증권에 대한 가치평가방식을 시가평가방식으로 전환하였고,[122] 2005년 1월 공시서류의 허위기재, 미공개 정보의 이용,

시세조작 등으로 인한 피해 구제를 위해 증권 관련 집단소송제도를 도입하였다.

이 밖에 금융기관의 소유·지배구조의 개선을 추진하여, 2002년 4월 『은행법』 및 『금융지주회사법』을 개정하여 은행 및 은행지주회사의 의결권 있는 주식에 대한 동일인 보유한도를 4%에서 10%로 확대하는 등 금융기관의 소유제한을 완화하였다. 또한 2000년 1월 금융기관들이 의무적으로 감사위원회를 설치하도록 하였다.[123]

1999년 4월 선물거래소가, 2000년 3월에는 증권거래소와 코스닥시장에서 거래되지 않는 주식을 대상으로 하는 장외주식호가중개시장(제3시장)이 개설되었다.[124] 2001년 12월에는 거래소와 코스닥시장에서 거래되는 250개 종목을 대상으로 정규시장 종료 이후에도 거래가 가능하도록 하는 전자장외증권중개시장(ECN시장)[125]이 개설되었다.[126] 또한 직접금융을 통한 자금조달을 활성화하기 위해 1998년 9월 자산유동화 제도, 1998년 12월 회사형 투자수익증권 제도, 그리고 1999년 4월에는 모기지론 제도가 도입되었다.

6. 자본시장 및 금융투자업 규제 재편

2007년 8월 종래의 자본시장 관련 6개 법률인 『구(舊) 증권거래법』, 『구(舊) 선물거래법』, 『구(舊) 한국증권선물거래소법』, 『구(舊)증권투자회사법』, 『구(舊) 간접투자자산운용업법』, 『구(舊)증권투자신탁업법』을 통합한 『자본시장과 금융투자업에 관한 법률』(2009년 2월 시행, 이하 자본시장법)이 제정되었다.[127] 『자본시장법』은 고유자산 및 운용재산이 각각 2조원 이상, 6조 원 이상인 금융투자업자는 의무적으로 사외이사를 선임하고 감사위원회를 설치하도록 하고, 금융투자상품을 포괄주의에 입각하여 원본손실이 발생할 가능성이 있는 모든 금융상품으로 정의하였다.[128]

2001년 이후 은행을 중심으로 금융지주회사가 신설되었고, 2009년 10월에는 산은금융지주회사를 새로 설립하는 한편, 한국산업은행을 국책은행에서 주식회사로 전환하였다.[129]

한편 외환위기 이후 부실 금융기관 정리와 은행의 인수합병 과정을 통해서 서민의 소액 생활자금을 취급하는 금융기관이 크게 감소함에 따라 대부업체가 늘어나자,[130] 2007년 미등록 사채업자 등으로부터 금융소비자를 보호하기 위하여 1998년 폐지하였던 『이자제한법』을 다시 제정하고, 2014.1.14. 일부개정을 통해 최고 이자율을 연25퍼센트로 제한하였다. 다만 2018년 2월 기준으로 『이자제한법』과 개정된 『대부업법시행령』에 따른 법정최고이율은 연24퍼센트이다. 아울러 서민들의 금융접근성을 높일 수 있는 미소금융(micro-finance) 활성화 방안도 적극 추진하였다.

제4절 현행 한국의 금융제도[131] 개관

1. 금융시장

금융시장은 경제주체들이 금융상품 거래를 통하여 필요한 자금을 조달하고 여유자금을 운용하는 조직화된 장소를 말한다. 금융시장은 크게 만기 1년 이내의 단기금융상품이 거래되는 단기금융시장과 장기금융상품이 거래되는 자본시장으로 구분된다. 한편, 증권거래소처럼 다수의 자금공급자와 수요자가 구체적인 장소에 모여 거래하는 장내시장(장내거래시장, transaction on exchange market)과 전화나 전산망을 통해 거래하는 장외시장(장외거래시장, off board market, OTC: over-the-counter market)으로 나누어 볼 수도 있다. 또 거래되는 금융상품 종류에 따라 주식시장, 채권시장, 파생금융상품시장 등으로 분류되기도 한다.

아울러 금융거래가 금융중개기관을 통해 이루어지느냐에 따라 자금공급자와 수요자간에 직거래가 이루어지는 직접금융시장과 금융기관을 통해 거래가 이루어지는 간접금융시장으로 구분하기도 한다. 간접금융시장은 은행, 비은행예금취급기관, 집합투자업자, 신탁업자 등 금융중개기관이 예금증서나 출자계정, 수익증권과 같은 간접증권 등을 통해 자금을 조달하여 대출 또는 이들이 발행한 증권을 매입하는 방식으로 자금을 공급하는 금융거래가 이루어지는 시장이다.[132] 한편, 직접금융시장에서는 자금의 최종수요자가 발행한 주식이나 사채 등과 같은 직접증권 또는 본원적 증권을 자금공급자가 직접 매입하는 형태로 금융거래가 이루어진다. 따라서 금융중개기관에 의존하지 않는 직접금융시장이 간접금융시장에 비해 시장의 역할이 크고 보다 세분화되어 있다.

직접금융시장의 경우 금융상품 만기를 기준으로는 자금시장과 자본시장으로 구분하는 것이 일반적이다.[133] 여기에다 금융상품의 특성을 고려하여 외환시장과 파생금융상품시장을 별도 구분하기도 한다.

자금시장(money market)[134]은 단기자금의 수요자와 공급자간 수급불균형을 조절하기 위하여 통상 만기 1년 이내의 금융상품이 거래되는 시장이다. 금융기관 상호간에 일시적인 자금과 부족을 조절하는 거래기간이 1일에서 최대 30일 이내의 초단기 시장인 콜시장(call market), 기업어음시장, 양도성예금증서시장, 환매조건부매매(RP)시장, 통화안정증권시장, 표지어음시장 등이 있다.

자본시장(capital market)은 장기자금의 조달수단인 주식, 채권 등이 발행되고 유통되는 시장으로서 주식시장과 채권시장으로 구분된다. 자본시장에는 최근 기업 및 금융기관의 자금조달수단으로 새롭게 부각되고 있는 자산유동화증권시장도 포함된다. 동 시장은 부동산, 매출채권, 주택저당채권 등과 같이 유동성이 낮은 자산을 기초로 발행되는 자산유동화증권(ABS: Asset-Backed Securities)이 거래되는 시장이다. 자본시장에 대해서는 제7장 금융시장 제2절 채권시장 제3절 주식시장을 설명할 때 자세하게 다루도록 한다.

외환시장이란 외환의 수요자와 공급자간에 외환거래가 정기적 또는 지속적으로 이루어지는 시장을 가리킨다. 외환시장은 일반고객과 외국환은행간 외환거래가 이루어지는 대고객 시장과 외국환은행간 외환거래가 이루어지는 은행 간 시장으로 나뉘어진다. 그러나 매매기준율이 은행 간 시장에서 결정됨에 따라 일반적으로 외환시장은 은행 간 시장을 의미한다.

파생금융상품시장은 기초금융자산의 가치변동에 따른 위험을 회피하기 위한 파생금융상품이 거래되는 시장을 말한다. 우리나라의 파생금융상품시장에는 주식·금리·통화관련 파생상품시장 외에 신용파생상품 및 파생결합증권 시장이 있다.

한편 우리나라 금융시장의 규모는 경제성장, 경제주체들의 자금조달 및 운용법 개선, 자본시장 육성 및 대외개방정책, 금융·외환위기 이후 하부구조의 정비 등으로 지속적으로 확대되었다. 2010년 말 기준으로 단기금융시장과 자본시장을 합한 우리나라 금융시장의 규모는 총 2,356조원으로 1990년 174조원의 15배에 달하고 있다. 금융시장 규모의 GDP 대비 비율도 1990년 0.91에서 2010년 말 2.23으로 높아졌다. 그리고 우리나라의 금융시장의 GDP 대비 규모는 전세계 평균과 비슷한 수준인데, 선진국과 비교할 때 다소 작다[135]고 할 수 있다.

우리나라의 금융제도는 산업구조의 고도화, 소득증대 등에 따른 경제주체의 금융서비스 수요 변화에 부응하여 은행업, 증권업, 보험업 등 여러 형태의 금융업이 도입되면서 점차 그 구조가 다양해졌다. 양적인 면에서도 1975년 말 27조에 불과하였던 금융자산이 2010년 말에는 1경 298조원으로 약 35년 동안 무려 374배 늘어날 정도로 괄목할 만한 성장을 이룩하였다. 그 결과 금융시장의 발전 수준을 나타내는 국내총생산(GDP) 대비 금융연관비율은 1975년의 2.67에서 2010년에는 8.78로 크게 높아졌고, 2014년 8월 기준으로 금융자산은 1경 2248조원, GDP는 1428조원으로 금융연관비율이 8.6배에 달했다.[136] 금융연관비율(FIR: Financial Interrelation Ratio)은 예금, 적금, 예탁금, 주식, 채권, 어음 등을 포함하는 총금융자산을 GDP로 나눈 값이다. 이는 실물면의 자본축적잔액에 대한 금융면의 금융자산잔액의 비율로서 유형고정자산의 증대를 위한 금융조직의 발달정도, 즉 금융구조의 고도화 또는 금융자산축적정도를 나타내는 지표라고 할 수 있다. 통상 국민경제가 일정 수준으로 커지면 금융시장이 발달해 금융연관비율은 갈수록 높아지는데 이러한 우리나라의 통계는 미국(10.32), 영국(19.1), 일본(12.10) 등 주요 선진국에 비해서는 아직 낮은 수준이다. 우리나라의 금융연관비율 상승에 대한 금융자산별 기여도를 보면 1975~2010년의 기간 중 금융연관비율이 6.11만큼 상승하였는데 국공채, 회사채, 수익증권 등 채권의 기여도가 1.65로 가장 높았고, 주식·출자 지분(1.26), 현금·예금(1.11) 및 대출금(0.96)의 기여도도 높은 편이었으나 보험·연금의 기여도는 그리 크지 않았다. 부문별로는 금융기관(3.15) 및 개인부문(1.32)의 자산증가가 금융축적을 선도한 것으로 나타났다.

2. 금융기관

금융기관은 금융시장에서 저축자와 차입자 간의 저축과 투자를 연결해 주는 기능 등을 수행하고, 보통 은행, 비은행예금취급기관, 금융투자업자, 보험회사, 기타 금융기관, 그리고 금융보조기관 등 6개 그룹으로 나뉘어진다.[137]

이러한 분류체계를 중심으로 각 그룹에 포함되는 금융기관을 구체적으로 보면 우선 은행에는 일반은행과 특수은행이 있다. 일반은행은 시중은행, 지방은행, 그리고 외국은행 국내지점으로 구성된다. 일반은행에 대해서는 제2장 금융기관 제3절 일반은행 부분에서 자세하게 설명한다.

특수은행은 『은행법』이 아닌 개별적인 특별법에 의해 설립되어 은행업무를 핵심업무로 취급하고 있는 금융기관으로서 한국산업은행(한국산업은행법에 의하여 설립), 한국수출입은행(한국수출입은행법), 중소기업은행(중소기업은행법), 그리고 농업협동조합중앙회(농업협동조합법) 및 수산업협동조합중앙회(수산업협동조합법) 등이 있다.[138]

비은행예금취급기관은 은행과 유사한 여수신업무를 주요 업무로 취급하고 있으나 보다 제한적인 목적으로 설립되어 자금조달 및 운용 등에서 은행과는 상이한 규제를 받는 금융기관이다. 즉 지급결제기능을 전혀 제공하지 못하거나 제한적으로만 제공할 수 있는 등 취급업무의 범위가 은행에 비해 좁고, 영업대상이 개별 금융기관의 특성에 맞추어 사전적으로 제한되기도 한다. 여기에는 상호저축은행, 신용협동조합·새마을금고·상호금융 등 신용협동기구, 그리고 종합금융회사 등이 있다.

금융투자업자는 직접금융시장에서 유가증권의 거래와 관련된 업무를 주된 업무로 하는 금융기관을 모두 포괄하는 그룹이다. 여기에는 투자매매중개업자(증권회사 및 선물회사), 집합투자업자, 투자일임자문업자, 그리고 신탁업자가 있다.[139] 금융투자에 대해서는 제5장 금융투자를 설명할 때 자세하게 살펴본다.

보험회사는 사망·질병·노후 또는 화재나 각종 사고를 대비하는 보험을 인수·운영하는 기관이다. 보험회사에 대해서는 제3장 제1절 및 제2절 보험회사를 설명할 때 자세하게 살펴본다.

기타 금융기관은 앞에서 열거한 그룹에 속하는 금융기관의 업무로 분류하기 어려운 금융업무들을 주된 업무로 취급하는 기관을 말한다. 여기에는 여신전문금융회사(리스회사, 신용카드회사, 할부금융회사, 신기술사업금융회사), 벤처캐피탈회사(중소기업창업투자회사), 증권금융회사 및 공적 금융기관 등이 있다.

금융보조기관은 금융거래에 직접 참여하기보다 금융제도의 원활한 작동에 필요한 여건을 제공하는 것을 주된 업무로 하는 기관들이다. 여기에는 금융감독원,[140] 예금보험공사,[141] 금융결제원,[142] 한국예탁결제원[143] 등 금융하부구조와 관련된 업무를 영위 하는 기관과 한국거래소,[144] 신용보증기금·기술보증기금 등 신용보증기관, 신용정보회사, 자금중개회사 등이 포함된다. 금융감독원에 대해서는 제8장 제2절 금융감독기구를 설명할 때, 예금보험공사와 한국거래소에 대해서는 제4장 금융보조기관을 설명할 때, 금융결제원과 한국예탁결제원에 대해서는 제6장 지급결제전문기관 제2절 및 제3절에서 설명할 때 자세하게 다루도록 한다.

한편 2010년 말 기준으로 주요 금융기관 총자산에서 개별 금융업이 차지하는 비중을 보면 은행(신탁계정 포함)이 54.8%로 가장 높고 다음으로 보험회사가 14.8%, 신용협동기구가 10.5%의 비중을 차지하고 있다. 이어 자산운용회사 9.5%, 증권회사 5.5%, 상호저축은행 2.7%, 우체국예금 1.6%의 순서로 나타나고 있다.

은행(은행계정)의 총자산 비중은 금융·외환위기 이후 구조조정을 통한 건전성 회복, 경제주체들의 안전자산 선호경향 등에 힘입어 잠시 증가하기도 하였으나 장기적으로는 낮은 수익률 등의 영향으로 감소세를 보이고 있다. 비은행예금취급기관 중 신용협동기구의 비중이 꾸준한 성장세를 보이고 있고 상호저축은행도 금

융·외환위기로 자산 규모와 비중이 잠시 줄어들었으나 이 후 정부의 서민금융지
원정책 등으로 다시 증가세로 돌아섰다. 보험회사의 비중은 불확실한 미래 및 노
후 대비에 대한 관심 증대로 꾸준한 상승세를 보이고 있고, 금융·외환위기 이후
자본시장이 회복되면서 증권회사의 비중도 상승하였다.

3. 금융하부구조

금융하부구조(Financial Infrastructure)란 금융거래가 원활히 이루어지도록 금융
시장 및 금융기관을 지원·감시하는 법률체계 또는 기관을 의미한다. 중앙은행제
도, 지급결제제도, 금융감독제도, 예금보험제도 등이 여기에 해당된다. 이러한 제
도와 관련된 법률로서 『한국은행법』, 『금융위원회의 설치 등에 관한 법률』, 『예금
자보호법』 등이 있다.

한편, 금융기관으로 하여금 금융업을 할 수 있도록 하는 기본적인 법률로서
『은행법』, 『자본시장법』 등도 빼 놓을 수 없다. 이러한 법률에 대해서는 해당 부
분을 설명할 때 곁들이기로 한다.

중앙은행제도는 중앙은행과 그 조직 및 의사결정 체계, 업무범위 등을 포괄한
다. 중앙은행은 발권력을 가진 최종대부자(lender of last resort)로서 금융기관 예
금에 대하여 지급준비금을 부과하고 필요시 금융기관에 부족자금을 공급하는 기
능을 수행한다. 중앙은행에 대해서는 제2장 금융기관 제2절 한국은행에 대해 설
명할 때 자세하게 다루도록 한다.

지급결제제도는 실물 및 금융 거래에서 발생한 채권·채무를 완결시키는 기능
을 수행하며 지급수단, 참가기관 및 결제시스템으로 구성된다. 지급결제에 대해서
는 제6장 지급결제전문기관을 설명할 때 자세하게 다룬다.

금융감독제도는 금융기관으로 하여금 금융 중개를 공정하게 하고 경영 건전성
을 유지하도록 함으로써 금융소비자의 재산을 보호하고 금융거래를 활성화하는
것을 목적으로 한다. 금융감독제도에 대해서는 제8장 금융규제와 감독 제2절 금
융감독기구를 설명할 때 자세하게 본다.

예금보험제도는 금융기관이 경영부실 등으로 예금 원금이나 이자를 지급할 수
없을 때 예금보험기구가 해당 금융기관을 대신하여 예금주에게 원리금의 전부 또
는 일부를 지급하는 일종의 보험제도이다. 예금보험제도는 소액 예금주들을 금융
기관의 경영부실로부터 보호하고 예금인출 사태가 발생하지 않도록 방지하는 금
융안전망(financial safety net) 구실을 한다. 예금보험제도에 대해서는 제4장 금융

보조기관 제1절 예금보험공사를 설명할 때 자세하게 다루도록 한다.

<h1 style="text-align:center">제5절 돈, 은행 그리고 국민경제[145]</h1>

1. 자본주의와 빚

우리는 살아가면서 '빚'을 지지 않을 수 없는데, 빚이란 말하자면 '남의 돈'이다. 현자들은 이 빚을 '악(惡)'과 동의어로 보기도 했는데, '미국 최초의 위대한 작가'라고 불리는 벤저민 프랭클린(Benjamin Franklin)은 '근면은 빚을 갚고 자포자기는 빚을 늘린다'고 말했다.

자본주의의 관점에서 본다면 빚은 '선(善)'이라고 할 수 있는데, 왜냐하면 역설이 되겠지만 빚이 없으면 자본주의가 정상적으로 작동되지 않기 때문이다. 그래서 오늘날 자본주의 사회는 '빚 권하는 사회'로 빚이 없으면 새로운 돈이 더 이상 창조되지 않고, 돈이 창조되지 않으면 자본주의도 망가진다.

2. 통화량과 물가

가. 물가 상승의 비밀

우리들은 끊임없이 소비활동을 한다. 그런데 물가(price)가 상승할 때 이러한 소비활동이 타격을 입는다. 그러면서 우리는 '도대체 물가는 왜 오르기만 하고 내려가지는 않는 거야?'라고 스스로 묻게 되는데 이런 생각의 배경에는 '물가는 유동적이다'라는 전제가 깔려 있다. 우리가 자본주의에 대해 크게 착각하는 것 중 하나는 물가는 오를 수도 있지만 내릴 수도 있다고 여기는 것이다. 그러나 자본주의 세상의 현실에서는 절대로 물가가 내려갈 수 없다.[146]

간혹 신문에 '소비자물가(Consumer Price) 안정' 또는 '소비자물가 하락'이라는 기사가 게재되기도 하지만 이런 것들은 돈의 흐름이 막혔을 때나 생기는 일시적이고 지엽적인 것에 불과하다. 소비(consumption) 즉, 수요(demand)가 둔화되면 일시적으로 물가가 정체되거나 하락할 수 있지만, 이는 또 다른 면에서 부작용을 발생시킨다.

소비가 활성화되지 않으니 기업들은 더 많은 제품을 생산할 필요가 없어지고,

그에 따라 현재 일하고 있는 사람들을 계속 고용할 필요가 없어진다. 결국 소비가 둔화되면 고용이 불안정하게 됨으로써 근로자들은 일자리를 잃게 되는 더 큰 피해를 입게 된다.[147]

나. '물가'와 '수요와 공급의 법칙'

그렇다면 왜 자본주의에서는 물가가 끊임없이 상승하는 것일까?

경제학 교과서에 있는 가격 결정 원리로 '수요와 공급에 관한 법칙'(law of demand and supply)에 의하면, 가격이 오르면 소비자는 수요를 줄이지만 가격이 낮아지면 소비자는 수요를 늘리기 때문에 수요곡선은 오른쪽 방향으로 하향하는 모양새를 띤다.

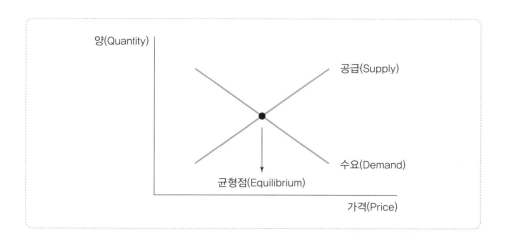

생산자는 가격이 오르면 생산량을 늘리고 가격이 내리면 생산량을 줄이기 때문에 공급곡선은 오른쪽 방향으로 상향하는 모습을 보여준다. 이 두 곡선이 만나는 지점에서 가격이 결정된다. 다시 말하면, 수요가 많고 공급이 적으면 가격은 비싸지고 수요가 적고 공급이 많으면 가격은 싸진다.

하지만 뭔가 이상하고 쉽게 이해가 되지 않는다. 수요가 많다는 것은 국민들이 돈이 많아서 계속해서 뭔가를 사들인다는 말인데, 우리의 경제생활이 그만큼 나아졌다는 의미일까. 월급이 다소 오른다고 해도 물가 또한 오르기 때문에 크게 생활이 나아지거나 많은 소비를 하기에는 무리가 있지 않은가 말이다.

결국 우리는 이러한 물가가 오르는 현상을 결코 '수요와 공급의 법칙'만으로는 설명할 수 없다는 결론에 다다른다. 물가가 계속해서 오르는 비밀은 바로 '돈의 양(통화량)'이 많아졌기 때문이다. 돈의 양이 많아지면 돈의 가치가 하락하게 되고, 결과적으로 물가가 오르게 된다.[148]

다. 통화량 증가와 물가 상승

무엇이든 양이 많아지면 그 가치가 하락하게 마련이다. 마찬가지로, 돈의 양이 많아지면 돈의 가치(money value)가 하락한다.

'물가가 오른다(inflate)'는 말은 결국 같은 돈으로 살 수 있는 물건의 양이 줄어든다는 것을 의미한다.[149] 그렇다면 '물가가 오른다'는 말[150]의 진짜 의미는 '물건의 가격이 비싸졌다'는 말이 아니라 '돈의 가치가 하락했다'는 것이다.

그렇다면 물가를 잡기 위해 '돈의 양'을 조절하면 된다[151]고 생각할 수도 있겠지만 안타깝게도 자본주의 사회에서는 '돈의 양'이 끊임없이 많아져야만 하기 때문에 이 '돈의 양'을 조절할 수 있는 힘이 없다. 역설적으로 돈의 양이 많아지지 않으면 우리가 살아가는 자본주의 사회는 제대로 굴러갈 수 없다.[152]

라. 정부의 '물가안정대책'

자본주의 하에서 물가는 지속적으로 오를 수밖에 없다. 그런데도 불구하고 정부는 지속적으로 '물가안정대책'이라는 것을 내놓는다. 정부의 이러한 대책은 '물가상승'의 속도를 다소간 '억제'할 수는 있지만, 근본적으로 물가 자체를 낮추거나 고정시킬 수는 없다.[153]

사실 정부의 공공요금 억제나 세제상의 특혜, 유통구조의 개선을 통한 물가안정대책 등은 그 자체가 자본주의의 시장원리에 부합하지 않기 때문에 광범위하게 적용할 수 없다는 한계가 있다.[154]

3. 은행의 신용창조

가. 돈은 신용이다

고객이 은행에 예금(deposit)을 하면 그 돈을 은행에서 '보관'하고 있다고 생각하지만 은행에 대해서 너무도 모르기 때문에 하는 착각에 불과하다.

그리고 흔히 '돈은 조폐공사에서 찍어낸다'고 말하지만, 실제 우리가 실물로 만지는 돈은 전체 돈의 극히 일부에 불과하다. 나머지는 우리가 만질 수 없는 돈, 즉 숫자로만 찍히는 가상의 돈이다. 사실 대부분의 돈은 눈에 보이지 않는다.[155]

사람들은 정부 인쇄기를 보고 정부가 돈을 만든다고 생각하지만 그게 돈을 만드는 방식이 아니다.[156]

나. 은행에 의한 신용창조

그렇다면 도대체 돈은 어떻게 만들어지는 것일까? 그 비밀은 은행이 예금을 받고 대출을 해주는 과정에 있다.

예를 들어 B가 100원을 집에 있는 금고에 그대로 넣어두면 아무리 많은 세월이 지나도 100원은 그냥 100원에 머물러 있을 뿐이다. 그런데 만약 B가 100원을 은행에 예금한다고 생각해보자. 여기서 100원은 은행 밖에서 예금이 들어와 생긴 것으로 본원적 예금(primary deposit)이라고 부른다.[157] 그러면 은행은 그중 10원만 남기고 나머지 90원은 A라는 사람에게 대출해 주는데, 이렇게 되면 예금자 B의 통장에 이미 100원이 찍혀 있을뿐더러 A라는 자금수요자(대출을 받는 사람)의 대출통장에도 90원이 찍힌다. 이렇게 되면 A도 90원을 쓸 수 있게 되니, 예금자 B와 자금수요자 A가 동시에 쓸 수 있는 돈이 갑자기 190원이 된다. 결과적으로 100원의 예금이 대출이라는 과정을 거치면서 90원이라는 새로운 돈이 만들어진 것이다. 이렇게 대출을 통한 통화공급에 의하여 증가된 것을 파생적 예금(derivative deposits),[158] 이렇게 난데없이 생긴 90원을 '신용통화(credit currency)'[159]라고 부른다.

이것이 가능한 이유는 은행이 100원의 예금을 받으면 10%만 남기고 다시 90원을 대출해도 된다는 정부의 허락(허가) 또는 약속이 있기 때문이다. 1963년 미국 연방준비은행(FRB)에서 만든 업무 매뉴얼인 『현대 금융 원리: 은행 준비금과 수신 확대 지침서』에 따르면, 은행은 10%의 돈을 '부분지급준비율'로 은행에 준비해 둬야 한다고 규정하고 있다. 이는 '예금한 고객이 다시 돈을 찾아갈 것을 대비해 은행이 쌓아둬야 하는 돈의 비율'을 말한다. 이를 간단하게 '지급준비율(rate of reserve requirement)'이라고 말한다. 실제의 돈보다 더 많은 돈이 시중에 있는 것은 이러한 '지급준비율'때문이다. 제프리 마이론(Jeffrey Miron)[160] 교수는 여기에 대해 "예금액 대부분은 은행에 존재하지 않고, 거의 다 대출[161]되었으므로 은행에 두는 지급준비율은 통상 10% 정도"라고 설명하고 있다.

우리가 은행에 예금한 돈은 결코 은행이 '보관'하고 있지 않다. 다만 나의 통장에 그 금액만큼의 숫자가 찍혀 있을 뿐이며, 나머지 90%의 돈은 다른 사람에게 대출이 되는 것이다.[162] 은행이 하는 일의 본질은 '없던 돈을 만들어내는 일'이라고 할 수 있다.

다. 지급준비율과 통화량의 증가

그렇다면 과연 돈은 어느 정도까지나 불어날 수 있을까. 예를 들어 100억을 예금했다고 가정해 보자. 정부가 지급준비율을 10%라고 정해줬다면, 은행은 그중 100억의 10%인 10억을 놔두고 나머지 90억을 또 다른 B은행에 대출해 준다. B 은행은 다시 10%인 9억을 놔두고 81억을 C은행에 대출할 수 있다. 다시 여기서 10%를 놔두고 D은행에게, D은행은 다시 E은행에게, E은행은 다시 F은행에 계속해서 대출할 수 있게 된다. 그 결과 애초에 있던 100억부터 합하면 100억＋90억 ＋81억＋72억＋65억＋59억＋……, 이렇게 총 1천억이라는 엄청난 돈이 새롭게 '창조'되는 것이다.[163] 결과적으로 돈이란 우리가 서로 주고받는 그 무언가가 아닌, 은행이 창조해 낸 결과물이다. 이렇게 있지도 않은 돈을 만들어내고 의도적으로 늘리는 일련의 과정을 우리는 '신용창조', '신용팽창'등의 용어로 부른다. 그러므로 돈은 실제로 이론상 은행에 있는 것으로 우리 눈에 거의 띄지 않고, 단지 "컴퓨터 화면에 입력된 숫자"로만 나타난다. 더 나아가서 모든 돈은 "지불에 대한 약속이고 신용"이라고도 할 수 있다.[164]

통화량과 물가가 어떤 상관관계를 맺고 있을까? 우리나라의 통화량 증가 그래프와 물가 상승 그래프를 보면 두 곡선이 거의 일치하고 있다. 통화량이 증가해서 화폐가치가 떨어지고 물가가 오르는 경제현상을 통화팽창, 즉 인플레이션(inflation)이라고 말한다.[165]

결국 자본주의의 경제 체제는 '돈으로 굴러가는 사회'가 아니라 '돈을 창조하는 사회'라고 해야 보다 정확하고 그러한 사회를 만들어가는 가장 핵심에 바로 '은행(bank)'이 있다.[166] 금융자본주의 시스템은 은행을 중심으로 돌아가는 것이다.[167]

4. 은행업자(은행가)의 탄생과 은행의 기본적 기능

가. 은행가의 시조: 은행가가 된 금세공업자 이야기

캐나다의 경제학자 찰스 넬슨(Charles Nelson)은 그의 책 『거시경제학(Macro-economics)』에서 은행의 시초라고 할 수 있는 영국 금세공업자와 관련된 이야기를 자세하게 다루고 있다.

지금처럼 사용하는 화폐라는 것이 없었고 금 자체가 돈이었던 17세기 영국의 도시에서 자주 있었던 이야기다. 당시 사람들은 금을 녹여서 만든 화폐, 즉 '금화'

를 제조해서 일반적인 화폐로 통용하였지만 값비싼 금이다 보니 집안에 보관하거나 늘 휴대하기에도 불안한 점이 있어서 자신이 소유한 금을 보관하기 위해 커다랗고 튼튼한 금고를 가지고 있었던 금세공업자의 금고를 빌렸다. 그런데 사람들이 금세공업자에게 금을 가져다주면 금세공업자는 일정한 금액의 보관료도 함께 받으면서 금을 받았다는 증거로 휴대하기 쉽고 도난 우려가 없는 종이 영수증인 보관증(claim check)을 써주었고, 보관증을 가져오면 언제든지 다시 금을 내주겠다고 약속했다. 이 영수증은 나중에 은행권(bank note)이라 불리게 되었다. 그런데 그때부터 사람들은 금을 교환하지 않고 금보관증을 교환하기 시작했다.[168] 금보관증이 일시적이나마 화폐(note, bill)로서의 역할을 담당했던 것이다. 그런데 금세공업자는 어느 날 갑자기 '사람들은 자신이 맡긴 금화를 한 번에 모두 찾으러 오지 않고, 또 여러 사람이 한꺼번에 몰려오지도 않는다는 사실을 깨닫고, 사람들이 자신에게 맡겨둔 금화를 다른 사람에게 빌려주고 이자를 받는 '재치'를 발휘하기 시작한 것이다.[169]

그러나 사람들은 금세공업자가 갑자기 많은 돈을 버는 것을 수상하게 여겼고, 얼마 가지 않아 사람들이 맡긴 금화로 대출해 주고 이자를 받으면서 배를 불린다는 사실을 알게 되자, 사람들은 금세공업자에게 몰려가 항의했지만, 이 때 금세공업자는 또 다시 금화를 대출해 이자를 받으면, 그중 일부를 나눠주겠다는 재치를 발휘했다.[170]

금세공업자는 자신의 금고에 금화가 얼마나 들어 있는지 아는 사람은 아무도 없다고 속단하고 금고에 있지도 않은 금화를 있다고 하면서 마음대로 금보관증을 남발하기 시작했다. 한편, 당시 현명한 금세공업자들은 금고의 금보다 10배나 많은 보관증을 발행했는데, 통상적으로 사람들이 10%의 금만 찾으러 온다는 사실을 알았기 때문이고, 바로 이것이 바로 10% 지급준비율의 토대가 되었다.

위탁관리를 맡긴 금화폐를 허가 없이 다른 사람에게 빌려 준 행위에 분노한 예금주들이 은행가를 상대로 소송을 제기하자 영국 법원에서는 이 문제를 다루었는데, 이 사건이 은행계좌(bank account)의 근본적인 성격이 무엇인지를 다룬 유명한 1848년 폴리 대 힐(Edward Thomas Foley vs. Thomas Hill and Others) 사건[171]이다. 현재 대법원의 역할을 한 상원(House of Lords)은 이 사건에서 "예금주가 은행에 화폐를 저축하면 그 돈은 예금주가 아닌 은행가에게 속하게 된다. 은행가는 예금주가 요구하면 언제든지 상응하는 금액을 돌려 줄 의무가 있다. … 은행은 … 예금주의 돈을 위험한 처지에 빠뜨렸든 해로운 투기를 했든지간에 답

변할 의무가 없고, … 그렇지만 계약에 구속받기 때문에 예금주가 저축한 금액에 대해서만큼은 의무가 있다"라고 판결하였다. 이 판결은 영미법계 국가 금융역사에서 대단히 중요한 전환점이 되었다.[172]

　결국 금세공업자는 존재하지도 않는 금화의 이자수입까지 받아낼 수 있었고, 얼마 가지 않아 엄청난 부를 축적한 은행업자(banker)로 대변신을 하게 된다. 그제야 사람들은 금세공업자를 의심하기 시작했고, 몇몇 부유한 예금주들은 자신의 금화를 모두 가져가버렸다. 바로 '뱅크런(bank-run)'이 발생한 것이다.

　그런데 이 '뱅크런'은 초기에는 은행업자들에게 큰 위기로 다가왔지만, 나중에는 오히려 더욱 많은 부를 축적해 더욱 본격적인 은행업자로 대변신할 수 있는 절호의 기회가 되어 주었다. 1680년 경 프랑스와의 9년이라는 오랜 전쟁으로 많은 금화가 필요했던 영국 왕실은 은행업자들에게 '가상의 돈을 만들어 대출 영업을 할 수 있는 특별한 권한'을 허락해 주었다. 은행업자의 이름에 흔히 들어간 'Chartered'라는 말은 바로 '면허받은', '공인된'이라는 뜻이다. 풀어서 이야기하면 '정부로부터 가상의 돈을 찍어낼 수 있는 면허를 받았다'는 의미다. 당시 영국 왕실은 금 보유량의 약 3배까지 대출할 수 있도록 허가해 주었고 그때부터 은행업자와 정부 간의 '은밀한 관계'가 시작됐다. 이것이 영란은행이 탄생한 역사이다. 그 당시 왕은 프랑스와의 오랜 전쟁을 하고 있었기 때문에 전비를 마련하기 위해 돈을 빌려야 했고, 상인들은 전쟁을 통해서 무역로가 확보되고 또 영토가 확장되기를 원했기 때문에, 이해관계가 합치한 런던상인들과 왕 사이, 즉 자본가들과 국가 사이의 거래로 영란은행이 설립된 것이다. 이 거래로 상인들은 1680년 당시로서는 정말 큰돈이었던 2백만 파운드를 왕에게 빌려줬는데, 이것은 단지 돈을 갚겠다는 약속에 불과한 것이었지만 그게 은행의 자산이 되었고, 이러한 자산을 기반으로 영란은행은 2백만 파운드의 지폐를 새로 발행했다. 영란은행 지폐의 가치는 왕이 이 돈을 갚을 거라는 약속에 기반하고 있었고, 바로 이런 영업이 은행업의 기초가 되었다. 영란은행에 대해서는 제2장 은행 부분에서 다시 자세하게 설명한다.

나. 은행 대출과 뱅크런 문제

　'지급준비율'의 전제는 바로 '많은 사람들이 은행에 예금한 돈을 한 번에 모두 꺼내가지는 않는다'는 점이다. 그러나 모든 사람들이 같은 날 예금한 돈을 전부 인출하기로 한다면 은행은 파산하는데, 이것이 금융위기 때 일어나는 현상이다.[173] 은행에 돈을 맡겨둔 '모든 사람'이 '한꺼번에' 돈을 찾아가는 것을 '뱅크런

(bank-run)'이라고 부르며 뱅크런이 있게 되면 진술한 바와 같이 은행은 즉각 파산하게 된다.

그러나 보통 때 은행이 뱅크런을 염두에 두지 않는 것은 웬만큼 심각한 부실상태가 아니고서는 이런 일이 거의 일어나지 않는다. 그러므로 2008년 미국 금융위기 때 파산한 리먼브라더스 사태, 2011년 한국의 저축은행 영업정지 사건 같은 일들이 있을 때마다 언급되는 것은 이것 저것 위험한 대출상품을 판매하다 위기를 불러일으키는 금융권의 탐욕과 도덕성이다.

다. 은행업의 본질: 남의 돈으로 돈을 번다

은행이 『은행법』 등 관계법령에 따라 설립되면 은행은 전례에 따라 지급준비율을 이용해 금고에 돈이 없어도 정부가 허가하는 비율만큼 마음대로 돈을 불릴 수 있다. 사실 은행이 하는 비즈니스는 아주 독특한 것이다. 대개의 비즈니스란 이미 만들어진 상품을 팔거나 서비스를 제공하는 것이다. 하지만 놀랍게도 은행은 '존재하지 않는 것'을 판다. 즉, 가상의 것을 부풀리고 주고받음으로써 현실의 돈을 벌어들이는 것이다. 그러므로 은행은 '꼭 실제의 돈을 보유할 필요는 없지만 예금자에게 '당신이 원하면 즉시 내주겠다'고 약속하고, '남의 돈'을 가지고 돈을 버는 금융회사(financial company)이다.[174] 결국 은행은 자기 돈으로 돈을 버는 것이 아니라 남의 돈으로 돈을 창조하고, 이자를 받으며 존속해 가는 회사인 것이다. 바로 이것이 우리 사회가 빚 권하는 사회가 된 이유이다.[175]

5. 중앙은행의 기능

가. 중앙은행의 역할

지급준비율이 낮을수록 은행에는 더 적은 돈만 남겨지게 되므로 은행은 더 많은 돈을 불릴 수 있다. 그런데 우리나라에서는 중앙은행인 한국은행이 지급준비율을 결정하고, 법정 지급준비율은 10%이다. 시중은행이 대출을 해서 돈을 불릴 때 그 원금은 중앙은행에서 나온다.[176]

미국 뉴욕대 금융사학과 리처드 실라(Richard Sylla)[177] 교수는 "중앙은행은 재정적으로 경제를 안정시키고 불황을 줄이기 위한 금융기관인데, 현대 경제에서 중앙은행은 경제를 안정시키기 위해 통화량(money supply)을 관리[178]한다."고 설명하고 있다.

중앙은행은 돈이 지나치게 부족해지거나 너무 많아지면 이자율(기준금리)을 통제하는 방법으로 시중의 통화량, 즉 돈의 양을 조절한다. 이것이 중앙은행이 통화량을 조절하는 첫 번째 방법이다. 우리나라의 중앙은행인 한국은행은 1999년부터 이자율을 높이거나 내리는 방법을 사용해 시중에 있는 돈의 양을 조절해 왔다. 이자율을 낮추면 시중의 통화량이 증가하고, 반대로 이자율을 높이면 통화량은 줄어들게 된다.[179]

은행도 돈이 부족할 때는 한국은행에서 돈을 빌려야 한다. 그런데 이자율이 낮으면 은행은 돈을 더 빌려도 된다고 생각한다. 은행이 돈을 많이 빌려 많이 보유하고 있으면 자연스럽게 사람들에게 대출해 줄 수 있는 돈도 많아진다. 사람들 역시 이자율이 낮으니까 부담을 덜 느끼고 돈을 더 많이 빌린다. 이렇게 되면 시중에는 돈이 늘어난다. 즉, 이자율이 낮으면 시중에서 유통되는 돈의 양이 늘어난다는 이야기다.

반대로 이자율이 높으면 은행은 선뜻 한국은행에서 많은 돈을 빌리기가 망설여진다. 따라서 은행에도 돈이 부족해지고, 사람들에게 대출해 줄 수 있는 돈도 부족하다. 또 내야 할 이자가 많기 때문에 사람들도 섣불리 많은 돈을 빌릴 수가 없다. 따라서 시중에는 돈의 양이 줄어드는 것이다.

나. 통화량을 늘려야 하는 이유

중앙은행은 이자율을 통제하는 간접적인 방법 외에도 직접 새로운 화폐를 찍어내어 통화량을 조절하는 또 하나의 방법을 가지고 있다. 미국의 2008년 금융위기 이후 '미국 FRB 양적완화 단행', '올 하반기 양적완화 축소' 등의 뉴스를 많이 들을 수 있었다. "양적완화(quantitative easing)"를 단행했다는 것은 심각한 위기 상황에서 통화량을 늘리기 위해 미국 중앙은행이 달러를 더 많이 찍어냈다는 의미다. 이자율을 낮춰서 경기를 부양하는 것이 한계에 부딪혔을 때 중앙은행은 직접 화폐를 찍어내서 국채(government bond)를 매입하는 방법으로 통화량을 늘린다.

중앙은행이 이렇게 통화량을 조절하기 위해 돈을 찍어낸다고 말했지만, 사실 중앙은행이 계속 돈을 찍어낼 수밖에 없는 이유는 따로 있다. 그것은 바로 '이자(interest)' 때문이다.

다. 은행 시스템에서 이자의 존재

그렇다면 이자는 은행시스템을 본질적으로 구성하는 부분인가? 그러나 자본주의 시스템 안에 '이자(interest)'라는 것이 계산되어 있지 않다. 왜냐하면 은행은 대출을 통해 돈을 만드는 것이지 이자를 위해 돈을 만들지 않고, 더구나 대출해 준 금액보다 항상 더 많이 돌려받는데 그것은 바로 스스로의 신용에 이자를 내고 있는 셈이다. 로저 랭그릭(Roger Langrick)은 '새로운 천년을 위한 통화시스템(A Monetary System for the new Millenium)'이라는 논문에서 "자본주의 체제의 금융시스템에는 애초에 이자라는 것이 없고, 이자를 갚을 수 있는 방법은 바로 중앙은행이 이자에 상당하는 돈을 찍어내고, 그 돈을 다시 이자를 내야 하는 시민에게 대출하는 것이다."라고 쉽게 설명하고 있다.[180] 결국 은행시스템에는 이자라는 것이 없기 때문에 중앙은행이 할 수 없이 돈을 찍어낼 수밖에 없다는 것이다. 하지만 이자와 과거의 대출을 갚는 유일한 방법은 은행이 더 많은 대출을 주는 것임에도 불구하고 바로 이것이 통화량을 팽창시키고 통화의 가치를 떨어뜨리는 요인이 된다.

결국 중앙은행은 '시중의 통화량을 조절한다'는 임무를 가지고 있지만, 은행도 중앙은행도 자본주의 시스템 안에서 지속적으로 돈의 양을 늘리면서 인플레이션에 기여를 하고 있는 셈이다.

6. 인플레이션 거품산화와 다가오는 금융위기

가. 화폐발행의 한계

중앙은행은 무제한으로 돈을 찍어낼 수 있을까? 제프리 마이론(Jeffrey Miron) 교수는 "정부가 지폐의 수를 늘리고 돈의 양이 늘어나면 각각의 지폐는 가치가 낮아지게 되고 결국 같은 돈으로 살 수 있는 것이 적어지기 때문에 인플레이션이 오게 된다."고 설명한다.

자본주의 사회에 '은행'이 있고 '중앙은행'이 있는 한 돈이 많아질 수밖에 없고, 이러한 통화량(돈의 양)의 증가는 물가상승의 원인이 되며 뒤

▶ 존 메이나드 케인즈

이어 인플레이션이 따라온다. 이것은 결코 피해갈 수 없는 치명적인 현상인 셈이다.

20세기의 가장 위대한 경제학자 중의 한 명인 존 메이나드 케인즈(John Maynard Keynes)[181]는 인플레이션과 관련하여 "연속되는 인플레이션 과정에서 정부는 비밀

리에 국민의 재산을 몰수할 수 있다. 이 방법을 쓰면 마음대로 국민의 재산을 뺏을 수 있다. 다수가 가난해지는 과정에서 소수는 벼락부자가 된다.[182]"라고 하였다.

앨런 그린스펀(Alan Greenspan)[183]도 1966년에 "금본위제가 사라진 상황에서는 어떤 방법으로도 국민의 재산이 인플레이션에 먹히는 것을 막지 못한다[184]"라고 말했다. 신자유주의의 산실인 오스트리아 학파는 통화팽창의 근원인 은행의 부분준비금제도를 '가짜 돈을 찍어내는 행위'라고 묘사[185]하고 있다.

그런데 통화팽창은 두 가지 문제를 유발한다. 하나는 화폐 구매력(purchasing power)을 하락시키고, 하나는 부의 재분배이다. 이러한 인플레이션의 위험성은 한 나라의 국가 경제를 최악의 상태로 몰고 갈 수도 있다. 2008년 아프리카 짐바브웨에서는 물가 상승이 국가의 통제력을 벗어나 최고 2억 3천100만%라는 상상을 초월하는 '하이퍼인플레이션(hyperinflation)'이 발생했다.[186]

그 전에도 1920년대 1차 세계대전에서 패배한 독일에서 물가가 1년 전에 비해 7천 500배를 넘어서 2개월 뒤에는 24만 배, 3개월 후에는 75억 배로 뛰는 하이퍼인플레이션이 발생한 적이 있었다.[187]

물론 독일의 경우에는 패전이라는 특별한 상황에서 발생한 하이퍼인플레이션이었지만, 국가가 통화량을 무한정 늘릴 때 어떤 결과가 일어나는지 단적으로 보여주는 사례라고 할 수 있다.[188]

한편, 통화량이 급격히 늘어나 물가가 오르는 인플레이션 뒤에는 모든 것이 급격하게 축소되는 '디플레이션(deflation)'이 따라온다. 이것은 계속해서 커져가던 풍선이 결국에는 터져 다시 쪼그라드는 것과 비슷하다. 디플레이션은 인플레이션의 반대 현상으로서 일반물가 수준이 하락하는 것을 뜻한다. 상황의 심각성 속에서 소비를 줄이게 되고, 이렇게 소비(수요)가 줄어들면 공급도 줄어들면서 기업활동이 위축되어 한마디로 그간 폭주하며 내달리던 경제에 갑자기 브레이크가 걸리면서 모든 것이 붕괴 직전의 상황으로 돌변하게 되는 것이다.

그러나 더 큰 문제는 이러한 디플레이션이 시작되면서 '돈이 돌아가지 않는다'는 점이다. 기업은 생산과 투자, 일자리를 동시에 줄이기 시작하고, 서민들은 벼랑 끝으로 내몰린다. 2008년 미국 금융위기 후 현재 세계의 신용은 무너졌고, 세계경제는 여전히 디플레이션에서 헤어나지 못하고 있다. 유럽연합(EU: European Union)을 보면 쉽게 알 수 있듯이 세계의 여러 국가가 빚에 허덕이고 있는데, 그 이유는 바로 빚과 이자를 갚을 돈이 충분하지 않기 때문이다.

나. 경기변동의 불가피성

1차 세계대전 후의 독일의 경우와 같이 극단적인 경우가 아니라도 자본주의 사회에서는 지속적으로 인플레이션과 디플레이션(deflation)이 반복된다. 밀튼 프리드만(Milton Friedman)이 지적한대로 인플레이션은 언제 어디서나 항상 화계적인 현상(monetary phenomenon)이다. 한편, 디플레이션은 물가가 지속적으로 하락하는 현상을 의미한다. 디플레이션이 발생하면 통화 가치는 상승하고 실물자산 가치는 하락함에 따라 인플레이션과 반대 방향으로 소득과 부의 비자발적 재분배가 발생한다.[189]

이와 같이 자본주의 사회에서는 인플레이션과 디플레이션(deflation)이 반복되어 경기변동이 생기는 것은 불가피한 현상일까? 이러한 경기변동을 예측할 수는 없을까? 러시아의 경제학자 니콜라이 콘드라티예프(Nikolai D. Kondratiev)는 1925년 자본주의 경제 환경에서 48~60년마다 반복되는 위기가 만들어지는 장기 경기 순환주기가 있다는 사실을 발견했다. 또한 금세기의 가장 대표적인 경제학자 중 한 명인 조지프 슘페터(Joseph Alois Schumpeter)[190] 역시 자본주의 경제는 물결처럼 상승과 하강을 반복한다고 주장하면서 콘드라티예프가 발견한 순환주기를 '콘드라티예프 파동'이라고 이름 붙였다.

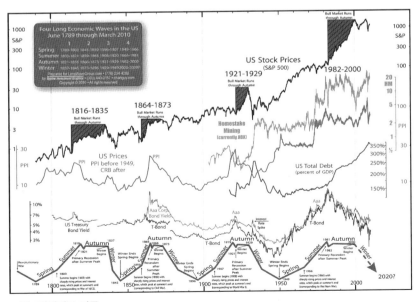

▶ 콘드라티예프 파동

콘드라티예프 파동 그림에서 하단 그래프(올라갔다가 내려 오는 것을 반복하였다)는 1789년부터 2007년 사이의 미국의 경기변동을 나타내 준다. 이렇게 주기적으로 인플레이션-디플레이션이 반복되는 이유 중 가장 큰 이유는 물론 앞서 말한 대로 통화량이 계속 늘어나기 때문이다.[191] 제프리 마이론 교수는 "미국 소비자들과 다른 나라의 많은 소비자들이 지나치게 낙관적이 되어 위험이 존재한다고 믿지 않았고, 스스로를 위험으로부터 보호하기 위한 적절한 조치를 하지 않았다."고 설명한다. 그리스와 유럽 국가들 역시 지나치게 너무 많은 돈을 지출하면서 결국에는 금융위기를 맞았다고 할 수 있다.[192] 제프리 마이론 교수는 또, "유럽과 미국의 경제는 전반적으로 주요 부분에 있어서 매우 흡사해서 그리스의 결정적인 문제는 매우 낮은 이율로 자금을 빌릴 수 있었고 그렇기 때문에 그 빌린 자금을 생산적인 투자가 아닌 곳에 썼다"고 설명한다.

인플레이션 후에 디플레이션이 오는 것은 숙명과도 같은 일이다.[193] 이것은 자본주의가 가지고 있는 부인할 수 없는 '숙명'이다. 엘렌 브라운은 "미국은 일본과 마찬가지로 인플레이션이 아니라 디플레이션을 겪고 있고, 많은 양적완화를 시도했음에도 통화량을 올리지 못했다."고 고백하고 있다.

자본주의 체제에서 '이자가 없다'는 말은 '누군가 파산 한다'는 말과 같은 뜻이라고 할 수 있다. 모든 돈이 빚에서 시작되기 때문이다. 그러므로 자본주의 사회에서 '경쟁(competition)'이라는 것은 필연적일 수밖에 없다.

미국만의 이야기가 아니다. 2013년 8월 중앙일보는 '1% 부자도 중산층도 소비 빙하기'라는 기사를 내보냈다. 한국의 가처분소득(可處分所得, disposable income) 대비 가계부채 비율이 164%라며 일본의 132%, 미국의 120%보다 높다고 지적한 것이다. 안타깝지만 이것이 우리가 살아가고 있는 사회의 시스템이다.

7. 은행의 비밀

가. 빚이 없으면 돈도 없다

돈은 '빚'이다. '빚'이 없으면 은행도 없다. 엘렌 브라운은 "오늘날 돈은 금과 무관하고, 은행은 통화 시스템을 부풀리는 '야바위 게임(속임수로 돈을 따는 게임)'을 하고 있다."고 토로한다. 루스벨트 정권 당시 FRB의장을 지냈던 매리너 애클스(Marriner Eccles)[194]도 "우리의 통화 시스템에 빚이 없으면 돈도 없다."고 말하고 있다. 그런데 자본주의에서 돈이 있는 사람들은 이 '빚' 때문에 더 많은 돈을 벌고, 돈이 없는 사람들은 바로 이것 때문에 더욱 더 깊은 파멸에 이른다. 참으로 역설이 아닐 수 없다. 2008년 미국에서 발생한 '서브프라임 모기지론 사태' 역시 같은 맥락이다.[195] 돈이 별로 없던 저신용자들이 고급 주택을 구매했다가 가격이 오르면 되팔아 큰 돈을 쉽게 벌 수 있었기 때문에 이러한 금융거래가 처음에는 상당히 성공적인 것처럼 보였다.[196] 하지만 계속해서 오르던 부동산 가격이 어느 순간 그 거품이 터져버렸고, 이것이 금융위기의 원인이 되고 말았다.

나. 은행가를 위한 은행가에 의한 시스템

금융위기가 돈을 갚을 수 없는 저신용자에게 대출을 확대한 은행에 큰 책임이 있다고 할 수 있을지 모르지만 모든 책임이 은행의 단순한 실수가 아니다. 돈이 넘쳐나는 인플레이션이 막바지에 이른 상황에서 은행은 생존을 지속하기 위해 저신용자에게까지 눈길을 돌려 은행의 상품, 곧 대출을 할 수밖에 없었던 것이다. 자본주의 사회에서 은행이 돈 갚을 능력이 없는 사람에게 돈을 빌려주는 것은 '사회적 약자에 대한 배려'의 차원이 아니라 자본주의 체제 안에 내재된 법칙이며, 또한 약자를 공멸로 몰아가는 비정한 원리이다. 이제 부동산 가격이 추락하니 빚을 갚지 못하는 사람들이 속출하게 되었다. 이렇게 세계적인 금융위기라고 부르는 디플레이션이 본격적으로 시작된 것이다.[197]

우리는 '민주적인 시스템이 아닌, 은행가를 위한, 은행가에 의한 민간은행 시스템'에서 살아갈 수밖에 없는 운명에 처한 것이다.

쑹훙밍은 그의 책 『화폐전쟁』[198]에서 "금융재벌들은 경기가 과열되는 과정에서 심각한 거품 현상을 발견하면 마치 어항에 물을 붓듯 시중에 돈을 풀어 경제주체에게 대량으로 화폐를 주입했다. 금융재벌들이 수확의 시기가 왔음을 알고 어항의 물을 빼면, 물고기들은 잡혀 먹히는 순간을 기다리는 수밖에 없다."라고 금융재벌을 비난하고 있다.

8. 달러가 세계경제를 움직이는 위력

가. 미국경제의 세계경제에 대한 영향력: 미국이 재채기하면 세계가 감기 걸린다

2008년 금융위기 전 세계로 퍼져나갈 때 뉴스와 신문에서는 미국의 연방준비은행(FRB)이 무엇을 했는지, 미국의 경제 상황이 어떤지, 그래서 우리나라의 전망은 어떤지 분석하는 기사를 쏟아냈다.

우리나라는 자원이 거의 없다. 석유도, 철광석도, 나무도 거의 다 수입한다. 이런 걸 사려면 달러가 필요하다. 국제 거래에 통용되는 결제 수단을 기축통화(基軸通貨, world currency, supranational currency)라고 하는데, 달러가 바로 기축통화인 것이다.

존 스틸 고든은 "2008년 미국의 금융 문제가 전 세계로 퍼져 나갔던 이유는 미국이 세계 총생산량의 25%를 생산하는 경제대국이기 때문이다. '미국이 재채기하면 세계가 감기에 걸린다'는 말이 있다. 미국은 가장 큰 수입국이고 가장 큰 수출국으로서 전 세계와 무역한다."고 말한다.

전 세계에는 200여 개에 이르는 국가가 있는데 미국이라는 단 한 개의 국가가 4분의 1에 해당하는 총생산량을 담당한다는 것은 정말로 '엄청나게 많은 양'이 아닐 수 없다. 그렇다면 우리나라 경제도 결국에는 미국이 움직이는 방향에 따라 큰 영향을 받을 수밖에 없다.

나. 달러가 기축통화가 된 역사: 달러가 세계를 지배하게 된 이유

1944년 7월 미국을 중심으로 44개 연합국의 대표가 미국 뉴햄프셔주 브레튼우즈에 모여 외환금융시장을 안정시키고 무역을 활성화시킨다는 목적으로 '브레튼우즈 협정(Bretton Woods Agreement)'[199]을 맺었다. 35달러를 내면 금 1온스를 주겠다는 약속을 하면서 세계 각국의 통화를 달러에 고정시킨 것이다.[200] 바로 이때가 미국의 달러가 전 세계의 기축통화가 된 시점이다.

그런데 베트남 전쟁이 시작되고 달러 가치가 하락하자, 세계 많은 국가는 '우리가 가지고 있는 달러를 금으로 바꿔 달라'고 하는 요구가 많아졌고, 그 결과 미국이 보유하고 있던 금의 양이 크게 떨어지기 시작했다. 미국은 돈을 더 찍어내고 싶었지만 금을 확보하기가 힘들었다. 이렇게 되자 마침내 1971년 미국의 닉슨 대통령은 일방적으로 "미국 달러를 보호해야한다"는 이유로 '금태환제(금본위제: Gold Standard System)'[201]를 철폐하겠다는 성명을 발표했다. 더 이상 달러와 금을 바꿔줄 수 없음을 선언한 것이다.[202] 이 사건은 달러의 위상을 근본적으로 변화시키는 계기가 되었다.[203]

1971년은 달러가 금으로부터 자유로워진 역사적인 해라고 할 수 있다. 이때부터 미국이 원하기만 하면 얼마든지 돈을 만들 수 있게 됐다는 의미이기도 하다.[204] 사실 이는 거의 '혁명'과도 같은 일이었다. 이것은 금으로부터 자유로운 진정한 명목화폐(fiat money)[205]의 출현이었고 이는 '세계 역사상 가장 큰 경제적 사건'으로 기록되고 있다.[206]

그렇다면 세계 기축통화인 달러는 누가 발행할까? 달러를 발행하는 곳은 미국 연방준비은행(FRB: Federal Reserve Bank)으로 우리나라의 한국은행과 같은 중앙은행이다. 그런데 여기서 착각하지 말아야 할 것이 있다. 돈을 발행하는 연방준비제도(FRS)는 민간은행의 연합이다.

FRB는 미국 정부를 고객으로 하는 몇몇 이익집단들이 단단히 결합된 모임일 뿐이다. 정부 예산을 쓰지 않으며, 정부 차원의 감시도 없다. 그들은 금이 없어도 되고 별도의 은행 거래 창구도 필요 없다. 그러나 미국 정부는 여기에 대한 권리를 갖지 못한 채, 그들도 어쩔 수 없이 민간은행에서 돈을 빌려야 하는 처지에 있는 것이다. 한마디로 세계경제를 쥐락펴락하는 것은 미국 정부가 아니라, 극소수의 금융자본가들인 것이다. 연방준비은행에 대해서는 제2장 제1절 은행의 탄생과 역할에서 자세하게 설명한다.

미국 하원 금융통화위원장이었던 라이트 패트먼(Wright Patman)는 그의 저서 『화폐입문(A Primer on Money)』에서 "연방준비은행은 완전히 돈벌이 기계다"라고 말했다.

다. 금융자본의 탐욕

1990년대까지만 해도 미국의 부동산경기는 과도한 열기가 있는 '버블(bubble)' 상태로 진입하지 않았다는 것이 대체적인 평가이다. 그런데 FRB는 2000년 6.5%였던 금리를 수차례 낮추면서 결국 1.75%까지 낮추었기 때문에 사람들은 쉽게 빚을 내서 투자해 보려는 과도한 희망을 가지고 빚을 내서라도 집을 사는 과도한 투기 열풍의 진원지가 되었다.[207] 그래서 FRB는 서브프라임 모기지론 사태를 오히려 더욱 부추겼다는 의혹마저 받고 있다.

1914년부터 1919년까지 FRB는 돈을 마구 찍어내서 소규모 시중은행에 거의 100% 대출을 해줬다. 그러나 1920년 FRB는 갑자기 그간 뿌린 돈을 마구잡이로 거둬들이기 시작했고 그 때문에 금융시장의 대혼란이 시작됐고, 빚더미에 오른 국민들은 파산하기 시작했다. 그러나 FRB는 다시 1921년부터 1929년까지 통화량을 늘렸고 국민들은 다시 엄청난 돈을 빌리게 되었지만 여기에는 '90%의 대출금은 24시간 이내에 반드시 갚아야 한다'는 무시무시한 덫이 있었던 것이다. 1929년 금융 자본가들은 또 다시 그동안 빌려준 대출금을 무지막지하게 거둬들이기 시작했고, 대출을 받아 주식 투자를 했던 은행과 개인들은 줄도산을 했다. 그렇지만 록펠러, 모건, 버나드 버럭 등의 여러 큰손들은 이미 주식을 대량으로 매각하고 주식 시장을 빠져나가고 난 후였다. 이 사태로 인해 1만 6천여 개가 넘는 금융회사들이 문을 닫았다. 탐욕스러운 금융자본가들은 거의 헐값이나 다름없는 가격으로 은행들을 집어 삼켰고 주식으로 막대한 부를 챙겼다.[208]

전 세계는 미국의 금융에 운명을 맡기고 있다. 그러므로 돈의 큰 그림을 보려면 미국의 금융정책을 알아야 한다. 존 스틸 고든(John Steele Gordon)은 "미국에 대한 의존도를 줄이자는 주장이 많이 있었지만 기축통화로 쓸 만큼 경제 규모가 큰 나라가 없기 때문에 당분간 세계는 미국에 고정된 것이다."라고 설명한다.

우리가 큰 그림 안에서 돈의 흐름을 보지 못한다면 결국 제자리에서 벗어날 수 없다. 우리는 나무가 아닌 숲을 보는 안목을 가져야 한다. 미국 사회가 어떻게 돌아가는지, 그래서 우리나라의 금융 정책은 어떻게 바뀔지 생각할 수 있어야 한다.[209]

제2장에서는 전형적인 금융회사인 은행을 필두로 금융기관에 대해 자세하게 살펴보자.

제 **2** 장

금융기관

제1절 은행의 탄생과 역할[1]

1. 은행과 은행가들

은행가들(bankers)이란 단어(gangster(폭력배)와 운을 맞추어서)는 1930년대 대공황에 휩싸인 시민들이 분노 속에서 탄생한 단어이다. 은행은 본래 자금중개서비스를 제공하여 화폐를 공급하고 상업과 거래를 활성화한다. 어쨌든 은행(banks)과 은행가들(bankers)은 수세기 동안 금융의 진화 속에서 살아남았고, 늘 중요한 위치를 차지했다. 그러나 은행은 2007년 금융위기로 정부의 구제금융을 제공받았고(bailed out), 불황인데도 아랑곳없이 은행가들은 높은 보수를 받았던 것이다. 그렇기 때문에 금융은 사람들로부터 불신을 받게 되었다.[2]

은행시스템이 여러 차례 경제 불황·공황을 초래했기 때문에 정부는 그러한 불안정성이 다시는 일어나지 않도록 정교한 규제들(regulations)을 만들어 이들의 실수를 최소화하려고 노력하였고, 은행도 스스로 지속적이고도 근본적으로 변화하면서 활동 영역을 넓혀왔다. 그렇게 되자 은행 규제기관들(bank regulators)은 은행을 규제하기가 점점 더 어려워졌다.

은행업무(banking)는 때로는 자산운용사(investment managers)와 못지않게 매우 위험한 투자를 하지만 은행은 마땅히 할 일을 하는 것으로 여긴다.[3] 은행은 진화하면서 유동성(liquidity)과 모럴 해저드(moral hazard), 선택적 편견(selection bias) 그리고 거래 서비스(transaction service)[4]와 같은 문제들을 대다수 사람들이 만족할 만한 수준으로 해결해 왔다. 이와 같이 은행은 역사적으로 사회의 기둥(pillar of the community)이었던 것이다.[5]

2. 은행의 역사적 기원

은행에 대한 가장 쉬운 비유는 금이나 돈을 보관하는 안전한 금고(safe or vault for storing)이다. 이 이미지가 우리 머릿속에 깊숙이 각인되어 은행은 안전하고 실용적인 투자 옵션으로 여긴다. 실제로 '은행'이란 단어는 15세기 '금고(safe)'라는 단어에서 유래한 것이 아니라, 고대 이탈리아어인 '방카(banca)'에서 유래했다. 영어로는 '벤치(bench)'로, 은행가들이 고객들 앞에서 돈을 세는 테이블을 지칭한다.

인류 최초의 은행은 고대 메소포타미아 지방에서 생겨났다. 그 당시 대부 시스템도 꽤 세련된 형태를 갖추어서 빚은 양도가 가능했고, 빚을 갚는 대상도 채권자가 아닌 점토판에 이름이 적힌 점토판 '소지자'에게 지급했으며, 점토판 영수증이나 환어음은 왕궁이나 사원에서 곡물과 여타 상품을 보관하는 사람 앞으로 발행됐다고 한다.[6]

▶ 슈메르인들의 점토판

오늘날 우리가 은행이라고 부르고 있는 형태의 모습을 본격적으로 갖춘 것은 14세기 이탈리아에서 볼 수 있다. 중세 시대에 기독교인에게 있어서 이자를 받고 돈을 빌려 주는 것은 하나의 죄악이었다. 그렇지만 어느 정도의 부를 쌓아올렸으면서도, 기독교를 믿지 않았던 유태인들이 자연스럽게 '방카(banca)'라는 테이블에서 대부업(금융업)을 하게 되었던 것이다.

그러나 실제로 근대적인 모습의 은행을 탄생시킨 것은 이탈리아 피렌체의 '메디치'라는 가문[7]이었는데, 이 가문은 1420년대 중반에는 세계 역사상 최초로 유럽 곳곳에 은행지점을 세워 해외로 진출하는 업적도 만들어 냈다.

그래도 현대사회에서 은행은 원래 어원보다는 여전히 돈을 넣어 둘 완벽한 금고의 이미지로 인식된다.

3. 영국의 영란은행과 미국의 연방준비제도의 탄생

가. 영란은행

그렇다면 중앙은행은 어디에서 처음 탄생하였을까? 영국은 1688년 명예혁명 이후부터 네덜란드의 윌리엄 3세(오렌지공 윌리엄)의 주도하에 영국 편에 붙은 신성로마제국, 스페인 등과 함께 프랑스의 태양왕 루이 14세와 9년 전쟁(1688~1697)을 치렀다. 1690년 7월 10일 75척의 프랑스 함대는 단 한척의

▶ 비치헤드 해전 광경

전함도 잃지 않고 비치 헤드(Beachy Head) 해전에서 56척의 영국과 11척의 네덜란드 연합 함대를 완파하였다.

그런데 당시에 돈은 금이나 은이었다. 사진은 세계 최초의 프랑(franc)화로서 장 2세(Jean Le Bon)가 백년전쟁 중 프와티에 전투에서 영국의 에드워드 흑태자에게 포로가 된 뒤, 그 몸값을 지불하기 위해 1360년 주조한 금화이다.[8]

▶ 최초의 프랑화

앞에서 본 바와 같이 프랑스와 9년 전쟁 중인 영국 왕실의 윌리엄 3세는 17세기 말 해군 건설을 위해 막대한 금이나 은이 필요하였으나 당시 그럴만한 금이나 은이 없었다. 결국 민간의 '장사치'들로부터 돈을 빌릴 수밖에 없었다. 그래서 영국 왕실은 1692년 흔히 하던 대로 연 10%라는 짭짤한 이자를 약속하는 국채(life annuity)를 발행했는데, 판매 총액은 1백만 파운드였다. 그런데 정작 팔린 액수는 고작 10만 8천 파운드에 정도로 목표액의 10분의 1에 불과한 액수였다.

당시 9년 전쟁이 일어나 윌리엄 3세는 국내에서도 정치적 기반이 약한 편이었고 또 전쟁에서 이겨 영국 왕위를 공고히 할지, 아니면 고향 네덜란드로 쫓겨날지 알 수 없는 일이었다. 그런 상태에서 평생 원금은 갚지 않고 이자만 연 10%씩 주겠다는 종이 쪼가리 국채를 믿고 윌리엄 3세에게 돈을 내줄 사람이 많지 않았던 것이다. 궁지에 빠진 영국 왕실은 이자를 14%까지 올려주겠다고 공표하였지만, 여전히 국채는 팔리지 않았다.

▶ 영국국채 consol

이렇게 되자, 1694년 영국 의회는 울며 겨자 먹기로 3년 전인 1691년 스코틀랜드의 사업가인 윌리엄 패터슨(William Patterson)이 내놓았던 영란은행(Bank of England)의 설립 제안을 받아들이게 된다.

그런데 영란은행이 흔히 국가 중앙은행의 효시로 알려져 있지만 이보다 먼저 1668년 설립된 스웨덴국립은행(Sveriges Riksbank)이 유럽 최초의 중앙은행이다.

1668년 민간상업은행인 팔름스트루크은행을 모태로 하여 의회 소유의 은행으로 설립되었다. 동 은행은 설립 초기에는 상업은행업무만을 취급하였으나 1709년 예금업무를 중지한 이후 은행권 발행을 주된 업무로 하였고, 1897년에는 은행권 발행의 독점권을 인정받았다.

▶ 윌리엄 패터슨

여기서 중요한 공통점은 영란은행이나 스웨덴국립은행이나 모두 국가 소유의 은행이 아니라 개인 주주들이 소유하는 사기업이라는 점이다.

영란은행이 설립되기 전에도 영국에는 여러 민간은행이 설립되어 활발히 영업을 하고 있었지만, 문제는 이런 은행들이 윌리엄 3세의 정부를 믿지 못하여 영국 정부에 돈을 꿔주지 않았다(즉, 국채를 사지 않았다)는 것이다.

패터슨의 제안은, 정부가 달라는 대로 얼마든지 돈을 꿔줄테니 대신 몇 가지 특혜를 받는 그런 은행을 설립하게 해달라는 것이었다. 이러한 제안에 따라 1694년 설립된 영란은행이 가진 특혜는 이런 것들이었다. ① 정부의 모든 대출을 관리할 독점권, ② 정부에게 돈을 대출해 줄 독점권, ③ 다른 은행을 합작으로 설립할 권리, ④ 영란은행이 파산하더라도 그 채무는 출자금 이하가 되도록 하는 유한책임제, ⑤ 국채를 담보로 하여 지폐를 발행할 권리였다.

한마디로 영국 정부의 돈줄을 쥐고 흔들 독점권을 달라는 것이었다. 당장 궁지에 처했던 영국 정부는 이 요청을 승인했고, 패터슨과 그 일당(런던의 금융가인 the City의 주요 멤버들)은 불과 12일 만에 120만 파운드의 출자금으로 영란은행을 설립하게 되었다. 정부에 대한 대출 조건은 연간 8% 이자에 연간 관리비용 4천 파운드였다. 정부로서도 나쁘지 않은 조건으로서 연 14%의 이자로도 모이지 않던 돈을 정부는 불과 8%에 빌릴 수 있게 되었다. 영국 왕실은 이렇게 빌린 돈의 3분의 2를 해군 건설에 투입하였다. 단, 이런 독점권은 영구적인 것이 아니라 12년에 한 번씩 갱신하는(charter renewal) 것으로 정해졌다. 이렇게 오늘날의 영란은행(Bank of England)이 탄생된 것이다. 요컨대 영란은행의 모델은 국채를 담보로 화폐를 발행하고 정부의 채권과 은행의 발권을 연동시켜 은행가들이 수익을 챙기는 방식이었다고 할 수 있다.[9]

한편, 프랑스 중앙은행은 나폴레옹의 유럽전쟁 이후 나폴레옹에 의하여 설립되었다. 나폴레옹은 자코뱅(Jacobin)과 왕당파 사이에서 암살 음모에 시달리며 동지이자 정적인 모로(Jean Victor Marie Moreau) 장군을 제거함으로써 국내 정치권력의 기반을 휘어잡은 다음, 근대 민법전의 기초가 된 나폴레옹법전(Code Napoléon)을 제정(1804년)하였고, 영국과의 아미엥 평화조약 체결하였으며, 아이티 노예 반란을 진압하였다. 나폴레옹이 직간접으로 관여한 그런 중요한 주춧돌 중의 하나가 바로 1800년 설립된 프랑스 은행(Banque de France)이다.

▶ 오늘날의 영란은행

▶ 프랑스 은행

프랑스은행은 설립 당시 민간상업은행으로 출발하였으나 설립 초기부터 중앙은행 총재를 정부가 임명하는 등 정부의 규제를 받았다. 1848년에 9개 지방 발권은행을 지점으로 흡수하면서 프랑스 전역에 대한 은행권 발행 독점력을 부여받았는데 프랑스은행권이 법화(legal tender)로 공식 인정된 것은 1945년 국유화 이후이다.

나. 미국의 연방준비은행

노예제도의 지속과 관련하여 벌어진 남북전쟁[10]은 1865년 북쪽의 에이브러햄 링컨(Abraham Lincoln) 대통령의 승리로 끝났다. 당시에는 미국 연방정부가 의회의 승인을 얻어 직접 화폐를 발행했다. 남북전쟁이 끝날 당시 필라델피아에서는 소매금융이 발달하였고, 뉴욕(월스트리트)에서는 모건 가문(Morgan family)과 쿤로브 가문(Kuhn Loeb family), 밴터빌트(Vanderbilt)[11] 등 가장 영향력이 큰 가문들이 금융산업과 철도, 운하 산업 등을 영위하고 있었다.

1900년대 초까지 연방정부의 권력이 제한적이었으므로 미국은 완전 자유방임주의 상태에 놓여 있었다. 정부가 경제에 간섭을 시작하려고 했을 때에는 이미 은행들은 미국 경제에 굉장한 영향력을 가지고 있었다. 그 중 일부 은행은 정부의 직접적 영향을 받는 중앙은행 설립에 반대했다.[12]

▶ 코르넬리우스 밴터빌트

그러나 1907년 뉴욕을 중심으로 한 금융위기가 발생하였다.[13] 의회는 은행의 모든 문제를 조사하고 좋은 방안을 제시하기 위해 '국가화폐위원회(National Monetary Commission)'를 신설하기로 했다. 이 위원회가 조직되자마자 위원장인 넬슨 W. 앨드리치(Nelson W. Aldrich) 상원의원[14]이 2년 동안 유럽의 중앙은행을 돌아보고 귀국한 후 미국의 재력가 7명은 조지아주 제킬아일랜드에 있는 사냥클럽인 JP 모건 대저택[15]에서 회동을 갖게 된다. 이 회동에는 앨드리치 상원의원과 피아트 앤드루(Piatt Andrew) 재무장관, 쿤로브(Kuhn Loebs) 계열 뉴욕 내셔널시티은행장 프랭크 밴덜립(Frank Vanderlip), 쿤로브(Kuhn Loebs)사 사장 폴 와벅(Paul Warburg),[16] J.P.모건 사장 핸리 데이비슨(Henry P. Davidson), J.P.모건 계열의 뉴욕 퍼스트내셔널시티 은행(New York First National City Bank)의 찰스 노턴(Charles D. Norton), J.P. 모건 계열인 뱅커스트러스트(Bankers Trust)의 밴자민 스트롱(Benjamin Strong) 등이 참석했다.[17] 이들은 극비리에 모여 미국 중앙은행법에 해당하는 법을 헌법에 삽입하기 위해 연방준비은행법 초안 작성에 들어갔다. 법안의 주요 골자는 미국 화폐의 독점 발행권을 차지하고, 금의 뒷받침 없이 신용을 근거로 화폐를 발행하도록 하는 것이었다.

그 결과 1913년 12월 23일 민주당[18]의 주도하에 미국 의회를 통과한 『연방준비법(Federal Reserve Act)』에 의해 「연방준비제도(FRS: Federal Reserve System)」가 설립되었다. 연방준비제도는 미국 전역을 12개 '연방준비구'로 나누어 각 지구마다 연방준비은행(FRB: Federal Reserve Banks)을 두는 것이다.

연방준비은행은 런던의 네이션 로스차일드(Nation Rothschilds) 은행, 베를린의 로스차일드 은행, 함부르크의 워버그(Warburgs)은행, 암스테르담의 워버그 은행, 파리의 리자드 브러더스 은행, 이탈리아의 이스라엘 모세 세이프(Israel Moses Seifs) 은행, 뉴욕의 리먼 브러더스(Lehman Brothers), 쿤로브(Kuhn Loebs) 은행, 골드만 삭스(Goldman Sachs), 맨해튼 은행 등 열두 곳이 실질적으로 소유하는 민간 은행이다. 즉, FRB는 로스차일드(Rothschilds)의 5형제와 모건 가문, 리먼 브러더스(Lehman Brothers), 록펠러(Rockefellers), 이스라엘 정부, 쿤로브(Kuhn Loebs)

가문 등이 일정 지분을 가진 민간 기업이었던 것이다.[19]

▶ 로스차일드 가문–
　나단 메이어 로스차일드

　연방준비제도는 정부의 은행 기능을 주목적으로 설립된 영란은행과는 달리 1907년의 금융위기를 계기로 금융안전망 확충을 위한 제도적 장치로 도입되었다. 한편, 미국의 금융제도는 단위은행제도를 근간으로 하고 있어 금융위기에 취약하였으므로 연방준비제도 설립 이전에는 최종대부자 기능은 민간은행의 연합체인 뉴욕 청산소(New York Clearing House)에 의해 겨우 제한적으로 수행되고 있었다. 따라서 연방준비제도의 설립목적은 발권력을 가진 중앙은행 설립을 통해 단위은행제도의 취약점을 보완하는 데 있었다고도 할 수 있다.

　연방준비은행의 시스템을 실질적으로 관장하는 것은 연방준비은행 뉴욕은행이다. 1914년 5월 19일 통화감사원에 보고된 문건에 의하면, 총 주식 20만 3,053주 중에서 록펠러와 쿤로브사의 뉴욕 내셔널시티은행이 3만 주로 가장 많은 주식을 가지고 있었고, J.P. 모건의 뉴욕 퍼스트내셔널씨티은행이 1만 5,000주를 보유하고 있었다.[20] 그런데 이들 두 은행이 1955년 합병하여 씨티은행이 탄생되었는데, 보유주식은 연방준비은행의 뉴욕은행 지분의 4분의 1에 달하였다.

　연방준비제도는 ① 대통령이 상원의 승인을 얻어 임명하는 14년 단임 이사 7인으로 구성되는 「연방준비제도이사회(Board of Governors of the Federal Reserve System)」, ② 대통령이 일부 위원을 선임하는 「연방공개시장위원회(FOMC: Federal Open Market Committee)」, ③ 12개의 지역의 연방준비은행(Federal Reserve Banks), ④ 민간회원 은행들, ⑤ 그리고 다양한 자문위원회들로 구성되어 있다.

　미국의 중앙은행 역할을 하는 연방준비제도는 미국의 경제 목표 달성을 위해, 신용과 자금의 이용 및 비용에 대해 영향을 미치는 통화정책(monetary policy)을 수행한다. 1907년 극심한 경제공황 이후 의회는 『연방준비법』에 따라 연방준비제도에 통화정책을 수행하는 권한과 책임을 부여하였다. 의회는 연방준비법에서 통화정책으로 ① 고용극대화, ② 물가안정, ③ 적정한 장기 금리의 유지라는 3가지 목표를 설정하였다. 그러나 시대가 지남에 따라 1930년의 대공황(Great Depression), 2007년의 서브프라임 위기(Sub-prime Crisis) 등을 겪으면서 연방준비제도의 중앙은행으로서의 역할 및 책임은 점점 확대·강화되었다. 2009년에 이르러서는 은행에 대한 감독과 규제, 금융시스템의 안정 유지, 예금취급금융기관·미국정부·

[그림 2-1] 연방준비제도의 구조

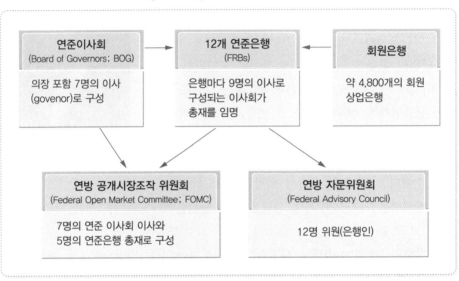

해외 공적 기관들에 대한 금융서비스 제공 등으로까지 확대되었다. 또한, Beige Book[21]을 포함한 다양한 경제연구를 수행, 발표하고 있고, 결제시스템도 운영하는 등 금융전반에 걸쳐 다양한 업무를 수행하고 있다.

연방준비제도는 통화정책을 위해 크게 3가지의 도구를 사용하는데, ① 공개시장조작(Open Market Operations), ② 할인율(Discount Rate),[22] ③ 그리고 지급준비율(Reserve Requirements)을 활용하고 있다. 이 중 할인율과 지급준비율은 연방준비제도위원회에 의해 운영되고 있고, 공개시장조작은 연방공개시장위원회가 담당한다. 연방준비제도는 이 3가지 도구를 가지고 예금취급금융기관이 연방준비은행들에 예치하는 자금에 대한 수요와 공급에 영향을 미치고, 제도 내에서 상호간에 거래하는 연방기금금리(Federal Funds Rate, 연방기준금리)에 영향을 주고 있다. 특히, 연방기금금리의 변화는 여타 단기 금리에 영향을 미칠 뿐만 아니라, 환율, 중·장기 금리, 자금 및 신용의 총액, 그리고 결국 고용, 생산, 상품 및 서비스 가격 등의 다양한 경제변수

▶ 연방준비은행 전경

에 영향을 미치게 된다.[23]

미국의 중앙은행 역할을 하고 있는 연방준비제도는 그 자체를 독립적 중앙은행으로 간주하고 있으므로 통화정책 결정들은 대통령이나 그 이외 연방정부의 누구에 의해서도 승인 받을 필요가 없이 독자적으로 이루어진다. 의회로부터 어떠한 자금을 공급받지 않고, 또 14년의 연방준비제도이사회 위원의 임기는 여러 대통령 및 의원 임기에 걸친다.

다. 다른 선진국들의 중앙은행

독일 중앙은행의 효시는 1857년 설립된 라이히스은행(Reichs Bank)이다. 동 은행은 프러시아제국의 은행 기능을 하면서 1924년부터는 은행권 발행의 독점권을 얻기도 하였으나 제1차 세계대전 직후 초인플레이션을 겪었고 히틀러정권이 들어선 후에는 전비동원을 위한 정부출납기관으로 전락하는 등 중앙은행 기능을 제대로 수행하지 못하였다. 진정한 의미의 중앙은행은 1957년 독일연방은행(Deutsche Bundesbank)이 설립되면서 가능하였다.

일본은행은 메이지유신 이후 은행권 남발에 따른 인플레이션을 수습하기 위해 1882년 설립되었다. 일본은행은 설립 당시부터 은행권 발행에 대한 독점권을 부여받았으나 경제개발, 전쟁조달 등을 목적으로 한 정부의 개입으로 중앙은행의 독립성이 상당부분 제약을 받았다.

4. 은행의 경제적 기능: 안정적인 이자와 유동성을 공급한다

은행은 안정성이 높은 자산관리자로서 불확실한 수익률보다 정해진 이자율대로 이자를 지급한다. 예금 중 보통예금은 유동성(liquidity)이 있기 때문에 예금자는 필요한 때 바로 꺼내 쓸 수 있도록 했다. 그렇다면 은행은 어떻게 유동성이 크고 리스크는 작으면서도 이자를 붙여 더 많은 돈을 돌려 줄 수 있을까? 은행은 정부가 『예금자보호법』을 통해 예금을 보호해 주거나 공적자금(public fund)으로 은행을 구제해 주기 훨씬 이전부터 충분히 안정적이었고 번성했다.

은행은 투자하여 수익을 바라는 사람이라면 누구나 접하는 기본적인 문제를 해결해 주었다.[24] 그렇게 하기 위해 은행은 다른 방법으로 유동성을 확보하는데, 이때 요긴한 존재가 다름 아닌 예금자들(depositors)이다.[25]

이러한 시스템은 갑작스러운 혼란이나 뱅크런(bank-run: 집중적 대규모 예금 인출사태)이 있을 수는 있지만 보통 의도대로 작동한다. 물론 만일 은행을 신뢰하지 않은 많은 사람들이 한꺼번에 은행에 맡긴 돈을 인출하려고 하면 은행의 유동자금(bank's supply of liquid funds)은 바닥난다.[26] 한편, 은행은 연방예금보험공사(미국 FDIC, 우리나라의 예금보험공사)에 예금보험(deposit insurance, 예금보험회사가 은행예금에 대해 일정한 비율의 보험료를 징수하고, 이에 대한 대가로 은행이 지급불능 상태에 이르면 예금을 환불해 주는 제도)에 들고, 그렇지 않았다고 해도 정부가 일시적으로 그 유동성을 연장해 주며, 예금자들은 넣은 돈을 대체로 다 돌려받게 되는 덕택으로 은행은 여유 있게 비유동 자산을 현금화한다.

다른 한편, 현대의 은행규제기관(bank regulators)은 뱅크런 문제를 막기 위해 은행이 적절한 양의 현금을 보유할 수 있도록 요구한다(그 만큼의 현금이나 다른 은행에서 빌려 올 수 있는 예금으로 예금자들이 갑자기 인출을 요구해도 곧바로 꺼내 줄 수 있도록 한다). 또 은행규제기관은 은행으로 하여금 필요한 자본금을 보유하도록 한다(채무를 갚아도 예금자를 안심시킬 정도로 남아 있는 자산). 그렇게 되면 정부에게 짐을 떠맡기지 않을 수 있다. 이러한 생각에서 1917년 미국은 연방준비제도 설립 초기에 은행의 지급준비금제도(reserve requirement system)를 만들었다.[27] 1982년에는 은행의 필요자본량(capital requirements)을 명시했다.[28] 국제적으로는 1988년 바젤협약(Basel Convention)에서 자기자본비율 규제를 정했고, 2008년 금융위기가 생기자 「바젤은행감독위원회(BCBS: Basel Committee on Banking Supervision)」는 이 법을 수정하여 되도록이면 은행이 정부의 구제금융(bailouts)을 받지 않을 수 있도록 했다. 이와 같이 은행에 대한 규제는 은행이 사업을 다각화함에 따라 이에 대처하기 위해 점점 더 다양하게 만들어지고 있다.

은행은 유동성을 제공하는 것 외에도, 고객들이 직접 투자를 하려고 했을 때 겪게 되는 도덕적 해이(moral hazard)와 같은 문제[29]를 대신 부담해 주고 있다. 회사가 손실에 대해 전혀 신경을 쓰지 않는 이유는 이미 '호구(sucker)'가 된 투자자들(investors)에게 책임을 떠넘겼기 때문이다.[30]

하지만 은행은 오랫동안 사업을 해오면서 평판을 지켜왔다(평판이란 예금보험이 있다고 해도 여전히 매우 중요한 요소인데, 안정적인 은행 예금은 예금보험이 지급할 수 있는 한계보다 훨씬 많기 때문이다). 사람들은 투자를 잘못할 수도 있지만, 포트폴리오(portfolio: a collection of assets held by an institution or a private individual, 기관이나 개인이 보유하고 있는 자산의 모집물) 안에는 다른 수많은 투자처가 있기 때문에 안정성과 평판을 지킬 수 있다.

또 은행은 숙련되지 못한 투자자들이 마주칠법한 또 다른 문제 즉, 선택적 편

향(selection bias problem)의 문제를 해결해 준다. 결국 일반 투자자들에게는 '레몬
(형편없는 투자)'만 남게 되는데 기관투자자들(institutional investor)[31]과 같은 더 능
숙하고 발 빠른 투자자들이 좋은 상품을 싹 쓸어가 버리기 때문에 투자에 대해
깊이 관심을 갖지 못하는 일반 투자자들은 희생자가 되기 십상이다.

한편, 개인은 사실상 기업신뢰도를 측정할 방법이 없다. 물론 신문과 잡지의
기사들과 신용평가기관의 보고서를 접할 수는 있지만 이런 보고서조차 대기업의
경우에만 믿을 수 있다. 기자들이나 애널리스트들(Analysts)이 모든 회사를 제대로
평가하고 연구하기는 어렵기 때문이다.[32] 게다가 이러한 보고서가 흘러가는 순간
무임승차(free-riding)의 문제가 생긴다.[33]

또 다른 중요한 것은 대기업들은 적어도 부채(debt)를 곧 바로 공시한다는 점
이다. 어떤 사람들은 은행의 중개를 거치지 않은 채 부채가 있는 그러한 기업에
직접 투자를 한다.[34] 그러나 이 투자자들 중에서 어느 누구도 계속해서 그들이 투
자하는 회사의 메커니즘에 집중하지 않으면 이러한 사실은 나중에야 확실하게 드
러난다. 그리고 위기 상황은 위험한 결과를 초래한다.

반면, 은행은, 여러 사업가들과 연줄이 있고 사업을 하는 바로 그 지역의 지점
(branches)의 은행지점장들이 개인적으로 지역회사와 거래하고 그 회사가 어떻게
돌아가고 있는지에 대해 매우 자세한 정보를 수집하기 때문에, 회사경영자들을
더욱 용이하게 평가할 수 있다. 그들의 신뢰도와 동기, 미래의 행동까지 파악한
다. 그러므로 이러한 알짜 정보에는 무임승차자(free rider) 문제가 끼어 들 수가
없는데, 보통 은행은 이들을 공개하지 않음이 그 이유이다. 또한 은행은 전통적으
로 단기대출을 갱신해 준 회사에 정기적으로 보고(regular reporting)해 줄 것을 요
구한다.[35]

이러한 은행의 영업방식은 수세기 동안 이어져 내려왔다. 특히 개발도상국에
서는 애널리스트들이나 평가기관도 적고 투자 평가를 해 줄 언론의 규모도 적기
때문에 대중은 더욱 더 은행을 신뢰할 수 밖에 없다. 개발도상국에서 은행의 역
할이 더 큰 것도 바로 이 때문이다.[36]

반면에, 선진국에서는 전통적인 은행의 역할이 점차 줄어들고 있다. 이런 국가
들의 부채는 전통적인 은행대출의 하락으로도 설명할 수 있다.[37] 또 증권 정보의
양과 질이 향상되면서 모럴 해저드와 선택적 오류의 문제도 감소했다.

은행은 계속해서 보다 복잡한 기관으로 변신했으나 기본적인 업무가 완전히
사라진 것은 아니다. 이러한 은행 업무가 사회의 욕구(needs)와 맞아 떨어지고,

은행의 대중적인 역할(persona)은 최근의 금융공황 사건에도 불구하고 여전히 강력하다.[38]

5. 은행의 진보와 장래

2007년에 시작된 심각한 글로벌 금융위기는 전통적인 은행 비즈니스 모델이 실패했기 때문이라기보다는 은행이 내민 새로운 종류의 '주택담보대출사업'모델 때문이었다. 그것은 바로 주택 대출자에게 대출해 준 돈을 은행이나 다른 모기지 판매자가 직접 관리하고 않고 이것을 증권으로 묶어 다른 은행을 비롯한 투자자들에게 팔았고 이것이 곧 모럴 해저드(moral hazard)[39]의 주범이 되었다.

그럼에도 불구하고 미국의 규제기관들은 은행업 영위기관들의 다른 형태의 영업에 대해 점점 더 관대해졌다. '그림자 금융(shadow banking)' 시스템은 은행과 비슷하지만 다른 방식으로 돈을 받는, 그러면서도 은행과 같은 엄격한 건전성 규제는 받지 않는 그러한 금융기관시스템이다. 지금은 사라진 베어스턴스(Bear Stearns: 월가의 5대 투자은행 중 하나로 튼튼한 재무구조를 자랑하였다)와 리먼브라더스(Lehman Brothers)와 같은 투자은행은 일반은행처럼 규제를 받지 않았고, 예금을 받지도 않았다. 투자은행에 대해서는 제2장 제4절에서 상세하게 설명한다. 하지만 투자은행은 상업은행(commercial bank)처럼 행동하기 시작하면서 그림자 금융이 되었던 것이다.

또 하나의 그림자 금융은 2007년 금융위기 전에 상업은행에 의해 만들어진 구조화투자회사(SIV: Structured investment Vehicle)로 모회사인 상업은행은 우량자산을 구조화투자회사로 이전하여 금융당국의 규제를 피하려 했고, 구조화투자회사는 은행과 독립된 별개의 기구로 간주되어 규제에서 벗어날 수 있었다. 구조화투자기구는 뒤에서도 보겠지만 자산을 유동화하기 위한 목적으로 만들어진 특수한 기구(특수목적기구, SPV: special purpose vehicle)로서 구조화투자회사가 구조화투자기구의 하나이다. 여기서 문제가 된 것은 구조화투자회사는 헤지펀드와 마찬가지로 금융당국의 감독과 규제가 미치지 않는 영역인데다 금융기관에게 요구하는 BIS의 엄격한 자기자본비율도 적용되지 않는다는 점이다.

그림자 금융기관(shadow banks)은 유동화된 상업대출(securitized commercial loans)과 모기지 증권에 투자하고 이를 담보로 기관투자자들과 환매조건부 증권거래(Repo: Repurchase Agreement)[40]를 한다. 이렇게 복잡한 그림자 금융 비즈니스는 기관투자자들에게 예금과 유사한 유동성 있는 투자 대상을 제공하고, 이를 통해 그림자 금융기관은 사실상 새로운 유동성을 창출하는 역할을 담당하게 된다. 그렇지만 이들의 활동은 상업은행과 마찬가지로 전체 경제 시스템(entire economic system)을 붕괴시킬 위험을 갖고 있다.[41]

실제로 은행업 인·허가(charter value)는 진입장벽으로 새로운 경쟁자가 쉽게 들어오지 못하는데, 새로운 경쟁자들에게는 이러한 제도가 반대 방향의 영향을 준다. 그런데 전통적인 은행들(traditional banks)은 반드시 그림자 금융류의 자회사를 내야 할 것 같은 생각에 사로 잡혔다. 그리고 그림자 금융처럼 행동하려 하면서 서브프라임 모기지(Sub-prime Mortgage) 상품 같은 것을 만들어 판매함으로써 비전통적인 영업을 하게 된 것이다. 이것은 결국 경제 전체에 리스크를 만들어 냈지만 은행 규제 기관의 눈에 띄지 않았다.[42]

앞에서 본 『도드 프랭크 법(Dodd-Frank Rule)』과 같은 새로운 규제는 이러한 그림자 금융을 좀 더 강하게 규제하여 똑같은 위기가 반복되지 않도록 하기 위한 조치였다. 하지만 이러한 과정은 느리고 방해도 많이 받는다. 아마도 새로운 종류의 그림자 금융이 만들어지는 속도를 따라가지 못하고 이들이 만드는 문제를 막을 규제를 만들지 못할 수도 있다.[43]

제2절 한국은행[44]

제1항 개 관

1. 중앙은행

일반적으로 중앙은행은 앞에서 본 영란은행과 같이 독점적 발권력을 바탕으로 금융기관에게 부족자금을 대출하는 은행의 은행 기능과 정부의 세입 및 세출을 관리하고 필요시 부족자금을 대출하는 정부의 은행 기능을 수행한다.

최초의 중앙은행은 영란은행과 같이 국왕의 은행, 즉 정부의 은행으로 출발하였다. 그러나 20세기 이후 미국 닉슨 대통령의 달러-금태환 정지 선언을 통해서 은행권의 발행이 금 보유량에 연동되던 금본위제도(gold bullion standard)가 폐지되고, 화폐발행의 적정관리가 중요해지면서 통화량, 금리, 환율 등의 관리를 통해 물가안정을 포함한 거시경제의 안정을 도모하는 통화신용정책이 중앙은행의 핵심

기능으로 자리 잡게 되었다.[45] 이처럼 중앙은행의 기능이 점차 확대되고 그 중요성이 커지면서 각국의 중앙은행제도는 중앙은행의 중립성을 강화[46]하는 방향으로 개선되어 왔다.[47]

그러던 중 2008년 글로벌 금융위기를 계기로 세계적으로 거시건전성 정책의 중요성이 커지면서 중앙은행의 금융안정

▶ 한국은행 전경

기능을 강화하는 방향으로 제도개편이 이루어지고 있다. 원래 중앙은행의 금융안정 기능은 중앙은행이 은행의 은행 역할을 수행한 이래 계속 인식되어 왔지만[48] 금융위기로 그 중요성에 대한 관심이 더욱 높아졌다.[49] 최근의 거시건전성 정책 논의는 시스템리스크(system risk)를 억제함으로써 금융위기를 예방하는 것에 중점을 두고 있다.[50]

2. 한국은행 약사(略史)

한국은행은 미국 연방준비은행(FRB)의 블룸필드(Bloomfield) 박사와 젠센(Jensen) 박사가 초안하여 제정된 『한국은행법』(1950.5.5. 공포)에 의하여 1950년 6월 12일 설립되었다. 설립 당시 한국은행은 정부가 전액 출자한 법인으로서 자본금은 15억 원(圓)이었다.[51] 그러나 한국은행의 자본금은 큰 의미가 없었으므로 1962년 1차 『한국은행법』 개정으로 무자본 특수법인으로 전환되었다(한국은행법 제2조).

한국은행은 설립 당시에는 통화신용정책의 수립 및 집행과 관련하여 상당한 정도의 독립적 권한을 부여받고 있었으나 1962년 정부주도 경제성장정책으로 『한국은행법』이 개정되면서 한국은행의 중립성과 그 기능은 크게 저하되었다.[52]

그러던 중 1980년대 후반 이후 금융자유화 추진과 더불어 한국은행의 독립성 강화 필요성이 꾸준히 제기되면서 『한국은행법』을 1997년[53]과 2003년[54] 두 차례에 걸쳐 개정하여 한국은행의 독립성과 통화신용정책의 중립성을 강화하였다.

그러던 중 2008년 글로벌 금융위기의 경험을 토대로 세계적으로 거시건전성정책의 중요성이 확대됨에 따라 2011년 8월 31일 및 2016년 3. 29. 중앙은행의 금융안정 역할을 강화하는 방향으로 『한국은행법』을 또 다시 개정하였다. 이에 따

라 한국은행은, 통화신용정책의 수립과 집행에 있어 금융안정에 유의하여 금융안정 책무를 수행하고(한국은행법 제1조), 또, 업무를 수행하고 기관을 운영할 때에는 공공성과 투명성을 확보하도록 노력하여야 한다(한국은행법 제5조).

또, 비은행금융 기관에 대한 자료제출요구권을 부여하고(한국은행법 제87조), 공동검사 이행 의무기간을 대통령령에 명시하도록 하는 등 한국은행의 정보접근성을 제고하였다. 이에 따라서 한국은행의 책임성 강화를 위하여 통화신용정책 수행상황 보고서와 금융안정 평가 보고서를 매년 2회 국회에 제출하고 있고(한국은행법 제96조), 한국은행총재가 국회에 출석하여 통화정책 운용방향과 경제전망 등을 설명하고 의원들의 질의에 답변하고 있다.

3. 정책목표

현행 『한국은행법』 제1조는 한국은행의 설립목적을 효율적인 통화신용정책의 수립 및 집행을 통해 물가안정을 도모하고 이 과정에서 금융안정에도 유의하는 것으로 규정하고 있다.

가. 물가안정

(1) 물가안정 목표제

물가안정은 화폐발행과 통화정책의 최종 목표인 통화신용정책을 담당하는 한국은행의 기본적인 목표이고 또 통화신용정책의 원활한 수행을 위해서는 금융안정이 필수적이다. 이러한 취지에서 한국은행은 정부와 협의하여 물가안정목표를 정한다(한국은행법 제6조 제1항).

통화신용정책의 목표, 정책수단 및 조직 등을 망라한 통화신용정책 운용체계는 정책목표 설정방식에 따라 통화량지표를 목표로 하는 통화량목표제(monetary targeting system), 환율을 목표로 하는 환율목표제(exchange rate targeting system) 및 물가상승률을 목표로 하는 물가안정목표제(inflation targeting system)로 크게 나눌 수 있다. 이 중 물가안정목표제는 중앙은행이 일정기간 동안 달성해야 할 물가상승률 목표를 설정·공표하고 이에 맞추어 통화신용정책을 운용하는 방식으로 1990년대 들어 다수의 중앙은행들이 도입한 통화신용정책 운용체계이다.[55]

우리나라는 금융·외환위기 이전까지 통화신용정책의 정책목표가 현금과 요구불예금에 저축성예금과 거주자외화자금을 합친 총통화(M2)[56] 등 통화량[57]이었으나

1998년부터 정책목표로 하는 물가안정목표제를 통화신용정책 운용체계로 채택하고 있다.[58]

(2) 통화신용정책 운용목표

(가) 목표대상 소비자물가지수

물가안정목표제의 기본 목적인 기대 인플레이션 안정을 위해 소비자물가지수(CPI: Consumer Price Index)를 목표대상 물가지수로 운용하고 있다.[59] 다만 농산물·석유류 가격 등 비수요적 요인에 의해서도 쉽게 변동하는 소비자물가지수의 단점을 보완하기 위해 공급요인으로 쉽게 변동하는 곡물 이외 농산물과 석유류 등의 품목을 물가지수 산정 시 배제한 근원물가지수(Core Inflation)[60]를 참고지표로 활용하고 있다. 한편 목표수준의 설정주기는 2004년부터 종전 1년에서 3년으로 변경하였다.[61]

(나) 한국은행 기준금리 운용

한국은행은 물가안정목표 달성을 위한 운용목표로 한국은행의 RP매매, 대기성 여수신 등 금융기관과의 거래의 기준이 되는 금리인 '한국은행 기준금리'를 이용하고 있다.[62] 2008년 3월부터 사용하고 있는 기준금리 목표수준은 금융통화위원회가 매월 결정하여 공표하고 있다.

나. 금융안정의 유지

1990년대 이후 금융안정(financial stability)은 물가안정과 함께 중앙은행의 주요한 정책목표로 새롭게 부상하였다. 금융자유화, 개방화 및 금융혁신 진전 등으로 세계적으로 크고 작은 금융위기가 빈발함에 따라 금융안정을 바라는 기대가 커졌기 때문이다.

금융안정은 금융시스템을 구성하고 있는 '금융기관의 안정(financial institution stability)'과 '금융시장의 안정(financial market stability)'으로 구분된다. 전자는 개별 금융기관의 부실 방지를 목표로 하므로 미시적 금융안정이라고도 한다.[63] 반면 후자는 금융기관들이 정상적인 자금중개기능을 수행하고 금융시장에서 시장참가자의 신뢰가 유지되고, 금융자산 가격이 경제성장, 물가 등 기초경제여건(fundamentals)[64]으로부터 크게 벗어나지 않은 상태 즉, 전반적 금융제도안정 유지를 목표로 하므로 거시적 금융안정이라고도 한다.

그런데 거시적 금융안정에 실패하여 금융자산 가격에 거품(bubble)이 형성되면 거품 해소 과정에서 금융기관의 자산가치가 급락하고 금융기관이 부실하게 될 수 있고, 이와 반대로 어떤 금융기관의 경영이 부실화되면 여타 금융기관으로의 전파 우려 등으로 자금흐름이 경색되면서 금리(interest), 주가(stock price) 등 금융자산(financial assets)[65]의 가격이 급변동하는 등 금융시장 안정이 해쳐질 수 있기 때문에 미시적 금융안정과 거시적 금융안정은 상호 밀접히 관련되어 있다. 또, 금융시장이 불안정해지면 금융거래가 원활하게 이루어지지 않아 투자활동이 크게 위축되는 데다 통화신용정책의 파급경로가 원활하게 작동하지 않게 되어 통화신용정책을 통한 물가안정을 기할 수 없기 때문에 중앙은행이 통화신용정책을 집행하는 데 있어 양자의 관련성은 매우 중요하다.[66]

2008년 글로벌 금융위기 대응과정에서 이와 같은 한국은행의 역할, 금융안정을 위해 중앙은행의 기능을 강화하는 각국의 입법동향 등을 감안하여 2011년 『한국은행법』을 개정하였다.

한편 1990년대 이후 세계 각국에서 금융위기가 빈번히 발생하고 그 파장도 심각해지면서 주요국 중앙은행들은 금융시스템의 안정성에 관한 평가보고서 작성 필요성을 인식하기 시작하였다. 이에 따라 한국은행도 2003년부터 우리나라 금융제도에 영향을 미치는 위험요인에 대한 점검과 금융제도 전반의 안정성 평가를 주요 내용으로 하는 금융안정보고서를 연 2회 발간하고 있다.[67] 특히 2011년 제8차 『한국은행법』 개정으로 금융안정보고서는 거시 금융안정 상황을 평가한 법정보고서로 작성해 연 2회 이상 국회에 제출하게 되었다.

한편, 거시건전성정책은 대상, 정책수단, 정책목적 등의 측면에서 기존의 미시건전성 감독, 통화신용정책과 상당부분 중첩될 수밖에 없다. 즉 거시건전성정책은 ① 금융기관을 대상으로 하고, ② 건전성규제수단을 주로 이용하며, ③ 시스템리스크를 평가하기 위한 개별 금융기관 정보가 필요하다는 점에서 기존의 미시건전성 감독과 유사한 면이 있다. 또한 ① 경기분석 등을 통해 시스템리스크를 식별하고, ② 경기순응성을 완화하기 위한 규제의 내용이 금융기관의 자산 및 부채의 조정에 주안점을 두고 있으며, ③ 특정 금융기관의 충격이 시스템 전체로 파급되는 것을 억제한다는 측면에서는 통화신용정책과 긴밀히 연결된다.

다. 지급결제제도의 총괄 및 감시

한국은행은 『한국은행법』에 따라 주요 지급결제제도에 대한 감시 및 제도개선

방안 강구 등 지급결제제도의 총괄 및 감시업무를 담당하고 있다.[68] 이와 함께 우리나라 지급결제제도의 중핵인 한국은행금융결제망(BOK-Wire+)을 운영하고 있다. 지급결제제도에 대해서는 제6장에서 상세하게 설명하도록 한다.

제 2 항 정책결정 및 집행

1. 금융통화위원회

금융통화위원회(monetary board)는 한국은행의 정책결정기구로서 통화신용정책(한국은행법 제28조)과 한국은행의 운영(한국은행법 제29조)에 관한 사항을 심의·의결한다(한국은행법 제12조, 제13조).[69]

금융통화위원회는 한국은행총재와 부총재, 그리고 5인의 상임위원, 총 7인의 위원으로 구성되는(한국은행법 제13조) 합의제 기구이다. 금융통화위원회 의장은 한국은행총재가 겸임한다. 5인의 상임위원은 금융·경제 또는 산업에 관하여 풍부한 경험이 있거나 탁월한 지식을 지닌 자로서 추천기관[70]의 추천을 받아 대통령이 임명한다. 금융통화위원회를 합의제 기구로 설치·운영하는 취지는 중앙은행의 기능이 국민경제에 미치는 영향이 막중하다는 점에서 정책결정의 민주화와 정치적 중립성[71]을 견지하려는 데 있다. 금융통화위원의 임기는 당연직인 한국은행부총재(3년)를 제외하고는 모두 4년이고, 1회에 한해 연임할 수 있으며 신분이 보장된다(한국은행법 제15조). 이러한 금융통화위원의 신분보장으로 한국은행의 독립성이 한층 더 강화된 것이다.

금융통화위원회 회의는 매월 둘째 주와 넷째 주 목요일에 개최하는 정기회의와 의장이 필요하다고 인정하는 때 또는 위원 2인 이상의 요구가 있을 때 의장이 소집하는 임시회의로 나누어진다. 정기회의에서 월 중 통화정책방향을 정하고 있다.[72] 의안에 대해서는 특별한 경우를 제외하고는 위원 5인 이상의 출석과 출석위원 과반수의 찬성으로 의결한다.[73]

이와 같이 한국은행은 중앙은행으로서의 정책 투명성과 책임성을 확보하기 위해 통화정책과 관련하여 금융통화위원회 회의 직후 의사록을 작성하고, 그 의결 내용을 보도자료를 통해 즉시 공개(한국은행법 제24조 제2항)하는 한편, 한국은행 총재가 기자회견을 갖고 정책결정 내용 및 배경에 대해 상세히 설명하고 있다. 아울러 정책심의과정에서 금융통화위원들의 토의 내용을 의사록[74]에 기록하고, 회의일로부터 6주 경과 후 최초로 도래하는 화요일(휴무일인 경우 익 영업일) 오후 4시에 한국은행 인터넷 홈페이지에 게시하며 조사통계월보에도 이를 공개하고 있다.

2. 집행기관과 감사

총재는 한국은행을 대표하고 금융통화위원회가 수립한 통화신용 정책을 집행하는 등 업무를 통할한다.[75] 총재는 국무회의의 심의와 인사청문을 거쳐 대통령이 임명(한국은행법 제33조 제1항)하고, 임기는 4년으로 1차에 한하여 연임할 수 있다(동조 제2항).

부총재는 금융통화위원회 위원으로 총재와 함께 금융통화위원회의 의사결정에 참여함과 아울러 한국은행 업무 전반에 걸쳐 총재의 직무수행을 보좌하고 부득이한 사유로 총재가 직무를 수행할 수 없을 경우 총재의 직무를 대행한다.[76]

감사는 한국은행의 업무를 상시 감사하고, 그 결과를 금융통화위원회에 수시로 보고(한국은행법 제45조 제1항)하는 기능을 수행한다. 감사는 기획재정부장관의 추천으로 대통령이 임명하며 임기는 3년이고 1차에 한하여 연임할 수 있다.[77] 감사는 매년 종합감사보고서를 작성하여 정부와 금융통화위원회에 제출하여야 한다.

제 3 항 한국은행의 중앙은행으로서의 기능

1. 화폐발행

한국은행은 대한민국 내에서 은행권(bank note)과 주화를 발행할 수 있는 유일한 기관이다(한국은행법 제47조). 한국은행은 정부의 승인을 얻어 금융통화위원회가 정하는 바에 의하여 어떠한 규격·모양 및 권종의 은행권도 발행할 수 있으며 한국은행권은 법화(法貨, legal tender)로서 모든 거래에 무제한 통용된다.[78]

한국은행은 설립 이후 세 차례의 통화개혁에 따라 화폐체계를 정비한 바 있는데, 현재 유통되고 있는 은행권 및 주화는 1962년 6월 제3차 긴급통화조치 이후 발행된 '원'표시 화폐(한국은행법 제47조의2)이다.[79]

2. 통화신용정책의 수립 및 집행

가. 공개시장조작정책

공개시장조작정책(open market operation)이란 중앙은행이 자금시장이나 채권시장에서 금융기관을 상대로 국채, 정부보증 유가증권, 그 밖에 금융위원회가 정한 유가증권을 매매·대차하거나 한국은행통화안정증권을 발행함으로써 유동성수준을 조절하거나 단기시장금리를 간접적으로 조절하는 통화정책 수단이다(한국은행법 제68조). 이것은 정책효과가 금융시장의 가격 메커니즘(price mechanism)을 통해 나타나고 매매량 조절을 통해 탄력적인 운용이 가능하다는 점에서 선진국들도 가장 많이 사용하고 있다.

이 정책은 대상이 되는 증권과 발달된 유통시장의 존재, 그리고 자유로운 시장금리의 형성 등 여러 가지 여건을 갖추어야 그 효과를 제대로 발휘할 수 있는데 그렇지 못한 다른 개발도상국의 경우와 달리 한국은행은 1980년대 중반 이후 금리자유화 추진 등을 배경으로 점차 그 사용을 확대하여 현재는 중심적인 통화신용정책 운용수단으로 활용하고 있다.[80]

한국은행은 공개시장조작정책을 실현하기 위해 『한국은행법』 및 『한국은행 통화안정증권법』에 따라 특별 유통증권으로서 한국은행통화안정증권(MSB: monetary stabilization bond)을 발행할 수 있고(한국은행법 제69조 제1항, 한국은행통화안정증권법 제2조), 만기 전 추첨상환, 통화안정계정[81] 예수 등을 하고 있다(한국은행법 제68조).[82] 통화안정증권은 금융통화위원회가 분기별로 정하는 한도 이내에서 공모(모집·매출·경쟁 입찰) 또는 상대매출[83]에 의하여 발행할 수 있는데, 최근 들어서는 대부분 공모로만 발행되며 주로 경쟁입찰방식이 활용된다.

공개시장조작은 일상적 유동성 조절에 가장 보편적으로 활용되고 있는 환매조건부매매 또는 단순매매[84] 형태로 이루어지고 있다.[85] 이에 더하여, 2011년에 이루어진 『한국은행법』 개정으로 증권대차(Securities Lending)[86]도 활용할 수 있도록 하였다.[87]

나. 대출정책

중앙은행의 대출정책은 공개시장조작 정책, 지급준비 정책과 함께 중앙은행의 전통적인 통화신용정책 수단의 하나이다.[88] 중앙은행의 대출정책은 대출 금리를 변경하거나 대출 규모를 조절하여 금융기관의 자금조달 규모나 비용에 영향을 줌으로써 금융기관의 신용공여 규모를 간접적으로 조절하는 것이다(한국은행법 제64조).

1994년 3월, 금융통화위원회가 정한 총액한도 범위 내에서 금융기관별 한도를 일정기준에 따라 배정·지원하는 총액한도대출제도를 도입함으로써 종전의 자동 재할인제도를 폐지[89]하여 대출제도를 전면적으로 바꾸었다.

한국은행 대출은 그 형식에 따라 금융기관이 할인한(받은) 어음 또는 그 밖의 신용증권을 한국은행이 재할인 및 매매(한국은행법 제64조 제1항 제1호)하는 재할인(rediscount)과 금융기관이 보유하고 있는 어음, 국채, 정부보증채, 통화안정증권 등을 담보로 하여 대출(한국은행법 제64조 제1항 제2호)하는 증권담보대출[90]로 구분된다.

(1) 총액한도대출

총액한도대출[91]은 전체 금융기관이 한국은행에서 차입할 수 있는 총액한도를 미리 정하고 일정기준에 따라 금융기관별 한도를 배정하는 방식[92]으로 운용한다. 개별 금융기관은 자신에게 배분된 한도 내에서 한국은행으로부터 총액한도대출자금을 차입할 수 있다. 1994년 3월 대출제도의 재정비 차원에서 도입한 이 제도는 종전 재할인 성격의 정책금융대출이 순수 유동성조절 형 대출제도로 전환되는 과도기적 형태를 띠고 있다.[93]

(2) 자금조정대출

자금조정대출은 2008년 3월 단기금융시장 금리를 안정시켜 통화신용정책의 유효성을 제고하기 위해 금융기관이 자금의 수요공급 과정에서 발생한 부족자금을 한국은행으로부터 차입할 수 있는 대기성 여신제도이다.

대상기관은 지준예치 금융기관이지만 동 대출이 부실기관에 대한 지원수단으로 활용되는 것을 막기 위해 금융통화위원회가 재무건전성이 열악한 금융 기관[94]에 대해서는 대출을 제한할 수 있다. 형식은 증권담보대출이며 금융기관이 대출로 취득한 잔존만기 1년 이내의 신용증권, 국채, 정부보증채 및 통안증권 등 적격담보에 대한 인정가액[95]까지 대출[96]이 가능하다.

(3) 일중당좌대출

일중당좌대출은 영업시간 중 발생하는 일시적 결제부족자금을 지원하는 제도로서 금융기관 간 자금결제를 원활히 하기 위해 2000년 9월 도입하였다.[97] 이것은 대출한도는 없이 결제자금이 부족한 규모만큼 무이자로 자동적으로 지원하지만 그 규모가 자기자본의 25%를 초과할 경우 초과분은 이자[98]가 징수된다.

(4) 특별대출

특별대출은 주로 금융위기 시 금융시장 안정을 위해 금융통화위원회가 정한 「한국은행의 금융기관대출규정」에서 미리 정하는 바에 의하지 않고 금융통화위원회가 별도로 의결하여 실행하는 대출이다. 과거 특별 대출은 시장금리보다 낮은 금리를 적용함으로써 해외건설 및 해운산업 등의 산업합리화나 투자신탁회사의 경영정상화 등 주로 지원대상기관의 수지보전을 위하여 운용하였으나 금융·외환위기 이후에는 금융불안 시 금융기관의 유동성을 지원하는 수단으로 활용하면서 지원 금리도 실세금리를 적용하였다.[99]

그런데 2011년에 개정된 『한국은행법』은 한국은행이 최종대부자로서 원활한 기능을 수행하도록 뒷받침하기 위해 은행에 대한 '통화와 은행업의 안정이 위협받는 중대한 긴급사태'인 경우로 제한되었던 긴급여신 실행요건을 '자금조달 및 운용의 불균형 등으로 유동성이 악화'된 경우로 완화하였다. 더구나 영리기업에 대한 여신도 종전에는 '심각한 통화신용의 수축기'에 실시하도록 규정되어 있었으나 개정 『한국은행법』에서는 '금융기관으로부터 자금조달에 애로가 발생하거나 발생할 가능성이 높은 경우'로 요건을 완화하였다.

다. 지급준비정책

지급준비정책(또는 지급준비제도: 支給準備制度, Reserve Requirement System)은 금융기관으로 하여금 채무[100]의 일정비율 해당액을 중앙은행에 의무적으로 예치토록 하는 것(한국은행법 제55조)으로서 당초에는 예금자보호를 목적으로 도입되었다.[101]

지급준비정책이 한국은행의 통화조절수단으로서 중요한 지위를 차지하게 된 것은 1965년 금리현실화[102] 조치[103] 이후이다. 그러나 1990년대 들어 금융자유화 진전 및 금융시장 발전으로 공개시장조작을 주된 통화정책수단으로 활용함에 따라 지급준비제도의 역할은 크게 축소되었다.[104]

현재 일반은행과 특수은행(한국수출입은행 제외)은 지급준비금 적립대상 채무에 한국은행이 정하는 지급준비금의 최저율, 즉 지급준비율을 곱한 금액을 지급준비금으로 한국은행에 예치해야 한다(한국은행법 제55조). 금융통화위원회는 50% 이하에서 지급준비율을 결정·변경할 수 있다(한국은행법 제56조). 지급준비율은 모든 금융기관에게 똑같이 적용되지만 금융통화위원회의 결정에 따라 채무의 종류별 또는 규모별로는 서로 다르게 정할 수 있다.[105] 한편 지급준비금은 당좌예금이므로 이자를 지급하지 않는 것이 원칙이나 필요할 경우 금융통화위원회가 정하는 바에 따라 이자를 지급할 수 있다.[106]

라. 금융기관에 대한 직접규제

공개시장조작 정책, 대출 정책, 지급준비 정책 등과 같은 간접적인 정책방식을 활용할 여건이 마련되어 있지 않거나 이들만으로는 충분한 효과를 기대할 수 없는 경우 한국은행은 금융기관에 대한 여·수신금리 규제, 금융기관 신용공급량의 직접 통제, 특정 부문에 대한 금융기관의 여신취급 금지와 같은 신용할당 등을 할 수 있다. 직접 규제수단은 금융기관의 신용공급 규모 또는 공급경로 등을 보다 신속하고 정확하게 조절할 수 있는 장점이 있지만 장기적으로는 자금배분 왜곡, 경쟁 제한 등으로 금융시장의 효율성을 떨어뜨리는 등 부작용이 수반되므로 일반적으로 간접규제의 보완적인 수단으로만 사용한다.

[그림 2-2] 한국은행 기준금리 및 콜금리

한국은행은 과거 금융기관에 대한 여·수신금리 규제,[107] 금융기관 여신에 대한 직접통제, 여신금지부문 지정, 중소기업 대출 비율제도, 제조업대출 지도 비율제도 등의 직접규제수단을 사용하여 왔으나 현재는 1965년 4월 중소기업에 대한 자금지원 강화를 목적으로 도입한 중소기업 대출 비율제도[108]를 제외하고는 사용하지 않고 있다.

3. 지급결제제도의 총괄·감시

한국은행은 우리나라 지급결제제도의 안전성과 효율성을 도모하기 위하여 한국은행이 운영하는 지급결제제도(한국은행금융결제망)의 운영·관리에 대한 기본적 사항을 규정할 수 있는 한편 민간 지급결제시스템 전반에 대한 감시를 위해 지급결제시스템 운영기관에 대한 자료제출요구 및 운영기준 개선요청을 할 수 있다(한국은행법 제81조). 한편 이에 포함되지 않는 감시대상 지급결제시스템은 기타지급결제시스템으로 분류하고 있다. 지급결제제도 전반에 대해서는 제6장에서 상세하게 살펴본다.

지급결제시스템의 평가는 크게 안전성 평가와 효율성 평가로 구분할 수 있다. 원칙적으로 국제결제은행 지급결제제도위원회(CPSS: Committee on Payment and Settlement Systems BIS)가 정한 국제원칙들[109]을 기준으로 평가하되 개별 시스템의 특성을 고려하여 필요한 경우 일부 항목을 추가하거나 제외하고 있다. 평가 결과, 개선이 필요한 경우에는 금융통화위원회의 의결을 거쳐 운영기관 또는 그 감독기관에게 지급결제시스템 운영기준의 개선을 요청하도록 하고 있다. 개선요청을 받은 시스템 운영기관은 필요한 조치를 취하여 그 결과를 한국은행에 통보하도록 하고 있다.[110]

4. 금융기관 경영실태 분석 및 검사

가. 금융기관 경영실태 분석

한국은행은 최종대부자 기능을 원활히 수행할 수 있도록 하는 한편 한국은행 자산의 부실화를 방지하기 위해 금융기관 경영실태와 관련한 자료를 수집하고 분석하고 있다.[111] 한국은행은 이를 위해 금융기관에 대해 일시적인 긴급여신을 제공하였거나 비은행금융기관 등에 여신을 제공한 경우 해당 금융기관 등의 업무 및 재산상황을 조사·확인할 수 있다. 또한 한국은행은 금융기관에 대하여 거액의 대출을 공여하고 있기 때문에 금융기관 경영실태에 대한 정확한 분석을 통하여 국민의 재산인 대출금이 부실화되지 않도록 관리하여야 할 필요성도 크다. 그러므로 한국은행은 금융기관 경영에 관련된 각종 정보를 종합·관리하는 금융기관 경영분석시스템(FAIRS: Financial Analysis & Information Retrieval System)을 구축하여 활용하고 있다. 아울러 한국은행은 개별 금융 기관의 건전성 판별을 목적으로 동향분석모형(CLEA모형) 등 금융기관 경영실태 분석기법을 개발하여 사용하고 있다.[112]

나. 금융기관 검사

한국은행은 금융통화위원회가 통화신용정책 수행을 위하여 필요하다고 인정하는 경우 금융감독원에게 구체적 범위를 정하여 금융기관에 대한 검사를 요구할 수 있고, 필요한 경우에는 한국은행 직원이 금융감독원의 금융기관 검사에 공동으로 참여할 것을 요구할 수 있다. 이 경우 금융감독원은 한국은행의 요구에 지체 없이 응하여야 한다(한국은행법 제88조).[113]

그리고 한국은행은 금융통화위원회가 통화신용정책 수행을 위하여 필요하다고 인정하는 경우 금융기관(한국은행과 당좌거래약정을 체결한 비은행금융기관 및 금융산업의 구조개선에 관한 법률 제2조에 의한 금융기관[114] 중 대통령령으로 정한 비은행금융기관 포함)에게 자료제출을 요구할 수 있다(한국은행법 제87조).

5. 외환정책 관련 업무

가. 외국환업무

한국은행은 출범 당시에는 외환정책의 수립·집행 및 외국환 관리 등 외환 정책 업무를 담당하였으나 1961년 12월 『구(舊)외국환관리법』이 제정되고 1962년 5월 『한국은행법』이 개정되면서 동 업무는 정부로 이관되었다. 현행 『외국환거래법』은 기획재정부장관이 외환정책에 대한 최종적인 책임과 권한을 가지도록 하고 있다.

한편, 한국은행은 기획재정부 장관의 인가를 받아 ① 외국환업무 및 외국환보유, ② 외국의 금융기관·국제금융기구, 외국정부와 그 대행기관 또는 국제연합기구로부터의 예금의 수입, ③ 귀금속의 매매 등 업무를 할 수 있다(한국은행법 제82조). 하지만 한국은행이 수행하는 업무를 상세히 규정하고 있는 『외국환거래

규정』에 의하면 외국환업무는 외국환의 매매 및 파생금융거래, 외화자금 및 외국환의 보유와 운용, 정부 및 그 대행기관·국내 금융기관으로부터의 외화예금의 수입, 외국의 금융기관·국제금융기구·외국정부와 그 대행기관 또는 국제연합기구로부터의 예금의 수입 등이다.[115]

나. 외국환업무취급기관에 대한 건전성 규제

(1) 외화예금 지급준비금 관리

한국은행은 외국환은행의 외화예금에 대하여 원화예금과 마찬가지로 일정 비율을 한국은행에 예치하도록 하고 있다.

(2) 외국환포지션 관리

한국은행은 외국환은행의 환리스크를 적정 규모 이내로 제한함으로써 은행의 건전경영을 유도하는 동시에 국내통화에 미치는 교란요인을 완화하기 위하여 외국환은행의 외국환포지션[116]을 관리하고 있다. 선물환 포지션 한도 제도는 은행의 외환파생 레버리지와 이에 따른 자본유출입의 경기 순응성 및 은행 간 상호 연계성을 완화함으로써 시스템리스크 증가를 억제하고 거시건전성을 제고함을 목적으로 하고 있다.

현재 종합포지션 한도는 전월 말 자기자본의 50%, 선물환포지션 한도는 국내은행의 경우 전월 말 자기자본의 50%, 외국은행 국내지점은 250% 이내로 유지하도록 규정되어 있다.[117] 다만 외채증가를 감안하여 2011년 7월부터 선물환포지션 한도를 국내은행은 40%, 외은지점은 200%로 축소하여 시행하고 있다.[118]

6. 금융기관 예금의 수입

한국은행과 예금거래를 할 수 있는 기관은 정부, 정부대행기관, 금융기관 및 금융통화위원회가 업무수행상 필요하다고 인정하는 금융 기관 이외의 법인으로 제한되어 있고(한국은행법 제77조), 일반 민간인과의 거래는 원칙적으로 금지되어 있다(한국은행법 제79조). 한편 한국은행이 취급하는 예금의 종류에 관해서는 법적 규정이 없어 한국은행이 필요에 따라 예금종류를 개폐하여 왔는데 현재 당좌예금,[119] 결제전용예금,[120] 자금조정예금,[121] 별단예금[122] 및 외화예수금[123]을 취급하고 있다.

7. 국고금 관리

가. 국고금 수급

한국은행은 국고금을 관리하고 정부에 신용을 공여하는 등 정부의 은행(정부대행기관)으로서 세금 등 국고금을 정부예금으로 받아두었다가(한국은행법 제77조 제1항) 정부가 필요로 할 때 내주며, 정부 자금이 부족할 때에는 일시적으로 대출해주기도 한다.[124] 이에 따라 한국은행은 국고대리점으로 지정[125] 한 각 금융기관의 영업점과 우체국에서 국고금 수납업무를 대행하도록 하고 있다. 금리는 정부의 한국은행 차입을 억제하기 위해 재정증권 발행금리보다 다소 높게 책정되고 있다.[126]

나. 국채 발행·상환

한국은행은 『한국은행법』과 『국채법』 관련 규정에 의하여 기획재정부장관의 위임을 받아 국채를 발행(국채법 제5조)하고, 상환 등 사무를 처리한다(한국은행법 제28조, 국채법 제15조). 국채는 국가가 부담하는 금전상 채무의 증거로 발행 되는 채권으로 세출과 세입간의 일시적인 불균형을 보전하기 위해서뿐만 아니라 자원배분, 경제안정, 소득분배 등 정책 수행에 필요한 재원을 조달하기 위해서도 발행된다.[127]

현재 한국은행은 국고채권(government bonds)[128]과 재정증권(treasury bond, treasury bill)[129]의 발행 및 상환을 담당하고 있다.

이 밖에도 『한국은행법』 및 『국가재정법』 등에 따라 정부가 소유하거나 일시 보관하고 있는 유가증권을 관리한다.

다. 공공기금 관리

한국은행은 기획재정부장관의 위임을 받아 공공자금관리기금, 공적자금상환기금, 농어가목돈마련 저축장려기금[130] 및 외국환평형기금[131]을 운용·관리하고 있다.

공공자금관리기금은 『공공자금관리기금법』에 따라서 정부의 각종 기금 등의 여유자금을 통합 관리하여 이를 재정융자 등 공공목적에 활용하고 국채의 발행 및 상환 등을 효율적으로 관리하기 위하여 1994년 설치된 기금(공공자금관리기금법 제12조)이고,[132] 공적자금상환기금은 『공적자금상환기금법』에 따라서 『예금자보

호법』에 따른 예금보험공사와 『금융회사부실자산 등의 효율적 처리 및 한국자산
관리공사의 설립에 관한 법률』에 따른 한국자산관리공사가 금융구조조정을 위하
여 부담한 채무의 원활한 상환을 위하여 2003년 1월 설치된 기금(공적자금상환기
금법 제2조)이다.[133]

8. 조사연구 및 통계편제

한국은행은 통화금융동향 및 국내외 경제전반에 관한 조사연구업무를 통하여
국내외 경제 움직임을 분석·전망하는 한편 정책대안을 제시함으로써 통화신용정
책을 비롯한 여러 가지 국가경제정책의 입안 시 기초자료로 활용할 수 있도록 하
고 있다.[134]

현재 한국은행에서 작성·발표하는 주요 통계로는 통화금융, 국민계정, 국제수
지, 자금순환, 산업연관표, 기업경영분석, 생산자물가지수 등이 있다. 한국은행이
편제하고 있는 각종 통계는 한국은행의 경제통계시스템(ECOS: Economic Statistics
System)[135]을 통해 국민들에게 제공되고 있다.

9. 금융기구와의 거래 및 교류

한국은행은 「국제금융기구에의 가입조치에 관한 법률」에 의해 정부의 대표 또
는 중앙은행의 자격으로 각종 국제금융기구와의 거래 및 교류에 관한 제반 협력
업무를 수행하고 있다.

2011년 12월말 기준으로 우리나라가 가입한 국제금융기구는 국제통화기금
(IMF), 국제부흥개발은행(IBRD), 세계은행그룹(World Bank Group)을 비롯하여 아
시아개발은행(ADB), 유럽부흥개발은행(EBRD), 아프리카개발은행 및 기금(AfDB,
AfDF), 상품공동기금(CFC), 미주개발은행(IDB) 등이다.[136]

한편 한국은행은 1966년에 동남아·뉴질랜드·호주 중앙은행기구(SEANZA)에
가입한 이래 1990년 동남아 중앙은행기구(SEACEN), 1991년 동아시아·태평양 중
앙은행기구(EMEAP), 1997년 국제결제은행(BIS) 등 중앙은행 협력기구 가입을 점
차 확대하여 왔다. 나아가서 역내금융위기에 대한 긴급유동성 지원방안의 일환인
치앙마이 이니셔티브(CMI) 다자화에 따라 중국[137]과 일본[138] 및 아세안 일부국가
와 205억 달러 규모의 양자 간 통화스왑협정(BSA: bilateral swap arrangement)을
2009년까지 지속하여 왔다. 또, 한국은행은 2010년부터 발효된 치앙마이이니셔티

브 다자화(CMIM)에 따라 192억 달러를 출연하고 중국·일본에 이어 세 번째로 많은 14.8%의 투표권을 확보하였다. 한편 중앙은행간 역내 회의체인 EMEAP가 추진하고 있는 아시아채권펀드(ABFⅠ, ABFⅡ)에 출자하고 있으며, 정기적으로 중국인민은행 및 일본은행과 3개국 중앙은행 총재회의를 개최하고 있다.

제3절 일반은행[139]

제1항 개   관

1. 은   행

은행은 일반은행과 특수은행으로 구분된다. 일반은행(commercial bank)은 『은행법』에 따라 설립되어 예금·대출 및 지급결제 업무를 고유 업무로 하고 있어 상업은행으로 불리며,[140] 시중은행, 지방은행 및 외국은행 국내지점[141] 등으로 구분된다. 용어상 시중은행(nationwide bank)은 전국을 영업구역으로 하는 은행을 일컫고, 지방은행(local bank)은 금융업무의 지역적 분산과 지역경제의 균형발전을 위해 해당지역을 중심으로 설립된 은행을 일컫는다. 우리나라의 일반은행은 개별은행이 본점 이외에 다수의 점포를 설치하여 영위하는 지점은행제도(branch banking system)를 채택하고 있다.[142]

특수은행(특별은행)은 일반은행이 재원, 채산성 또는 전문성 등의 제약으로 인하여 필요한 자금을 충분히 공급하지 못하는 특정 부문에 대해 자금을 원활히 공급함으로써 일반 상업금융의 취약점을 보완하고 이를 통하여 국민경제의 균형적 발전을 도모하기 위해 개별 특수은행법에 의해 설립되었고, 조합 형태인 농업협동조합 및 수산업협동조합중앙회를 제외하고는 모두 정부계 은행이다. 현재 한국산업은행, 한국수출입은행, 중소기업은행, 농업협동조합중앙회[143]와 수산업협동조합중앙회의 신용사업 부문이 특수은행에 해당하며 설립 근거법에 따라 일부 또는 모든 업무에서 『한국은행법』 및 『은행법』의 적용을 배제[144]하고 있다.

2. 은행 약사(略史)

1970년대까지 조흥은행·한국상업은행·제일은행·한일은행·서울신탁은행의 5개 시중은행이 있었지만 1980년대 이후 금융자유화 및 금융산업 구조조정의 영향으로 11개 은행이 신설 또는 업종전환에 의해 새로 진입함으로써 1997년 말에는 시중은행이 16개[145]에 달하기도 했으나, 금융·외환위기 이후 부실금융기관에 대한 구조조정 과정에서 일부 은행이 퇴출 또는 합병되었고,[146] 2001년 대형 우량은행 출현을 위한 국민·주택은행 합병 이후 은행 대형화를 위한 합병도 지속[147]되어 2011년 6월말 기준 7개 시중은행이 영업 중이었다. 한편 이 과정에서 외국계 시중은행의 출현도 두드러졌다. 2004년 11월 외국은행 국내지점이었던 씨티은행은 한미은행을 인수·합병하여 한국씨티은행이 되었으며, 2005년 1월 SC 스탠다드차터드 은행은 뉴브리지캐피털로부터 제일은행을 인수하고 같은 해 9월 SC 제일은행으로 사명을 변경하였다.

한편, 외국은행 국내지점은 과거 업무범위가 일부 제한되고 유동성 규제를 위한 한국은행 공개시장조작대상에서도 제외되는 등 영업환경이 국내은행과 다소 차이가 있었으나 금융자유화 추진 등으로 외국은행 국내지점의 업무범위에 대한 규제도 완화됨에 따라 현재는 국내은행과 거의 동일한 조건에서 영업활동을 하고 있다.[148]

제 2 항 일반은행

1. 은행 및 은행지주회사의 주식 소유제한

가. 은행법 등에 의한 은행주식 소유제한

일반은행이 산업자본에 의해 사금고화 되는 것을 방지하기 위해 동일인[149] 주식소유한도가 엄격히 규제되고 있다(은행법 제2조 제1항 제8호). 1992년 5월에는 친인척 위주로 되어 있던 동일인의 포괄범위를 확대하여 주주 1인이 『독점규제 및 공정거래에 관한 법률』에 의해 지정된 대규모기업집단을 지배하는 자인 경우에는 그가 지배하는 대규모기업집단 소속 기업체를 동일인의 범주에 추가하였다(은행법 시행령 제1조의4, 독점규제 및 공정거래에 관한 법률 제2조 제2호). 그러므로 어느 주주 1인이 당해 은행뿐만 아니라 대규모기업집단에 소속된 다른 기업체도 지배하는 경우 이들 모두를 『은행법』상 1인으로 본다.

현재 동일인(외국인 포함)의 은행 및 은행지주회사 주식 소유한도는 『은행법』및 『금융지주회사법』에서 의결권 있는 발행주식 총수의 10%(지방은행 및 지방은행지주회사는 15%) 이내로 제한하고 있다(은행법 제15조 1항, 금융지주회사법 제8조의1). 그 뿐만 아니라 10% 이상 소유하고자 할 경우에는 10%(지방은행 및 지방은행지주회사는 15%), 25% 및 33% 초과 시마다 금융위원회의 승인을 얻어야 한다(은행법 제15조 3항).[150]

현재의 제도로 정착되기까지 과정을 되돌아보면, 1994년 12월 산업자본의 은행지배를 방지하고 은행의 책임경영 체제를 확립하기 위해 금융전업기업가제도를 도입하여 은행주식을 12%까지 소유할 수 있도록 허용하였던 것을 금융전업기업가 이외의 동일인의 경우 주식소유한도를 8%에서 4%로 하향조정하였다. 금융전업기업가 이외의 동일인 주식소유한도를 4%로 규제한 목적은 은행의 의결권을 충분히 확보한 기업이 자금난에 허덕일 때 예금 등 은행자산을 사금고로 만들어 악용할 여지를 막기 위한 것이었다. 그러나 금융전업기업가 제도가 지나친 자격요건 규제로 실효를 거두지 못함에 따라 2002년 4월에는 건전한 금융자본 출현 유도, 은행의 자율책임경영 촉진, 은행의 다른 은행 소유 등을 위해 동일인을 다시 금융주력자와 비금융주력자로 구분하였다. 그리고 2013년 8월 개정을 통해 비금융주력자[151]의 은행 및 은행지주회사 주식 보유한도를 4%(지방은행 및 지방은행지주회사는 15%)로 엄격히 제한하였다(은행법 제16조의2, 금융지주회사법 제8조의2). 이러한 제한으로 산업자본은 은행경영상 중요한 결정을 내릴 권한인 의결권 있는 주식(은행지분)을 최대 4% 밖에 소유하지 못하게 되어 있다. 한편 금융위원회의 승인을 얻어 10%까지 보유 가능하지만 초과보유분에 대한 의결권행사는 금지된다(은행법 제16조의2 제2항, 제15조 제1항 본문).

최근 일반은행(금융지주회사 소속인 경우 금융지주회사)의 소유구조를 보면, 금융·외환위기 이후 금융산업구조조정 과정에서 정부 및 예금보험공사가 취득한 국내은행 지분을 외국계 금융기관에 매각한 결과 외국인을 중심으로 소유 집중도가 크게 높아졌다. 1998년 말 당시 11개 시중은행 중 외국인이 최대주주인 은행은 한미은행[152]뿐이었으나 이후 제일은행, 한미은행, 외환은행 등이 외국계 자본에 매각[153]됨에 따라 2011년 6월말 기준으로 외국인이 최대주주인 은행은 5개로 늘어났다.

지방은행의 경우에는 국내자본이 외국자본보다 높은 지분율을 보이고 있다. 이는 지방은행의 동일인 주식소유한도가 15%로 시중은행에 비해 높은 데다 금융산업 구조조정 과정에서 외국인의 인수가 없었기 때문이다. 광주은행 등 일부 지방은행은 금융지주회사로 편입되면서 기존 지역 연고 기업의 지분이 감소하였다.[154]

나. 은행법상의 은산분리 원칙과 인터넷전문은행 K뱅크 문제

2016년 12월 14일 금융위원회는 1992년 평화은행 이후 무려 24년 만에 국내 첫 인터넷전문은행인 K뱅크(카카오뱅크)를 정식으로 인가하였다. K뱅크의 주요 주주는 위 사업을 주도하는 KT(지분율 8%)와 우리은행(10%), GS리테일(10%), 한화생명(10%), NH투자증권, 그리고 지방은행인 DGB금융그룹의 자회사인 DGB캐피탈(뱅크웨어글로벌의 K뱅크 지분 3.2%를 인수함)로 구성되어 있다. K뱅크는 KT가 보유한 통신요금 납부 기록 등 다양한 빅데이터 분석을 통한 정교한 신용평가를 기반으로 하여 보증보험을 중간에 끼지 않고 은행업계 최저 수준의 금리로 중금리 대출에 집중할 계획인데, 이러한 서비스가 이루어지면 이용자들은 더 낮은 금리로 대출을 받을 수 있게 되는 셈이다.

그러나 K뱅크가 출범하자마자 정상 궤도에 오르기 전에 넘어야 할 산이 나타났다. 가장 먼저 해결해야 할 문제는 바로 『은행법』상의 금산분리 규제(산업자본의 은행지분 보유 제한, 은산분리 원칙)이다. 그러나 인터넷전문은행 사업자들은 위와 같은 주주의 구성에서 보듯이 이른바 핀테크(Fintech: Finance와 Technology의 합성어로 금융관련 스타트업을 가리키는 용어이다) 기술을 주도해야 할 대주주인 KT의 지분은 8%에 불과한 상태이고 『은행법』 제16조의2 제1항 소정의 비금융주력자에 해당하는 KT는 4%의 의결권만 행사할 수 있어 회사경영에 사실상 불가능하므로 다각도로 핀테크 사업을 펼치기 어렵다고 주장하고 있다. 현재 2500억 원 수준의 자본금을 증자를 통해 본격적인 영업에 필요한 5000억 원 이상 수준으로 늘리려면 『은행법』을 개정하지 않으면 안된다.[155] 그러나 여기에 대해서는 찬·반 양론이 있고 적극적으로 검토하자는 의견이 많다.

2. 업무 내용

가. 일반은행의 업무범위: 고유업무, 부수업무 및 겸영업무

일반은행의 업무는 고유업무, 부수업무 및 겸영업무로 구분된다. 각 업무별 범위는 『은행법』 및 『은행법 시행령』에 규정되어 있다.[156] 일반은행은 고유업무 및 부수업무의 경우 별도 인가 없이 영위할 수 있으나 일부 겸영업무의 경우 해당

법령에 따라 금융위원회의 겸영인가를 필요로 한다.

고유업무는 예·적금 수입, 유가증권, 그 밖의 채무증서 발행 등으로 조달한 자금을 대출 또는 어음 할인하는 업무와 내·외국환업무로 구성된다(은행법 제27조). 일반은행은 요구불예금의 수입에 의한 만기 1년 이내의 대출, 즉 전통적인 상업금융업무에 더하여 장기금융업무도 영위할 수 있다. 여기서 장기금융업무란 1년 이상의 기한부예금 또는 사채발행을 통해 조달한 자금을 1년을 초과하는 기한으로 대출하는 업무를 말한다.

부수업무는 은행 업무를 영위하는 데 수반되는 업무(은행법 제27조의2, 시행령 제18조)로서 『은행법』은 은행의 부수업무를 포괄적으로 허용하고 있다. 부수업무에는 채무보증, 어음인수, 상호부금, 팩토링, 보호예수, 수납 및 지급대행 등이 포함된다.

겸영업무는 타 법령에 따른 인허가 등이 필요한 업무와 필요로 하지 않는 기타 업무로 구분된다(은행법 제28조, 시행령 제18조의2). 금융위원회의 인허가 또는 등록을 필요로 하는 겸영업무로는 유가 증권의 인수·매출 및 모집·매출 주선, 환매조건부채권매매,[157] 『자본시장법』에 따른 파생상품의 매매·중개 업무(자본시장법 제3조 제2항 제2호), 『자본시장법』에 따른 집합투자업(투자신탁으로 한정), 투자자문업, 투자매매업, 투자중개업, 신탁[158](자본시장법 제8조, 은행법 제2조 제1항 8호, 제5조), 『보험업법』에 따른 보험대리점 업무, 방카슈랑스(은행법 제91조), 『여신전문금융업법』에 따른 신용카드업[159](여신전문금융업법 제2조) 등이 있다.[160] 기타 업무에는 타 법령에서 은행이 운영할 수 있도록 한 업무와 기업 인수·합병의 중개·주선 또는 대리 업무, 증권의 투자 및 대차거래 업무, 상업어음 및 무역어음의 매출 업무 등이 있다.

은행업무가 어떻게 확대되었는지 간략하게 시대별로 살펴보면 1950년 『은행법』제정 이후 1970년대까지는 예대업무가 은행업무의 대부분이었으나 1980년대 들어 금융수요 다양화 등으로 비은행금융기관이 급성장하면서 은행의 자금중개 기능이 위축됨에 따라 은행의 업무범위가 확대되었다. 구체적으로 국공채 인수업무(1977년), 환매조건부 국공채매도업무(1982년), 신용카드업무(1982년), 환매조건부 회사채매도업무(1990년), 사모사채 인수업무(1990년), 국공채 창구판매업무(1995년) 등이 새로운 업무로 추가되었다. 외환위기 이후에는 금융의 겸업화가 진전되면서 투자신탁 상품의 창구 판매가 허용되었고 이후 골드뱅킹[161] 및 방카슈랑스(2003년), 『구(舊) 간접투자자산운용업법』시행에 따른 자산운용회사의 업무 및 판매회사 업무(2004년) 등도 추가되었다.

나. 예금업무

예금은 일반대중, 기업 또는 공공기관 등 불특정 다수로부터 은행이 보관·예탁을 받아 관리 운용할 수 있는 자금으로서 은행의 자금조달에 있어 가장 중요한 위치를 차지하고 있다.[162] 예금은 일정한 기간을 정해놓고 자신의 돈을 은행에 맡기는 것을 말하는데, 법률상 소비임치에 해당한다(민법 제702조). 판례에 따르면 예금계약의 성립시기는 예금자가 예금의 의사를 표시하면서 금융기관에 돈을 제공하고 금융기관이 그 의사에 따라 그 돈을 받아 확인한 때이고, 비록 금융기관의 직원이 그 받은 돈을 금융기관에 입금하지 아니하고 이를 횡령하였다고 하더라도 예금계약의 성립에는 아무런 변동이 없다.[163]

예금금리는 『한국은행법』에 의해 금융통화위원회가 예금종류별로 최고이율을 정할 수 있다. 그러나 2004년 2월 4단계 금리자유화 조치가 완료됨에 따라 현재 모든 수신 상품의 금리는 금융기관이 자율적으로 정할 수 있다.[164] 이 밖에 금융통화위원회는 일부 예금에 대해 가입대상 및 만기에 관해 조건을 부과하고 있다.[165]

(1) 요구불예금

요구불예금에는 당좌예금, 가계당좌예금, 보통예금, 별단예금 등이 포함된다.

당좌예금(checking deposits)은 은행과 당좌거래계약을 체결한 거래처가 발행한 당좌수표 및 약속어음 또는 당좌계약자가 인수한 환어음의 지급을 은행에 위임하고자 개설하는 예금이다. 당좌예금은 예금주의 입장에서는 일상의 지급거래를 위한 결제예금의 성격이 있고, 은행의 입장에서는 당좌대월(overdraft)[166]에 의해 신용창출의 원천이 된다. 이러한 이유로 상업금융 업무를 영위하는 일반은행만이 원칙적으로 당좌예금을 취급할 수 있다.[167] 한편 당좌수표 또는 어음의 부도가 발생할 경우 신용질서가 문란해지고 은행의 공신력이 손상되므로 은행은 내규로서 당좌예금 개설요건을 정하고 있다.

가계당좌예금(a household current deposit)은 일반대중의 은행이용도를 제고함으로써 현금선호경향을 낮추어 신용사회를 이룩하고 가계저축을 증대시키기 위해 1977년에 도입된 가계우대성 요구불예금이다.[168] 한편 가계당좌예금의 가입대상은 신용상태가 양호한 개인 및 개인사업자로 제한되며 구체적인 자격기준 및 대출한도 등은 은행이 자율적으로 정하고 있다.

보통예금(ordinary deposit)은 거래대상, 예치금액, 예치기간, 입출금 횟수 등에

아무런 제한 없이 자유롭게 거래할 수 있는 예금이다.[169]

별단예금(temporary deposits, miscellaneous deposits)은 환, 대출, 보관 등 은행의 업무수행상 발생하는 미결제, 미정리 자금 또는 타예금 계정으로 취급할 수 없는 자금 등 일시적 보관금에 붙이는 편의적 계정 명칭으로서 후일 다른 계정으로 대체되거나 지급될 예금을 말한다. 별단예금으로 취급되는 주요 예수금은 자기앞수표발행자금, 공탁금, 부도대금, 미지급송금, 당좌예금 해지잔액 등이다.[170]

공공예금은 지방자치단체와의 금고사무취급계약에 의해 재산세, 등록세, 주민세 등의 지방세와 수도료 등의 공공요금 수납대행 업무를 취급하는 예금으로서 예수 및 지급업무가 해당 지방자치단체와의 개별계약에 의해서만 이루어진다.[171]

(2) 저축성예금

저축성예금에는 정기예금, 정기적금, 저축예금, 기업자유예금, 근로자우대저축, 장기주택마련저축, 상호부금 등이 있다.

정기예금(time deposits, term deposits)은 예금자가 이자수취를 목적으로 예치기간을 사전에 약정하여 일정금액을 예입하는 기한부예금이다.[172] 공모주청약 정기예금과 주택청약 정기예금이 여기에 해당한다.

정기적금(installment savings deposits)은 계약금액과 계약기간을 정하고 예금주가 일정금액을 정기적으로 납입하면 은행이 만기일에 계약금액을 지급하는 적립식 예금이다. 일반적으로 가입 대상 및 예치한도에는 제한이 없으며 계약기간은 6개월 이상이다.[173]

저축예금(savings deposits)은 가계저축의 증대를 도모하기 위한 가계우대저축의 하나로 수시 입출이 가능한 결제성 예금이면서도 이자가 지급되고 있다. 저축예금은 1977년 7월 한국주택은행에 도입되어 1978년 1월부터 모든 은행으로 확대되었으며 현재 가입대상에 제한이 없다.[174] 한편 1997년 7월 투자신탁회사의 단기금융상품펀드(MMF: Money Market Fund)[175]나 종합금융회사의 어음관리계좌(CMA: Cash Management Account)[176] 등과 경쟁이 가능한 고금리의 시장금리부 수시입출식예금(MMDA: Money Market Deposit Account)[177]이 저축예금의 일종으로 도입되었다. 동 상품은 일반 저축예금처럼 수시입출금이 가능하며 최고 예치한도에 대한 제한은 없으나 최초 가입 시 일정금액 이상을 예치해야 한다.

기업자유예금은 선입선출방식의 입출금이 자유로운 예금이다. 1988년 12월 금리자유화조치 당시 개인 기업이나 법인, 지방자치단체 등의 일시여유자금의 운용수단을 제공하기 위해 도입되었다. 그러나 2003년 12월 가입대상 제한이 폐지되어 국가, 지방자치단체, 법인, 사업자등록증을 소지한 사업자라면 가입할 수 있으며, 금리는 보통예금수준으로 낮아졌다. 기업자유예금에도 수시입출이 가능한 시장금리부 수시입출금식예금이 있다.

상호부금은 일정한 기한을 정하여 부금을 납입하면 중도 또는 만기에 일정한 금액을 급부할 것을 약정하는 예금이다. 정기적금과 유사하지만 중도급부금의 지급이 당초부터 약정되어 있다는 특징을 가지고 있다. 상호부금은 전통적 상호금융인 계(契)가 변천된 제도[178]로서 당초에는 서민금융 전문은행이었던 국민은행에서만 취급하다가 1983년 4월부터 취급기관이 모든 은행으로 확대되었다. 상호부금의 가입자는 주로 개인 또는 중소상공업자이다. 상호부금은 부금계약시 총부금계약액, 납입부금 및 납입기일을 정하고 총납입 회수의 1/4회차 이상을 납입하면 고객의 급부요구에 응하는 것이 일반적이다.[179]

(3) 양도성예금증서

양도성예금증서(CD: Certificates of Deposit)란 정기예금에 양도성을 부여한 금융상품이다. 당초 양도성예금증서와 유사한 양도성정기예금제도는 1974년 5월과 1978년 3월 두 차례에 걸쳐 도입된 적이 있었다. 그러나 발행금리가 정기예금 금리 이내로 제한된 데다 전문적 중개기관의 부재로 유통시장이 형성되지 못하여 1977년 6월과 1981년 12월에 각각 폐지된 바 있다. 그 후 금리자유화의 기반을 조성하고 은행의 수신경쟁력을 제고하는 동시에 시중 여유자금을 흡수하기 위하여 1984년 6월에 재도입되어 현재에 이르고 있다.

양도성예금증서는 일반적으로 최저발행단위가 1천만 원[180] 이상인 거액예금 수단으로서 최장만기 제한이 없는 대신 최단만기가 30일 이상으로 제한된다. 발행형식은 할인식 양도가능증서의 형식을 취하고 있으며 중도환매는 허용되지 않는다. 또한 양도성예금증서는 2000년 말까지 예금보험대상이었으나 2001년부터는 『예금자보호법』의 경과규정이 만료됨에

▶ 양도성예금증서

따라 그 대상에서 제외되었다. 한편 양도성예금증서는 도입 당시 중도환매 불가능을 이유로 지급준비금 예치의무를 면제했었다. 그러다가 1997년 2월부터 양도성예금증서의 은행별발행한도제[181]를 폐지하면서 금융상품 간 형평을 고려하여 지급준비금 예치의무를 부과하였다.

(4) 외화예금

외화예금(foreign currency deposits)은 외화로 예금하고 외화로 인출하는 예금이다. 대외지급수단에 의한 예금으로서 『외국환거래법』의 규제를 받는다. 외화예금의 종류로는 당좌예금, 보통예금, 통지예금, 정기예금, 정기적금의 5종류가 있으며 이들은 예금주체에 따라 각각 대외계정, 거주자계정 및 해외이주자계정[182]으로 구분된다.

대외계정은 외국에 있는 금융기관과 국제금융기관을 제외한 비거주자, 개인인 외국인거주자, 우리나라 재외공관 근무자 및 그 동거가족 등이 개설하는 외화예금계정이다. 동 계정에는 외국으로부터 송금된 대외지급수단, 기타 『외국환거래법』에 의하여 취득 또는 보유가 인정된 대외지급수단을 예치할 수 있다. 대외계정을 처분할 수 있는 경우는 외국에 대한 송금, 대외지급수단으로의 인출 또는 원화를 대가로 한 매각 등의 용도로만 가능하다.

거주자계정(resident account)은 개인인 외국인거주자, 우리나라 재외공관 근무자 및 그 동거가족 등을 제외한 거주자가 개설하는 예금계정이다. 기업이 해외에서 받은 수출대금이나 개인이 여행 후에 남은 외화 등은 정당하게 취득한 외화로 예치할 수 있다.[183]

해외이주자계정은 해외이주자 또는 재외동포가 개설하는 예금계정이다. 동 계정에는 국내재산 처분 자금으로 매입한 대외지급수단을 예치할 수 있으며 원화를 대가로 한 매각 또는 해외이주비 및 부동산처분 대금 송금으로만 처분할 수 있다.

외화예금의 금리는 외국환은행이 주요 국제금융시장 금리 등을 감안하여 자율적으로 결정하며 외국환은행은 수취한 외화예금에 대해서 금융통화위원회가 정하는 비율의 지급준비금[184]을 한국은행에 예치하여야 한다.

다. 대출업무

(1) 신용공여수단

대출(loan)은 일반은행의 주된 신용공여수단이다. 대출은 『민법』상 금전소비대차에 해당된다(민법 제598조). 일반은행은 단기운전자금과 장기시설자금으로 구분되는 기업자금대출과 가계자금대출 및 공공·기타 자금대출을 취급한다.[185]

일반은행 대출은 취급방식에 따라 어음할인, 어음대출, 증서대출 및 당좌대출로 구분된다. 어음할인(bill discount)은, 상품매매(거래)에 수반하여 생기는 상업어음을, 금융기관이 어음할인일로부터 만기일까지의 이자를 차감하고 매입함으로써 어음의 수취인에게 자금을 공급하는 대출이다. 이때 공제한 이자를 할인료라고도 한다. 어음대출은 이와 같이 차주가 은행을 수취인으로 하여 발행하는 약속어음을 은행이 받고 자금을 공급하는 방식으로 이루어지는데 기업에 대한 단기운전자금 대출에 주로 활용된다. 증서대출은 대출시 차주로부터 어음 대신 차용증서를 징구하는 대출이다. 주로 특약사항이 많은 대출이나 한번 취급하면 상환 시까지 재대출이 일어나지 않는 가계대출 또는 장기시설자금대출 등에 주로 활용되고 있다. 당좌대출은 당좌 계정 거래자와 은행 간의 약정에 의거 당좌대출한도 내에서 당좌예금잔액을 초과하여 발행된 수표를 은행이 자동대출의 형태로 지급에 응하는 대출이다. 이들 대출 가운데 은행이 가장 많이 활용하고 있는 대출은 어음대출(loan on bills, 예금담보대출)이다. 은행이 차용인에게 차용증서 대신 은행을 수취인으로 하는 약속어음을 발행하게 하고 그 지급기일까지의 이자를 어음금액에서 차감하고 대출하는 것을 말한다.[186]

대출의 종류에는 상업어음할인, 무역금융, 일반자금대출, 주택관련대출 등이 있다.[187]

대출금리는 1994년 7월 이후 재정자금을 제외하고는 모두 자유화되었다. 대부분의 일반은행은 시장금리에 연동된 대출금리(시장금리연동대출금리)를 사용해 오고 있었으나 2010년 2월 이후에는 전국은행연합회가 발표하는 COFIX(Cost of Funds Index,[188] 은행권 자금조달비용지수[189])가 도입되어 가계대출을 중심으로 많이 활용되고 있다. COFIX는 전국은행연합회에서 9개 국내은행[190]의 저축성예금, CD, RP, 표지어음 및 금융채의 평균조달 비용으로 산출하며 신규취급액 및 잔액기준으로 매월 15일(공휴일인 경우 익 영업일) 공시하고 있다. 시장금리 연동대출의 경우 CD유통수익률, 국고채금리 등 시장금리에 원가와 적정마진을 더하여 대출금리를 결정한다.

한편 일반은행은 금융자금의 균점화를 위해 금융자금대출금 증가액의 일정 부분을 중소기업에 대출하도록 되어 있다. 이 비율은 한국은행 금융통화위원회에서 정하고 있는데 2011년 6월말 기준으로 시중은행은 45% 이상, 지방은행은 60%

이상, 외국은행 국내지점은 35% 이상으로 운용되고 있다.

(2) 부동산(주택)담보대출과 부채상환비율

또한, 은행의 대출은 자금 수요자가 담보(collateral)를 제공하는 담보대출과 그렇지 않은 비담보대출로 나눌 수 있다. 자금 수요자가 담보로 부동산을 제공하여 은행으로부터 대출을 받는 경우가 많은데, 이러한 경우에는 일반적으로 자금 수요자와 은행 사이에 담보권설정계약 즉, 저당권 등의 설정계약이 체결된다.

은행이 자금 수요자로부터 주택을 담보로 제공받고 대출하는 경우 다음과 같은 규제가 있다는 점도 유의할 필요가 있다. 2017년 '신(新)총부채상환비율(DTI)'의 도입을 통해 주택담보대출 수요자에 대한 소득 심사가 강화되었다. 또, 주택담보대출뿐 아니라 신용대출, 자동차 할부 등 모든 대출에 적용되는 총부채원리금상환비율(DSR: Debt Service Ratio)은 2017년까지 참고 지표로 활용된 뒤 2018년부터 순차적으로 여신심사 기준으로 적용된다. 이것은 해당원리금 상환액과 기타대출 원리금상환액을 연간소득으로 나눈 값이다. 2016년부터 신규 주택 구입자에 대한 원금 분할상환 의무화를 골자로 한 여신심사 가이드라인을 도입하고 가계부채 규제를 본격화하면서 대출의 고삐를 더 조이는 셈이다.

그런데 DTI(총부채상환비율)는 수도권 아파트 주택담보대출에 적용되는 대출한도 산정 기준이다. 이에 따르게 되면 주택담보대출에 따른 연간 원리금 상환액(기타 부채 이자 포함)이 연소득의 60%를 넘지 않는 범위에서 대출을 받을 수 있다.

이 같은 DTI의 현행 수준을 유지하면서 소득산정 방식을 개편한 신DTI가 2017년 하반기부터 도입된다. 신DTI의 골자는 DTI 분모인 소득을 산정할 때 주택 구입자의 장래 소득 증가 가능성과 소득 안정성 여부, 보유자산 소득환산 기준 등을 현재보다 더 철저하고 엄격하게 평가하는 것이다. 이것은 소득이 일시적이거나 변동성이 크면 소득에 일정한 감면율을 적용함으로써 대출 한도를 하향 조정하는 식이다.

그 밖의 주택관련대출에는 『구(舊)근로자의 주거안정과 목돈마련 지원에 관한 법률』(1990.1.1.시행)에 따라 근로자주택마련저축 및 장기주택마련 저축 가입자 등에게 대출해주는 것도 있다. 주택자금의 융통을 원활히 하고 자금운용의 건전성을 도모할 수 있도록 주택금융에 대한 신용보증을 위해 설치된 주택금융신용보증기금[191]에 출연할 대출금 산정대상을 명확히 하기 위해 여타 대출과 구분되고 있다.

〈표 2-1〉 DTI 등과 상환능력 지표

구분	DTI	DSR	신(新)DTI
명칭	총부채상환비율	총부채원리금상환비율	신총부채상환비율
산정방식	해당 대출 원리금과 기타 대출 이자 상환액	해당 대출과 기타 대출 원리금 상환액	DTI에 장래 소득 증가 가능성, 소득 안정성, 보유자산 평가 등 추가 반영
활용방식	대출 심사 시 60% 한도 규제	올해부터 자율적 적용	올해 하반기부터 단계적 시행

(3) 상업어음할인

상업어음할인은 당좌대출과 함께 기업의 단기운전자금을 공급하는 대표적인 대출형태로서 상거래와 관련하여 발행된 어음을 금융기관이 만기일 전에 할인·매입하고 동 대금을 어음할인 의뢰인에게 지급하는 제도이다. 상업어음(trade bill)은 실제 상거래를 원인으로(통하여) 매입대금의 지급을 위해 발행되는 환어음(bill of exchange) 또는 약속어음(promissory note)을 일컫는다. 상업어음할인의 대상어음은 상거래에 수반하여 발행, 양도배서 또는 인수한 어음이면 모두 포함한다. 이와 같은 상업어음할인은 자동결제성을 지니는 단기대출금으로서 상업금융의 전형적인 형태라고 할 수 있다.[192] 이러한 어음할인의 법적 성격은 매매에 해당한다.[193]

(4) 무역금융

무역금융(trade finance)은 수출입관련업체, 즉 수출업체나 수출용원자재 또는 수출용 완제품 공급업체를 대상으로 수출 또는 수출을 위한 원자재나 완제품의 공급이행에 소요되는 자금을 지원하는 대출이다.

무역금융의 융자대상은 수출 신용장(LC: letter of credit) 또는 지급인도(D/P: Document against Payment)[194]와 인수인도(D/A: Document against Acceptance) 조건[195] 및 기타 수출관련 계약서에 의하여 물품·건설 및 용역을 수출하거나 국내 공급하고자 하는 자, 내국신용장에 의하여 수출용 완제품 또는 원자재를 공급하고자 하는 자, 이와 같은 방식에 의한 수출 또는 공급실적이 있는 자로서 동 수출실적을 기준으로 대출받고자 하는 자 등이며 이 중 30대 계열기업군 소속 기업은 대상에서 제외된다.

은행은 자금의 용도에 따라 생산자금, 원자재자금, 완제품구매자금 등의 용도별금융[196]을 취급하거나 자금의 용도 구분 없이 전년도 또는 과거 1년간 수출실적이 5천만 달러 미만인 업체에 지원되는 포괄금융을 취급한다.

(5) 기타 은행이 제공하는 대출

먼저 자금용도에 대한 특별한 제약이 없고 대출과목도 따로 정하여 지지 않은 일반자금대출[197]과 가계당좌예금 거래자가 은행과의 사전약정에 따라 일정한도 내에서 예금잔액을 초과하여 발행한 수표 및 어음을 은행이 지급함으로써 이루어지는 당좌대출이 있다.[198]

적금관계대출은 적금계약자에게 자금융통 편의를 제공하기 위해 정기적금계약을 체결하고 월부금을 일정기간(1/4회 차 정도) 납입한 경우 적금계약 금액 범위 내에서 대출하는 것이다.[199]

기업구매자금대출은 먼저 납품업체가 물품 납품 후 구매기업을 지급인으로 하고 납품대금을 지급금액으로 하는 환어음을 발행하여 거래은행에 추심의뢰하면, 구매기업은 통보받은 환어음의 지급결제시 거래은행과 사전에 약정한 대출한도 범위 내에서 기업구매 자금을 융자받아 구매대금을 결제하도록 하는 방식이다.[200]

외화대출제도는 원자재 및 시설재 도입을 지원하기 위해 1952년 11월『외화대부에 관한 취급규정』이 제정되면서 시작되었으며 현재는『외국환거래업무 취급세칙』에 의거해 시행되고 있다.[201] 대출금리는 각 외국환은행이 주요 국제금리 및 외화여신업무 취급비용 등을 감안하여 자율적으로 정하는데 통상 리보(LIBOR)금리[202]에 금융기관의 조달비용 및 기업의 신용도 등을 감안한 가산 금리를 더해 결정된다.

라. 내국환업무

내국환이란 국내 격지간의 채권·채무의 결제 또는 자금수수를 당사자 간의 직접적인 현금수수 없이 은행을 매개로 결제하는 금융거래를 말한다.[203]

일반적으로 내국환거래는 형태면에서 채무자가 은행을 통하여 채권자에게 자금을 송부하는 송금환(또는 순환)과 채권자가 은행을 통하여 채무자에 대한 채권의 회수를 의뢰하는 추심환(또는 역환)으로 구분된다. 1989년 12월부터는 타행환 시스템 가동으로 송금인과 수취인의 거래은행이 다르더라도 송금업무를 쉽게 처리할 수 있게 됨으로써 은행의 업무 효율 및 대고객서비스가 크게 제고되었다.[204]

한편 내국환업무의 취급 결과 발생한 은행 간의 환대차(換貸借)는 원칙적으로 서울어음교환소[205]에서 교환 결제되며 교환결제자금으로는 각 은행의 한국은행 당좌예금이 이용된다. 결국 각 은행 간의 환대차는 한국은행 지급준비예치금계정의 대체결제로 최종 정리된다.[206]

마. 외국환업무

외국환업무는 국제간의 대차관계를 현금수송에 의하지 않고 외국환은행의 중개에 의하여 결제하는 업무이다. 외국환은 이와 같은 기능적인 의미 이외에 경우에 따라서는 외국화폐, 외화수표, 외화증권 등 구체적인 대외지급수단 그 자체를 말하기도 한다. 이러한 혼동을 줄이기 위해 『외국환거래법』은 외국환을 대외지급수단, 외화증권 및 외화채권으로 정의하고 있다(외국환거래법 제3조 제1항).

우리나라는 1961년 12월 『구(舊)외국환관리법』 제정 이후 1980년대 중반까지는 외화자금의 효율적 운용, 국제수지 균형유지 및 통화가치의 안정 등을 위하여 외환관리 제도를 규제위주(positive system)로 운용했다.[207]

한편, 1998년 9월에는 외환자유화 추세에 맞춰 『구(舊)외국환관리법』을 폐지하고 대신 외환거래에 대한 사전규제보다 사후관리에 중점을 둔 『외국환거래법』을 제정하여 1999년 4월부터 시행하였다. 『외국환거래법』은 금융국제화의 진전 등으로 외환업무 수요가 크게 증가한 것을 고려하여 외국환업무 취급기관 등록제를 채택하였다(외국환거래법 제8조).[208] 일반은행은 『외국환거래법 시행령』에 따라 외국환업무 취급기관 가운데 외국환은행으로서의 업무를 취급한다.

일반은행이 취급하는 외국환은행 업무는 크게 외국환의 발행[209] 또는 외국환매매,[210] 우리나라와 외국간의 지급·추심 및 영수,[211] 거주자와의 외화로 표시되거나 지급되는 예금·금전의 대차 또는 보증, 비거주자와의 예금·금전의 대차 또는 보증 및 기타 부대업무 등으로 나눌 수 있다.

외국환의 매매율은 당일자 매매기준율[212](미 달러화 이외의 통화의 경우에는 재정환율)과 외국환은행 간 매매율을 감안하여 외국환은행장이 자율적으로 정한다. 한편 외국환은행은 은행 간 매매를 통하여 대고객 외국환 매매거래에서 발생하는 외화자금의 과부족을 조절하거나 외국환포지션을 조정한다. 은행 간 매매거래는 외국환중개회사[213]를 경유하거나 은행 간 직접거래로 이루어지며 매매환율은 외환의 수급상황에 의해 결정된다. 외국환매매거래에는 매매계약과 동시에 외국환의 수도(受渡)가 일어나는 현물환거래뿐 아니라 매매계약 후 일정기간이 지난 다음 외국환의 수도가 이루어지는 선물환거래, 결제일이 서로 다른 외환거래를 반대방향으로 동시에 체결하는 스왑거래도 이용된다.

이 밖에 일반은행은 외화예금 및 외화대출업무, 수입신용장 개설 등 대외 외화 표시 보증업무, 외환관련 신탁 및 파생금융거래 등을 취급하고 있으며 대외거래 등과 관련한 각종 부대업무도 수행하고 있다.

바. 지급보증업무

지급보증(채무보증, payment guarantee)이란 은행이 거래자의 의뢰에 따라 동 거래자가 제3자에게 부담하는 채무(확정채무)의 지급을 약정하거나 보증채무 등 장래에 부담하게 될 가능성이 있는 채무(우발채무)를 보증(인수)하는 것이다. 그러므로 은행은 지급보증계약 체결을 한 이후에 발생하는 채무만을 보증하게 된다.[214] 지급보증은 신용공여시 자금의 공급이 수반되지 않는다는 점에서 대출과 성격이 구별된다.

지급보증의 형식은 통상 지급보증서(Letter of Guarantee)의 발급에 의하고 있으나 경우에 따라서는 환어음의 인수(또는 보증) 및 약속어음에 대한 보증 등의 형태를 취하기도 한다. 신용장(Letter of Credit) 개설도 지급보증의 한 형태이다. 한편 지급보증서에는 일반적으로 동 지급보증이 용도 외로 사용되지 못하도록 대상채무의 범위, 금액, 기간 및 대상기관(또는 법인) 등을 명시하도록 의무화하고 있다.

사. 유가증권 투자업무 및 기타업무

일반은행은 조달한 자금을 대출에 운용하는 외에 유가증권(securities, 有價證券) 투자를 통하여 보유자산의 다양화와 수익성 제고를 도모한다. 일반은행이 보유하고 있는 유가증권으로는 국고채, 통화안정증권, 금융채, 지방채, 주식, 사채 등이 있다.

그러나 유가증권은 시장가치가 수시로 변화하는 위험자산(risky asset)이므로 『은행법』은 은행경영의 건전성 확보를 위해 과도한 유가증권투자를 규제하고 있다. 즉, 『자본시장법』 제4조 제3항에 따른 채무증권(채권, bond fixed income securities)[215]으로서 상환기간이 3년을 초과하는 것(다만, 국채 및 한국은행통화안정증권, 금융산업의 구조개선에 관한 법률 제11조 제6항 제2호에 따른 채권[216]은 제외), 지분증권(주식, stock), 『자본시장법』 제4조 제7항에 따른 파생결합증권[217] 중 대통령령으로 정하는 것, 그 밖에 『자본시장법』 제4조 제2항 각 호의 증권[218] 중 대통령령으로 정하는 증권에 대한 투자는 은행의 자기자본[219]의 100% 이내[220]로 제한된다(은행법 제38조 제1호). 아울러 은행의 자기자본의 1%[221] 금액을 초과하여 해당 은행의 대주주[222]가 발행한 주식에 대한 투자도 제한된다. 이렇게 다양한 이름을 가진 증권이 어떠한 것인지에 대해서는 제5장 금융투자에서 상세하게 설명한다.

또한 은행은 유가증권 보유한도 내에서도 타 기업을 지배할 우려가 있는 유가증권투자가 금지되고 있다. 은행은, 금융위원회가 정하는 업종에 속하는 회사 등에 출자하는 경우 또는 기업구조조정 촉진을 위하여 필요한 것으로 금융위원회의 승인을 받은 경우에는 의결권 있는 지분증권(주식)의 100분의 15를 초과하는 지분증권을 소유할 수 있다. 그러나 이러한 소유는 은행 자기자본의 100분의 20의 범위에서 대통령령으로 정하는 비율에 해당하는 금액 또는, 은행과 그 은행의 자회사 등의 경영상태 등을 고려하여 금융위원회가 정하여 고시하는 요건을 충족하는 경우에는 은행 자기자본의 100분의 40의 범위에서 대통령령으로 정하는 비율에 해당하는 금액을 초과하지 않는 경우에만 허용된다(은행법 제37조 제2항).[223]

유가증권투자업무와 더불어 일반은행은 『은행법』 및 『자본시장법』에 따라 증권 및 채권관련 업무를 폭넓게 취급하고 있다. 또, 일반은행은 은행의 고유업무에 부수하는 업무로서 『은행법』상 별도의 취급 인가가 필요 없는 여러 가지 부수업무를 취급하고 있다. 그리고 은행은 은행업이 아닌 업무로서 겸영하는 업무로는 금융위원회의 인허가를 얻어 취급하고 있는 겸영업무와 인허가를 필요로 하지 않는 기타 겸영업무를 하고 있다. 이 부분에 대해서는 앞의 2항 업무 내용을 보면서 자세하게 설명하였으므로 되풀이 하지 않는다.

좀 더 첨가할 것은 다음과 같다. 채권인수 업무는 은행의 기관투자가로서의 역할을 증대시키기 위하여 1977년 3월부터 허용되었으나 그 실적이 미미하다가 1991년 12월 『은행법』개정으로 유가증권투자한도가 크게 확대됨에 따라 점차 활성화되었다. 환매조건부채권매매 업무는 재정적자 보전을 위해 대량 발행된 국채를 대부분 은행이 인수하게 됨에 따라 은행의 자금부담을 완화하고 은행업무의 다양화를 도모하기 위하여 1982년 9월부터 허용되었다.[224] 국채의 자기매매업무는 국채시장의 활성화를 도모하기 위하여 국채전문딜러(primary dealer)제도를 도입하는 과정에서 1998년 10월 허용되었다.

3. 자금의 조달과 운용

일반은행은 원화예금과 금융채권(financial bond)[225]의 발행, 그리고 한국은행으로부터의 차입금으로 자금을 조달한다.[226] 일반은행은 대출과 유가증권투자를 통

해 자금을 운용하고 있다.[227]

제4절 투자은행[228]

투자은행(investment bank)은 기업이 새로운 주식(share, stock)을 발행할 수 있도록 도와주는 금융회사다. 일반은행과는 달리 투자은행은 예금을 받지 않고 대출을 해주지 않는다. 만일 어떤 회사가 주식을 처음으로 주식시장에 상장하는 경우라면 투자은행은 그 회사의 기업공개(IPO: Initial Public Offering)를 대행해 주고, 그 회사가 자본이 필요하여 주식을 더 발행·매도 즉, 유상증자(seasoned offering)를 하려고 하면, 그 회사의 주식을 인수해 준다. 바꾸어 말하면, 투자은행은 새로운 주식 및 채권(bond)을 인수하는 업무를 전문으로 한다. 즉, 투자은행은 주식을 발행하고자 하는 회사를 실사(due diligence)하고, 회사채의 기한을 설정하여 장기투자자에게 주식을 배정하기도 하고, 법률·행정상 발행 규제·요건에 맞추어 새로운 주식을 발행하기 위해 필요한 모든 일을 수행한다. 또 투자은행은 이와 같이 회사의 자본을 증권으로 나누어 투자자들을 끌어들여 사게 하고 회사에 자금을 조달해줌으로써 회사의 재정상 리스크를 관리한다.

투자은행은 일반 대중이 직접적으로 상대할 일이 적었기 때문에 다른 금융전문가들에 비해 적대 받을 일이 거의 없었지만, 2008년 금융위기가 일어나자 베어스턴스, 골드만삭스, 리먼브라더스 같은 투자은행들은 사람들의 미움을 고스란히 받았다. 그렇다고 하더라고 투자은행은 주식 등 증권시장을 만든 자들이고, 이들이 없었다면 우리에게 주식시장도 없었을 것이다.[229]

1. 골드만 삭스(Goldman Sachs)와 「신의 원칙」 고수

투자은행이라고 하면 모건 스탠리 딘 위터(Morgan Stanley Dean Witter & Co.),[230] 메릴린치(Merrill Lynch)[231]와 함께 국제금융시장을 주도하는 대표적인 투자은행(IB: Investment Bank)[232] 겸 증권회사인 골드만삭스(Goldman Sachs)가 떠올려진다. 골드만삭스가 걸어온 길이 IB의 역사라고 해도 좋다.

골드만삭스는 1848년 소떼를 거래하던 농부의 아들이자 전직 교사였던 독일계 유대인인 마르쿠스 골드만(Marcus Goldman)이 미국으로 건너가 1869년에 뉴욕 맨해튼의 비좁고 허름한 지하실에 어음할인을 하는 Marcus Goldman & Co라는 이름의 작은 가족기업으로 출발하였다.

골드만은 매일 아침 외투를 걸치고 다이아몬드 도매상과 가죽 상인들을 찾아가 약속어음을 샀다. 이것은 수수료 0.5%를 챙기는 어음할인업이었다. 골드만은 이렇게 사들인 어음을 실크모자 안쪽 덧감 속에 집어넣은 뒤 한꺼번에 모아 은행에 가서 재할인했다. 어음거래 규모가 급증하자 1882년 사위인 사무엘 삭스(Samuel Sachs)를 파트너로 불러들여 사돈집안의 인재들을 합류시켰다. 회사의 상호도 '골드만 삭스(Goldman Sachs)'로 변경하였다.

이렇게 성장한 골드만삭스는 70~80년대 적대적 인수·합병이 판칠 때 공격당하는 기업의 방어를 대행해주고, 주가폭락으로 손실이 뻔한 데도 불구하고 영국정부를 대신해 영국석유(BP)의 주식 공모를 대행해주었다. 골드만삭스는 분명 이윤을 남길 수 있는 사업이라도 원칙에 맞지 않으면 기꺼이 포기했다. 손해를 좀 보더라도 「신의(信義), faith」라는 원칙을 고수하는 골드만삭스의 철학이 있었다.[233]

골드만삭스는 두 차례의 큰 위기를 겪어야 했다. 첫 번째 위기는 제1차 세계대전 때였다. 전쟁이 일어나자 골드만삭스는 친독 성향을 노골적으로 드러냈다. 그대가로 골드만삭스는 종전 뒤 상당 기간 미국에서 증권인수 업무를 할 수 없었다.

골드만삭스의 두 번째 위기는 폐쇄형 뮤추얼펀드(mutual fund)를 운용하기 위해 설립한 회사가 파산했을 때였다. 다른 자산운용사들이 버블 국면에 떼돈을 벌어들이자 골드만삭스는 1929년에야 뒤늦게 골드만삭스 트레이딩("GSTC")을 설립했다. 하지만 설립한 지 하루 뒤 대공황이 발생해서 원금의 90%가 넘는 손실을 봤다. 이 사건을 계기로 회사 설립을 주도했던 삭스 가문 사람들은 경영일선에서 물러나야 했다. 그러나 시드니 와인버거(Sydney Weinberger)가 등장하여 골드만삭스를 위기에서 건져냈다. 그는 골드먼삭스에서 사환부터 시작해 30년간 일하며 최고경영자(CEO) 자리까지 오른 입지전적 인물이다. 와인버거는 GSTC를 즉시 청산하고 투자은행 부문에 집중했다. 그동안 JP모건 등 앵글로색슨계 투자은행이 독식한 정치 커넥션도 구축했다. 1932년 대선에서 민주당인 프랭클린 루스벨트를 적극 지원했다. 그래서 와인버거는 '현대 골드만삭스의 아버지'라 일컬어지고, 월스트리트에서는 그를 '미스터 월스트리트'라고 불렀다.

골드만삭스는 약 140년의 역사 중 절반이 넘는 세월인 87년 동안 국제금융계의 마이너그룹에 속해야하는 신세였다. 영국의 로스차일드 가(Rothschild family)와 베어링 브라더스(Baring Brothers: 현 ING 그룹)[234] 뿐만 아니라 미국의 앵글로색슨(양키)계인 JP 모건(John Pierpont Morgan: 현 JPMorgan Chase)[235]이나 유대계인 쿤로브(Kuhn Loeb)[236]한테도 밀렸다.

그러나 골드만삭스는 1956년 포드자동차의 기업공개(IPO)를 주관하면서 메이저급 투자은행의 반열에 올랐다.

골드만삭스가 자기자본 투자에 적극적으로 나선 것은 2000년 이후 정상 등극의 중요한 요인 중 하나이다. 유명 경영대학원(MBA) 출신을 대거 받아들여 '인재확보＝미래 성장동력'이라는 선순환 구조가 작동하기 시작한 것이다.[237] 실제로 이 시기에 받아들인 인재는 빌 클린턴 행정부 시절 재무장관을 지낸 로버트 루빈(Robert Rubin), 부시 정부시절 재무장관인 헨리 폴슨(Henry Paulson) 등이 있다. 이들은 1990년대 골드먼삭스를 이끌며 정상 반열에 올려놓았다.

1999년의 기업 상장까지, 골드만삭스는 130여 년 동안 파트너십(partnership) 체제를 유지했다. 파트너십이라는 그들만의 전통을 고수함으로써 수준 높은 인재를 끌어 모으고, 가족 같은 분위기와 문화를 통해 높은 충성도를 유지시키는데 성공한 골드만삭스를 흉내 내는 회사는 아직까지 찾아보기 어렵다.

2. 주식과 주식시장

주식시장(stock market)은 인간의 훌륭한 발명품이다. 기업이 회사채(사채, bond)를 언제부터 발행하기 시작했는지 정확히 모르겠지만, 이미 고대 로마 광장의 카스토르 신전에서 기업의(라틴어로 publicani) 주식(라틴어로 partes)이 거래되었다고 알려져 있다. 이때의 주식거래 가격에 대한 기록은 남아 있지 않지만, 사람들이 가격에 대해 이야기했다는 증거는 남아있다.[238] 그렇지만 그때 어떤 종류의 투자은행이 존재했는지는 더욱 알 수가 없다.[239]

한편, 그럴듯한 주식거래는 1602년 암스테르담의 동인도회사(Dutch East India Company) 설립과정에서 이 회사의 주식이 거래됨으로써 상당히 발전되었고, 주식시장은 이에 따라 활성화 되었던 것으로 보인다.[240] 그 당시 사람들은 주식을 살 수 있었고, 지금은 '스트리트 네임(street name: 고객이 번거롭지 않도록 증권회사가 이름을 빌려주는 것)'이라고 불리는 주식에 대한 개별적인 소유권도 갖

▶ 런던소재 동인도회사

게 되었다. 이것은 주식이 실제 물리적인 소유물이었고, 소유자의 이름 대신 중개인(broker)의 이름으로 기록되었음을 뜻했다. 주식 소유권은 중개인이 보증했고, 그래서 회사는 소유자에 관해 잘 알지 못했지만 매일매일 가격 변동이 알려지면서 사람들의 투자에 대한 관심이 급증했다. 매일 투자에 들어갔다 빠져나올 수 있는 자유는 사람들에게 일종의 흥분을 안겨주었고, 인간적이고 민주적 금융의 한 모습이었을 것이다.

그런데 주식시장이 생각만큼 잘 돌아가지는 않았다. 1609년 암스테르담 주식시장이 공매도(short selling: 해당 주식을 보유하지 않은 채 빌려서 매도 주문을 하는 것)로 인해 혼란스러워지자 공매도는 일시적으로 중지되었다. 이렇게 된 후 신문이 발명되면서 동인도 회사의 주가는 정기적으로 발표되었고, 투자에 대한 일반 시민들의 관심도 급격히 높아졌다.[241]

그렇다면 회사가 언제 어떻게 탄생하기 이르렀는지에 대해서 살펴보자. 주식합명회사(joint stock companies: 주식을 가진 주주들이 합동 소유한 회사)[242]가 주식을 발행하는 것은 처음에는 제한을 받았다. 이것은 주식회사(corporation, limited company)와 파트너십(partnership: 비지니스 파트너 또는 동업자들이 상호 이익 증대를 목적으로 협력하기로 한 합의)의 특징을 합쳐 놓은 사업조직 형태의 회사다.[243] 한편, 당시 기업들이 기업공개(IPO)를 하려면 특별한 등록증이 필요했는데, 이것을 얻기가 사실상 힘들었다. 영란은행은 1694년에 주식합명회사로 등록되었고, 동시에 공동출자 독점권을 가졌다. 그러나 그 어떤 다른 은행도 여섯 명 이상의 파트너를 가질 수 없었기 때문에 영란은행과 경쟁 상대가 되지 않았다. 급기야 25년이 지난 1720년 영국의회는 나중에 『유령회사 제한법(Bubble Act)』[244]을 통해 주식합명회사를 제한하기에 이르렀다. 위 법으로 왕실칙허(royal charter)없이는 합자회사를 만들 수 없었다. 하지만 금융민주화에 대한 압박이 계속되면서 더 많은 기업들이 생겨났다. 결국 영국의회는 1826년 런던의 반경 65마일 안에서 영란은행의 독점권을 막았고, 1844년에 이 독점권은 모두 사라졌다. 이와 동시에 은행 업무가 확장되었고, 20년이 지난 뒤 영국에는 작은 마을마다 은행이 들어서게 되었다.[245]

3. 회사설립의 민주화

한편, 1811년 미국 『뉴욕주 회사법(Corporate Law of New York)』은 영국의 경우와 달리 최소한의 요건만 갖추면, 누구든지 정부의 개입을 받지 않고 법인을 설립할 수 있다고 명시해 놓았다. 그러면서 기업을 위한 유한책임(limited liability: 투자자들이 회사의 파산 시에 자신이 출자한 부분만큼만 책임을 지는 것)제도가 만들어졌다. 이 법을 통해 금융(신용)민주화가 더욱 진전되었다. 주주들은 자기가 인수한 주식 외에 법인의 부채에 대해 책임을 지지 않게 되면서 투자자들은 다양한 포트폴리오 안에 여러 회사의 주식을 넣을 수 있게 되었던 것이다. 유한책임제도가 생기기 전에는 사람들은 회사로부터 소송을 당할까봐 마음대로 투자할 수가 없었지만 이러한 제도를 통해 준비된 투자자들이 많아지면서 투자은행은 새롭게 주식을 발행할 수 있었다. 새로운 사업에 새로운 자본이 유입되는 현상을 보면서 전 세계 모든 국가가 이 제도를 모방하기 시작했다.

한편, 미국 의회는 영국이 프랑스와 전쟁을 하던 시기인 1807년 경 영국과의 무역에서 입출항 금지 명령을 내렸는데, 이러한 금지조치는 미국이 종전에 영국의 섬유공장에 면과 섬유를 수출해왔기 때문에 미국에게는 엄청난 경제적 고통을 가져다주었다. 그래서 미국에도 섬유공장을 세울 필요가 있어 이러한 위기에 대처하기 위한 방편으로 뉴욕주 회사법을 제정하기 이르렀는데, 법안 입안자들은 그저 경제위기를 극복하려고 상상력을 발휘했을 뿐이었으나 본인들이 새로운 시장의 발명가가 될 줄은 전혀 몰랐던 것이다.[246]

이렇게 뉴욕주 회사법은 전 세계 회사법의 모델이 되었다.[247] 그 배후에 존재한 '주식회사 설립 자유화(free incorporation)'와 '제한받지 않는 주식거래(unrestrained trading of shares)'라는 법적 개념을 통해 사회가 원하는 결과가 나왔기 때문이다.

한편, 주식거래가 도박(gambling)과 다르지 않다는 비난도 늘 있어왔다. 거래되는 대부분의 주식은 새 주식을 정기적으로 발행하지 않는 대기업의 주식이라는 점 때문이다. 한편, 스튜어트 마이어스(Stewart Myers) 교수는 기업금융(corporate finance)에 대해 자본금이 나올 수 있는 여러 기회와 출처가 있지만, 그중에서 새로운 주식 발행은 가장 꼴찌였다고 주장한다. 그의 주장에 따르면, 주식(증권)발행은 자본을 끌어 모으는 데 큰 역할을 못한다는 것이다.[248] 하지만 유진 파마(Eugene Fama)와 케네스 프렌치(Keneth French)는 마이어스가 글을 쓸 당시 주식발행이 매우 드물었다고 한다. 그러나 최근은 물론이고 지난 시대에도 주식발행은 여전히 기업에 새로운 자본을 공급하는 가장 중요한 원천이었다.[249]

4. 기업과 기업인에 대한 인센티브 관리

기업의 책임제도가 발전하면서 직접적으로 많은 책임을 갖는 사람에게 기업의 주식을 배분하고 보너스나 옵션을 주식으로 주는 방법도 생겼다.

페이스북은 에두아르도 새버린(Eduardo Saverin)과 마크 주커버그(Mark Zuc-kerberg)가 만들었다. 새버린의 주식 지분율은 34퍼센트에서 5퍼센트로 내려가고, 마크 주커버그는 66퍼센트에서 24퍼센트로 떨어졌는데, 주식 지분율이 감소한 이유는 희석화(dilution: 주식의 가치가 낮아지는 것을 말함) 때문이다. 새 직원들에게 인센티브를 주기 위해 주식을 더 발행했고, 이사회가 새버린보다 주커버그가 회사 성장에 더 기여했다고 생각했기 때문에 주커버그에게 더 많은 주식을 부여했기 때문이다.

그러나 마구잡이로 새로운 주식발행(issuing new shares)을 하다 보면, 기존 주주들(existing shareholders)의 지분율이 불균형적으로 감소되기도 한다(unevenly dilute the ownership stakes). 그래서 주식발행 과정은 오늘날 금융 세계에서 가장 사나운 전쟁터이기도 하다. 재산이 사라지고 라이벌이 만들어지며, 정치적인 메커니즘이 개입되어 온갖 부조리와 비극이 오가는 곳이다. 변호사들이 나서서 거친 부분은 부드럽게 하고 깃털들은 정리해야 하는데도 불구하고 여전히 전쟁터가 되는 것이다. 하지만 주식 발행과 인센티브의 전체 과정은 무장 전투보다는 부드럽다. 이러한 환경에서도 투자은행은 어떤 면에서 논쟁하는 양 팀 사이에 서서 이해를 돕는 외교관이고, 기업 세계의 마지막 분석가(final analyst)이며, 평화의 수호자이면서 진보의 옹호자이다.[250]

5. 한국의 투자은행

투자은행은 상업은행(Commercial Bank)과 달리 고객으로부터 예금을 받을 수가 없지만 고객인 기업의 증권 발행에 의한 자본시장에서 자금을 지원하고, 기업의 인수합병 등 기업재무 전략에 대한 조언을 해주는 금융기관이다.

투자은행 업무 중 핵심은 무엇보다도 투자은행이 금융시장에서 프라임브로커(Prime Broker)[251] 역할을 한다는 것이라고 볼 수 있다. 일단 투자은행으로 지정되면 국내외 연기금, 외국 헤지펀드 등을 대상으로 한 전담중개업무(prime brokerage, 프라임 브로커리지)[252]를 할 수 있기 때문이다.

우리나라에서도 2013년 5월 28일 『자본시장법』 및 『자본시장법시행령』을 개정·시행함으로써 세계 유수의 투자은행과 경쟁할 수 있는 투자은행의 발판을 마련하였다. 즉, 『자본시장법』 및 『자본시장법시행령』은 국내 투자은행을 활성화시키기 위해 투자은행을 일반 증권회사와 차별화되는 개념으로서 '종합금융투자사업자'라고 구분·정의하였고, 종합금융투자사업자는 ① 상법상 주식회사, ② 증권에 관한 인수업 영위, ③ 자기자본 3조원 이상 등의 요건을 모두 충족하는 투자매매업자 또는 투자중개업자 중 금융위원회가 지정하는 자[253]를 말한다.[254]

아울러 투자은행은 『자본시장법』 제249조의5에 정한 요건을 갖춘 전문투자형 사모집합투자기구(PEF: private equity fund)에 대한 증권대차(security lending and borrowing) 또는 그 중개·주선·대리업무, 금전의 융자 등 신용공여, 전문투자형 사모집합투자기구의 자산보관(custody)·관리·수탁 업무 등을 수행할 수 있고,[255] 자기자본 3조원 이상의 종합금융투자사업자만이 헤지펀드(hedge fund)의 전담중개업자가 될 수 있게 되었다.[256]

이와 같이 종합금융투자사업자로 지정되면, 기업대출과 지급보증, 어음할인 같은 기업신용공여 업무를 할 수 있다. 그 결과 기업 입장에선 은행뿐만 아니라 증권사를 통해서도 자금을 조달할 수 있게 되고, 그동안 위탁매매 수수료에 의존해 온 증권사들로선 새로운 수익모델이 생겨나는 것이다.

제5절 부채와 레버리지[257]

1. 삶과 부채

제1장 제3절에서도 보았듯이 빚이 없으면 자본주의는 제대로 돌아가지 않는다. 또한 제9장에서 보겠지만 인간의 충동들(impulses)은 그 상호작용을 통해 부채(debt)를 짊어지게 하고, 기업이 자본이득(capital gains)수익을 올리고자 할 때 주식을 발행하여 조달하는 자기자본(equity capital)에 회사채를 발행하여 조달하는 차입자본(debt capital)을 추가로 이용해서 자기지분에 대한 수익을 증대시키는 수단인, 레버리지(leverage)는, 적은 돈으로 큰 수익률을 얻기 위해 빚을 내는 투자기법이긴 하지만, 금융시장에서 매우 위험한 상황을 야기할 수 있다. 사람들은 종종 빚을 지는 리스크(risk)를 기꺼이 감수하려는 충동(impulse) 때문에 위험 신호를 무시[258]하는데, 사람들은 군중과 함께 달려가며 거품을 보고 베팅(betting)을 하고, 이런 과정에서 지나치게 많은 빚을 지게 된다.

이로 인하여 사람들은 보통 대출계약(법적으로는 금전소비대차 계약)을 통해 상당한 액수의 돈을 빌리면, 상황이 약간만 나빠져도 재앙(catastrophe)으로 빨려 들어갈 수 있다. 기존의 부채는 좋지 않은 상황을 부풀리는 지렛대(leverage) 역할을 하고, 갚지 않는 한 결코 줄어들지 않는다. 게다가 경제위기 때 흔히 그렇듯이 인플레이션이 예상보다 높지 않은 경우 고정부채(fixed debts)[259]의 실질가치(real value)가 사실상 상승하여 상황은 더욱 나빠진다. 따라서 사람들은 이런저런 식으로 빚을 지게 되고(become leveraged), 그들은 이렇게 하여 채무자(debtor)로서 심각한 인생문제에 빠져든다.[260]

모든 현대사회에는 돈을 빌리고 빌려주는 메커니즘이 존재한다. 이런 제도는 대출시장에서 추구되는 근본적 목적인 부의 축적을 반영한다.

사업은 자금(funds) 없이는 시작할 수조차 없다. 안정적인 기업도 갑자기 지나친 부채를 지면 채권자들에 의해 청산(liquidation)을 강요당할 수 있기 때문이다. 기업들은 스스로 주식 발행을 통해 자금을 모을 수 있는 능력을 얻었다. 그러나 이렇게 돈을 모으는 방법에는 한계가 있고, 부채는 회사에 위험요인이 되기도 한다. 또 현대 경제에서는 노년에서 청년에게로 자원을 양도하는 원초적인 시스템이 불완전하다. 그렇다면 그들 모두는 채무자가 되고, 그들의 부채 그리고 관련 레버리지는 공공정책(public policy)의 문제가 된다.[261]

예를 들어, 신도시가 전체 시스템을 한꺼번에 미리 갖춰놓는 것이 가장 효율적인 방법이기 때문에 나중에 인구 유입을 예상하여 도로와 하수 시설 등을 미리 건설하여 놓을 수 있다. 이러한 필요성을 위해 정부(governments)는 프로젝트(project) 초기에 신도시 건설비용외에 추가적인 자금을 빌릴 필요가 있다. 시정부(city government)도 대출을 통해 이런 기반시설 구축을 위한 재원을 확보하는 것이 현명한 방법일 것이다.

2. 부채와 관련된 인간적 실수

경제이론가들은 기본적인 경제 문제들을 모델화하고 수량화하여 인간이나 기업이 합리성의 표준(standard of rationality)에 따라 행동한다고 가정하지만 사실은 전혀 그렇지 않다.[262]

레버리지와 관련된 문제를 줄여줄 수 있는 금융공학자(financial engineers) 얘기는 공공정책에 관한 논의에서 대체로 무시되고 있다.

경제이론에 부합하여 합리적으로 행동하기 위해 재무 관련 의사 결정에 참여한 사람들은 장기적인 재산 관리(long-term wealth management) 문제를 염두에 두고 있어야 한다.

하지만 개인(individual), 기업(businesses), 심지어는 정부마저도 너무 많은 돈을 빌린 후 위기가 일어나기 전까지 별것 아닌 문제도 부채 때문에 크게 확대될 수 있다는 사실을 제대로 파악하지 못한다.[263] 부채가 자본에 비해 너무 크게 되면 '채무과잉(debt overhang)' 상태에 빠져 긍정적인 행동을 방해하는 결과를 낳기 때문이다.

이러한 위기의 순간에 대출업체(lenders)가 등장한다. 하지만 대출업체가 광고를 할 수 있는 수준과 규제당국이 허용하는 대출조건에 대해 각국은 서로 다른 정책을 펴고 있다. 따라서 부채의 평균 수준(aveerage levels of indebtedness), 그리고 저축과 재산 축적 성향은 나라에 따라 크게 달라진다.[264]

3. 2007년 미국 금융위기에서의 레버리지

2001~2007년, 미국이 호황을 누릴 때, 주택대출과 신용카드대출을 포함한 가계부채(household debt)는 7조 달러에서 14조 달러로 두 배가 늘었다. 가계수입대비부채비율(household debt as a fraction of income)은 대공황 이후 볼 수 없던 수준으로 상승했다. 그러나 주택가격 하락이 시작되자 가계는 소비를 줄이기 시작하면서 심각한 경기후퇴가 찾아왔다.

2007년 금융위기(financial crisis) 바로 전에는 개인 저축률(personal savings)이 거의 0퍼센트로 몇 십 년간 낮은 저축률을 기록했다. 이 무렵, 중국의 개인 저축률은 25퍼센트에 근접했는데, 미국과 중국의 이와 같은 저축률의 엄청난 차이는 기초경제여건(fundamental: 보통 경제성장률, 물가상승률, 재정수지, 경상수지, 외환보유고 등과 같은 거시 경제지표들을 가리킨다)의 차이라는 측면에서 정당화될 수 없다. 이것은 근본적인 경제 문제를 여실히 보여주는 금융제도(financial Institutions)가 실패했다는 증거이고, 우리의 금융제도가 여전히 불완전하다는 분명한 신호이다.[265]

금융위기에 이르는 기간 동안 미국의 주택(가치)담보비율(LTV: loan to value ratio)은 금융위기 이전 주택가격의 상승이 레버리지 증가와 곧바로 연결되어 있었으므로 높게 증가했다. 호황이 지속되는 동안 모기지 대출업체들(mortgage lenders)은 주택 구입자들과 똑같은 심리 상태에 사로잡혀 점점 더 적어지는 계약금(down payments)으로도 기꺼이 대출해 주었고, 계약금이 적어지자 사람들은 적은 돈으로도 더 비싼 집을 구입할 수 있게 되었다.[266] 그러나 호황이 갑자기 막을 내리자, 불안해진 모기지 대출업체들은 점점 더 많은 계약금을 요구하기 시작했고, 이런 상황에서 주택 구입을 원하는 사람들은 낮아진 가격에 집을 살 수 없었으며, 그 결과 경기침체(economic decline)는 가속화되었다. 이로 인해 주택압류(foreclosures on houses)가 더욱 늘어났고, 압류를 법률적으로 엄격하게 집행하는 주일수록 경기침체가 가팔랐다.[267]

더욱 놀라운 것은 금융위기 직전 2008년 미국인 1명당 다섯 장의 신용카드(credit cards)를 보유[268]하고 있었던 반면, 중국인 신용카드 보유율은 33명당 한 장에 불과했다. 신용카드에 대한 과도한 의존은 심각한 문제를 야기했고, 금융위기 전 신용카드 채무가 가장 많이 증가한 주들에서는 그 후에 신용카드사용이 급격히 줄었다.[269]

『도드-프랭크 법』에 의해 설립된 「소비자금융보호국(Consumer Financial Protection Bureau)」이 태어난 배경에는 이러한 과도한 채무를 야기하는 공격적인 신용카드 광고 문제에 대한 인식이 있었고, 이 기관이 신용카드를 포함한 대출업무를 감독하게 되었다. 이와 같은 법률 제정을 통한 정책의 시작으로 앞으로 레버리지 패턴의 변화에 관한 논의를 이끌어 낼 수 있다면, 국민의 이익을 위해 좀 더 효율적으로 기능할 수 있도록 채무기관(debt institutions)을 개혁하는 작업이 시작될 수 있을 것이다.

4. 레버리지와 유럽의 부채 위기

2010년 세계의 폭넓은 관심을 끈 유럽부채위기(European Debt Crisis)는 따지고 보면 궁극적으로 리스크 감수 충동(impulses toward risk takings)과 그러한 충동도 아무것도 아니라고 느끼는, 즉 리스크에 대해 익숙해지는 것(conventionality)과 관련된 비슷한 문제 때문에 일어났다고 할 수 있다. 정치과정은 원래 대중의 관심이 금융전문가나 경제이론가에게 쏠리지 않게 하려는 속성이 있다. 이들은 부채 액수와 형태에 관해 건전한 조언을 해줄 수 있는 사람들이기 때문이다. 위기가 오기 전의 좋은 시절에는 부채 리스크를 과소평가하는 경향이 있고 정치인들은 경제에 대한 대중의 확신을 허물어뜨린다는 비난을 받을까봐 두려워서 부채 문제에 관심을 두려고 하지 않는다. 또한 과잉부채(over-indebtedness) 문제를 사회적으로 거론하는 것을 꺼려하여, 이에 대해 생각하는 시민들은 거의 찾아보기 어려운 것도 리스크에 대해 익숙해져 버리는 불감증이 발생하는 이유 중의 하나이다.[270]

한편, 유럽 일부 국가의 과도한 정부부채 문제는 유럽은행(European Bank) 규제당국(regulators)에 의해 더 무거워졌다. 왜냐하면 규제당국은 은행이 보유한 유로화 표시 국가부채(euro denominated government debt)에 대해서는 자기자본을 요구하지 않았던 것이다. 이 같은 조치는 국가가 채무불이행을 선언하면 은행이 파산할 수 있다는 것을 의미했다. 규제당국은 필요 자본요구를 통해 우려를 내비침으로써 확신의 기반이 흔들리는 것을 피하고 싶었기 때문에 국가부채에 리스크가 없다고 판단한 것으로 보인다.[271] 이런 것들이 근본적인 문제의 해결을 방해했던 강력한 심리적 동기였다.

유럽은행들은 지금도 여전히 유로화 표시 국가 부채에 대해 규제당국으로부터 자기자본을 요구받지 않고 있다. 그나마 다행스러운 것은 새롭고도 한시적인 은행들에 대한 잠정완충자본(temporary capital buffer) 요구가 부과되었고, 2010년에는 은행평가를 위한 새로운 절차를 추진하기 위해 「유럽은행감독청(EBA: European Banking Authority)」이 신설되었다는 점이다. 한편, 경기대응완충자본(CCyB: counter cyclical buffer)은 호황기 때 대출을 무분별하게 늘리거나 경기가 나쁠 때 '비올 때 우산 뺏기'식 영업을 추구하여 신용위험이 실물시장까지 번지는 것을 방지하기 위해 「바젤은행감독위원회(BCBS: basel committee on banking supervision)」가 바젤Ⅲ 자본규제의 하나로 도입한 제도이다. 2016년 처음으로 우리나라에도 도입된 은행 및 은행지주회사에 대한 경기대응완충자본은 매분기에 금융위원회, 금융감독원, 한국은행 등의 협의를 거쳐 적립여부와 적립수준이 결정된다.[272] 한편, 외국의 예를 보면, 스웨덴 1.0%, 홍콩은 0.625%의 적립율을 각 부과했고, 영국은 적립율을 2015년 7월 기준 0.5%에서 0%로 낮췄다.

2010년에 만들어진 「유럽시스템리스크위원회(ESRB: European Systemic Risk Board)」 역시 위기 재발은 줄이기 위한 감독 임무를 맡고 있다.[273]

2012년을 기준으로 보면 유럽부채위기의 영향은 아직 불분명하지만, 지속적으로 중대한 영향을 낳을 가능성이 크다는 것은 분명하다. 위기는 유럽 연합(EU)의 공식 통화인 유로의 분열이나 소멸로 이어질지도 모른다. 유로화라는 이름은 유럽통합을 상징하는데, 이 상징이 사라지면 언어를 실재로 받아들이는 인간의 성향을 감안할 때 장기적으로 재앙을 낳을 수도 있다.

5. 우리나라의 국가채무

2016년 1월 31일을 기준으로 기획재정부에 따르면 올해 예산을 고려한 우리나라의 국가채무[274] 전망치는 644조9천억 원이었다. 2015년의 595조1천억 원에서

49조8천억 원 늘어났다.[275] 국내총생산(GDP) 대비 국가(정부)부채 비율도 사상 최초로 40%대를 넘어섰다. 우리나라 국가채무는 1997년에 60.3조원(GDP대비 11.9%) 수준이었으나, 1998년 외환위기를 극복하기 위해 재정지출 규모가 확대됨에 따라 빠르게 증가하였으며, 이후에도 서민임대주택건설 증가, 2000년대 중반 공적자금 국채 전환, 2009년 글로벌 금융위기 등으로 꾸준히 증가하고 있다.

이렇게 국가채무가 갈수록 증가하는 원인은 부진한 경기를 살리려고 정부가 계속해서 재정지출을 늘리고 있기 때문이 하나이고, 여기에다 기대만큼 경기가 살아나지 않아 2011~2014년 4년 연속 세수 결손이 나면서 채무 규모가 점점 커졌기 때문이다.

그러나 OECD 가입국 가운데 한국의 일반정부 부채(2014년 기준)는 27개국 중 5번째로 낮아 비교적 양호한 것으로 보는 견해도 있다.[276]

한편, 국민에게 세금을 거둬 갚아야 하는 적자성 채무 비중도 2005년 41.2%에서 2011 50.5%로 늘었고 2016년 57~58%대로 더 높아졌다. 적자성 채무 확대는 실물경제와 자본시장의 대외의존도가 높은 우리나라의 국가신인도에 영향을 주기 때문에 정부는 물론 공기업, 민간기업의 자금 조달 비용을 높이는 결과를 불러올 수 있다.

[그림 2-3] 지난 10년간 경제주체별 부채증가

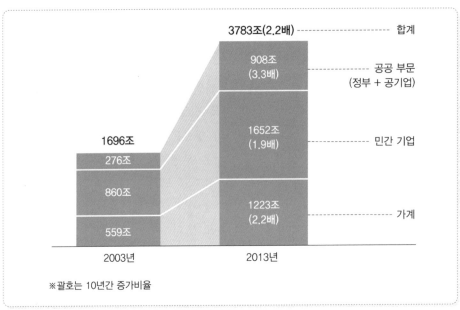

자료: 한국은행.

정부 이외에 다른 경제주체의 부채도 증가하고 있다. 2013년을 기준으로 지난 10년간 경제주체별 부채는 2003년 1696조에서 2013년 3783조로 2.2배나 증가하였다.

6. 레버리지 주기

레버리지 주기(leverage cycle)는 기간이 정해져 있지 않고, 위기 사이에 긴 간격이 있을 수 있으며, 전 세계로 확대되기도 한다. 그러나 어느 곳이든 호황기에는 자연스럽게 채무과잉이 생겨나고, 이로 인해 호황이 끝났을 때 붕괴(금융위기)가 일어나는 것을 볼 수 있다.

똑같은 레버리지 패턴이 많은 나라에서 발견되는데, 글릭 류벤(Glick Reuven)과 케빈 렌싱(Kevin J. Lansing)이 16개 국가를 대상으로 한 연구에 따르면, 1997∼2007년에 레버리지가 크게 증가한 나라에서 주택가격(home prices) 역시 크게 상승하였고, 위기가 심각했던 2008∼2009년에 소비지출(consumption expenditure)이 크게 감소하는 경향을 보여주었다[277]는 것을 확인할 수 있었다. 이 밖에도 이 기간에 레버리지가 크게 증가한 나라는 레버리지 주기가 세계적 차원에서 작용하여 이번 금융위기를 낳은 것이라는 것을 확인해 주었다.[278]

경제학자 어빙 피셔(Irving Fisher)는 1933년 레버리지가 관련된 주기가 1930년 대의 대공황을 낳은 주된 요소라고 보고, 1929년 이후 물가가 떨어지자 모든 채무의 실질가치(real value of all debts)가 증대되었다[279]고 하였다. 이런 변화가 채무자들에게는 손해가 채권자들에게는 이익이 되었으나, 채무과잉 현상은 결국 소비감소(cutbacks in expenditure)로 이어졌고, 채무과잉 문제가 지속되는 동안 상황은 변하지 않았으므로 전체적으로 보면 부정적인 영향을 낳았다고 한다.

최근 경제이론가 존 지아나카플러스(John Geanakopolos)는 채무과잉으로 야기되는 9가지 '외부효과(externality)'를 제시하고 있다.[280] 외부효과들은 건설업 악화 (troubles in contruction industry), 중소기업 부진(setbacks for all small business), 증가하는 불평등(rising inequality), 생산성 감소(loss of productivity), 담보가치 저하 (damage to collateral)이다.[281] 따라서 정부는 레버리지 규제와 관련해 해야 할 분명한 역할이 있다.[282]

채무과잉은 특히 까다로운(remarkably refractory) 문제로서, 예컨대 민간과 기업, 그리고 정부가 호황기에 레버리지 비율을 높이면, 나중에 그 역효과에서 벗어나지 못할 수도 있다. 레버지리 비율(leverage ratio)은 전체 투자금액을 내가 투자한 금액으로 나눈 값(레버지리비율＝전체 투자금액/내 돈)이다. 내 돈 100원과 은행 대출금 900원으로 1000원짜리 집을 샀는데, 집값이 10% 하락해 900원이 되었다고 하자. 이때 레버지리 비율은 10이 된다. 레버리지 비율이 높다는 것은 그만큼 남의 돈을 많이 사용했다는 의미이다. 이러한 경우 집값이 딸랑 10% 밖에 하락하지 않았을 경우에도 내 돈은 100% 날아가 버린다. 이렇게 되면 집을 팔아 은행 대출금을 갚고 나면 내 돈은 한 푼도 남지 않게 된다. 따라서 빚을 이용한 투자는 아주 살짝 빗나간 예상이 내 전재산을 집어 삼킬 수 있다는 점에서 항상 조심해야 한다.

어느 나라에서 정부교체가 이루어진 경우 새로운 정부(new government)가 종전 정부가 외국인들에게 진 채무를 거부할 수 있을 것이라고 생각할지 모르겠지만 국제법(international law)은 제한된 경우에서만 새 정부의 채무이행거부(repudiation of debt)를 허용하고 있다.[283] 세계 각국은 2009년 금융위기 가운데 이런 문제를 좀 더 잘 이해하게 되었지만, 아직도 문제를 해결할 확실한 방법을 찾지 못했다. 글로벌 금융위기 이후 『도드-프랭크 법』에 의해 설립된 「금융안정감독위원회(FSOC: Financial Stability Oversight Council)」[284]와 유럽연합(EU)의 「유럽시스템리스크위원회(ESRB: European Systemic Risk Board)」와 같은 새로운 규제기관이 만들어졌다. 또 바젤의 「금융안정위원회(FSB: Financial Stability Board)」와 「바젤은행감독위원회(BCBS: Basel Committee on Banking Supervision)」도 세계적 차원에서 레버리지 문제를 연구하는데 힘을 쏟고 있다. 그러나 이러한 규제기관(regulatory organizations)은 과거에 레버리지 주기 문제가 되풀이되는 것을 막는 데 충분한 역할을 하지 못했다.[285]

레버리지 주기와 채무과잉 문제에 대한 영구적인 해결책으로서의 새로운 금융제도와 기술의 개발은 도전이 될 것이다.[286]

7. 나쁜 채무와 좋은 채무

대출업자가 악하다(나쁘다)는 생각은 고대로 거슬러 올라간다. 가톨릭교회는 325년 제1차 니케아 공의회(First Council of Nicaea)에서 교회는 분명하게 성경[287]에 따라 이자를 붙여 받는 것(charging of interest)에 반대한다고 선언했다. 이런 이자수취 금지는 16세기 영국의 헨리 8세와 칼빈 시대까지 지속되었다. 이와 비슷하게 코란에도 이자를 붙여 받는 것을 비난하는 구절이 있다. 그래서 이슬람 법률체계 샤리아(Sharia)는 1960년대까지 실질적으로 이슬람 세계의 은행(muslim banking) 설립을 가로 막았다. 유대교 율법 즉, 할라카(Ha1akah)도 유대인이 다른 유대인에게 대부해주는 것을 금했고, 정통 유대인들은 오늘날에도 여전히 대부 행위를 비난한다.[288]

하지만 근대법에 따르면, 일반적으로 모든 채무가 악한 것은 아니고 나쁜 채무(odious debt)만 악하다고 할 수 있다. 어느 누가 빚을 진다면 그 빚은 원칙적으로 관계당사자들 사이에서 충분한 이해를 통해 자유롭게 이루어진 계약(free and informed contracting)으로부터 발생해야 하는 것이지만, 나쁜 채무는 이와 같이 생기지 않은 것이거나 비인간적인 방식으로 이루어진 빚을 말한다. 그러한 예로서, 2007년 시작된 금융위기 전 몇 년간 장기주택담보대출(모기지대출)이 저소득(low-income)가정에 과도하게 이루어졌는데, 냉소적으로(cynically) 말하면, 그때 그들은 잘못된 정보(ill-informed)때문에 모기지 대출이 어떤 결과를 낳을지 제대로 설명을 듣지 못했던 것을 들 수 있다. 단도직입적으로 말하면, 이와 같은 저소득층에 대한 모기지대출은 현재 쓰이는 용어로 표현하면 '불완전 판매'였던 것이다. 이런 채무가 나쁜 채무가 아니고 무엇이겠는가? 한편, 국가부채의 경우도 있을 수 있다. 예를 들어 어느 나라의 독재정부가 국민동의 없이 다른 나라로부터 돈을 빌린다면, 그리고 그 돈을 공공의 이익을 위해 쓰지 않았다면, 그 뒤의 새로운 정부는 그런 채무는 부당하므로 새로운 정부에 대해 구속력을 미치지 못한다고 주장할 수 있겠는가? 불행하게도 현재로서는 어떤 국가채무가 부당한 채무로 간주되어야 하는지 여부에 대해 올바르게 판단할 수 있는 국제기구(international body)가 존재하지 않은 상태다.

경제학자 시마 자야찬드란(Seema Jayachandran)과 마이클 클래머(Michael Kremer)는 UN 같은 국제기구가 용인할 수 없는 행동으로 마땅히 비난 받아야 할 특정한 정부의 미래채무를 부당한 채무로 선언해야 한다고 주장했다. 그러나 사실 따져보면 이런 조처는 그런 정부로 하여금 돈을 빌리기 어렵게 만드는 결과를 초래할 것이다.[289] 자야찬드란과 크레머주장을 그대로 받아들인다면, 이런 방법은 오늘날 세계질서에 반하는 불량 정부(rouge governments)를 압박하는 데 전형적으로 이용하는 전통적인 무역제재(conventional trade sanctions)보다 더 큰 효과를 발휘할 것이다.[290] 그러나 현실적으로 가능한가는 의문이다.

나쁜 채무와 반대되는 채무, 즉 사회 복지 측면에서 건전한 효과를 낳도록 의도된 채무를 좋은 채무(salubrious debt)라고 부르기로 한다.[291] 미국은 제2차 세계대전 이후 마셜플랜(Marshal Plan, 공식적으로는 유럽부흥계획)을 통해 많은 유럽국가에게 보조금과 함께 차관을 제공하였다. 헬지 버거(Heldge Berger)와 알브레히트 리츨(Albrecht Ritschl)는 이런 차관제공 조건은 당시 유럽의 위험한 상황을 안정[292]시키는 역할을 했다[293]고 주장했다. 즉, 마셜플랜은 유럽을 하나의 열린 시장으로 구상했고, 여기에는 전통적인 산업 역량을 회복한 패전국인 독일도 포함되어 있었으며, 이러한 마셜플랜으로 번영을 되찾은 독일과 더불어 통합된 유럽을 이루게 한 궁극적인 결과는 분명 모두에게 이득이 되었다.[294] 이러한 마셜플랜이야 말고 좋은 채무가 아니겠는가?

더 많이 빌려준다고 해서 좋은 채무가 되는 것이 아니라 오히려 이것은 나쁜 채무이고, 좋은 채무는 인간의 기본적 문제들을 해결하기 위해 활용되어야 한다. 그러므로 이러한 관점에서 금융규제당국(financial regulators)은 불평등한 현실을 바꾸고 좋은 사회를 지향하고자 한다면, 이런 사실을 염두에 두고 정책을 입안하고 집행하는 먼 길을 가야 할 것이다. 먼저 채무를 좀 더 유연하게 정의할 수 있도록 금융혁신(financial innovation)이 이루어져야 한다. 지속적인 워크아웃형 모기지(continuous-workout mortgage: 상환 능력이나 주택 시장의 변화에 따라 모기지 조건이 지속적으로, 예를 들어 매달 조정되는 모기지)라든지 GDP 연동 국가부채 혹은 대출자에게도 정말로 이익이 되는 연동 수단에서 그 예를 찾을 수 있을 것이다. 그렇게 하기 위해서는 채무와 레버리지 관리 방법을 개선하기 위해 대출기관 그 자체가 변화해야 할 뿐 아니라, 대출기관이 부채를 헤지(hedge)·증권화(securitization)·패키지(package)화 하는 방식도 달라져야한다.[295]

8. 우리나라 가계부채

우리나라 가계부채는 나쁜채무라고 할 만큼 심각한 수준에 이르고 있다. 2017년 3월 말 기준으로 1359조원에 육박하여 우리 경제를 위협할 정도로 심각하다. 이것은 우리나라 국내총생산(GDP)의 약 91%에 달하는 금액이다.[296] IMF는 우리나라 가계부채의 위험성을 이례적으로 경고하였다.[297] IMF는 우리나라의 가계부채문제가 구조적인 리스크로 확대되고 있다고 진단했기 때문이다.

2000년대 들어 금융위기 발생 직전까지 일본, 독일 등을 제외한 대부분 국가에서는 주택가격 상승과 가계부채 증가 현상이 동시에 발생했다. 주택가격과 가계부채 사이의 인과관계는 양방향으로 작동하는데, 주택가격 상승은 가계의 추가대출을 유도하고, 담보가치 상승에 따른 대출제약 완화로 가계부채 증가를 견인한다. 또한 가계에 대한 대출제약 완화 등에 기인한 주택수요 증가는 주택공급이

[그림 2-4] 우리나라 연도별 가계부채 증가 추이

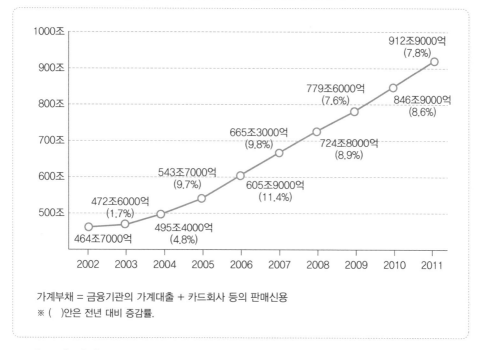

가계부채 = 금융기관의 가계대출 + 카드회사 등의 판매신용
※ (   )안은 전년 대비 증감률.

자료: 한국은행.

비탄력적인 상황에서 주택가격을 상승시키는 결과를 초래한다.

심각한 문제는 이러한 가계부채 증가율이 소득증가율을 훨씬 앞질렀다는 것이다. 그리고 다른 나라와 비교할 때 소득대비 가계부채 비율[298]은 매우 심각한 수준이다.[299] 이렇게 가계 부채가 늘어나기 시작한 것은 1990년대 후반 외환 위기가 어느 정도 진정 된 후인 2000년대 초반쯤부터이다. 2000년대에는 전반적으로 부동산 경기가 좋았기 때문에 '빚을 내더라도 집을 구입하자'는 부동산 투자도 한몫을 하였다. 그러다가 가계 부채가 급속하게 늘기 시작한 것은 2003년 신용 불량자들에게도 신용카드를 발급하여 이른바 '신용카드 대란'이 터졌고, 엎친데 덮친 격으로 주거비·교육비 부담도 크게 늘면서 비롯되었다.

가계 부채가 문제가 되는 이유는 부채가 많은 사람은 자신이 벌어들인 소득의 상당 부분을 빚을 갚는 데 쓸 수밖에 없고, 소비를 하는 데 쓰는 돈은 줄 수밖에 없으므로, 소비의 감소로 이어진다. 그렇다면, 경제의 활력이 떨어지고 기업의 투자 부진으로 이어질 수 있으며, 장기적으로는 경제성장률도 낮아질 수 있다.

[그림 2-5] 가계부채 증가율

※전년 동기 대비 증가율, 가계소득은 명목 국민총소득(GNI)

자료: 한국은행.

제6절 장기주택담보(모기지)대출(론)과 자산유동화[300]

1. 장기주택담보대출(모기지론)

집을 갖고 싶어 하는 것은 우리들의 가장 근원적인 경제욕구 중의 하나[301]다. 금융은 이러한 기본적인 문제를 도와주고자 한다. 또한 사회는 주택을 얻으려고 하는 사람들에게 보조금을 주는 것이 이익이고, 모기지 대출(mortgage loan, 모기지론)을 늘리는 것이 사회적 선이라고 간주한다.

법률적으로 모기지(mortgage)는 금융거래에서 부동산을 담보로 하는 경우 그 부동산에 설정되는 저당권 또는 그 저당권을 나타내는 증서를 말하고, 모기지론 (장기주택저당대출, mortgage loan)은 그러한 증권을 발행하여 장기주택자금을 대출해주는 제도를 가리키는 말이다. 그러나 우리나라에서 일상적으로 '모기지론'을 간단히 '모기지'로 쓰는 경우가 많다. 우리나라에서는 한국주택금융공사가 모기지론 제도를 운용한다.[302]

하지만 모기지 대출자(Mortgage Lenders)에 대한 반감이 거세어지게 된 것은, 이것이 미국에서 시작되어 전 세계에 퍼진 금융위기(financial crisis)의 원흉으로 보기 때문이다. 사실 금융위기의 시발점은 바로 미국 서브프라임 모기지 증권시장

(sub-prime maortgage securities market)이었다. 우선 '서브프라임(sub-prime)'이라는 단어가 무슨 뜻인지부터 알아보자. 미국에서는 개인에 대한 신용등급을 '프라임(prime)', '알트A(Alternative-a=중간)', '서브프라임(Subprime=저신용)' 순으로 나누고 있다. 그러므로 서브프라임 모기지론은 저신용자에 대한 주택담보대출을 말한다. 돈을 갚을 능력이 없는 사람들에게까지 돈을 빌려줬던 것이다. 더욱 놀라운 것은, 당시 미국 대부분의 은행은 예금액의 10배를 대출해 주는 것이 보통인데, 리먼 브라더스는, 비록 은행도 아닌 투자은행이었지만, 자기자본에 비해 10배가 아니라 40배의 차입금이 있었다는 점이다.

미국에서 발전한 장기주택담보대출(모기지론)은 2007년 금융위기 전까지만 해도 전 세계 수많은 나라들이 참고로 했던 모델이다. 1970년 「미국정부주택저당공사(Ginnie Mae)」는 세계최초로 주택담보유동화증권(모기지담보부증권, MBS: Mortgage Backed Securities)을 개발하였다.[303] 모기지대출과 증권이 투자자들에게 팔려나간 과정을 간략하게 설명하면, 지방 은행이 집을 사려는 사람과 직접 대출조건(terms of loan)을 결정하고 계약서를 작성(get the contract signed) 한다. 이렇게 생산된 모기지는 지방은행의 손을 떠나 모기지 증권화 기관(mortgage securitizer), 즉 자산유동화 기관으로 팔려나간다. 그리고 기관은 사들인 모기지를 한데 묶어서 주택저당담보부증권(RMBS: Residential Mortgage Backed Securities)을 만들고 이것들을 다시 투자자들에게 파는 구조이다. 이렇게 되면 저당(모기지)채무의 수입과 그 리스크도 동시에 투자자에게 넘어간다.[304]

2. 모기지의 생성

모기지의 최초 대출과정은 금융에 대해서 가장 무지한 사람들(the least financially informed), 즉 미래의 집주인과 가장 전문적인 프로 금융 집단(sophisticated professional financial representatives)인 모기지 대출자 사이의 금융거래이다. 더 자세히 들여다보면, 모기지는 주택을 소유하고자 하는 주택구입자(home buyer), 대출자(ultimate lender), 정부(government), 세 당사자의 이해관계 사이에서 이루어진다.[305]

예를 들어 어떤 사람이 집을 구입하려고 하면, 필요한 자금을 대출받아야 하는데, 주택구입희망자는 신용으로든, 구입한 주택을 담보로 하든지 간에 은행과 대출조건에 대하여 협상한 후 최종적으로 전형적인 표준계약서인 근저당권설정계약서와 소비대차계약서를 작성하는 것이다. 근저당권을 설정한 경우 같은 금액을 빌렸더라도 은행, 대부업체, 개인 등 돈을 빌려주는 쪽에서 설정한 '채권최고액'이 등기부등본에 기재된다. 채권최고액은 채권액보다 통상 20~30% 정도 높게 설정된다. 주택담보대출과 모기지론은 거의 같은 개념이긴 하나, 모기지론은 장기(10~30년) 고정금리가 가능한 상품[306]인데 반하여 주택담보대출은 대부분 변동금리이거나, 아니면 5년 이하의 단기 고정금리 상품이 대부분이다.

그런데 서브프라임 시장의 대출기관은 더 높은 '혁신정신'으로 대담하게 각종 새로운 상품을 출시하였다. 그 중 가장 유명한 것은 무원금대출(interest only loan), 금리변동가능대출(ARM: adjustable rate mortgage), 5년 및 7년 금리변동가능대출, 그리고 옵션 금리변동가능대출(option ARMs) 등이 있다.[307]

이러한 신상품이 인기를 끈 이유는 첫째, 부동산 가격은 오르기 마련이라고 생각했기 때문이다. 둘째, 부동산 가격상승 속도가 이자부담 증가 속도보다 상당히 빠를 것이라고 생각했기 때문이다.[308] 통계에 따르면 2006년 미국 부동산 모기지대출 총액 중 40%이상은 알트A대출과 서브프라임 대출이었다.[309] 전자는 신용기록이 괜찮거나 양호한 사람을 대상으로 하였지만, 후자는 고정수입, 저축 등에 대한 합법적인 증명 서류가 미비하거나 아예 없었다.[310]

금융위기 이전 미국 의회는 1994년에 지역 발전 금융기관들로 하여금 주택 모기지를 찾는 사람들을 보호하기 위한 『리글지역발전과 규제발전법(Riegle Community Development and Regulatory Improvement Act)』을 통해 새로운 법적 장치를 만들었다. 그리고 『주택 소유권 및 자산 보호법(Home Ownership and Equity Protection Act)』을 제정하여 완성된 모기지대출 기준을 세웠다.

하지만 위와 같은 법안 통과 당시만 하더라도 모기지 브로커들(mortgage brokers)은 어떠한 자격증(license)도 필요 없었고, 해당 업계에 윤리강령조차도 존재하지 않았기 때문에 브로커들로 하여금 법망을 너무 쉽게 빠져나갈 수 있도록 한 것이 큰 문제였다. 따라서 브로커들은 고객에게 변동금리 모기지(adjustable rate mortgage)로 큰 집을 사도록 권유하면서도 금리가 올라가면 대출 원리금을 감당하기 어려울 것이라는 설명은 아예 하지도 않았다. 그러나 2007년 금융위기 당시 대출을 받는 자들은 자신들이 감당할 수 없거나 잘못된 종류의 모기지를 제공받았기 때문에 모기지 최초 대출 과정에 있어 책임이 전혀 없다고 할 수 없다.

이렇게 금융위기가 발생한 후 미국 각 주정부(state government)는 모기지 브로커들에게 자격증을 발급했다. 연방정부 차원에서 제정된 『도드 프랭크 법』은 모기지 회사들로 하여금 인센티브에 혹한 담당자들이 고객들에게 맞지 않는 모기지

상품을 권했다고 판명된 경우, 대출 담당자들에게 인센티브를 지급하지 못하도록 했다. 또 모기지 판매자들(mortgage originators)은 의무적으로 대출을 받으려는 사람들의 대출상환 능력(borrower's ability to repay)을 확인하도록 하였다. 그럼에도 불구하고 이 모든 행정적, 제도적 노력은 정부가 모기지 상품을 발행하는 그 모든 과정을 일일이 감시하거나 규제할 수 없는 까닭에 부분적인 성과만 보였다.

모기지 대출시장의 약점은 현대 금융시스템(modern financial system)의 진짜 한계를 반영한다. 또한 혁신적인 해결책이 나타날 수 있는 중요 기점이 되기도 한다.[311]

이러한 관점에서 보면, 아마도 금융개혁(reforming finance)이란 책임대출센터나 지역사회 자립센터 같은 비영리 단체들(nonprofit organization) 등 풀뿌리 보조기관들(gross-roots assistance organizations)을 더 확장시킬 수 있는 방법도 고민해 보아야 하는 것이라고 해도 무방할 것이다.[312]

3. 모기지대출채권의 증권화

모기지대출의 2단계는 최초의 대출기관(mortgage originator, 자산보유자)이 개별적인 모기지를 모아서(pooling) 투자자의 포트폴리오(investor portfolio)에 넣을 수 있는 형태로 모기지 증권화기관(mortgage securitizer)에 파는 과정이다. 그런데 여기서 문제는 어떻게 개별 채권의 크기는 물론 조건과 기한, 신용이 각각 다른 채권을 표준화해서 편하게 거래할 수 있도록 할 수 있을까하는 것이다. 여기에 대해 은행가들은 채권이라는 전형적인 매개채를 자연스럽게 생각해내었다.[313] 이것이 바로 모기지담보부증권(주택담보대출유동화증권, MBS)이었다. 이들은 대출조건 등이 서로 유사한 모기지 채권을 한데 묶어서 표준화된 증빙서류(증권)로 만든 다음, 이러한 모기지 채권을 담보하는 증빙서류를 다수의 투자자에게 팔았다.[314]

그리고 이 과정 중간에 또 다른 단계가 있다. 투자은행은 먼저 이러한 '유해쓰레기(toxic waste)'[315] 등급의 MBS채권을 모기지를 빌린 사람들의 신용등급(예컨대 연체율)과 상환능력에 따라 여러 가지 트렌치(tranche: 분할발행, 프랑스어로 '부분', '슬라이스')라고 부르는 몇 가지 계층으로 나눈다.[316] 이러한 것이 바로 주택모기지담보부증권이 모기지 풀을 기준으로 발행된 부채담보부증권(CDO: Collateralized Debt Obligation)이다. 부채담보부증권(CDO)은 모기지담보부증권(MBS)과는 달리 자산유동화증권 중에서 담보가 되는 자산이 금융기관이 보유한 대출채권이나 회사채 등 채권만 한데 묶어 이를 담보로 유동화한 신용파생상품(credit derivative product)인 것이다.

만일 이런 모기지가 채무불이행(디폴트, default)이 되면 가장 먼저 첫 번째인 고급 트렌치(선순위, senior trench, 가장 위험도가 낮다)를 갚고, 다시 그 다음으로 두 번째인 중급 트렌치(중순위, messanine trench, 위험도가 중간 정도), 세 번째인 후순위 트렌치(equity, 위험도가 가장 높다)순으로 갚게 된다. 리스크가 다르고 가격도 다른 이러한 트렌치는 여러 종류의 투자자들을 끌어들이기 위해 만들어졌다. 마지막 트렌치(last trench), 그러니까 업계에서 구어체로 '유독성 폐기물(toxic waste)'로 불리는 잔여 트렌치는 맨 뒤에 갚는다. 투자은행은 이렇게 부채담보부증권(CDO)의 등급을 얻은 다음 로펌에 가서 이것을 전문적으로 처리할 수 있는 '특수목적회사(SPV: special purpose vehicle)'를 설립한다.[317] 이 모든 트렌치들은 '유독성폐기물'을 제외하고 자산유동화 기관(securitizer, 모기지 증권화 중개기관)에서 보유하고 있다가 유동화증권을 나누어서 투자자들에게 따로 판다. 이렇게 투자자에 팔면 나중에 채무, 이자수입은 물론이고 채무불이행 위험(리스크)도 동시에 투자자에게 그대로 넘겨진다.[318]

신용평가기관(rating agency)인 무디스(Moody's)나 S&P는 과거의 데이터를 조사하였지만 아무런 허점도 찾을 수 없었다. 같은 분야에서 오랫동안 동업자로 지내온 무디스나 S&P도 투자은행의 영업성과가 좋아서 먹고 살 수 있었다. 이렇게 해서 고급 CDO는 무디스나 S&P 손에서 최고등급인 AAA를 받았다.[319] 논리적으로 볼 때, 첫 번째 트렌치인 시니어 트렌치는 채무불이행이 될 확률이 낮다. 그렇기 때문에 금융위기 전에는 신용평가기관으로부터 보통 AAA등급을 받았으므로 당연하게도 투자자에게는 쉽게 팔렸다. 한편, 헤지펀드(hedge fund)는 일순간에 농축성쓰레기인 CDO를 보유하고 투자은행의 부를 창조하는 기계가 되었다. 헤지펀드는 고위험과 고배율 레버리지로 운용된다. 그렇기 때문에 헤지펀드는 상업은행(commercial bank)에 담보대출(mortgage)을 요구하고, 이러한 담보대출을 이용하여 생기는 레버리지는 5-15배에 달하였다. 헤지펀드는 이렇게 대출을 받고 친정인 투자은행에서 더 많은 CDO를 사들인다. 투자은행들은 신이 나서 더 많은 MBS채권을 'CDO제조 과정'에 투입하였다. 자산유동화(securitization)라는 고속통로에서 은행은 서브프라임(sub-prime) 대출자를 흡수한다.[320]

한편, 자산유동화는 보통 "미수금(매출채권), 금융기관 대출금, 부동산 등 여러 형태의 채권을 발행해서 자금을 조달하고 유동성을 확보"하는 것을 말한다. 유동화증권에 관한 기본법인 『자산유동화에 관한 법률』에 따르면, 자산유동화란 "유동화전문회사(자산유동화업무를 전업으로 하는 외국법인을 포함한다)가 자산보유자로부터 유동화자산을 양도받아 이를 기초로 유동화증권을 발행하고, 당해 유동화자산의 관리·운용·처분에 의한 수익이나 차입금 등으로 유동화증권의 원리금 또는 배당금을 지급하는 일련의 행위"이다(자산유동화에 관한 법률 제2조 제1호). 금융기관은 여러 종류의 자산을 하나의 '바구니'에 담은 후 이것을 담보로 채권을 발행하여 투자자에게 판매하므로 실질적으로는 투자자로부터 돈을 빌리는 것과 다름이 없다. 이러한 과정을 나타내면 아래 [그림 2-6]과 같다.

[그림 2-6] 자산유동화 기본구조

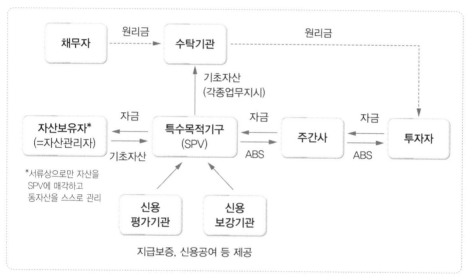

이렇게 자산유동화 과정을 거쳐서 몇 가지 계층으로 나누어 탄생되는 CDO 증권을 구조화증권[321]이라고 부르기도 있다.

하지만 비우량 주택담보대출 상품(low-quality mortgage)인 서브프라임(sub-prime) 모기지증권(mortgage bonds)의 가격의 폭락여파는 도미노처럼 전 세계에 번졌고, 2000년대 초반에 발전한 주택담보대출과 투자방식에 비상등이 켜진 것이다. 덩달아서 AAA등급을 받았던 몇몇 부채담보부증권들의 가격도 떨어졌고, 그 결과 무책임하게 점수를 퍼준 신용평가기관(rating agency)에 대한 신뢰가 하락한 것이다. 잘못된 평가 점수를 기준으로 한 시스템이 제대로 돌아갈 리 없었다.[322]

말하자면, 서브프라임 대출은행은 '유독성 폐기물'을 생산하고, 투자은행과 「프레디 맥(연방금융주택저당회사, Freddie Mac)」와 「페니 메이(연방국민저당협회, Fannie Mae)」는 심가공해서 판매하였으며, 신용평가기관이 품질감독을 책임지는 일련의 과정에서 헤지펀드는 보관과 도매를 맡았고, 상업은행은 신용대출을 제공하였던 것이다.[323]

모기지 증권화 중개기관은 모두 미국 정부의 기획물이자 발명품이다. 실제 1971년 정부지원기관(GSEs)인 연방금융주택저당회사와 1981년 연방국민저당협회가 모기지증권을 발행했다.[324] 처음에는 아주 괜찮아 보였지만 1980년에서 2007년 사이에 연방금융주택저당회사와 연방국민저당협회의 모기지 신용위험(credit risk)은 16퍼센트나 올라갔다.[325]

그러나 이 두 기관은 2008년 대규모의 주택가격 폭락과 이에 따라 진행된 주택압류를 전혀 예상하지 못했고, 그에 대한 대비책은 전무했다. 결국 이 두 회사 모두 부도가 났고, 미국 정부의 관리 아래 들어갔다. 소위 SIFIs(시스템적으로 중요한 기업들)은 자신들이 망하기에는 너무 크다고 생각했다(too big to fail). 나라 경제를 생각해 정부가 망하게 두지는 않을 것이라고 믿은 것이다. 이처럼 정부의 보호를 맹신한 덩치 큰 바보들은 공격적인 이익 추구에만 몰두하여 자신을 파산으로 내모는 실수를 저질렀다.[326]

금융시스템이 이토록 처참하게 붕괴되어 버린 가장 중요한 이유 중의 하나는 거의 전 세계적이라고 할 수 있었던 집값 불패 가정(assumption that home prices could never fall)이라고 꼽을 수 있다. 미국 시카고대 경영대학원 라구람 라잔 (Raghuram Rajan)[327] 교수는 "주택담보대출은 주택 가격이 오르고 있기 때문에 돈을 빌린다는 느낌이 안 들어서 합법적으로 내 자산인 것을 꺼내 쓰는 것 같이 느낄 수 있는 최고의 대출형식이었지만, 정작 집값이 내려가기 시작하자 집을 담보로 대출을 했으므로 아무런 보호장치가 없었고,[328] 이미 집을 사고 차를 사고 그에 맞는 생활에 돈을 써 왔기에 소득은 늘지 않았는데도 잘 산다는 착각을 하게 된 것이다"라고 설명한다.

분명 1997년에서 2006년 사이의 가파른 집값 상승을 보면 거품이 끼어 있었다. 또 이러한 비과학적인 신화를 신봉한 사람들은 모기지증권이 꽤 안전한 투자(safe investment)라고 생각했을 수도 있다.[329] 존 스틸 고든(John Steele Gordon)[330] 교수는 "1990년대 중반 미국 주택 가격이 계속적으로 상승하는 주택거품(housing bubble)이 있었는데, 주택가치가 상승해서 순자산이 공짜로 늘어나니까 많은 사람들은 자신이 자산이 많은 부자라고 생각해서 두 번째 모기지로 더 많은 돈을 빌리거나, 아니면 소비를 늘렸지만 정작 저축은 전혀 하지 않았다. 이후 사람들은 점점 채무를 이행할 수 없었고, 그럼으로써 주택가격이 하락하기 시작하였는데, 이것이 다른 경제에도 악영향을 미쳤다."고 설명하고 있다.

하나의 수수께끼는 1970년대 이전에는 사람들이 필요로 하지 않았던 주택저당담보부증권(RMBS) 시장이 왜 갑자기 그렇게 중요해졌는가 하는 점이지만, 모기지 증권화 중개기관이 모기지를 갖고 새로운 투자방법을 만들어 냈다는 점만은 부인할 수 없다. 그렇다면 RMBS에 투자한 것과 모기지를 소유한 은행 주식에 투자한 것의 차이는 과연 무엇일까?

사실 자산유동화는 미국 밖에서는 그다지 인기가 없었다. 주택 모기지의 증권화 움직임은 미국 정부의 지원에서 힘을 받아 특화된 현상이었다.[331]

2007년 금융위기 이전, 금융이론가들은 모기지 금융 증권화가 대단히 혁신적인 상품이라고 보았다. 증권화된 모기지는 정보 불균형의 문제를 해결하는 방식이었다고 할 수 있다. 특히 '불량품(lemon)'들의 처리 문제가 그러했다. 조지 애커로프(George Akerlof)는, 이런 문제에는 사람들이 중고품 시장에서 물건을 사기를 꺼려하는 감정에서 비롯되었고, 사람들은 중고품의 물건의 하자 여부를 알지 못한 채 그냥 가격이 싸기 때문에 산다는 식으로 비유하고 있다.[332] 결국 시장은 나쁜 물건들만 가득한 곳이 되기 때문에 사람들은 (자기가 생각하기에) 좋은 중고품은 가족이나 친척에게만 넘겨주고, 중고시장에는 불량품만 던져 넣는다(dump the lemon)는 것이다.[333] 그렇게 기능이 떨어지는 시장이 탄생한 것이다.

클레어 힐(Hill Claire)은 금융위기 전에 「금융 증권화: 레몬을 위한 값싼 설탕(Securitization: A Low-Cost Sweetner for Lemons)」이라는 글에서, 증권화와 부채담보부증권(CDO)시장이 잘 기능할 수 있는 이유는 불량품 문제를 잘 해결해주었기 때문이라고 설명하고 있다.[334] 바꾸어 말하면, 모기지(장기주택담보)를 묶어서 증권으로 만들어 독립적인 평가기관의 평가를 받고, 이 증권들을 다시 전문적인 평가기관이 트랜치로 나누는 모든 활동은 투자자들이 불량품만 찾게 될 가능성을 낮춰준다. 그리고 복잡하고 이해하기 어려운 모기지 대출기관에서의 대출보다는 높은 등급을 받은 트랜치의 주택담보부증권을 더 신뢰하게 만든다는 것이다.[335] 부채담보부증권(CDO)은 금융기관이 보유한 대출채권이나 회사의 채권 등을 한데 묶어서 유동화한 신용파생상품(credit derivative products)이다.

이와 같이 금융기관들이 서브프라임 모기지론을 기초 자산으로 한 파생상품(derivative)까지 만들어 팔았기 때문에 문제를 더욱 심각하게 만들었다. 프린스턴대 사회과학과 교수인 에릭 매스킨(Eric Maskin)[336]은 "특정 투자의 위험을 여러 투자자들에게 분산시킬 수 있는 상품인 파생상품은 신용부도스왑(CDS)과 같이 금융계약이다."라고 설명한다.

미국 경제가 침체를 맞아 서브프라임 모기지론이 위험해지자 이것을 기초 자산으로 한 파생상품들까지 하루아침에 휴지조각이 되어 갔다. '신용부도스왑(CDS: Credit Default Swap)'은 모기지 채권이 부도가 날 경우 판매자가 이를 보상해 주도록 한 파생상품[337]이었지만 이 또한 위험해지기 시작해서 연쇄부도가 일어난 것이다. 많은 미국의 투자은행들과 금융기관들이 수익을 내기 위해 이미 파생상품에 투자한 상태였고, 이러한 파생상품은 전 세계로 팔려 나가기까지 했다. 당시 투자은행인 리먼브라더스홀딩스가 보유한 신용부도스왑만도 우리나라 돈으로 900조에 해당하는 8천 억 달러에 달했고, 세계적인 투자은행이 이 때문에 위험에 처해 버렸으니 그 여파는 상상을 초월하는 것이었다.

라구람 라잔 교수는 "많은 유럽의 기관들은 매우 해로운 모기지 담보부 증권이었지만 트리플A 등급이었으므로 미국 기관들로부터 샀다. 더구나 위험성을 잘 모르고 충분한 설명을 듣지 않고 산 사람들이 많았다"고 당시의 사정을 잘 설명하고 있다.

이렇게 부채담보부증권(CDO) 등을 발행하여 야기된 서브프라임 사태는 결국 유동성부족을 가져왔고, 마침내 국제금융시장의 변동성을 증가시키는 악순환의 고리에 금융기관이 빠져든 것이다.

[그림 2-7] CDO의 부실화와 헤지펀드의 위기로 본 서브프라임 사태

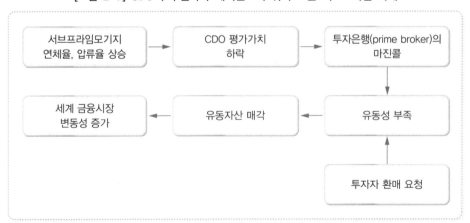

한편, 미국에서 모기지 증권화 중개기관이 성장한 이유는 앞서 언급하였던 미국 정부의 지원, 즉 원칙 없는 규제(regulatory arbitrage) 때문이었다.[338] 이러한 문제는 은행의 필요 자기자본 요구에 직결되어 있었다. 따라서 1988년 바젤협정 I(Basel I)은 세계 최초로 중요한 국제적 은행규제기준(international bank regulatory standards)을 마련했고, 세계의 은행들은 이에 따라 위험가중자산(risk-weighted assets)이라고 하는 공식에 따라 자본을 확보해왔다. 그리고 비교적 위험하다고 판단되는 자산에 투자를 할 때, 은행은 더 많은 자본을 보유해야 하지만 이 규제도 조금만 머리를 쓰면 회피할 수 있었다.[339] 모기지를 판매하는 것은 리스크가 큰 사업이므로 은행에게는 위험가중자산이 높아지게 되는데, 그럼에도 불구하고 은행은 모기지들을 묶어서 증권으로 만들어 다른 자산을 받고 팔아버렸고, 때로는 이렇게 모은 자산이 더 많은 모기지가 되는 경우도 있었다. 그러나 이러한 기준 아래서도 위험한 자산인 모기지를 팔아버리면 부채가 줄어들어 자기자본요건(capital requirements)은 크게 완화되기 때문에 은행은 더 많은 모기지 상품을 발행할 수 있었던 것이다. 이것이 더 큰 문제였다.

미국 은행들은 높은 신용평가를 받은 주택을 담보로 발행된 주택저당담보부증권(RMBS)을 거의 리스크가 없다는 가정 아래 돈을 주고 매수하면 결국 자기가 팔았던 모기지와 똑같은 모기지를 보유하는 것이기에 법률상 아무런 문제가 없었다고 판단하였다. 이렇게 하면 은행은 규제기관의 규제에서는 벗어날 수 있었고, 이 전략을 따르는 은행들은 더 쉽게 돈을 대출해주었다.[340]

주택저당담보부증권가 생겨난 부분적인 동기(motivation)는 은행이 규제기관에서 강요하는 자기자본 규제를 피할 수 있었기 때문이다. 2001년 미국의 「연방예금보험공사(Federal Deposit Insurance Corporation)」, 「연방준비은행(Federal Reserve Bank)」, 「통화감독청(Comptroller of the Currency)」, 「저축기관감독청(Office of Thrift Supervision)」은 모기지를 직접 갖고 있는 은행보다 증권화된 모기지를 갖고 있는 은행에 특별한 인센티브(special incentives)를 주는 『상환청구법(Recourse Rule)』이라는 새로운 규제법을 제정하였다. 이에 따르면, 위험가중자산 규모를 계산하고 은행의 필요 자기자본 규모를 산정하는 과정에서, AAA나 AA등급을 받은 증권화된 모기지(securitized mortgage)는 일반 모기지에 적용되는 50퍼센트의 위험 가중치 대신에 20퍼센트의 위험가중치(risk weighting)만 부여했다. 예를 들어, 두 개의 은행이 모기지의 형태로 주택구입희망자에게 사실상 거의 똑같고, 규제기관이 허락하는 한 최대한의 돈을 대출해주었다고 가정하자. 둘은 서로 모기지를 AAA등급 증권으로 만들어서 맞바꾼 뒤(swap the securities) 상대가 판매한 모기지, 새롭고 증권화된 모기지를 갖게 된다. 여기서 아무것도 달라지지 않을 거라고 생각할 수도 있지만 필요 자기자본은 위험가중자산 규모에 따라서 결정되기 때문에 은행이 이러한 증권들을 보유하게 되면 의무적으로 보유해야 하는 자기자본 의무 규모가 낮아지는 결과, 규제는 더욱 약해지고(loosen the regulation) 은행은 더 많은 돈을 대출해 줄 수 있게 된다. 그럼에도 불구하고 규제기관들은 신용평가기관이 잘못될 리 없다는 가정 아래 작업을 진행했고, 또 규제기관들은 자신들이 이해할 수 있는 범위 안에서 움직였기 때문에 신용평가기관도 규제하지 않았다. 규제기관들은 국제적 협약(international agreements)을 바탕으로 둔 법률을 충실히 따랐기 보다는 책임을 다른 곳으로 떠넘기는 즉, 다양한 조직에 속한 사람들의 노력을 조율하는 것이 문제라고 보았다.[341]

그렇다고 하더라도 주택저당담보부증권(RMBS)의 신용등급 평가가 정확했다면, 더 나아가서 주택가격 하락을 예측할 수 있었다면, 아니 그렇지 않더라도 규제기관들이 증권 보유자들에게 인센티브를 허락하지 않았다면, 금융시스템은 효과적으로 굴러갔을 수도 있다. 모기지 금융 증권화 과정의 문제는 금융위기를 통해 확실히 드러났다.[342]

위와 같은 심각한 구조적인 흠이 있었다고 하더라고 금융혁신(Financial Innovation)은 계속해서 이루어져야 한다. 그래서 새롭고 더 나은 모기지 기관이 생겨야 한다. 그러므로 저당권부 채권판매자(mortgage originator, 모기지 판매자)와 저당권부채권자동화(mortgage securitizer, 모기지 증권화 중개)란 직업은 조금 더 보완된 형태로 우리 곁에 남아 있을 것이다. 장기저당권설정계약(mortgage contract, 모기지계약)은 집주인에게 더 유연하게(flexible) 적용되게끔 미리 계획하고 실험(preplanned workout)한 다음, 본 계약이 체결되도록 유도해야 한다.[343] 그리고 다른 종류의 모기지 금융혁신도 가능하다. 존 오브라이언(John O'Brien)이 제안한 집주인들이 집에 대한 주식을 파는 분산 대출금 투자와 같은 시스템, 혹은 앤드류 캐플린(Caplin, Andrew)과 동료들이 제안한 집주인이 집을 사는 기관과 파트너를 맺는 하우징 마켓 파트너십(Housing Market Partnership)을 예로 들 수 있다.[344]

이제 사람들은 주택가격은 떨어지지 않을 것이라고 믿지 않을 것(won't believe that home prices can never fall)이다. 우리는 금융시장의 발전과정에서 뼈저린 교훈 하나를 얻었다.[345]

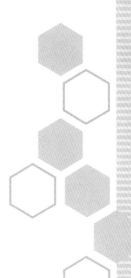

제**3**장

보험회사

제1절 보험회사의 역사와 기능[1]

1. 보험의 역사

인류 최초의 보험(保險, insurance)은 기원전 1000년쯤 이스라엘의 솔로몬(Solomon) 왕이 해상무역을 보호하기 위해 상인들로부터 일정금액을 갹출한 것으로부터 시작되었다. 그리스 알렉산더 대왕은 전쟁터에 나가면서 장수들에게서 일정금액을 거둬 사병(노예)을 잃었을 때 다시 이를 충원하는 비용으로 쓸 수 있게 했다고 한다. 또, 로마시대에는 평민의 갹출금(醵出金)을 사망자의 장례비로 사용하였는데, 이러한 십시일반 분담금 제도가 생명보험을 탄생시키는 씨앗이 되었다.

일찍이 해양으로 진출해 식민지를 건설한 영국에서는 자연스레 해상보험(marine insurance)이 발전했다. 이것이 근대적인 보험회사인 로이즈(Lloyds)가 태어난 배경이기도 하다. 로이즈는 영국의 해상보험인수 연합단체로, 지난 17세기 말에 영국의 에드워드 로이드(Edward Lloyd, 1648?-1713)가 경영한 다방(Coffee House)에서 유래됐다.

17세기 후반 이후 영국은 세 차례에 걸친 영란전쟁(영국과 네델란드 사이에 해상지배권을 놓고 벌인 전쟁)에서 승리하여 세계무역을 장악하게 되었다. 그 과정에서 영국은 『항해법(The Navigation Act)』을 제정하여 시행함으로써 세계의 바다를 누비는 대영제국의 상선들은 각지의 수많은 정보를 모아왔다. 하지만, 이러한 정보를 체계적으로 관리하는 시스템이 아주 열악하였고, 영국 왕의 정부에서 나오는 신문이 있기는 했지만, 신문에 실려 있는 정보는 그다지 큰 도움이 되지못하였다.

그래서 당시 선원과 여행자를 상대로 커피하우스를 운영하던 로이드는 해운업자나 선장, 무역업자와 이러한 위험(risk, 리스크)의 인수(underwrite)를 영업으로 하는 자들이 모이기 편리한 곳에 점포를 개설하고, 고객서비스의 일환으로 "로이드 뉴스(Lloyd's News)"를 간행했다. 그것은 보험 가입을 희망하는 선박의 리스크를 정리한 것이었다. 당시에 보험은 개인사업자가 맡고 있었기 때문에 위험이 컸고, 보다 정확한 정보를 필요로 했었는데, 이러한 로이드의 영국 및 외국의 선박에 관한 신문은 당사자들이 부딪칠 리스크를 줄이는데 아주 큰 영향을 미치게 되

었다. 영국 정부는 이러한 로
이즈 보험을 보호하기 위해
1720년 보험회사 신설을 허용
하지 않고 로이즈에 특허장을
주어 독점하도록 하였다. 마
침내 영국은 오랜 기간 동안
축적된 판례법(common law)
을 토대로 1906년 Chalmers
경(Sir Mackenzie D. Chalmers)
이 기초한 『해상보험법(The
Marine Insurance Act 1906)』을

▶ Lloyd's Coffee House

제정하여 성문화하였다. 그 후 해상사업에 수반되는 피보험자(insured, assured)의
손해를 보상하는(cover, compensate) 보험제도를 확립하기에 이르렀다. 비록 위 법
은 영국의 국내법이긴 하지만 오늘날 거의 모든 국가들이 실제 상거래에서 준거
법으로 채택하여 계약을 체결하고 있다.

2. 보험의 역할

보험 산업은 우리 삶의 중대하거나 사소한 비극을 감소시키는데 매우 중요한
역할을 해왔다. 보험제도의 존재유무는 우리가 당면하는 재난에서 발생하는 손실
을 보상받는데 큰 영향을 준다. 멕시코만 원유 유출사고와 아이티에서의 대지진
을 비교하면 쉽게 알 수 있다.[2]

2010년 다국적 에너지 기업인 브리티시 페트롤륨(BP)의 딥워터 호라이즌(Deep
Water Horizon)호의 석유 시추시설이 폭발하면서 3개월 동안 500만 배럴의 오일
이 걸프만(멕시코만)으로 흘러들어가는 사고가 일어났다. 당시 원유가격이 1배럴
에 77달러였으므로 총 손실액은 5억 달러 정도로 적지 않은 금액임이 분명하다.
그런데 언론에서는 보험제도에 대해서는 전혀 다루지 않고 단순히 이 사고를 재
앙(tragedy)으로만 묘사했다. 그리고 대부분 손실이 보험 처리(loss was insured)된
부분은 언급하지 않았다.[3] 사실 진정한 비극은 폭발 당시 11명의 선원들이 목숨
을 잃은 것인데 이러한 인명 피해조차도 어느 정도까지는 보험의 도움으로 처리
되었다. 리조트들은 오일 유출에 대해서 전액 보험(full insurance against oil spills)
으로 보상받았고, 노동자들과 직원들도 실업보험(unimployment insurance)으로 급

여를 받거나 휴직보험(business interruption insurance)으로 손실을 보상받았다. 그리고 관광객들은 다른 곳으로 휴가를 갔다가 해변이 깨끗해지자 다시 돌아왔다. BP의 주식과 이 회사가 계약한 보험회사의 주식들을 매입했던 세계의 여러 투자자들은 잘 분산된 포트폴리오(well-diversified portfolios)를 갖고 있었기 때문에 손실을 조금씩 분담할 수 있었다. 결국 원유 유출 사고는 목숨을 잃은 11명의 선원을 제외하고는 전체적으로는 그렇게 큰 영향을 남기지 않았다.[4]

한편, 2010년 아이티에서 발생한 대지진으로 수많은 사람이 목숨을 잃었지만 보험에 들어 있던 건물은 얼마 없었기 때문에 피해 보상금도 없었다. 이것은 그곳의 건축 법규를 살핀 보험회사도 없었다는 뜻이다. 아마 보험에 들었더라면 피해도 어느 정도 줄일 수 있었고, 인명 피해도 덜 했을 것이다.

▶ 2010년 아이티 대지진

사실 「캐리비안 재앙위험보험기구(Caribbean Catastrophe Risk Insurance Facility)」가 2007년부터 아이티에 손해보험을 도입하려 했다. 그러나 2010년의 대지진이 났을 때는 큰 도움이 되지 못했다. 규모 7.0의 지진은 최소 4만 명의 목숨을 앗아갔다. 반면에 1994년 캘리포니아의 규모 6.7 지진은 도시 중심가에서 발생했고 규모가 더 컸음에도 불구하고 단 35명만이 목숨을 잃었다. 이러한 차이는 아이티와 비교하여 캘리포니아에 더 발전된 보험산업이 있었기 때문이라고 설명할 수 있다.[5]

BP가 보험에 들었던 경우처럼 리스크를 적절하고 광범위하게 분담하면, 인간의 행복에 미치는 분명한 경제적인 영향(clearest economic impact on business, 경제학자들은 이것을 효용이라고 지칭한다)은 아마도 세계의 경제가 원유 손실로 입는 손실 정도였을 것이다.[6]

우리는 보험산업의 진전을 열심히 지켜봐야 한다. 모든 면에서 보험은 우리 삶의 질을 향상시켰지만 현재 많은 사람들은 보험이 제공하는 리스크 관리가 매우 추상적이고 자기가 속한 세계와는 관련이 없어 보이기 때문에 더 나은 보험의 잠재적 이점을 이해하지 못하고 있다. 하지만 보험의 이익(benefit of insurance)을 증가시키고 지금 현재보다 더 많은 리스크를 감내할 수 있도록(cover more risks than covered today)하는 보험을 확장하는 것은 현실적으로 매우 중요한 부분이다.

3. 보험의 민주화

지난 세기 보험의 역사를 돌이켜보면, 보험은 더 많은 사람과 더 많은 리스크를 감내하도록(cover) 확대되었다. 좋은 사회를 성취하기 위해서 이러한 흐름은 지속되어야 한다.

생명보험(life insurance)에 있어 1706년 생긴 애미커블 소사이어티(Amicable Society)가 최초의 생명보험제도라고 한다. 하지만 근대적인 생명보험회사는 1762년 영국에 설립된 Equitable(에퀴터블) 생명보험회사이다.

한편, 생명보험은 처음에는 이 분야의 정보를 아는 소수의 사람들에게만 적용되었다. 화재보험(fire insurance)도

▶ 애미커블 소사이어티

마찬가지였다. 19세기와 20세기에 이르러서야 비로소 이런 종류의 보험이 선진국에서 널리 퍼지게 되었고, 개발도상국에서는 아직도 계속 침투하는 중이다. 보험회사들은 다양한 리스크를 부담하는 새로운 보험상품들을 개발해 왔다.

전 세계 인구 가운데 1억 명이 하루에 1달러도 안 되는 돈으로 생활하고 있고, 또 그 가운데 4분의 3은 농업에 의존해서 살아간다.[7] 그들에게 농사란 거의 죽느냐 사느냐를 가름하는 절대절명의 문제인 것이다. 농사를 망친 경우, 외국으로부터 긴급 지원을 받을 때는 이미 그들이 살기 위해서 모든 재산을 다 팔고 가축까지 먹은 후인 경우가 많았다. 이와 비슷한 원시사회에서는 흉작의 리스크를 오직 가족이나 이웃하고만 나눌수 밖에 없었을 것이다.[8]

과거 보험회사들은 작물보험(crop insurance: 생산량 감소를 보전하는 수량보험(yield insurance)과 농가 수입을 보전하는 수입보험(revenue insurance) 그리고 기타 보험으로 구성된다)이란 것을 팔아서 리스크를 관리하게 했다.[9] 현재 우리나라에서는

「농업정책보험금융원」에서 제한적으로나마 농작물재해보험을 운용하고 있다. 하지만 이런 정책은 도덕적 해이를 조장할 수 있다. 농부가 농사를 회피하거나 수확량을 줄일 수도 있었기 때문에 보험회사는 곡물 자체가 아니라 기후 조건에 따라 농사를 망쳤을 경우에만 보험금을 지급했다. 농부들이 날씨를 조절할 수는 없기 때문이다. 그러나 똑같은 기후 조건에서도 작황은 조금씩 다를 수가 있고, 지역 또는 파종이나 모종 시기에 따라서도 차이가 생길 수 있는 것이므로 문제는 있다.[10]

위와 같은 여러 문제에도 불구하고 기후보험(weather insurance)은 더 나은 정보 기술과 더 발전된 농업 과학으로 혁신을 거듭해왔다. 오늘날 기후보험이 직면한 문제는 – 일반적으로 저개발국가에서 도입되는 보험 – 가난한 농부들이 보험의 개념을 이해하지 못하거나 보험을 제공하는 기관을 신뢰하지 못해서 보험료(premium) 납부를 꺼리는 것이다. 세계은행(World Bank)은 이렇게 농부들이 날씨 때문에 심각한 곡물 피해를 받아 고난을 겪거나 심하면 굶어 죽을 수도 있는 경우에 대비해서 여러 프로그램을 만들어왔다. 그리고 현재는 세계은행은 기후 리스크 대처를 강력하게 지원하는 보험을 운용하고 있다.[11]

한편, 2015년 12월 12일 G7은 파리에서 파리협정이라고도 부르는 유엔기후변화협약(UNFCCC: The United Nations Framework on Climate Change) 체결식을 갖고, 기후보험에 관한 협의체를 공식화한 바 있다. 이 협의체는 2020년까지 기후 리스크에 취약한 개발도상국 국민 최대 7억 명에게 4억 달러 규모의 기후변화 리스크에 대한 직·간접적 보험 보장을 제공하는 것에 합의했다.[12]

이와 똑같은 문제가 가난한 국가에서 지진이 났을 때도 역시 발생하였다. 보험회사는 좀 더 활발한 마케팅을 통해 문제가 된 지역내 주민들의 신뢰를 얻어 보험료에 관한 무지와 불신을 해소하여야 한다. 이런 노력들이 쌓이면서 보다 인간적인 보험이 만들어지는 것이다.

4. 장기적 리스크 관리

보험 산업이 좀 더 인간을 위한 것이 되려면, 사람들을 힘들게 하는 진짜 문제들을 잘 다루어야 하지만 그런 문제들은 보통 시간이 지나면서 천천히 드러나는 장기적 리스크(Long-Term Risks)인 경우가 많다.[13]

현재 가장 큰 문제는 생계의 문제, 즉 돈을 버는 능력에 대한 문제이다. 장애보험(disability insurance)정책은 사고나 병으로 인한 문제에 대해서 생계를 책임져

주기도 한다. 그러므로 생계보험(Livelihood Insurance)은 이러한 문제를 책임질 수 있는 하나의 보험이 될 수 있다.[14] 이것은 장기적인 보험정책으로 사람들은 직업이나 교육, 혹은 인적 자본에 투자할 때 이 보험에 가입한다.[15]

언젠가는 직업 소득을 위한 시장도 생겨날 것이다. 만일 시장이 계속 이어진다면 개인의 직업 선택에 대해서도 가격이 매겨질 수 있을 것이다. 전망이 좋은 직업일수록 더 높은 시장가격을 보여줄 것이다.

가족 중 누가 아프면 나머지 가족들은 근심할 수밖에 없게 되는데, 환자의 가족까지도 책임질 수 있는 보험이 나온다면 어떨까? 장기요양보험(long-term care insurance)은 이미 제공되고 있다. 우리나라에서도 「국민건강보험공단」이 제한적이나마 장기요양보험 등을 운용하고 있다. 그러나 현재까지는 미국에서조차 보험 수급률(take-up rate)이 너무나 낮다는 것이 문제로 떠오르고 있다.[16] 복지와 실업 프로그램에서도 이런 부분이 보완될지도 모른다.[17]

최근 10년 사이 미국 동부를 강타하는 허리케인의 수가 점점 늘어나고 있다. 만일 기후 패턴이 앞으로도 계속 허리케인이 자주 발생하는 쪽으로 바뀐다면, 동부 지역의 지주나 집주인들에게 막대한 피해가 갈 것이다. 앞으로 허리케인보험 (hurricane insurance policies)[18]과 같은 새로운 종류의 장기적 재앙 보험들이 늘어나는 리스크를 효과적으로 보호해줄 것이다. 이것이 우리가 미래에 기대하는 금융 혁신이다.[19] 결론적으로 현재의 보험이 가진 한계를 넘어서 보험산업을 지속적으로 발전시키기 위해서는 금융혁신이 필요하다고 볼 수 있다.[20]

5. 보험 발전의 과정

보험의 보장범위(scope of insurance)를 넓히는 것도 보험의 발전에 포함된다. 더 많은 사람에게 보험의 혜택을 주는 문제는 그저 낙후된 국가에만 적용되는 것을 의미하지 않는다. 선진국에서도 아직 보험을 받아야 할 리스크들이 많다. 예컨대, 집값의 시장가치가 급격히 떨어졌을 경우를 대비하는 집값에 대한 보험(home equity insurance)도 필요한데[21] 전술한 생계보험과 마찬가지로 현재 효과적으로 실현되지 않은 상태에 있다.[22]

보험 종사자들은 더 나은 위험 관리를 고민하는 즉, 더 나은 보험을 생각하여야 하고,[23] 이는 보험 분야에 진출할 사람들이 해야 할 역할이기도 하다.[24]

제2절 보험회사[25]

제 1 항   보험과 보험회사 개관

보험(insurance, assurance)은 장래에 발생할지도 모르는 위험(risks)에 대해 보험회사가 보험료(premium)를 수수(授受)하여 피보험자에게 손해가 발생하는 경우, 이를 보상하는 제도이다. 보험상품(insurance)이란 위험보장을 목적으로 우연한 사건 발생에 관하여 금전 및 그 밖의 급여를 지급할 것을 약정하고 대가를 수수하는 계약이다(보험업법 제2조). 보험회사(insurance company)는 보험의 인수, 보험료 수수 및 보험금 지급 등을 영위하는 금융회사를 말한다. 보험업을 경영하려는 자는 보험종목별로 금융위원회의 허가를 받아야 한다(보험업법 제4조 제1항). 보험종목은 생명보험업, 손해보험업, 제3보험업으로 나누어진다(보험업법 제2조). 우리나라는 생명보험업과 손해보험업의 상호겸영을 원칙적으로 금지하고 있으나(보험업법 제10조), 제3보험업은 겸영할 수 있도록 하고 있다(보험업법 제11조, 동법 시행령 제15조).[26] 보험계약의 구체적 구분기준은 금융위원회가 정하여 고시한다(보험업법 시행령 제1조의2 제5항).

또한 그 밖에 일반 민영보험과 달리 국가기관(지식경제부)이 취급하는 국영보험인 우체국보험[27]과 보험기능을 하는 기관으로 공제기관이 있다.

2010년을 기준으로 23개 생명보험회사와 30개 손해 보험회사가 영업 중이며 이들의 자산은 각각 408조원, 100조원이다.

제 2 항   생명보험회사

1. 생명보험회사의 약사(略史)

생명보험회사는 사망, 질병, 노후 등에 대비한 보험의 인수·운영을 주된 업무로 하는 금융회사이다. 생명보험업은 사람의 생존 또는 사망과 관련된 보험금을 지급하는 것을 사업으로 하는 것이다.

우리나라의 생명보험업은 19세기말 국내에 진출한 구미계와 일본계 금융회사 및 상사들이 자국 보험회사의 대리점 역할을 겸하는 형태로 시작되었다. 한국계 회사로는 1921년에 조선생명보험주식회사[28]가 처음 설립되었고, 1946~59년 중 8개 생명보험회사[29]가 차례로 설립되었으나 정치·경제의 불안정으로 제대로 발전하지 못하였다.

1962년 들어서서 정부는 경제개발계획 추진에 필요한 내자동원 기반확충 방안의 일환으로 보험업 정비에 착수한 결과『보험업법』,『구(舊)보험모집단속법』및 『구(舊)외국보험사업자에 관한 법률』이 제정되었다.[30] 그러다가 1977년 보험관계법들을『보험업법』으로 하나로 통합·정비하였다.[31]

이어서 1987년 6월 외국 생명보험회사의 국내지점 설치허가 기준을, 1988년 3월에는 합작생명보험회사 설립허가 기준을 각각 마련하였다.[32] 2000년대에는 금융의 자유화 및 겸업화 진전과 더불어 소비자보호가 중요시됨에 따라 2003년 5월 『보험업법』을 개정하였다.

이로써 보험사 신규진입제도개선, 운용가능자산에 대한 열거주의(positive system) 폐지, 공시제도 개선, 제3보험[33] 및 방카슈랑스[34] 도입(보험업법 제91조 제1항) 등이 이루어졌다. 2010년 7월 23일 대대적으로 개정된『보험업법』(2017.4.18. 일부개정)은 보험산업의 경쟁력 강화와 소비자 보호를 위해, 보험회사의 자산운용 방법 및 비율(보험업법 제106조), 자산운용규제 완화(보험업법 제107조), 보험상품 개발절차 간소화, 보험계약 체결 권유시 보험료, 보장범위, 보험금 지급제한 사유 등 대통령령으로 정하는 보험계약의 중요 사항을 설명할 의무(보험업법 제95조의 2, 설명의무), 보험계약 체결 전 면담 또는 질문을 통한 보험계약자의 연령, 재산상황, 보험가입의 목적 등 대통령령으로 정하는 사항을 파악하고 일반보험계약자의 서명(전자서명법 제2조 제2호에 따른 전자서명을 포함한다), 기명날인, 녹취, 그 밖에 대통령령으로 정하는 방법으로 확인 받아 이를 유지·관리할 의무(보험업법 제95조의 2, 적합성의 원칙) 등을 규정하고 있다.[35]

우리나라의 생명보험회사 설립 추이를 보면 1980년대 중반 이후 설립이 활발하였다.[36] 그러나 1998년 금융·외환위기를 거치면서 계약해지 급증 등으로 일부 생명보험사가 부실화됨에 따라 구조조정으로 부실보험사가 퇴출·합병되었다.[37] 그 후 2000년대에 들어서서도 경쟁력 강화를 위해 대형 생명보험사들이 중소형 보험사들을 인수·합병하는 사례가 증가하면서 생명보험사 수는 더욱 감소하게 되었다.[38]

2. 업무 내용

(1) 생명보험상품

생명보험은 미리 약정한 금액을 보험금으로 지급하는 정액보상이다. 생명보험 상품은 위험보장을 목적으로 사람의 생존 또는 사망에 관하여 약정한 금전 및 그 밖의 급여를 지급할 것을 약속하고 대가를 수수하는 계약(보험업법 제2조 제1호가목)이다. 생명보험 종목에는 생명보험계약, 퇴직보험을 포함한 연금보험계약이 있다(보험업법 시행령 제1조 제2항).

생명보험 상품은 피보험자를 기준으로 개인보험과 단체보험으로 구분되고, 개인보험은 다시 보험금 지급조건에 따라 사망보험, 생존보험 및 생사혼합보험으로 세분된다.[39]

사망보험(death insurance, term insurance)은 피보험자가 보험기간 중에 장해 또는 사망할 경우 보험금이 지급되는 전형적인 보장성보험(상법 제727조)으로, 보험기간을 미리 정해놓고 피보험자가 보험기간 내에 사망하였을 때 보험금을 지급하는 정기보험과 보험기간이 피보험자의 일생 동안에 걸쳐 있는 종신보험으로 나뉜다.

생존보험(pure endowment)은 피보험자가 보험기간 만기일까지 생존하는 경우에만 보험금이 지급되는 형태로서 저축성기능이 강한 보험이다.[40] 현재 동 보험의 주요상품으로는 연금보험과 교육보험이 있다.

생사혼합보험은 양로보험이라고도 부르는데, 피보험자가 보험기간 중에 사망 또는 상해를 당할 경우 사망보험금이, 생존시에는 생존보험금이 각각 지급된다.[41]

한편, 단체보험(group insurance)은 일정한 요건을 갖춘 단체의 구성원 일부 또는 전부를 피보험자로 하여 단체의 대표자가 가입하는 보험으로서 고용주가 보험기간 중 피고용자의 사망, 질병 또는 퇴직 등과 같은 예기치 않은 손해발생 위험을 보험회사에 전가하는 방법으로 널리 이용되고 있고, 단체정기보험, 단체저축보험 등이 이에 해당된다. 단체보험은 동질의 위험을 대상으로 하기 때문에 보험계약체결이 편리하며 보험료 일괄납입 등 계약관리가 편리하기 때문에 보험료가 비교적 저렴한 특징이 있다.

보험요율(the rate of insurance)은 객관적이고 합리적인 통계자료를 기초로 대수(大數)의 법칙 및 통계신뢰도를 바탕으로 산출된다(보험업법 제129조). 보험료와 약정보험금은 예정이율, 예정위험률 및 예정 사업비율에 근거하여 사전적으로 결정된다.

한편 대부분의 보험 상품은 보험회사의 일반계정에서 운용되고 있고, 퇴직연금, 연금 저축, 변액보험 등 일부 보험 상품은 특별계정[42]에서 별도로 관리되고 있다.

(2) 계약자배당

생명보험의 계약자배당이란 보험회사가 보험계약자로부터 받은 보험료를 운용하여 약정된 보험금을 적립·지급하고 남은 잉여금의 일정부분을 보험계약자에게 환원하는 것을 말한다. 잉여금은 예정위험률과 실제발생률과의 차이에 의해 발생할 수 있다.

계약자배당의 종류에는 예정이율보다 실제 운용수익률이 높을 경우 생기는 이자율차익 배당, 예정위험률에 비해 실제 사망이나 재해, 질병 등이 작을 경우 생기는 위험률차익 배당, 예정사업비보다 실제 사업비가 작을 경우 발생하는 사업비차익 배당이 있다.[43]

한편 배당제도는 2000년 4월 보험가격 자유화와 함께 2002년 3월 사업비차익 배당이 자유화됨에 따라 현재 배당률에 대한 제한이 없다. 또한 2002년 3월부터는 계약자 배당준비금 적립방법이 사전에 배당재원을 적립한 회사에 한하여 계약자 배당을 실시하는 선적립후배당제로 변경됨에 따라 회사의 배당능력이 보험회사를 선택하는 기준 중 하나가 되고 있다.

3. 자금의 조달 및 운용

2010년 말을 기준으로 생명보험회사의 자금조달 내역을 보면 보험료 수입의 적립금인 보험계약준비금이 총자금조달액의 68.2%를 차지하였다.

생명보험 계약 잔액의 구성을 보면 사망보험 비중이 75.9%로 가장 높은 가운데 연금보험 가입 증가 등으로 생존보험 비중은 최근 들어 상승하였다. 특별계정에서 운용되는 보험의 비중은 1% 정도로 아직 미미한 수준에 머물고 있다. 자금운용 면에서는 2000년 이후 유가증권투자 비중이 크게 증가하여 전체 자산 중 52.4%가 유가증권 투자로 운용된 반면 대출 비중은 16.2%로 1995년에 비해 크게 낮아지는 추세였다.

제 3 항 손해보험회사

1. 손해보험회사 약사(略史)

손해보험회사는 화재, 자동차 및 해상사고 등에 대비한 보험의 인수·운영을 고유업무로 하는 금융기관이다. 손해보험회사가 영위하는 손해보험업은 우연한 사건으로 발생하는 손해에 관한 보험금을 지급하는 것이다. 한편, 손해보험상품은 위험보장을 목적으로 우연한 사건(제3보험에 따른 종목은 제외한다)으로 발생하는 손해(계약상 채무불이행 또는 법령상 의무불이행으로 발생하는 손해를 포함한다)에 관하여 금전 및 그 밖의 급여를 지급할 것을 약속하고 대가를 수수하는 계약이다 (보험업법 제2조 제1항 나목). 손해보험업 종목에는 화재·해상(항공운송포함)·자동차·보증 보험계약과 재보험 계약(보험업법 제4조 제1항 제2호) 및 기타 종목으로서 책임·기술·권리·도난·유리·동물·원자력·비용·날씨 보험계약이 있다 (보험업법 시행령 제1조의2 제3항). 제3 보험업 종목은 상해·질병·간병보험이다 (보험업법 시행령 제1조의2 제4항).

1922년 10월에 설립된 조선화재보험(1950년 6월 동양화재해상 보험으로 상호변경)을 효시로 해서, 1960년대 재보험만을 전문적으로 취급하는 대한재보험, 자동차보험 전문회사인 한국자동차보험[44](1995년 10월 동부화재해상보험으로 상호 변경), 그리고 대한보증보험이 설립되었고, 미국계로 AHA(American Home Assurance) 및 AFLA(American Foreign Insurance Association: 1984년 10월 CIGNA가 인수)의 2개가 국내지점을 설치하였다.

이후 1989년 11월 한국보증보험이 설립되었고, 1992년 7월 미국계의 VIGILANT 사가 국내지점을 설치하였다. 그러던 중 1998년 11월 적자누적으로 심각한 부실에 직면하였던 한국보증보험과 대한보증보험이 서울보증보험으로 합병되었고, 2000년대에는 손해보험사에 대한 자동차보험사업 규제가 철폐[45]되었으며, 재보험사를 중심으로 8개 외국계 보험사가 국내지점을 개설하였다.[46] 2000년대 중반 이후에는 국내 보험사 2개가 추가 설립되었다.

2. 업무 내용

손해보험(indemnity insurance)은 각종 사고발생에 따른 재산상의 손실위험에 공동 대처하기 위한 상호보장 성격의 사회제도(상법 제665조)로 피보험자가 사고로 입은 손해를 보험금으로 지급하는 실손보상이다.

손해보험회사가 취급하고 있는 보험종목은 부보위험의 대상에 따라 화재, 해상, 자동차, 보증, 특종, 연금, 장기저축성 및 해외 원보험 등 8가지로 구분된다. 보험종목별 보험 상품 내용을 보면 해상보험에는 적하보험, 선박보험, 운송보험 등이 있고, 자동차보험(개인용, 업무용, 영업용)에는 자동차종합보험과 운전자 보험이 있다. 보증보험(surety insurance)에는 신원보증, 계약이행보증, 할부판매보증 및 납세보증 등이 있으며 특종보험(casualty insurance)에는 상해보험, 도난보험, 배상책임보험 및 원자력보험 등이 포함된다. 보험기간 중 보험사고가 없더라도 만기 시 보험금을 지급하는 장기저축성보험에는 장기화재, 장기상해, 장기질병, 장기종합보험 등이 포함되고, 개인연금보험 및 퇴직보험은 대표적인 연금보험이다. 이 밖에 해외 원보험은 해외에 진출한 국내손해보험회사가 외국인과 체결한 각종 보험을 말한다.

3. 자금의 조달 및 운용

손해보험회사의 보험종목별 수입보험료 추이를 보면 자동차보험과 장기저축성보험이 가장 높은 비중[47]을 차지하고 있다.

손해보험회사의 자금조달 내역을 보면 보험계약준비금이 2010년 말을 기준으로 총자금 조달액의 73.7%를 차지하고 있다. 자금운용 면에서는 총자금 운용액 중 유가증권투자 비중이 52.3%로 가장 크고 대출금이 17.5%로 그 다음을 차지하였다.

제 4 항   우체국보험

1. 연   혁

우체국보험은 1929년 10월 설립된 공영보험인 조선간이생명보험을 기원으로 하고 있다.[48] 1982년 12월 31일 우체국에서도 금융채를 팔수 있도록 하기 위해『체신예금·보험에 관한 법률』의 제정으로 체신관서의 보험업 겸영근거가 다시 마련됨에 따라 1983년 7월부터 우체국보험이 재개되었다. 1999년 11월 위 법은『우체국예금·보험에 관한 법률』로 명칭이 바뀌었다.

2. 업무 내용

우체국보험은 체신관서에서 피보험자의 생명·신체의 상해(傷害)를 보험사고로 하여 취급하는 보험을 말한다(우체국예금·보험에 관한 법률 제2조 제4호).

보험의 종류와 계약보험금 한도액은 금융위원회와 협의하여 미래창조과학부장관이 결정하고, 그 밖의 사항은 미래창조과학부 장관이 미래창조과학부령으로 정하도록 되어 있다(우체국예금·보험에 관한 법률 제28조).[49] 현재 우체국보험은 민영 생명보험회사와 마찬가지로 교육보험, 연금보험, 보장성보험 및 생사혼합보험을 모두 취급하고 있다.[50]

우체국보험은 정부가 보험금 등의 지급책임을 지지만, 보험계약의 효력 발생 후 미래창조과학부령으로 정하는 기간 내에 보험사고가 발생한 경우에는 미래창조과학부령으로 정하는 바에 따라 보험금의 일부를 지급하지 아니할 수 있다(우체국예금·보험에 관한 법률 제31조). 그리고 수급권자(受給權者) 보호를 위해 보험금 또는 환급금을 지급받을 권리의 양도와 압류를 제한하고 있다(우체국예금·보험에 관한 법률 제45조).[51] 또한 우체국보험은 민영보험에 비해 보험료가 상대적으로 저렴하게 책정되어 있을 뿐만 아니라 그 가입대상이 주로 저소득층인 점을 감안하여 보험계약 체결 시 피보험자에 대한 신체검사를 면제하고 있다(우체국예금·보험에 관한 법률 제29조). 계약보험금 한도 역시 1인당 4천만 원 이내로 비교적 소액으로 되어 있다.[52]

3. 자금의 조달 및 운용

납입된 보험료는 『우체국보험특별회계법』에 따라 설치된 우체국보험적립금[53]으로 운용된다. 2009년 말을 기준으로 한 보험종목별 계약 잔액 구성을 보면 보장성보험, 연금보험, 생사혼합보험 순으로 높게 나타났다. 최근 들어 보장성보험 비중이 크게 높아지고 생사혼합보험의 비중이 크게 낮아졌다.

한편 우체국보험의 자금운용 구성을 보면 유가증권에 대한 투자가 75.5%로 가장 큰 비중을 점하였고 이 밖에 현금·예금이 14.0%, 대출금이 6.1%를 각각 차지하였다.

제 5 항   공제기관

1. 연   혁

공제기관(fraternal insurance institution)이란 개별 특별법에 근거하여 생명공제, 보험공제 등 유사보험(quasi-insurance)을 취급하는 기관으로서 농업협동조합공제와 같이 일반인을 대상으로 하는 공제기관과 특정업종에 종사하는 조합원만을 대상으로 하는 공제기관으로 구분된다.

1915년 지방금융조합의 화재공제와 1919년 경북축산조합연합회의 가축공제로부터 시작된 후 1961년 『농업협동조합법』 제정으로 농업협동조합공제 업무가 시작되었다.[54] 수산업협동조합공제도 1962년 『수산업협동조합법』이 제정되면서 설립되어 어민들을 위한 손해공제업무가 시작되었고, 1978년에는 일반인을 대상으로 하는 생명공제업무가 도입되었다. 한편, 새마을금고공제는 조합원 대상의 손해공제 및 생명공제사업을 각각 1991년 및 1992년에 시작한 후 1998년부터는 공제사업대상을 일반인으로 확대·운영하고 있다. 신용협동조합공제도는 1995년부터 생명 및 손해공제업무를 취급하고 있다.

한편 신용협동조합공제[55] 업무는 금융위원회가 『신용협동조합법』에 따라 인가 및 감독권한을 가지고 있고, 그 밖의 공제기관은 개별 근거법률에 따라 금융위원회가 아닌 해당 주무부서로부터 설립인가 및 감독을 받고 있다. 개별 공제기관의 근거법률은 『보험업법』 적용을 배제하는 경우가 많아 민영보험사에 비해 모집인 규제, 상품공시 의무 등에서 규제가 적은 편이다.[56]

2. 업무 내용

공제기관은 모두 조합원과 일반인을 대상으로 질병과 사망 등에 대한 보장을 제공하는 생명공제와 화재·도난 등에 대한 보장을 제공하는 손해공제를 취급하고 있다. 수산업협동조합공제는 어민보호를 위한 정부의 정책보험인 어선 및 어선원에 대한 보험, 양식수산물 재해에 대한 양식보험을 추가로 취급하고 있다.

3. 자금의 조달과 운용

공제기관의 주요 자금조달원인 공제료 수입은 2009년을 기준으로 10.7조원이며 이중 농업협동조합공제가 8.5조원으로 가장 크다. 공제유형별로는 생명공제가 전체 공제료 수입의 93.3%를 차지하고 있다.

공제기관의 보유 계약규모는 2009년 기준 615조원 내외인데 이중 농업협동조합공제가 288조원으로 가장 크고 수산업협동조합공제가 191조원으로 그 다음을 차지하고 있다. 공제유형별로는 손해공제가 440조원으로 전체 보유계약의 71.6%를 차지하고 있다.

한편 공제기관의 자금운용을 보면 유가증권에 대한 투자가 74.4%로 가장 큰 비중을 점유하고 있으며 대출금이 15.7%를 차지하고 있다.

제 6 항　보험회사에 대한 위험기준 자기자본 규제 시행

보험회사의 리스크 관리를 선진화하고 재무건전성을 제고하기 위한 위험기준 자기자본(RBC: Risk-Based Capital) 규제 제도가 2011년 4월부터 본격적으로 시행되었다. 보험사에 대한 자기자본규제는 외환위기 이후인 1999년 5월 보험사의 건전성을 강화하기 위해 도입된 EU식 고정비율방식의 지급여력제도가 있었지만 2011년 4월부터 위험기준 자기자본 규제가 도입되면서 고정비율방식의 지급여력제도는 폐지되었다. 이 점에 대해서는 제8장 제2절 금융위원회의 보험회사에 대한 경영건전성 지도 부분에서 자세히 살펴본다.

제 **4** 장

금융보조기관[1]

제1절 예금보험공사[2]

1. 예금보험공사의 설립과 예금자 보호 개관

예금보험공사(Korea Deposit Insurance Corporation)[3]는 1995년 12월에 제정된 『예금자보호법』에 따라 금융회사가 경영부실 등으로 예금 원금이나 이자를 지급할 수 없을 때 해당 부실금융회사를 대신하여 예금자에게 원리금의 전부 또는 일부를 지급하는 역할을 담당하는 무자본 특수법인으로 1996년 6월 설립되었다(예금자보호법 제3조). 금융위원회는 예금보험공사의 업무를 지도·감독하고 이에 필요한 명령을 할 수 있다(예금자보호법 제27조).

1997년 12월 『예금자보호법』개정(1998년 4월 1일 시행)으로 금융권별로 분산되어 있던 예금보험관련 기금이 예금보험공사내의 예금보험기금으로 통합된 후 2003년 1월 수산업협동조합의 회원조합을, 2004년 1월 신용협동조합을 예금보험 적용대상기관에서 제외[4]하였다.

현재 예금보험 적용대상 부보금융회사는 『은행법』 제8조 1항에 따라 인가를 받은 일반은행과 한국수출입은행을 제외한 특수은행들이다.[5] 그리고 재보험회사를 제외한 『보험업법』 제4조 제1항에 따라 허가를 받은 모든 보험회사와 『자본시장법』 제336조에 따른 종합금융회사 및 『상호저축은행법』 제6조에 따른 상호저축은행 및 상호저축은행중앙회도 예금보험 적용대상 부보금융회사에 해당한다(예금자보호법 제2조 제1호, 동법 시행령 제2조). 한편, 예금보험 적용대상이 아닌 부보금융회사는 『자본시장법』 제12조에 따라 증권을 대상으로 투자매매업·투자중개업의 인가를 받은 회사[6] 중 전문투자자에 대해서만 증권이나 채무증권만을 대상으로 인가를 받은 자(예금자보호법시행령 제2조 제1항 제2호 및 제1호)와 온라인 소액투자 중개업자로 등록한 자(동조 제3호)에 해당하는 자이다. 여기서 말하는 증권, 채무증권, 투자매매업, 투자중개업이 무엇인지는 제5장 제4절에서 자세하게 설명하기로 한다.

보호대상 금융상품은 은행의 예금·적금·부금, 상호저축은행의 계금·부금·예금 및 적금(단, 상호저축은행중앙회의 경우에는 자기앞수표를 발행하여 조달한 금전만 해당한다), 보험회사의 보험계약에 따른 수입보험료, 예탁금 등의 원금 및 이자

(예금자보호법 제2조 제2호 가 내지 다목)이다. 그러나 양도성예금증서(예금자보호법 시행령 제3조 제2항 제2호), 금융투자상품(수익증권, 뮤추얼펀드, MMF 등, 예금자보호법 시행령 제3조 제3항 제3호),[7] 은행발행 채권(동조 제2항 제4호), 주택청약저축 등은 제외된다.

2001년부터는 예금보험제도를 전액보호제도에서 부분보호제도로 환원[8]하면서 금융시장에 미치는 충격을 완화하기 위하여 보호한도를 종전의 2천만 원에서 5천만 원으로 상향 조정하였다. 2016년 3월 11일 기준 예금보험공사가 지급하는 보험금의 한도는 동일 금융기관내 원금과 이자를 합쳐 예금자 1인당 5천만 원이다(예금자보호법 제32조 제2항, 시행령 제18조 제6항).[9]

2. 의사결정기구와 업무 내용

가. 의사결정기구

예금보험공사에는 최고의사결정기구로 7인으로 구성된 예금보험위원회(예금자보호법 제8조 제2항, 제9조)가 있고, 집행기구로 사장, 부사장, 상임이사(4인) 및 비상임이사(7인)로 이루어진 이사회를 두고 있으며 그 외에 감사 1인이 있다(예금자보호법 제9조 제1항).

나. 업 무

(1) 예금보험기금의 관리·운용

(가) 예금보험기금

예금보험공사는 예금보험기금("예보기금")을 관리·운용하는데(예금자보호법 제18조 제1항), 예금보험기금은 보험료의 수납 및 보험금 지급, 예금 등 채권의 매입, 정리금융기관에의 출자 및 자금지원, 부실금융기관의 정리 등을 지원하기 위하여 예금보험공사 내에 설치되어 있다(예금자보호법 제24조 제1항). 예금보험기금채권상환기금은 2003년 1월 1일 이전에 발생한 기존 예금보험기금의 자산·부채 및 그 밖의 권리나 의무를 포괄 승계하여 기존 기금의 채무를 정리하도록 하였고, 새로 조성된 예금보험기금은 2003년 이후 발생하는 보험사고 등에 대한 예금보험업무만을 담당하도록 하였다.[10]

예금보험기금은 부보금융기관의 보험료 및 출연금,[11] 정부 출연금, 예금보험기금채권 발행, 정부가 무상으로 양여한 국유재산, 차입금,[12] 보험금 지급 후 취득한 채권의 회수 자금, 기매입 예금채권 등의 회수자금, 부실금융기관의 정리 등을 위하여 지원한 자금을 회수한 자금, 기금의 운용수익 등을 재원으로 한다(예금자보호법 제24조 제2항).[13]

(나) 예금보험기금채권상환기금

1997년의 금융·외환위기를 수습하는 과정에서 공적자금(public fund)[14]의 손실누적과 이의 상환에 대한 우려가 확산되자 정부는 2002년 9월에 공적자금 상환대책[15]을 발표하고 2002년 12월에는 이를 토대로 『예금자보호법』을 개정하여 예금보험기금채권상환기금을 추가로 설치하였다(예금자보호법 제26조의3 제1항).

예금보험기금채권상환기금은 공적자금상환기금으로부터의 출연금, 상환기금채권 발행, 부보금융회사로부터의 특별기여금(예금자보호법 제30조의3)[16]을 등을 재원으로 한다(예금자보호법 제26조의3 제2항). 이 밖에 예금보험기금과 동일하게 한국은행 등으로부터의 차입금, 보험금 지급 후 취득한 채권의 회수 자금, 기매입 예금채권 등의 회수 자금, 부실금융회사의 정리 등에 지원된 자금의 회수 자금, 기금의 운용수익 등도 그 재원이 된다.

공적자금관리위원회는 공적자금 상환대책을 마련하여 공적자금 채무를 상환하고 있다. 이에 따르면 예금보험기금채권상환기금이 상환해야 하는 총 부채는 원금을 기준으로 82.4조 원[17]으로 이중에서 상환대상 부채의 대부분인 81조 원을 차지하는 예금보험기금채권은 2008년 말까지 모두 만기도래하여 전액 상환하였다.[18] 예금보험기금채권상환기금은 예금보험기금채권(2002년 12월 31일 이전에 발행된 것에 한함) 및 상환기금채권의 원리금 상환, 보험금 및 개산지급금 지급, 정리금융기관에 대한 자금지원, 부실금융기관 정리 등에 대한 자금지원, 차입금 원리금 상환에 지출한다(예금자보호법 제26조의3 제3항).

(2) 보험료의 수납 및 보험금 지급

예금보험공사는 보험료의 수납 및 보험금 지급 업무를 하는데, 부보금융회사로부터 매년 예금 잔액[19]의 0.5%를 초과하지 않는 범위 내에서 대통령령이 정한 보험료율을 적용하여 산출된 보험료를 징수한다(예금자보호법 제30조 제1항, 예금자보호법시행령 제16조 제1항 본문 중 별표1). 현재 보험료율은 업종별로만 0.08%~0.4% 범위 내에서 차등 적용하고 있으나, 2008년 9월 『예금자보호법』 개정 등에 따라 예금보험공사가 동일업종 내에서 보험료율을 기관별로 10%이내에서 차등 적용할 수 있게 되었다(예금자보호법시행령 제16조의2 별표1).

예금보험공사는 부보금융기관에서 보험사고(예금자보호법 제2조 제8호)[20]가 발생하면 당해 금융기관 예금자 등의 청구에 의하여 보험금을 지급한다(예금자보호법 제31조). 또한 보험사고 발생으로 상당 기간 보험금 지급이 정지됨에 따라 예금자가 겪는 불편을 덜어주기 위하여 보험금의 지급한도 내에서 예금보험위원회가 정하는 금액을 가지급금으로 미리 지급할 수 있다.[21]

(3) 예금 등 채권 매입

예금보험공사는 예금자에게 보험금을 지급하는 경우, 해당 보험사고와 관련된 예금 등 채권을 매입할 수 있는데, 이때 예금자등의 청구에 의하여 예금 등 채권의 가치를 개산(槪算)한 "개산지급금(槪算支給金)"을 예금자 등에게 지급하여야 한다(예금자보호법 제35조의2).[22] 한편, 예금보험공사가 위와 같은 자산취득으로 인하여 지명채권(指名債權)을 양도받는 경우에는 2개 이상의 일간신문(전국을 보급지역으로 하는 일간신문이 1개 이상 포함되어야 한다)에 그 지명채권 양수사실을 공고함으로써 『민법』 제450조에 따른 지명채권양도의 대항요건(채권자의 통지나 채무자의 승낙)을 갖춘 것으로 본다(예금자보호법 제38조의3).

(4) 부실금융회사의 정리 및 자금지원

(가) 부실금융회사의 정리

예금보험공사는 부실금융회사(예금자보호법 제2조 제5호)[23] 또는 당해 부실금융회사를 자회사로 두는 금융지주회사를 당사자로 하는 합병이나 영업의 양도 또는 제3자에 의한 인수를 알선할 수 있으며 금융위원회에 대하여 부실금융회사에 대한 계약이전의 명령, 파산신청 등 필요한 조치를 취할 것을 요청할 수 있다(예금자보호법 제36조의2).

아울러 예금보험공사는 금융위원회의 승인을 얻어 부실금융회사의 영업 또는 계약을 양수하거나 정리업무를 수행하기 위한 주식회사 형태의 정리금융기관을 설립할 수 있다(예금자보호법 제36조의3). 정리금융기관의 자본금은 예금보험기금 부담으로 예금보험공사가 전액 출자한다. 정리금융기관은 예금채권의 지급, 대출채권의 회수 등의 업무를 수행하며 영업기간은 5년 이내이나 금융위원회의 승인을 얻어 연장할 수 있다.

(나) 자금지원

예금보험공사는 금융기관이 부실금융회사를 인수하는 경우 등에는 자금지원을 할 수 있다(예금자보호법 제38조).[24]

자금지원은 대출 또는 예치, 자산의 매수, 채무의 보증·인수, 출자 또는 출연 (예금자보호법 제2조 제7호)을 포함하며 최소비용의 원칙[25]과 공평한 손실분담의 원칙[26]에 따라 이루어진다.[27] 자금지원을 받는 부보금융기관은 예금보험공사와 경영정상화계획의 이행을 위한 서면약정을 체결해야 한다. 약정의 내용은 재무건전성·수익성·자산건전성에 관한 목표수준과 이를 이행하기 위한 실천계획 등을 포함하며 이를 준수하지 못하는 부보금융기관에 대해서는 예금보험공사가 당해 금융기관 임원의 해임·직무정지·경고·주의 또는 직원의 징계·주의를 요구할 수 있다.

(다) 부보금융기관에 대한 조사 및 검사

예금보험공사는 부실금융회사 또는 부실우려금융회사[28] 결정 등의 업무 수행을 위하여 부보금융회사과 당해 부보금융회사를 자회사로 둔 금융지주회사에 대하여 필요한 범위 내에서 업무 및 재산상황에 관련된 자료의 제출을 요구할 수 있다(예금자보호법 제21조 제1항).[29]

아울러 예금자 보호 등을 위하여 필요하다고 인정되는 경우 부보금융회사 등과 관련된 구체적인 자료의 제공을 금융감독원장에게 요청할 수 있다(예금자보호법 제27조 제2항). 또한 부보금융회사의 보험사고 위험 여부 판단에 금융감독원 제공 자료의 사실 확인이 필요하다고 인정되는 경우 금융감독원장에게 해당 부보금융회사에 대한 검사 등을 통한 사실 확인을 요청할 수 있으며 확인이 이루어지지 않은 경우 부보금융기관 등의 업무 및 재산상황을 직접 조사할 수 있다. 조사결과 보험 사고의 위험이 있다고 판단되는 때에는 이를 금융위원회에 통보하고 적절한 조치를 취하여 줄 것을 요청할 수 있다.

또한 예금보험공사는 금융감독원장에게 구체적인 범위를 정하여 부보금융회사 등에 대한 검사를 실시하고 그 결과를 송부하여 줄 것을 요청하거나 소속직원이 부보금융회사 등에 대한 검사에 공동으로 참여할 수 있도록 요청할 수 있으며 금융감독원장은 이 요청에 응하여야 한다.

(라) 부실책임자에 대한 손해배상청구 및 조사

예금보험공사는 부실 또는 부실우려 금융기관으로 하여금 그 부실에 책임이 있는 당해 금융기관의 전·현직 임직원과 당해 금융기관에 채무를 이행하지 아니한 채무자 등 부실관련자에 대하여 손해배상청구를 하도록 요구할 수 있다(예금자보호법 제21조의2 제1항). 만일 금융기관이 이에 응하지 않을 경우에는 당해 금융기관을 대위하여 손해배상청구를 할 수 있다(예금자보호법 제21조의2 제3항). 또한 손해배상청구의 요구나 손해배상청구권 대위행사를 위하여 당해 금융기관과 부실관련자의 업무 및 재산상황에 관한 조사를 실시할 수 있다(예금자보호법 제21조의2 제7항).[30]

제2절 한국거래소[31]

1. 개   요

한국거래소는 증권 및 장내파생상품의 공정한 가격형성과 매매 등 거래의 안정성 및 효율성을 도모하고자 『자본시장법』에 의하여 설립된 상법상의 주식회사이다(자본시장법 제370조, 제373조의2, 제374조). 2005년 1월 기존의 한국증권거래소,[32] 한국선물거래소[33] 및 ㈜코스닥증권시장[34]과 한국증권업협회의 코스닥위원회

▶ 한국거래소

를 합병하여 한국증권선물거래소가 설립되었고, 2009년 2월 『자본시장법』[35]에 따라 한국거래소(Korea Exchange)[36]로 상호를 변경(자본시장법 제379조)하여 현재에 이르고 있다.[37]

한국거래소를 통해 증권 및 파생상품의 매매거래에 참가하기 위해서는 동 거래소의 이사회로부터 회원가입 승인을 받아야 하고(자본시장법 제387조), 회원자격을 갖추기 위해서는 투자매매업 또는 투자중개업 인가를 받아야 한다. 2011년 6

월 말 기준 전체회원은 총 94개 기관이며 이 중 증권거래회원은 87개, 파생상품 거래회원은 61개이다.

한국거래소의 이사회는 이사장 1인, 시장감시위원장 1인, 상임이사 5인, 사외이사 8인[38]으로 구성(자본시장법 제380조)되고, 경영목표와 예산 및 운영계획, 거래소의 업무와 경영에 관련된 중요규정의 제·개정 및 폐지, 주요자산의 처리, 대규모 재산 및 장기차입금의 차입, 타법인에 대한 출자·출연, 주주총회 부의안건 결정 등을 결의한다. 한편, 금융위원회는 투자자 보호 또는 건전한 거래질서를 위하여 필요하다고 인정되는 경우에는 거래소에 대하여 그 업무 및 재산에 관한 보고 또는 참고가 될 자료제출을 명령하고, 금융감독원장에게 그 업무·재산상황·장부·서류, 그 밖의 물건을 검사하게 할 수 있다(자본시장법 제410조).

2. 업무 내용

가. 유가증권시장 및 코스닥시장 개설·운영

한국거래소는 증권시장에 상장할 증권의 심사 및 상장증권의 관리를 위하여 『증권상장규정』("상장규정")을 제정(자본시장법 제390조 제1호)하여 유가증권의 상장 여부를 심사하는 업무를 수행한다. 또한 유가증권 발행회사의 경영상 문제로 인해 공익 또는 투자자 보호에 문제가 있거나 당해 유가증권의 공정한 가격 형성과 유통에 지장이 초래되는 경우 일정기간 매매거래정지를 하거나 상장폐지를 하는 등의 조치를 취한다(자본시장법 제373조의 7, 제390조). 다만 상장폐지의 경우 상장폐지 기준에 해당된다고 해서 곧바로 시행하면 당해 종목 투자자들의 재산상 손실이 클 수 있으므로 일단 관리종목으로 별도 지정하여 일정한 상장폐지 유예기간을 부여한다.[39] 관리종목 지정사유를 해소할 경우에는 관리종목 지정을 해제한다.

한국거래소는 유가증권시장으로 주식시장, 채권시장, ETF[40]·ELW[41]시장 및 기타시장[42]을 개설·운용하고, 각 시장의 종합시세, 매매동향, 거래실적 등의 정보와 해외시장 정보를 제공한다(자본시장법 제386조). 주식시장, 채권시장에 대해서는 제7장 제2절 채권시장과 제3절 주식시장에서 자세하게 살펴본다.

한국거래소 시장에서 유가증권을 매매할 수 있는 자는 한국거래소 회원에 한정되므로 일반투자자는 증권회사 등의 회원사를 통하지 않고서는 거래소시장에서 매매거래를 할 수 없다(자본시장법 제388조).

나. 파생상품시장 개설·운영

한국거래소는 파생상품시장의 개설·운영 및 시장관리, 장내파생상품거래의 체결 및 결제, 시세공표, 장내파생상품의 매매유형 및 품목 결정에 관한 업무 등을 수행한다(자본시장법 제 377조 제1항, 제386조). 파생상품시장은 현물시장에서의 가격·금리변동위험 등을 효과적으로 제거하기 위한 시장으로 현재 주가지수 및 개별주식 선물·옵션, 국채선물, 통화선물·옵션, 금·돈육 선물 등 다양한 파생상품을 거래하고 있다.[43]

한편, 증권시장 및 파생상품시장에서의 매매거래(다자간매매체결회사에서의 거래를 포함)에 따른 매매확인, 채무인수, 차감, 결제증권·결제품목·결제금액의 확정, 결제이행보증, 결제불이행에 따른 처리 및 결제지시 업무는 금융위원회가 지정하는 청산기관으로서 거래소가 수행한다(자본시장법 제378조).

파생상품증권시장에 대해서는 제7장 제4절 주식파생상품시장에서 자세하게 다룬다.

다. 시장감시 및 분쟁조정

한국거래소는 유가증권시장, 코스닥시장, 파생상품시장에서의 불공정거래행위를 예방·규제하고 회원 및 투자자, 회원 상호간의 분쟁을 조정하기 위해 시장감시위원회를 두고(자본시장법 제402조), 시장감시, 이상거래 심리[44] 및 회원에 대한 감리,[45] 증권시장과 파생상품시장 간의 연계감시, 불공정거래 예방, 거래관련 분쟁의 자율조정 및 회원 또는 관련 임직원에 대한 징계 결정, 관련 규정의 제·개정 업무 등을 수행한다. 시장감시위원회는 시장감시규정을 제정하고, 이에 따라 업무를 수행한다(자본시장법 제403조).

제5장

금융상품과 금융자본주의
시대에서 금융투자

제1절 금융상품의 본질[1]

1. 금융자본주의 시대에서의 금융투자

가. 투자의 열기

1990년대 이전까지 우리 사회에서 '금융(finance)'이라는 부분은 크게 중요시되지 않았다. 돈이 최고의 가치인 금융자본주의 세상에서 많은 사람들은 자신의 돈을 불리는 수단으로 '재테크(financial technology)'[2]를 떠올린다. 물론 재테크에는 부동산, 예금, 투자 등 다양한 방법들이 있지만, 지금 가지고 있는 돈으로 여러 가지 다양한 금융상품에 투자해 돈을 불리는 것을 의미한다. 재테크의 상당 부분은 은행과 반드시 연관되어 있다. '재테크'라는 말은 명목상 '당신의 돈을 투자해서 수익을 벌어가라'는 말이지만, 그 이면의 진실은 '어서 은행에 당신의 돈을 쏟아 부어 달라'는 의미이기도 하다.[3]

금융자본주의 사회를 살아가고 있는 우리들은 은행이 내부적으로 어떻게 돌아가고 있는지, 그들이 투자를 권하는 각종 상품이 어떤 것인지 반드시 알아야 한다. 금융자본주의라는 말은 노동력을 중심으로 하던 자본주의에서 금융을 중심으로 하는 자본주의로 전환됐다는 것을 의미한다. 언제부터인지 실제 노동력이 돈을 만들어내는 것이 아닌 '돈이 돈을 만드는 사회'가 본격적으로 시작된 것이다.

1990년대 이전 저축(saving)은 기업에 투자돼 대한민국의 산업을 일으켰고, 해외 수출이 증가하면서 국가의 부가 늘어났다. 그런데 1990년대부터 세계시장에서 우리경제의 비중이 크게 확대되면서 금융시장 개방에 대한 압력이 거세지기 시작했고, 우리 정부는 1992. 3. 28. '금융자율화 및 개방시행계획'을 발표했다. 그 결과 금융시장이 급속도로 개방되었다. 그때부터 국내에는 외국자본들이 물밀듯이 들어왔고 외국 자본과 선진 금융회사들의 휘황찬란한 금융상품(금융투자상품)들이 선을 보이기 시작했다. 그때부터 통화량은 하루가 다르게 변했고 환율은 오르락내리락했으며, 주가는 심하게 요동쳤다.

2000년대가 되자 은행은 본격적으로 펀드(fund)와 보험을 팔았고, 신용카드 발급을 확대하면서 금융자본주의의 한가운데에 서기 시작했다. '저축'에만 초점이 맞춰졌던 은행의 위상과 역할이 '투자(investment)'라는 과정을 거치면서 크게 확대, 발전한 것이다. 투자라는 명목으로 수많은 돈이 한꺼번에 은행으로 들어오자 은행은 그 돈을 굴리면서 또 다른 돈을 벌 수 있기 때문이다. 하지만 여기에는 아주 큰 위험이 도사리고 있다. 라구람 라잔(Raghuram Govind Rajan) 교수[4]는 "금융시장의 구성요소에 대해 전혀 모른 채 금융시장에 가도 된다고 생각하는 것은 화를 자초하는 일인데도 불구하고, 많은 사람들은 돈을 그냥 가져올 수 있는 것처럼 보일 때 금융시장에 들어가지만 그에 앞서 함정이나 위험에 대해 배우는 것이 굉장히 중요하다."고 재테크의 위험성에 대해서 이야기한다.[5]

나. 금융자본주의 시대의 핵심으로서의 은행

은행이 금융자본주의의 핵심이 된 것은 상업은행과 투자은행을 명백하게 분리한다는 『글래스-스티걸법(Glass-Steagal Act)』을 폐지하고 1999년 『금융서비스현대화법(Graham-Leach-Bliley Act)』이 제정되면서 시작되었다. 그러자 금융지주회사(FHC: financial holding company)가 은행 외에 증권회사, 즉 투자회사를 둘 수 있게 되었다. 다시 은행이 고객의 돈으로 투기할 수 있는 권리를 허가해준 셈이다.

이에 따라 우리나라도 금융업의 경쟁력을 강화한다는 명목(금융지주회사법 제1조)으로 『금융지주회사법』을 제정했고, 은행들은 투자은행을 설립하여 고객들을 상대로 저축보다는 투자를 하라고 설득하기 시작했다. 1970년대부터 급격한 고도성장을 해왔던 우리나라는 '고금리의 시대'를 이어왔다. 하지만 1997년 IMF 이후부터 경제 전반의 상황이 크게 달라지기 시작하자 기업들은 공격적인 경영보다는 안정적인 경영을 추구했고, 국가경제 역시 저성장의 추세로 접어들었다. 고도성장이 끝나자 이제까지의 고금리시대도 끝나버렸다. 그러자 예금, 적금만 권하던 은행들도 이제는 펀드, 보험, 신용카드, 체크카드, 텔레뱅킹, 인터넷뱅킹 등 다양한 금융상품으로 무장하고 고객들에게 가입을 권하고 있다. 예금이나 적금으로 받을 수 있는 이자가 물가상승률(inflation rate)을 따라가지 못했기 때문에 '투자가 최고'라는 말이 사람들의 귀를 솔깃하게 만든 것이다.[6]

이러한 상황을 두고 '세계 금융의 황제'라고 불리는 조지 소로스(George Soros)는 '유조선의 칸막이가 열린 것과 같다'고 말했다. 금융 시장의 탐욕이 봇물 터지듯 터져 나와 누구도 막을 수 없는 사태가 벌어질 것을 예감한 것이다.

2. 기업으로서의 은행

가. 하나의 기업으로서의 은행

우리는 은행을 '정직한 기업'이라고 생각한다. 이러한 기대에 어긋나지 않게 은행들은 최고의 서비스를 선보인다. 그러나 은행은 그저 기업일 뿐이다. 은행에 대해서는 제2장에서 자세하게 보았으므로 되풀이하지 않는다.

금융회사, 즉 은행들은 '금융상품을 팔아서 이익을 내는 회사다'라고 이해해도 좋다. 특히 외국 투자자본들의 국내 은행들에 대한 투자가 가능해지면서 운영철학이 영리 위주로 많이 전환되었고, 대주주들에게 많은 배당을 해주어야 한다는 압박감으로 인하여 아무래도 고객들 중심이라기보다는 주주 중심적인 회사로 전환된 것이다. 우리나라 금융회사들도 점점 그렇게 영리를 추구하는 성향들이 강해지고 있다고 보면 틀림이 없다.

나. 은행도 다 알지 못하고 파는 금융상품

금융상품 투자에서 제일 큰 문제는 전문가들도 모르고 개인도 모르는 상품들이 버젓이 은행에서 거래되고 있다는 것이다.[7] 금융투자협회의 발표에 따르면 2012년 7월 기준 국내에서 판매되는 펀드의 수는 1만 4개로서 놀랍게도 이는 '세계 1위'의 수준이다. 금융상품의 종류가 이렇게 많은데 일반 은행원이 아무리 공부를 열심히 한다고 해도 그것들을 다 파악하고 분석하는 것이 불가능하다. 우리의 상식으로 생각하면, 판매자는 해당 상품에 대해서 누구보다도 잘 알고 있어야 한다.

고객에게 어떤 금융상품에 대해 정확하게 설명을 해주지 않았다가 나중에 고객에게 피해가 생겼을 때에는 어떻게 될까? 은행원은 특정 금융상품의 장점만 부각시키고 단점은 거의 설명을 하지 않는 것은 예삿일이다. 상품의 수익성뿐만 아니라 그 상품이 얼마나 위험한 상품인지 함께 설명해야 함에도 불구하고 그러한 과정을 거치지 않는 것이다. 우리가 금융상품에 대해 투자할 때 그 금융기관에 가서 계약서를 작성하고 해당 금융상품에 대해 '설명을 들었음'을 확인하는 확인서를 작성해야 하지만 그냥 대충대충 하는 설명으로 채워질 뿐이고, 마지막에 은행 직원들이 형광펜으로 체크한 특정 부분에 사인만 하는 형식적인 과정으로 진행이 되고 있는 것이 현실이다.[8]

우리가 가입한 상품에 대해서 정확하게 이해를 하고서 그 상품을 가입했을 경우를 '완전 판매'라고 부른다. 하지만 좋은 점이나 나쁜 점을 모르는 상태에서 가입하게 되는 것을 '불완전 판매(설명의무 위반 등 계약체결과정상 하자가 있는 판매)'라고 한다. 은행원이 상품의 단점을 설명하지 않는다는 것은 상품의 특성을 '왜곡'하는 것이고, 그것으로 인해 발생할지도 모르는 피해에 대해서 '난 그런 건 모르겠어. 책임지지도 않겠어'로 일관하게 된다면 '사기성'이 충분히 존재한다. 이 말은 곧 당신과 은행의 이익이 상충될 때, 은행은 분명 자신의 이익을 먼저 챙길 수밖에 없고, 은행을 너무 믿어서는 안 된다는 것을 알려주고 있다.

3. 펀드의 본질

가. 펀드는 투자다

펀드(Fund)가 우리나라에 처음 등장한 것은 1970년 5월 한국투자개발공사가 설정한 1억 원 규모의 '안정성장 증권투자신탁 1월호'를 판매하면서 부터이다. 이후에도 꾸준히 펀드는 출시됐지만 대중적인 펀드 열풍이 불었던 것은 1999년 3월에 출시된 바이코리아 펀드가 계기[9]였다.

이후 펀드 시장은 인기가 시들해졌지만 2004년에 적립식 펀드(installment fund)라는 것이 도입되면서 또 다시 펀드 광풍이 불기 시작했다.[10] 하지만 이 역시 얼마 가지 않았고 2007년 10월 미국의 서브프라임 모기지 사태는 이러한 상황을 더욱 악화시켰다. 우선 펀드란 무엇인가에 대해서 차근차근 알아보도록 하자.

『자본시장법』은 펀드(fund)를 집합투자기구라고 부르고 있다. 보통 펀드란 여러 사람의 돈을 모아서 '전문가가 대신 주식, 채권 등에 투자·운용'해주는 금융상품이다. 여러 사람의 돈을 모으기 때문에 혼자 투자할 때보다 여러 자산에 나누어 투자를 할 수 있어 위험을 분산할 수 있고, 투자비용도 다수의 투자자들이 나누어 부담하게 되므로 개인별 부담도 작다. 또한 전문가가 대신 투자해주기 때문에 투자자가 시장의 움직임에 일희일비하며 신경 쓸 필요가 없는 등 여러 가지 장점이 있다. 여기서 '여러 사람의 돈을 모은다'는 점이 '집합'이라는 단어에 반영되어 있다. 또, '전문가가 대신 주식, 채권 등에 투자(운용)'한다는 뜻은 모은 돈을 운용하는 전문가가 바로 '자산운용회사(집합투자업자, 자산운용사)', 더 정확하게는 자산운용회사에 고용된 '펀드 매니저(fund manager, 운용전문인력)'이다.

분명히 은행원은 '수익률이 좋은 펀드다'라고 설명했겠지만 실제 고객에게 돌아가는 돈은 얼마 되지 않았을 뿐더러 원금을 잃어버리는 일도 허다했다. 도대체 펀드라는 것이 무엇이기에 이러한 상황이 벌어질 수 있는가?

내가 펀드를 사면, 나와 같은 상품을 산 사람들의 돈을 합쳐서 수탁회사 (trustee)로 가게 되고, 수탁회사는 돈을 보관하고 있으면서 자산운용회사에 있는 펀드매니저와 협의를 해 투자를 결정한다. 그러면 수탁회사는 가지고 있던 돈을 주식 등에 투자하고, 거기에서 이익이 나면 투자한 비율대로 수익금을 나눠 갖는 다. 하지만 이 단계에서 분명하게 알아야 할 것은 펀드는 '저축이 아니라 투자'라 는 점이다. 투자라는 말은 한마디로 돈을 전부 날릴 수도 있다는 뜻인데, 펀드 역 시 투자상품이기 때문에 위험성을 지닌다.[11]

펀드는 어디에 투자하는지에 따라서 주식형, 채권형, 혼합형으로 나뉜다. 그중 에서 주식형펀드(stock-type fund)는 고수익이 가능하지만 위험이 큰 고위험 상품 으로, 여기에도 일반적인 투자의 법칙이 적용된다. 즉, '수익이 높으면 위험도 높 고, 수익이 낮으면 위험도 낮다.'

그러므로 일반 투자자들이 펀드를 고를 때에는 "수익성과 위험성은 정비례한 다"는 사실을 반드시 염두에 두고 자신의 목적과 스타일에 맞는 상품을 선택하는 것이 무척 중요하다. 펀드에 대해 잘 알고 있을 것만 같은 은행원들도 펀드에 투 자했다가 실패하는 경우가 있기 때문이다.

나. 원금을 잃어도 수수료는 반드시 내야한다

펀드 상품을 구매할 때 절대로 잊지 말아야 할 것이 하나 있다면 그것은 바로 수수료(fees, commission)이다. 은행은 펀드를 운용하는 것이 아니라 그저 펀드를 고객에게 판매하는 판매자로서의 역할과 그 판매한 대금을 잠시 맡아놓는 수탁자 로서의 역할을 할 뿐이다. 실제 펀드운용은 자산운용회사(주식시장에서 흔히 '기관 투자자'로 불리는 대표적 대형 투자자다)에서 한다.

이미 알고 있다시피 세상에 공짜란 없다. 우선 은행이나 증권회사에서는 펀드 를 판매하면서 수수료를 챙긴다. 상품을 팔 때 곧바로 수수료를 챙기면 선취, 나 중에 챙기면 후취, 또 상품 구매 후 90일 이전에 다시 되팔고 싶다면 그때까지 생긴 수익금의 70%를 환매수수료(covering charge fee)로 내야 한다.[12] 하지만 문 제는 수익을 내지 못했다고 해서 보수를 주지 않는 것은 아니라는 사실이다. 그 렇다고 수탁회사와 운용회사가 '수익을 못 냈으니 미안하다'고 하면서 보수를 깎 아주는 것도 아니고, 수익이 안 나면 결국 원금에서 떼어 주어야 한다.

보통 '판매보수가 1% 높아지면, 투자자의 수익률은 0.31%가 낮아진다'는 통계가 있다.[13] 결국 투자자의 입장에서 수수료라는 것은 0.1%라도 절감해야 한다는 결론이 쉽게 도출될 수 있다.

그렇다면 은행의 입장에서 고객에게 추천하는 많은 상품 중 1순위는 무엇일까? 당연히 보수와 수수료가 높은 상품이다. 다시 말하면 그 상품이 절대로 고객에게 유리한 상품이 아니라는 것이다. 게다가 여기서 끝이 아니다. 수수료와 보수는 그저 보이는 비용일 뿐이고, 보이지 않는 비용이 또 있다.

다. 좋은 펀드 고르는 법

그렇다면 도대체 어떤 펀드가 좋은 펀드인가? 손실은 최소로 낮추고 이익은 최대로 높이는 펀드가 목표일 것이다. 종류도 많고 이름도 하도 복잡해서 모르겠다는 사람이 많을 것이다. 다행히도 펀드의 이름에는 'M에셋/디스커버리/주식형/4/class C'와 같이 일정한 형식이 있다.

제일 앞에 있는 'M에셋'은 '이 펀드의 자금은 M에셋에서 운용한다'라는 것을 표시한 것으로 자산운용사(자산운용회사)를 가리킨다. 그 다음에 '디스커버리'는 '유망기업을 발굴해 내서 투자하겠다'는 일종의 투자전략을 의미한다. 세 번째로 '주식형'은 주식에 투자하겠다는 뜻이다. 그 뒤에 붙은 4라는 숫자는 이 펀드의 시리즈 번호이다.[14] 그리고 마지막에 씌어 있는 대문자 알파벳은 수수료의 체계를 의미한다. A라고 씌어 있으면 선취, B라고 씌어 있으면 후취, C는 둘 다 없는 경우이다.[15]

펀드 투자를 하고 싶은데 다 알기는 힘들어도 투자자로서 그냥 넘어가지 말고 판매자에게 이러한 형식적인 명칭 뒤에 숨겨진 참뜻을 반드시 다 확인하면서 물어보는 것이 바람직하며, 그래도 모르겠다면 전문가 상담도 고려해야 하는 것이다.

이렇게 펀드의 종류를 꼼꼼하게 따져보는 것과 동시에 또 하나 주의해야 할 것은 바로 수익률에 속지 않는 것이다. 은행은 펀드를 판매할 때 대부분 특정 수익률을 제시하곤 한다. '시장 수익률의 3.5배'라든지, '3년 수익률 상위 1%', '수익률 1032.27%'와 같은 광고를 봤을 것이다. 주의할 것은 '펀드 가입 시에 판매자가 제시하는 수익률'은 다 과거데이터라는 것이다. 과거와 달리 원금을 모두 날린다고 하더라도 은행과 자산운용회사는 결코 그것에 대해 책임지지 않는다는 사실을 명심해야 한다. '지금 제일 잘 나가는 펀드다'라는 것은 이미 꼭대기에 있어 앞으로 하락할 가능성이 높다는 것을 의미할 수도 있다.[16]

또 수익률이 좋다고 해서 펀드에만 무조건 투자하는 것도 올바른 투자방법은 아니다. 자산을 부동산, 예금, 펀드 등 각각의 특성을 고려해 다양한 상품들에 분산투자(diversification, distributed investment)하는 것이 가장 올바른 투자 방법이라는 것은 누구나 한번쯤 들어보았을 것이다.

4. 개인투자자가 주식에 투자할 때 유의할 점

가. 올바른 주식투자

개인투자자가 주식·채권투자를 할 때 유의할 점은 무엇인가? 주식이나 채권투자를 하려는 투자자는 자산운용사를 이용하는 것이 보통이다. 그런데 개인투자자가 자기 지식과 판단으로 주식투자를 하려고 할 때 반드시 고려하여야 할 사항은 무엇인가? 말하자면 어떠한 점을 고려하여야 손실을 피할 수 있을까? 주식투자에서 가장 큰 위험은 주식을 발행한 기업이 파산하는 것이다. 채권에 투자하는 경우도 매한가지다. 그렇다면 개인투자자는 위와 같은 손실을 피하기 위해 어떻게 부실기업을 골라내어 이러한 기업에서 발행한 주식이나 채권은 사지 않을 수 있을까?

첫째, 회사가 사모방식으로 자금조달을 하는 비중이 커졌다면 자금 사정이 악화되고 있다는 적신호이기 때문에 투자에 주의해야 한다. 재무상태가 악화된 기업일수록 금융위원회에 증권신고서를 제출하고 심사받는 복잡한 공모 절차를 피해 사모로 자금조달을 하려는 경향을 보이기 때문이다.[17]

둘째, 최대주주가 자주 바뀌는 회사는 경영이 불안정해질 가능성이 높아 주의해야 한다.[18] 왜냐하면 기업의 최대주주(main shareholder, largest shareholder) 변경은 신규자금 유입, 사업확대에 따른 기대감으로 호재로 작용하기도 하지만, 변경이 잦은 회사는 회사지배구조 변경으로 안정적인 경영이 어려워질 가능성이 높기 때문이다.

셋째, 투자하려는 회사의 임직원, 특히 최대주주나 경영진의 횡령·배임 등 형사처벌 사실이 적발된 사실이 있다면 조심해야 한다. 왜냐하면 이러한 경우 기업신뢰도가 크게 떨어질 뿐 아니라 내부통제가 취약해 경영악화로 이어질 위험이 크기 때문이다.[19] 물론 경영진의 비리가 밝혀져 처벌됨으로써 오히려 경영투명성이 높아진다는 의견도 있을 수 있다. 하지만 횡령·배임 등 기업범죄의 특성상 경영진이 회사의 이익이 아닌 자신 또는 제3자의 이익을 위하여 회사를 운영하였다는 사실에는 이견이 없을 것이다.

넷째, 금융위원회가 증권신고서 정정요구[20]를 한 회사의 주식에 투자하는 경우에도 신중할 필요가 있다. 왜냐하면 증권신고서에 정정요구가 발생하거나 2회 이상 정정요구가 반복되는 기업들은 재무구조가 부실하거나 영업실적 악화 등으로 향후 사업전망이 불확실해질 위험이 높기 때문이다.[21]

다섯째, 비상장주식에 투자할 때도 금융감독원 전자공시시스템(dart.fss.or.kr, 다트)에 회사의 투자위험 요소나 사업내용에 관한 공시사항이 있는지 확인해보는 것이 위험한 회사를 걸러낼 수 있는 방법 중 하나이다.[22]

나. 주식매매수수료

주식매매수수료는 주식을 매매할 때마다 지불해야 하는 비용이다. 증권거래가 얼마나 빈번한지 논할 때 매매회전율(turnover of purchase and sale)이라는 말을 사용한다. 매매회전이란 고객의 돈으로 주식을 샀다가 다시 돈으로 환매하는 것을 말한다. 이렇게 한 바퀴를 도는 것을 회전율 100%라고 말한다.[23]

예컨대, 자산운용회사가 우리가 모아준 100억원 상당의 펀드로 주식을 매입하였다가 그대로 매도하면 매매회전율은 100%이다. 두 바퀴를 돌면 200%가 된다. 미국의 경우에는 평균이 100% 정도인데, 200% 정도만 돼도 미국 펀드 관련업자들은 깜짝 놀란다고 한다. 그런데 우리나라에서는 대형 펀드 중 매매회전율이 1400%, 1500%인 것이 허다하다. 심지어 6200%인 것도 있었다. 문제는 이렇게 회전을 할 때마다 고객이 그 회전율에 따른 매매수수료를 지불해야 한다는 점이다. 회전율이 높다면 당연히 수수료가 높아지고 이는 투자자의 손실로 돌아온다. 따라서 주식형펀드를 살 때에는 꼭 매매회전율을 따져봐야 한다.

5. BIS와 후순위채권의 비밀 – 저축은행은 은행과 다르다

가. 저축은행과 후순위 채권

실제로 이자를 많이 주는 상품이란 '위험한 상품'이다. 우리는 이러한 사례의 전형을 저축은행 사태 당시의 '후순위채권(subordinated bonds)'에서 찾아볼 수 있다. 피해자들은 안타깝게도 저축은행들이 영업정지가 된 이후에야 후순위채권이 무엇인지 알게 된 것이다.

2001년 3월 '상호신용금고법'이 『상호저축은행법』으로 개정되었다. '저축은행'이라고 표기함으로써 국민들이 제1금융권의 은행과 착각하기 쉽다는 우려가 제기되기도 했다. 그러나 상호신용금고는 제2금융권에 속한다는 것을 알아야 한다. 이 법을 통해 원래 신용금고, 쉽게 말하면 '사금고'에 불과한 '상호신용금고'는 하루아침에 '저축은행'이라는 이름을 얻으면서 환골탈태하게 된다. 하지만 여기에 '은행'이라는 이름을 붙여주니까 사람들은 은행과 혼동을 하기 시작했고 그래서 '많은 돈을 맡겨도 문제가 없을 것이다'라고 착각을 했던 것이다.[24]

사람들은 저축은행이 제1금융권에 비해 이자도 많이 준다고 했기 때문에 피땀 흘려 번 돈을 저축은행에 입금하기 시작했다. 하지만 황당하게도 그 돈은 각종 비리와 불법대출, 심지어 은행장 개인을 위한 횡령으로 빼돌려지기 시작했다. 2012년 5월 솔로몬, 미래, 한국, 한주 등 4개 저축은행이 영업정지를 당했다. 그후 각종 불법대출과 비자금 조성 문제로 은행장뿐만 아니라 정치권의 핵심 인물들이 줄줄이 구속됐다. 그리고 이러한 상황은 '영업정지'라는 부메랑으로 돌아왔고 결국 서민들의 뒤통수를 치게 된 것이나 마찬가지다.[25]

이 과정에서 특히 문제가 됐던 것이 바로 후순위채권이다. 금융피해자협회[26]에 따르면 피해자 67명이 손실을 입은 액수만 계산해도 총 80억 원에 이르렀다고 한다. 그러나 정작 은행원으로부터 투자상품에 대해서 이게 '채권이다'라는 언급은 전혀 없었다.

당시 피해자들은 후순위채권이 무엇인지도 모르고 가입을 했고 저축은행 역시 이 상품의 위험성에 대해서 전혀 알려주지 않았다. 저축은행은 '장기고수익 특별상품', '연8.5% 확정금리' 등의 듣기 좋은 말들만 안내장에 써놨고, '후순위특약'이라는 용어를 표기해야 함에도 불구하고 심지어 '후순위'라는 말을 아예 쓰지 않았다고 한다.

그렇다면 과연 후순위채권이란 어떤 것일까? 금융회사가 채권을 발행하면 그것은 곧 부채이다. 그 채권을 발행한 회사의 경영이 건실하면 전혀 문제가 안 되지만, 채권을 발행한 회사가 부도가 난다든지 도산하는 경우, 채권자들에게 돈을 되돌려주는 우선순위가 있는데, 회사에 대해 일반채권을 가지고 있는 사람들이 우선적으로 변제를 받기 때문에 회사는 이들에게 먼저 돈을 준다. 이것이 선순위채권(senior debt)[27]이다. 회사가 망해서 빚잔치를 하는데 돈을 돌려주는 우선순위에서 원천적으로 배제되는 것이 바로 후순위채권이다. 후순위채(Subordinated debt) 또는 후순위채권(subordinated bonds)은 은행 등의 금융회사가 파산 등으로 채무자회생절차에 들어가거나 청산 절차를 밟을 경우, 다른 부채를 모두 갚고 난 다음에 돈을 받을 수 있는 권리를 가진 채권인 것이다. 마지막으로 주식을 갖고 있는 주주들 순으로 돈을 돌려받을 수 있다. 저축은행의 경우에는 후순위채권자에

게 일반적인 채권자보다 금리를 더 많이 주었다.[28]

그렇다면 저축은행이 이러한 후순위채권을 파는 이유는 무엇일까. 바로 여기에 일반인들은 모르는 '꼼수'가 숨어 있다. 그 비밀은 은행의 자산이 얼마나 건전한지, 그러니까 얼마나 믿을 수 있는지를 나타내는 대표적인 지표라고 할 수는 BIS(Bank for International Settlements)이다. 이 지표가 5% 미만이면 경영개선권고, 3% 미만이면 경영개선요구, 1% 미만이면 경영개선명령을 내릴 수 있다. 즉, BIS가 5% 아래로 내려가면 감독기관으로부터 개선권고나 요구, 명령을 받게 되는 것이다. 여기서 중요한 사실이 하나 있다. 만약 '은행이 예금을 빼서 후순위채권으로 돌리면 부채가 줄어든다'는 것이다. 채권은 부채로 잡히지 않기 때문에 부채가 줄어들면 BIS가 높아지면 '자산이 건전하다'는 인정을 받을 수 있는 것이다. 그렇기 때문에 은행은 BIS비율을 높이기 위해서 가능하면 후순위채권을 발행한다.[29]

나. 높은 이자를 주는 곳에는 반드시 위험이 숨어 있다 - 고수익은 고위험이다

금융소비자들은 '높은 이자를 주는 곳에는 반드시 위험이 숨어 있다'는 것을 반드시 알아야 한다. 예를 들어, 저축은행이 고객들에게 후순위 채권에 가입하게 하면서 이자를 더 많이 주는 것은 은행보다 더 쉽게 망할 수 있기 때문에 이자를 좀 더 주었다고 볼 수 있다. 특정 상품이 이자가 많다는 것은 또 그만큼 실패할 확률도 높다는 것을 의미한다. '톰 소여의 모험'을 쓴 마크 트웨인(Mark Twain)은 "은행은 맑은 날에는 우산을 빌려줬다가 비가 오면 우산을 걷는다."는 우화를 전하고 있다.

은행들은 계속해서 돈을 벌어야하는 회사다. 보다 많은 돈을 벌기 위해서는 고객들이 보다 위험한 상품에 가입해야 한다. 만약 그렇지 않고 안전한 상품에만 투자하게 되면 고객에게 돌아가는 이익도 낮아질 뿐 아니라 자신들이 벌어들이는 이익도 낮아지기 때문이다.

물론 저금리 시대에 '8~10%의 이자를 주는 금융상품이 있다'는 식으로 말하면 누구라도 관심을 가질 것이다. 하지만 저축은행이 파산했을 때 『예금자보호법』에서 보장하는 보호범위는 원금과 이자를 합해 5천만 원까지만 가능하다는 사실만 알고 있었어도 피해가 커지진 않았을지 모른다.

6. 보험의 본질

가. 보험은 재테크 수단이 아니다.

보험이란 위험을 관리하기 위한 비용이다. 이는 곧 보험이 저축이나 펀드와 같은 재테크 수단이 아니라는 의미다. 보험은 크게 정액보장 상품과 실손보장 상품이 있다. 정액보장 상품은 중복보상이 되고, 실손보장 상품은 비례보상이 된다. 좀 더 쉽게 설명해 보자. 예를 들어 정액보장 상품으로 1억짜리 암보험 세 개를 든 후 암에 걸렸다면 중복보상이 가능하기 때문에 각각 1억씩, 총 3억 원을 받을 수 있다. 하지만 실손보장 상품은 말 그대로 실제 일어나 손실에 비례해 보상해 주는 상품이다. 보험을 세 개나 들었어도 손해액을 나눠서 지급하기 때문에 받을 수 있는 돈은 딱 1억 원뿐이다. 하지만 본전을 아까워하는 우리나라 사람들의 경우에는 원금을 나중에 한 푼이라도 다시 돌려받을 수 있는 저축성보험 상품을 선호하는 것이 사실이다.[30] 정말 이러한 저축성 보험은 계약자들에게 실질적인 이익을 줄 수 있을까?

한동안 인기몰이를 했던 변액보험은 '보험계약자가 납입한 보험료 가운데 일부를 주식이나 채권 등에 투자해 그 운용 실적에 따라 계약자에게 투자 성과를 나눠주는 보험상품'이다. 만약 한 달에 20만 원의 보험료를 낸다면 그중에서 위험보험료를 떼고 사업비, 수수료 등의 부가보험료를 뗀 다음에, 나머지 88~95%를 저축보험료로 따로 떼서 펀드에 투자하는 구조로 돼 있다. 그리고 수익이 나면 그것을 연금 형태로 되돌려주는 보험이다.[31]

그런데 2012년 4월 K-컨슈머리포트는 우리나라 변액연금 상품 60개를 비교한 결과, 대부분의 상품이 실효수익률에서 지난 10년간의 물가 상승률 3.19%에 미치지 못했다고 발표했다.[32] 그러므로 보험을 저축이라고 생각해서 보장성 보험에 가입하면 굉장히 많은 금전적 손실을 감수해야 하고, 원하는 저축효과도 별로 없다는 것을 이해해야 한다. 한마디로 보험은 '펀드와 같은 투자상품이 아니다'. 따라서 차라리 보험금이 낮은 보장성 보험에 가입하고, 나머지 돈은 투자로 돌리는 것이 더 나은 선택이라고 할 수 있다.[33]

나. 보험 수수료

보험에 가입할 때 잊지 말아야 할 것 중 또 하나는 바로 과다한 사업비와 수수료이다. 변액보험의 경우에는 그것이 평균 10% 정도라고 한다. 그런데 그중에서 상당한 비용이 대형 보험대리점의 집기를 사는 비용이나 과다한 광고비로 낭비되고 있다.

사고나 질병이 생겼을 때에는 보장을 받으면 되지만, 만약 그런 일이 일어나지 않을 경우, 나중에 연금으로 전환해서 쓸 수 있는 보장기능과 저축기능을 다 가지고 있는 연금보험의 문제는 보험 가격이 비싸고 은행이 떼어가는 사업비도 적지 않다는 것이다.[34]

다. 보험약관 확인

'묻지도 따지지도 않는다는 상품'류의 보험상품은 더욱 주의가 필요하다. '건강검진 없이, 심사 없이 가입'이라고 해도, '명품 부모님 보험'이라며 효도하라고 해도 흔들리면 안 된다. 일반적으로 홈쇼핑 채널이라든지 케이블 채널에서 보험 상품에 대한 광고들을 많이 볼 수 있는데 마치 뭐든지 다 보장이 되는 것처럼 이야기한다. 그러나 쉽게 가입할 수 있다는 이야기는 소비자 쪽에서 뭔가 손해 볼 게 있다는 뜻이다. 왜냐하면 쉽게 가입할 수 있는 보험 상품은 보장 내용이 적거나 아니면 굉장히 극단적인 경우에만, 즉 확률이 아주 작은 경우에만 보험혜택을 받을 수 있기 때문에 온갖 문제점들이 있다. 광고를 볼 때에도 이런 점들을 인식해야만 그 피해를 줄일 수 있다.[35]

그러나 보험회사가 보험 상품을 판매할 때에는 조금만 문제가 있으면 보험금을 지급할 것처럼 얘기하지만 실제 보험사고가 발생하면 굉장히 복잡한 약관을 들고 나와서 이 것 때문에 '안 된다', 저 것 때문에 '안 된다', 라면서 거부하는 것이 보통이다. 보험사들이 얘기하지 않는 보험사고가 발생해도 보험금을 지급하지 않을 수 있는 예외규정[36]들이 큰 문제다. 따라서 보험 상품을 선택할 때에는 반드시 약관을 살펴봐야 한다.

어떻게 하면 좋은 보험을 고를 수 있을까? 대원칙은 '최소의 비용으로 최대의 보장을 받는 것'이다. 물론 이러한 목표와 나의 욕구를 모두 충족시켜 주는 완벽한 상품은 없다. 중요한 것은 내 목적에 정확하게 들어맞는 것인지, 아닌지 꼼꼼하게 따져보는 것이다. 결론적으로 생명보험회사에 들든, 손해보험회사에 들든 아무 상관없다. 중요한 것은 정액보장 상품인지, 실손보장 상품인지만 우선 확인해 보면 되는 것이다.[37] 그리고 실손보장 상품은 중복보상이 되지 않기 때문에 하나만 들면 충분하다는 것을 잊지 않도록 하자.

제2절 자산운용회사[38]

1. 자산운용회사는 어떠한 일을 하는가?

주식과 채권, 기타 재산을 운용하는 자산운용회사(Investment Managers, 자산운용사)는 건강하고 풍요로운 시장 민주주의 서비스에서 꼭 필요하고, 또 부를 관리하는 가장 중요한 존재이다. 운용되는 펀드의 종류도 '뮤추얼펀드(mutual fund)',[39] '단위 투자신탁(unit investment trust)',[40] '상장지수펀드(exchange-traded funds)', '헤지펀드(hedge funds)', '사모펀드(private equity funds)' 등 매우 다양하다.[41]

이 모든 종류의 펀드를 운용하는 자산운용회사들은 투자자들을 대신하여 위탁받은 금전을 다양한 포트폴리오(portfolio)에 담아서 기록·관리하고, 고객의 특수성을 고려하여 세금을 최소한 내도록 노력하기도 한다. 나아가서 고객들의 장기적 혹은 정치적 리스크를 관리하고, '녹색산업(green)'이라든가 '윤리적' 투자를 우선시하는 고객이 있으면 그들의 입맛에 맞게 운용하기도 한다. 한마디로 이들은 경제주체이다.[42] 이들은 적극적 투자를 통해 고객의 자산을 특정한 용도로 사용하여 최대한의 수익을 창출함으로써 인센티브를 받기도 한다.

그런데도 불구하고 자산운용사들은 이들이 받는 대가가 '터무니 없는(obscene)' 액수처럼 보이기 때문에 주식회사의 최고경영자(CEO)처럼 대중들의 미움을 받고 있다.[43]

2. 적극적 투자 전략과 과장된 효율성

대부분의 자산운용사는 상응하는 기대수익률보다 높은 투자이익을 얻기 위한 적극적인 투자전략 이른바 빗 더 마켓(beat the market)[44] 전략으로 사업을 해왔다. 이러한 전략에 따라 증권시장이 비효율적이라는 것을 전제로 내재가치와 시장가격 사이에 차이가 있는 증권을 식별하고, 과소평가된 증권은 매입하고 과대평가된 증권은 매각하는 것이다. 이는 궁극적으로 시장이 균형상태에 이른다는 논리에 입각한 것으로, 여기서 내재가치는 보통 기본적 분석(fundamental analysis)에 의해 계산된다. 빗 더 마켓전략의 또 다른 방법은 증권이 과소평가되거나 과대평가되는 시기를 알 수 있다는 믿음에 기초하여 증권시장에서의 투자호기

(market timing)를 포착하려는 방법으로 기술적 분석(technical analysis)을 활용하는 것이다.

한편, 학계에서 발표한 효율적 시장이론에서도, 많은 자산운용사들이 투자하여 성공한 경우가 별로 없었고 그들이 그렇게 할 수 있다고 주장한 자체가 근본적으로 부정직하다는 것이 통계로 나와 있기 때문에 자산운용사들을 사기꾼이라고 말할 정도이다.[45] 마틴 그루버(Martin Gruber)는 적극적으로 관리한 뮤추얼펀드(mutual fund: 주식회사 형식으로 운영되고, 모든 참여자들이 동등하게 취급하고 투자방법이 투명한 투자수단)의 실적이 일반 투자가가 수동적인 전략으로 투자하거나 모든 주식을 한군데 넣은 것보다도 15퍼센트나 수익률이 낮았다고 밝혔다.[46]

2011년 앤드리 보드나룩(Andriy Bodnaruk)과 안드레이 시모노브(Andrei Simonov)가 입수한 스웨덴의 뮤추얼펀드 운용사들의 개인투자자 포트폴리오 자료(스웨덴에서는 2007년까지 부유세를 부가했으며 부유한 사람들이 자신의 모든 포트폴리오를 정부에 제출했다)에서도 투자운용사들은 일반 투자자들보다 고수익을 내지도 못했고, 특별히 분산투자를 하지도 못했다는 것을 잘 알 수 있었다.[47] 결론적으로 전문적인 자산운용사들이라고 해서 특별히 자신의 포트폴리오를 더 잘 짜는 것 같지는 않다고 볼 수 있다. 그렇지만 오랜 시간을 놓고 보면 뮤추얼펀드 투자 수익률에는 약간의 일관성이 있었고, 최상의 뮤추얼펀드를 선택한 투자자들이 상황을 최대한 잘 활용하기도 했지만 뮤추얼펀드에 투자한 대다수는 그렇게 눈치가 빠르거나 똑똑한 사람들은 아니었다는 점도 간과할 수 없다.[48] 그런데도 지난 50년간 적극적으로 운용되는 펀드에 대한 투자 수요는 급격히 증가했다.

이처럼 뮤추얼펀드가 제공하는 기본적 분산 투자(basic diversification)와 포트폴리오 서비스(portfolio service)는 여전히 많은 이들에게 설득력을 가지고 있다.[49] 금융학계의 부당한 결론만 놓고 보면, 자산운용사들의 수익률이 낮기 때문에 투자자들은 자신의 소중한 자산을 맡길 필요가 없는 것처럼 보인다.[50]

투자위험을 관리하여 발생될 수 있는 위험을 최소화하기 위한 방법으로 분산투자, 장기투자, 계속투자가 있는데, 이것을 투자의 3대 원칙이라고 한다. 그런데 놀랍게도 최근 수십 년 동안 이어져 온 투자이론의 기본 틀은 투자수익(investment returns)을 예측할 수 있는 사람은 존재하지 않는다는 것이다. 헤지펀드 매니저인 앤드류 레드리프(Andrew Redleaf)와 리처드 비질렌티(Richard Vigilante)는 "만일 현대 금융이데올로기(ideology of modern finance)의 모토가 있다면 바로 '생각하는 대로 되지 않는다'는 것이라고 주장한다".[51] 그러나 이것은 자산운용사들에게 끌

어낼 수 있는 유일하거나 온당한 결론이 아니다.[52]

　금융학에서의 효율적 시장 가설(EMH: efficient markets hypothesis)이란 모든 정보가 금융자산 가격에 충분히 반영되는 시장을 말한다. 이것은 반영되는 정보의 범위에 따라 약형, 준강형, 강형 시장가설의 세 가지로 나눌 수 있다고 한다. 약형의 효율적 시장가설에 따르면, 현재의 시장에서 거래가 가능한 금융자산(예, 주식, 채권, 유형자산 등)의 가격은 이용가능한 모든 과거정보를, 준강형에 따르면 모든 공개정보를, 강형에 따르면 비공개정보를 포함한 모든 정보를 충분히 반영한다는 것이다. 즉 자본시장이 이용가능한 정보를 즉각적으로 반영하고 있다는 가설이다.[53] 그러므로 주식시장은 극단적으로 효율적인 시장(extremely efficient markets)이므로 굳이 이러한 전문가들의 도움을 받은 필요가 없다는 주장이 있다. 그러나 시장이 너무나 완벽하게 효율적인 이유는 현명한 거래자들(트레이더들, traders)이 그렇게 만들었기 때문이라면 이러한 효율적 시장 이론(efficient market theory)에도 문제가 있다.[54] 효율적 시장이론은 겉보기에는 그럴 듯하지만 이 이론은 자주 거래(trade)되는 자산으로 실험한 것이기 때문이다.

　어떤 사람들은 내부 정보를 가진 거래자들과 그렇지 못한 사람들이 있기 때문에 거래가 이루어진다고 말한다. 그렇지만 금융이론가(financial theorist)인 폴 밀그롬(Paul Milgrom)과 낸시 스토키(Nancy Stokey)는 화제가 되었던 1982년의 논문에서 모든 공개된 정보가 가격에 반영되는 완벽하게 이상적 시장을 가정했을 때에도 자신만의 정보를 갖고 있는 사람은 거래를 하지 않았다고 주장했다. 즉, 그들은 자신의 정보를 공유하지 않은 사람들 사이에서 거래 파트너(trading partner)를 찾을 수 없기 때문에 거래하지 않았고, 또 거래 파트너가 없는 상황에서 자신보다 더 고급 정보를 갖고 있는 사람과는 거래하고 싶지 않았다는 것이다.[55] 하지만 밀그롬과 스토키의 이론에 의하면 과도한 자신감만이 거래를 하는 유일한 증거는 되지 않는다. 이 이론을 효율적 시장의 귀류법(reduction absurdum, 어떤 명제가 참임을 증명하려 할 때 그 명제의 결론을 부정함으로써 가정 또는 공리 등이 모순됨을 보여 간접적으로 그 결론이 성립한다는 것을 증명하는 방법)이라고 보는 편이 좋을 것이다.[56]

　그런데 왜 사람들은 금융시장(financial markets)에서 거래를 하는 것일까? 자기의 이익을 낼 수 있다는 과도한 자신감 때문인가 아니면 주식중개인들이 자신의 고객 중 적어도 반 이상은 속이고 있기 때문인가?

　만일 금융시장에서 모든 정보가 효율적으로 부합되는 가격을 제시하면 여러 활동이 이루어진다. 그중 하나가 거래이고 정보수집이다. 이 모든 것은 노력과 시간이 든다. 만일 시장이 완벽하게 효율적이라면, 누가 굳이 시간과 돈을 들여 이러한 활동에 착수하겠는가? 이러한 관점에서 경제학자 샌포드 그로스만(Sanford Grossman)과 조지프 스티글리츠(Joseph Stiglitz)는 「정보 면에서 본 효율적 시장의 불가능성(On The Impossibility of Informationally Efficient Markets)」이라는 논문에서 시장이 진정으로, 일반적으로, 완전하게 효율적이라고 가정하는 것 자체가 말이 안 되기 때문에 효율적 시장의 '평형상태'는 존재할 수 없다[57]고 결론을 내리고 있다.

3. 똑똑하고 꾸준한 투자자는 존재하는가?

물론 정보에서 뒤지는 일반 투자자가 시장을 이길 수는 없다. 그런데 전문투자자(professional investor)가 점점 더 거래를 지배하게 되면, 전문투자자 역시 점점 일반 투자자가 되어 버린다.

그러나 가장 똑똑한 기관투자자(institutional investor: 은행, 보험회사, 자산운용사와 같은 금융기관)가 경쟁에서 이길 것이라는 이론은, 언제나 똑똑한 투자자(smarter investor)가 이길 가능성이 높다는 가정이 옳다면 똑똑한 투자가 이길 수 있다는 것도 부정하지 않는다. 그런데 과연 금융시스템이 더 똑똑한 투자자들에게 보상을 해 주는 것일까?

물론 겉으로 보았을 때 똑똑한 투자자들이 더 많이 가져가는 경향은 있다.[58] 미국의 최고대학에서 교육을 받은 소위 똑똑한 투자자들이 반드시 더 일을 잘한다고 단정하는 것은 섣부른 판단이다.[59] 주디스 체발리에(Judith Chevalier)와 글렌 에디슨(Glenn Ellison)은 똑똑하다는 것이 뮤추얼펀드 매니저의 성과를 보증하지 않았다는 증거를 찾았다.[60] 하이타오 리(Li Haitao), 샤오얀 장(Xioyen Zhang), 루이 쟈오(Rui Zhao) 역시 뮤추얼 펀드 매니저에 관한 비슷한 결론을 얻었다.[61] 한편, 마크 그린블렛(Mark Grinblatt), 마티 켈로하주(Mattie Keloharju), 주하니 린나인마(Juhani Linnainmaa)는 핀란드에서 IQ가 높은 사람들이 리스크를 바로 잡은 후에는 투자 선택에서 더 나은 결과를 보여 주었다고 한다.[62]

해리 컷(Harry Kat)과 페이에 매넥스(Faye Menexe)는 투자 지역이나 대상 등에 있어 당국의 규제를 받지 않고, 위험을 감수하면서도 고수익을 노리는 투기성 자본(해지펀드: hedge fund)을 연구한 결과, 수익의 가변성에 뒤집어질 수도 있지만 해지펀드의 평균 수익률에도 약간의 일관성이 있다는 것을 발견했다.[63]

스티븐 카플란(Steven Kaplan)과 앙트와네트 쇼와(Antoinette Schoar)는 비상장 주식에 투자하는 사모펀드(PEF) 사례를 연구한 결과 사모펀드 운용자들(private equity firms)이 한 펀드에서 높은 수익을 올렸다면 다른 펀드에서도 그럴 가능성이 높다는 결론을 내렸다.[64] 그런데 투자성과의 일관성(amount of persistence)을 판단하는데 주의할 점은, 수십억 달러를 굴리는 펀드매니저가 받는 보수 수준은 수백만 달러에 달하는데 반하여 이들이 받는 보수를 정당화시키는 초과 운용수익률은 연간 0.1% 정도에 불과하다는 것이다.[65]

그러다가 경쟁이 더욱 치열해지면 다른 직업을 찾고 싶어질 정도로 수익이 내려가기도 한다. 이전까지는 실적이 뛰어났지만 갑자기 큰 포트폴리오를 관리하다 보면 아무리 뛰어 난 펀드매니저라도 좋은 투자 기회를 잃어버려 실적이 하락하기도 한다.[66]

4. 펀드 매니저의 수익과 거품

많은 사람들이 교육을 받고 펀드 매니저 업계로 들어가지만 긍정적이건 부정적이건 펀드 매니저의 연봉에는 투기적 거품(speculative bubbles)이 붙어 있다.[67] 시장 상황이 좋아서 수익률이 났는데도 투자자들이 오직 펀드 매니저의 능력 덕분이라고 생각할 수도 있다. 주식시장이 호황이던 1990년대와 2000년대 초반 버블 시기에는 펀드 매니저 보상금에도 분명 거품이 끼어 있었다.[68]

뱅가드 펀드(Vanguard Funds)의 창립자인 존 씨. 보글(John C. Bogle)은 『이정도면 충분해: 돈과 사업의 인생의 정도에 대하여(Enough! True Measures of Money, Business, and Life)』라는 책에서 금융계에 종사하는 많은 사람들이 엄청난 이익을 얻으려고 부정직한 방법으로 사회에서 이익을 '뽑아내고' 있다고 탄식했다.[69] 보글은 또 "어떤 학계의 논문도 이 금융시스템에서 매니저들이 투자자들이 번 수익률에서 얼마를 빼냈는지를 정확히 계산하지는 않았다"고 한다.[70]

또 금융업계가 사업 성공을 위해 자원과 인센티브를 배분하는데 얼마나 큰 도움을 주었는지도 측정하기 어렵다. 로스 레빈(Ross Levine)은 좀 더 체계적인 수준으로 미국과 스위스를 분석했지만[71] 쉽고 의미 있는 결론을 내지는 못했다. 금융시장이 발전하여 이 나라들이 성장한 것인가, 아니면 이 나라들이 원래 성장해 있었기에 금융이 발달한 것인가? 문제는 금융시장이 존재하지 않으면 어느 정도 달라질지 예측하기가 어렵다는 점이다.[72]

5. 샤프 지수와 꼬리 리스크

금융이론가들은 포트폴리오의 매니저의 성공을 평가하기 위해 수많은 방법을 제기하여 왔지만 펀드 매니저들은 다른 투자자들이 리스크 때문에 망설인 자산에 투자해서 오랜 시간 성과를 거둬왔다.

포트폴리오 매니저가 실제로 시장에서 성공을 거두는지를 알려주는 샤프 지수(Sharpe Ratio)는 스탠퍼드 대학 교수인 윌리엄 샤프(William Sharpe)가 연구한 '특정 펀드가 한 단위의 위험자산에 투자해서 얻은 초과 수익의 정도를 나타내는 지표'에 그의 이름을 붙인 것이다.[73] 이 지표에 따르면 만일 펀드 매니저(fund manager, 자산운용사)가 시장에서 꾸준하게 실적을 올리면 이 지수의 분자가 매우 커지지만 펀드 매니저가 수익을 위해 리스크를 감수하면 분모가 커지면서 샤프 지수가 낮아지기 때문에 '샤프 지수가 높으면 실력 있는 펀드 매니저'라고 평가할 수 있다. 하지만 샤프 지수가 펀드 매니저의 실력을 평가하는 것은 아니다. 일생 동안 포트폴리오의 높은 수준의 수익률 편차를 나타낼 만한 리스크가 나타나지 않을 수도 있기 때문이다.

정치적으로 불안한 경제상황에서 투자하는 위험에 대해서 생각해보자. 이를테면 철권통치자였던 호스니 무바라크(Hosni Mubarak)가 집권한 이집트에서 어느 펀드 매니저가 투자했다고 가정해보자. 무바라크는 이웃 국가인 튀니지에서 일어난 반정부 폭동으로 한 달 안에 튀지니 정권이 무너지는 바람에 이집트에서도 무바라크 반대시위가 일어나서 2011년 갑자기 축출되고 말았다.[74] 그런데 펀드 매니저가 무바라크가 집권한 이집트에서 투자처를 찾아 투자했다고 해도 누가 무바라크의 퇴진을 예측할 수 있겠는가? 냉정한 사람이라면 그런 리스크는 한순간도 생각하지 않았을 것이다.

윌리엄 괴츠만(William Goetzmann)과 예일 대학교 금융그룹의 동료들은 펀드 매니저들이 최적의 전략을 통해 몇 년 동안 높은 수익률을 올려 고객을 믿게 한 다음 수익률이 안 좋은 해에 수수료만 갖고 뛰는 사람들이라고 비난한다.[75] 이러한 비도덕적인 전략은 '꼬리 리스크(tail risk: 거대한 일회성 사건이 자산 가치에 엄청난 영향을 줄 수 있는 리스크)' 혹은 다른 말로 '블랙 스완 사건(black swan events: 극단적으로 예외적이어서 발생 가능성이 적지만 일단 발생하면 엄청난 충격과 파급효과를 가져오는 사건)'이 된다. 이들이 구사하는 전략은 그 전에는 펀드투자가 안정적으로 보였던 포트폴리오에 옵션(option)을 추가하여, 기존의 포트폴리오가 높은 수익을 나타낼 가능성이 거의 없다는 예측 아래, 옵션 매수자에게 불리한 외가격 콜옵션(out-of-the-money call option)[76]을 매도하거나, 포트폴리오가 폭락할 가능성이 거의 없다는 예측 아래 외가격 풋옵션(out-of-the-money put option)을 매도하는 것이다. 옵션에 대해서는 본장 제3절과 제7장 제4절에서 자세하게 설명한다. 이러한 전략은 주식시장이 큰 폭의 상승이나 하락을 나타내지 않은 이상 일정한 수익을 보장함으로써 펀드의 수익률이 높아 보이는 효과가 있으나 예상과 달리 주식시장이 움직일 경우 막대한 손실의 가능성이 있는 위험한 전략이다.[77]

생물학자였던 콘라드 세거스(Conrad Segers)가 운용하는 인테그랄 자산운용 (Integral Investment Management)은 『월스트리트저널』에 광고를 내면서 엄청나게 높은 샤프 지수를 내세우며 그 동안의 투자성과와 투자전략을 공표했다.[78] 이러한 성과를 가능하게 했던 전략은 흔하지 않은 파생상품에 대한 투자였다. 앞서 언급한 괴츠만과 동료 연구자들에 따르면, 인테그랄 자산운용은 미국 주가지수 옵션 시장에서의 외가격 풋옵션에 대한 대량 매도와 콜옵션 매도를 통해 얻은 성과를 바탕으로 시카고 아트 인스티튜트로부터 4,300만 달러를 투자 받았다. 그러나 2001년 주식시장 붕괴(stock market collapse)로 적어도 2,000만 달러의 손실이 났고, 시카고 아트 인스티튜트(Art Institute of Chicago)는 인테그랄 자산운용을 상대로 소송을 제기했다. 인테그랄 자산운용은 여러 건의 증권거래법 위반(securities law violations)으로 유죄선고를 받았지만 샤프 지수를 내세운 건으로는 처벌 받지 않았다.[79]

이렇듯 투자회사들(investment companies)은 해당 내용을 공시하기만 하면 합법적으로 사기를 칠 수도 있다. 인테그랄 자산운용은 숫자상으로만 보면 꽤 훌륭해 보였지만 실체는 없었다. 비슷한 전략을 차용하여 옵션투자를 하지 않은 다른 투자회사들은 인테그랄 자산운용이 한 것과 똑같이 해서 더 많은 수익을 올리기도 했기 때문에 과거에 높은 수익을 올렸거나 샤프 지수 등 다른 통계자료가 훌륭하다고 해서 투자회사를 덮어 놓고 믿을 수는 없다. 그러므로 펀드에 투자할 때는 반드시 시간을 두고 더 큰 그림을 보여주는 사람들의 진정성을 보아야 한다. 무엇보다 회사의 성격이 중요하다. 펀드 매니저는 그 회사의 명성을 좋게도, 혹은 나쁘게도 만들 수 있다.

이런 속임수를 쓰는 소매 투자회사를 규제하기는 더욱 어렵다. 미국『증권거래법(Securities Law)』등 여러 국가의 관계법은 투자회사가 이러한 '중요한 사실 (material facts)'을 모두 공시하도록(disclose) 하고 있는데, 이것을 생략하면 과거의 수익 결과 보고서가 오류가 될 수 있기 때문이다. 하지만 2001년 이전의 '중요한 사실'을 뺐다고 해서 앞에서 예를 든 무바라크 사태까지 예측할 수는 없었을 것이다.[80] 그러나 이와 같은 규제들(regulations)은 2007년 금융위기의 심각성을 초래한 여러 사기 행각들을 전혀 예방하지 못했다는 점을 상기하고자 한다.[81]

6. 자산운용의 도덕성

전문 펀드 매니저가 최선을 다해 정확하게 가격을 매기고, 현재 가격으로 정직한 투자를 한다는 면에서 투자전문가 -자율규제기구(self-regulatory organization)와 정부규제기구(government regulators)- 는 금융시장에도 존재하는 도덕성에 관하여 책임이 있다. 우리는 투자등급의 시장가격(market price)을 믿는다. 이는 시장에서 검증을 받았기 때문이 아니라 그것을 평가하는 애널리스트(analyst: 투자분석가)들의 도덕성을 믿기 때문이다.[82] 솔로몬 브라더스(Salomon Brothers, Wall Street의 투자은행)의 헨리 카우프만(Henry Kaufmann)은 2001년 출간된 『돈과 시장(On Money and Markets)』이라는 책에서 "신뢰(trust)는 우리 인생의 모든 관계에서 주춧돌(cornerstone)이다. 금융기관과 시장도 신뢰하는 관계여야 한다"고 설파한다.[83]

2010년 금융 저널리스트인 안나 버나섹(Bernasek, Anna)도 『도덕성의 경제(The Economics of Integrity)』에서 "돈을 벌기 위해 잔머리를 굴리거나 다른 사람의 신뢰를 착취하려는 유혹"을 경계한다. "도덕성은 경제를 더 효율적으로 만들어 부를 창출한다"고 할 수 있다.[84]

제3절 파생상품거래[85]

1. 파생상품에 대한 이해

파생상품은 '그 가치가 통화, 채권, 주식 등 기초금융자산의 가치변동에 의해 결정되는 금융계약'이다. 여기에 사과가 하나 있다고 해보자. 이 사과를 이용해 사과식초, 사과파이, 사과잼, 사과주스 등 여러 가지 상품을 만들어내면 그것이 바로 파생상품이라고 할 수 있다.[86]

최근 많은 사람들은 '파생상품(Derivatives)'을 사악한 존재로 여기고 있다. 파생상품은 2008년 금융위기의 주범으로 꼽히고 있기 때문에 이런 미움을 확산시켰다고 볼 수 있다. 그 당시 설상가상으로 이미 부실화 된 파생상품과 연계된 또 다른 파생상품들이 유럽, 인도, 브라질, 러시아, 한국 등 전 세계 투자자들에게 팔려나간 상황이었다. 결국 전 세계 금융시장이 동시에 마비될 수밖에 없는 상황이 된 것이다. 심지어 2012년 5월, 세계적인 투자회사 JP모건은 "파생상품 투자로 6주 만에 20억 달러가 넘는 돈을 날렸다."는 충격적인 고백을 했다. 그 덕분에 미국의 다우지수(다우존스 산업평균지수-産業平均指數-, Dow Jones Industrial Average)는 일주일간 계속해서 폭락해 3% 넘게 추락했고, 우리나라 주식시장은 무려 7%나 폭락하는 일도 있었다. 게다가 2012년 6월 뉴욕타임즈는 실제 손실액은 JP모건이 주장한 20억 달러가 아니라 그것의 무려 4.5배인 90억 달러에 달할 수도 있다고 보도했다. 전 세계의 어느 국가보다 세계경제에 가장 큰 영향력을 행사하고 있는 미국이라는 공룡이 대형사고를 쳐, 지금까지도 엄청난 여파를 주고 있는 것이다.

그렇다고 하지만 파생상품은 다른 기초자산(underlying asset)에서 파생된(derived) 하나의 금융상품(financial product)일 뿐 이것 자체가 본질적으로 선하거나 악하다고 할 수는 없다. 또 파생상품만큼이나 악평을 듣는 관련 전문가들도 실제로는 가장 창의적이고 지적인 금융 부문에 종사하는 사람들일 따름이다.

그런데 왜 이런 시장에서 일하는 사람들을 그토록 마땅치 않은 시선으로 바라보고, 누가 파생상품을 이용하고 있으며, 과연 파생상품거래의 목적은 건설적인가?

2. 파생상품의 기원

파생상품에 대한 가장 오래된 기록은 아리스토텔레스(기원전 384~322년)의 『정치학(Politics)』에 나와 있는데, 그리스의 철학자 탈레스(기원전 624?~546?)[87]가 올리브를 수확하기 전에 계약금(earnest money)인 아라본(arabon)을 낸 뒤 올리브 압착기의 사용권을 빌린 사례를 들고 있다. '아라본'이라는 단어는 현대 그리스어에서는 '약혼(engagement)'이라는 뜻을 갖고 있지만, 고대 그리스어에서는 일종의 옵션을 의미했다.[88] 하긴 약혼도 법적으로 계약에 해당하고 미래 상황에 따라 혼인으로 이어질지 확실하지 않은 옵션의 일종이라고 할 수도 있다. 그리고 계약금과 옵션 프리미엄(option premium)은 기본적으로 같은 것이다.

투자이론가인 아비나쉬 딕시(Avinash Dixit)와 로버트 핀딕(Robert S. Pindyck)이 말한 것처럼, 약혼과 결혼은 비화폐적인 약속으로 계약금과 닮았다고도 할 수 있다. 딕시와 핀딕은 옵션의 가능성을 여러 가지 예로 들어 설명하고 있는데, 우리는 천연자원을 마구 파괴하거나 고갈시킬 수도 있고, 반대로 그렇게 하지 않을 수도 있지만 그 선택 자체가 옵션가치(option value)이므로 옵션가치는 선택을 하기 전에 반드시 고려되어야 한다.[89]

탈레스가 올리브 압착기를 가진 농부와 정확히 어떤 성격의 계약을 했는지 지금으로서는 알 수가 없지만 아마 농부는 탈레스에게 올리브 압착기의 사용권을 주고 오일을 받았을 것 같다. 사실 탈레스가 제안했을 때, 압착기 주인이 왜 기꺼이 사용 권리 옵션을 팔았는지 쉽게 상상할 수 있다는 것은 테이블에 돈이 이미 올라가 있었기 때문이라고 보는 것이다.[90] 아마 주인은 올리브 가격이 그렇게 오를 줄은 몰랐을 것이고, 아울러 농사도 모르는 탈레스가 미래의 올리브 가격을 알 턱이 없다고 생각했을 것이다.[91] 그들은 오늘에야(나중에야) 결과가 확실해질 사건('upper tail' of the possible performance for a sure thing today)에 대해 거래를 한 것이다. 만일 올리브가 계약 가격보다 많이 떨어졌다면, 아마도 많지 않은 계약금이지만 압착기 주인이 손해 볼지도 모를 돈을 상쇄해 주었을 것이다. 그는 올리브 가격의 하락보다는 일종의 보험을 선호했던 것이다. 하지만 탈레스는 굳이 그것을 제안하지는 않다.[92]

그는 나중에 올리브 가격이 오르지 않고 떨어지면 올리브 압착기의 사용권을 살지 안살지, 그의 계약금을 희생할지 안 할지 결정할 수가 있다. 올리브의 가치는 탈레스가 예측한 대로 올라서 "그는 치오스와 밀레투스의 모든 올리브압착기 사용에 대해서 보증금(deposit)을 주었고, 아무도 입찰하지 않아 아주 낮은 가격으로 권리를 가져갔다. 올리브 수확을 하자, 그는 자신이 원하는 가격을 불렀고 꽤 많은 돈을 벌었다. 그는 원하기만 한다면 철학자들이 쉽게 돈을 벌 수 있다는 것을 사람들에게 보여주었다"[93]고 한다.

그렇다면 탈레스는 오늘날 우리의 금융지식으로 볼 때 올리브 가격을 기초자산(基礎資産, underlying asset)으로 하는 콜옵션(call option)을 산 것이다. 그는 가격보다는 전체 가치(total value)를 기준으로 했기 때문에, 위 올리브 압착기 사례는 오늘날의 전형적인 파생상품과는 다르다. 하지만 옵션 이론을 논의하는데 이러한 사소한 차이는 별로 중요하지 않다. 그는 올리브 가치에 대해서 불공평한 내기를 했으므로 만일 올리브가 계약상 금액보다 가치가 높으면 이익을 얻을 것이고, 그렇지 않으면 계약금만 잃을 것이기 때문이다. 이러한 식의 가격에 대한 불공평한 거래(asymmetric bet on price)가 옵션의 본질이기도 하다.[94] 올리브 옵션을 사고자 했던 탈레스 같은 투기자가 비이성적(irrational)이라고 할 수 있을까? 그러나 탈레스처럼 다른 사람도 올리브 가치를 예측할 방법이 있었다면 어떻게 되었을까? 올리브 가격이 오르리라는 사실을 알았다는 것을 일반 사람들이 알고 있었다면 농부는 아마 압착기 권리는 팔지 않았을 것이다. 이것은 금융이론(financial theory)의 영원한 딜레마로, 폴 밀그램(Paul Milgrom)과 낸시 스토키(Nancy Stokey)의 이론이기도 하다.[95] 이런 시장의 거래는 약간의 비이성적 행위, 이를테면 콜옵션 매수자(purchaser of call option)의 입장에서는 어느 정도 과도한 낙관주의, 또 콜옵션 매도자의 경우에는 비관주의를 필요로 한다.[96]

물론 오늘날의 옵션 시장은 탈레스가 살던 시대보다 훨씬 더 발달했다. 그때는 아마도 전 세계에 단 한명의 수학자옵션 거래자가 있었을지도 모른다. 그래서 경쟁자가 없었기 때문에 환상적인 수익을 올렸을 것이다. 하지만 워낙 많은 사람이 경쟁에 뛰어든 지금은 시장의 원리에 의하여 옵션 가격이 거의 원래의 가격에 가까워지고 만다.

3. 파생상품시장을 정당화하는 주장

1964년 경제학자 케네스 애로(Keneth Arrow)는 경제적 비효율(economic inefficiency)의 주요 원인으로 리스크(risks)를 위한 시장의 부재를 꼽았다.[97] 금융이론가인 스티븐 로스(Stephen Ross)는 애로의 이론이 옵션 시장이 존재하는 이유라고도 설명했다. 로스는 1976년 「효율성을 위한 옵션(Options and Efficiency)」이라는 글에서 유용하면서 복잡한 계약이 다양해야 단순한 옵션의 포트폴리오가 만들어지기 때문에 금융에서 옵션이 중심이라고 주장했다.[98]

하지만 사실 리스크의 아주 작은 부분만이 파생상품시장에서 거래되고 있다. GDP, 임금률, 부동산 가격, 헬스케어 비용, 평균 수명과 같은 주요 경제지표를 위한 파생상품은 거의 없거나 미미한 편이다.

행동금융학자인 허시 셰프린(Hersh Shefrin)과 마이어 스태트먼(Myer Statman)에 따르면, 옵션에 대한 요구는 우리 생활의 리스크 관리 같은 고차원적인 목적이 아니라 비이성적인 이유로 이루어진다.

고객이 옵션가격을 어떻게 정하는지 모르고, 제안한 옵션 가격이 좋은지 아닌지 모를 경우, 고객은 나쁜 거래(bad deal)를 하게 된다. 옵션을 이해하는 사람들이라면 당연히 주식 가격이 어떻게 될지 모른다고 해도 그들이 옵션에 지급한 가격이 낮기 때문에 돈을 벌 것이라고 기대하기 때문이다.[99]

프레드 슈웨드 2세(Schwed, Fred Jr.)는 1940년 『고객의 요트는 어디에 있는가? (Where Are the Customer's Yachts?)』에서 옵션 브로커들의 다른 판매 전략 중 하나가 고객들이 이미 갖고 있는 주식에 외가격 풋옵션(out-of-the-money put option: 풋옵션 행사가격이 현재 주식가격보다 낮은 상태)[100]을 제안하는 것이라고 했다. 이러한 옵션형성과정이 투기자에게 확실한 보험, 이를테면 '정기보험("term" insurance)'[101]을 제공한다는 사실은 부정할 수 없지만 다른 보험과 마찬가지로 살 때 보험료를 내야 한다. 이때 생기는 단순한 의문은 '이 보험료가 내가 받을 수 있는 보호의 양에 상응하는가'라는 것이지만 이 문제는 수학으로는 풀 수가 없고, 경험적으로 접근할 수밖에 없다.[102]

1940년 경에도 발달된 옵션거래 산업이 존재했지만, 옵션 가격이론이 없었다는 사실은 이상하다. 그것은 이 시장에서 거래에 필수적인 전제 조건이다. 1900년에 프랑스 수학자인 루이스 바슐리에(Louis Bachelier)가 서비스할 수 있는 옵션 가격 이론을 소개한 바 있다.[103] 그러다가 1964년 A.J 본네스(A.J. Bonnes)와 케이스 스프랭클(Case Sprenkle)의 수학 논문이 등장했다.[104] 본네스는 "투자 분석은 이론 전의 시대에 머물고 있다. 증권 분석은 협소하게 정의하자면 회계 데이터를 바탕으로 한 비율에서 순진한 외삽법(pre-theoretic stage: 과거의 추세가 앞으로도 그대로 지속되리라는 전제 아래 과거의 추세선을 연장해 미래를 예측하는 기법)으로 구성되어 있다"[105]고 하였다. 많은 옵션 매도가 근본적으로 착취적(fundamentally exploitative) 성격을 가지고 있다는 것이다.

1940년에는 전 세계 어디에서도 옵션 매매를 위한 거래소가 없었으므로 당시로서는 브로커가 제시한 가격이 실제로 시장 가격인지 아닌지 알 길이 없었다. 최초의 옵션 거래소인 시카고 옵션거래소(Chicago Board Options Exchange)는 1973년에야 개장했다.

우리는 현재의 금융시스템(financial system)이 완성된 제품이 아니라는 사실을 깨달아야 한다. 지금 우리가 거래하는 금융시장은 이런 허점들 위에 세워져 있다.[106]

4. 옵션에 대한 규제

전 세계의 주식중개인(stockbroker)은 나름대로의 윤리적 기준을 지키기 위해 고군분투하고 있다. 미국의 「금융산업규제기구(Financial Industry Regulation Authority, FINRA)」는 다양한 투자 직종을 대표하는 자율규제기구(self-regulatory organization)

이다. 따라서 그들 안에서 어떤 도움을 받지 못한 채 덫에 빠질 수가 있는 것이다.

옵션과 관련된 부도덕(sleaziness)은 시민들의 의식 속에 널리 퍼져 있다.[107] 그런데도 여전히 신뢰를 잃은 옵션 판매 행태가 계속되고 있다. 다만 지금은 한계가 있고 확실히 그런 일은 감소하는 중이다.[108]

옵션이 진정 개인적으로 중요한 위험(리스크), 예컨대 주택가격 하락이나 연봉 하락 같은 위험에 대비하도록 만들어질 수도 있다. 그래서 오늘날보다 더 좋은, 사회가 제공하는 금융의 대표적인 예로 자리 잡을지도 모른다.[109]

제4절 금융투자업자[110]

제1항 개 관

1. 금융투자상품이란?

종래 『구(舊) 증권거래법』 등은 금융투자업자를 증권회사·선물회사·자산운용회사 등 기관중심으로 분류하고, 금융기관이 취급할 수 있는 유가증권도 국채·회사채·주식·수익증권 등 21종을 열거하였으며(열거주의),[111] 파생상품의 경우 기초자산을 유가증권·통화·일반상품·신용위험의 4종으로 제한하였다. 그러나 이러한 제도에 따르면 열거되지 않은 새로운 종류(新種)의 금융상품(financial product)의 개발이 원초적으로 금지되는 것과 다를 바 없었고, 법적 규제대상에서 벗어난 금융상품이 출연하는 경우, 투자자보호에 공백이 생기는 등 여러 문제점이 있다.

이런 가운데 2009년 2월 대형 투자은행 육성 및 자본시장 활성화 등을 위해 대부분의 증권관련 법률[112]을 통합·정비하여 『자본시장법』(2007. 8월 제정)을 시행하였다.[113] 『자본시장법』에 따르면, 금융투자상품(financial investment instruments)이란 이익 추구나 손실 회피를 목적으로 특정 시점에 금전 등을 지급 또는 지급하기로 약정함으로써 취득하는 '투자성'있는 권리로서, 그 권리를 취득하기 위하여 지급하였거나 지급하여야 할 금전 등의 총액(판매수수료, 보험계약에 따른 사업비와 위험보험료 등을 제외한다)이 그 권리로부터 회수하였거나 회수할 수 있는 금전 등의 총액(환매수수료, 각종 세금을 포함한다)을 초과하게 될 위험(이하 "투자성"

이라 한다)이 있는 것을 말한다(자본시장법 제3조 제1항, 본문 동법시행령 제3조).[114] 그러므로 『자본시장법』은 포괄주의(negative system)[115]를 채택하여 금융투자상품을 원본손실이 발생할 수 있는 금융상품으로 정의하고, 파생상품의 기초자산 범위도 전통적인 위험상품 외에 모든 경제·자연·환경적 위험을 포괄하도록 확장하였다(자본시장법 제3조). 나아가서 증권 분야의 경우 전통적 증권인 회사채는 채무증권, 주식은 지분증권 등으로 추상화하고, 집합투자증권·구조화증권[116]과 같은 신종증권을 포괄할 수 있는 투자계약증권(investment contract securities),[117] 파생결합증권(derivatives linked security)[118] 등 새로운 개념을 도입하였다(자본시장법 제4조 제2항). 그리고 증권은 추가 지급의무가 없어 최대 투자원금까지만 손실이 발생(자본시장법 제4조 제1항)한다는 점에서 파생상품과 구분하고, 파생상품은 거래장소에 따라 장외파생상품과 장내파생상품[119]으로 구분하였다(자본시장법 제5조). 그리고 금융투자업자는 이러한 금융투자상품의 거래와 관련된 업무를 주된 업무로 하는 금융기관이다.

2. 금융투자업자란?

금융투자업자에 대한 분류와 관련하여 종래의 증권회사·선물회사·종합금융회사는 투자매매중개업자로, 자산운용회사(자산운용사)는 집합투자업자로, 투자자문회사 및 투자일임회사는 투자자문업자 및 투자일임업자로, 그리고 신탁회사는 신탁업자로 명칭을 변경하였지만, 실제로 『자본시장법』시행 이후에도 대다수 금융투자업자는 증권회사, 선물회사, 자산운용회사 등 종래 명칭을 그대로 유지하고 있고, 영위하는 업무도 기존과 거의 유사하다. 『자본시장법』은 또, 금융투자업자의 진입규제와 관련하여 금융기능별로 진입요건을 정해 놓고 그 요건의 부합 여부를 심사하는 add-on 방식을 취함에 따라[120] 금융투자업자는 복수의 업무단위를 자유롭게 선택하여 영위할 수 있게 되었다.[121]

금융기관이 금융투자업을 영위하기 위해서는 금융투자업의 종류(6종), 금융투자상품의 범위(3종), 투자자의 유형(2종) 등 총 36가지 금융기능 조합으로부터 설정되는 1단위의 금융기능을 '인가업무 단위'로 하여 인가업무 단위의 전부나 일부를 선택하여 금융위원회로부터 인가를 받아야 한다(자본시장법 제11조). 다만 『자본시장법』은 각 금융기능별로 투자자가 부담하는 위험의 크기에 따라 인가제와 등록제로 구분하고, 『자본시장법시행령』은 금융투자업의 위험과 투자자보호 필요성 등에 따라 인가 및 등록단위별 최저 자본요건을 다르게 설정하고 있다.[122]

제2항 투자매매·중개업자

1. 증권회사

가. 증권회사의 의외와 약사(略史)

증권회사(securities firms)는 직접금융시장에서 기업이 발행한 주식(stock, share)·채권(bond, 증권)을 가지고 투자자로부터 자금을 모아 기업에게 이전시켜 주는 매개기능을 수행하는 금융회사이다. 기업과 투자자를 직접 연결시킨다는 점에서 저축자의 예금을 받아 기업에 대출하는 은행과는 업무 성격이 다르다.

우리나라 최초의 증권회사는 1949년 11월 영업을 개시한 대한증권이었다. 1962년 1월 『구(舊) 증권거래법』제정으로 증권시장의 제도적 기반이 갖추어졌고, 1968년 12월 『구(舊) 증권거래법』을 개정하여 증권회사의 설립을 등록제에서 허가제로 전환하였다.[123] 1991년 중 한국산업증권과 투자금융회사에서 업종을 전환한 5개 회사가 설립되었고, 1992~1996년 중에는 3개 합작회사가 신설되었으며, 1991년 이후에는 외국증권회사 지점도 설치되어 2011년 6월말 기준 12개 지점이 영업 중이다.

그러나 증권산업의 구조는 금융·외환위기를 계기로 기존 투자신탁회사(investment trust company, investment fund)의 운용·판매조직을 분리하여 본체를 증권회사로 전환하는 증권산업개편방안에 따라 1998~2000년 중 7개 투자신탁회사가 증권회사로 전환되었다.[124] 한편, 온라인증권회사와 중개전문증권회사[125]를 중심으로 1998~2003년 중 총 19개의 증권회사가 신설되었고, 2008년 『자본시장법』이 시행됨으로써 새로운 전환기에 접어 들었다.[126]

나. 증권회사의 업무

(1) 위탁매매업무

위탁매매업무(brokerage)는 증권회사가 증권 및 파생상품 등 금융투자상품에 대한 투자중개업무로 고객의 매매 주문을 받아 증권회사의 명의(이름)와 고객의 계산으로 증권의 매매를 체결시키고, 일정한 수수료를 받는 업무이다.

누가 허무인 명의로 증권위탁계좌를 개설한 경우 누가 진정한 고객인가라는 문제와 관련하여 최근 대법원은, 갑(甲)이 허무인 을(乙) 명의의 자동차운전면허증과 인장을 위조한 후 이를 이용하여 증권회사인 병(丙) 주식회사에 을(乙) 명의로 증권위탁계좌를 개설한 사안에서, 계약체결 당시 丙 회사의 계약당사자에 대한 인식은 사후에 乙이 허무인임이 확인되었다고 하여 달라지지 않으므로, 丙 회사의 계좌 개설계약의 상대방에 관한 의사가 위와 같은 이상 甲을 계약당사자로 한 계좌 개설계약이 체결되었다고 할 수 없고, 다만 계약당사자인 乙이 허무인인 이상 丙 회사와 乙 사이에서도 유효한 계좌 개설계약이 성립하였다고 볼 수 없다고 판시하였다.[127]

위탁매매업무에서 매매거래에 따른 손익은 위탁자(trustor)인 고객에게 귀속되고, 증권회사는 고객으로부터 일정한 위탁수수료를 받는다. 한편, 매매의 중개·대리는 타인간의 금융투자상품의 매매가 성립되도록 노력하거나 고객을 대리하여 매매를 하지만 증권회사가 명의상으로나 계산상으로 매매당사자가 되지 않는다. 그리고 위탁의 중개·주선·대리는 한국거래소의 비회원인 증권회사가 회원인 증권회사를 통해 고객의 위탁매매 주문을 중개·주선·대리해주고, 고객으로부터 받은 수수료를 회원인 증권회사와 배분하는 것이다.

(2) 자기매매업무

자기매매업무(floor trading, dealing)는 위탁매매에 대응하는 것으로 증권회사가 투자매매업무로서 자기명의와 자기계산으로(증권회사 자산으로) 인적·물적 시설을 갖추고 지속적·반복적으로 금융투자상품을 매매하는 업무를 말한다.[128]

(3) 증권의 인수·주선업무

증권의 인수업무(underwriting)는 증권회사가 증권인수업자(underwriter)로서 신규 발행된 증권을 매출할 목적으로 취득하는 업무를 말하고,[129] 『증권인수업무등에관한규정』(2014.3.20. 개정)에 따라 이를 수행한다. 인수에는 모집, 사모, 매출의 세 가지 형태가 있다(자본시장법 제6조 제1항, 2항).

모집(offering)이란 50인 이상의 투자자에게 새로 발행되는 증권에 대하여 취득의 청약을 권유하는 것(자본시장법 제9조 제7항)을 말하는 반면, 사모란 49인 이하의 투자자를 대상으로 취득의 청약을 권하는 것(자본시장법 제9조 제8항)이다.

또, 매출(sales)은 이미 발행된 증권을 대상으로 매도청약을 하거나 매수청약을 권유[130]한다는 점에 각각 구분된다. 한편 주선(arrangement)은 증권회사가 제3자의 위탁에 의해 모집·매출을 주선하는 업무를 말한다.

(4) 펀드판매 및 자산관리업무

펀드(fund)란 '돈의 모임'이라는 뜻으로 공동자금이라고 할 수 있는데, 『자본시장법』은 집합투자기구라고 부르고 있다[131](자본시장법 제6조 제1항 3호, 제4항, 제5항). 펀드가 무엇인지에 대해서는 앞의 제5장 제1절에서 자세하게 보았으므로 되풀이하지 않는다. 그런데 증권회사는 투자중개업자로서 이러한 펀드에서 발행되는 수익증권(beneficiary certificate, benefit bonds) 등을 투자자에게 판매하는 업무를 수행하고 있다. 그리고 국내에서 판매되는 대부분의 펀드는 증권회사 및 은행을 통해 판매되고 있다.[132]

한편, 자산관리업무는, 증권회사가 투자자문 및 투자일임업자로서, 투자자에게 고객의 증권 거래, 고객에 대한 자문 등의 서비스를 통합해 제공하고, 그 대가로 고객예탁 재산의 평가액에 비례하여 연간 단일보수율로 산정한 요금(fee), 즉 단일한 수수료를 징수하는 랩어카운트(wrap account)와 CMA 서비스 등을 제공하는 업무이다.[133] CMA 업무는 고객과 사전 약정에 따라 예치자금이 보통예금처럼 주시로 입출금이 가능한 단기금융시장펀드(MMF: money market fund),[134] 환매조건부매매(RP: Repurchase Agreements)[135] 등 특정 단기금융상품에 투자되도록 설계한 CMA 계좌[136]를 고객예탁금 계좌와 연계해 수시입출, 급여이체, 신용카드 결제대금 납부 등의 부가서비스를 제공하는 업무이다.[137] 한편, 랩어카운트 중 자문형은 예탁재산의 운용에 대하여 자산관리자가 투자자문서비스를 제공하고 최종적인 투자 결정은 고객이 내리는 반면, 일임형은 증권회사가 고객의 성향에 따라 주식이나 채권, 주식형 펀드 등 투자자의 자산 포트폴리오 구성에서 운용까지 모든 자산운용 업무를 대신하는 것이다.

(5) 신용공여업무

증권회사는 증권거래와 관련하여 고객에게 금전을 융자하거나 유가증권을 대부하기도 한다. 현재 증권회사가 취급할 수 있는 신용공여업무에는 고객[138]의 증권 매수에 대해서는 융자를 해주고 매도에 대해서는 대주(貸株)[139]는 물론이고, 신용거래업무, 예탁된 증권을 담보로 하는 대출업무 등이 있다.

다. 자금의 조달 및 운용

증권회사는 은행 등 여타 금융기관과는 달리 차입에 의한 자금조달과 위탁매매, 인수주선등을 통한 자산운용을 하고 있고,[140] 위탁매매와 자기매매로 수익을 올리고 있다.[141]

2. 선물회사

가. 선물회사의 의의와 약사(略史)

선물회사(futures commission merchant)는 선물거래(구(舊) 선물거래법 제3조 제1호)[142] 및 해외선물거래에 대한 위탁매매 등 장내파생상품에 대한 투자매매 및 투자중개업무를 영위하는 금융투자회사이다. 선물업을 영위하고자 하는 자는 금융위원회의 허가를 받아야 한다. 파생상품이 무엇인지 등에 대해서는 앞의 제5장 제3절에서 자세하게 설명하였으므로 되풀이하지 않는다.

선물회사는 1996년 7월 『구(舊) 선물거래법』 시행으로 우리나라에 본격적으로 도입되었다.[143] 당초에는 국내 선물시장 개설을 염두에 두고 동법에 의거 35개 회사[144]가 설립 내허가를 받았다.[145] 『자본시장법』 제정 이전까지만 하더라도 증권사는 주식, 주가지수 관련 선물, 옵션만 취급할 수 있었고, 금리, 통화, 일반상품 관련 선물, 옵션 등은 선물회사만이 취급할 수 있었다. 그러나 2009년 『자본시장법』이 시행된 후 증권사들이 선물업을 겸영할 수 있게 되면서 경쟁이 치열해졌고, 그 결과 계열사로 선물회사가 있는 증권사는 금융당국이 선물업 겸영을 허가하지 않자 증권회사와 일부 선물회사가 합병, 증권회사로 전환, 영업폐지 등으로 활발해지면서 2015년 기준 선물회사는 6곳만 남았다. 세계 1위였던 국내 파생상품시장이 위축을 거듭하자 선물회사의 수도 반토막이 되어 최근 7년 사이 2009년 11개이던 선물회사가 2011년에는 5개로 급감했다.[146]

나. 업무 내용

선물회사는 선물(해외선물 포함)의 자기거래, 위탁거래,[147] 위탁의 중개·주선·대리 업무를 영위한다.[148] 선물회사는 선물거래 등과 관련한 고객예탁금을 자기재산과 구분하여 증권금융회사에 예치하여야 하고, 채무불이행이나 임직원의 위법·규정 위반 등에 의하여 위탁자가 입은 손실을 보전하기 위하여 책임준비금을 적립하여야 한다.

제3항 집합투자업자

1. 집합투자업자와 신탁

가. 집합투자업자의 의의와 약사

『자본시장법』은 2인 이상의 투자자로부터 모은 금전 등 또는 『국가재정법』 제81조에 따른 여유자금을 투자자 또는 각 기금관리주체로부터 일상적인 운용지시를 받지 아니하면서 재산적 가치가 있는 투자대상자산을 취득·처분, 그 밖의 방법으로 운용하고 그 결과를 투자자 또는 각 기금관리주체에게 배분하여 귀속시키는 것(자본시장법 제6조 제5항)을 영업으로 하는 자를 집합투자업자라고 부르고 있다(자본시장법 제6조 제4항). 2003년 12월 『구(舊) 간접투자자산운용업법』의 제정을 계기로 종래의 『증권투자신탁업법』에 의한 투자신탁회사와 『구(舊)증권투자회사법』에 의한 자산운용회사를 통합·개편함으로써 새롭게 도입된 자산운용회사(자산운용사)가 집합투자업자에 해당된다.

간략하게 과거를 되돌아보면, 1969년 9월 제정된 『구(舊)증권투자신탁업법』에 따라 증권투자신탁 업무를 처음으로 취급한 기관은 1968년 12월 『자본시장 육성에 관한 법률』에 설립된 한국투자공사[149]였다. 그러다가 1974년 9월 최초의 전업투자신탁회사인 한국투자신탁이 발족한 후 본격적으로 증권투자신탁업무가 시행되었고, 1977년 2월 한국투자공사가 증권감독원과 대한투자신탁으로 분리되면서 증권투자신탁업의 성장은 한층 가속화되었다.[150]

그러나 1990년대 후반 금융·외환위기를 계기로 자산운용업계는 큰 구조적 변화를 겪게 되었고,[151] 1998년 9월 『구(舊)증권투자회사법』의 제정으로 회사형 증권투자신탁 제도가 도입되었다.[152] 그 후에 2003년 12월 『구(舊) 간접투자자산운용업법』이 제정되었지만,[153] 『구(舊) 간접투자자산운용업법』에 의하여 설립된 간접투자기구가 투자신탁, 주식회사, 합자회사(PEF)로 한정되어 법상 다양한 투자기구 활용이 곤란하였고, 법령에 규제되지 않은 간접투자기구에 대해서는 투자자보호 장치가 발동되지 않았기 때문에 2009년 『자본시장법』을 제정하였고, 『자본시장법』에서는 간접투자기구를 집합투자기구(fund)로 새롭게 명칭을 변경하고(자본시장법 제6조 제1항 제3호, 제4항), 유한회사, 민법상 조합, 상법상 익명 조합 등 민·상법상 설립 가능한 모든 기구로 그 범위를 확대하였다. 투자대상자산도 종래에는 투자증권, 장내·외 파생상품, 부동산, 실물자산 등으로 한정되어 있었으나, 『자본시장법』은 '재산적 가치가 있는 투자대상자산'으로 포괄적으로 규정하였고(자본시장법 제6조 제5항), 집합투자기구 종류별 투자대상자산 또한 완화하였다.

2011년 6월말을 기준으로 총 81개 집합투자업자가 영업 중이며 총자산 규모는 311.9조원(집합투자기구 설정잔액 기준)에 이르렀다.[154] 이러한 추세는 더 커져서 2016년 11월을 기준으로는 금융투자업계에 따르면 국내 자산운용시장 규모는 959조원에 이른다. 특히 사모펀드 시장은 250조원대로 공모펀드(226조원)를 추월했다.[155]

나. 집합투자기구의 종류

우리나라의 집합투자기구 가운데 투자신탁은 계약형 집합투자기구(contractual type fund)이고, 투자회사, 투자유한회사, 투자합자회사 등은 회사형 집합투자기구(corporate type fund)이다. 신탁이 무엇인지에 대해서는 뒤에서 신탁업자를 설명하면서 자세하게 보겠지만, 간단히 말하면, 신탁이란 믿고(信) 맡긴다(託)는 것을 의미한다. 투자신탁 중 계약형은 위탁자인 집합투자업자가 수탁회사와의 신탁계약을 체결하고, 이에 따라 발행하는 수익증권을 수익자인 투자자가 취득하는 형태의 신탁제도로서 일본과 유럽 국가들이 주로 채택하고 있고, 회사형은 미국의 뮤추얼펀드(mutual fund)에서 발전된 것으로 투자전문가가 투자전문회사를 설립하고, 투자자는 이 회사의 주식(또는 지분증권)을 매입하는 형태이다. 한편, 『자본시장법』은 집합투자기구의 종류를 자금을 모으는 것(pooling)을 할 수 있는 모든 기구로 확대하였다.

2. 집합투자업자의 업무

집합투자기구의 설립형태를 보면 투자신탁(investment trust)은, 국내 대부분의 집합투자기구 투자신탁 방식으로, 수익증권을 발행하고 이를 통해 다수의 투자자로부터 자금을 모아 증권 등의 자산에 투자하여 그 수익을 투자자에게 분배하는 방식이다. 2010년 말 기준 투자신탁에 의한 집합투자기구 수탁액은 302.7조원으로 전체 수탁액의 96.1%를 차지하고 있다.

투자신탁의 조직은 [그림 5-1]에서 보듯이 위탁회사(투자신탁재산 즉, 자산운용)·수탁회사(신탁재산 보관)·판매회사(수익증권 판매)로 구성된다. 위탁회사는 집

[그림 5-1] 투자신탁의 경우 집합투자기구의 구조

합투자업자이고, 수탁회사는 신탁회사이며, 판매회사는 은행, 증권회사 등이다. 한 편 집합투자업자는 투자신탁을 통해 주식을 제외한 유가증권을 인수할 수 있다.[156]

회사형 집합투자기구에서 투자회사는 상법상의 주식회사이나 본점 이외의 영 업점을 설치하거나 직원의 고용 또는 상근 임원을 둘 수 없는 서류상의 회사 (paper company, 명목상의 회사)이다. [그림 5-2]에서 보듯이 투자회사는 자산의 운용, 보관, 모집·판매, 기타 일반사무를 각각 별도의 집합투자업자(자산운용회 사), 자산보관회사,[157] 판매회사,[158] 일반사무관리회사[159]에 위탁하여야 한다. 투자 회사의 위탁을 받아 자산을 운용하는 자산운용회사는 서류상 회사인 투자회사의 설립 및 주식 모집을 실질적으로 주관한다.

[그림 5-2] 투자회사의 경우 집합투자기구의 구조

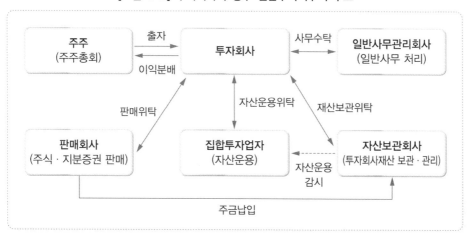

집합투자기구를 투자대상별로 보면 증권, 부동산, 특별자산, 단기금융(MMF), 혼합자산 등 5종류로 구분할 수 있다(자본시장법 제229조).[160] 집합투자업자가 집합투자기구의 재산으로 운용할 수 있는 자산은 '재산적 가치가 있는 모든 재산'을 대상으로 하고 그 편입비율에 대한 제한만 두고 있다.[161] 다만 단기금융의 경우에는 여전히 증권에만 투자할 수 있다.

증권집합투자기구(증권펀드, securities fund)는 주식, 채권, 펀드 및 이와 관련된 파생상품에 투자하는 집합투자기구이다. 시중에 판매되는 펀드 중 가장 많은 유형이다. 이들은 주식형 펀드(equity fund), 채권형 펀드(bond fund), 혼합형 펀드 등으로 불리고 있다. 증권집합투자기구는 집합투자재산의 40%를 초과하여 50%의 비율(자본시장법 시행령 제240조 제1항)로 주식, 채권, 금전채권 등 증권(자본시장법 시행령 제240조 제2항) 및 이를 기초자산으로 하는 파생상품에 투자하는 집합투자기구이다(자본시장법 제229조 제1호). 여기선 증권이란, 부동산관련 자산이나 특별자산이 신탁재산·집합투자재산·유동화자산의 50% 이상을 차지하는 경우에는 그 수익증권, 집합투자증권 또는 유동화증권, 부동산 투자회사가 발행한 주식, 선박투자회사가 발행한 주식 등에 대한 투자 등을 말한다(자본시장법시행령 제240조 제2항).

부동산집합투자기구(부동산펀드, real estate fund)는 집합투자재산의 40%를 초과하여 50%의 비율(자본시장법시행령 제240조 제3항)로 부동산, 이를 기초자산으로 한 파생상품, 부동산관리 및 개발과 관련된 법인에 대한 대출, 신탁재산·집합 투자재산·유동화자산의 50% 이상이 부동산관련 자산 및 특별자산인 수익증권·집합투자증권·유동화증권, 부동산투자회사가 발행한 주식 등에 투자하는 집합투자기구이다(자본시장법 제229조 제2호).

이 밖에 특별자산집합투자기구는 집합투자재산의 40%를 초과하여 50%의 비율(자본시장법시행령 제240조 제6항)로 증권 및 부동산을 제외한 투자대상자산에 투자하는 집합투자기구이다(자본시장법 제229조 제3호). 혼합자산집합투자기구는 집합투자재산을 운용함에 있어서 증권, 부동산, 특별 자산집합투자기구관련 규정의 제한을 받지 않는 집합투자기구이다(자본시장법 제229조 제4호). 마지막으로 단기금융집합투자기구는 집합투자재산 전부를 단기금융상품[162]에 투자하는 집합투자기구로서 대통령령으로 정하는 방법으로 운용되는 집합투자기구이다(자본시장법 제229조 제5호).

3. 사모집합투자기구와 헤지펀드

한편, 사모집합투자기구(PEF: private equity fund, 사모펀드)는 소수의 투자자에 의해 사모방식(private placement method)으로 자금을 조달한 다음 인수·합병(M&A) 등 특정 기업의 구조조정을 통해 투자이익을 창출하고자 하는 회사이다(자본시장법 제9조 제19항).[163] 사모집합투자기구의 종전의 이름인 사모투자전문회사는 2004년 10월 『구(舊) 간접투자자산운용업법』 개정으로 처음 도입되었다. 사모집합투자기구는 1인 이상의 무한책임사원과 1인 이상의 유한책임사원으로 구성되고, 사원의 총수는 49인 이하로 제한된다(자본시장법 시행령 제14조 제2항). 무한책임사원 중 1인 이상은 정관에 의하여 사모투자전문회사의 업무를 집행할 권리와 의무를 가진 업무집행사원이 된다. 금융투자협회에 따르면 2016년 1월 기준 사모펀드의 운용 자산은 200조 5204억 원이다.[164]

한편, 헤지펀드(Hedge Fund, 자본시장법에서는 전문투자형 사모집합투자기구)는 일정 범위의 전문투자자로부터 사모로 자금을 조달하여 보다 공격적인 방식으로 자산을 운용할 수 있도록 한 기구이다. 헤지펀드[165]에 대한 명확한 정의는 없다. 보스턴대 경영학과 교수 즈비 보디에(Zvi Bodie) 등이 쓴 『투자론(Essentials of investments)』에 의하면, 헤지펀드는 보통 4가지 특성을 가지고 있다고 한다.[166] ① 레버리지(차입금) 활용, ② 다양한 투자기법 활용, ③ 절대수익 추구, ④ 사모형이다. 다시 말하면 주식·채권·부동산·파생상품 같은 다양한 자산에 투자해서 시장이 하락할 때도 수익을 내는 것을 목표로 하는 사모펀드를 헤지펀드라고 한다. 이러한 헤지펀드는 투자은행(IB)과 불가분의 관계에 있다. 왜냐하면 헤지펀드는 자산운용사 즉, 투자은행에 의하여 주로 운용되기 때문이다.

그러나 헤지펀드를 법적으로 정의하는 개념은 아직 없다. 다만, 헤지펀드의 특성에 따라 그 개념을 정의하는 것이 일반적이다. 이러한 헤지펀드의 특성을 투자론에서 열거하고 있는 4가지 특성 외에 금융법적인 관점에서 구체적으로 살펴보면, ① 금전차입과 공매도(short selling, 空賣渡) 같은 투자전략을 이용하여 고율의 수익을 창출하고, ② 위험을 분산시키는 투자전략을 이용하여 포트폴리오를 구성하기 때문에 시장이 불황인 상태에서도 시장지수보다 높은 수익을 달성하며, ③ 다른 펀드들과 달리 펀드매니저에게 운용보수 이외에 고율의 성과보수도 지급하고, ④ 펀드매니저에게 자신의 자금을 펀드에 투자할 수 있도록 허용하는 것이다.

그런데 『자본시장법』을 개정하기 전에는 여러 부문에서 헤지펀드의 운용에 대해 규제하고 있었기 때문에 국내에서는 헤지펀드의 운용이 사실상 불가능하였다.[167] 그러나 2011년 7월 27일 개정된 『자본시장법』 및 『자본시장법 시행령』은 헤지펀드의 종래 명칭이었던 적격투자자대상 사모집합투자기구를 '전문투자형 사모집합투자기구'로 명칭을 변경[168]하고, 5억 원 이상 투자 또는 출자하는 개인(자본시장법 제249조의3 제2항 제2호)을 적격투자자의 범위에 포함[169]시켜 고액자산가도 헤지펀드에 투자할 수 있는 길을 열었으며, 금전차입 범위를 법률에서 정한 400%까지 한도를 높여 금전차입 제한을 완화(자본시장법 제294조의7 제1항)[170]하였고, 적격투자자대상 사모집합투자기구 운용의 자율성과 창의성을 제고하기 위해 구조조정기업에 대한 50% 투자의무를 폐지하고, 파생상품거래 한도를 기존 100%에서 400%로 확대하였다.[171] 이어서 2015년 7월 24일 개정된 『자본시장법』[172]은 최소투자 문턱도 5억원에서 법률상 최저한도인 1억 원으로 다시 낮춰 투자의 저변을 넓혔다.[173]

헤지펀드의 주요한 특징 중 하나는 공모형이 아니라 '사모형'이라는 점이다. 그래서 『자본시장법』은 '전문투자형 사모집합투자기구'라고 한 것이다.

그러면 『자본시장법』상의 헤지펀드가 외국, 특히 미국의 헤지펀드와 가장 다른 점은 무엇인가? 『자본시장법』상 투자는 그 테두리가 비교적 명확하다는 점이다. 즉, 해외에서 헤지펀드에 대한 규제는 매우 느슨하다. 원금의 2000%까지 빌려 운용할 수 있다는 식이다. 반면에, 『자본시장법』은 원금의 2배가 넘게 차입금을 동원할 경우엔 3억 원 이상 투자자만 투자를 할 수 있게 하는 등의 다소 세밀한 규제가 있다.

그리고 『자본시장법』상의 헤지펀드의 운용과 관련하여 증권사와 자산운용사가 약간 차이가 있다. 자산운용사는 보통 고객의 돈을 굴려주고 받는 수수료를 주된 수입원으로 삼는 반면, 증권사는 증권사 자체의 자산을 불리는 방식으로도 돈을 번다는 것이다. 이런 일을 하는 부서를 보통 '프랍 데스크(prop desk: 투자은행에서 고객의 자금이 아닌 회사의 고유 자금으로 투자를 하는 부서를 말한다. 자기자본 거래 부서라고도 한다)'라고 하는데, 헤지펀드를 운용할 때 쓰는 다양한 투자 전략을 통해 수익을 올리는 경우가 많았다.

4. 공 매 도

한편, 헤지펀드가 자산 운용전략으로 사용하는 공매도와 관련하여 약간의 문제점이 있다. 공매도는 '자기가 갖고 있지도 않은 주식을 내다 파는 투자 기법'이다. 따라서 값이 오르기를 기다리는 다수의 투자자에게 피해를 줄 가능성이 매우 크다.

공매도의 시초는 1609년 네덜란드 무역업자 아이작 르 메르가 자기가 가지고 있지도 않은 세계 첫 다국적기업인 '네덜란드 동인도회사'의 주식을 빈손으로 내다 판 것으로부터 시작되었다고 한다. 그렇게 한 것은 당시 독립전쟁 중이던 네덜란드를 영국 무적함대가 공격할 것이라는 정보를 발 빠르게 입수한 덕분이었다.[174]

그러니까 공매도는 바로 남들보다 한발 먼저 입수한 '악재성 정보'를 가지고 어떻게 하면 돈을 벌까 하는 잔머리를 굴리다 나온 방법이다. 여기까지면 약았다고 손가락질은 해도 딱히 범죄라고 처벌하긴 어렵다. 그러나 문제는 공매도 자체가 아니라 이를 악용한 주가조작이다. 이것은 시세차익을 목적으로 주가형성에 인위적으로 개입하는 행위이다. 주가조작의 전형적인 모습은 시세조종(자본시장법 제176조 제2항 제1호)[175]을 말하고, 이것은 다양한 방법으로 이루어지고 있는데, 판례에서 예로 들고 있는 것들[176]은, 직전체결가 대비 고가매수주문, 시세변동을 위한 상대매도호가 대비 고가매수주문 등 매우 많다. 이 밖에도 『자본시장법』은 시세조작유포행위(자본시장법 제176조 제2항 제2호), 허위표시·오해유발 표기행위(자본시장법 제176조 제2항 제3호)를 부정거래행위로 보고 이들을 금지하고 있다.

한편, EU는 2012년 말 공매도 공시제를 도입하였는데, 그 배경에는 '유럽발 재정위기'를 악용해 조지 소로스(George Soros)[177]같은 헤지펀드들이 공매도 폭탄을 퍼붓지 못하도록 하자는 취지였다. 공매도에 대한 규제가 느슨한 미국도 '서브프라임' 모기지 금융위기와 같은 비상사태가 발생하였을 때 한시적으로 '금융주식' 공매도 금지와 같은 극약 처방을 내놓은 적이 있다.

▶ 조지 소로스

우리나라는 2016년 6월 말부터 '공매도 공시제'를 도입하였다. 그것은 위와 같은 악성 공매도를 막자는 취지가 컸었다.[178] 내용을 보면, 특정 종목을 0.5% 또는 10억원 어치 이상 공매도하면 신원을 공개하도록 의무화한 것이다. 상장사마다 공매도 잔액이 얼마나 쌓여 있는지 매일 집계해서 보여주는 '종목별 공시제'도 시행했다. 그러나 이와 같이 공매도를 규제하는 두 가지 제도를 한꺼번에 도입한 것은 전 세계에서 거의 전례가 없다. 유럽연합(EU)과 일본은 대량 공매도자 명단만 공개한다. EU는 그

대신 우리나라와 달리 개인별 공매도 수량까지 공개토록 하고 있다. 한편 미국은 종목별 공매도 잔액 정도만 투자 참고 자료로 공시한다.

외국 헤지펀드들은 증권사를 대리인으로 내세우는 스왑계약 등을 이용하므로 실체를 드러내지 않는다. 국내의 실례를 들면 수년째 외국계 공매도 세력과 싸워 온 ㈜셀트리온 제약회사의 개미 주주들은 그토록 고대했던 적의 실체를 그림자조 차 파악하지 못한 예가 있다.

반면에 우리의 공매도 공시제도는 잃은 것이 더 많다. 이러한 제도의 시행으 로 국내 자산운용사들은 좋은 주식은 사고 나쁜 종목은 파는 식의 '롱숏(Long-Short) 전략'[179]을 구사하기가 한층 어렵게 됐다. 롱숏이란 롱(주식매수)과 숏(주식 차입매도, 주가지수선물매도)을 동시에 구성하여 가격 변동에 따른 하락 위험을 낮 추고, 안정적인 수익을 추구하는 전략을 말한다.

제 4 항   투자자문·투자일임업자

1987년 11월『구(舊) 증권거래법』개정으로 투자자문업이 제도화된 금융업[180] 의 하나로 자리잡게 되었다.[181] 1997년 4월『구 증권거래법』개정을 통해 투자자 문업의 등록요건을 완화[182]하였고, 아울러 유사투자자문업[183]도 신고제로 전환하였 다.[184] 1999년 4월 투자일임업이 허가제에서 등록제로 변경된 이후『자본시장법』 은 등록요건을 완화하였다.

투자자문업무는 금융투자상품의 가치 또는 금융투자상품 투자에 관하여 구 술·문서 기타의 방법으로 조언을 하는 업무이다(자본시장법 제6조 제6항).[185] 투자 일임업무는 고객으로부터 금융투자상품 가치 등의 분석에 기초한 투자 판단의 전 부 또는 일부를 위임받아 고객을 위하여 투자를 행하는 업무이다.[186]

제 5 항   신탁업자

1. 신탁의 의의와 신탁업 약사

가. 신탁이란?

신탁이 무엇인지에 대해서 앞에서 간략하게 설명하였는데,『신탁법』은, 신탁을 신탁설정자(위탁자, trustor)와 신탁인수자(수탁자, trustee)와의 특별한 신임관계에 기초하여 위탁자가 특정 재산권을 수탁자에게 이전하거나 기타 처분을 하고 수탁자로 하여금 일정한 자(수익자, beneficiary)의 이익 또는 특정의 목적을 위하여 그 재산권을 관리·처분하게 하는 법률관계라고 정의하고 있다(신탁법 제2조).

근대적 신탁제도는 영국 고유의 토지제도로 토지소유자가 그의 토지소유권을 친척·친구 등 신뢰할 수 있는 자에게 양도하고 그 토지로부터 나오는 이익을 제3자인 수익자로 하여금 향유하는 유스(use)[187]에서 그 유래를 찾을 수 있다. 신탁에서는 토지소유권이 수탁자에게 완전히 이전됨에 따라 본래의 토지소유권자와 수탁자간의 확실한 신뢰관계가 매우 중요하다. 그런데 보통법(common law)에 의하면, 위탁자가 신탁재산을 수익자를 위해 관리·처분하는 것을 조건으로 수탁자에게 귀속(vest)시키더라도 수탁자가 동 조건을 이행하지 않는 경우 위탁자가 이를 강제할 수 있는 법적 수단이 없다. 따라서 신탁제도는 이를 보완하여 수익자에게 신탁재산에 대한 형평법상의 소유권(equitable or beneficial ownership)을 인정[188]함으로써 수탁자가 신뢰관계에 위반하여 신탁조건을 이행하지 않는 경우 형평법에 근거한 소유권을 행사할 수 있도록 하고 있다. 신탁제도는 하나의 물건에 대하여 보통법상의 소유권과 형평법상의 소유권을 동시에 인정하고 있는 독특한 제도로 대륙법 체계의 일물일권주의 원칙과는 달리 영미법 체계하의 일물이권주의를 채택하고 있다.

나. 신탁업자의 의의와 신탁업 약사(略史)

신탁업자로는 은행, 금융투자업자(증권회사), 보험회사 등에 의한 신탁겸업사와 부동산신탁회사가 있다. 신탁겸업사의 경우 부동산신탁업무의 범위[189] 등에서 다소 차이가 있는 점을 제외하고는 대부분 동일하다. 신탁겸업사의 신탁계정에서는 금전 및 재산을 신탁 받아 이를 유가증권, 대출금 등으로 운용하여 그 수익을 분배하는 업무가 이루어진다.

처음으로 신탁업을 한 회사는 1910년 3월 영업을 개시한 일본계 騰本합자회사였다.[190] 해방을 전후하여 높은 인플레이션과 정치·사회적 혼란 속에서 1946년 5월 조선신탁주식회사는 은행업 겸영허가를 받아서 같은 해 10월에는 조선신탁은행(1950년 4월 한국신탁은행으로 개칭)으로 상호도 바꾸었다. 1954년 10월 한국신탁은행과 조선상호은행이 합병하여 설립한 한국흥업은행과 그 후신인 한일은행(1960년 7월 신탁업무 중단, 1961년 11월 신탁업무 재개)이 신탁업을 취급하여 왔으나 여전히 담보상태를 벗어나지 못하였다.

그러나 1961년 12월 『신탁법』과 『신탁업법』이 제정되었다.[191] 위 법들의 제정으로 일반은행의 신탁업 겸영이 확대되면서 신탁업무의 외형규모는 꾸준히 늘어났으나[192] 신탁업 본연의 장기금융 기능과 재무관리 기능을 살릴 수 있는 신탁업 전담기관의 설립 필요성[193]이 제기되었다. 그러다가 1983년 5월과 1984년 2월 지방은행 및 여타 시중은행에게도 신탁업 겸영이 허용[194]되었고, 이어 1985년에는 당시 특수은행이었던 한국외환은행과 일부 외국은행 국내지점에 대해서도 신탁업무 취급이 허용되었으며, 1989년에는 한국산업은행과 한국장기신용은행 등 특수은행까지 신탁업 취급기관으로 확대되었다. 또한 1989년 이후 신설된 시중은행에 대해서도 차례로 신탁업의 겸영이 허용되었다. 1990년대 들어 경제규모가 지속적으로 확대되고 모든 은행이 신탁업을 취급함에 따라 은행신탁은 급속도로 성장하였다.[195]

2000년대 들어서서 저금리기조 정착에 따라 은행신탁상품의 배당률이 하락하면서 은행신탁 수신규모가 감소하였다.[196] 그러다가 2004년 12월 신탁고객에 대한 편의제공과 신탁업의 활성화를 위해 종합재산신탁제도[197]가 도입되었다.[198] 마침내 2005년 7월 『신탁업법』의 개정으로 2005년에는 증권회사, 2007년에는 보험회사의 신탁업 겸영이 허용[199]되었다.[200]

다. 부동산 신탁회사

부동산신탁(real estate trust)은 위탁자인 토지소유자가 부동산을 신탁재산으로 수탁자에게 신탁하고, 수탁자가 수탁 부동산을 관리·개발·처분한 후 발생한 수익 또는 잔존부동산을 위탁자 또는 위탁자가 지정한 수익자에게 교부하는 것을 말한다. 그러므로 부동산 신탁회사는 부동산 소유자인 위탁자와 신탁계약(trust contract)을 체결하고, 그 부동산을 관리·처분·개발함으로써 나오는 수익을 수익자에게 교부하면, 그 대가로 수수료(신탁보수)를 취득한다.[201] 부동산신탁과 유사개념으로서 부동산투자신탁(real estate investment trust)은 금전을 신탁 받아 부동산에 투자하는 기존의 불특정금전신탁 상품을 말한다. 이것은 현물인 부동산 자체를 신탁 받는 부동산신탁과는 근본적으로 차이가 있다. 부동산투자신탁에 대한 기본법으로서는 『부동산투자회사법』이 있다.

부동산의 관리, 처분, 개발에 신탁제도를 도입한 이유는 신탁재산은 독립성이 보장되고 강제집행 등이 금지되어 수익자 및 신탁재산의 보호에 만전을 기할 수 있기 때문이다. 또한, 부동산 신탁제도는 부동산에 대한 전문성을 보유한 신탁회사가 부동산을 관리·개발함으로써 한정된 자원을 효율적으로 이용할 수 있을 뿐만 아니라 부동산 매매가 수반되지 않으므로 신탁계약에 따라 이루어지는 양도과정에서의 양도세 및 등록세 등 제반 비용을 절감할 수 있다.

부동산은 토지와 건물을 말한다(민법 제99조). 토지신탁은 크게 분양형 토지신탁과 임대형 토지신탁으로 구분된다. 분양형 토지신탁은 신탁토지에 택지조성, 건축 등의 사업을 시행한 후 이를 분양하여 발생한 분양수익을 수익자에게 교부하는 것을 목적으로 하는 신탁으로 우리나라 토지신탁의 주종을 이루고 있다. 임대형 토지신탁은 토지신탁의 기본형으로 신탁토지에 택지조성, 건축 등의 사업을 시행한 후 일정기간 동안 임대하여 발생한 임대수익 및 원본을 수익자에게 교부하는 것을 목적으로 하는 신탁으로서 신탁기간 종료 시에는 처분하여 현금으로 교부하거나 잔존형태 그대로 교부한다.

관리신탁은 신탁회사가 위탁자인 소유자를 대신하여 부동산에 대한 일체의 관리를 수행하는 신탁으로서, 부동산에 관련된 복잡 다양한 권리의 보호와 합리적인 운용을 위하여 토지 및 건물의 임대차, 시설의 유지보수, 소유권의 세무, 법률문제, 수입금 등 제반사항을 종합관리·운용하는 갑종관리신탁과 단순 소유권 보존만을 관리하는 을종관리신탁으로 구분된다.

처분신탁은 신탁회사가 부동산소유자를 대신해 실수요자를 찾아 매각해 주는 신탁[202]이고, 담보신탁은 위탁자가 자기소유 부동산을 신탁회사에 신탁하고 발급받은 수익권증서를 담보로 금융기관이 대출을 실행하고, 신탁회사는 수탁부동산을 관리하며 위탁자의 채무불이행시 부동산을 처분하여 채권금융기관에 변제해줌으로써 위탁자가 금융기관으로부터 대출을 받기 위하여 설정하는 신탁이다.

담보신탁은 기본적으로 채무자의 신용을 보완한다는 점에서 기존의 저당권과 유사한 면은 있지만, 전문성이 있는 신탁회사가 관리·처분함으로써 금융기관의 비용 절감 효과[203]가 있을 뿐만 아니라 신탁회사로 소유권이전이 이루어짐으로써 후순위 권리설정을 배제[204]할 수 있고, 그 무엇보다도 채무자가 파산하더라도 신탁재산이 파산재단을 구성하지 아니하여 신속한 채권회수가 가능하다[205]는 점 등에서 서로 다르다.

2. 신탁업자 업무

신탁업자의 업무는 신탁관계인, 신탁재산 등의 개념과 수탁자·수익자의 권리의무 등 신탁에 관한 일반적인 민사적(民事的) 법률관계를 규율하고 있는『신탁법』과 신탁업자 업무의 내용, 감독 등을 규정하고 있는『자본시장법』에 의하여 운영된다. 또한 신탁업자는『자본시장법』에 따라 신탁의 인수, 신탁재산의 관리·운용·처분 등에 관한 업무 및 이에 부수하는 업무를 영위(자본시장법 제6조 제8항)하고 있고,[206]『신탁법』,『담보부사채신탁법』등에 의한 신탁업무도 아울러 수행하고 있다.

가. 수탁업무

신탁업자가 위탁자와 체결하는 신탁계약(자본시장법 제109조)에 따라 인수할 수 있는 재산은 금전, 증권, 금전채권(金錢債權), 동산, 부동산, 지상권·전세권·부동산임차권·부동산소유권 이전등기청구권 및 그 밖의 부동산 관련 권리, 지적재산권 등 무체재산권으로 제한된다(자본시장법 제103조 제1항).

한편 신탁업자는 신탁당시 인수한 재산에 대하여 손실보전 및 이익보전 계약을 체결할 수 없으나(자본시장법 제55조), 연금이나 퇴직금의 지급을 목적으로 금융위원회가 정하는 신탁의 경우에는 손실보전이나 이익보장을 할 수 있다.[207]

(1) 금전신탁

금전신탁(money trust)은 신탁업자가 신탁계약으로 금전을 수탁받고, 신탁 종료 시에 금전 또는 운용자산을 그대로 수익자에게 교부하는 것이다.

금전신탁은 위탁자가 위탁금전의 운용방법을 지정하는지의 여부에 따라 고객이 신탁재산인 금전의 운용방식을 지정(합동운용방식)하는 특정금전신탁과 수탁자가 단독운용방식을 취하는 불특정금전신탁으로 구분한다.

한편, 불특정금전신탁의 주요 상품으로 현재는 연금신탁만 신규수신이 가능하다.[208]

(2) 재산신탁

재산신탁(property trust)은 신탁계약에 따라 신탁재산으로 금전·증권·금전채권·부동산 등을 수탁받고(자본시장법 제103조 제1항), 신탁계약 내용에 따라 관리·처분·운용한 후 신탁 종료 시에 금전 또는 신탁 재산의 운용현상 그대로 수익자에게 교부하는 것이다. 재산신탁의 종류로는 수탁재산에 따라 유가증권신탁,[209] 금전채권신탁,[210] 동산신탁, 앞에서 본 부동산신탁,[211] 지상권·전세권·부동산 임차권의 신탁 등으로 나눌 수 있다.

(3) 투자신탁 · 담보부사채신탁 · 공익신탁

투자신탁(investment trust)은 위탁자인 집합투자업자가 수탁자인 신탁겸업사(은행 등, 신탁업자)와 투자신탁계약을 체결하고, 신탁업자는 수익증권을 발행하여(자본시장법 제110조) 여러 투자자가 공동으로 출자한 기금(fund)을 증권 및 부동산 등 실물 자산에 투자 · 운용하도록 수탁회사[212]에 지시하여 그 수익을 수익자에게 배분하는 제도이다.

한편, 담보부사채신탁은 『담보부사채신탁법』에 따라 사채발행회사(위탁자)가 신탁회사(수탁자)와 신탁증서에 의한 신탁계약을 체결하고(담보부사채신탁법 제12조), 수탁자로 하여금 위탁자의 사채발행액에 대한 물적담보권을 설정하게 하여 사채를 발행하는 것이다.[213]

그리고 공익신탁은 『신탁법』에서 규정하고 있는 학술, 종교, 자선 등 공익을 목적으로 하는 신탁이다.[214]

3. 신탁업자의 신탁재산 운용제한

신탁재산에 속하는 금전의 운용방법은 증권, 장내 · 외 파생상품 등 금융투자상품의 매수, 금융기관에의 예치, 금전채권의 매수, 대출, 어음의 매수, 실물자산의 매수, 무체재산권의 매수, 부동산의 매수 또는 개발, 그 밖에 신탁재산의 안전성 · 수익성 등을 고려하여 대통령령으로 정하는 방법 등으로 제한하고 있다(자본시장법 제105조).[215]

4. 자금의 조달 및 운용

2011년 6월말 기준 신탁계정 구성면에서는 종래 대종을 차지했던 금전신탁 비중이 38.4%로 줄어든 가운데 최근 부동산신탁을 중심으로 한 재산신탁이 61.6%로 대폭 상승하였다. 신탁업자 별 구성 면에서는 은행 및 부동산신탁회사가 각각 41.9% 및 39.0%로 대부분을 점하고 있으며 이어 금융투자업자(증권회사)가 18.9%를 차지하고 있다.

제**6**장

지급결제전문기관[1]

제1절 개   관

1. 지급결제제도

가. 지급결제

지급결제는 실물 및 금융거래의 결과로 발생한 거래당사자간 채권·채무관계를 지급수단을 사용하여 화폐적 가치를 이전함으로써 종료하는 것을 말한다. 여기서 지급(payment)은 현금, 수표 또는 카드의 제시나 계좌이체를 통해 정당한 수취인에게 화폐청구권을 이전하는 행위를, 결제(settlement)는 비현금지급수단의 사용으로 발생한 금융기관 간 채권과 채무를 상계하고 상계 후 남은 차액을 각 금융기관의 한국은행 내 당좌계정 간 이체를 통해 처리하는 것을 말한다.[2,3] 그리고 지급결제제도는 금융시스템의 하부구조에 해당하는데, 구체적으로는 지급수단, 참여 기관, 업무처리규정, 그리고 전산시스템 등으로 구성된다.

지급결제제도는 경제활동에 수반되는 자금의 결제가 원활히 이루어지도록 함으로써 경제활동을 촉진하는 기능을 수행한다. 그러나 지급결제에는 각종 위험이 내재되어 있기 때문에 이러한 위험이 적절히 제어되지 않는다면 전체 금융제도가 불안해질 수 있다. 이러한 점에서 지급결제제도는 중요한 금융하부구조의 하나로 인식되고 있다.[4]

나. 결제위험

결제위험(settlement risk)은 지급결제 과정에 내재되어 있는 여러 가지 위험으로서 금융기관 지급시점과 자금결제시점의 차이, 지급결제시스템의 오류, 결제참가자의 재무건전성 미흡 등으로 발생한다. 결제위험은 신용위험, 유동성위험, 시스템위험 등 금융위험과 법률위험, 위·변조위험, 운영위험 등 비금융위험으로 나누어 볼 수 있다.

먼저 금융위험 가운데, 상대 금융기관의 파산 등으로 결제불이행 상태가 장기간 지속될 가능성이 큰 신용위험(credit risk)과 일시적 자금부족이 원인이어서 단기간 내에 결제될 가능성이 있는 유동성위험(liquidity risk)이 있다. 모두 상대 금융기관의 결제불이행으로 인해 금융기관이 손실을 입게 되는 위험이라는 점에서 동일하다. 그리고 시스템위험(systemic risk)은 신용위험, 유동성위험 등으로 발생한 특정 금융기관의 결제불이행이 다른 금융기관의 연쇄적 결제불능을 유발하여 지급결제제도 전체 기능의 마비를 가져오는 위험을 말한다.

한편, 비금융위험 가운데 법률위험(legal risk)은 법률체계가 미흡하거나 불확실하여 결제가 예정된 시간에 이루어지지 않는 위험이고, 위·변조위험(fraud risk)은 결제과정에서 위조, 변조, 절도 등으로 발생하는 위험을 말한다. 그리고 운영위험(operational risk)은 전산설비, 건물, 전기설비 등 지급결제제도를 구성하는 물리적 하부구조에 이상이 생김으로써 결제가 이행되지 못하는 위험을 말한다.

2. 주요 지급결제시스템

가. 거액결제시스템

한국은행은 1994년 12월 가동한 한은금융망(BOK-Wire+)[5]을 통해서 한국은행과 금융기관의 전산시스템을 상호 연결하여 금융기관 간 거액의 자금이체를 실시간 처리할 뿐만 아니라 소액결제시스템에서의 금융기관 간 채권·채무를 지정시점에 최종 결제하는 등 우리나라 지급결제시스템의 중추적인 역할[6]을 수행하고 있다. 또한 증권대금동시결제와 외환동시결제에 연계하여 증권 및 외환 거래에서의 결제리스크 감축에도 기여하고 있다.

나. 소액결제시스템

어음교환시스템, 지로시스템, 금융공동망, 전자상거래지급결제시스템 등은 소액결제를 다수 처리하기 때문에 주로 차액결제 방식을 이용한다.

어음교환(clearing)이란 다수의 은행이 일정한 시간에 금융결제원 산하 서울어음교환소[7]에 모여 자기은행이 수납한 어음 중 타 은행을 지급지로 하는 어음과 타 은행이 수납한 어음 중 자기은행을 지급지로 하는 어음을 서로 교환하고 대금을 결제[8]하는 것을 말한다.[9] 어음교환은 최근 IT의 발전 및 『전자어음의 발행 및 유통에 관한 법률』 등으로 어음 등을 실물로 교환하지 않고 어음 등에 기재된 내용을 정보화하여 교환하는 방식으로 전환되었다.[10] 전자어음은 약속어음을 인터넷상으로 이용할 수 있도록 전자화한 어음이다. 전자문서 형태로 발행·배서·결제하는 전자지급 수단이다.

지로시스템은 지로[11]를 통한 계좌이체가 지급결제중계센터에서 일괄처리[12]되는

지급결제제도이다.[13]

금융공동망은 금융기관과 금융결제원의 전산시스템을 연결하여 고객에게 각종 금융거래서비스와 거래정보를 제공하는 지급결제시스템으로서 현금자동인출기(CD)공동망, 타행환공동망, 직불카드공동망,[14] 자금관리서비스(CMS)공동망, 지방은행공동망, 전자화폐공동망, 전자금융공동망 등이 있다.

전자상거래지급결제시스템은 인터넷 등을 통한 전자상거래에서 이용되는 지급결제시스템으로 거래 상대방에 따라 B2C(Business to Consumer) 및 B2B(Business to Business) 지급결제시스템으로 구분된다.

다. 증권결제시스템

증권결제란 증권시장에서 주식(stock) 또는 채권(bond)을 거래함에 따라 발생하는 매도자와 매수자간의 채권·채무관계를 증권인도와 대금지급을 통해 청산하는 것을 말한다.

유가증권 및 코스닥시장결제시스템은 한국거래소가 청산(clearing)을 통해 증권회사 별로 결제 일에 수수할 증권과 대금을 확정[15]하면, 증권은 한국예탁결제원의 예탁계좌에서 계좌대체방식으로 교환되고, 결제대금은 한국은행에 개설된 한국예탁결제원 예탁계좌를 통해 자금이체방식으로 동시에 결제[16]된다.[17]

라. 외환결제시스템

외환거래는 서울외국환중개 또는 한국자금중개를 통한 장내거래와 거래당사자간 직접 접촉에 의한 장외거래가 있다.[18] 장내거래는 중개회사가 실시간으로 제공하는 시황정보를 파악하여 직통전화로 거래가 주문·체결되는 전화주문방식이나 중개회사의 전자중개시스템(EBS: Electronic Brokering System)을 통해 거래가 체결되는 전자주문방식에 의해 이루어진다. 중개회사를 경유하지 않는 장외거래는 주로 로이터단말기의 딜링머신 등을 통해 딜러간 가격 및 거래조건을 결정하는 점두거래 형태로 이루어진다.

외환결제[19]는 매도기관이 한은금융망을 이용하여 자신의 환거래은행 또는 외환거래전문은행(CLS은행)을 통해 이루어진다. 환거래은행을 통한 외환결제는 은행간 외환거래에 있어서 가장 일반적인 국제자금결제 방식으로 국제은행 간 자금결제 통신망(SWIFT: Society for Worldwide Inter-bank Financial Telecommunication)[20]을 통해 자신의 환거래은행에 매도통화의 지급을 지시하면 환거래은행이 해당 통화의 지급결제시스템을 통하여 거래상대방의 환거래은행에 자금을 이체함으로써 결제가 이루어진다.

외환결제전문은행(CLS: Continuous Linked Settlement)은 국가 간 시차로 인한 외환결제리스크 우려가 제기됨에 따라 1999년 11월 BIS의 권고로 미국 뉴욕시에 외환동시결제 구현을 목적으로 설립되어 2002년 9월부터 가동되었다. 우리나라는 2004년 12월부터 CLS은행을 통한 원화·외화 간 및 외화 간 거래에 대해 동시결제[21]를 할 수 있게 되었다.

제2절　금융결제원[22]

1. 소액결제기관

금융결제원(Korea Financial Telecommunications & Clearings Institute)[23]은 전자금융·금융정보·어음교환 등 금융기관 사이의 온라인 입출금, 이체 등 전자금융결제를 할 수 있도록 금융기관 공동전산망을 운영하는 기관이다. 1980년대 중반 정부가 추진한 5대 전산망의 하나인 금융전산망으로 은행들이 개별적으로 운영하던 전산망을 하나의 네트워크로 연결하기 위해 전국어음교환관리소와 은행지로관리소를 통합하여 1986년 6월 민법상 비영리 사단법인으로 설립되었다. 이후 금융결제원은 1988년 CD공동망 가동을 시작으로 타행환공동망, 전자금융공동망, 자금관리서비스(CMS)공동망, 직불카드공동망, 지방은행공동망, 전자화폐(K-CASH)공동망 등 금융공동망을 차례로 구축하였다.

금융결제원 공동망 사업에는 한국은행과 『은행법』상 금융기관이 사원, 준사원 또는 특별 참가기관으로 참여한다. 은행이 아닌 금융기관도 최고의 사결정 기구인 총회의 승인을 얻어 특별참가기관이 될 수 있다.[24]

금융결제원 조직은 각 사원들의 장으로 구성된 총회,[25] 금융결제원 원장과 비상임이사 8인으로 구성된 이사회가

▶ 금융결제원

있고, 임원으로는 원장 1인, 전무이사 1인, 상무이사 3인 및 감사 1인을 두고 있다.

2. 주요 업무

금융결제원은 CD, 타행환 등 전자금융업무, 공인인증 등 금융정보업무, 전자어음 등 어음교환업무, 자동이체 등 지로업무와 신용(직불)카드의 승인 등 대부분의 소액결제시스템을 운영한다. 또한 은행과 공동으로 신규 지급결제서비스를 개발하는 업무를 수행하기도 한다.

아울러 금융기관에 대한 어음, 수표의 교환결제서비스를 제공하고, 부도 및 거래정지처분제도를 운영한다. 어음교환은 과거의 실물교환 방식과 달리 어음에 기재된 내용을 정보화하여 교환하는 방식으로 이루어지고 있고, 이를 위한 어음·수표전자정보교환시스템, 전자채권 관리시스템, 어음정보시스템 등을 운영하고 있다.[26]

제3절 한국예탁결제원[27]

1. 유가증권 예탁결제 기관

한국예탁결제원(Korea Securities Depository)[28]은 『자본시장법』에 의해 설립된 유가증권 예탁결제기관이다(자본시장법 제294조).[29] 1973년 증권시장 규모 확대와 거래량 급증으로 실물유통에 따른 분실 및 도난 위험 방지, 매매거래 결제업무 간소화 및 효율화 등을 도모하기 위해 『구(舊) 증권거래법』을 개정하여 증권거래소가 집중예탁 및 대체결제 업무를 영위할 수 있도록 하였다. 1975년 증권거래소가 위와 같은 업무를 한국증권대체결제(주)[30]에 위임함에 따라 본격적인 증권예탁결제업무를 시작하였다. 마침내 1994

▶ 한국예탁결제원

년 증권예탁원(2005년 증권예탁결제원으로 변경)이 『구(舊) 증권거래법』에 의한 중앙예탁기구(CSD: Central Securities Depository)가 되었고, 2009년 한국예탁결제원으로 명칭이 변경되었다.

2. 한국예탁결제원의 업무

가. 증권의 집중예탁과 계좌 간 대체 업무

한국예탁결제원은 은행, 금융투자업자, 보험회사, 외국예탁결제기관, 기관 투자자 등에게 계좌를 개설해 주고 유가증권의 집중예탁[31]을 받으며, 일반법인 및 개인투자자는 금융투자업자(투자중개업자) 등을 통해 간접적으로 예탁을 받는다(자본시장법 제75조, 제296조, 제309조, 제310조).[32]

투자자가 증권을 매매하면 한국예탁결제원은 한국거래소 및 매매기관으로부터 거래내역을 전달받아 매수자의 대금 입금여부를 확인한 후 대금결제와 동시에 계좌 간 대체기재를 통해 증권결제를 실시한다.[33] 그리고 한국예탁결제원은 이를 위한 전자적 업무시스템으로 고객 컴퓨터와 연결된 예탁결제정보통신망(SAFE: Speedy, Accurate, Faithful, Efficient)을 운영하고 있다.

한편, 한국예탁결제원 장내시장에서는 유가증권시장결제시스템 및 코스닥시장결제시스템을 운영하여 BIS DVP 모델Ⅲ[34]방식으로 증권결제 업무를 수행[35]하고 있고, 장외시장에서는 채권기관투자자 결제 시스템 및 주식기관투자자결제시스템 등을 통해 증권청산과 결제업무가 이루어진다.[36]

나. 예탁된 증권의 권리 관리

한국예탁결제원은 증권을 예탁한 예탁자나 고객인 투자자를 위해 배당, 원리금, 주권수령 등 예탁증권에 대한 제반권리 행사를 위한 모든 사무를 대신 처리한다(자본시장법 제314조). 따라서 투자자들은 권리행사를 위해 한국예탁결제원으로부터 증권의 반환을 받을 필요가 없다.[37]

한편 한국예탁결제원은 주식예탁결제, 실질주주관리 등의 고유기능을 바탕으로 증권대행업무도 수행한다. 증권대행업무란 발행회사를 대신하여 주주명부 관리, 명의개서, 의결권·신주인수권 등 주주권 배정 및 통지, 주권발행, 배당금 지급 등 주식관련 사무를 처리하는 것을 말한다(자본시장법 제315조).[38]

다. 국제증권거래 관련 업무

한국예탁결제원은 국내에 거주하는 투자자가 외화증권[39]에 투자하는 경우 예탁 받은 외화증권을 외국에 보관하기 위해 국제보관기관(Global Custodian) 및 국제예탁결제기관(ICSD)을 외국 보관기관으로 선임하여 결제 및 권리행사를 처리한다. 또 외국인이 국내증권에 투자할 경우에도 그들이 취득한 국내증권을 보관하고 상임대리인으로서 권리행사를 대행한다.[40]

국내기업이 해외 증권시장에서 주식예탁증권(DR: Depositary Receipt)을 발행하는 경우 한국예탁결제원은 국내에서 원주를 보관해 주고, 반대로 외국기업이 국내에 주식예탁증권을 발행하는 경우 외국시장에 원주 보관기관을 선임해서 한국예탁결제원 명의로 보관하게 함으로써 권리행사를 도와준다.

그 외에도 국내기업의 외국시장 상장 및 외국기업의 국내시장 상장 등을 지원한다. 이와 같은 국제증권거래를 원활히 하기 위해 한국예탁결제원은 2011년 6월 기준 미국 등 총 36개 외국시장에 국제예탁결제네트워크(CCN: Cross border Clearing Network)를 구축하고 있다.

라. 기타 업무

한국예탁결제원은 집합투자증권·재산 예탁결제시스템(FundNet)을 통해 집합투자증권(펀드)의 설정·환매·수익자명부관리에서부터 집합투자재산의 집중예탁·동시결제·펀드별 원장관리 등의 펀드업무를 표준화·자동화 처리한다. 또한 채권등록전문기관으로 국민주택채권 및 공사채를 대상으로 한 채권등록업무도 한다.[41] 그 밖에 증권을 빌려주고 수수료를 받는 증권대차거래, 환매조건부매매, 증권 등을 담보로 금융기관 간에 단기로 자금을 차입·대여하는 담보콜거래 등을 중개하기도 한다.

3. 장외파생상품시장 중앙거래당사자

장외파생상품 중앙거래당사자 또는 중앙청산소(CCP: Central Counter Party) 제도란 장외파생상품 거래참여자에 대해 중앙거래당사자가 거래 상대방이 되어 결제이행을 보증하는 제도이다. 우리나라에서는 장내파생상품의 경우 한국거래소가 청산 및 결제를 담당하고 있으나, 장외파생상품은 청산 및 결제가 거래당사자 간에 개별적으로 이루어져 거래상대방 부실에 따른 결제불이행 위험 및 전이 가

[그림 6-1] 중앙거래당사자(CCP)제도에서의 거래 구조

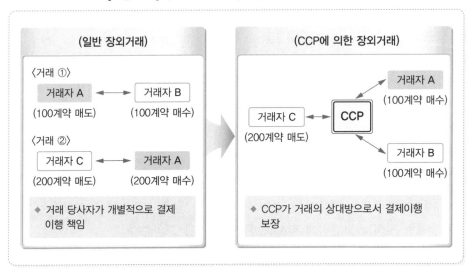

능성이 상존한다.

중앙거래당사자가 도입될 경우 시장참가자의 거래정보 및 리스크 집중관리, 결제이행 보장, 다자간 결제금액 차감 등을 통해 이러한 리스크가 크게 해소+될 것으로 기대되나 우리나라에서는 장외파생상품의 표준화 등이 미미해 그동안 도입논의가 부족하였다.

우리나라에서 중앙거래당사자 도입 논의는 지난 2009년 9월 25일 G20 피츠버그 정상회의에서 '표준화된 모든 장외파생상품에 대하여 CCP가 청산을 수행한다'는 합의안이 마련되면서부터 본격화되었다. 이후 2010년 2월 금융위원회가 중앙거래당사자 도입계획을 발표했으나 구체적 도입방안 및 사업자선정 등에 대한 의견이 분분해지면서 도입이 지연되고 있다.

한편 다른 나라 사례를 보면 미국의 경우 모든 표준화된 장외파생상품을 중앙거래당사자에서 청산되도록 추진하고 있으나 일본은 금리, 통화관련 장외파생상품부터 단계적으로 의무화를 추진하고 있다. 우리나라는 일본의 사례를 참고하여 거래량이 많은 이자율 관련 상품부터 단계적으로 도입하는 방안을 고려하고 있다.

금융시장

제**7**장

제1절 개   관

1. 금융시장 개관

금융시장에 대해서는 제2장 제3절에서 개괄적으로 이미 설명하였다. 되풀이하는 말이지만, 금융시장은 경제주체들이 금융상품거래를 통하여 필요한 자금을 조달하고 여유자금을 운용하는 조직화된 장소를 말한다. 금융시장의 활성화여부는 경제주체들이 보유하고 있는 금융자산규모에 의하여 결정된다고 할 수 있고, 비금융시장(예컨대 부동산시장)과 비교하여 더 활기가 넘쳐야 한다.

그러면 기업을 제외하고 우리나라의 가계자산 중 금융자산(financial assets)의 비중은 어떠한가? 2014년을 기준으로, 우리나라 가계자산 중 금융자산의 비중은, 주요 5개국(한국, 미국, 일본, 영국, 호주)의 가계자산과 비교하면 여전히 낮은 수준인 것으로 조사되었다. 여전히 부동산 등 비금융자산의 비중이 금융자산 비중보다 높게 나타나고 있는데 비금융자산이 전체자산의 75.1%를 구성하고 있는[1] 반면, 금융자산은 24.9%에 불과하다. 그렇지만 우리나라의 가계 금융자산 비중은 전반적으로 증가하고 있는 중이다.

한편, 우리나라 가계 금융자산 구성을 보면, 현금·예금 비중이 45.5%로 가장 높고 주식·채권·펀드 등 금융투자상품의 비중은 25.0%로 상대적으로 낮은 것으로 나타났다. 2007년까지 꾸준한 증가세를 보이던 우리나라의 금융투자상품 비중은 글로벌 금융위기 이후 소폭 감소세를 보이고 현재 25% 수준대를 유지하고 있다.

반면, 선진국인 미국에서는 금융위기에도 불구하고 2013년 말 기준으로 가계자산에서 금융자산의 비중은 꾸준한 상승세를 보여, 비금융자산은 29.3%인데 반하여 금융자산은 70.7%를 차지하고 있다. 금융자산의 구성면에서도 현금·예금의 비중은 12.7%에 불과한 반면에, 금융투자상품의 비중은 53.3%로 절반 이상을 차지하고 있으며, 금융투자상품 중 특히, 주식의 비중은 33.2%로 매우 높은 수준을 나타내고 있다.[2]

위와 같이 우리나라의 자본시장(capital market)은 미국 등 선진국에 비하여 상대적으로 덜 발달되어 있다고 평가할 수 있다. 그러면 아래에서는 자본시장 중에서 먼저 채권시장, 그 다음에 주식시장에 대하여 차례로 살펴본다.

2. 자본시장[3]

자본시장(capital market)은 기업, 정부, 지방자치단체, 공공기관 등이 장기자금을 조달하는 시장이다. 넓은 의미로 자본시장은 은행의 시설자금대출 등 장기시장을 포함하기도 하지만 보통 국채, 회사채, 주식 등 장기직접금융증권이 거래되는 증권시장(securities market)을 의미한다.[4]

자본시장은 여러 기능을 수행하고 있다. 첫째, 가계 등의 여유자금을 기업 등에 장기투자재원으로 공급함으로써 국민경제의 자금잉여부문과 자금부족부문의 자금수급 불균형을 조절하는 것으로 이것이 자본시장의 가장 중요한 기능이라고 할 수 있다.

둘째, 자금배분이 효율적으로 이루어지도록 한다.[5]

셋째, 다양한 투자수단을 제공한다. 주식, 채권 등은 투자자의 입장에서 유용한 투자수단이 되며 자본시장 발달과 함께 증권의 종류가 다양화·고도화되면서 투자자는 더욱 다양한 포트폴리오를 구성할 수 있는 기회를 갖게 된다.

넷째, 중앙은행의 통화정책이 실물경제(actual business, real economy)에 영향을 미치는 매개기능을 한다. 즉, 중앙은행이 정책금리를 변경하면 여러 경로를 통해 자본시장의 장기수익률이 바뀌는 결과를 낳게 되고, 기업의 자본조달비용(capital procurement cost)을 변동시킴으로써 궁극적으로 기업의 투자결정에 영향을 미치는 동시에 채권 및 주식의 자산가치 변동으로 인한 부의 효과(wealth effect)를 통해 가계소비에도 영향을 미치게 된다.

자본시장에서 거래되는 금융자산은 금리변동에 따른 자본손실 위험 및 신용위험이 비교적 커서 이들 자산의 수익률이 단기금융상품에 비해 높은 것이 일반적이다.[6] 최근 경제주체들의 금리 민감도가 높아진 가운데 위험선호도가 높은 투자자를 중심으로 주식과 채권에 대한 수요가 확대되고 있고, 전체 금융자산 중 이들 장기금융자산의 비중도 높아지는 추세에 있다.

우리나라의 자본시장 규모는 2012년 6월말 기준 2,410.5조 원으로 1990년 말(114.0조 원)에 비해 약 21배 정도 확대되었으며 채권시장이 1,236.2조 원으로 51.3%, 주식시장이 1,174.3조 원으로 48.7%를 각각 차지하고 있다. 채권시장의 경우 재정적자 보전을 위한 국채 발행, 경상수지 흑자 및 외국인투자자금 유입에 따른 유동성을 흡수하기 위한 통화안정증권 발행, 예금보험기금채권 등 금융구조 조정을 위한 채권 발행 등으로 국채, 통화안정증권 및 특수채 비중이 크게 증가한 반면 회사채 비중은 줄어들었다. 한편 주식시장의 경우 유가증권시장이 대부분을 차지하고 있다. 즉 코스닥시장의 비중은 IT 호황으로 한 때 20%를 상회하기도 하였으나 2012년 6월말 기준 9.0%를 차지하는 데 그치고 있다.

3. 그 밖의 금융시장

우리나라의 금융시장에도 다양한 시장이 존재하고 있다. 단기금융시장으로 환매조건부 매매시장, 기업어음시장, 전자단기사채시장이 있고, 주식·채권시장으로 대표되는 자본시장으로는 이들 외에 통화안정 증권시장, 자산유동화 증권시장이 있다.

한편, 파생금융상품시장으로는 주식관련 파생상품시장 이외에 금리·통화관련 파생상품시장, 신용파생상품시장, 파생결합 증권시장이 있다. 다만 이 책에서는 이들 모두를 소개하기에는 지면이 충분하지 못하고, 중요하다고 생각하는 자본시장 중 주식·채권시장과 파생금융상품시장 중 주식관련 파생상품시장을 설명하는 것으로 마무리한다.

제2절 채권시장[7]

1. 채권의 의의 및 채권시장 개요[8]

가. 채권의 의의

채권(bond)이란 일반적으로 정부, 공공기관, 민간기업 등이 비교적 장기에 걸쳐 불특정 다수로부터 거액의 자금을 조달하기 위하여 정해진 이자와 원금의 지급을 약속하면서 발행하는 증권으로서 기간 투자자에게 일정한 이자가 지급된다는 점에서 고정소득증권(fixed income securities)으로 불린다.[9] 그런데 『자본시장법』은 채권을 채무증권이라고 부르고 있다. 하지만 앞으로 편의상 '채권'이라고만 한다.

나. 채권시장

채권의 발행시장(또는 1차 시장, primary market)은 채권이 자금 수요자에 의해 최초로 발행되는 시장이고, 채권의 유통시장(또는 2차 시장, secondary market)은 이미 발행된 채권이 투자자들 사이에서 매매되는 시장이다. 투자자들은 발행시장에서 채권을 인수하거나 유통시장에서 매입할 수 있고, 또 이자소득 외에 가격변동에 따른 자본이득(capital gain)을 기대할 수 있기 때문에 채권은 자산 포트폴리오(portfolio, 투자자의 선호에 따라 투자목적에 맞게 구성된 여러 투자대상의 집합)[10]를 구성하는 중요한 투자수단이 된다.

한편, 채권의 가격은 수익률로서 나타나며 이는 경제, 물가 등 경제기초여건(fundamentals), 발행자의 신용상태, 수급여건, 채권시장 하부구조(market infrastructure)의 효율성 등에 의해 결정된다.

다. 채권의 종류

(1) 발행주체 등에 의한 분류

채권은 정부가 발행하는 국고채권(이하 국고채), 국민주택채권 등 국채, 한국은행이 발행하는 통화안정증권, 지방자치단체가 발행하는 지방채, 상법상의 주식회사가 발행하는 회사채, 은행·금융투자회사·리스회사·신용카드회사 등 금융회사가 발행하는 금융채(financial bond), 한국전력공사·예금보험공사 등 법률에 의해 직접 설립된 법인이 발행하는 특수채 등으로 구분할 수 있다.

원리금에 대한 제3자의 지급보증 여부에 따라 보증주체가 정부인 정부보증채와 신용보증기금, 보증보험회사, 은행 등이 지급을 보증하는 일반보증채 그리고 발행주체의 자기 신용에 의해서 발행되는 무보증채가 있다.

또한 발행자의 담보제공 여부에 따라 발행주체가 채권을 발행할 때 신용을 보강하기 위해 담보를 제공하는 일반담보부채권, 유동화전문회사(SPC: special purpose company)가 대출채권, 카드매출채권 등의 자산을 기초로 발행하는 자산유동화증권(ABS: asset-backed securities)이 있다.

(2) 이자지급 등에 의한 분류

이자지급방법에 따라 할인채(discount bond, zero-coupon bond),[11] 이표채(coupon bond),[12] 복리채(compound interest bond) 등으로 구분할 수 있고, 지급이자 변동여부에 따라 미리 정해진 이율에 따른 이자를 지급하는 고정금리부채권(fixed rate bond)과 금융시장의 대표적인 금리(LIBOR와 같은 기준금리)에 연동되어 이자지급 때마다 정기적으로 재조정되는 변동금리부채권(FRN: floating rate note)으로 구분되기도 한다.

(3) 회사채

발행회사의 주식으로 전환할 수 있는 권리가 부여된 전환사채(CB: convertible bond), 발행회사의 신주를 일정한 조건으로 매수할 수 있는 권리를 부여한 신주인수권부사채(BW: bond with warrant),[13] 발행회사가 보유한 제3자 발행 유가증권과 교환할 수 있는 교환사채(EB: exchangeable bond) 등이 있다.

이와 같이 채권은 다양한 형태로 발행될 뿐 아니라 같은 종류의 채권이라도 잔존만기와 표면금리가 다를 경우 각각 다른 종류의 채권으로 취급된다.

2. 채권의 발행 및 거래구조

가. 채권의 발행

(1) 국 채

(가) 발행 종목 및 조건

국채(government bond)는 자금용도에 따라 『공공자금관리기금법』 제2조에 따라 발행하는 국고채권(국채법 제4조 제1항),[14] 기획재정부가 발행하는 재정증권(treasury bond), 『공익사업을 위한 토지 등의 취득 및 보상에 관한 법률』에 따라 발행되는 국민주택채권(공익사업을 위한 토지 등의 취득 및 보상에 관한 법률 제63조, 동법시행령 25조 내지 27조),[15] 보상채권[16] 등 4가지 종류로 나누어지는데, 종목에 따라 발행방식 및 이자지급방식 등이 서로 다르다.

6개월마다 이자가 지급되는 이표채인 국고채권(국고채, 국채)과 할인채인 재정증권은 경쟁입찰[17]을 통해 발행되고, 원리금이 만기에 일시 상환되는 복리채인 국민주택채권은 인허가와 관련하여 의무적으로 매입토록 하는 첨가소화방식으로, 보상채권은 당사자 앞 교부방식으로 각각 발행된다.

금리결정방식은 2009년 9월 이후 단일금리결정방식(dutch auction)[18]에서 복수금리결정방식(conventional auction)[19] 요소를 가미한 방식으로 변경하여 최고낙찰금리 이하 응찰금리를 0.03% 간격으로 그룹화한 뒤 그룹별로 각 그룹의 최고 낙찰 금리를 적용하고 있다.

국고채권의 입찰에는 『국고채권의 발행 및 국고채전문딜러 운영에 관한 규정』 제16조 제2항에 따라 기획재정부 장관이 지정하는 은행, 증권회사 등 국고채전문딜러와 일반인[20]이 참여할 수 있는데, 일반인의 입찰참가는 국고채전문딜러를 통하는 경우에만 가능하며 입찰금리를 별도로 제출할 수는 없다(국고채권의 발행 및 국고채전문딜러 운영에 관한 규정 제7조, 제10조).[21] 매입금액은 최소 10만 원에서 최대 10억 원이고,[22] 또 국고채전문 딜러들에게 낙찰된 이후 3영업일까지 낙찰물량에 비례하여 발행 국고채를 매입할 수 있는 권리(call option)도 부여된다(국고채권의 발행 및 국고채전문딜러 운영에 관한 규정 제9조).[23] 한편 국고채권이 신규 발행되는 경우 표면금리는 낙찰 금리를 반올림하여 0.25%의 배수가 되도록 결정되며 국고채발행에 관한 계획은 연간 및 월간으로 사전에 공표된다.

(나) 발행과 상환구조

기획재정부장관은 중앙정부의 각 부처로부터 발행요청을 받아 발행계획안(국고채권의 발행 및 국구채권전문딜러 운영에 관한 규정 제5조)을 작성한 후 국회의 심의 및 의결을 거쳐 국채를 발행한다(국채법 제5조). 국채발행규모는 국회의 동의를 받은 한도[24] 이내에서 정부가 결정하며 공개시장발행을 원칙으로 하고 있다.

현재 국민주택채권[25]을 제외한 국채의 발행 사무는 한국은행이 대행[26]하고 있다. 다만 재정증권의 경우에는 국고채전문 딜러 이외의 금융기관, 정부출자기관 및 보험회사 등을 대상으로 발행할 수 있다. 국고채권의 입찰은 월요일 오전 10:40~11:00까지 20분간 진행된다.[27] 국고채권의 교부와 낙찰금액 납입은 입찰일 다음 영업일에 주로 이루어지며 낙찰금액이 납입되면 한국은행은 한국예탁결제원에 일괄등록[28]을 통보하고 채권을 계좌 대체함으로써 발행절차가 종료된다.[29]

반면 국민주택채권의 경우는 동 채권 보유기관이 회사채의 원리금 상환 절차와 마찬가지로 만기일(또는 이자지급일)에 상환업무 대행기관인 국민은행 앞으로 채권과 이표를 교환에 회부하여 원리금을 회수하게 된다.

(2) 회사채

(가) 발행 방법 및 조건

회사채(會社債, 사채, corporate bond, debenture)를 공모발행(public issue)[30]하는 경우 일반적으로 인수기관(증권회사, 종합금융회사, 한국산업은행 등)이 총액인수[31]를 하고, 사모발행(private placement)의 경우에는 발행기업이 최종매수자와 발행조건을 협의하여 직접 발행하게 된다.

한편, 2012년 『상법』개정(2012년 4월 시행)으로 회사는 회사채발행한도 제약[32]을 받지 않고, 이사회 결의로 사채를 발행할 수 있게 되었다.[33] 한편, 회사가 회사채를 공모발행을 하는 경우 반드시 금융위원회가 제정한 『증권의 발행 및 공시 등에 관한 규정』 제2 내지 6조에 따라 작성된 증권신고서를 금융위원회에 제출해야 한다.[34]

회사채 만기는 일반적으로 1, 2, 3, 5, 10년 등으로 정해서 발행되는데, 대체로 3년 이하가 주종을 이루고 있다.[35] 표면금리는 발행기업과 인수기관 간 협의에 의해 자율적으로 결정된다.[36]

(나) 회사채에 대한 신용평가

『자본시장법』 제335조의2에 따라 인가를 받은 신용평가회사(신용평가기관: Credit Rating Agency)[37]는 투자자에게 회사채 신용등급을 발표하여 원리금회수가능성 정도에 대한 정보를 제공하는데, 이것은 회사채 발행금리 결정에 중대한 영향을 미치고 있다. 회사채 발행기업은 신용평가 수수료의 부담에도 불구하고 객관적인 신용등급을 획득[38]함으로써 잠재적인 투자자를 확보할 수 있기 때문에 총 자금조달비용을 낮출 수 있다.

현재 무보증회사채(unsecured corporate bond)[39] 발행기업들은 2개 이상의 신용평가회사로부터 기업의 사업성, 수익성, 현금흐름, 재무안정성 등을 기초로 회사채 상환능력을 평가받고 있다.

회사채 평가등급은 AAA~D까지 10개 등급으로 분류되는데, AAA~BBB는 원리금 상환능력이 양호하다고 인정되는 투자등급, BB~C는 동 상환능력이 상대적으로 의문시되는 투기등급, D는 상환불능 상태를 나타낸다.[40]

(다) 투자자 보호제도

외환위기 이후 회사채 발행회사의 채무불이행 위험이 높아지면서 회사채 보증기관들이 지급보증을 기피한 데다 종합금융회사 등 일부 보증기관의 신인도 저하로 투자자도 회사채의 보증 여부보다는 발행기업의 신용도를 더욱 중시하였기 때문에 회사채가 보증부에서 무보증부로 발행되는 비중이 높아졌다. 그러나 무보증사채의 일반화로 보증사채 발행 시 보증기관이 일부 수행하였던 투자자 보호 기능이 약화됨에 따라 무보증사채 투자자에 대한 보호 장치를 강화할 필요성이 대두되어 무보증사채를 발행할 때 의무적으로 기존 사채모집 위탁계약서 대신 사채권자 보호를 강화한 표준무보증사채 수탁계약서를 사용하도록 하였다.[41] 동 계약서는 발행회사의 의무 및 책임, 회사채의 기한이익 상실사유, 수탁회사의 권한 등을 포함하고 있다. 그러나 여신전문금융회사, 종합금융회사, 은행, 증권회사가 발행하는 무보증사채와 『자산유동화에 관한 법률』과 『주택저당채권유동화회사법』에 의해 발행되는 유동화증권 등은 표준무보증사채 수탁계약서 사용 의무가 면제되어 있다.

(라) 회사채 발행 및 상환 구조

발행회사(발행기업)는 인수기관(주로 증권회사)을 선정하여 발행사무 일체를 위임하고, 인수기관은 인수부담을 줄이기 위해 발행계획 수립 시 미리 매수자를 물색하며, 인수기관이 발행 회사채 총액인수를 한 후(그림에서 ①) 인수기관은 발행 당일 매수자(은행, 자산운용회사, 보험회사 등 기관투자자)에게 매도한다. 매수자는 거래은행에 매매체결 내용을 통보하고, 매매대금을 발행기업에게 지급토록 지시한다(③). 거래은행(수탁은행)은 발행기업에게 매수기관의 회사채 발행자금을 증권회사에 입금하고(④), 증권회사는 발행기업 주거래은행에 자금을 입금한다(⑤). 그러면 주거래은행은 발행기업 앞으로 대금을 지급한다(⑥).

회사채의 인수도는 증권회사가 회사채를 매수자 명의로 한국예탁결제원에 개설(자본시장법 제309조)된 계좌에 등록함으로써 끝난다(자본시장법 제297조).

[그림 7-1] 회사채 발행 구조

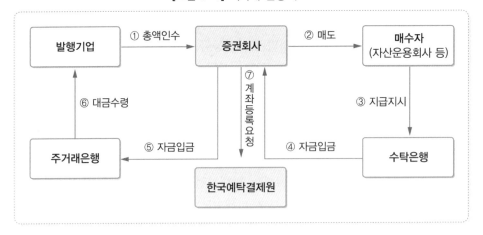

회사채의 원금상환 및 이자지급도 위와 비슷하다. 한국예탁결제원은 원리금 지급 10일 전에 원리금지급 대행 은행에 지급기일 도래를 알리고(지급통보)(그림에서 ①), 지급일 전일에 채권교환 대행 은행에게 만기 회사채 및 이표 교환청구를 한다(④).[42] 한편, 지급일 전일, 발행기업은 원리금지급 대행 은행에 원리금을 입금하고

(③) 입금된 원리금은 채권교환 대행 은행을 통해(⑤) 원리금상환 대행 증권회사로 계좌이체가 완료된 후(⑥), 회사채 보유자는 증권회사로부터 원리금을 회수한다(⑦).

[그림 7-2] 회사채 상환 구조

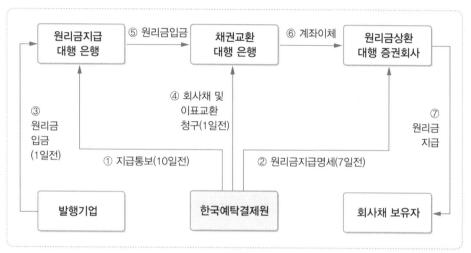

나. 채권의 유통시장

(1) 채무증권(채권) 상장의 의의와 요건

채권(채무증권)상장은 한국거래소가 개설하는 유가증권시장에서 발행된 채권(채무증권)이 매매될 수 있는 자격을 부여하는 것을 말한다. 채무증권의 상장은 『유가증권시장 상장규정』에 따라 처리되고 있고, 상장을 신청한 경우 한국거래소는 아래와 같은 요건이 충족되는지 여부를 심사하고 있다(유가증권시장 상장규정 제88조). ① 국내 발행기업의 자본금은 5억 원 이상(단, 보증·담보부사채권, 자산유동화채권은 제외)이어야 하고, ② 발행방식은 모집 또는 매출에 따른 발행이어야 하며, ③ 발행액면총액과 미상환액면총액은 3억 원 이상이어야 한다. 한편, 외국 채무증권 발행기업의 경우에는 해외증권시장에 외국주권을 상장한 법인이면서 한국거래소에 외국주권 또는 외국주식예탁증권을 상장하고 있는 기업으로서 자기자본 100억 원 이상으로 자본잠식이 없어야 한다(유가증권시장 상장규정 제95조).

(2) 장외시장

대부분의 채권거래는 채권의 종목이 다양하고 거래조건이 표준화되어 있지 않아 한국거래소의 자동매매시스템을 통해 거래하기가 곤란하기 때문에 중개기관인 증권회사(inter-dealer broker 포함)의 단순중개방식(brokerage)[43]으로 장외시장(Off Board Market, Over-The-Counter Market)[44]에서 이루어진다.[45]

증권회사는 매수·매도 호가(bid-ask quotes)를 미리 제시하고 고객의 거래요청에 반드시 응하여야 하는 시장조성(market making) 의무가 없기 때문에 채권재고를 유지하는 위험을 부담할 필요가 없다.[46]

이와 같이 증권회사들이 단순중개방식으로 채권거래를 중개하는 것은 증권회사들이 자체적으로 채권 재고를 보유할 만큼 자금여력이 크지 않고, 또 금리변동에 따른 위험을 충분히 헤지(hedge)할 만큼 다양한 파생상품이 많지 않은 데다 과거 채권 딜링(dealing) 업무 수행과정에서 큰 손실을 경험하였던데 따른 소극적 자세 등에 주로 기인한다.

장외시장에서는 거래의 특성상 매매시간의 제한은 없으나 뒤에서 보는 주식시장 매매제도와 동일하게 보통 09:00~15:30분이고, 거래단위는 관행적으로 100억원이다. 아래 [그림 7-3]을 보면, ① 증권회사를 통해 일단 거래(매도·매수)가 이루어진 후, ② 매수자는 자기 거래은행에게 매도기관 앞으로 대금지급지시를 하고, ③ 매도자와 매수자의 거래은행 간 대금지급 절차가 완료되면, ④ 매도자는 증권회사를 통해 한국예탁결제원에 계좌이체를 요청한다. 자금 및 채권 결제는 통상적으로 거래 이튿날(T+1)에 이루어진다.

[그림 7-3] 장외시장에서 채권 유통 구조

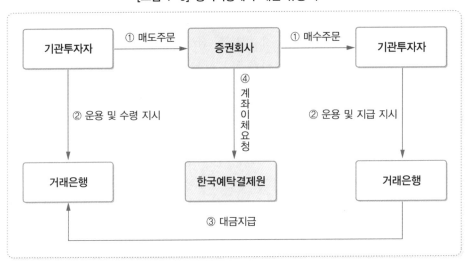

(3) 장내시장

장내시장은 한국거래소 내에 설치된 상장된 채권이 거래되는 채권유통시장으로서 일반채권시장과 국채전문유통시장이 있다. 일반채권시장에서는 전환사채와 소액 국공채의 장내거래가 의무화되어 있어 채권거래가 비교적 활성화되어 있고, 국채전문유통시장 거래는 개설 초기, 저조하였으나 국고채전문딜러의 국고채 지표채권의 장내거래 의무화[47] 등에 힘입어 늘어나는 추세에 있다.[48]

다. 채권시장 안정 및 규제

(1) 채권유통수익률 공시제도

『자본시장법』 제283조에 의해 설립된 한국금융투자협회(Korea Financial Invest-ment Association)[49]는 한국금융투자협회가 지정한 증권회사[50]로부터 장외시장에서 거래되는 채권수익률을 통보받아 한국금융투자협회 홈페이지를 통해 현재 채권유통수익률로 최종호가수익률을 공시한다.

최종호가수익률은 해당종목 채권의 장외시장 거래내역을 감안하여 대체로 적정하다고 판단하는 유통수익률의 평균[51]수준이고, 실제 거래가 가능한 개별 채권의 유통수익률은 아니다. 그러므로 거래실적이 없거나 미미한 경우에는 증권회사가 적정 유통수익률을 제시하기가 곤란하다는 문제가 있다.

(2) 채권시가평가제도

채권시가평가(mark to the market)는 은행, 증권회사, 보험회사, 자산운용회사, 종합금융회사, 상호저축은행 등 금융기관이 보유하고 있는 채권 가치를 적절한 가격[52]으로 평가하는 것[53]으로서 금융기관이 자체 보유하고 있는 채권에 대한 시가평가와 자산운용회사 및 은행신탁 등 집합투자업자[54]가 가지고 있는 집합투자재산에 대한 시가평가로 구분된다.[55] 즉, 채권시가평가제도는 채권 가치를 매일매일 시장에서 유통되는 그 날 그 날의 가격, 바꾸어 말하면, 시장에서 거래되거나 거래되기에 적합한 가격으로 평가하는 것을 말한다.

금융기관 보유 채권의 평가는 단기매매계정에서 시가평가 결과를 손익계산서에 반영하도록 하고 있는 반면, 매도가능계정에서는 시가평가대상이나 당기손익은 손익계산서에 반영하지 않고 재무제표 기타포괄손익으로 처리하여 만기보유계정은 장부가 평가를 원칙으로 하고 있다.[56] 이에 따라 금융기관이 보유하고 있는 시가평가대상 채권은 금융감독원이 제정한 『금융투자업규정』(2017.12.29. 시행) 및 동 시행규칙에 따라 한국금융투자협회 또는 채권평가회사[57]가 공표하는 수익률을 기초로 평가되고 있다.

한편, 집합투자재산에 대한 채권시가평가는 1998년 11월부터 신규펀드에 한정하여 실시되었다가 2000년 7월부터 전면 시행되는데, 『자본시장법』에 의하면 집합투자업자가 집합투자재산에 대한 평가를 하는 경우 원칙적으로 시가에 의해 하여야 하고 신뢰할 만한 시가가 없는 경우에는 취득가격 등의 공정가액에 의해 할 수 있다(자본시장법 제238조 제1항).[58]

현재 집합투자재산의 시가평가에 활용되는 수익률은 증권시장에서 거래된 최종 수익률 또는 둘 이상의 채권평가회사가 제공하는 수익률정보를 기초로 평가하도록 하고 있다.

(3) 증권대금동시결제제도

1999년 11월 채권거래의 안정성과 효율성을 높이기 위해 채권거래 시 채권인도와 대금 결제가 동시에 이루어지도록 하는 증권대금동시결제제도(DVP: delivery versus payment)[59]가 도입[60]되었다.[61]

(4) 채권등록 및 예탁제도

채권등록제도는 『국채법』 또는 『공사채등록법』에 따라 채권 실물을 보유하지 않고 금융위원회에 등록한 기관이 관리하는 채권등록부(투자자계좌부)에 채권자의 성명, 주소, 채권금액 등 권리내역을 등록(book-entry)토록 하는 제도(공사채등록법 제3조, 제9조)[62]이다. 채권실물을 갖고 있어야만 채권자가 권리를 행사할 수 있는 것으로 규정한 『민법』 및 『상법』에 대한 특례이다. 현재 대부분의 채권은 실물발행(physical issue) 없이 등록발행을 하고 있다. 한편, 대부분의 국채[63]와 통화안정증권은 한국은행이, 지방채, 금융채, 회사채 등 공사채는 한국예탁결제원이 각각 등록업무를 담당하고 있다.

채권자는 위와 같은 등록절차를 마침으로써 채권자로서의 권리가 확보되며 채권의 매매, 질권 및 담보권의 설정, 신탁재산의 표시 등은 채권등록부 기재를 통하여 해당 채권의 발행자 및 제3자에게 대항할 수 있다(자본시장법 제311조 제3항).

한편 채권예탁제도란 한국예탁결제원이 등록 및 실물 발행 여부와 관계없이 채권 보관 및 관리를 위해 예탁자로부터 채권을 예탁 받고,[64] 예탁자는 예탁계좌부[65]를 통해 예탁 채권에 대한 권리를 행사하도록 하여 채권의 매매 또는 원리금 수령 등의 편의를 도모하기 위한 제도이다.

채권예탁제도는 채권자의 권리보호 및 발행 사무와 매매 과정에서의 편의를 목적으로 하고 있는데, 이들 두 가지 제도를 연계시킨 것으로서 채권일괄등록제도란 신규채권 발행 시 등록기관의 채권등록부에 한국예탁결제원의 명의로 일괄 등록을 하고 한국예탁결제원의 예탁계좌부에는 채권 매수자별 거래계좌에 기재하는 방식으로 채권 발행이 이루어지는 제도이다.[66]

현재 공사채는 일반적으로 한국예탁결제원이 등록 및 예탁기관이 되어 한국예탁결제원에 일괄등록 발행방식으로 이루어지고 있다. 국고채 및 통화안정증권의 경우에는 한국은행이 한국예탁결제원 명의로 일괄등록하고 있고, 발행은 한국예탁결제원에 인수자별로 예탁하는 방식으로 이루어진다.[67]

신규채권 발행 시 한국예탁결제원 명의로 일괄 등록하는 방식을 활용하여 증권회사는 보유채권을 의무적으로 한국예탁결제원에 예탁하여야 한다(자본시장법 제296조).[68]

「한국예탁결제원」에 대해서는 앞의 제6장 제3절에서 자세하게 보았다.

3. 발행 및 유통 현황

가. 발행시장

2012년 6월말 기준 전체 채권발행 잔액은 1,286조원에 이른다. 채권종류별로는 국채가 423조원으로 전체의 33%를 차지하고 있으며 특수채 256조 원(20%), 회사채 220조 원(17%), 금융채 205조 원(16%), 통화안정증권 165조 원(13%) 등의 순이다.

국고채, 특수채, 통화안정증권, 회사채 등의 발행으로 인한 채권발행잔액은 2012년 6월 말 기준으로 1998년 말 대비 4배 이상 성장하였으며 이는 구조조정 추진 및 금융안정을 위한 공공부문 자금수요의 증대, 해외 및 국내 부문 통화 환수, 기업의 신용위험 증가에 따른 은행들의 기업대출 기피 등으로 크게 확대된 데 기인한다.

먼저 국고채 발행은 외환위기 이후 정례적인 국고채 발행 등을 통해 구조조정에 소요된 자금을 조달함에 따라 발행 잔액이 지속적으로 증가하였으며 동 자금의 상환은 2007년 중 마무리되었으나 글로벌 금융위기 이후 경기회복을 위한 재정지출을 확대함에 따라 발행액이 다시 크게 증가하였다.

특수채도 외환위기 이후 금융기관의 부실자산 정리를 위한 예금보험공사채, 부실채권정리기금채를 중심으로 크게 증가하였다가 만기상환이 완료되면서 증가세가 둔화되었으나 2008년 이후 정부의 주요 정책사업 지속, 경기회복 지원을 위한 공기업의 채권 발행 등으로 다시 증가세를 나타내었다.

금융채는 2006년 이후 은행이 여신확대를 위한 재원을 은행채 발행 등을 통해 조달함에 따라 크게 증가하였으나 2010년 이후 예대율 규제 시행, 부동산 경기 부진에 따른 시중여유자금의 은행권으로의 유입 지속, 바젤Ⅲ 도입 등으로 감소하였다.

회사채는 2009년 글로벌 금융위기로 은행을 통한 기업의 자금조달이 어려워지면서 우량회사들이 공모회사채 발행을 확대한 데다 중소기업 자금지원을 위한 Primary CBO(Collateralized Bond Obligations)[69] 발행 증가 등으로 대폭 확대되었다. 이후에도 기업의 자금수요 증가 및 저금리 기조에 따른 발행여건 개선 등으로 회사채 발행규모가 지속적으로 증가하였다.

통화안정증권은 외환위기 이후 해외부문에서 늘어난 통화와 구조조정 과정에서 증가된 유동성을 환수하기 위해 발행이 지속적으로 증가하다가 2008년 서브프라임 사태 시 해외부문이 통화환수요인으로 작용하면서 감소하였다. 그러나 2009년 이후 경상수지 흑자, 외국인 증권투자자금 유입에 따른 통화 공급 증가로 통화안정증권 발행이 다시 증가하였다.

2008년 금융위기 이후 기업의 회사채 발행이 빠른 속도로 늘어나면서 기업 자금조달에 있어 직접금융(회사채)이 차지하는 비중이 2007년 22.5%에서 2011년 27.8%로 상승하였다.

이처럼 금융위기 이후 회사채 발행이 빠르게 늘어난 데에는 ① 기업의 재무구조개선 등을 위한 장기자금조달 필요성 증가, ② 회사채 금리와 은행의 기업여신 금리 간 격차 확대에 따른 회사채 시장을 통한 자금조달 유인 확대, ③ 은행의 리스크 관리 강화에 따른 기업대출 억제, ④ 기관투자가의 수익률 제고를 위한 우량 회사채 중심의 투자 수요 증가 등이 복합적으로 작용하였다.

나. 유통시장

유통시장에서의 채권 거래규모(월평균)는 1998년 58조원에 불과하였으나 2012년 1~6월에는 573조 원으로 대폭 증가하였다. 이는 외환위기 이후 채권 발행규모가 커진 데다 채권시가평가제의 도입 및 시장금리의 하향 안정화에 따라 기관투자자들의 차익실현 등을 위한 거래가 증가한 데 주로 기인한다.

현재 채권거래는 대부분 장외거래를 통해 이루어지고 있어 장내거래는 전체거래의 17%(2012년 1~6월 기준)에 불과하다. 2002년 10월 국고채전문딜러의 국고채 지표채권의 장내거래 의무화, 국고채 장내거래 의무비율 강화 등에 힘입어 장내거래량은 2002~2004년 중 큰 폭 증가하였으며 그 이후에는 완만한 증가세를 보이다 2010년 이후 다시 급증하였다.

한편 2012년 상반기 중 장외시장에서의 채권종류별 거래 비중을 보면 국채가 월 평균 257조원으로 54%를, 통화안정증권이 124조원으로 26%를 각각 차지하고 있다. 반면, 특수채(6%), 회사채(4%) 등의 거래는 크게 부진하다.

4. 미국의 채권시장

가. 발행시장

2012년 3월말 기준 미국의 채권 발행 잔액은 34.4조 달러에 달하고 있다. 이 중 국채가 10.1조 달러로 전체 발행 잔액의 29%를 차지하고 있고, 그 다음으로는 MBS(mortgage-backed securities) 8.4조 달러(24%), 회사채 8.1조 달러(24%), 지방채 3.7조 달러(11%) 등의 순서이다.

▶ 미국 국채

미국 국채는 재무부채권으로서 일반적으로 연방정부채[70]중 시장성 국채로 만기 1년 이하인 T-Bills(Treasury Bill, 단기국채),[71] 만기 1년 이상 10년 이하인

T-Notes(Treasury Note, 중기국채),[72] 만기 10년 이상인 T-Bonds(Treasury Bond, 장기국채),[73] FRN(Floating Rate Note, 변동채),[74] TIPS(Treasury Inflation-Protected Securities, 물가연동국채)[75] 등을 말하고, 단일 종목의 발행 잔액으로는 세계 최대 규모이다. 2012년 6월말 기준으로 국채 종류별로는 중기국채(T-Notes)의 발행규모가 7.0조 달러로 가장 큰 비중(66%)을 차지하고 있다.

국채는 정기적으로 경쟁입찰에 의해 발행되고,[76] 낙찰 금리는 모두 단일금리결정방식(dutch auction)에 의해 결정된다.

한편 회사채는 만기 10~30년의 장기채 발행이 대부분을 차지하고 있고, 신용등급이 높은 우량기업 발행채권이 대부분을 차지하며, 1970년대 중반 이후 기업의 인수·합병 및 구조조정 과정에서 다수의 기업들이 경영악화와 부채증가 등으로 투자 부적격 등급으로 하락하면서 수익률이 매우 높은 반면에 신용도가 취약한 정크본드(junk bond)[77] 시장이 형성되기 시작하였다.

나. 유통시장

대부분의 채권거래는 장외시장에서 이루어지고 있다. 장내거래는 뉴욕증권거래소, 아메리칸증권거래소에서 소규모로 이루어지고 있다.

2012년 6월중 장외시장에서의 일평균 채권 거래액은 8,835억 달러이며 이중 국채가 5,226억 달러로 59%를 차지하고 있다. MBS(36%)도 비교적 활발히 거래되고 있으나 회사채의 거래 비중(2%)은 매우 낮은 수준이다.

미국에서는 재무부채권이 지표채권(index bond)[78]의 역할을 담당하고 있다. 2001년 10월 이전에는 만기 30년 장기국채(Treasury Bonds)가 지표채권의 역할을 수행해 왔으나 2001년 10월, 만기 10년 초과 장기국채의 발행 중단[79]을 계기로 만기 10년 국채가 지표채권의 역할을 수행해 오고 있다. 지표종목은 신규 채권발행에 따라 최근물(on-the-run issue)로 신속하게 교체되며 신규발행 채권과 기존 지표종목과의 수익률 괴리도 1~2bp로 매우 작아 지표종목 변경에 따른 수익률 시계열의 불연속성 문제는 그다지 심각하지 않다.

제3절 주식시장[80]

1. 주식시장의 의의 및 약사(略史)

가. 주식시장의 의의

주식시장은 주식회사의 지분권을 표시하는 증권인 주식(stock)[81]이 거래되는 시장이다. 『자본시장법』은 주식을 지분증권이라고 부르고 있다. 한편, 주권(stock certificate)은 주주의 회사에 대한 소유권을 나타내는 증권을 말한다.

▶ 삼성전자 주권

주식은 주식 발행기업이 투자자에게 투자금상환 의무가 없고 경영실적에 따라 이익배당금(dividends)만 지급하면 되기 때문에 기업의 자기자본(自己資本, equity capital)으로서 발행기업 입장에서는 매우 안정적인 자금조달 수단일 뿐만 아니라 기업의 재무구조를 개선시키는 효과가 있다. 한편, 투자자 입장에서는 유용한 자금운용수단이 된다.

주식시장은 기업공개 및 유상증자 등을 통해 주식이 새로이 공급되는 발행시장과 이미 발행된 주식이 투자자간에 거래되는 유통시장으로 나누어진다.

나. 주식시장 약사(略史)

주식시장은 1956년 3월 은행, 증권회사 및 보험회사의 공동출자로 대한증권거래소가 설립되면서 조직화되었다. 이후 관련 법률로서 1962년 1월 『구(舊)증권거래법』, 1968년 11월 『자본시장 육성에 관한 법률』, 1972년 12월 『기업공개촉진법』이 각 제정되었다.

한편, 중소기업과 벤처기업을 대상으로 한 장외시장도 1987년 4월 증권업협회 내에 개설되었다.[82] 한편, 2000년 3월에는 거래소와 코스닥시장에서 거래되지 않는 주식을 대상으로 장외주식호가중개시장(제3시장)이 개설되었다. 그러나 동 시장이 당초 기대와는 달리 거래가 부진하자 2005년 7월 일부 제도개선과 함께 프리보드로 명칭이 바뀌었다.

그리고 2005년 1월 증권선물시장 선진화계획 등에 따라 종래의 증권거래소, 코스닥증권시장, 선물거래소 등을 통합하여 한국증권선물거래소가 출범하였는데, 이것은 『자본시장법』에 따라서 한국거래소로 명칭이 변경되었다.

투자자의 입장에서 볼 때, 1980년대 들어서 자본시장 국제화 장기계획(1981년 1월 발표)에 따라 자본시장개방을 점진적으로 추진되면서 외국인전용수익증권, 컨트리펀드(country fund)와 같은 간접투자만 허용되었다.[83] 그러던 중 1992년 1월에는 외국인에 대하여 일정한도(외국인 전체로는 개별종목 발행주식 총수의 10%, 외국인 1인 기준으로는 3%) 내에서 국내 상장주식에 대한 직접투자를 허용하였다.[84] 1992년 7월부터는 국내진출 외국 금융기관에 대해 내국인 자격의 주식투자를 허용하였고, 1993년 이후에는 제3단계 금융자율화 및 시장개방 계획과 더불어 한국이 OECD에 가입하면서 조건으로 제시한 자본자유화 계획에 따라 외국인 주식투자 한도를 더욱 확대하였다. 특히 외환위기 이후에는 1997년 12월 종목별 전체한도를 55%, 1인당 한도를 50%까지 대폭 늘린 데 이어 1998년 5월에는 공공법인에 대한 투자[85]를 제외하고는 규제하였던 외국인 투자한도를 완전히 폐지하였다.

■ 주식시장 관련제도 변천

1956년 3월	대한증권거래소 설립(시중은행과 한전 등 12개사 주식 상장)
1962년 1월	증권거래법 제정
1963년 5월	대한증권거래소를 한국증권거래소로 명칭 변경
1964년 1월	종합주가지수 산출(주가평균방식) 개시

1968년 11월	상장기업을 세제상 우대하기 위해 자본시장육성에 관한 법률 제정
1972년 12월	기업공개를 통한 재무구조 개선에 주안점을 두고 기업공개촉진법 제정
1977년 2월	증권관리위원회 및 증권감독원 설립
1981년 11월	외국인전용수익증권(3천만 달러) 최초 발매
1983년 1월	종합주가지수 산출방식 변경(주가평균방식 → 시가총액방식)[86]
1987년 4월	증권거래소에 상장되지 않은 주식 중 증권업협회에 등록된 주식을 대상으로 장외시장 개설
1992년 1월	외국인의 국내주식 직접투자 허용(일반상장법인 10%, 공공적법인 8%)
1997년 1월	증권거래법을 개정하여 증권업협회 등록주식 대상시장을 협회중개시장(코스닥시장)으로 법제화 코스닥시장 주가지수 발표
12월	외국인 주식투자한도 확대(종목별 전체한도 55%, 1인당 한도 50%)
1998년 5월	외국인 주식투자한도 폐지(단, 일부 공공법인에 대해서는 제외)
2000년 3월	증권거래소 및 코스닥시장에 상장·등록되지 않은 주식을 대상으로 장외주식호가중개시장(제3시장) 개설
2001년 12월	전자장외증권중개시장(ECN) 개설
2002년 10월	증권거래소, 상장지수펀드(ETF: exchange traded funds)시장 개설
2003년 10월	간접투자자산운용업법 제정
2004년 1월	증권관련 집단소송법 및 한국증권선물거래소법 제정
12월	사모투자전문회사(PEF) 설립 허용
2005년 1월	종래의 증권거래소, 코스닥증권시장, 선물거래소 등을 통합하여 한국증권선물거래소 설립
5월	전자장외증권중개시장 폐쇄 및 시간외 거래 마감시간 연장(오후 4시 → 6시)
6월	한국증권선물거래소, KRX100지수 산출·발표
12월	주식워런트증권(ELW) 시장 개설
2006년 6월	섹터 ETF 신규 상장
2007년 8월	자본시장과 금융투자업에 관한 법률 제정 외국기업 최초 상장
10월	해외 ETF 최초 상장
2009년 2월	자본시장과 금융투자업에 관한 법률 시행
9월	FTSE 선진국지수 편입

2. 발행시장

가. 기본구조

주식발행시장은 자금수요자로서 발행인인 기업, 자금공급자인 투자자, 주식발행 사무를 대행하고 발행위험을 부담하는 은행, 금융투자회사 등 투자매매업자[87]인

인수인으로 구성된다. 투자자에는 일반투자자와 금융기관과 연기금 등 전문투자자(기관투자자)가 있다. 새로운 주식이 최초로 출시되는 발행시장(issuing market)을 제1차 시장(primary market)이라고도 한다.

나. 발행형태

주식회사는 설립 자본금을 조달하거나 자본금을 증액할 때 주식을 발행하는데, 그 형태는 기업공개, 유상증자, 무상증자, 주식배당 등으로 나누어 살펴 볼 수 있다.

첫째, 기업공개(IPO: Initial Public Offering)란 주식회사가 새로운 주식을 발행하면서 다수의 투자자로 모집하거나, 이미 발행되어 대주주 등이 소유하고 있는 주식을 매출하여 주식을 분산시키는 것을 말한다. 기업공개를 추진하려면 기업은 상장준비팀을 구성하여 최대주주 등의 지분변동을 사전에 점검하여 먼저 금융위원회에 등록하고, 증권선물위원회가 지정하는 감사인에게 최근 사업연도 재무제표에 대한 회계감사[88]를 받아야 한다(주식회사의 외부감사에 관한 법률 시행령 제4조의3 제1항 9호, 동법 시행령 제4조 제9항 1호). 이러한 절차를 거친 후 대표주관회사(주간사회사: managing underwriter)를 선정[89]하고, 수권주식 수, 1주의 액면 가액 등과 관련한 정관 정비 및 우리사주조합결정을 한 후 상장을 위한 이사회·주주총회를 개최하여 결의를 거쳐, 최대주주 등의 주식을 대표주관회사가 한국예탁결제원에 주주별로 보호예수[90]한다.[91] 그 이후 금융위원회에 증권신고서를 제출(자본시장법 제119조, 동법 시행령 120조)[92]하고, 『상법』에 따른 청약·배정·주금납입, 자본금 변경등기와 금융위원회에 증권발행 실적보고서 제출 등의 절차를 거친 후 한국거래소에 상장신청을 마치면 기업공개 절차가 마무리된다.

둘째, 유상증자(有償增資, paid-in capital increase, capital increase with consideration)란 기업재무구조 개선 등의 목적으로 회사가 신주를 발행하여 회사의 자본금을 증가시키는 것을 뜻한다. 유상증자 중 주주배정 방식은 주주와 우리사주조합에게 신주를 배정하고 실권주가 발생하면 이사회의 결의에 따라 그 처리방법을 결정하는 것이다. 주주우선공모 방식은 주주배정방식과 거의 동일하나 실권주 발생 시 불특정다수인을 대상으로 청약을 받은 다음 청약이 미달되면 이사회의 결의에 따라 그 처리방침을 정한다는 점에서 다르다. 제3자 배정(third party allocation, allotment to the third party) 방식은 주주 대신 관계회사나 채권은행 등 제3자가 신주인수를 하도록 하는 방식(상법 제418조 제2항)이고, 일반 공모 방식은 주주에게 신주인수 권리를 주지 않고 불특정다수인을 대상으로 청약을 받는 방식이다.

일반적인 주주배정증자를 하는 경우 ① 이사회의 신주발행 결의, ② 금융위원회에 유가증권신고서 제출, ③ 신주발행 및 배정기준일 공고, ④ 신주인수권자에게 신주배정 통지, ⑤ 신주청약 접수, ⑥ 실권주 처리, ⑦ 주금 납입 및 신주발행 등기, ⑧ 신주 상장신청 순으로 이루어진다. 유상증자 시 신주 발행가액은 기준주가[93]에 기업이 정하는 할인율[94]을 적용하여 산정한다.

셋째, 무상증자란 주금의 납입 없이 이사회의 결의로 준비금 또는 자산재평가 적립금을 자본에 전입하고 전입액만큼 발행한 신주를 기존 주주에게 소유 주식수에 비례하여 무상으로 교부하는 것이다.

마지막으로 주식배당(상법 제462조)이란 현금 대신 주식으로 배당을 실시함으로써 이익을 자본으로 전입하는 것을 의미한다. 이 때 신주 발행가격은 액면가로 정해진다. 또한 주식배당은 배당가능이익[95]의 50% 이내로 제한하고 있다.[96]

다. 발행방식

공모발행(public offering)이란 발행회사가 투자자에 제한을 두지 않고 동일한 가격과 조건으로 50인 이상의 투자자에게 주식을 발행하는 방식으로서 『자본시장법』상 모집과 매출이 여기에 해당한다(자본시장법 제9조 제7항, 제9항).[97] 한편, 사모발행(private placement)은 발행회사가 특정한 개인 및 법인을 대상으로 주식을 발행하는 방법이다.[98]

직접발행은 발행회사가 자기 명의로 인수위험 등을 부담하고 발행사무도 직접 담당하는 방식으로 직접모집 또는 자기모집이라고도 한다.[99] 간접발행은 발행회사가 전문적인 지식, 조직 및 경험을 축적하고 있는 투자매매업자를 통해 주식을 발행하는 방식이다. 이 경우 발행회사는 원칙적으로 주식발행과 관련한 위험을 금융투자회사에 부담시키고 그 대가로 수수료를 금융투자회사에게 지급하게 되는데 우리나라에서 이루어지는 기업공개 및 유상증자의 대부분은 이 방식에 의존하고 있다.

한편, 간접발행은 금융투자회사의 발행위험 부담 정도에 따라 다시 모집주선, 잔액인수 및 총액인수로 구분한다. 모집주선(best-effort basis)이란 발행위험은 발행회사가 부담하고 발행사무만 금융투자회사에 위탁하는 방법이다. 잔액인수(stand-by agreement)란 응모총액이 모집총액에 미달할 경우 금융투자회사가 미소화분(매도잔량)의 인수 의무를 부담하는 방법이다. 총액인수(firm-commitment)는 발행금액 전액을 금융투자회사가 매입(인수)하는 방식이다. 한편 총액인수의 경우 인수에 따른 자금소요 및 위험부담이 큰 만큼 이를 분산시키고 발행주식의 매출을 원활히 하기 위해 통상 여러 금융투자회사가 공동으로 참여한다.

라. 시장동향

주식발행시장을 통한 기업의 자금조달 규모(유상증자 및 기업공개)는 2000년 대 들어 큰 폭의 주가 등락이 지속됨으로 인하여 발행여건이 악화되고 기업의 현금흐름 개선으로 발행수요도 줄어들어 감소세를 보였다. 그러나 2006년부터 주식시장이 활황을 보이면서 2007년에는 17조 원으로 사상 최대 규모를 기록하였다. 이후 기업주식발행은 2008년 금융위기로 대폭 감소하였다가 경기회복 및 SPAC (special purpose acquisition company: 기업인수목적회사) 열풍 등에 힘입어 다시 증가세를 보였다. 그러나 2012년 들어서는 유럽재정문제 해결 지연, 경기둔화 장기화 등 글로벌 불확실성 지속에 따른 기업 투자수요 위축 등으로 매우 저조한 모습을 보이고 있다.

마. 기업인수목적회사의 개요 및 현황

기업인수목적회사(SPAC)는 공모(IPO)를 통해 상장한 후 공모자금을 바탕으로 상장이 안 된 다른 기업과 합병하는 것을 유일한 목적으로 하는 명목회사(paper company)로 2009년 12월 국내에 처음 도입되었다.

이러한 제도를 통해 유망한 비상장기업들은 SPAC과의 합병을 통해 주식시장의 상황에 구애받지 않고 적기에 대규모 투자자금을 조달하면서 상장할 수 있게 되고, 일반투자자들은 안정성을 보장받으면서 SPAC에 투자함으로써 소액으로도 기업 인수합병시장에 참여할 수 있는 길이 마련되었다.

SPAC는 ① 법인설립, ② IPO 및 상장, ③ M&A 단계를 거쳐, IPO 이후 3년 이내에 합병을 완료해야 한다. 합병은 이사회 결의 → 합병상장심사 → 주주총회 결의 등의 절차를 거쳐 이루어지고, 합병에 반대하는 주주는 주식매수청구권[100]을 행사할 수 있다. 한편 SPAC은 투자자 보호를 위해 합병 전까지 공모자금의 90% 이상을 별도로 예치하고, 합병에 실패할 경우 SPAC은 상장폐지 되며 공모자금은 투자자들에게 반환하여야 한다.[101]

3. 유통시장

유통시장에서 투자자의 매매주문은 투자중개업[102]을 영위하는 금융투자회사를 거쳐 한국거래소에서 매매계약이 체결되고, 이에 따른 결제[103]는 매매일로부터 3일째 되는 날 (T+2일) 한국예탁결제원을 통해 이루어진다. 유통시장은 이미 발행된 주식이 매매되는 시장으로 제2차 시장(secondary market)이라고도 한다.

가. 유가증권시장

(1) 상장요건

유가증권시장에 주식을 신규로 상장하고자 하는 기업은 『유가증권 상장규정』에 따라 다음과 같은 요건을 갖추어야 한다.[104] 첫째, 규모요건으로 자기자본 300억 원 이상과 상장주식수가 100만주 이상이어야 한다. 둘째, 분산요건으로 ① 주식 수는 일반주주소유비율 25%이상 또는 500만주 이상(다만, 상장예정 주식수 5천만 주 이상 기업은 상장예정 주식수의 10% 해당 수량)이거나 공모주식수 25% 이상 또는 500만주 이상(다만, 상장예정 주식수 5천만 주 이상 기업은 상장예정주식수의 10% 해당 수량)이거나 자기자본 500억 이상 법인은 10%이상 공모하고 자기자본에 따라 일정규모 이상 주식 발행(자기자본 500억~1,000억 원 또는 기준시가총액 1,000억~2,000억: 100만주 이상, 자기자본 1,000억~2,500억 원 또는 기준시가총액 2,000억~5,000억: 200만주 이상, 자기자본 2,500억 원 이상 또는 기준시가총액 5,000억 이상: 500만주 이상)이 이루어져야 하고, ② 주주 수는 일반주주 700명 이상이어야 한다. 셋째, 경영성과요건으로 주권양도제한이 없어야 하고, 매출액 및 수익성 그리고 매출액 및 기준시가총액 등과 관련된 자료도 일정 수준 이상이어야 한다. 넷째, 안정성 및 건전성 요건으로 3년 이상의 영업활동기간, 감사의 적정 의견(감사범위 제한에 따른 한정의견 제외), 상장 후 6월간의 보호예수 등이다(유가증권 상장규정 제29조).

한편, 한국거래소는 당해 상장기업이 유가증권 상장요건 충족 여부와 기업 내용의 적시공시 실시 여부를 관찰하여 상장기업이 이를 지키지 못한 경우 상장폐지를 할 수 있다(자본시장법 제373조의2, 제390조, 유가증권 상장규정 제48조). 상장폐지되기 전에는 일정 기간 동안 관리종목으로 지정(유가증권 상장규정 제47조)하여 상장폐지유예를 할 수 있다.

(2) 매매거래제도

유가증권시장은 현재 토요일, 공휴일, 근로자의 날 및 연말일[105]을 제외하고 월~금요일, 매일 개장된다. 매매 거래시간 기준[106]으로 보면 09:00~15:30의 정규시장과 07:30~09:00의 장 개장 전 시간외시장 및 15:10~18:00[107]의 장 종료 후 시간외시장으로 구분 된다.[108]

매매거래단위는 호가의 경우 주식가격에 따라 1원(1,000원 미만 종목)~1,000원(50만 원 이상 종목)이고 수량단위는 10주가 원칙이다.[109]

투자자의 매매주문은 투자중개업을 영위하는 금융투자회사를 거쳐 한국거래소가 투자자별 호가를 접수하여 일정한 매매체결원칙[110]에 의거 합치되는 호가끼리 거래를 체결하는 개별경쟁매매 방식에 의해 이루어지고, 결제[111]는 매매일로부터 3일째 되는 날(T+2일) 한국예탁결제원을 통해 이루어진다.

매매제도를 살펴보면, 가격제한폭제도(restriction of price range)는 주가의 급격한 변동을 방지하기 위해 하루 중에 변동할 수 있는 개별종목 주가의 폭을 일정 한도로 제한하는 것으로 2015년 6월 15일부터 동 한도는 전일 종가의 상하 30%로 상향 조정되었다.[112] 또한 코스피지수가 전일 대비 10% 이상 하락하여 1분 이상 지속되는 경우 매매를 중단[113]시키는 매매거래중단 제도(circuit breaker)도 운영 중이다. 이 밖에 주가지수선물시장의 가격 급변동시 유가증권시장에서의 프로그램매매를 일시 정지시키는 프로그램매매체결지연제도(side car)[114]가 운영되고 있다.

(3) 시장동향

코스피지수(KOSPI: Korea Composite Stock Price Index)[115]는 2006년 후반부터 적립식펀드 등 중장기 투자자금이 크게 유입되면서 2007년 7월 25일 처음으로 2,000을 돌파하였다. 이후 글로벌 금융위기로 2008년 10월 24일 938.8까지 급락하였으나 빠른 경기회복과 외국인 투자자금의 유입 등으로 다시 상승하여 2011년 5월 2일에는 사상최고치(2,229.0)를 기록하였다. 그 이후로는 유럽지역 국가채무 문제 진전 상황 등에 따라 큰 폭의 등락을 보인 가운데 2012년 6월말 기준 1,854.0을 기록하였다.

상장주식 시가총액도 2008년 중 큰 폭 감소 후 회복하여 2010년 말에는 연말 기준 사상최고액(1,142조원)에 이르렀다가 2012년 6월말 이보다 다소 감소한 1,068조 원을 기록하여 명목 GDP대비 상장주식 시가총액 비중(2011년 말 기준)은

89% 수준이다.[116] 2015년에는 1,445조 원에 이르렀다.[117] 한편 상장기업 수는 2000년대 들어 대체로 증가세를 보이면서 2012년 6월말 788개 사, 2015년 기준 1,922사에 이르고 있다(출처: 한국거래소).

투자자별 보유비중[118]을 살펴보면 외국인은 국내주식시장 개방 추세와 함께 꾸준히 증가하여 2004년 말에는 42.0%에 달하였으나 이후 하락하여 2011년 말에 이르러서는 32.9% 수준이다. 기관투자자의 경우에는 펀드 가입 열풍 등으로 2006년 말 22.0% 까지 상승하였다가 글로벌 금융위기에 따른 대규모 펀드 환매 등의 영향으로 하락 하여 2011년 말 기준으로 13.6%를 기록하였다. 개인 비중은 2009년 말 31.0%까지 상승하기도 하였으나 2011년 말 현재 20.7%에 머물렀다.

나. 코스닥시장

(1) 상장요건

코스닥시장(KOSDAQ: Korea Securities Dealers Automated Quotations)[119]은 IT (information technology), BT(biological technology), CT(cultural technology) 기업과 기업경력이 짧은 벤처기업, 유망 중소기업 등이 용이하게 자금을 조달할 수 있도록 1996년 개설된 시장이다. 그러므로 유가증권시장에 비해 완화된 상장요건을 적용하고 있다. 첫째, 규모조건으로 신청기업은 상장예비심사청구일 기준 자기자본이 30억 원 이상[120]이거나 시가총액이 90억 원 이상이어야 하고, 둘째, 주식분산요건으로서 매출한 주식 및 모집 또는 매출한 의결권 있는 주식의 총수가 각각 상장신청일에 발행주식총수 및 의결권 있는 주식총수를 기준으로 해서 소액주주의 수가 500인 이상이어야 한다.[121] 그밖에 자본상태에 잠식이 없고, 경영성과도 최근 사업연도의 법인세비용차감전계속사업이익이 있어야 하며, 이익규모, 매출액 및 기준시가총액은 최근 사업연도의 매출액이 100억 원 이상이고 기준시가총액이 300억 원 이상이어야 한다.

코스닥시장에 상장된 기업도 유가증권시장에 상장된 기업과 마찬가지로 상장폐지 될 수 있고, 상장폐지 되기 전까지 일정 기간을 관리종목으로 지정하여 유예기간을 줄 수 있다.

(2) 매매거래제도

코스닥시장의 거래시간과 매매계약 체결방식은 유가증권시장과 거의 동일하다.

(3) 시장동향

코스닥지수[122]는 2005년 이후 실적호전 기대, 바이오 및 DMB 등 테마관련주들의 부각 등으로 상승세를 보이면서 2007년 7월 12일 828.2을 기록하였다. 그러나 금융위기 등으로 다시 급락하여 2008년 10월 27일에는 사상최저치인 261.2을 기록하였다. 이후 빠르게 회복하여 2009년 4월 13일 500선을 회복하였으나 그 이후로는 큰 변동 없이 500선 내외에서 등락을 지속하고 있다.

코스닥시장 시가총액[123]도 2005년 이후 증가세를 보이면서 2007년 말에는 100조 원에 이르렀으나 2008년 말 46조 원까지 다시 감소하였다. 이후 재차 증가하여 2012년 6월말 기준 106조 원 수준을 기록하고 있다. 한편 상장기업 수는 2007년에 1,000개를 넘어선 후 대체로 비슷한 수준을 유지하여 2012년 6월말 기준 1,012개 사에 이르렀다.

다. 협회장외주식시장

한국금융투자협회가 관리하는 비상장주식 거래시스템인 프리보드시장은 2014년 'K-OTC(협회장외주식시장)'으로 개편되었다.

(1) 지정요건

한국을 대표하는 장외주식시장(Korea Over-The-Counter)[124]에서 유가증권을 거래하려면 한국금융투자협회가 부여하는 일정한 지정요건[125]을 갖추어야 하는데, ① 최근 사업연도 재무제표에 대한 외부감사인의 감사의견이 적정 또는 한정일 것, ② 주식을 한국예탁결제원에 예탁할 수 있고 양도제한이 없을 것 등 매매거래질서 유지에 필요한 기본적인 사항들로 국한되어 있다.

(2) 매매거래제도

협회장외주식시장에서 거래하여 얻은 양도차익에 대해서는 유가증권시장 및 코스닥시장과 달리 양도소득세[126]가 부과된다. 그러므로 투자자가 비상장주식을 양도한 경우에는 양도소득세와 증권거래세를 신고·납부하여야 한다. 한편, 한국금융투자협회는 투자자를 위해 협회장외주식시장 동향을 파악하고 투자지표로 활용할 수 있도록 시가총액방식으로 산출한 프리보드지수[127]를 개발하여 2006년 12월부터 발표하고 있다.

4. 기업가치 대비 주가수준 판단지표

주식시장에서는 어떤 기업의 주가가 그 기업의 가치를 적정하게 반영하고 있는지 판단하기 위해 여러 지표들이 사용되고 있다. 가장 보편적으로 사용되는 지표로는 주가수익비율(PER: price earnings ratio)이 있고, 이 밖에 주가순자산비율(PBR: price book-value ratio)이나 주가매출액비율(PSR: price selling ratio) 등도 사용되고 있다.

주가가 실제 기업의 가치에 비해 고평가 혹은 저평가되어 있는지 여부를 판단하고자 할 때 활용되는 대표적인 지표로는 주가수익비율을 들고 있다.[128] PER는 기업의 주가를 주당순이익(EPS: earning per share)[129]으로 나눈 값으로 해당기업 주가가 그 기업 주식 1주 당 수익의 몇 배 수준으로 거래되는가를 나타낸다. 여기서 주당순이익은 어떤 회사가 1년 동안 벌어들인 순이익을 그 회사의 주식 수로 나눈 것으로, 1주 당 얼마만큼의 순이익을 냈는가를 계산한 값이다. 예를 들어, A회사가 1년 간 1000만 원의 순이익을 냈는데, 이 회사의 총 주식 수가 1만 주라면 A회사는 1주 당 1000원의 수익을 낸 것이 되는 셈이다. 이때의 1000원이 바로 주당순이익(EPS)이다. 만일 A회사의 현재 주가가 1만 원이라면 A사의 주가수익비율(PER)은 주가를 주당순이익으로 나눈 값인 10배가 되는 것이다.

이에 따라 특정 기업의 현재 PER값이 과거 추이 혹은 수익구조가 유사한 타 기업 등과 비교해 높을 경우 주가가 기업가치에 비해 고평가되었다고 판단할 수 있으며 반대로 낮으면 주가가 저평가되었을 가능성이 크다고 할 수 있다. 예를 들어, 위에서 살펴본 A회사의 PER은 10배였다. 만약 비슷한 여건을 가진 B회사의 주당순이익이 2000원이고 주가가 1만5000원이라고 한다면 B회사의 PER은 7.5배가 된다. 따라서 B회사의 주가가 상대적으로 저평가되어 있다고 볼 수 있고, B회사의 경우 비록 절대적인 주가는 A회사보다 높지만 앞으로 주가가 상승할 가능성은 더 크다고 해석할 수 있다.

개별기업 PER의 개념을 주식시장 전체로 확장해 상장기업 평균 PER를 산출하여 국가 간 증시매력도를 비교하는 지표로 활용하기도 한다. 2012년 6월 기준 국내증시의 PER는 8.3으로 주요국보다 크게 낮아[130] 기업가치에 비해 주가가 저평가된 것으로 추정된다.

한편, 2007년 이후 국내증시 PER 추이를 보면 8.0과 14.0 사이에서 등락하고 있다. 특히 2008년 글로벌 금융위기, 2010년 그리스 디폴트 위기, 2011년 미국 국가신용등급 강등 등 대외위험이 부각될 때마다 주가는 기업가치에 비해 빠르고 큰 폭으로 하락했다가 다시 반등하는 양상이 반복되고 있다.

5. 주가지수와 상장지수펀드

상장지수펀드(ETF: exchange traded fund)는 특정 주가지수의 움직임과 수익률이 연동되도록 설계된 지수연동형펀드로 한국거래소에서 일반주식처럼 거래되는 금융상품이다.[131] 간단히 말하자면, ETF는 펀드를 쪼개서 주식시장에 상장시킨 증권이다. 예를 들면, 1억의 배당주 펀드를 주식시장에 상장하고, 발행할 주식만큼 펀드를 쪼갠다. 1만주를 발행한다고 한다면 증권은 주당 1만원에 발행되고, 1만원이 1주당 가격이 된다. 이렇게 지수연동형펀드(인덱스펀드, Index Fund)[132]는 한국거래소에 상장되어 있기 때문에 주식과 같이 한국거래소에서 사고 팔 수 있는 펀드라고 할 수 있다. 따라서 ETF를 매수하면 해당 주가지수를 구성하는 종목 전체를 매수하는 것과 동일한 효과를 얻을 수가 있다. 그러나 은행 예금과 달리 원금보장 상품이 아니기 때문에 손실에 주의해야 한다.[133]

ETF는 펀드의 특성을 가지고 있으므로 ETF 설정을 원하는 투자자(기관투자자)는 지정판매회사(통상 증권회사)를 통해 펀드설정, 환매청구에 필요한 주식바스켓[134]을 운용회사에 납입하고 ETF를 인수하게 된다. ETF는 펀드의 특성상 원칙적으로 현물 바스켓의 설정단위(CU: Creation Unit)로 매입신청과 환매신청을 하여야 한다. 즉, 펀드매입 신청 시 원칙적으로 운용회사가 공시하는 펀드의 바스켓 구성 종목(120종목 내외)을 지정 판매회사를 통하여 납입하고, 환매 시 바스켓으로 돌려

[그림 7-4] ETF 발행과 유통 구조

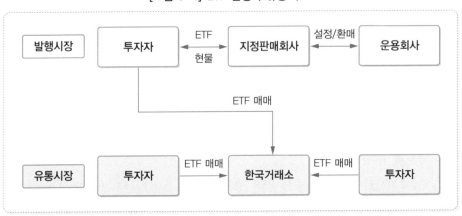

받게 된다. 이렇게 발행된 ETF가 한국거래소에 상장되면 일반주식과 동일한 방식으로 투자자들 간에 거래된다.

ETF는 통상적인 펀드와 달리 개인 주식거래계좌를 통해 손쉽게 거래할 수 있는데다 저렴한 운용보수, 증권거래세(0.3%) 면제 등으로 거래비용 면에서 장점을 가지고 있다. 또한, 수익률이 지수변동의 일정배율로 연동되는 레버리지(leverage) ETF,[135] 주식시장이 하락장일 때 수익을 얻기 위해 지수변동의 반대방향으로(주가의 흐름과 반대로) 수익률이 정해지는 인버스(inverse) ETF[136] 등 투자자들의 다양한 투자목적을 충족시킬 수 있는 새로운 구조의 ETF들이 개발되고 있다.

이에 따라 국내 ETF시장은 2002년 10월 도입 이래 빠른 속도로 성장하여 순자산 규모가 2002년 말 0.3조원에서 2012년 7월말 12.4조원으로 늘어났으며 유가증권시장에서 차지하는 거래대금비중도 같은 기간 중 1.1%에서 15.8%로 대폭 증가하였다.

6. 미국, 일본, 중국 및 유로지역의 주식시장

가. 미 국

2012년 8월말 기준 미국 「증권거래위원회(SEC: Securities and Exchange Commission)」[137]에 등록된 증권거래소(National Securities Exchange)[138]는 총 16개에 이른다. 미국의 대표적인 주식시장인 뉴욕증권거래소(NYSE)에서는 경쟁매매원칙에 따라 100주 단위[139]로 거래가 이루어지고 있고, 결제일은 일반적인 보통거래의 경우 매매계약체결일 다음 3영업일(T+3일), 정규매매 거래시간은 09:30~16:00이다. 한편 시간외시장(crossing session)은 시간외종가매매가 이루어지는 CS Ⅰ (16:15~17:00)과 시간외 대량매매 및 바스켓매매가 이루어지는 CS Ⅱ (16:00~18:15) 등으로 구분된다.

그밖에 우리나라와는 달리 개별종목에 대한 일중가격제한제도를 두지 않고 있다.[140] 다만 주가폭락의 예방조치로 다우존스산업평균지수(DJIA: Dow Jones Industrial Average)[141]가 일정기준 이상 하락하는 경우 시장 전체의 매매거래를 일정시간 동안 중단하는 매매거래중단제도(circuit breakers)[142]를 운영하고 있다.

미국 주식시장의 움직임을 종합적으로 나타내는 주가지수로는 다우존스산업평균지수, S&P500 Index(지수) 및 나스닥(Nasdaq: National Association of Securities Dealers Automated Quotations)[143] Index(지수)가 있다.

다우존스산업평균지수는 다우존스사가 뉴욕증권거래소와 나스닥시장에 상장된

30개 대형종목을 대상으로 하여 주가평균방식(1896.5.26＝$40.96: 기준시점 1896년 5월 26일 주가는 40.96달러)으로 산출한다. S&P500 Index(지수)는 S&P사에 의해 뉴욕증권거래소, 나스닥시장 등에서 거래되는 500개 대기업을 대상으로 하여 시가총액방식(1941~1943년＝10)으로 작성된다. 나스닥지수는 나스닥시장에 등록된 모든 종목을 대상

▶ 뉴욕 증권거래소

으로 하며 시가총액방식(1971.2.5＝100)으로 산출된다.

한편 2012년 6월말 기준 뉴욕증권거래소에 상장된 기업은 2,334개 사, 나스닥시장 등록 기업은 2,636개 사이며, 시가총액은 뉴욕증권거래소가 13.0조 달러, 나스닥시장이 4.5조 달러에 이른다.

나. 일 본

일본의 대표적인 증권거래소인 동경증권거래소[144]는 주로 대기업이 상장되는 1부, 중견기업 중심의 2부, Mothers(Market of the High-growing and Emerging Stocks)[145] 등으로 구성되어 있다. 매매거래는 결제기간과 조건에 따라 다양하게 분류되는데 일반적으로는 매매계약체결일 다음 3영업일(T+3일)에 결제가 이루어진다. 한편 정규시장은 오전장(09:00~11:30)과 오후장(12:30~15:00)으로 구분되며, 시간외시장에서의 거래는 시간대별로 다양한 기준이 적용된다.

개별 종목의 일중 가격변동 폭은 주가수준별로 29단계로 구분하여 정액제[146]로 정하고 있으며, 매매거래중지제도는 공시와 관련하여 개별 종목에만 적용되고 시장 전체에 대해서는 적용되지 않는다.

일본 주식시장의 대표적인 주가지수로는 TOPIX(Tokyo Stock Price Index), NIKKEI225지수, JASDAQ지수가 있다. TOPIX는 동경증권거래소가 제1부에 상장된 자국주식을 대상으로 시가총액방식(1968.1.4＝100)에 의해 작성하는 지수이며, NIKKEI225지수는 일본경제신문이 동경증권거래소 제1부에 상장된 225개 종목을 대상으로 주가평균방식(1949.5.16＝¥176.21: 기준시점 1949년 5월 16일 주가는 176.21엔)에 의해 산출하는 지수이다. JASDAQ[147]지수는 JASDAQ시장에 등록된 모든 종

목을 대상으로 시가총액방식(1991.10.28＝100)에 의해 산출하는 지수이다.

한편 2012년 6월말 기준 동경거래소에 상장된 기업은 2,287개 사, 오사카거래소에 등록된 기업은 1,206개 사이며 시가총액은 동경거래소가 270.1조 엔, 오사카거래소가 16.8조 엔이다.

다. 중 국

중국의 주식시장은 1984년 처음으로 주식발행이 시작된 이후 1990년 상해증권거래소,[148] 1991년 심천증권거래소[149]가 개설되고 1992년 감독기관인 중국증권감독위원회(CSRC)가 설립되면서 본격적으로 발전하였다.

중국 주식시장은 내국인을 대상으로 위안화로 거래가 이루어지는 A주시장, 외국인을 대상으로 외국통화(상해는 미달러화, 심천은 홍콩달러화)로 거래가 이루어지는 B주시장,[150] 홍콩거래소에 개설된 H주시장(HSCEI: Hang Seng China Enterprise Index)과 Red Chip시장(HSCCI: Hang Seng China-affiliated Corporations Index) 등으로 이루어져 있다.

그러나 2001년 2월부터는 내국인의 B주시장 투자를 허용하였으며 2002년 12월 QFII제도[151]를 도입하여 다음해 5월부터 외국 기관투자자의 A주시장 진출을 허용하였다. 이 밖에도 2004년 5월에는 심천증권거래소에 미국의 NASDAQ과 유사한 첨단기술주 중심의 제2증권시장(CHASDAQ: SME Board)이 개설되었다. 한편 홍콩의 H주시장에서는 중국기업의 홍콩달러표시 주식(대부분 국유기업)이 거래되며 Red Chip시장에서는 중국자본 소유의 홍콩기업(전자, 통신, 금융, 부동산 등 첨단산업 위주) 주식이 거래된다.

라. 유럽지역

1990년대 들어 유럽통합이 가속화되면서 각 국가별로 산재해있던 지역 거래소 통폐합이 활발해졌다. 특히 2000년대 들어서는 프랑스, 벨기에, 네덜란드 3개국의 거래소가 통합하여 Euronext가 설립(2000년)[152]되었고 스웨덴의 OMX가 북유럽 9개국의 거래소를 통합하였으며,[153] 영국의 LSE(London Stock Exchange)는 Borsa Italiana(이탈리아)를 인수(2007년)하였다. 또한 미국의 NYSE가 Euronext를 인수(2007년)하고 NASDAQ이 OMX를 인수(2008년)하는 등 대륙간 M&A도 성사되었다.[154]

한편 유럽지역 거래소의 시가총액을 살펴보면 London Stock Exchange가 가장 크며 다음으로 Euronext, Deutsche Borse(독일), SIX Swiss Exchange(스위스),

BME Spanish Exchanges(스페인) 등의 순이다.

7. 글로벌 벤치마크 지수 개요

글로벌 벤치마크 지수란 글로벌 증시 투자자들이 투자실적 비교, 각국별 투자 비중 산정 등에 기준으로 삼는 지수를 말하며 MSCI(Morgan Stanley Capital International) Index(지수)와 FTSE(Financial Times Stock Exchange) Index(지수)가 대표적이다.

MSCI 지수는 미국 투자은행 모간스탠리의 자회사인 MSCI에서 전 세계에 걸친 1653개 회사의 주식을 바탕으로 작성하는 지수로 주로 미국계 투자자들의 투자기준이 되고 있다. 동 지수는 전 세계 70개국 증시를 선진국 지수(MSCI World Indices), 신흥국 지수(MSCI Emerging Indices), 프런티어 지수(MSCI Frontier Indices) 등 3가지로 분류하고 있다.

FTSE 지수는 영국 경제신문 파이낸셜 타임스와 런던증권거래소가 공동 설립한 FTSE 인터내셔널에서 작성하는 지수로 주로 유럽계 투자자들의 참고지표로 활용되고 있다. 동 지수는 총 73개국 증시를 선진국(Developed), 준선진국(Advanced Emerging), 신흥국(Secondary Emerging), 프런티어(Frontier) 등 4가지로 분류하고 있다.

한편 FTSE는 2009년에 우리나라를 준선진국에서 선진국으로 편입시킨 바 있다. 반면 MSCI는 2009년에 우리나라(신흥국으로 분류)를 선진국 편입 검토 대상으로 지정 하였으나 4년 연속하여 연례 검토에서 신흥국지수 잔류 결정을 내렸다.[155]

제4절 주식파생상품시장[156]

제 1 항 파생상품 개요

1. 파생금융상품이란 무엇인가?

가. 이론적 정의

파생상품이 무엇이고 어떤 문제가 있는지에 대해서는 제5장 제3절에서 자세하게 설명하였으므로 되풀이하지 않지만, 이론적으로 파생상품(derivatives)[157]을 기초자산(underlying asset)의 가치변화에 연계하여 그 가치가 결정되는 상품이라고 설명할 수 있다. 이중에서 파생금융상품(financial derivatives)은 그 가치가 통화, 채권, 주식 등 기초 금융자산(underlying asset)의 가치변동에 의해 결정되는 금융상품이다. 바꾸어 말하면, 파생금융상품이란 그 가치가 기초자산의 가격변동 또는 가격지수의 변동에 의해 결정되는 「계약(contract)」 혹은, 그러한 계약으로부터 발생하는 「자산(assets)」을 가리킨다.

파생상품 가운데 특히 기초자산이 외환, 채권, 주식 등과 같은 금융상품인 것을 파생금융상품(financial derivatives)이라고 부른다. 파생상품이 기초하는 변수는 대부분 자산가격이 되는데 그 기초자산의 성격에 따라 파생상품은 크게 상품파생상품(commodity derivatives)과 파생금융상품(financial derivatives)으로 나눌 수 있다.

한편, 파생결합증권(DLS: derivatives linked securities)[158]은 주식이나 주가지수가 아니라, 금리, 통화, 원자재, 신용등급 등을 기초자산으로 하여 수익이 결정되는 증권으로서 경제적 실질이 기초자산의 가치변화에 연계되어 가치가 결정된다는 점에서는 파생상품과 유사하지만 원본초과 손실에 대해서는 지급의무가 없기 때문에 『자본시장법』상 파생상품이 아니라 증권(securities)으로 분류된다. 그리고 주가연계증권(ELS: equity linked securities)은 주가지수나 주식에 연계하여 미리 정한 조건에 따라 투자손익을 주는 금융투자상품이다. 예를 들면, 'KOSPI200이 A%상승할 때 X% 수익률을 주고, B% 하락할 때 Y%의 손실을 준다'는 식으로 조건을 붙이는 것이다. 여기서 KOSPI200과 같이 ELS의 수익률에 연계되는 금융상품이 '기초자산'이고, 이것은 하나일 수도 있고 여러 개일 수도 있다.

나. 국내법 및 규정에서의 정의

『자본시장법』은 파생상품을 선도, 옵션, 스왑 중 어느 하나에 해당하는 투자성이 있는 것으로 정의하고(자본시장법 제5조 제1항),[159] 파생상품시장에서 거래되는 것 또는 해외 파생상품시장에서 거래되는 것을 장내파생상품으로 규정하고 있다(자본시장법 제5조 제2항 제2호, 제5조 제1항 각호).[160]

한편, 그 밖의 법령에서 파생상품에 해당한다고 규정된 것들은 다음과 같다. 『외국환거래법』은 자본시장법상의 정의 외에 "상품의 구성이 복잡하고 향후 수익을 예측하기 어려워 대규모 외환유출입을 야기할 우려가 있는 금융상품으로서 기획재정부장관이 고시하는 것"(외국환거래법 시행령 제5조)이라고 하고 있고, 『채무자 회생 및 파산에 관한 법률』은 "파생금융거래로서 대통령령이 정하는 거래라

함은 기초자산 또는 기초자산의 가격·이자율·지표·단위나 이를 기초로 하는 지수를 대상으로 하는 선도, 옵션, 스왑 거래"(채무자 회생 및 파산에 관한 법률 시행령 제14조 제1항)[161]라고 규정하고 있으며, 한편, 『기업회계기준』은 "① 기초변수 및 계약단위의 수량이 있어야 한다. ② 최초 계약 시 순투자 금액을 필요로 하지 않거나 시장가격변동에 유사한 영향을 받는 다른 유형의 거래보다 적은 순투자 금액을 필요로 해야 한다. ③ 차액결제[162]가 가능해야 한다"라는 "3가지 조건을 모두 충족하는 금융상품"(기업회계기준 제70조, [53-70] 파생상품 등의 회계처리)이라고 좀 더 자세하게 규정하고 있다.

다. 유사개념과의 구별

보험계약(생명보험계약, 손해보험계약) 및 채무불이행시 대신 지급하기로 한 지급보증계약은 향후 결제 금액이 기초변수의 변동에 따라 결정되는 것이 아니라 특정한 개별 사건(예컨대, 보험에서 보험사고)의 결과에 의하여 결정되는 것이므로 파생상품으로 볼 수 없다.

2. 파생상품의 등장배경

파생상품의 기원에 대해서는 제5장 제3절에서 자세하게 설명하였다. 그러나 근대적 의미의 파생상품으로서 세계 최초의 공식적인 선물거래는 17세기경 도쿠가와 시대 오사카를 중심으로 발생한 도지마 쌀 시장(Dojima Rice Market)이라고 알려져 있지만,[163] 현대적 의미에서 선물을 포함한 파생상품이 본격적으로 상품시장 또는 금융시장에 등장하게 된 배경은 70년대 두 차례의 석유파동으로 인한 인플레이션의 증가 및 1971년에 있었던 미국의 금태환 정지 등을 계기로 한 외환시장의 불안정성 등이라고 한다.

이러한 파생상품은 환율, 금리, 상품가격 등의 각종 가격 위험을 회피(hedge)하려는 위험관리수단으로 개발되었으나 오늘날에는 가격변동을 예상하여 이로부터 이익을 얻으려는 투기(speculation)의 수단으로 많이 이용되는 점도 빼 놓을 수 없다.

3. 용어의 설명

가. 선물계약

선물계약(futures contract)이란 미래의 일정한 시점(약정일)에 수량, 품질 등 거래조건이 거래소에 의해 표준화되어 있는 특정 상품을 미리 정해진 가격으로 인도·인수하기로 하는 계약을 의미한다.[164] 우리나라에서 선물계약의 체결은 「선물거래소」와 같은 특정한 형태의 장소 즉, 「한국거래소」에서 일정시간 동안 경쟁매매 방식으로 이루어진다.

현대적인 선물거래의 역사는 19세기 중반 1982년 미국 시카고상품거래소 (CBOT: Chicago Board of Trade)[165]를 중심으로 최초의 주식선물(stock futures)이라는 대단한 위력을 가진 금융상품이 등장함으로써 시작되었다. 그리고 주가지수는 곧 상장기업의 실적으로 가중 계산을 통해 산출된 데이터다. 주식선물지수(stock index futures)는 미래의 주식가격동향을 걸고 하는 베팅(betting)이기 때문에 매수자나 매도자는 모두 주식이나 주권 자체를 소유하려고 하지 않는다.[166]

그리고 1980년 당시 미국에서 농산물의 거래를 살펴보면, 중서부지역의 농축산물이 매년 일정한 시기에 출하되다 보니 출하시점에는 공급과잉으로 상품가격이 폭락하는 경우가 많았고, 또한 수송상의 어려움과 저장시설의 부족으로 수요와 공급의 문제를 더욱 악화되었다. 이러한 비효율적이고 불합리한 유통을 개선하고 곡물의 원활·안정적인 수급을 도모하기 위해 설립된 것이 바로 시카고상품거래소이다.[167] 이러한 과정에서 시장상황에 대응하기 위해 농부와 상인은 선도계약을 맺기 시작한 것이다.

이렇게 이루어지는 선물계약을 그림으로 나타내면 [그림 7-5]와 같다.

[그림 7-5] 선물계약

그러면 미국에서 이루어지는 선물거래의 구체적인 예를 들어보자. 3월 현재 뉴욕의 어떤 투자자가 7월에 인도하는 5,000부쉘(bushel: 곡물이나 과일의 중량 단

위로 8갤런에 해당하는 양)의 옥수수선물을 매입하기 위해 브로커(broker)에 의뢰한다고 하자(이를 '매입 포지션(long position)을 취한다'고 한다).[168] 브로커는 즉시 이 주문을 시카고상업거래소에 있는 장내거래인에게 전달할 것이다. 거의 동시에 캔사스에 사는 다른 투자자는 7월에 인도하는 5,000 부쉘의 옥수수선물을 매도하기 위해 그의 브로커에게 주문한다고 하면 이를 '매도포지션(short position)을 취한다'고 한다. 포지션이 가지는 의미는 현재 시점에서 자기 자산이 앞으로 가지게 될 상태라고 할 수 있다. 마찬가지로 브로커는 시카고상업거래소에 있는 장내거래인에게 전달하게 될 것이다. 이후 이들 두 장내거래인은 만나서 7월 인도 옥수수선물의 가격을 협상하고 거래를 성사시킬 것이다. 장내거래인에 의하여 합의된 가격을 선물가격이라고 하며, 선물거래의 가격은 다른 상품의 가격처럼 수요공급의 법칙에 의해 결정된다. 우리나라 선물시장에서의 이루어지는 선물거래도 위와 크게 다르지 않다.

[그림 7-6]은 선물매도와 선물매수에서의 손익구조를 보여 주고 있다. 이 그림에서 베이시스(basis)는 선물거래에서 특정상품의 현물가격과 선물가격과 차이를 말하고, 이 때 베이시스 계산을 할 때 아무런 별도의 언급이 없으면 가장 가까운 상품 인도 월에 대한 선물가격을 현물가격에서 빼면 된다.

[그림 7-6] 선물계약에서 매도 및 매수 시 이익과 손실 구조

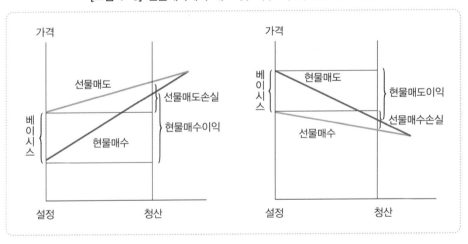

나. 선도계약

선도계약(forward contract)은 매매당사자가 미래의 특정시점에서 특정상품을 현재 결정한 가격으로 교환하기로 하는 계약이다.[169] 현재시점에서는 거래조건 등에 관한 계약만을 체결하고, 실제 상품 인도·인수와 대금결제는 미래의 정해진 시점에서 이루어진다. 한편, 한국에서 볼 수 있는 배추 등 작황에 따라 가격변동이 심한 농산물을 대상으로 하는 소위 '밭떼기', 즉 은행과 은행 내지 고객 간의 미리 정해진 환율(가격비율)로 하는 거래가 이러한 선도거래에 해당한다.[170] 따라서 선물거래는 매매계약 시점과 상품의 인도·인수 및 대금수수 시점이 다르다는 점에서는 현재의 시점에서 상품의 인도·인수와 대금수수가 동시에 이루어지는 점에서 현물거래(cash or spot transaction)에 대비되는 것이다.

한편, 특정가격으로 자산을 사거나 파는 계약이라는 점에서 선도계약은 선물계약과 유사하나[171] 선물계약은 「한국거래소」와 같은 선물거래소에서 거래되는 반면에 선도계약은 장외(over-the-counter) 시장(market)[172]에서 거래된다는 점에서 큰 차이가 있다. 선도계약 중 통화선도계약이 아주 일반화되어 있고, 대부분의 대형은행들은 그들의 외환거래실 내에 선도환 데스크를 설치하고 있으며 그곳에서는 통화선도환이 거래되고 있다.

다. 옵션계약

옵션(option)은 특정한 자산을 특정한 날짜에 약정한 가격으로 사거나(call) 팔 수 있는(put) 권리를 의미한다. 여기서 특정한 자산을 기초자산(underlying assets)이라고 하고, 특정한 날짜를 만기일(expiration date)이라고 하며, 약정한 가격을 행사가격(excercise price or strike price)이라고 한다. 이와 같이 옵션의 특징은 기초자산을 미래의 특정시점 또는 특정기간 동안 특정 행사가격으로 매입(call)하거나 매각(put)할 수 있는 권리를 사고 파는 계약으로서, 기초자산 가격의 변화에 대해 비대칭적 손익구조(asymmetric payoffs)[173]를 가진다는 점이다. 다만 옵션계약은 거래시점에 프리미엄(premium)을 지급한다는 점에서도 선도계약이나 선물과 차이점이 있다.[174]

옵션 중 콜옵션(call option)은 소유자에게 약정일에 미리 정한 가격으로 자산을 살 수 있는 권리를 부여한 옵션인 반면, 풋옵션(put option)은 소유자에게 약정일에 미리 정한 가격으로 자산을 팔 수 있는 권리를 부여한 옵션이다. 여기서 콜옵션을 매도(short call)하는 자를 다른 말로 콜 옵션 발행자라고 하는데, 해당 옵션을 매수한 사람으로부터 권리행사에 반드시 응해야 하는 의무의 대가로 옵션프리미엄(option premium)[175]을 받게 된다. 이 경우 '옵션의 행사가격보다 기초자

산의 가격이 작아서 옵션을 행사하지 않는 경우' 이미 받은 프리미엄은 이익이
되고, 반대로 '기초자산의 가격이 행사가격보다 높아서 매수자가 옵션을 행사하는
경우'에는 현물가격에서 행사가격을 뺀 차액만큼 손실을 입게 되는 손익구조로
되어 있다.[176]

[그림 7-7] 콜옵션 그래프

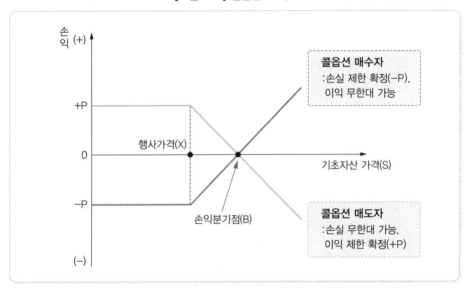

한편, 풋 옵션 매도자(short put)는 콜 옵션 매도자처럼 해당 옵션을 매수한 사
람으로부터 권리행사에 반드시 응해야 하는 의무의 대가로 옵션 프리미엄을 받게
된다.

옵션은 그 소유자에게 무엇인가를 할 권리를 부여하지만, 옵션소유자가 반드
시 그 권리를 행사해야 할 필요는 없다. 이런 점에서 옵션계약은 선물계약 또는
선도계약과 구별된다. 예컨대, 매입선물계약을 소유한 투자자는 미래 약정일에 미
리 정한 가격으로 자산을 매입하여야 하지만, 콜옵션 소유자는 미래 약정일에 미
리 정한 가격으로 자산을 매입할 수 있는 선택권을 가지고 있는 것에 불과한 것
이다. 또 하나의 차이점은 선물계약을 체결하는데 따르는 비용은 없지만, 옵션계
약을 체결할 때 투자자는 옵션 프리미엄(매입비용)을 지급해야 한다는 점이다.

라. 스왑계약

스왑(swap)은 당사자 쌍방 간 일정 수량의 기초자산을 교환하기로 약정한 '계

약'을 말하거나[177] 두 개의 상품 또는 금융자산(또는 부채)에서 파생되는 장래 현금흐름(cash flow) 또는 가격지수 등을 일정 기간마다 교환하기로 약정하는 '거래'[178]를 의미한다. 예를 들면, 1억 US Dollar의 자금 대출에서 발생하는 원리금 흐름(플로우: flow)을 매 6개월마다 교환·결제하기로 약정하거나, 금·원유 등 동일한 상품에 대하여 고정가격 플로우와 변동가격 플로우를 교환[179]하는 것이다.

스왑은 1970년대 초에 미국과 영국 사이에 성행한 평행대출(parallel loan)과 국제상호직접대출(back-to-back loan)[180]에서 그 기원을 찾을 수 있다. 평행대출은 영국에서 해외투자와 관련된 외환규제를 회피하기 위해서 1960년대에 고안되어 1973년에 이 규제가 철폐되기까지 널리 이용되었고, 국제상호직접대출은 평행대출의 신용위험을 해소하는 방법으로 고안되었다.

표준형 스왑의 현금흐름을 살펴보면 다음과 같다.

첫째, 스왑개시 시점에서 명목자산(notionals)의 교환이 있게 되는데, 당사자 A가 스왑딜러에게 명목자산을 교부하고, 스왑딜러(swap dealer)는 이를 당사자 B에게 교부하고, 다른 한편으로 B가 스왑딜러에게, 스왑딜러는 A에게 또 다른 명목자산을 교부한다. 도표를 그리면 아래 그림과 같다.

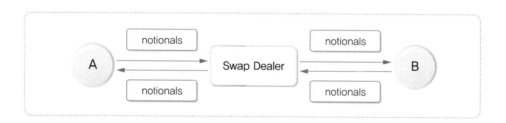

둘째, 스왑도중에는 명목자산의 사용대가가 주기적으로 지급되는데, 당사자 A는 스왑딜러를 통해서 당사자 B에게 고정가격을 지급하고, 한편으로 B는 스왑딜러를 통해 A에게 변동가격을 교부한다. 도표를 그리면 아래 그림과 같다.

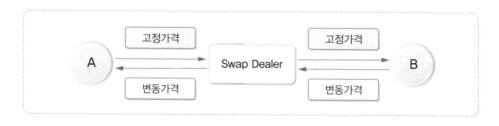

마지막으로, 스왑의 종료시점에서 명목자산의 재교환이 있게 되는데, 스왑개시 시점과 반대되는 현금흐름이 있게 된다. 도표를 그리면 아래 그림과 같다.

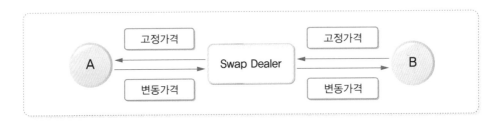

스왑(swaps)에는 크게 서로 다른 통화표시 채무의 원리금 상환을 교환하기로 약정하는 통화스왑(currency swaps)과 변동금리채무와 고정금리채무간의 이자지급 을 교환하기로 약정하는 금리스왑(interest rate swaps) 등이 있다.

금리스왑을 예로 들어 보자. 예컨대, A회사는 변동금리 부채를 가지고 있다고 가정한다(변동금리 부채는 시중금리가 변하는 대로 지불해야 할 이자금액이 달라지는 부채를 말한다). 따라서 향후 금리가 상승할 경우에 더 많은 이자를 지불해야 한 다. 이러한 경우, A회사는 금리상승 위험을 회피하고자 B은행과 금리스왑계약을 맺고자 한다. 그 계약은 A회사가 B은행에게 고정된 금리 5%를 지불하는 대신, B 은행은 A회사에게 변동금리를 지불하기로 하는 것이다. 계약을 맺은 후 A회사의 현금흐름을 살펴보면, 나가는 현금흐름은 변동금리＋5%인데, 들어오는 현금흐름 은 변동금리이므로, 변동금리가 상쇄되어 없어지고 5%의 금리로 현금흐름이 나가 게 됨을 알 수 있다. 즉, 금리가 아무리 상승해도 A회사가 지불해야 되는 금액은 원금의 5%로 일정하게 고정되는데, 이것은 마치 변동금리 부채를 고정금리 부채 로 바꾼 것과 같은 효과를 낳는다. 이렇게 변동금리와 고정금리를 맞바꾸는 계약 을 금리스왑이라고 한다.

4. 파생금융상품의 장점

한편 파생금융상품은 투자자 입장에서 소액의 증거금[181] 또는 프리미엄[182]만으 로 훨씬 큰 금액의 기초자산에 투자한 것과 동일한 효과를 가질 수 있고,[183] 투자 원금을 주고 받지 않아 자금관리의 탄력성을 높일 수 있는 등 여러 장점이 있다. 또한 파생금융상품의 여러 형태를 적절히 조합하면 기초자산만으로는 불가능한 다양한 현금흐름을 구성할 수도 있다. 그리고 파생상품시장은 시장에 반영되는 정보[184]가 차익거래 등을 통해 현물시장에 파급되도록 함으로써 시장의 효율성을 제고시키는 긍정적인 역할도 수행한다.[185]

다시 말하면 경제주체가 직면하는 다양한 위험을 줄이기 위한 수단으로써 파생금융상품이 등장하게 된 것이다. 그러면 파생금융상품을 이용하여 앞으로 닥칠 위험을 회피(hedge)하는 경우를 생각해 보자.

가. 선도계약을 이용한 헤징(hedging) 사례

예를 들어 2000. 6. 19. 현재 미국에 있는 회사인 A사가 영국의 B사에게 물품 수입대금으로 2000. 9. 19.에 1,000만 파운드를 지급할 예정으로 있다고 해보자. 그리고 미국 달러/영국 파운드의 환율이 다음과 같다고 가정한다.

구 분	매 입	매 도
현물환율	1.5118	1.5122
1개월 선도환율	1.5127	1.5132
3개월 선도환율	1.5144	1.5149
6개월 선도환율	1.5172	1.5178

그렇다면 A사는 금융기관으로부터 3개월 선도환율 1.5149로 파운드를 매입하기로 계약을 체결함으로써 통화위험을 헤지(hedge)할 수 있다. 이 전략은 영국회사 B에게 지급해야 할 금액을 15,149,000달러에 고정시키는 효과를 가져 온다.

나. 옵션을 이용한 헤징사례

옵션도 헤징((hedging)에 이용될 수 있다. 예를 들어 어떤 투자자가 2000. 5. 마이크로소프트(Microsoft)의 주식 1,000주를 보유하고 있다고 하자. 현재 주가는 73달러이다. 투자자는 마이크로소프트의 반독점소송이 향후 2개월 동안에 주가를 폭락시킬 것을 우려하여 이에 대해 미리 위험을 회피하는 보호책을 원하고 있다. 투자자는 거래소에서 7월 만기 풋옵션(put option) 10계약을 매입할 수 있다(1계약 = 100주). 이 계약을 통해 투자자는 65달러의 행사가격으로 1,000주를 팔 수 있는 권리를 갖게 된다. 옵션가격[186]이 2.5달러이면, 풋옵션 1계약의 매입비용은 100×2.5달러＝250달러가 되고, 헤징 전략의 총 비용은 10×250달러＝2,500달러가 된다. 이 전략은 2,500달러의 비용이 소요되지만, 옵션 만기동안 최소한 주당 65달러로 주식을 매도할 수 있음을 보장한다. 만약에 마이크로소프트사의 주가가 65달러를 하회하면 옵션이 행사되고 투자자의 전체 포지션의 가치는 65,000달러 이다. 옵션매입비용을 차감하면 포지션의 가치는 62,500달러이다. 만약에 주가가 65달러를 상회하면 옵션은 행사되지 않고 가치 없이 소멸된다. 그러나 이 경우에 도 포지션의 가치는 항상 65,000달러 이상이다.

5. 파생금융상품의 위험성

파생금융상품 거래는 거래상대방의 채무불이행 위험(counter-party default risk)[187] 이 높을 뿐 아니라 빚을 이용함으로써 레버리지효과(leverage effect)[188]가 크고 거 래구조가 복잡하기 때문에 투기적 거래에 대한 효과적인 규제(통제)가 이루어지지 않을 경우 자칫 대형 금융기관이라 하더라도 쉽게 재정적 어려움에 처할 수 있는 위험이 있다.[189] 해저(hedger)는 위험전가가 목적인 투자자로서 자기 소유의 자산 가격(자산가치, asset value)이 불리하게 움직임으로써 발생하는 위험을 부담하지 않기를 원하는 반면에 투기자(speculator)는 특정자산을 소유하지 않은 채 포지션 을 취하여 이익을 얻고 싶어 한다. 투기자들은 미래에 가격이 상승할 것이라고 예상하고 투기하기도 하고, 미래에 가격이 하락할 것이라고 예상하고 투기하기도 한다. 또한 파생금융상품 거래규모가 대형화되고 금융시장간 연계성이 심화됨에 따라 개별 금융기관이 위험관리에 실패하는 경우 그 영향은 전체 금융시스템으로 파급될 가능성도 커지고 있다. 서브 프라임 모기지 증권 등 파생상품 때문에 금 융위기가 일어났다는 점은 제2장 제6절에서 자세하게 보았다. 이렇듯이 글로벌 금융위기의 주요 원인으로 파생금융상품에 대한 규제 미비가 지목되면서 세계 각 국은 물론 국제적인 차원[190]에서 파생금융상품시장에 대한 모니터링 강화, 청산·결제시스템 확충, 일반 투자자 보호장치 강구, 감독체계의 개편 등을 둘러싼 입법 과 동시에 이에 대처하기 위한 규제방법이 과연 무엇인지에 대한 광범위한 논의 가 진행되고 있다.

6. 글로벌 파생금융상품시장과 우리나라 파생금융상품시장 개관

한편 글로벌 파생금융상품시장은 국제자본 이동 증가 및 금융상품의 가격변동 폭 확대 등에 따른 위험(risk)의 헤지(hedge) 필요 증가, 정보통신기술(IT)을 활용한 금융상품 위험의 평가·분리·이전 기법의 기술혁신 등에 힘입어 빠르게 발전해 왔다. 1970년대 이후 변동환율제(flexible exchange rate system) 이행에 따른 자산가격 변동성(volatility) 확대 등으로 파생상품거래가 더욱 크게 늘어나고 주식 선물 및 옵션거래도 제도화되었다. 1980년대 후반에 들어서는 금리관련 파생상품 거래가 급격히 늘어났으며 미국이나 유럽에서 거래되는 옵션과는 다른 이를테면 복합옵션(compound option)과 같은 신종옵션(exotic options),[191] 구조화채권(structured notes), 채권의 지급불능·채무자 파산 등에 대비한 신용파생상품(credit derivative)[192] 등 새로운 상품들도 등장하였다. 1990년대에는 신용파산스왑(CDS: credit default swap)[193] 시장이 활성화되기 시작하였으며 서브프라임 모기지 증가를 배경으로 증권화(securitization) 기법을 활용한 신용구조화상품 들이 일반화되었다.

　글로벌 파생금융상품시장의 장외거래 규모를 보면 명목원금(nominal principal)[194] 기준으로 1998년 말 79.9조 달러에서 2011년 말에는 647.8조 달러로 8배 가량 증가하였다. 특히 금리스왑거래의 경우 1998년 말 36.3조 달러에서 2011년 말 402.6조 달러로 11배 증가하였다. 반면 신용파산스왑은 2005년 말 13.9조 달러에서 2007년 말에는 57.9조 달러로 급속한 증가세를 보였다가 글로벌 금융위기의 영향으로 감소하기 시작하여 2011년 말에는 28.6조 달러를 기록하였다.

　우리나라의 경우, 1990년대 중반 이전까지는 선물환 거래 이외에는 별다른 시장이 형성되지 못하였다. 그러던 중 1990년대 중반 이후 금융자율화 및 개방화의 진전에 따른 금융시장 가격변수의 변동성 확대로 파생금융상품에 대한 수요가 크게 증가한 데다 관련 법규 및 제도의 정비가 이루어짐에 따라 주가지수 및 금리관련 거래제도가 도입되고 거래량도 빠르게 증가하면서 파생금융상품시장이 본격적으로 발전하기 시작했다.

　국내 장내파생금융상품시장의 경우 KOSPI200 선물 및 옵션이 활발하게 거래되어 2012년 6월 중 일평균 거래량이 각각 30만 계약, 797만 계약을 기록하였다.[195] 반면 기타 장내파생금융상품 중에서는 3년 및 10년 국채선물, 미국달러선물이 비교적 활발하게 거래되고 있을 뿐 나머지 상품거래는 저조한 모습을 보이고 있다.

　장외파생금융상품시장도 빠른 성장세를 보이고 있다. 통화관련 파생상품과 금리관련 파생상품시장이 활성화되어 있으며 주식관련 파생상품과 신용관련 파생상품 시장도 점차 성장하고 있다. 통화관련 파생상품시장은 선물환거래[196]가 대부분을 차지하고 있는데 이는 기업들의 환리스크 헤지수요 및 차액결제선물환(NDF:

non-deliverable forwards) 거래[197]증가 등에 주로 기인한다. 금리관련 파생상품시장에서는 금리스왑, 금리옵션, 선도금리계약 등이 거래되고 있다. 이중 금리스왑은 국내 대형은행과 외국은행 국내지점을 중심으로 2000년경부터 본격적으로 거래되기 시작했으며 자산운용회사, 보험회사 등이 포트폴리오 듀레이션(duration)[198] 조절을 위해, 은행이 금리변동 위험 헤지 등을 위해 적극 참여함에 따라 시장규모가 크게 증가하는 추세이다. 그러나 금리옵션 및 선도금리계약의 경우에는 시장이 형성되고는 있으나 거래가 크게 활성화되지는 않고 있다.

제 2 항   주식 관련 파생상품시장[199]

1. 주가지수(주식)선물시장

가. 주가지수(주식)선물시장의 의의

주가지수선물시장은 주가지수(Index)를 대상으로 선물거래가 이루어지는 시장이다. 주식 시장에는 수천, 수만 개의 개별 상장 회사들의 주식이 날마다 거래되고, 개별 회사들의 실적이나, 그날의 금리 등 경제 상황에 따라 주식가격이 등락하게 된다. 그러면 개별주식의 등락가로는 그날의 전체주식시장 상황을 표현할 수가 없다. 그래서 어떤 회사의 주식은 어느 특정한 날에 값이 내려가고, 반대로 어떤 회사의 주식 값은 상승하기 때문에 전체주식시장 상황을 나타내기 위해서는 전체 평균값이 필요한데, 이것이 바로 주가지수이다.

주가지수선물(Stock market index future)은 장래의 주가지수를 대상으로 하는 파생상품 중의 하나이다.[200] 주가지수선물은 개별주식이 아니라 주식시장 자체에 관한 수치를 대상으로 한 거래라고 할 수 있다. 한편 투기거래자들은 개별기업보다는 거시경제에 영향을 받기 때문에 주가지수의 방향 예측이 쉽다고 판단하여 주가지수선물거래를 하는 경향이 있고, 더구나 주가지수선물도 현물과 선물의 가베이시스(basis, 격차)가 존재하므로 이 차이를 이익으로 확보하려는 차익거래자들이 존재한다. 주가지수 선물이 다른 선물에 비교하여 특별히 다른 점은 거래의 대상이 유형의 실물이 아니라 물리적·기술적으로 양도·양수가 불가능한 무형의 지수(index)라는 점이다.[201] 주가지수를 대상으로 하는 선물거래는 주가지수를 직접 인수·인도할 수 없기 때문[202]에 주가지수에 상당하는 현금의 차액을 인·수도하거나, 주가지수 구성 종목 즉, 주식을 인·수도하는 방법으로 거래를 종결한다.[203]

한편, 주가지수선물시장은 주가변동에 대한 헤지 수단 등을 제공[204]하기 위하여 1982년 2월 미국 캔사스시티상품거래소(KCBT: Kansas City Board of Trade)[205]에 최초로 개설되었다. 일반적으로 주식 투자를 위해서는 개별 회사들의 재무제표를 분석해야 하고, 경영진들의 구성, 시장 점유율 등, 수도 없이 많은 사항을 연구해야 하는데, 그 중에서 가장 무서운 것이 회사의 부도(파산)이다. 그러나 이론적으로 선물시장이 부도가 나기 위해서는 다우존스의 30개의 회사가 동시에 모두 부도가 나야 하고 S&P500은 500개의 회사가 동시에 부도가 나야하기 때문에 주가지수선물시장이 부도가 날 가능성은 확률상 거의 없다고 할 수 있다.

우리나라에서는 1996년 5월 KOSPI200선물지수를 거래대상으로 하는 KOSPI200선물시장이, 2001년 1월에는 코스닥50선물지수를 거래대상으로 하는 코스닥50선물시장이 각 개설되었다. 한국거래소는 한국을 대표하는 200개 기업의 시가 총액을 지수화한 KOSPI200(Korea Stopck Price Index 200)을 발효한다. 2005년 11월에는 코스닥50선물시장이 거래부진 등으로 폐지되고 코스닥스타지수[206]를 거래대상으로 하는 스타지수선물시장이 새로 개설되었다.

나. 주가지수(주식)선물시장의 특징

주가지수선물시장은 앞에서도 설명하였듯이 기초상품이 실물형태가 아닌 주가지수라는 점에서 결제수단과 결제방식이 일반 선물시장과 다르다. 결제수단은 주식 실물의 양·수도가 불가능하므로 거래 시 약정한 주가지수와 만기일의 실제 주가지수간의 차이를 현금으로 결제[207]하게 된다.

거래계약은 약정금액의 일부분을 증거금(margin)으로 납부함으로써 성립하고, 결제는 적은 투자 자금으로 큰 규모의 거래가 가능한 선물거래의 특성상 결제불이행 위험을 방지하기 위해 일일정산방식(mark to market)[208]으로 이루어진다.

주가지수선물시장에서는 가격결정이 합리적으로 이루어질 수 있도록 이론가격[209]이 작성·발표된다. 이론가격은 주가지수선물 대신 현물시장에서 실제로 주식을 매입하는 경우를 가정하여 현물가격에 주가지수선물 결제일까지의 자금조달비용과 배당수익을 가감하여 산정된다. 이와 같은 이론가격에 근거하여 투자자들은 선물가격의 고평가 또는 저평가 여부를 판단한다.

다. KOSPI200선물시장

KOSPI200선물시장은 3월, 6월, 9월 및 12월의 두 번째 목요일(휴장일인 때에는 순차적으로 앞당김)을 최종거래일로 하는 4개 결제월물을 거래대상[210]으로 한다.

최소 거래단위는 1계약이고 1계약 거래금액은 선물가격(약정지수)에 거래단위 승수 50만 원을 곱한 금액이다. 최소 가격변동폭은 0.05포인트이며, 최소 가격변 동금액은 거래단위승수 50만 원에 0.05를 곱한 25,000원이 된다.

기본예탁금은 결제이행 담보장치로서 미결제약정을 보유하고 있지 않는 위탁자 (선물 투자자)[211]가 선물거래를 하고자 할 때 요구되는 최소한도의 예탁금(deposit) 을 말하며 위탁자의 신용, 거래경험 등을 감안하여 차등 징수하고 있다(최소 500만 원).[212] 한편, 신규거래시 납부하는 위탁증거금[213]은 계약 상대방의 채무(의무)불이 행 위험을 방지하기 위하여 징수되는데, 주문위탁액의 15%(주문증거금률) 이상 을 납부하는 주문증거금과 거래체결 이후 미결제포지션의 10%(유지증거금률) 이상 을 항시 유지하여야 하는 유지증거금으로 나눌 수 있다.[214] 만약 실제증거금이 유 지증거금 수준에 미치지 못할 경우 선물투자자는 다음날 12:00까지 유지증거금 수준으로 추가 납부할 것을 요구(margin call)받는데 이를 이행[215]하지 않으면 한 국거래소가 미결제약정의 반대매매 또는 대용증권의 처분에 나서게 된다.

현물시장인 유가증권시장에서 보듯이 KOSPI200선물시장에서도 투자자보호장 치로서 가격제한폭제도와 매매거래중단제도가 운영되고 있다. 개별 종목의 일중 가격변동폭은 전일종가 대비 10% 이내로 제한되고, 시장 전체로는 전날 최대거래 량을 기록한 종목의 가격이 전일종가 대비 5% 이상 변동하여 이론가격[216]과의 괴 리율[217]이 3% 이상인 상태가 1분 이상 지속되면 모든 선물거래가 5분간 중단되는 매매거래중단제도(circuit breakers)[218]가 발동된다. 이 밖에도 전날 최대거래량을 기록한 종목의 가격이 전일 종가대비 5% 이상 변동하여 1분 이상 지속되면 현물 시장에서 프로그램매매[219]호가의 효력이 5분간 정지되는 프로그램매매 호가효력 일시정지제도(side car)도 이용되고 있다.[220]

라. 스타지수선물시장

스타지수선물시장은 거래가 부진한 코스닥50선물시장을 대체함으로써 코스닥 시장에 효율적인 위험관리 수단을 제공하고 시장의 질적 수준을 높이기 위해 2005년 11월 개설되었다.

거래단위승수는 1만 원이고 최소가격변동폭은 0.5포인트, 이에 따른 최소가격 변동금액은 5,000원이다. 결제이행 담보장치에 있어서는 KOSPI200선물시장과 동 일한 증거금[221] 및 기본예탁금 제도를 채택하고 있다. 가격제한폭은 전일 종가의

10%이고 결제월물, 최종거래일, 개장시간 등은 KOSPI200선물시장과 동일하다.

2. 주식선물시장

주식선물시장은 개별주식 위험을 관리하고 주가연계증권(ELS: equity linked warrant), 주식워런트증권(ELW: equity linked warrant)등 주가연계파생증권의 발행과 관련된 헤지 수단을 제공하기 위해 개별주식을 기초자산으로 하는 시장으로서 2008년 5월 개설되었다. 먼저 주식워런트증권(ELW)이 무엇인지 보고 가자. 이것은 주식 또는 주가지수 등의 기초자산을 사전에 정하여진 가격(행사가격)에 사거나(Call) 팔(Put) 수 있는 권리(옵션)를 나타내는 증권을 말하고, 한국거래소 유가증권시장에 상장되므로 일반투자자도 기존 주식 계좌를 이용해서 주식과 동일하게 매매할 수 있다. 주식선물시장은 기초주식으로는 불공정거래 방지 및 시장수요 충족을 위해 시가총액 비중이 크고 ELW 거래대금 및 ELS 이용빈도가 높은 25개 종목[222]을 선정하였다. 증거금율은 KOSPI200선물보다 변동성이 높은 개별주식의 특성을 감안하여 거래증거금율 12%, 위탁증거금율 18%가 적용된다.[223] 미결제약정 보유한도는 상장주식수의 0.3% 이내로 종목별 차등 적용하고 있으며 호가가격단위는 정밀한 헤지 전략 구사를 위해 유가증권시장 호가가격단위의 1/2로 하고 있다.[224] 또한 가격제한폭은 기초자산의 가격 변동폭과 동일한 15%이며 기타 대부분의 거래제도는 KOSPI200선물과 동일하게 유지하고 있다.

가. 미국, 일본 및 유로지역의 주가지수선물시장

(1) 미 국

미국의 주가지수선물시장은 주가변동 위험에 대한 효율적인 관리수단을 제공할 목적으로 1982년 2월 캔사스시티상품거래소(KCBT)에 밸류라인종합주가지수(Value Line Composite Index)를 기초자산으로 하여 최초로 도입되었다.

미국의 현재 대표적 주가지수선물시장인 시카고상품거래소(CBOT)는 S&P500, NASDAQ100 등을 대상으로 하고, 거래체결 기준으로 08:30~15:15에 개장되는 정규시장과 15:30[225]~다음날 08:15의 시간외시장으로 구분된다. 정규시장의 경우 전통적인 공개호가(open outcry)에 의해 거래가 체결되고 시간외시장은 전산시스템인 CME Globex[226]를 통해서만 거래가 가능하다.

S&P500선물의 결제월물은 3월, 6월, 9월 및 12월을 기준으로 현 시점에 근접

한 8개월물[227]로, NASDAQ100선물은 근접한 5개월물로 각 구성된다.[228] 최종결제가격으로는 만기일 개별 주식종목의 시초가를 기준으로 산출되는 특별결제지수(special opening quotation)가 적용된다.

거래 및 호가단위는 선물종목별로 다른데, S&P500 선물은 거래단위인 계약이 0.1포인트를 최소변동폭으로 해서 포인트당 250달러를 곱한 금액으로 환산되고, NASDAQ100선물은 0.25포인트를 최소변동폭으로 하여 포인트당 100달러에 의해 금액으로 환산된다.

투자자보호장치로서 일중가격하락폭은 최대 30%로 제한되는 가운데 가격하락폭이 10% 및 20% 도달 시 10분간 그 가격수준 이상으로만 거래가 허용되고, 10분이 지나서도 그 가격수준이 지속되면 2분간 거래를 정지한 후 다음 단계의 가격제한폭이 적용된다.[229] 한편 선물가격 하락폭이 10% 및 20%에 도달하고 뉴욕증권거래소에서 서킷브레이커가 발동되면 선물시장의 거래도 동시에 중단된다.

(2) 일 본

일본의 주가지수선물시장은 1988년 9월 대표적 주가지수선물시장인 오사카증권거래소(Osaka Securities Exchange)에 Nikkei225선물과 도쿄증권거래소(Tokyo Stock Exchange)에 TOPIX선물이 상장되면서 도입되었다.[230]

오사카증권거래소 선물 거래시간은 주간장(09:00~15:15) 및 야간장(16:30~03:00)으로 구분되고, 개별 지수선물의 결제월물은 3월, 6월, 9월 및 12월을 기준으로 현 시점에 근접한 5개월물[231]로 구성되며, 각 결제월의 두 번째 금요일을 만기일로 하여 직전 영업일에 최종거래가 이루어진다. 최종결제가격은 만기일 개별 주식종목의 시초가를 기준으로 산출되는 특별결제지수(special opening quotation)가 적용된다.

거래 및 호가단위는 종목별로 차이를 보이고 있는데, Nikkei225 선물 거래단위 계약은 10엔[232]을 최소변동폭으로 해서 지수에 1,000엔을 곱하여 산출되고, Nikkei300 선물은 0.1포인트를 최소변동폭으로 하여 포인트당 10,000엔에 의해 금액으로 환산된다.

일중가격변동폭이 최대 16%로 제한되는 가운데 가격변동폭이 8%, 12% 도달 시 15분 간 거래를 정지한 후 다음 단계의 가격제한폭이 적용된다. 서킷브레이커의 발동은 하루에 동일가격범위 내 1회에 국한되고, 14:45 이후부터 주간장 마감시까지, 02:30 이후부터 야간장 마감시까지는 발동되지 않는다.

(3) 유로지역

유로지역에서 거래소시장을 통한 주가지수선물 거래는 독일의 Eurex에서 가장 활발하다. Eurex의 대표적인 주가지수선물 상품인 EURO STOXX50[233]의 선물거래량은 전세계 주가지수선물 거래의 15.5%(2위)를 차지하고 있다.[234]

Eurex는 자체 선물매매체결시스템인 Eurex system을 통한 전자거래방식을 채택하고 있다. EURO STOXX50 선물의 경우 거래시간은 개장 전 시간외 시장 (pre-trading) 시간은 7:30~7:50, 정규시장(trading) 시간은 7:50~22:00, 개장 전 시간외 시장(post-trading) 시간은 22:00~22:30이다. EURO STOXX50 선물결제월물은 3월, 6월, 9월 및 12월을 기준으로 현 시점에 근접한 3개월물[235]로 구성되며 각 결제월의 세 번째 금요일(휴장일인 경우 직전 영업일)에 최종거래가 이루어진다. 거래 및 호가단위는 1포인트를 최소변동폭으로 하여 포인트당 10유로에 의해 금액으로 환산된다.

3. 주가지수 및 주식 옵션시장

가. 주가지수 및 주식 옵션시장의 의의 및 약사

주가지수옵션시장(stock index option market)은 현물시장의 주가지수를 대상으로 미래의 일정시점에서 사전에 약정한 가격으로 매입·매도할 수 있는 권리가 거래되는 시장이다.

주식옵션시장은 한국거래소의 유가증권시장에 상장되어 있는 보통주식 중에서 시가총액이 큰 33개 기업이 발행한 주식[236]을 기초자산으로 하는 옵션시장이다.

주가지수옵션시장은 주가변동 헤지 등 다양한 투자 동기를 충족시키기 위해 1983년 3월 미국의 시카고옵션거래소(Chicago Board Options Exchange)에 S&P100 지수를 대상으로 최초로 개설되었다. 우리나라에서는 1997년 7월에 KOSPI200옵션시장이, 2001년 11월에 코스닥50옵션시장[237]이, 2002년 1월에는 개별주식을 기초자산으로 하는 주식옵션시장이 각 개설되었다.

나. 옵션거래의 구조와 특징

주가지수옵션은 주가지수(이하 기초자산)를 만기일[238]에 사전에 당사자간 합의한 가격(이하 행사가격)으로 매수하거나 매도할 수 있는 권리가 기재된 증서라고 할 수 있다.

콜옵션(call option) 매도자는 옵션거래시 매입할 수 있는 권리를 가지고 매수자에게 옵션을 제공하고, 매수자는 그 대가로 프리미엄(옵션가격)을 지급한다. 콜옵션 매수자는 만기일에 기초자산가격(KOSPI200 종가 등)이 행사가격을 넘어서면 선택에 따라 권리를 행사할 수 있다. 이 경우 기초자산가격이 행사가격과 지급한 프리미엄의 합과 일치하는 수준에서 손익분기점이 형성된다. 즉 콜옵션 매수로 순익을 얻기 위해서는 기초자산가격이 행사가격과 프리미엄의 합을 초과해야 된다.

한편, 풋옵션(put option) 매수자는 만기일에 기초자산가격(KOSPI200 종가 등)이 행사가격보다 낮아야만 매도할 권리를 행사할 수 있는 상태가 되므로 기초자산가격이 행사가격에서 지급한 프리미엄을 뺀 값을 하회하는 경우에만 이익을 얻을 수 있다.

주가지수옵션은 주가지수선물과 마찬가지로 실물이 존재하지 않는 주가지수를 거래대상으로 하고 있으나 거래목적물이 권리라는 점에서 주가지수선물과 다르다.

또, 주가지수옵션은 주가지수선물과 달리 기초자산의 가격변동에 따른 투자자의 손익구조가 비대칭적이다. 즉, 옵션매수자의 손실은 프리미엄으로 한정되는 반면 받는 이익은 기초자산가격에 비례하고, 반대로 옵션매도자의 이익은 프리미엄에 국한되는 반면 손실은 제한이 없다. 주가지수옵션 매수자는 최대손실가능 규모가 제한되므로 추가의무가 없는 데다 프리미엄을 지불하므로 일일정산 방식이 적용되지 않는다. 그러나 매도자의 경우 상황변화에 따라 증거금의 수준이 변하게 되고 증거금이 인상될 경우 추가증거금 납입의무가 생긴다.

한편 주가지수옵션시장에서는 옵션투자와 주식투자의 기대수익이 같다는 전제하에 이론가격이 작성·발표되고 있다.[239]

다. KOSPI200옵션시장

KOSPI200옵션시장은 결제월[240]이 최근 연속 3개월 및 3, 6, 9, 12월 중 6월 이내의 4개 결제월물을 대상[241]으로 거래가 이루어지고, 각 결제월물의 최종거래일은 두 번째 목요일이다.[242]

거래개시일의 결제월물별 행사가격 최초 설정은 연속 3개월물의 경우 전일 KOSPI200 종가에 가까운 2.5포인트의 정수배 수치인 등가격(ATM: at the money, KOSPI 200지수와 가장 가까운 행사가격의 콜·풋옵션을 등가격옵션이라고 한다)과 이를 기준으로 2.5포인트 단위로 구해지는 기초자산 가격이 행사가격보다 높은 내가격(ITM: in the money)[243] 6개, 내가격의 반대인 외가격(OTM: out of the money)[244] 6개 등 총 13개로 구성된다. 다만 새롭게 거래가 시작되는 상대적으로 결제월이 먼 원월물(DMC: deferred month contract, 遠月物, 3월물, 6월물, 9월물, 12월물)의 경우에는 상장 후 3개월까지는 5포인트 간격으로 등가격 1개, 내가격 3개 및 외가격 3개만 설정[245]된다.[246]

KOSPI200옵션의 거래단위는 계약이며 1계약의 거래금액은 포인트로 표시되는 옵션가격에 50만원[247](거래승수)을 곱한 금액이다. 그 밖의 매매거래시간, 거래체결방식 등은 KOSPI200선물시장과 동일하다.

KOSPI200옵션시장에서도 결제이행을 위한 담보로서 KOSPI200선물시장과 동일하게 2009년 2월부터 모든 파생상품에 적용된 기본예탁금, 위탁증거금 제도를 운영하고 있다. 주문할 때 요구되는 주문증거금은 신규주문위탁증거금,[248] 옵션가격증거금,[249] 옵션가격변동증거금[250] 및 장중옵션순매수금액[251]으로 구성된다. 실제로는 KOSPI200선물과 연계하여 선물가격변동증거금 및 선물스프레드증거금과 합산하여 구해진다. 유지증거금은 다음날 거래주문이 없을 경우에도 위탁증거금이 결제담보기능을 다할 수 있도록 장이 끝난 후 미결제약정을 대상으로 그날의 종가를 적용하여 구해지며 옵션가격변동증거금으로 KOSPI200 가격변화(유지증거금률 10%)와 변동성 변화를 모두 고려한 최대손실액으로 산출된다.

KOSPI200옵션시장에서는 투자자를 보호하기 위해 가격변동폭을 전일 KOSPI200 종가의 15% 변동시의 이론가격 이내로 제한[252]하는 한편, KOSPI200선물시장에서 매매거래중단제도가 발동되면 KOSPI200옵션시장 거래도 자동적으로 중단된다.[253] 한편 옵션매수자는 최종거래일 옵션거래가 끝난 다음 30분 이내에 권리행사신고를 하여야 하나 권리행사로 인하여 0.01포인트 이상의 행사이익이 발생하는 경우에는 신고가 없더라도 자동적으로 권리행사가 실행된다.

라. 주식옵션시장

주식옵션은 KOSPI200옵션과 옵션의 종류, 권리행사유형, 결제방식,[254] 결제월물, 최종거래일, 호가의 종류 등은 같으나 기초자산이 보통주식이므로 행사가격 설정, 거래단위 등에서 몇 가지 차이점이 있다. 주식옵션의 거래단위는 옵션 1계약 당 주식수량을 10주로 하고 있는데 이는 기초주권이 상장되어 있는 한국거래소의 주식매매 수량 단위와 일치시키기 위함이다. 가격제한폭은 18%이고 증거금율은 주식선물과 동일하게 거래증거금율 12%, 위탁증거금율 18%로 운용하고 있다.

마. 프로그램 매매 현황 및 특징

프로그램 매매란 일반적으로 시장분석, 투자시점 판단, 매입·매도 지시 등의 과정을 컴퓨터로 일괄 처리하는 거래기법을 의미한다. 주가지수 차익거래를 하는 경우 현물거래는 KOSPI200 구성종목 중 시가총액 상위 30~50개 종목을 컴퓨터 프로그램을 통해 일괄적으로 매매하므로 이러한 거래를 프로그램 매매 차익거래 라고 한다. 한편 한국거래소가 발표하는 프로그램매매 통계에는 선물과 무관하게 현물 15개 이상 종목의 주문이 컴퓨터 프로그램에 의해 일괄 처리되는 비차익거 래도 포함되지만 이는 주로 인덱스펀드의 자산매입 등에 이용된다.

프로그램 매매 차익거래가 발생하는 이유는 현물가격과 현물가격을 기초로 한 파생상품(주가지수선물, 주가지수옵션)간의 가격 차이가 적정 수준을 이탈하여 차익 거래 유인이 발생하기 때문이다. 이 경우 현물과 파생상품 중 상대적으로 고평가 된 것을 매도하고 저평가된 것을 매수함으로써 차익을 실현하는 현·선물 간 연 계거래가 발생하며 현물 포지션에 따라 매수차익거래와 매도차익거래로 구분할 수 있다.

바. 변동성지수(보충설명)

변동성지수(Volatility Index)는 옵션가격을 이용하여 옵션 투자자들이 예상하는 기초자산(주로 주가지수)의 미래 변동성을 측정한 지수로 옵션가격에 향후 시장의 기대변동성이 내재되어 있다는 옵션가격결정이론을 토대로 산출된다. 변동성지수 는 일반적으로 기초자산 가격과 음(−)의 상관관계에 있어 시황 및 투자판단 지 표로 활용된다.

또한 변동성지수에 대한 선물·옵션상품을 이용하여 변동성위험을 헤지할 수 있고, 변동성 거래 및 기초자산, 지수옵션 등과 결합한 다양한 연계거래가 가능하 다. 대표적인 변동성지수로는 미국의 VIX(Volatility Index),[255] 독일 VSTOXX 등이 있으며, 우리나라의 경우 한국거래소가 2009년 4월부터 KOSPI200 옵션가격을 대 상으로 측정한 VKOSPI를 산출·발표하고 있다.

사. 미국, 일본 및 유로지역의 주가지수옵션시장

(1) 미 국

미국의 주가지수 관련 옵션시장은 주가지수옵션시장과 주가지수선물옵션시장으로 양분[256]된다. 주가지수옵션은 1983년 3월 시카고옵션거래소(CBOE)에 S&P100 옵션이 도입된 데 이어 그해 7월 S&P500 옵션이 상장되면서 활성화되기 시작하였고, 주가지수선물옵션은 1983년 1월 시카고상업거래소(CME)에서 S&P500 선물옵션이 거래되면서 본격화되었다.[257]

미국의 대표적 주가지수옵션시장인 시카고옵션거래소는 08:30~15:15에 개장되며 거래체결수단은 투자자의 선택에 따라 공개호가(open outcry) 또는 전자거래방식(screen-based)이 병행되고 있다.

결제월물 및 최종거래일은 주가지수옵션별로 다른데 S&P500 옵션의 경우 최근 12개월물과 거래소에서 정한 만기가 12개월에서 60개월 사이의 10개월물을 대상으로 하며 각 결제월물의 만기일은 세 번째 금요일의 이튿날(토요일)이고 만기일의 전전 영업일(목요일)에 최종거래가 이루어진다. S&P100 옵션은 최근 4개월물과 이를 제외한 3월, 6월, 9월, 12월중 현 시점에 가까운 1개월물을 대상으로 하며 각 결제월물의 만기일은 세 번째 금요일의 이튿날(토요일)이고 최종거래일은 만기일의 직전 영업일(금요일)이다.

S&P500 옵션과 S&P100 옵션의 거래단위 및 가격은 계약 및 프리미엄으로 표시되며 1포인트를 100달러로 하여 금액으로 환산된다. 프리미엄의 최소 변동 폭인 호가단위는 프리미엄의 수준에 따라 3.00포인트를 초과하면 0.10포인트 그리고 3.00포인트 이하이면 0.05포인트로 이원화되어 있다. 투자자보호장치에 있어서는 일중 가격변동에 대한 제한은 없으나 뉴욕증권거래소(NYSE)에서 서킷브레이커가 발동 되면 동시에 거래가 중단된다.

(2) 일 본

일본의 대표적인 주가지수옵션시장은 1989년 6월 오사카증권거래소에 도입된 Nikkei225 옵션의 거래시간은 거래체결 기준으로 주간장(09:00~15:15) 및 야간장(16:30~03:00)으로 구분된다.

결제월물은 3월, 6월, 9월, 12월을 기준으로 현 시점과 가까운 12개월물과 이를 제외한 최근 3개월물로 구성되고, 권리행사는 만기일에만 가능하며 최종거래는 결제월의 두 번째 금요일인 만기일의 직전 영업일에 이루어진다. 한편 최종결제가격은 주가지수선물과 마찬가지로 특별결제지수가 적용된다.

거래 및 호가단위는 옵션가격 수준에 따라 최소 변동폭이 1∼10엔으로 차등화되며 거래금액은 옵션가격에 1,000엔을 곱하여 구해진다.

투자자보호장치에 있어서는 일중 최대 가격 변동폭이 21%로 제한되는 가운데 가격 변동폭[258]이 13%, 17% 도달 시 15분간 거래를 정지한 후 다음 단계의 가격 제한폭이 적용되는 한편, 주가지수선물시장에서 서킷브레이커가 발동될 경우 옵션거래를 중단시키고 있다.

(3) 유로지역

유로지역에서 거래소시장을 통한 주가지수옵션 거래는 독일의 Eurex에서 가장 활발하다. Eurex의 대표적인 주가지수옵션 상품인 EURO STOXX50 옵션 거래량은 전세계 주가지수옵션 거래의 6.4%(3위)를 차지하고 있다.

Eurex의 EURO STOXX50 옵션은 만기일에만 옵션행사가 가능한 유러피언옵션으로 최장 9년 11개월 이후 만기가 도래하는 상품까지 거래 가능하다. 거래시간은 개장 전 시간외 시장(pre-trading) 시간은 7:30∼8:50, 정규시장(trading) 시간은 8:50∼17:30, 개장 전 시간 후 시장(post-trading) 시간은 17:30∼20:30으로 구성되어 있고, 최종 결제가격은 만기일(만기월의 세 번째 금요일) 11:50∼12:00 사이의 기초자산 인덱스의 평균가격으로 산정된다. 거래단위 및 가격은 계약 및 프리미엄으로 표시되고 1포인트를 10유로로 하여 금액으로 환산되며 프리미엄의 최소 변동 폭인 호가단위는 0.1포인트이다.

제**8**장

금융규제와 금융감독

제1절 경제안정과 정책결정[1]

1. 정책결정자들의 자질

금융자본주의(financial capitalism)는 완벽한 시스템과는 거리가 멀고 그렇기 때문에 불경기(recessions and depression)와 호경기(booms and busts)[2]에 좌우된다는 점은 이미 제1장에서 자세하게 살펴보았다. 현대 금융자본주의의 성공에는 정책결정자들의 역할이 매우 중요하다.

정책결정자들(Policy Makers)은 이러한 불안정성을 줄이고 경기영향을 최소화하는 방향으로 정책을 결정·집행하여야 한다. 하지만 어떤 사건을 미리 예측하는 것은 쉽지 않고, 사건이 터진 이후에도 그 이유를 정확히 이해할 수가 없다. 정책결정자들이라고 하면 각국의 재무부(우리나라의 기획재정부), 중앙은행(우리나라의 한국은행), 그리고 금융정책을 입안하고 결정하는 금융당국(우리나라의 금융위원회 등 금융감독기구)이 떠오른다.

경제를 과학적으로 예측(forecasting)하고 안정화(stabilization)시키고자 하는 희망은 경제예측과학(science of economic forecasting)으로서 상당한 부분까지는 실현되었다.[3] 레이 페어(Ray Fair)와 로버트 쉴러(Robert J. Shiller)는 세계경제의 계량경제학적 모형을 다룬 책 『페어모델(Fair Model)』에서 페어 모델(Fair Model)과 다른 역량 있는 모델들이 어느 정도 경제예측을 가능하게 한 것으로 확인하여 주고 있다.[4]

하지만 이러한 모델들도 지극히 평범한 불황의 시간 경로와 이제까지 자주 목격했던 비교적 단기적인 파동(relatively shirt-run fluctuations)은 예측할 수 있지만 1930년대 대공황 이후 들이닥친 가장 혹독한 경제위기[5]로서 매우 드물고 정도가 심했던 2007년 금융위기 같은 것은 잘 예측할 수가 없었다는 한계가 있다.

예측 가능한 미래와 경제안정(economic stabilization)을 위해서는 학자들이 설계한 형식적 모델뿐만 아니라 이러한 목적을 달성하기 위해 헌신하는 사람들의 직관적 판단력(intuitive judgment)도 필요하다는 면에서 정책 결정자들은 과학자보다는 정치가를 닮았다고 해야 할 것이다.[6] 왜냐하면 그들의 판단이 사회적·정치적 힘에 의지하고 있기 때문이다. 사회와 정치 분야의 전문적 판단은 객관화하거

나 정량화하는 데 어려움이 따른다.[7]

경제정책 지도자의 잘못된 판단은 지도자 한사람의 실패로 끝나지 않는다. 국민 전체의 실패로 직결돼 돌이킬 수 없는 결과를 가져온다. 경제정책결정자들에게는 어떠한 자질이 필요할까? 유재수는 세계 각국의 경제 대통령 18인의 생애와 그들이 펼친 정책을 다룬 『세계를 뒤흔든 경제 대통령들』에서 "적극적인 정부개입을 옹호한 케인즈와 자유방임주의적 자본주의를 지지한 하이에크의 시각을 적절히 조화시켜야 한다"고 주장하고 있다.[8] 즉, 시장이 해결하지 못하는 문제에는 효과적 개입을 통해 해결의 길을 열어주고, 시장이 더 잘 할 수 있는 곳에서는 개입을 자제하고 최소한의 조치를 취하는 것이 결정자에게 요구되는 최소한의 판단기준이다.

2. 통화정책 결정자

경제안정의 책임을 뚜렷하게 부여받지 않은 채 설립된 영란은행은 개인은행(private bank)에서 세계 최초의 중앙은행(central bank)으로서 1964년 경제안정의 첫 번째 수비수 노릇을 해왔다. 영란은행은 개인은행으로 출발하였지만 몇 세기 동안 조금씩 폭을 넓혀 경제안정화를 유도하는 기능을 맡아왔다. 영란은행은 영국에서 처음 지폐(paper money)를 발행하고, 지나친 호황에 대비한 신용의 힘을 갖게 되었으며, 경제가 흔들릴 때도 지지해주는 역할을 하게 되었다.[9] 이후 영란은행은 미국의 연방준비제도(Federal Reserve System)[10]을 포함하여 다른 국가에서 중앙은행이 설립될 때 좋은 모델이 되었다.

중앙은행의 역할(central banker's role)은 경제의 주된 동력인 사업적 자신감이나 그와 밀접한 유사물들의 신용관리를 하는 일이다. 이코노미스트(Economist) 편집장이었던 월터 배젓(Walter, Bagehot)은 1896년 책 『롬바드 스트리트: 단기금융시장에 관하여(Lombard Street: A Description of the Money)』에서 "신용(credit)은 매우 다양하다. 영국에서 대기근이 끝나가자 다시 모든 사람이 모든 사람에게 신뢰를 갖기 시작했다. 영란은행은 불행의 시대에 대비해 저축을 하고 또 그 불행이 닥쳤을 때 저축한 것을 효율적으로 쓰게 되었다"[11]고 회고한다.

의심(suspicions)이나 공황(panics)은 근본적으로 인간의 일이기 때문에 그 일이 잘 완수되었는지, 혹은 미래를 위해 유용한 교훈을 끌어낼 수 있는지 결론을 내는 것이 어렵고 그렇기 때문에 관리하기란 더욱 어려운 일이다.

1990년의 경제 호황과 주식시장 성장의 거의 끝 무렵에 나온 밥 우드워드

(Bob Woodward)는 미국 연방준비제도 의장인 앨런 그린스펀(Alan Greenspan)[12]을 미국 경제를 주름 잡는 '마에스트로'라고 지칭했다.[13] 하지만 그가 2006년 자리에서 내려오자마자 경제 호황은 심각한 금융위기(financial crisis)로 바뀌었기 때문에 그는 더 이상 천재가 아니라는 점을 보여준 셈이다.[14] 더구나 세계금융시스템(world financial system)은 복잡하게 서로 연결되어 있기 때문에 미국의 주택시장에서 시작한 서브프라임 모기지 금융위기는 전 세계에서 연쇄반응(chain reaction)을 일으키고 말았던 것이다.

세계의 중앙은행은 금융 폭락(financial meltdown)으로 안정성과 능력을 시험받았고, 은행들은 기존의 정책을 수정해야 했으며, 동시에 새로운 정책을 시도할 수밖에 없게 되었다. 폭락으로 인한 상처가 회복되기까지, 그렇지 않더라도 겨우 아물기까지 상당기간이 소요된 것을 생각해본다면, 그런 정책들이 느닷없이 들이닥친 세계 금융위기를 방지하기에 적합하지 않았던 것으로 보인다.

중앙은행이 이러한 금융위기를 근본적으로 예측하거나 준비할 수 있을까? 2006년 5월 10일 미국 연방준비제도의 연방공개시장위원회(FOMC, 미국 중앙은행의 위원회로 금리와 통화량 조절을 통해 경제 안정을 직접 책임지는 기관)는 "위원회는 주택시장(housing market)의 점진적 냉각과 시차를 두고 나타나는 금리인상(increase in interest rates)의 효과 및 에너지 가격 오름세 등을 부분적으로 반영해, 경제가 좀 더 지속가능한 속도로 둔화될 것으로 예상하고 있다. 위원회는 인플레이션 위험(inflation risk)에 대처하기 위해 어느 정도의 추가적인 정책 다지기가 여전히 필요하다고 판단하고 있다."[15]고 했지만 결과론적으로 다가오는 위기를 조금도 눈치 채지 못한 것이 사실이다.

2006년 7월 26일 유럽중앙은행(European Central Bank)의 총재인 장 클로드 트리셰(Jean-Claude Trichet)도 "글로벌 경제활동은 여전히 강하고 유로지역의 수출(euro area export) 실적도 견고하다. 매우 우호적인 금융환경과 기업의 재무구조 개선(balance sheet restructuring) 및 이익과 효율성 증대를 통해 투자는 회복될 예정이다."[16]라고 말하면서 기준금리를 발표한 바 있다.

국제통화기금(IMF) 또한 다가오는 금융위기를 실제로 코 앞에 닥친 문제로 보지 못했다. 2006년 4월에 발표한 『세계 경제 전망(World Economic Outlook)』은 그저 "오일 가격과 천연자원 가격의 상승에도 글로벌 경제는 긍정적인 금융시장 조건과 협조적인 거시경제 정책으로 인해 기대 이상의 성장을 기록했다. 물론 다운사이드(down side)로 갈 리스크가 아직 남아 있고, 주요 취약성, 특히 글로벌 불균형(global imbalances) 문제는 계속 증가하고 있다."[17]고 일반론을 언급하는 데 그쳤다.

다만 위와 같은 '글로벌 불균형(global imbalances)'이란 것은 보통 미국의 무역 적자(trade deficit)와 중국의 무역흑자(trade surplus)를 말하는 것이 보통이지만, 2007년 시작된 금융위기와는 아무 관련이 없다. 이 보고서 말미에 가격이 폭등한 주택시장(inflated housing market)을 미국의 '주요 취약성(key uncertainty)'으로 잠깐 언급하고 있다는 점이 주목된다.[18]

다만 스위스 국제결제은행(The Bank for International Settlements in Switzerland) 의 2006년 6월 『퀴털리 리뷰(Quarterly Review)』에서는 고가(高價)의 자산 시장 (highly priced asset markets)에 "약간의 문제가 예측된다."라고만 썼을 뿐이다.[19]

2006년 국제통화기금(IMF)의 마틴 시학(Martin Cihak)은 전 세계의 46개 중앙 은행에서 금융위기전 발행한 금융안정성보고서(then-most-recent financial stability reports)에서 "거의 모든 (96퍼센트의) 은행이 국내시스템의 안정성에 대해 긍정적 으로 언급하고, 이 시스템의 건강을 '좋은 상태(in good shape)', '안정적(solid)' 혹 은 '개선되고 있음'이라고 평가했다."라고 결론을 내렸다.[20] 결국 어떤 중앙은행도 다가올 금융위기를 예측하지 못한 것이다.[21]

중앙은행들이 위기를 예측하는데 실패한 까닭은 그들의 직업적 속성과 정치적 입지와 관련되어 있다.[22] 앞서 언급한 페어 모델의 저자인 로버트 쉴러(Robert Shiller)에 따르면, 2008년 글로벌 금융위기를 예측하려면 아마도 주택시장 거품 (housing bubbles)에 대한 희망적인 관측이란 편견이 있는지 판단해야 했는데, 거 품을 비판하지 않으려 했던 지도자들의 도덕적 부주의(moral lapses), 정치적 이유 로 거품을 인정하지 않으려 한 규제당국(regulatory authority)이나 신용평가기관들 (security raters)의 오류(mistake), 정치가들이 사회적 불평등(social inequality)에 대 한 전 세계적인 불만을 무마하기 위해 만든 신용침식전략("let them eat credit" strategy) (가계대출을 크게 확대시킨 전략)[23] 등을 모두 고려했어야 비로소 그러한 판단이 가능했을 것이다.[24]

글로벌 금융위기를 계기로 때 늦은 개혁을 통해 금융불안정(financial instability) 과 정책권장(recommending policies)을 조금 더 책임을 갖고 연구하는 새로운 정 부소속 기관이 출현했다. 미국에서는 2010년 『도드-프랭크 법』으로 「금융안정감 독위원회(FOSC)」가 생겼고, 유럽의회(European Union)는 유럽 중앙은행의 지원 아래 「유럽시스템리스크위원회(ESRB)」를 설립했다.[25]

세계 경제위기는 늦더라도 최악의 재앙을 막기 위한 중앙은행의 대처와 노력이 얼마나 중요한지를 잘 보여주고 있지만 그들만 믿고 경기 위축으로 일어나는 심각한 혼란을 방지할 수는 없다. 따라서 중앙은행의 역할 이외에 현대경제의 안정성을 위해 필요한 도구로서 정부의 세금과 지출을 결정하는 재정정책(fiscal policy)도 필요하다고 할 수 있다.

3. 국가재정정책 결정자

중앙은행이 무기력할 때 정부 정책결정자들이 적합한 재정정책(fiscal policy), 즉 세금감면(cutting taxes)이나 정부지출증가(raising government expenditures), 혹은 이 두 가지 모두를 이용하여 경기부양(fiscal stimulus)을 할 필요성이 있다는 개념은 1930년 대공황 때부터 널리 퍼지게 되었다.[26] 당시에는 이러한 정책을 '공공투자에 의한 마중물 붓기식 경기회복(pump priming)'정책[27]이라고 했다.

2000년대 경제위기에 또 한 번 등장한 이러한 정책의 단점이라면, 세금을 줄이는 것(세금감면)은 쉽지만 정부지출을 줄이지 않고 세금을 줄이면 결국 국가부채(정부의 부채, national debt)가 늘어나게 된다는 점이다.[28]

이론적으로 '균형재정승수(balanced-budget multiplier)'와 같이 조세와 지출을 둘 다 같이 늘려서 국가부채를 늘리지 않는 방향으로 짜인 균형예산부양(balance-budget stimulus) 정책이 시행된다면 경제가 활성화 될 수 있는 가능성이 매우 높아질 수 있다. 이것은 정부지출의 증가와 더불어 GDP가 그만큼 점진적으로(dollar for dollar)[29] 올라간다는 것을 의미한다. 대공황 시기와 현재 미국에서 보는 바와 같이 이자율이 바닥일 때 효과가 있을지는 아무도 예측할 수 없을 것이다.

그러나 근본적인 문제는 조세증가가 경기부양(fiscal stimulus)의 효과를 축소시켜서 '마중물'효과는 나지 않고 사라져 버려 균형예산 지출로 경기를 부양할 수 있는 경우가 아니라면 정부의 지출을 균형이라는 선을 넘어 증가시키는 것이 더 효율적인 정책이 아닐까 싶다.[30]

또 재정정책을 수리하면서 어디에 정부의 돈을 써야 할지에 대한 문제도 생긴다. 왜냐하면 대공황뿐만 아니라 2000년대의 경제위기에서도 정부 정책결정자들이 경기를 부양할 수 있는 능력에는 한계가 있었고, 프로젝트를 잘못 고르면 특정 이익 집단에만 혜택이 돌아가기 때문에 다수의 대중은 불만을 터뜨리게 된다는 것을 잘 알게 되었기 때문이다. 더구나 아주 큰 규모의 정부 지출 프로젝트(government expenditure projects on a large scale)를 단기간에 완성하는 것은 결코 쉽지 않다. 경제가 발전하면 이런 프로젝트들이 무의미해지는 것이 부지기수이다. 그렇게 된다면 경기 부양책에 대한 대중의 지지는 오래갈 수 없다. 대공황의 말미에 그랬고, 지금 이 시점에도 그렇다. 우리나라에서도 이러한 예를 쉽게 찾아볼 수 있다. 정부가 바뀔 때마다 전정부가 추진 중이었던 프로젝트가 하루아침에 다른 모습으로 바뀌거나 폐기된 사례가 허다하기 때문이다.

제2차 세계대전 당시 미국에서도 이런 문제가 존재하였다. 전쟁 시기의 경기 부양이 끝나자 사람들은 또 한 번의 대공황이 올까봐 두려워했다. 이에 부응하여 1941년 미국 정부는 튼튼한 선반을 만들어 경제가 흔들릴 때 언제든지 공공사업을 시작할 수 있게 하는 「공공사업준비기구(Public Work Reserve)」를 설립했다.[31]

그러나 벤저민 히긴스(Benjamin Higgins)의 1943년 분석에 따르면, 공공사업준비기구에 의한 프로젝트는 여러 다른 기관이 나눠서 관리했고, "관할권을 가진 기관들은 프로젝트를 끌고 갈 자금이 없었다."[32]고 토로했다. 프로젝트의 관리는 전쟁 때문에 제대로 이루어지지 못해 결국 1942년에 종료되었다.[33] 한편, 마틴 슈빅(Martin Shubik)은 「연방고용준비청(Federal Employment Reserve Authority)」이라고 이름 붙인 새로운 형태의 공공사업 준비기구를 만들어야 한다고 제안했다.[34]

국가재정은 미래에 경기가 위축되었을 때 분명 필요하고, 우리는 어떤 방식으로든 더 책임감 있는 국가 재정정책을 발전시켜서 과거의 실수를 방지해야 할 것이다.

사실 정책결정자들이 하는 일은 본질적으로 어려울 수 밖에 없는 것이 사실이다. 다만 예측하기 어려운 리스크를 관리하는 더 나은 금융기관을 발전시킬 때 그 일이 그나마 쉬워질 수 있지 않을까? 영국에서는 1911년부터 정부 정책의 하나로 실업보험(unemployment insurance) 제도가 있었다. 그것은 경제변동에 쉽게 영향을 받는 개인에게 큰 도움이 되었다. 소득세(income tax)는 또 하나의 자동안정화(automatic stabilizer) 장치이다. 세금징수는 경제 불황에서는 줄어들고 호황에서는 증가하면서 자동적으로 변동성을 둔화시키기 때문이다.[35]

미래에는 여러 형태의 자동안정장치가 나타날 것으로 보인다. 이는 주택가격이나 자산가격 하락 시에 소유자의 피해를 줄여줄 보험증권(insurance policies)이 될 수도 있고, 로버트 쉴러(Robert Shiller)가 제안한 지속적인 변동 모기지(continuos-workout mortgage)처럼 모기지 리스크를 관리하는 형태가 될 수도 있다.[36]

정부는 국가 GDP를 비롯한 다른 경제성장 측정 지표들도 발표해야 한다. 부채보다는 에퀴티-국가경제의 지분-를 발행하게 될 수도 있다.[37] 하지만 이것은 경제적 결과를 조금 더 불확실하게 만들지도 모른다. 예를 들어, GDP 관련 채권은 경제위기에서 자동적으로 정부의 부담이 되기 때문이다. 국가는 전 세계의 투자자들에게 GDP 안에서 주식을 발행할 수 있다. 만일 한 주식이 GDP의 1조분의 1이라면 이것은 '트릴(trills)'이라고 부를 수도 있다.[38]

정부가 GDP 안에서 차입금의 주식을 발행하여 국제 투자자들에게 팔면, 그 증권의 가치는 GDP에 따라 1대 1로 올라가거나 내려갈 수 있다. 2009년 이후 그리스 국가의 부도를 생각해보자. 만일 그리스 정부가 2010~2011년 국가부도 상황 전에 빌린 국가부채(national debt)를 어느정도 갚을 수 있었다면, 부채액(indebtedness)은 위기와 함께 떨어졌을 것이다. 그리고 부도 위기까지는 오지 않았을 것이다.[39]

4. 미래의 경제(금융) 안정화

우리 금융시스템(financial system)은 경제 불황(depression)과 호황(booms)이라는 변덕에서 결코 자유로울 수 없다. 아마도 이 부분이 금융자본주의의 가장 부족한 부분일 것이다. 이러한 경제적 불안정성을 관리하기 어려운 이유는 이것이 자본주의 사회에 뿌리 박혀 있는 상류계급으로부터 시작해서 하류사회에 이르기까지 수많은 사람과 그들의 감정과 욕망을 포괄하는 복잡하고 고차원적 시스템이기 때문이다.[40]

금융시장은 과도한 변동성(vulnerability to excesses)과 투기적인 버블(speculative bubbles)에 취약하지만, 적어도 금융시장 참가자들의 활동은 정치적 조정(political correctness)에 그리 영향을 받지 않는다. 시장은 직관적인-혹은 증명할 수 없는-이론에 의지해 과감히 행동 할 수 있는 독립적인 정신의 사람들을 끌어 모은다.

최근 정부의 조세감면 및 재정지출 정책이나 중앙은행(central bank)의 통화정책(monetary policy)과 같은 주요 경제안정화 정책(stabilization policy)은 20세기 중반부터는 전 세계적인 기준이 되었고, 그 중요성은 2007년 금융위기를 거치면서 더욱 강화되었다. 하지만 환경이 바뀌면서 이러한 정책 도구들도 점점 진화하면서 언젠가는 사라지거나 잊힐 것이다.[41]

또한 실제로 통화정책이나 조세정책(fiscal policy)만으로는 경기변동을 완벽하게 방지할 수 없다. 하지만 적당한 금융기관을 설립한다면, 이 경기변동이 개인에게 미치는 영향력을 조금이나마 줄일 수 있다. 이것은, 로버트 쉴러에 의하면, 자동안정장치(automatic stabilizer)로서 정부의 정책을 끊임없이 변화시키지 않고서도 소득이나 가격 변동의 안정화를 꾀하는 기관들을 말한다.

금융기술혁신(information technology revolution)과 더불어 이루어진 정보기술혁명(information technology revolution)이 현재 정책을 바꾸고 있다. 중앙은행은 원래 전통적으로 통화량을 조절하는 것이 주요 업무였으나, 얼마 전까지만 해도 몰랐던 새로운 도구들, 이를테면 공개시장조작에 의한 대규모 자산매매(asset purchase)나 다른 국가와의 통화스왑(currency swaps), 통화량을 조절하는 양적완화(quantitative easing)에 의지하고 있다. 우리는 금융시스템의 범위가 계속 변화하고 복잡해진다는 점을 직시해야 한다.

그리고 더욱 본질적인 변화는, 우리 앞에 놓여진 돈 대신에 사용할 수 있는 전자단위(electronic units)이다. 이제 측정 도구로 바스켓(baskets)처럼 새로운 경제유닛 시스템이 생길지도 모른다. 실제로 앞으로는 중앙은행의 성격도 이로 인하여 변할지 모른다.[42]

전 세계적으로 정책안정화는 최근의 위기 이후 우리 눈앞에서 재발견되고 있으며, 아마 앞으로도 계속 재발견될 것이다. 하지만 기본적으로 불안정한 경제를 안정화시킨다는 중앙은행의 목표는 변하지 않고 남아 있을 것이다. 이 특별한 은행의 진짜 이야기는 도구와 정차를 배치하면서가 아니라, 목표를 위해 복잡한 금융도구를 현실 세계에 맞게 적용하려는 결심을 하며 새롭게 시작될 것이다.[43]

제2절 금융감독기구[44]

제1항 개 관[45]

1. 우리나라 금융감독 약사(略史)

우리나라의 금융감독체계는 전업주의에 기초하여 오랜 기간 은행, 증권, 보험 등 금융업종별로 별도의 금융감독기구가 존재하는 분산형 금융감독체계를 유지해오다가 금융산업이 점차 다양화됨에 따라 관련 감독기구도 확충되어 왔다. 1960년대에는 금융기관이 사실상 은행밖에 없었으므로 금융관계법령의 제·개정을 담당하는 재무부[46]와 은행업 인가, 건전성 규제, 검사 및 제재 등 은행 감독업무를 담당하는 한국은행으로 이원화되어 있었지만 1970년대 이후 증권 및 보험시장이 대폭 확대되었고, 또한 종합금융회사, 상호신용금고 등 다수의 비은행금융기관이 신설됨에 따라 재무부로부터 감독업무를 분리하여 증권관리위원회·증권감독원, 보험감독원, 신용관리기금을 설립하였다.

그러나 금융자유화·겸업화 추세 등에 발맞추어 금융·외환위기 직후 제정된 『금융감독기구의 설치 등에 관한 법률』(1998년 4월에 처음 시행)에 따라 은행, 증권, 보험 등 업종 별 금융감독기구를 하나로 통합하여 금융감독위원회와 그 집행기관인 금융감독원을 설립함으로써 통합형 금융감독기구 체계로 대폭 수정하였다. 이러한 정책으로 금융감독원은 1999년 1월 종전의 은행감독원, 증권감독원, 보험감독원 및 신용관리기금 등 당시 4개 감독기관을 하나로 묶어 설립되었다.[47] 그러던 중 2008년 4월 위 법률이 『금융위원회의 설치 등에 관한 법률』로 개정되면서 마침내 금융감독기구는 위 구조에서 금융위원회 및 금융감독원으로 개편되었다. 금융위원회는 기존의 감독정책기능 외에 재정경제부(현 기획재정부)가 담당하던 국내금융에 대한 정책기능까지 수행하게 되었고, 금융위원장과 금융감독원장의 겸임이 금지됨으로써 금융감독기구 내에서의 감독정책기능과 집행기능의 분리가 보다 명확해졌다.

그렇다고 하더라도 금융감독기구 뿐만 아니라 제한적인 금융감독기능을 보유한 한국은행, 예금보험공사, 기획재정부 등도 금융감독체계를 구성하고 있고, 기획재정부도 위 개정 법률에 따라 금융감독 관련 법령의 제·개정 권한이 금융위원회로 이관되면서 금융감독기능이 크게 축소되기는 하였으나 국제금융기능 및 금융위원회와의 금융정책 협의, 자료협조 등을 감안할 때 금융감독체계에서 이들 기관의 역할을 배제하기는 어렵다.

2. 금융감독의 의의

그렇다면 금융감독(financial supervision)의 개념은 무엇인가? 금융감독의 개념을 명확하게 정의하기는 쉽지 않다. 1980년부터 BIS 등 국제금융감독기구에서 금융감독에 한 이론적 접근이 시도되었지만 아직 만족할 만한 성과가 나오지 않고 있다. 다만, 1997년 6월 영란은행이 주최한 제4회 세계 중앙은행 총재단 심포지엄에서 금융감독은 "금융감독과 금융규제는 본질적으로 적절한 유인 구조를 창출함으로써 금융회사와 금융시장 참가자의 행태를 바꾸는 것에 관한 것"이라는 정의를 발표한 바 있어 참고할 만하다. 그러나 이러한 정의는 금융감독이 기본으로 따라야 할 속성을 포괄적으로 제시하고 있으나 누가, 무엇을, 어떻게 감독하여야 하는

가에 명쾌한 답이 되지 못한다. 이런 배경 때문에 나라마다 금융감독의 주체, 대상 그 방법과 절차 등이 차이를 보이고 있지만 금융감독기구의 지향에 대해 대체적으로 금융시스템의 안정, 금융회사의 건전성과 안정성 유지 그리고 금융소비자 보호를 목적으로 해야 한다는 데에는 세계 각국이 공감대를 형성하고 있다.[48]

더 나아가서 좁은 의미에서의(미시적) 금융감독은 개별 금융기관의 설립을 인가하고 금융기관이 업무 수행시 지켜야 할 각종 규칙을 제정하며 이의 준수 여부를 감시하는 것을 말한다. 이러한 미시적 금융감독은 형식상 인가, 규제, 검사, 제재 등을 포함하는데 내용상으로는 크게 ① 진입 제한, 가격 규제, 업무범위 규제 등의 구조적 규제(structural regulation), ② 자본비율, 유동성비율 등 건전성 규제(prudential regulation), ③ 경영정보 및 금융상품 공시 등의 영업행위 규제(business conduct regulation) 등으로 나누어진다. 이러한 미시적 금융감독은 글로벌 금융위기를 계기로 전체 금융시스템의 안정을 도모하기 위한 거시건전성 정책과 대비를 이룬다.

금융감독은 금융기관 업무에 대한 허가 · 금지 · 제한 · 권유 등의 형태로 이루어진다는 점에서 금융기관 경영에 대한 일종의 규제이다.

이러한 규제가 필요한 이유는 금융거래를 시장자율에만 맡길 경우 정보의 비대칭성으로 불공정 · 불건전 거래가 증가하여 금융제도의 불안정과 금융거래의 위축을 초래할 수 있기 때문이다. 따라서 금융감독의 목적은 금융기관으로 하여금 금융 중개를 공정하게 하고 경영 건전성을 유지하도록 함으로써 금융소비자의 재산을 보호하고 금융거래를 활성화하는 데 있다.

현재 우리나라 금융감독기구의 법적인 목적도 금융산업의 선진화와 금융시장의 안정 도모, 건전한 신용질서와 공정한 금융거래 관행 확립, 예금자 및 투자자 등 금융수요자 보호로 규정되어 있다(금융위원회의 설치 등에 한 법률 제1조).

외국의 경우에도 유사하다. 예를 들어, 영국의 『금융서비스시장법(Financial Services and Market Act 2000)』에 의하면, 「금융감독청(FSA: Financial Service Authority)」은 금융시장의 신뢰성 확보(Market confidence), 금융정보 제공(Public awareness), 금융소비자 보호(Protection of consumers), 금융범죄 억제(Reduction of financial crime) 등을 목적으로 금융감독을 수행하고 있다(금융서비스시장법 제2조 ~제6조). 또, 일본의 금융청은 『금융청설치법』에 따라 금융기능의 안정성 확보, 금융이용자 보호 및 금융의 원활화 등을 도모하기 위하여 금융감독을 수행하고 있다(금융청설치법 제3조).

제 2 항 우리나라 금융감독기구의 두 축

1. 금융위원회

가. 구 성

금융위원회[49]는 국무총리 소속의 합의제 행정기관이다(금융위원회의 설치 등에 한 법률 제3조). 금융위원회는 ① 국내금융에 관한 정책 및 제도에 관한 사항과 관련된 법령 및 규정의 제·개정 및 폐지에 관한 사항, ② 금융회사 감독 및 검사·제재에 관한 사항과 관련된 법령 및 규정의 제·개정 및 폐지에 관한 사항, ③ 금융회사의 설립, 합병, 전환, 영업 양수·도 및 경영 등의 인·허가에 관한 사항과 관련 법령 및 규정의 제·개정 및 폐지에 관한 사항 등의 업무를 수행하고 있다. 또한 금융위원회는 금융감독원의 업무·운영·관리에 대한 지도·감독을 하고, 금융감독원의 정관변경, 예산 및 결산에 대한 승인 등 금융관련 주요 사항을 심의·의결한다(금융위원회의 설치 등에 한 법률 제17조).

한편, 금융위원회는 5인의 임명직 위원과 4인의 당연직 위원 등 총 9인의 위원으로 구성된다. 위원장은 국무총리의 제청으로, 부위원장은 위원장의 제청으로, 2인의 상임위원은 금융전문가 가운데 위원장의 추천을 받아, 1인의 비상임위원은 대한상공회의소 회장의 추천을 받아 대통령이 각각 임명한다. 임명직 위원의 임기는 3년이고, 1차에 한하여 연임할 수 있으며, 신분은 보장된다(금융원회의 설치 등에 한 법률 제10조). 당연직 위원은 기획재정부 차관, 금융감독원 원장, 예금보험공사 사장, 한국은행 부총재이다(금융위원회의 설치 등에 한 법률 제4조).

그리고 금융위원회는 매월 첫째, 셋째 수요일에 정례회의를 개최하고, 3인 이상의 위원의 요구가 있거나 위원장이 필요하다고 인정하는 경우 임시회의가 개최될 수 있다. 회의 안건은 재적위원 과반수의 출석과 출석위원 과반수의 찬성으로 의결된다. 한편 금융위원회를 보좌하고 그 사무를 처리하기 위한 조직으로서 1관(기획조정관) 3국(금융정책국, 금융서비스국, 자본시장국)의 부서를 두고 있다.

나. 증권선물위원회

금융위원회는 증권 및 선물 분야에 대한 별도의 심의·의결을 위해 내부조직으로 증권선물위원회를 설치·운영하고 있다. 증권선물위원회는 ① 자본시장의 불공정거래 조사, ② 기업회계의 기준 및 회계감리에 관한 업무, ③ 자본시장의 관리·감독 및 감시 등과 관련된 주요사항에 대한 사전심의 및 금융위원회 위임 업무 등을 수행한다(금융위원회의 설치 등에 한 법률 제19조).

증권선물위원회는 위원장 1인을 포함한 5인의 위원으로 구성되는데, 위원장은 금융위원회 부위원장이 겸임하며 여타 위원은 금융위원회 위원장의 추천으로 대통령이 임명하고 상임위원은 1인, 비상임위원은 3인이다(금융위원회의 설치 등에 관한 법률 제20조). 위원장을 포함하여 위원의 임기는 3년이고 1차에 한해 연임이 가능하다. 증권선물위원회 회의는 매 월 둘째, 넷째 수요일에 정례회의가 개최되며 임시회의는 2인 이상 위원의 요구가 있거나 위원장이 필요하다고 인정하는 경우에 개최된다. 회의 안건은 3인 이상의 찬성으로 의결된다.

2. 금융감독원

금융감독원[50]은 금융위원회와는 달리 정부 및 한국은행 출연금, 검사대상 금융회사의 출연금·분담금, 기타 다른 법령이나 정관에서 정한 수입 등을 재원으로 운영되는 무자본 특수법인으로서 공법인(금융위원회의 설치 등에 한 법률 제24조)이다. 금융감독원을 정부조직으로 하지 아니하고 독립된 공법인으로 법제화한 것은 금융회사 감독업무가 정부의 간섭을 최소화하는 가운데 공정하고 독립적으로 시행될 수 있도록 하기 위함이다. 금융감독원은 금융위원회 또는 증권선물위원회의 지도·감독을 받아 금융기관에 대한 검사·감독 업무 등을 수행한다(금융위원회의 설치 등에 한 법률 제24조 제1항).

금융감독원에는 원장, 4인 이내의 부원장, 9인 이내의 부원장보와 감사 1인, 그리고 회계전문가인 전문심의위원 1인을 두고 원장은 금융위원회의 의결을 거쳐 금융위원회 위원장의 제청으로 대통령이 임명한다. 부원장은 원장의 제청으로 금융위원회가 임명하고 부원장보는 원장이 임명하며 감사는 원장과 마찬가지로 금융위원회의 의결을 거쳐 금융위원회 위원장의 제청으로 대통령이 임명한다. 원장·부원장·부원장보 및 감사의 임기는 모두 3년이고, 1차에 한하여 연임할 수 있다(금융위원회의 설치 등에 한 법률 제29조).

제3항 금융감독기구의 주요 업무

1. 금융위원회의 금융기관 인·허가 등 업무

가. 금융위원회의 금융기관 설립 및 합병·전환 인·허가 업무

금융위원회는 금융기관의 설립 및 영업,[51] 인수·합병, 영업의 양도·양수 및 경영 등의 인·허가 업무를 수행한다. 이러한 제도를 통해 금융위원회는 부적격 자의 시장진입을 막고 과당경쟁이나 독과점에 따른 폐해를 최소화하는 역할을 한다(금융위원회의 설치 등에 한 법률 제17조). 이에 따라 금융기관을 새로 설립하기 위해서는 『민법』 및 『상법』의 법인요건 이외에 『은행법』, 『자본시장법』, 『보험업법』 등 개별 금융업법에서 요구하는 영업기본요건을 갖추고 난 후 마지막으로 금융위원회의 인·허가를 받아야 한다. 또한 다른 금융기관을 인수·합병하거나 다른 금융업으로 업종을 전환하고자 할 경우에도 『금융산업의 구조개선에 관한 법률』에 따라 금융위원회의 인가를 받아야 한다(금융산업의 구조개선에 관한 법률 제3조, 제4조).

그리고 금융위원회는 금융기관 신규 설립의 경우 사업계획의 타당성, 자본금 및 주주 구성과 주식 인수자금의 적정성, 경영진의 경영능력과 성실성, 물적 시설과 전문 인력의 구비 여부 등 주요 검토사항을 심사하여 인허가 여부를 결정한다. 금융기관의 합병 및 전환의 경우 ① 금융산업의 합리화와 금융구조조정의 촉진 등을 위할 것, ② 금융산업의 효율화와 건전한 신용질서를 저해하지 아니할 것, ③ 금융기관 간 경쟁을 제한하지 아니할 것, ④ 자기자본비율·부채 등이 적절한 수준일 것, ⑤ 주요 출자자가 충분한 출자능력과 건전한 재무 상태를 갖추고 있을 것 등을 주요사항으로 검토하고 있다.

나. 금융위원회의 금융기관 퇴출 업무

금융위원회는 개별 금융업법 및 『금융산업의 구조 개선에 관한 법률』에 따라서 금융기관의 자율적인 영업종료 및 행정조치에 의한 강제퇴출 업무를 수행한다. 금융위원회의 행정조치에 의한 강제퇴출은 관련법규를 위반하거나 재무상태가 기준에 미달한 금융기관을 대상으로 하고, 영업정지나 인·허가취소 등의 형태로 이루어진다.[52] 또한 금융위원회는 재무상태가 일정 기준에 미달하거나 미달할 것으로 예상되어 적기 시정조치를 받은 금융기관이 필요한 경영개선대책을 이행하지 않거나 이행할 수 없을 것으로 판단되는 경우 영업정지, 영업 인·허가 취소 및 계약이전 등을 통해 해당 금융기관을 퇴출시킬 수 있다(금융산업의 구조개선에 관한 법률 제10조).

금융기관은 영업의 양·수도, 합병, 계약이전 또는 해산 등을 통해 자율적으로 금융업 영위를 종료할 수 있다. 다만 퇴출결정에 앞서 금융위원회의 사전 인가를 받아야 한다. 이는 퇴출로 인해 금융거래가 위축되거나 금융기관 간 경쟁이 과도하게 제한될 수 있을 뿐 아니라 퇴출과정에서 금융소비자나 투자자가 부당한 재산상의 피해를 입을 가능성이 있기 때문이다.

한편 상호저축은행에 대해서는 적기시정조치 이외에 경영관리도 할 수 있다(상호저축은행법 제24조의3). 신용협동조합의 경우에도 마찬가지다(신용협동조합법 제86조).

다. 금융위원회의 소유지배구조 규제 업무

금융산업은 부적격자의 시장진입 및 과당경쟁 등이 제한되고 있기 때문에 독과점이 자연스럽게 형성하게 된다. 따라서 금융위원회는 금융기관에 대한 소유지배구조 규제를 통해 그 폐해를 최소화하고 있다.

그러므로 은행과 은행지주회사에 대한 동일인에 대한 주식보유한도(의결권 있는 발행주식 총수 기준)를 보면 동일인은 은행의 10%(지방은행의 경우 15%)를 초과하여 보유하지 못하도록 하고 있고, 아울러 동일인의 은행 주식보유상황 또는 주식보유비율의 변동 상황을 금융위원회에 보고하도록 하고 있다(은행법 제15조).

한편, 산업자본의 은행산업 지배를 방지하기 위해 비금융주력자[53]가 일반은행의 주식을 보유하려는 경우 원칙적으로 의결권 있는 발행주식 총수의 4%(지방은행의 경우 15%)를 초과하여 주식을 보유할 수 없다(은행법 제16조의2).

이 부분에 대해서는 제2장 제3절 일반은행 부분에서 자세하게 설명하였으므로 되풀이하지 않는다.

2. 금융위원회의 경영건전성 지도 업무

가. 금융위원회의 자기자본 충실 규제

금융위원회는 전체 금융시스템의 안정성 유지와 금융기관의 건전성을 확보하기 위해 건전성 규제(prudential regulation)[54] 업무를 수행한다.

금융기관의 자기자본금은 예기치 못한 손실을 흡수할 수 있는 완충역할을 하기 때문에 자본금 규모가 큰 금융기관일수록 청산에 이르지 않고 생존할 가능성이 높아진다. 또한 자본금 규모가 큰 금융기관일수록 경영부실로 인한 부도가 날 경우 주주들이 부담해야 할 손실이 크기 때문에 자산운용 등에 있어 위험추구행위를 삼가게 되고, 그 결과 경영부실 가능성이 낮아진다. 그러므로 금융기관의 자본충실도는 금융기관의 경영건전성 유지에 매우 중요하다.

(1) 은 행

(가) 은행에 대한 자기자본 비율 규제

금융위원회는 Basel II 협약에 따른 국제결제은행(BIS)의 자기자본비율(capital adequacy ratio)규제[55]를 적용하여 자기자본비율이 각각 8%, 6% 및 2%에 미달하는 은행에 대해 각 경영개선권고, 경영개선요구, 경영개선명령 등 적기시정 조치를 발동한다. 또한 금융위원회는 은행의 각종 리스크 측정 방법을 승인하고, 은행이 직면한 모든 리스크를 점검하여 리스크가 높은 은행에 대해 필요시 8% 이상의 자기자본 보유를 요구할 수 있다.

(나) 바젤 III 협약

자기자본비율규제란 1988년 바젤협약(Basel I, International Convergence of Capital Management and Capital Standards)에 따라 도입된 제도[56]로 단순 자기자본비율 규제(총자산대비 자기자본비율)와는 달리 위험가중자산(risk weighted assets)에 대한 자기자본의 비율을 8% 이상 유지하도록 하는 것이다. 즉, 은행의 자산을 거래 상대방의 신용도, 채권의 만기, 담보 및 보증 유무 등을 기준으로 분류하고 위험이 높을수록 높은 가중치를 적용함으로써 은행들이 우량자산을 보유해야 할 유인을 높여 자산의 건전성을 제고하기 위한 것이다.

1996년 바젤은행감독위원회가 기존의 신용리스크(credit risk) 외에 시장리스크(market risk)에 대해서도 일정수준 이상 자기자본을 보유토록 함에 따라 우리나라도 2000년 12월부터 시장리스크를 반영한 자기자본규제를 도입하게 되었다.[57]

그러나 Basel I이 금융자유화 및 금융혁신에 따른 은행자산의 위험도 변화를 제대로 반영하지 못하면서 규제회피거래를 적절히 통제하지 못하는 문제점이 나타나게 되었다. 이에 따라 BIS 산하 바젤은행감독위원회는 2004년 6월 Basel II

협약을 마련하였고, 우리나라도 2008년부터 시행하였다. Basel II는 은행이 직면한 신용리스크(credit risk)에 운영리스크(operation risk)를 추가해서 Basel I의 최저자기자본(minimum capital requirements)규제를 보완(Pillar 1)하고[58] 감독기능 강화(Pillar 2)[59] 및 시장규율 강화(Pillar 3)[60]를 추가한 세 개의 기둥으로 구성되어 있다. 즉, Basel II는 최저자기자본규제만으로는 은행의 건전성 확보가 어렵다고 판단하고, 감독당국 및 시장참가자들의 은행에 대한 감시·평가 기능을 강화해 보완하였다.

그러나 2008년 글로벌 금융위기 이전 상당수의 은행이 지나친 외형 성장으로 리스크가 확대되었는데도 불구하고 Basel II에 의한 자본비율은 양호한 것으로 나타나는 경우가 많아서 Basel II 자본규제가 은행의 레버리지 확대 및 유동성위험(liquidity risk)을 규제하는데 한계가 있다고 지적되었다. 이에 따라 바젤은행감독위원회는 은행산업의 위기대응력 강화를 위해 2010. 9. 12. 스위스에서 중앙은행 총재 및 감독기관장 회의를 열고, 마침내 새로운 BIS 자본규제 기준인 Basel III 자본 및 유동성 규제 및 은행감독 방안을 마련하였고, 이어서 2013년 1월 1일부터 국내은행에 단계적으로 시행하기로 하였다. 바젤 III는 미래 금융위기가 발생할 때 손실흡수 능력을 제고하고 경기순응성을 완화하기 위해 새로이 자본보전 완충자본(capital conservation buffer)[61]과 경기대응 완충자본(counter-cyclical capital buffer) 제도를 도입하였다. 완충자본은 위기상황에서도 최저 자기자본비율을 유지하고 자기자본규제의 경기순응성을 완화하기 위해 적립하는 것이다.

(2) 금융투자업자

금융위원회는 금융투자업자가 유동성부족이나 손실 급증으로 인한 재무 불안을 사전에 예방하고 영업이 중단된 경우에도 투자자의 재산을 차질 없이 변제할 수 있도록 영업용순자본비율(NCR: net capital ratio)을 유지하도록 한다.

영업용순자본비율은, 증권회사의 재무건전성을 나타내는 것으로, 총위험액[62] 대비 유동성자기자본(영업용순자본)[63]의 비율{(영업용순자본/총위험액)×100}로 정의되고, 금융투자업자는 영업용순자본비율을 100% 이상 유지하여야 한다. 여기서 영업용순자본이란 증권회사의 경우 전체 자본에서 부동산처럼 유동성이 없는 자산, 즉 고정자산을 빼고, 후순위차입금과 증권거래준비금을 더한 것이다. 이는 위험손실을 감안한 현금화가능 자산의 규모가 상환의무가 있는 부채의 규모보다 항상 커야 한다는 것을 의미한다.[64]

한편 금융위원회는 영업용순자본비율이 150%, 120% 및 100%에 미달하는 경우 각각 경영개선권고, 경영개선요구 및 경영개선명령 등 적기시정조치를 발동한다.

(3) 보험회사

보험회사의 자기자본을 충실화하기 위한 건전성규제로서의 지급여력비율은[65] 지급여력금액과 지급여력기준금액 간의 비율(지급여력금액/지급여력기준금액×100)로 산출되는데, 보험회사는 지급여력비율을 100% 이상 유지하여야 한다. 지급여력비율은 보험회사가 가입자에게 보험금을 제때에 지급할 수 있는지를 나타낸 것으로 보험회사의 경영상태를 판단할 수 있는 지표로 활용되고 있다.

여기서 지급여력이란 보험금 지급에 필요한 수준 이상으로 보유하고 있는 자산을 의미하며 예기치 않은 상황 발생 시 보험회사가 대처할 수 있는 능력을 나타낸다. 바꾸어 말하면, 지급여력금액이란 보험회사의 순자산에 해당하는 것으로 보험회사가 계약자에게 환급해야 할 금액인 책임준비금 이상으로 보유하고 있는 잉여금을 의미한다. 즉, 예상 밖의 손실이 발생하거나 자산가치가 하락하더라도 보험계약자에 대한 채무를 충분히 이행할 수 있도록 보유하고 있는 재무적 능력(보험업감독규정 제7-1조 참조)을 말한다. 한편, 지급여력기준금액은 보험회사가 보유해야 할 적정잉여금으로 보험·금리·시장·신용·운영리스크 등을 경험통계 및 위험도 등을 감안하여 산출한다. 즉, 보험회사가 채무이행을 위해 보유해야 하는 기준액으로 경험통계 및 위험도 등을 감안하여 합리적으로 산출한 금액(보험업감독규정 제7-2조 참조)이다.

금융위원회는 지급여력비율이 각각 100%, 50% 및 0%에 미달할 경우 경영개선권고, 경영개선요구 및 경영개선명령 등 적기시정조치를 발동하고, 지급 여력비율이 100% 이상인 경우에만 후순위 자금공여 및 주주배당을 허용하고 있다.

그런데 보험회사의 리스크 관리를 선진화하고 재무건전성을 제고하기 위한 위험기준 자기자본(RBC: risk-based capital) 규제가 2011년 4월부터 본격적으로 시행되었다. 보험사에 대한 자기자본규제는 외환위기 이후인 1999년 5월 보험사의 건전성을 강화하기 위해 도입된 EU식 고정비율방식의 지급여력제도가 있었으나 이 방식은 자산운용 및 보험 리스크를 단순하게 측정한다는 단점이 있었다. 즉, 자산운용리스크는 책임준비금의 4%로, 보험리스크는 보험금의 일정비율을 적용하는 등 위험측정방식이 획일적이었다. 그 결과 생명보험의 경우 자기자본규제가 자산·부채 만기불일치 리스크를 반영하지 못한다는 한계가 있었다. 이를 보완하기 위하여 2009년 4월 RBC 규제가 도입되었고, 제도변경에 따른 충격을 완화하기 위하여 2년간 기존 지급여력제도와 병행하여 운영하기로 하였다. 마침내 2011년 4월부터는 고정비율방식의 지급여력제도가 폐지되었다.

RBC 규제는 보험회사의 각종 리스크를 추정하여 이에 상응하는 자본을 보유토록 하는 제도로서 보험종목별 리스크 특성과 보험금 지급 현황에 따라 위험계수를 차등 적용하였고, 자산운용 리스크의 경우 시장·신용·금리 리스크로 세분화하였으며, 주식·채권·대출 등 자산의 특성에 따라 위험계수를 차별화하였다. 또한 내부통제 실패 및 금융사고 등에 따른 손실에 대비하도록 운영리스크가 추가되었다. 이것은 은행의 Basel II 시행, 금융투자업자의 영업용순자본비율 개선 등 금융권별 자기자본규제가 리스크 중심으로 전환하는 추세와 발맞추는 맥락에서 이해될 수 있다. 다만 현행 RBC 규제는 도입단계인 점을 감안하여 개별 보험사가 리스크 요인을 분석하여 별도의 위험계수를 적용하지 않고 업계 공통의 표준위험계수를 활용하여 리스크를 측정하고 있다.

한편, 금융당국은 새로운 보험계약 국제회계기준(IFRS 17)이 2021년부터 모든 보험사에 적용되면서 기존의 RBC비율을 대체하는 새로운 자본규제로서 신 지급여력(K-ICS: Korean Insurance Capital Standard)제도를 2021년 경까지 도입하고자 준비하고 있다.

(4) 금융지주회사

연결자기자본비율이란 연결재무제표(consolidated financial statement)[66]를 기초로 BIS 기준(Basel I)에 의해 산출한 위험가중자산(신용위험가중자산＋시장위험가중자산)에 대한 자기자본의 비율을 나타내고, 은행지주회사는 동 비율을 8% 이상 유지하여 자기자본 충실요건을 갖추어야 한다.

한편, 비은행지주회사에 대해서는 필요자본 대비 자기자본 순합계액의 비율을 적용한다. 여기서 필요자본(required capital)이란 비은행지주회사가 관련 법령에 규정된 자본적정성 기준을 충족하기 위하여 보유해야 하는 최소한의 자기자본을 의미한다. 자기자본 순합계액은 회사별 자기자본에서 자회사 등에 대한 출자액을 차감하여 구한다.

금융위원회는 연결자기자본비율이 각각 8%, 6%, 2%에 미달하는 은행지주 회사나 필요자본대비 자기자본비율이 각각 100%, 75% 및 25%에 미달하는 비은행지주회사에 대하여 경영개선권고, 경영개선요구 및 경영개선명령 등 적기시정 조치를 발동한다.

(5) 상호저축은행 등

(가) 상호저축은행의 자기자본비율

금융위원회는 상호저축은행의 건전경영을 유도하기 위하여 BIS 기준 자기자본비율을 단계적으로 7% 이상으로 상향조정할 예정이었는데,[67] 현재 금융위원회는 BIS 기준 자기자본비율을 최소 7% 이상을 유지하도록 지도하고 있고,[68] 상호저축은행에 대해서는 은행과는 달리 신용위험가중자산(credit risk weighted asset)만을 기준으로 산출하고 있다. 그래서 BIS비율이 7% 미만일 경우 경영개선을 위한 적기시정조치를 부과하고 있다.[69]

금융위원회는 현행기준에서는 BIS 기준 자기자본비율이 각각 5%, 3%, 1%(변경기준에는 각각 7%, 5%, 2%)에 미달할 경우 경영개선권고, 경영개선요구, 경영개선명령 등 적기시정 조치를 발동할 수 있다.

(나) 기 타

한편 여신전문금융회사는 조정자기자본비율 즉, 조정총자산[70]에 대한 조정자기자본[71]의 비율을 일정기준 이상 유지하여야 한다. 조정자기자본비율은 신용카드사의 총자산규모 대비 자기자본의 비율을 측정하여 자본적정성을 평가하는 지표로서 은행 BIS비율과 유사한 자본규제비율이다. 이 비율이 높을수록 손실에 대비한 자본여력이 높아 자본적정성이 양호한 것으로 볼 수 있고, 금융위원회는 현재 8%를 기준비율로 설정하고 있다. 한편, 신용협동조합은 순자본비율[72]을 2% 이상으로 유지하도록 하고 있다.

나. 금융위원회의 금융기관 자산건전성 분류 및 대손충당금 적립 규제

금융위원회는 금융기관 보유자산을 건전성에 따라 분류하고 부실자산에 대해서는 일정비율 이상의 대손충당금(reserve for bad debt, allowance for bad debt)을 적립하도록 하고 있다.[73] 대손충당금은 받을 채권의 잔액 중에서 회수불능채권을 잔액을 추정하여 계산한 금액이다. 자산건전성 분류 제도는 금융기관 보유자산의 신용리스크 정도에 대한 평가를 통해 부실채권 발생을 사전에 예방하고 이미 발생한 부실자산의 조기정상화를 촉진함으로써 금융기관 자산운용의 건전화를 도모하기 위한 것이다. 건전성분류단계는 5단계로서 차주(借主) 채무상환능력과 금융거래 내용 등을 감안하여 보유자산을 정상, 요주의, 고정, 회수의문(회수불가능), 추정손실로 나누어진다. 여기서 차주의 채무상환능력은 과거 원리금 상환실적 뿐 아니라 미래 채무상환능력을 충분히 반영하기 위해 1999년 12월 은행에 처음 도입된 자산건전성분류기준(FLC: Forward Looking Criteria) 방식에 의해 산정되어야 한다. 현재 FLC 방식은 대부분 금융기관의 자산건전성 분류기준으로 채택되고 있다.[74]

자산건전성을 분류하는 궁극적인 목적은 채권의 회수가능성 정도에 따라 충당금을 적절히 적립하는 데 있으므로 금융기관은 자산건전성 분류 단계별로 일정 비율 이상의 금액을 대손충당금으로 적립하여야 한다. 이때 적립비율은 금융 업종별로 약간의 차이가 있다.

그리고 자산건전성 분류결과 회수의문(회수불가능) 및 추정손실로 분류된 부실채권은 자산의 건전화 유도 및 자산의 과대계상 방지 등을 위해 대차대조표상의 장부가액에서 제외시켜 손실로 처리함으로써 조기에 대손상각하여야 한다. 이는 금융기관이 금융감독원에 대손인정을 신청하여 금융감독원이 인정하거나 금융감독원이 요구하는 경우에 이루어진다.

3. 금융감독원의 금융기관에 대한 경영지도 및 관리

가. 금융감독원의 금융기관에 대한 경영실태평가

금융감독원의 금융기관에 대한 경영실태평가는 대체로 CAMEL 방식 즉, 금융기관 경영실태를 자본적정성(C, capital adequacy), 자산건전성(A, asset quality), 경영관리 적정성(M, management), 수익성(E, earnings), 유동성(L, liquidity)의 5개 부문으로 나누어 계량지표 및 비계량지표별로 점검하고 이를 종합적으로 평가하는 방식에 따르고 있다.

일반은행 본점 및 해외현지법인에 대해서는 CAMEL 방식과 시장위험에 대한 민감도(S, sensitivity to market risk)를 추가한 6개 부문(CAMELS)을 대상으로 계량지표와 비계량지표를 활용하여 경영실태평가를 하고 있다. 다만 외국은행 국내지점과 국내일반은행의 국외지점에 대해서는 ROCA 방식 즉, 위험관리(R, risk management), 경영관리 및 내부통제(O, operational controls), 법규준수(C, compliance), 자산건전성(A, asset quality) 등 4개 부문을 대상으로 평가하고 있다.

한편, 금융감독원은 경영실태 분석 및 평가 결과[75]에 따라서 주요 경영지도비율이 악화될 우려가 있거나 경영상 취약부문이 있다고 판단되는 은행에 대해서는 경영개선을 위한 계획 또는 약정서(commitment letter)를 제출토록 하거나 해당 은행과 경영개선협약(MOU)을 체결함으로써 은행경영의 건전성을 확보한다. 은행에 대한 주요 경영지도기준으로는 BIS자기자본비율, 원화유동성비율, 원화예대율, 외화유동성비율, 만기불일치비율, 중장기외화 대출재원조달비율, 외화안전자산보유의무 등이 있다.

금융투자업자는 자본적정성, 수익성 및 내부통제의 3개 부문을 공통으로 평가하되 투자매매·중개업, 집합투자업, 신탁업 등 업종별로 별도의 평가부문을 두고 있다. 그리고 보험회사, 상호저축은행, 여신전문금융회사, 신용협동조합은 모두 CAMEL 방식으로 경영실태를 평가하고 있다. 한편 금융지주회사 및 자회사 등에 대해서는 리스크관리, 재무상태 및 잠재적 충격 3개 부문으로 구분해 평가하고 그 결과를 바탕으로 종합평가하고 있다.

나. 금융위원회와 금융감독원의 적기시정조치

금융위원회는 『금융산업의 구조 개선에 관한 법률』에 따라 부실 가능성이 있는 일반은행, 금융투자업자, 보험회사, 상호저축은행 등 금융기관에 대하여 적절한 경영개선조치를 취함으로써 조기에 금융기관 경영을 정상화하거나 정상화 가능성이 없는 금융기관을 퇴출시킴으로써 금융제도의 안정성을 강화하기 위해 적기시정조치 제도를 활용하고 있다. 예를 들어, 은행이 BIS기준 자기자본비율이 최저기준(8%)에 미달하거나 경영실태평가 결과가 4등급 이하인 경우에는 그 정도에 따라 각 경영개선[76]권고, 경영개선요구, 경영개선명령 등 적기시정조치를 부과하여 그 이행계획을 제출할 것을 명령하여야 한다(금융산업의 구조 개선에 관한 법률 제10조). 경영개선권고 또는 경영개선요구를 받은 은행은 2개월 이내에 조치요구사항이 반영된 경영개선계획을 금융감독원에 제출하여 금융위원회의 승인을 받아야 한다. 경영개선계획을 승인 받은 은행은 매분기말 익월 10일까지 동 계획의 분기별 이행실적을 금융감독원장에게 제출하여야 하고, 금융감독원장은 그 이행실적이 미흡하거나 관련제도의 변경 등 여건변화로 인하여 이행이 곤란하다고 판단되는 경우에는 경영개선계획의 수정요구, 일정기간 내 이행촉구 등 필요한 조치를 취할 수 있다.

4. 금융감독기구의 금융기관 영업행위 규제 업무

금융감독당국(금융감독기구)의 영업행위규제(business conduct regulation)[77]는 금융기관의 투명성, 공시 등에 중점을 두고 있고, 이것은 공정거래를 통한 금융고객 및 투자자 보호를 하기 위한 것이다.

한편, 금융감독당국이 금융기관에 대한 건전성감독 업무와 투자자보호 업무를 동시에 수행할 경우 때때로 상호 이해충돌 문제가 발생하기 때문에 이를 해결하기 위해 영업행위규제 업무를 별도의 기관이 담당하는 국가들도 있다. 대표적으로 호주, 네덜란드가 이러한 이원적 금융감독기구 방식(twin peaks approach)을 채택하고 있는데, 금융위기 이후 미국, 영국 등 주요 국가에서도 동 방식 도입을 추진하고 있다.

가. 금융감독원의 금융기관의 경영정보 공시 규제

금융감독원장은 금융기관이 경영정보와 관련된 정기공시 또는 수시공시 사항을 허위 공시하거나 중요한 사항(material information)을 누락하는 등 불성실공시를 한 경우에는 해당 금융기관에 대해 정정 공시 또는 재공시를 요구한다. 이러한 경영정보 공시는 고객, 주주 등 이해관계인은 물론 불특정 다수인에게 금융기관의 경영현황에 관한 정보를 제공하는 것으로 금융회사의 불공정행위나 부실로부터 금융소비자를 보호하고 나아가 이해관계인에 의한 시장규율을 강화함으로써 금융회사의 건전경영 및 책임경영체제 정착을 유도함을 목적으로 한다.

이에 따라 금융감독원은 2001년 1월부터 상장기업 등 공시의무자가 금융감독원이 개발·운영하는 전자공시시스템(DART: Data Analysis Retrieval and Transfer System)[78]을 통하여 공시 서류를 전자문서로 작성하여 제출하도록 하고, 일반이용자는 인터넷을 통하여 제출된 공시서류를 즉시 열람할 수 있는 전자공시제도를 도입·시행하고 있다.

나아가서 금융위원회와 금융감독원은 금융회사가 판매할 금융상품의 내용 및 방법, 정보 및 자료의 제공방법, 제공할 자료의 형식 등을 정하고, 이와 관련된 약정이율, 이자지급 시기·방법, 거래제한 등 금융상품의 거래조건과 관련된 정보를 고객에게 제공하도록 하는 금융상품통합비교공시 제도를 운영[79]하고 있다. 저축, 펀드, 대출, 연금, 보험 등으로 나누어 상세하게 보여주고 있을 뿐만 아니라 금융상품검색도 할 수 있다.

또한 금융위원회와 금융감독원은 금융기관이 고객의 소득수준, 투자성향 등에 대한 정보를 바탕으로 적절한 금융 상품 혹은 상품의 조합을 권유하는 금융거래 자문[80]과 관련하여 자문하는 금융상품의 공시 수단 또는 불공정거래행위 규제 차원에서 규율하고 있다.

나. 금융거래 약관 등 심사

금융회사가 불특정 다수의 고객과 대량의 금융거래를 하는 것이 일반적이어서 거래할 때마다 계약내용을 협의하는 것은 비효율적이므로 신속한 거래를 위해 미리 작성한 약관[81]에 따라서 계약을 체결하는 것이 보통이다. 약관(約款, Standard terms and conditions)은 명칭이나 형태 또는 범위에 상관없이 계약의 한쪽 당사자가 여러 명의 상대방과 계약을 체결하기 위하여 일정한 형식으로 미리 마련한 계약의 내용을 말한다(약관규제에 관한 법률 제2조 제1호). 이러한 약관의 규제에 대해서는 『상법』, 『약관규제에 관한 법률』, 개별 금융업법 및 관련 감독규정에서 규정하고 있다.

한편, 금융회사가 금융거래약관(financial transaction standard terms and conditions) 및 투자설명서(investment description, investment memorandum)[82] 등을 제정 또는 변경하고자 하는 경우에는 사전에 금융위원회 또는 금융감독원장에 보고하여야 한다. 금융위원회 또는 금융감독원장은 약관을 심사한 결과 내용의 변경이 필요하다고 판단되는 경우 약관내용의 변경을 권고할 수 있다.

5. 금융감독원의 금융기관에 대한 검사업무

금융감독원은 은행, 금융투자업자, 보험회사 등 금융기관(금융회사)의 건전경영 확보 및 공정한 금융거래질서 유지를 위해 『금융위원회의 설치 등에 관한 법률』 등 관계법령과 금유위원회가 제정한 『금융기관검사 및 제재에 관한 규정』[83]에 따라 금융회사에 대한 검사를 실시한다(자본시장법 제43조 제1항, 금융위원회의 설치 등에 관한 법률 제37조). 검사업무는 크게 금융회사의 규정 이행실태를 지속적으로 모니터링하는 상시감시와 금융회사 현장에서 실시하는 현장검사로 구분된다. 상시감시는 평상시 금융회사가 제출한 업무보고서 등을 토대로 경영실태 변동 상황을 면밀히 분석 평가하는 것(금융기관검사 및 제재에 관한 규정 제3조 제15호)을 의미하고(금융기관검사 및 제재에 관한 규정 제7조), 현장검사는 필요시 영업현장에 임점하여 모니터링 결과를 확인하거나 금융회사가 관계법령·규정·지시 등을 제대로 이행하였는지 여부를 확인하는 것을 의미한다.

검사의 운영방식은 종합검사와 부분검사로 구분된다(금융기관검사 및 제재에 관한 규정 제8조 제3항). 종합검사는 연도별 검사업무계획에 근거하여 금융회사의 업무전반 및 재산상황에 대하여 실시하는 검사(금융기관검사 및 제재에 관한 규정 제3조 제3호)이고, 금융회사 본점 종합검사시 통상적으로 경영실태평가를 실시한다. 부분검사는 금융사고 예방, 금융질서 확립, 기타 금융감독정책 상 필요에 따라 금융회사의 특정부문에 대해 실시한다. 연간 검사계획 수립 시 검사방향, 예상 검사 실시 점포수 및 연인원 등 부분검사(금융기관검사 및 제재에 관한 규정 제3조 제4호)에 대한 기본 검사방침을 정하고 검사대상 금융회사 또는 점포의 선정, 검사 부문의 채택 등 구체적인 사항은 분기별 검사계획 수립 시 확정한다.

금융감독원의 검사업무를 프로세스 별로 보면 ① 상시감시, ② 검사계획 수립, ③ 검사 사전준비, ④ 검사 실시, ⑤ 검사결과 보고 및 조치, ⑥ 검사결과 사후관리의 순으로 진행된다.

먼저 상시감시업무는 금융회사에 대하여 현장검사를 실시하지 않는 기간 중에 영업실태 분석, 업무보고서 심사, 경영실태 계량평가, 기타 각종 자료의 수집 및 분석을 통하여 문제의 소지가 있는 금융회사 및 취약부문을 조기에 식별하는 활동이다. 또한 효율적인 상시감시업무 수행을 위하여 금융권역별 상시감시지원 시스템과 여신검사지원 시스템 등 각종 전산시스템을 활용한다. 상시감시를 통해 문제 징후가 포착된 경우 해당 금융회사에 대해 보다 상세한 정보를 수집하여 사실관계를 확인한 후 적기시정 조치, 행정처분 등 필요한 조치를 취할 수 있다.

검사계획수립은 금융환경 변화, 검사업무 수행상 역점을 두어야 할 사항과 검사의 종류, 검사 실시대상 점포 및 점포수, 검사 동원 연인원 등을 종합적으로 감안하여 연간으로 행해지며 이에 따라 분기별 세부검사계획이 수립된다.

검사사전준비는 검사 실시 전에 상시감시 결과 및 경영실태평가 등을 위해 징구한 검사 자료 등을 활용하여 검사대상 금융회사의 경영과 관련한 제반정보를 파악하는 것이다. 이때 검사대상 금융회사에 대하여 검사사전예고를 실시하고 필요한 최소한의 범위 내에서 검사사전자료를 징구할 수 있다.

검사는 금융회사의 업무처리내용의 적정여부를 확인하는 것으로 검사 실시 중 금융회사 또는 금융회사 임직원의 위법·부당행위가 발견될 경우 확인서, 질문서, 의견서, 문서 및 장표의 사본 등과 같은 입증자료를 제출하도록 하는 것으로 이루어진다.

금융감독원은 검사종료 후 빠른 시일 내에 검사결과를 종합한 검사서 및 조치안을 작성하는데 조치요구내용의 신뢰성 및 공정성을 확보하기 위하여 내부 심사·조정 과정 뿐 아니라 금융회사 및 그 임직원이 법령에 따른 규정명령 또는 지시를 위반한 경우나 금융감독원장이 요구하는 보고서 또는 자료를 거짓으로 작성하거나 그 제출을 게을리 한 경우 등의 문책사항 등 중요사항에 대해서는 추가로 외부전문가 위주로 구성된 자문기구로서 제재심의위원회의 심의를 거치도록 하고 있다(금융기관검사 및 제재에 관한 규정 제34조). 이러한 심의절차가 완료되면 금융감독원은 금융위원회 보고 또는 의결을 거쳐 당해 금융회사에 통보하고, 시정명령·제재 및 징계요구 등 합당한 조치를 할 수 있다(금융위원회의 설치 등에 관한 법률 제41조, 금융기관검사 및 제재에 관한 규정 제17조, 제18조, 제19조). 검사업무에서 수반되는 제재는 금융회사에 대한 제재, 임원에 대한 제재, 직원에 대한 제재로 구분되는데 금융관련법규를 위반하거나 부당한 행위를 한 금융회사 또는 그 임직원에게 영업상, 신분상, 금전상의 불이익을 부과함으로써 금융회사 경영의 건전성 확보 및 금융제도의 안정성 도모 등 감독 목적을 효율적으로 달성하기 위한 사후감독수단으로 볼 수 있다. 한편, 제재를 받은 금융회사 또는 그 임직원은 제재처분 또는 조치요구가 위법 또는 부당하다고 인정하는 경우 이의를 신청할 수 있다(금융기관검사 및 제재에 관한 규정 제37조).

마지막으로 검사결과 사후관리는 경영유의·문책·변상·개선 및 시정사항 등 조치요구사항의 실행여부를 체계적이고 종합적으로 심사·분석하여 적절한 대응조치를 취하는 것으로 개선·시정이 필요한 사항에 대하여는 적기 정리를 유도하는 데 그 목적이 있다.

제 4 항   금융분쟁조정

1. 금융분쟁조정

금융분쟁조정제도는 예금자 등 금융고객(또는 기타 이해관계인)과 금융회사의 영업행위로 인한 분쟁이 있을 경우 분쟁당사자의 주장과 사실관계를 조사·확인한 후 합리적인 해결방안이나 조정의견을 제시함으로써 소송이 아닌 당사자간 합의를 통해 분쟁을 해결하는 제도이다.[84]

2. 금융분쟁조정위원회

금융분쟁조정위원회(금융위원회의 설치 등에 관한 법률 제51조)는 금융감독원 부원장중 위원장이 지정하는 자를 위원장으로 하고, 금융감독원 부원장보와 법조계, 소비자단체, 금융계, 학계 및 의료계 인사 중 금융감독원장이 위촉하는 인사들로서 총 30인 이내의 위원으로 구성된다(금융위원회의 설치 등에 관한 법률 제52조).[85] 위원의 임기는 임명직 위원의 경우 2년으로 연임이 가능하고 당연직 위원(위원장과 부원장보)의 경우 재직기간으로 한정된다.

조정위원회는 은행·중소서민, 금융투자, 보험의 세 분야로 나누어 운영되고, 각 분야별 위원회는 위원장을 포함한 7인 이상 11인 이내의 위원으로 구성된다(금융위원회의 설치 등에 관한 법률 제54조 제1항). 위원회 회의는 매월 둘째 및 넷째 화요일에 소집되며 구성원 과반수의 출석과 출석위원 과반수의 찬성으로 의결된다(금융위원회의 설치 등에 관한 법률 제54조 제2항). 금융분쟁조정위원회에 회부된 안건은 회부된 날로부터 60일 이내에 조정결정이 내려지며 조정결정에 대해 당사자가 수락하면 재판상 화해와 동일한 효력이 부여된다.

조정위원회는 사실관계 해석 또는 법률적 판단이 어려운 사건에 대한 자문 등을 위하여 변호사, 전문의, 손해사정인 등의 외부 전문가를 전문 위원으로 위촉하여 실무자문을 의뢰한다.

3. 금융분쟁 조정절차

금융분쟁조정은 예금자 등 금융수요자나 기타 이해관계인이 금융기관과의 금융거래나 기타 금융업무와 관련하여 해당 금융기관을 상대로 금융감독원에 분쟁조정을 신청함으로써 시작된다(금융위원회의 설치 등에 관한 법률 제53조 제1항). 금융분쟁조정 신청이 접수되면 금융감독원은 사실관계의 조사·확인 등을 거친 후 합의 권고가 바람직하다고 판단되는 경우 당사자에게 합의안을 제시하여 합의를 권고할 수 있다. 조정신청을 접수한 날로부터 30일 이내에 당사자간 합의가 이루어지지 아니하거나 금융감독원의 직접 처리, 해당 금융기관으로의 이첩 처리 또는 합의권고가 부적당한 경우 조정위원회에 회부하여 처리한다(금융위원회의 설치 등에 관한 법률 제53조 제3항, 제2항).

금융분쟁조정위원회는 안건이 회부된 날로부터 60일 이내에 심의하여 조정결정을 한다(금융위원회의 설치 등에 관한 법률 제53조 제4항). 당사자의 주장이 상이하거나 증거채택이 어려워 사실관계의 확인이 곤란한 경우 등 조정실익이 없다고 인정되는 경우에는 각하 결정을 내릴 수 있다.

양 당사자가 조정위원회의 조정결정 내용을 수락하여 조정이 성립되면 분쟁조정위원회 결정은 재판상 화해와 동일한 효력을 갖는다(금융위원회의 설치 등에 관한 법률 제55조). 조정 성립 후에 어느 일방이 조정결정의 내용을 이행하지 않을 경우 별도의 소송절차 없이 조정서를 근거로 강제집행이 가능하게 된다.

제 **9** 장

금융과 인간의 투기행위

제1절 금융에 내재된 추잡함에 대한 애석한 장려[1]

1. 금융업 종사자의 추잡한 면

오늘날 금융업(business of finance) 혹은 금융 종사자에게는 어딘가 추악한 (sleazy) 면이 있다는 것은 많은 사람들에게 알려져 있는 사실이다. 그럼에도 불구하고 다른 분야에서 더 나은 일을 할 수 있는 많은 젊은이들이 금융 관련 직업에 뛰어드는 것은 안타까운 일이라는 얘기까지 나온다.[2]

금융과 관련된 특정 분야는 대개 다른 직업보다 정보를 조작하려거나(manipulative) 정직하지 못한 행위를 하고자 하는 유별난 유혹이 더 크다. 이러한 유혹에 노출된 일부 사람들은 자신이 그런 일들을 하고 있다는 것을 얼마간 의식하고 있고, 뒤에서 살펴보겠지만, 심리학적으로 볼 때 인지부조화(cognitive dissonance)가 그들 내부에서 그들의 자긍심을 보호하고 그런 행동을 정당화하기 위한 메커니즘을 만들어낼 수도 있다.

이렇듯이 추악한 사람들이 금융 분야에 종사하는 사람들 중 비교적 많은 것은, 이 분야에서 적어도 소수는 천문학적 액수의 수입을 가져가는 사람들도 많기 때문이다. 심지어 우리는 간혹 이렇게 도덕적인 사람이 어떻게 금융 분야에 들어갈 수 있겠는가라고 의문을 가지기도 한다.

금융 분야는 성공하기 위해서 무엇보다도 정보의 운영관리(management of information)가 중요하고, 이에 따라 다른 사람들에게는 자기가 가지고 있는 정보와는 다른 부정확한 정보를 제공해줄 기회가 늘 있기 때문에 부패한 것처럼 보인다. 이와 같이 금융 분야에서는 최상의 금융거래(financial transaction)를 하기 위해 정보를 감추고 싶은 유혹이 언제나 존재한다. 그렇다면 선택적 정보제공(selective release of information)으로 다른 사람들의 생각을 조작하려는 이런 유혹을 다른 직업에서도 볼 수 있을까? 그러나 이러한 정보를 그릇되게 사용하여 사익을 추구하고자 하는 유혹에 따른 행위는 고의적인 금융사기(deliberate financial deception)만큼이나 일반인들에게 강한 분노를 일으키지는 않는다. 왜냐하면 금융사기는 명백한 도둑질(outright theft)일 뿐 아니라 돈을 잃은 사람들에게는 멍청하게 남에게 속았다는 생각으로 그들의 자존심에 큰 상처를 입기 때문에 뼈아픈 경험이 될 것이다.[3] 그렇다면 정상적인 금융거래와 도박은 어떤 차이가 있는가를 카지노와 비교하면서 살펴보기로 하자.

2. 카지노 도박과 리스크 충동

　　카지노 도박은 반복되는 판단 오류를 상업적으로 착취하는 흥미로운 사례를 제공한다. 일부 사람들에게 카지노는 정직하지 못하고 또 추악한 것의 상징으로 여겨지는 데도 불구하고 카지노는 어떻게 그 많은 사람들을 카지노장에 끌어들일 수 있는 것일까? 카지노장에 들어 간 사람들은 카지노를 통해서 명백하게 부(否)의 기대수익(a negative expected return)이 있음에도 불구하고 빚을 지면서도(in the form of debt) 수없이 카지노에 투자를 되풀이하지만, 그러나 결과적으로 확률에 의하면 평균의 법칙(law of average)에 따라 손실은 거의 기정사실이 되고 만다.

　　우리나라에서 카지노는 외화를 벌어들이기 위해 『관광사업진흥법』에 따라서 운영되고 있다. 그러므로 우리나라에서도 카지노에 의한 도박을 적법한 사업으로 인정하고 있는 것이다. 그러므로 카지노와 같은 '도박산업(gaming Industry)'을 운영하는 쪽에서는 도박을 오락(entertainment)의 일종으로 변호한다. 정확하게 말하면 맞는 말이다. 그러나 도박은 인간의 리스크감수충동(risk-taking impulses)을 상당하게 자극하거나 확대하고 때때로 재앙과도 같은 결과를 낳는다는 점에서는 유일무이한 오락 형태라고 할 수 있다.

　　그러나 알 수 없는 것은 왜 사람들이 카지노에 들어가 한 번이라도 베팅을 하느냐 하는 것이다. 심리학자 대니얼 카너먼(Daniel Kahneman)과 아모스 트베르스키(Amos Tversky)는 그들의 연구를 통해 사람들에게 손실혐오(loss aversion) 경향이 있다는 것을 보여주었다.[4] 보통 사람들은 병적일 만큼 작은 손실도 피하려고 한다.[5] 그렇다면 이보다도 더 큰 손실이 예상되는 카지노는 어떻게 사람들을 유인하는 것일까? 그리고 그들은 부(否)의 기대수익에 대해 왜 베팅을 하고, 되풀이되는 손실을 경험하는데도 왜 이를 계속하는 것일까?

　　이러한 질문에 대한 답은 앞에서 설명한 리스크감수충동과 관련되어 있다고 보인다.[6] 심리학자 조셉 시몬스(Joseph Simmons)와 네이선 노벰스키(Nathan Novemsky)는 카지노 도박이 몇 가지 미세한 면에서 앞에서 언급한 카너먼과 트베르스키의 심리 실험실 환경과는 다르다는 것을 증명했다.[7] 카지노에 들어간 사람들은 다른 사람들이 큰 돈으로 도박하는 것을 본다. 그러면 이러한 모습들이 그들의 잠재적 손실을 그다지 현저해 보이지 않게 한다는 것이다. 또 최대 도박 (maximum wager, 최대로 걸 수 있는 베팅액)이 있고, 거는 금액이 높은 수준에 설정되게 되면, 실제로 건 베팅액이 적게 보이게 된다. 카지노장에서 사람들은 최소 베팅액이 주어진 상태에서 최대 베팅액은 스스로 정하라는 요청을 받는다. 시몬스와 노벰스키는 이런 몇 가지 특징을 심리 실험실 환경에 그대로 끌어들여 적용했고, 그리하여 이런 요소들이 정말로 리스크감수(risk taking)를 부추긴다는 사실을 발견했던 것이다.

한편, 도박이 아니라 정상적인 증권거래(transactions on the Stock Exchange)라도 여기에 대한 아무런 규제 없이 그저 시장의 힘에만 내맡기면, 많은 증권중개 (brokerage) 서비스는 카지노 도박과 매우 비슷해질 가능성이 많다. 이러한 놀라운 사실은 증권거래에 대한 규제가 실시되기 전 오늘 날의 거래소와 같이 법적인 규제가 없는 사설 거래소가 실제로 어떠했는지 살펴보면 잘 알 수 있다. 19세기 말과 20세기 초 '버킷 숍(bucket shops)'은 사람들이 상품과 주식에 돈을 거는 곳이었는데, 카지노와 그다지 다르지 않았다.[8] 버킷 숍은 브로커로 위장하여 투자자들로부터 주문을 받거나 실제로 계약을 체결하지 않는 불법영업집단이었다. 그럼에도 불구하고 버킷 숍 단골들은 사교적인 분위기에서 다른 사람들이 베팅을 하는 것을 지켜보면서, 아주 적은 돈을 걸 수 있었다. 이는 오늘날의 카지노와 크게 다르지 않았다.[9]

이와 같은 불법적인 업소에서 사람들이 건전한 투자 결정을 내리는 것은 쉽지 않았을 것이다. 이런 버킷 숍은 20세기 최초의 20년간, 미국의 진보 시대에 주 규제 당국에 의해 역사 속으로 사라졌다.[10]

그러나 이런 카지노 같은 시설 바깥에서 이루어진 추악한 증권 중개 관행은 계속되었다고 한다. 증권 중개인 프레드 슈웨드 2세(Fred Schwerd Jr.)가 1940년에 출간한 책 『고객의 요트는 어디 있는가?(Where are the Customers Yachts)』에서 중개소의 트릭과 위선에 관한 재미있는 얘기들로 폭넓은 독자들에게 흥미를 주었다.[11] 슈웨드의 책은 일화 중심이고 통계적 증거를 제시하지 않았지만 뒤에서 설명하는 효율적인 시장 이론에 관한 초기의 유효한 자료를 제공하였다.[12]

3. 금융거래자의 추악한 사람으로 낙인찍힐 수 있는 위험

금융거래(financial dealings)에서 본질적으로 추악한 행위에 대한 유혹이 크다는 점에 대한 한 가지 문제는 양심적이고 정직한 사람은 차치하고서라도 금융업

전체에 대한 신뢰를 떨어뜨릴 수 있다는 것이다. 극단적인 예를 들면, 원초적인 위험(inherent risk)이라고 할 수 있는데, 아무리 도덕적인 사람이라고 해도 자기가 저지르지도 않은 범죄(crimes)와 부당행위(misdemeanors)로 고발당하여 영원히 자기의 평판(명예, reputation)을 잃어버릴 수 있다는 것이다.

금융과 기업경영에 몸담은 사람들은 진정한 권력 즉, 그들이 개인적으로 하고 싶은 것을 할 수 있는 권력을 갖는다.[13] 비즈니스 세계에서 성공한 사람들, 그리고 그들의 후손이 얻은 본질적으로 무제한적인 권력은 다른 직업 세계에서는 거의 알려져 있지 않다.

남성(금융계는 남성의 비중이 높다)에게 이러한 권력은 남성의 여성에 대한 권력을 의미한다. 이로 인해 여성, 그리고 다른 남성 사이에서 분노와 원한이 생겨난다. 오늘날에도 세계의 제한된 일부 이슬람국가에서 남성 권력자는 수 명의 아내를 둘 수 있는 반면에 몇몇 남성은 한명의 아내조차도 얻지 못한다. 이런 상황은 당연히 아내가 없는 남성 사이에서 분노를 야기한다. 어쩌면 일부다처제 사회에서 몇몇 여성은 훨씬 더 큰 분노를 품고 있을지 모른다.[14]

좀 더 구체적으로 말하면, 부자(the rich)가 얻는 권력은 소스타인 베블런(Thorstein Bunde Veblen)[15]이 일찍이 말한 과시적 소비(conspicuous consumption)를 할 수 있는 힘이다. 남성의 과시적 소비는 일반 대중에게 본능적으로 여성을 유혹하려는 책략으로 인식된다. 어쩌면 부를 향한 욕망의 밑바닥에는 성적인(sexual), 그리고 사회적 지위를 향한 충동(social-status impulse)이 깔려 있는 것이다. 이러한 사실은 여성에게도 적용된다. 다만 여성의 경우는 부의 욕망이 다소 다른, 하지만 똑같이 강력한 동기에서 비롯될 수 있다.[16]

그러므로 금융자본주의가 계속 성공가도를 달리기 위해서는 사람들이 금융환경에서 나타내는 인간의 본성(human nature)에 대해 좀 더 유연한 시각을 받아들일 필요가 있다. 우리는 그다지 고매하다고 할 수 없는 인간의 행위들이 본질적으로 인류 전체에 이익을 가져다주는 경제시스템의 산물일 수 있다는 것을 인정해야 한다. 절을 바꾸어 다음에서 다루게 될 주제인 금융투기는 금융투기가 이기적이고 교활한 사람들을 낳는 경제적 환경에서 벌어지기 때문에 많은 사람들의 마음속에서 추악한 행위와 연관되어 있다는 사실을 밑바탕에 깔고 있다. 하지만 이런 투기 행위를 분석하지 않고서는 금융자본주의 사회에서 차지하는 투기시장의 역할을 제대로 평가하기 힘들다.[17] 따라서 무엇이 금융투기 행위를 구성하고 있으며, 그 전체적인 영향은 무엇인지 다음 절에서 상세하게 살펴보자.

4. 인지부조화 이론과 위선

인지부조화(Cognitive Dissonance)는 미국의 사회 심리학자(social psychologist)인 레온 페스팅거(Leon Festinger)가 1957년에 발표한 인지부조화 이론을 통해 처음으로 만들어진 용어로서 무엇인가가 자신의 정해진 신념과 충돌할 때 나타나는 부정적 감정 반응(negative emotional response) 혹은 심리적 괴로움(psychological pain)을 일컫는다.[18] 우리는 자신에 대해 일관된 생각과 느낌, 태도를 가지기를 원한다. 그러나 종종 우리의 의사결정이나 행동은 자신의 태도에 대한 일관성을 해치고 부조화를 유발한다. 바꾸어 말하면, 인지부조화 이론이란 개인이 가진 신념, 생각, 태도와 행동 사이의 부조화가 유발하는 심리적 불편함을 해소하기 위한 태도나 행동의 변화를 설명하는 이론이다. 우리는 태도와 행동의 일관성을 유지하고자 하는 근본적인 동기를 가지고 있어서, 인지적부조화를 해소하고 자신에 대한 일관성을 유지하려고 한다는 것이다.

그렇지만 이런 감정 반응은 신념(beliefs)을 합리적으로 새롭게 해주는 것으로 이어지지 않는다.[19] 특히 자기 자신의 행동이 어떤 신념과 조화되지 못하게 되었을 때 사람들은 보통 신념을 바꾸게 마련이다. 그러므로 위선(hypocrisy)은 인지부조화의 특별한 징후(manifestation)라고 볼 수 있다. 위선은 사람들이 편의에 따라 특정한 행동을 정당화하기 위해 어느 견해를 지지하고, 그러면서 실제로 그런 견해를 어느 정도 믿을 때를 말한다.

페스팅거와 그의 후계자들이 제시한 인지부조화 이론을 뒷받침하는 증거는 견고하다. 인지부조화는 어느 정도 규칙적으로 인간의 실수(human error) 혹은 때때로 우리가 추악하다고 이름 붙일 수 있는 행동을 낳는다. 하지만 아직도 많은 심리학의 범주에서 인지부조화에 대한 회의를 나타내는 반대론도 있는게 사실이다. 이런 회의는 특히 인간 행동의 합리적인 모델을 고수하는 사람들 사이에서 볼 수 있다.

한편, 최근 페스팅거의 이론을 뒷받침해 주는 새로운 형태의 증거가 등장했다. 인간의 뇌 구조(brain structure)가 근본적으로 인지부조화와 관련되어 있다는 사실이 밝혀진 것이다. 신경과학자 빈센트 반 빈(Vincent Van Veen)과 그의 동료들은 사람을 대상으로 하여 피험자들의 진정한 신념과 어긋나는 거짓말을 하면 돈을 지급하는 등 유인을 제공하였을 때 자기공명영상장치(functional magnetic resonance imaging)로 피험자들의 뇌가 어떤 반응을 보이는지에 대한 실험을 실시했다. 연구자들은 뇌의 특정한 부위, 즉 배측전방대상피질(anterior cingulate cortex)과 전측뇌섬엽(anterior insula)이 자극받는 것을 발견했다. 이곳은 사람들이 거짓말을 할 때 자극을 받는 영역이었다.

빈센튼 반 빈과 동료들이 이 영역에서 자극의 정도를 측정하자 일부 피험자들이 다른 피험자들보다 더 큰 자극을 받는다는 사실이 밝혀졌다. 이 영역이 좀 더 활발하게 반응하는 피험자들은 외부에서 요구하는 신념을 지지하도록 자신의 실제 신념을 바꾸려는 경향이 더 강했다.[20] 이것은 뇌에 인지부조화와 관련된 물리적 구조가 존재한다는 증거이고, 또한 오로지 인간 행동에 대한 관찰을 근거로 페스팅거가 기술한 현상을 낳는 뇌 메커니즘의 일부를 보여준 것이다.

로버트 쉴러(Robert Shiller)는 만일 위선이 뇌에 심어져 있는 것이라면, 인간 오류의 잠재적 가능성이 생기고, 경제적으로도 중요해진다고 주장하고 있다. 경제 시스템 전체는 예컨대 "주택가격은 절대 떨어지지 않는다"는 금융위기 이전의 믿음을 주어진 전제로 받아들일 수 있다. 실제로 이런 주장을 수백만 명의 사람들이 받아들였는데, 만일 그렇게 하지 않았다면 그들은 인지부조화를 경험했을 것이라고 주장한다.[21] 그들이 부동산을 판매하는데 열을 올리고 있는 시스템에 이런저런 식으로 관여하고 있거나 아니면 그들 스스로가 부동산(real estate)에 투자하고 있었기 때문이다.[22]

또 다른 예를 들어 보면, 유로화표시국가부채(euro-dominated government debt)에 대해 자본을 요구하지 않은 과거 유럽은행규제당국(European bank regulators)의 결정도 그 배후에는 인지부조화의 요소가 있었을지 모른다고 한다. 유로화의 종말은 결코 오지 않을 것이라는 믿음은 오래전부터 널리 퍼져 있었기 때문에 그 뒤의 결정들로 인해 실패의 위험성을 인정한다면 인지부조화로 이어졌을 것이다.[23] 그래서 유럽규제당국은 위선적으로 보이는 즉, 유로화 표시 부채는 완벽하게 안전하다는 입장을 받아들여 은행 분야의 잠재적 재앙을 불러들이는 환경을 조성했던 것이 아닐까 생각된다.

이런 종류의 심리적 문제는 근본적인 것으로 끊임없이 되풀이된다. 그러나 금융직종(financial professions)에는 상대적으로 위선의 유혹에 강한 사람들도 뛰어든다. 그들은 시장에서 궁극적으로 드러나는 진실에 기쁨을 느끼는 사람들, 그래서 거래자나 자산운용사가 되는 그런 사람들이다. 자산운용사에 대해서는 제5장 제2절 자산운용사 부분에서 상세하게 설명한 바 있다.

그들이 그런 일을 하도록 놔두는 금융시스템(financial system)에서는 얼마간 경제적 불평등(economic inequality)이 생겨나게 마련이다.[24] 금융이론가(financial theorist)들은 현재의 금융제도가 존재하는 이유, 그리고 이런 제도가 훌륭한 사회에 그토록 큰 공헌을 하는 참된 이유를 종종 이해하지 못한다.[25] 그러나 인간은 실제로는 자존심을 중시하며, 이익의 극대화는 기껏해야 이런 자존심의 일부를 이루는 데 불과할 뿐이다.[26]

5. 규제당국의 도덕적 목표

규제당국(regulators)이 찾으려 드는 추악한 행위들은 금융직종 전체에 팽배해 있는 것처럼 보일지도 모른다. 하지만 사실 자세히 들여다 보면 금융관행(practice of finance)이 보편적으로 금융업 종사자들을 그런 행위로 내모는 것은 아니다. 게다가 금융분야 종사자들은 어떤 도덕적 목표(moral purpose)를 부여받는데, 외부 사람들에게는 이런 도덕적 목표가 잘 보이지 않을 수 있다. 오히려 외부의 시선에는 고결한 금융전문가조차도 깨끗하지 않게 보일 수가 있다. 그들이 함께 일하는 사람들, 그리고 그들이 따라야 하는 그런 사람들의 지시 때문이다.

그들이 고객에게 도움을 주는 행동에 내재된 도덕적 목표는 하루하루 눈으로 확인하기는 힘들다. 특히 금융부문의 경우 아예 그런 도덕적 목표 따위는 존재조차 하지 않는다고 섣부른 결론을 내리기 쉽다. 하지만 대부분 사람들은 자신이 날마다 하는 일에 자연스럽게 도덕적 목표를 투사하는 법이다. 사람들은 작업을 이루는 모든 활동을 수행하기 위해 이런 도덕적 목표, 즉 정신적 방향을 필요로 한다. 우리 대부분은 본능적으로 우리 주변에 있는 사람들에게 어떤 한계 내에서 도움과 이익을 주고 싶어 한다.[27] 그러므로 우리는 주위에 인간의 추악한 면을 넘어서서 애쓰게 돈을 벌고 기쁘게 자선사업을 한 사람들을 찾아 볼 수 있다.

존 D. 록펠러 1세(John D. Rockfeller Sr.)는 소행상인이자 중혼자의 아들로 자라나 몰인정하고 완고한 기업가가 되었다. 1904년 아이다 타벨(Ida Tarbell)은 자신의 책 『스탠더드 오일 사의 역사(The History of Standard Oil Company)』에서 그의 가혹한 경영방식을 폭로했다.[28] 그러나 록펠러는 말년에 앤드류 카네기를 본받아 자선사업가가 되었다. 그가 비즈니스 세계에서 일삼은 행동은 추악했을지 모르겠지만, 그의 생애는 고귀하게 마감되어 록펠러 재단과 시카고 대학교, 록펠러 대학교가 설립되었다. 게다가 그는 재산 대부분을 아들 존 D. 록펠러 2세에게 물려주었는데, 2세는 자선사업을 계속했다.[29]

그렇다면 궁극적으로 록펠러가의 진정한 동기는 무엇이었을까? 단순히 록펠러 가문이라는 왕조를 건설하고 영속시키려는 이기심이 그들의 동기였는가 아니면 그들의 자선사업에는 훨씬 더 심층적인 도덕적 목표가 있었던 것일까 생각해보면 둘 다 맞는 얘기로, 각각 어느 정도 진실을 담고 있을 것이다.

제2절 금융투기의 중요성[30]

1. 투기와 투자는 무엇이 다른가?

일반대중들은 시장(market)의 투기(speculation)와 관련하여 오랫동안 부정적인 감정을 가지고 있다. 그들에게 투기 활동은 사회에 아무런 기여도 하지 않는 것처럼 보인다. 투기는 그저 부자들이 누리는 여가의 한 형태이거나, 부자가 되고 싶어 하는 사람들이 근본적으로 빠져든 이기적이고(selfish) 자기중심적인(egotistical) 활동으로 비쳐지는 실정이다.

그렇다면 투기와 투자(investment)는 어떻게 구분할 수 있는가? 정확하게 단정하여 구분할 수는 없을 것 같다. 다만 사전적 의미의 투자[31]는 이익을 얻기 위해 어떤 일이나 사업에 자본을 대고 시간이나 정성을 쏟는 것으로, 주권이나 채권 부동산 등을 구입하는 행위를 말하는데 투기[32]는 기회를 틈타 큰 이익을 보려는 것으로 시세 변동을 계산해 차익을 노리거나 비이성적인 판단에 근거해 큰 돈을 집어넣는 요행성 행위라고 정의되어 있다. 워렌 버핏(Warren Buffett)이 지금까지 출간된 투자에 관한 책 가운데 가장 뛰어나 월스트리트의 필독서라고 극찬한 『현명한 투자자(The Intelligent Investor)』의 저자 벤자민 그래햄(Benjamin Graham)[33]은 "투자는 철저한 분석 아래 원금의 안전과 적절한 수익을 보전하는 것이고 이런 조건을 충족하지 못하는 행위는 투기[34]"일 뿐이라고 단언하고 있다.[35]

찰스 코넌트(Charles Conant)는 투기와 관련하여 1904년 에세이에서 "다른 것에 관해서라면 분명히 똑똑하고 뛰어난 이해력을 보였을 사람들이 끈질기게 하는 착각은 주식과 증권거래소의 활동은 순수한 도박이다"고 혹평했다. 잠시만 되돌아보면, 사람들은 현대 비즈니스에서 그토록 중요한 자리를 차지하는 투기 기능이 그 메커니즘의 유용하고 필수불가결한 부분임을 깨달을 수 있을 것이다. 하지만 지능을 갖추었다고 해도 조직적 시장의 공격자들에게서 위와 같은 반성은 거의 아무런 역할도 하지 않는 것처럼 보인다.[36] 칼 마르크스(Karl Marx)는 투기를 도박과 유사하게 생각했다. 그래서 그는 "재산은 여기서 주식의 형태로 존재하므로, 그 이동과 양도는 순전히 증권거래소에서 일어나는 투기의 결과다. 이곳에서는 상어가 작은 물고기를, 늑대가 양을 삼킨다"고 하였다.[37]

투기에 관한 비평가 가운데서 20세기 가장 중요하고도 영향력 있는 경제학자 존 메이너드 케인스(John Maynard Keynes)조차도 "대중의 이익을 위해 카지노는 접근하기 어렵고 출입을 위해서는 대단히 많은 돈이 요구되어야 한다는 것이 일반적으로 받아들여지는 견해다. 증권거래소에 대해서도 이와 똑같은 얘기를 할 수 있다."고 말하였다.[38]

투기가 필수불가결한 경제활동이라고 주장하는 찰스 코넌트(Charles Conant) 같은 사람들과 이에 대해 커다란 의문을 품은 마르크스나 케인스 같은 사람들 사이에는 한 세기 넘게 논란이 지속되면서 오늘날까지 투기에 대한 견해가 대립되어 해결의 실마리가 보이지 않는다. 이렇게 논란이 해소되지 않은 이유는 양쪽 모두의 주장에 어느 정도의 진실이 담겨져 있기 때문이다.[39] 그렇지 않으면 양쪽 모두가 절반만의 진실을 얘기하는 것일지도 모른다. 이러한 이야기는 투기와 투자 사이에 분명하게 선을 그리기 어렵다는 것을 말없이 보여주는 것일지도 모른다. 그렇다면 이러한 투기를 어디에서 조화롭게 조정할 수 있을까? 로버트 쉴러(Robert Schiller)는 코넌트의 이상형에 부응하는 투기의 정도는 금융기관(financial institution)에 달려 있다고 한다. 금융기관은 자연스럽고 생산적인 투기자들의 건전하고 생산적인 투기를 촉진하거나 그렇지 않은 투기를 막을 수 있다.[40]

2. 동물적 충동

번영을 낳은 금융시장(financial market)의 성공은 동물적 충동(animal spirits, 야성적 충동)을 다룬 방식과 밀접한 관련이 있다는 사실이 놀랍다. 동물적 충동은 우리를 행동으로 이끄는 내적 충동을 말한다. 존 메이너드 케인스(John Maynard Keynes)는 이러한 충동을 면밀하고 신중한 계산이라기보다는 '행동을 낳는 즉흥적인 욕구'로 파악했다. 그는 "현실적인 경제적 결정(real business decision)은 정량적 편익에 정량적 확률을 곱하여 가중 평균을 구한 결과가 아니라 감정적(emotional)"이라고 생각했다. "……따라서 동물적 충동이 희미해지고 즉흥적인 낙관이 흔들리게 되면, 손실에 대한 두려움(fears of loss)이 이전에 얻었던 이익에 대한 희망 이외에 합리적으로 기댈 근거가 없을지라도, 수학적 예측(mathematical expectation) 외에는 아무것에도 의존할 수 없을 때, 기업은 비틀거리다가 죽어버

리게 될 것"이라고 쓰고 있다.[41]

로버트 쉴러(Robert Schiller)는 동료 조지 애컬로프(George Akerlof)와 공동으로 동물적 충동의 이런 변화가 얼마나 중요한지, 그리고 세계 경제위기에서 얼마나 중요한지 확신하고 함께 『동물적 충동(Animal Spirits)』이라는 책을 썼다.[42] 이들은 수많은 사람들에 의해 공유되는 동물적 충동의 변화가 사회적 현상이며, 사회적 전염의 결과라고 주장했다. 따라서 이런 변화는 이해하고 예측하기가 무척 힘들다.

우리의 의사결정 과정에 내재하는 약점은 우리가 내면을 자기 반성적으로 들여다볼 때에야 비로소 이해될 수 있다. 우리는 위험하고도 오랜 시간이 걸리는 일을 시도해야 할지 말아야 할지 결정할 때 자신의 마음속을 한번 들여다보는 것이 필요할지도 모른다. 그러나 이런 결정을 내릴 때가 언제이든지 간에 감정의 향기(emotional flavor)가 또렷하게 배어 있는 것을 알게 될 것이다.

궁극적으로 인간의 판단(human judgments)은 감정(emotions)에 의하여 좌우된다는 점을 부인할 수 없다. 이런 감정은 대개 잠재의식(subconscious)에서 비롯된다. 그래서 성찰적 소설가인 마르셀 프루스트(Marcel Proust)는 소설 주인공의 목소리를 통해서이기는 하지만 이런 내적 폭풍우(inner storms)가 어떤 느낌인지 알려준다고 하였다. 그는 요동치는 동물적 충동의 수수께끼에 관해 숙고한다. "나는 나 자신에게 이게 뭘까 다시 묻기 시작했다. 이 알 수 없는 상태는 어떤 논리적인 방식으로도 증명할 수 없지만, 그 크나 큰 행복감은 실재하는 증거를 가져다준다. 그럴 때면 다른 의식 상태는 그만 사라져버리는 게 아닌가?"라고 그는 묻고 있다.[43]

친구들에게 재미있는 투자에 대한 얘기도 하지 않고 더구나 자기 삶의 터전이 어떻게 될지 확실하게 따져보지도 않고 평생 저축한 돈을 날릴지 모를 리스크를 감수하면서도 투자를 하기로 결정한다면, 이것은 결코 가볍게 여길 수 없는 감정적 결정(emotional decision)이다. 이런 결정은 사회적 환경(social milieu)과 다른 사람들의 심리(psychology of others)에 의해 영향을 받은 것일 수밖에 없는 것으로 보인다.

3. 투기는 시장 효율성과 무슨 관련이 있는가?

효율적인 시장(efficient markets)이라는 용어는 오랫동안 다양한 의미로 사용되다가 1965년 시카고 대학교 경제학자인 유진 파마(Eugene Pama)에 의해 현대적 의미를 얻게 되었다. 효율적시장에 관한 논의는 제5장 제2절 자산운용사에 대하여 설명하면서 잠깐 살펴보았다. 그에 의하면, 효율적인 시장에서는 언제 어느 때라도 주식의 실제 가격이 그 내재 가치(intrinsic value)의 적절한 측정치가 된다는 것이다.[44] 그는 "많은 똑똑한 참여자들 간의 경쟁"은 분명히 똑똑한 행동이 투기를 피하고 폭넓게 분산투자를 하는(diversify broadly) 경우에는 가격을 올바르고 '효율적인(efficient)' 수준으로 조정하는 힘이 존재할 수 없다고 주장하고 있다.[45]

파마(Pama) 이전에도 오랫동안 찰스 코넌트(Charles Conant) 외에 많은 사람들이 금융가격(financial price)의 완벽성과 관련하여 비슷한 견해를 표명했다. 가격변화 예측의 어려움은 종종 가격이 완벽하다는 데 대한 증거로 해석되곤 했다. 게다가 통계조사[46]는 이미 파머 이전에 투기시장(speculative market)의 단기간의 가격변화는 예측하기 어렵다는 증거를 보여 주었다.[47] 그러나 파머는 이 이론을 폭넓고 새로운 과학적 패러다임의 위상으로까지 올려놓았다. 그에게는 거래 기회를 찾기 위해 주식시장데이터에서 패턴을 찾곤 하던 구식 애널리스트들이 점성술사에 다름 아니었다. 파머는 시장이 너무 완벽하기 때문에 시장 가격을 예측할 수 없고, 난보(random walk)[48] 외에는 어떤 패턴을 보여줄 수 없다고 믿었다.

파마(Pama)는 최근 시카고 대학교 주식가격연구센터(Center for Research in Security Price: CRSP)가 정리해 놓은 데이터를 이용했다. 1960년 메릴린치(Merrill Lynch)의 보조금 5만 달러로 설립된 CRSP는 원래 엄청난 양의 월별(나중에는 일별) 주가 정보, 그리고 수익의 정확한 재산을 가능케 해주는 자본 변화(capital changes)와 이익배당(dividends)에 관한 관련 정보를 축적하려는 목적을 갖고 있었다. 축적된 데이터는 유니박(UNIVAC) 컴퓨터로 분석할 수 있게 자기 테이프에 기록될 예정이었다. CRSP 이사들은 뉴욕 증권거래소의 협조를 구했지만 뉴욕 증권거래소(NYSE)는 이런 데이터를 정리한 적이 한 번도 없었고, 데이터를 신속하고 정확하게 준비해줄 수 있는 상황도 아니라는 사실이 곧 밝혀졌다. 그전까지는 미국이나 세계 어느 곳에서도 그런 데이터를 정리한 적이 없다는 것은 그들에게 예기치 못했던 장애였다. 그러나 마침내 원하던 정보가 준비되어 컴퓨터에서 테이프를 읽고 데이터를 처리하자 투기가 완벽한 시장가격에 기여한다는 아이디어는 훨씬 큰 힘을 얻게 되었다.[49]

그러나 하루하루의 주가 변동을 예측하기 어렵다는 발견은 사실 크게 놀랄 일이 아니다.[50] 어쨌든 CRSP 테이프의 일별 데이터 덕분에 방대한 연구가 이루어져 한 가지 단기거래를 통해서는 정말로 신속하게 정말로 많은 돈을 벌기가 쉽지 않다는 분명한 사실이 확인되었다.

주식시장 전체를 고려한다고 할 때, 미국의 주가 변화는 대개 변화의 원인으로 간주되는 실질 주식 가치의 실제 변화가 아니라 이와는 상관없는 어떤 분위기나 시각, 아니면 그 어떤 것으로부터 기인한다. 로버트 쉴러(Robert Schiller)는 「주가는 추후 배당 변화에 의해 정당화되기에는 너무 많이 움직이는가?」라는 글에서 1871년 이후 미국의 주식시장 데이터를 이용하여 주식시장 전체에 상응하는 경제 기초여건(fundamental, 펀더멘탈)은 해마다 그다지 많이 달라지지 않았다는 증거를 제시했다.[51] 사람들이 미래를 완벽히 알고 가격을 매길 수 있다면, 주식시장은 거의 안정된 상승 추세를 그리며 움직일 것이다. 따라서 추세 가운데 일어나는 모든 상승과 하락 움직임을 미래에 대한 '새로운 정보' 탓으로 돌리는 것은 말이 되지 않는다. 그보다는 주식시장에 과도한 변동성이 내재한다고 봐야 한다.

미국의 전체주식시장의 과도한 변동성(excess volatility)이 존재한다는 것은 얼마간 논란이 있지만 틀림없는 사실이다.[52] 그렇다고 중국이나 일본의 주식시장의 주가 변동이 비이성적(irrational)이라는 뜻은 아니다. 이 두 곳은 경제기초여건이 급속하게 변화하고 있기 때문이다. 또 모든 투기시장(speculative market)이 전체 주식시장처럼 광기에 지배당하고 있다는 뜻도 아니다. 게다가 우리는 개별회사 (individual firm)의 주가 변동은 훨씬 더 납득할 만하다는 사실을 알게 될 것이다. 효율적인 시장 논쟁이 우리에게 무엇인가 가르쳐주는 것이 있다면 그것은 우리가 전체 시장의 진정한 동인이 무엇인지 좀 더 주의 깊게 생각해보아야 한다는 것이다.

제3절 투기적 거품과 사회적 유행병[53]

1. 금융투기의 역사

경제사는 투기적 거품(speculative bubbles)과 그 붕괴, 이에 따른 경제 혼란의 이야기로 점철되어 있다. 이런 이야기는 우리 각자가 기억할 수 있는 것보다 훨씬 많다. 주식시장이 있기 전부터 투기적 자산 가격은 큰 변동을 보이곤 했다. 명확하지는 않지만 고대 로마로 거슬러 올라가 율리우스 카이사르(Julius Caesar) 시대와 하드리아누스(Hadrian) 시대에 이미 주택 붐이 있었다고 한다.

영국의 경제분석가인 에드워드 챈슬러(Edward Chancellor)는 근대초기의 금융 투기에 대해 쓰면서[54] 특히 1630년대 네델란드인들이 튤립거래를 예를 들고 있다. 늘어난 부에 취한 네델란드 사람들의 머리에는 검약 정신이 일찍이 사라져 소비지향적인 국민이 되었다. 풍요와 오만에 젖은 그들은 과시욕을 드러냈고 더 큰 부를 안겨다 줄 대상을 찾기 시작하였다. 그들이 찾은 대상이 튤립이었다. '바람거래'로 불린 튤립선물 거래도 나타났다.[55] 튤립 가격이 정점에 달했을 때 평범한 알뿌리 하나가 노동자 1년치 수입의 3~4배에 달했으니 말이다.

그리고 당시 유럽에서 1인당 소득이 제일 높았던 네델란드인들은 앞다투어 교외에 대저택을 짓는 등 대호황을 누렸고, 이에 따라 부동산가격도 급상승하였다.[56]

토지가격의 큰 등락은 주식시장의 탄생 전부터 사회적으로 큰 고통과 혼란을 낳았다. 1600년대 초 신문이 생겨난 뒤, 거품에 관한 이야기는 현대적 형태를 띠기 시작했고, 거품에 관한 보도의 강도와 빈도는 큰 폭으로 증가했다. 이런 거품에 관한 이야기가 계속해서 돌발적으로 튀어나오는 현상은 금융자본주의 체제에서 살아가는 생활의 일부가 된 것처럼 보인다.

2. 투기적 거품

투기적 거품(speculative bubbles)[57]이란 무엇인가? 로버트 쉴러(Robert Shiller)[58]에 따르면 투기적 거품은 가격 상승 소식이 투자 열정에 박차를 가하고, 이 소식이 심리적 전염 현상(psychological contagion)을 통해 사람에게서 사람에게로 퍼져나가며, 그러한 과정에서 가격 상승(price increase)을 정당화하는 이야기가 확장되고, 점점 더 많은 투자자 무리를 끌어들이는 상황이라고 정의한다. 이때 점점 더 커진 투자자 집단은, 투자 대상의 실질가치(real value)에 대한 의구심에도 불구하고, 한편으로는 다른 사람의 성공에 대한 질투심으로 그리고 다른 한편으로는 도박꾼의 흥분으로 투기에 끌려 들어간다고 한다.[59]

3. 사회적 유행병

투기적 거품은 사회적 현상(social phenomenon)이라는 점에서 단순한 정신질환(mental illness)과 다르고, 대개 정상적인 많은 사람들의 상호작용(interaction)에서 비롯된 결과라는 점에 초점이 맞추어져 있다. 긍정적인 거품(positive bubbles)은 사람들이 일부 투기시장에서 가격 상승을 관찰하고 그런 관찰이 피드백 고리

(feedback loop)[60]를 형성할 때 생겨난다. 가격상승으로 인해 뉴스 미디어에서나 사람들의 대화에서 가격상승을 정당화하는 이론, 이른바 새로운 시대 이론(new era theory), 미래의 상황이 과거보다 비약적으로 나아질 것이라는 설레는 이야기들이 부각된다. 그래서 더 많은 사람들이 매수를 결심하고, 그 결과 가격은 더욱 더 올라간다. 피드백 고리의 각 단계에서 가격이 충분히 올라가면 해당 자산의 기존 보유자들은 가격이 엄청나게 올라갔다고 판단하여 자산 매각에 나선다. 이러한 상호작용으로 한동안 공급과 수요의 균형이 맞추어진다. 피드백 고리의 각 단계에서 새로운 시대 이론의 전염 현상은 새로운 수요를 낳고, 이러한 수요는 가격 상승이 불러온 대중의 관심에 의해 한층 강화된다. 이렇게 피드백 고리가 반복되면서 가격 상승에 관한 이야기들은 더욱더 눈부시게 채색되고 가격 이탈은 더욱더 커진다.

한편, 부정적 거품(negative bubble)은 긍정적 거품과 똑같은 과정을 밟지만 다른 점이 있다면 가격하락이 매도를 부추기는 부정적인 이야기들, 즉 재앙에 관한 불안한 이야기들을 낳는다는 것이다. 피드백 고리로 인해, 가격하락은 재앙에 관한 이야기들을 부추기고 대중의 불안은 다시 추가적인 가격하락을 낳는 악순환이 반복된다. 피드백 고리의 각 단계에서는, 부정적인 이야기들이 커지는데도 가격이 많이 하락함에 따라 일부 투자자들이 다른 사람들이 매각한 자산을 매수한다.

거품은 시장에서 무슨 일이 일어나고 있는지 보고 이해하는 사람들에게는 이익취득 기회(profit opportunities)를 창출한다. 이런 사람들의 활동은 시장을 안정화시키는 역할을 한다고 볼 수도 있다. 그러나 이런 활동은 대개 제한적일 뿐이다. 긍정적인 거품이든 부정적인 거품이든 그것이 언제 끝날지 결코 알 수 없기 때문이다. 빈번한 단기 매매시장 반전은, 사실은 그렇지 않지만, 거품이 끝난다는 것을 표시하는 것처럼 보이므로 사람들을 혼란시킬 뿐이다. 거품에 베팅을 하는 것은 위험한 모험이다. 그리고 그 모든 것은 사실 미래에 대한 견해의 문제이고, 정말로 거품이 있는지는 증명할 방법이 없다는 점이 안타까울 따름이다. 거품은 결코 정량화할 수 없다. 이른바 주가수익비율(price-earnings ratio) 같은 수치의 변화는 거품의 증거가 결코 될 수 없다. 게다가 하나의 시장 혹은 한 나라에서 한 사람이 직업적 활동 기간에 거품 투기자로 인정을 받을 만큼 중요한 거품이 충분히 그리고 많이 일어나지도 않는다. 또 이렇게 거품이 충분히, 많이 일어나지 않기 때문에 관계된 기관이나 정부 조직이 평판을 쌓아 거품이 일어났을 때 초기에 진화에 나서서 더 이상 거품이 커지지 않도록 투자자나 납세자들을 설득하기

도 어렵다.[61]

사회학자들이 일전에 사회적 유행병(social epidemics)에 관해 말한 적이 있다. 물론 사회적 유행병은 대개 금융과 관련이 없고, 투기 거품과도 기술적으로는 관련이 없다. 그러나 투기 거품을 이해하고자 한다면 이런 사회적 유행병에 관한 현대 심리학(modern psychology)의 연구결과에 의존할 수밖에 없다. 여기서 우리는 금융법을 연구하려면 연관 학문의 도움을 받을 수밖에 없다는 사실을 확인할 수 있다.

거품을 이해하기 위해서는 또한 현대신경과학(modern neuroscience)의 연구의 도움을 받거나 그 성과에도 기대야 한다. 뇌를 구성하는 모든 요소의 조화는 불완전하다. 왜냐하면 인간의 뇌를 형성한 진화과정은 뇌를 완벽한 기계로 만들어놓지 않았기 때문이다. 우리는 진화과정에서 포유동물의 뇌가 파충류의 뇌에 얹힌 것이므로 우리의 뇌 안에는 어느 정도 중복(duplication)과 모순(contradiction)이 존재할 수밖에 없다는 사실을 인정해야만 한다.[62] 컴퓨터 프로그램의 버그(bug)와 유사한 '브레인 버그(brain bugs)'라는 것도 있다. 신경과학자 딘 부오노마노(Dean, Bounomano)는 저서 『브레인 버그(Brain Bugs)』에서 "쉽게 말해, 우리의 뇌는 일부 작업에는 잘 들어맞지만, 다른 작업에는 맞지 않는 것이다. 불행히도 뇌의 결점에는 어떤 작업이 자신에게 맞는지를 알지 못한다는 것도 포함된다. 따라서 대부분의 경우 우리는 행복하게도 우리의 삶이 브레인 버그에 의해 얼마나 지배당하고 있는지 모른 채 산다"고 설명하고 있다.[63]

미 주

제1장 금융자본주의와 금융제도

1 제1장 제1절 금융자본주의는 Robert J. Shiller, 『Fiance and The Good Society』, Princeton University Press, 2012, pp.2.를 참조하였다.

2 Shiller, ibid, p.1.

3 역사학자 페르낭 브로델(Fernand Braudel)의 설명이다.

4 Shiller, ibid, p.2.

5 Karl Marx, 『Capital: A Critic of Political Economy』, New York, Modern Library, 1906: Volume I, Chapter 13 and 26, pp.365, 785-86.

6 "Balancing Growth with Equity: The View form Development", Paper presented at the Jackson Holes Symposium, Federal Reserve Bank of Kansas City, August 1, http://www. kansascityfed.org/publicat/sympos./2011/2011.Dufos.Paper.pdf.

7 Shiller, ibid, p.5.

8 오늘 날 중소기업을 위한 정부 보조금이 이러한 문제를 해결해 주고 있다. 빈곤층을 위한 무상교육 프로그램을 통해 아이들의 재능을 발견하는 여러 가지 방법이 도입되고 있다. Heckman, James J. and Pedro Carneiro, 2003. "Human Capital Policy." in James Jay 참조.

9 어떤 사전에서는 피니스가 파이낸스(finance)로 발전한 이유를 금융에 주택처럼 매매실현, 대출상환과 같은 면이 있기 때문이라고 설명한다.

10 그것은 크든 작든 어떤 프로젝트, 기업, 시스템의 체계를 만드는 일이다.

11 그렇다고 하더라도 이들 금융기관에 내재하는 본질적인 논리와 힘은 금융기관의 역할의 중심에 있다. 금융기관이나 금융변수(financial variables)는 우리의 삶의 방향의 원천이고 원칙을 가리켜준다.

12 Shiller, ibid, p.6.

13 Shiller, ibid, p.7.

14 George W. Edwards, 『The Evolution of Finance Capitalism』, New York: Longmans, Green, 1938, 이때부터 금융자본주의는 부정적인 뜻을 내포하고 있었다. 대공황 당시 비판가들과 대다수 시민은 금융시스템을 비난했는데, 군주의 자리에 자본가들이 바꿔 앉은 신봉건제도와 다름없다고 본 것이다.

15 Nicholas Sarkozy, from his speech at the symposium "New World, New Capitalism", paris, January 8, 2009, http://www.gouvernement.fr/gouvernement/oveturedu-colloque-nouveau-monde-nouveau-capitalisme.

16 Tony Blair, from his speech at the symposium "New World, New Capitalism", paris, January 8, 2009, http://www.tonyblairoffice.org/speeches/entry/speech-by-tonyblair-at-the-new-world-new-capitalism-conference.

17 Gregory Yablinsky, 『Realpolitik: The Hidden Cause of the Great Recession(And How to Aver the Net One)』, trans. Antonina W. Bouis. New Heaven, CT: Yale University Press,

2011.

18 만모한 싱(Manmohan Singh)은 옥스퍼드 너필드 칼리지에서 경제학을 전공한 인재였다.

19 바우처(voucher)는 액면가액 1만 루블의 사유화 증서로 러시아 국적을 가지고 있는 사람은 누구에게나 1인 1장씩 배포되었다. 바우처 증서 그 자체만으로는 아무런 소유권이 없으나 러시아의 국영 기업이 사유화될 경우 기업들이 발행하는 주식을 1만 루블어치 살 수 있는 일종의 증서이다. 러시아 국민뿐만 아니라 외국인과 외국 기업들도 이 바우처 증서를 매입하고 소유할 수 있기 때문에 이를 통해 러시아 기업의 대주주가 될 수 있었다. 바우처는 일반적으로 정부가 특정 수혜자에게 교육, 주택, 의료 따위의 복지서비스 구매에 대해 직접적으로 비용을 보조해 주기 위하여 지불보증을 한 전표를 말한다.

20 http://www.imf.org/externa;/pibs/ft/weo/2011/01, Fgire 1.6 data, "Global Outlook"

21 식품시장은 비슷한 활동에 참여하고 있고, 비슷한 기술 장치에 의존하고 있으며, 이들의 파동이 경제에 미치는 영향력도 비슷하다고 볼 수 있다.

22 예를 들면, 앞으로 어떤 사람들은 자신의 삶을 24시간 비디오로 녹화해 영상자서전(running video reorders)을 만들 거라고 예측했다. 무척 흥미로운 아이디어지만 실현되기는 좀 시간이 필요한 것 같다. 반면, 아주 기본적인 발전에서는 재치와 상상력이 벗어났다. 예를 들어, 이베이(eBay)라든가 위키피디아, 페이스 북(FaceBook.com), 링크드인(LinkeIn.com), 집카(Zipcar.com), 카우치서핑(CouchoSurfing.org)등 우리 삶을 통째로 바꾸어버린 수많은 것들을 예측하지 못했다. 그렇다고 해서 이를 비웃는 것은 아니다.

23 빌 게이츠 뿐 아니라 우리 모두가 예측하지 못했다. 이러한 혁명이 일어나는 과정에 주목하고, 이것들이 왜 특정한 환경에서 더 많이 일어났는지를 알아보아야 한다. 이는 금융의 진정한 주제이다.

24 John E. Laird, 2009. "Toward Cognitive Robotics", Unpunished Pater, Department of Computer Science and Engineering, University of Michigan

25 http://www.research.ibm.com/deepqa/deepqa.html

26 Huntington Post Korea, http://www.huffingtonpost.kr/2017/01/10/story_n_14068188.html

27 Levy Frank and Richard J, Murnane. 『The Division of Labor: How Computers Are Creating the New Job market』, Princeton: Princeton University Press, 2005.

28 최근의 핀테크(FinTech)를 예로 들 수 있다. 이것은 금융과 IT의 융합을 통한 금융서비스 및 산업의 변화를 통칭한다(금융위원회, 『금융용어사전』).

29 매일 아침 10시, 뉴욕의 54개 은행의 대표자들이 아주 큰 회의실로 들어와 원형탁자에 둘러앉는다. 자리는 지정석이다. 각각의 은행대표자들이 자리에서 일어나 탁자 주의를 돌면서 다른 53명의 대표자들에게 문서를 나눠준다. 이 모든 과정은 6분 이상 걸리지 않는다. 계산이 안 맞는 것은 바로 금이나 은행권으로 교환되고, 은행 대 은행이 아니라 어음교환소로 간다.

30 William J. Gilpin, and Henry E. Wallace. 『Clearing House of New York City: New York Clearing House Association, 1854-1905』, New York: M. King, 1905.

31 구글의 엔그램(n-gram) 검색 툴로 찾아도 금융상품 혁신이란 용어는 1970년대와 1980년대까지 거의 사용되지 않았다는 것을 알 수 있다. 이 용어는 당시 등장한 금융 선물거래시장에 적용하기 위해 만들어졌다.

32 Hotel Security Checking Co v Lorraine Co, 160 F 467 (2d Cir 1908).

33 The Federal Reporter: With Key-Number Annotations...., Volume 160, p.467, http://books.google.com

34 Ibid, p.772.

35 Shiller, ibid, p.18.

36 U.S. National Income and Product Accounts, Table 1.14, "Gross Value Added of Domestic Corporate Business," http://www.bea.gov/national/nipaweb/SelectTable.asp? Selected=Y. This figure excluded many finance-related activities, which are not directly part of financial corporate business.

37 미국 노동청에 따르면, 2008년 미국 노동인구의 20.3%가 금융과 보험 분야(신용 중재, 투자 펀드, 보험회사, 중개인 등 다른 보험관련 직업, 보험과 종업원 후생 복지기금 분야)에 종사하고 있다.

38 http://biz.chosun.com/site/data/html_dir/2016/03/17/2016031703342.html

39 제2절 금융제도는 한국은행, 『한국의 금융제도』(Financial System in Korea), 2011, 39면 이하를 참조하였다.

40 '타인'은 법률관계보다 투자목적을 기준으로 하여 판단함이 바람직하다. 주식투자를 예를 들어 설명한다면 타인은 법률관계를 기준으로 해석한 경우 주식투자는 주주의 지위를 취득하는 것이므로 금융행위로 보기 어렵다. 그러나 법률관계보다 투자목적에 주목하여 기업지배가 아닌 시세차익이나 배당금의 수취를 목적으로 주식을 취득하는 것으로 본다면 주식투자행위는 타인에 대한 자금공급이므로 금융행위로 간주할 수 있다.

41 http://www.investopedia.com/terms/f/finance.asp

42 제도란 시스템(system), 기관(institution), 조직(organization), 장치(contrivance) 등과 같이 ① 단일요소가 아니라 투입·처리·산출 등 여러 개의 요소들로 구성되어 있으며, ② 요소 상호 간에 과학적이고 논리적인 상호 연관관계가 있고, ③ 외부 간섭 없이 스스로 움직여 나가는 유기체적인 성격을 가진다.

43 금융기관은 은행과 같이 자기명의로 자금(예: 예금)을 조달하여 자기판단 하에 투자대상을 결정(예: 대출)하기도 하지만 증권사처럼 금융거래에 수반되는 위험을 취하지 않은 채 자금공급자와 수요자를 단순히 연결하는 기능만을 수행하기도 한다. 자금공급자와 수요자가 직접 거래할 경우 높은 탐색 비용으로 거래 자체가 불가능할 수 있지만 금융기관은 거래비용을 절감시켜 소규모 금융거래도 가능하게 함으로써 금융거래를 활성화한다. 그리고 금융기관은 다수로부터 거액의 자금을 모아 다양한 자산에 운용함으로써 투자자로 하여금 간접적으로 분산투자하는 혜택을 누릴 수 있게 해준다.

44 정보의 비대칭은 경제학에서 시장에서의 각 거래 주체가 보유한 정보에 차이가 있을 때, 그 불균등한 정보구조를 말한다. 정보불균형은 의사결정에 이용할 수 있는 정보를 일부의 사람들만이 가지고 있어서 정보를 가진 자와 정보가 부족한 자 사이에 정보가 대칭적이지 못한 상황을 말한다. 예를 들면, 기업은 제품의 정확한 제조 원가를 정부나 소비자보다 더 잘 알 수 있어서 자기들에게 유리한 거래를 할 수 있다.

45 금융거래는 정보의 비대칭성 문제를 수반하기 때문에 이를 악용한 불공정·불건전 금융행위를 금지하고 금융기관의 과도한 위험추구행위를 제한하는 법률과 이러한 법률이 제대로 시행되는지를 감시하는 장치가 필요하다.

46 먼저 재화 및 서비스, 금융자산 거래를 위한 지급수단으로 현금·수표·신용카드·전자자금결제 등이 제공된다. 금융제도는 소규모 저축자금을 모아 대규모 투자자본 조달을 가능하게 하고 규모의 경제, 분업의 원리 등을 통해 거래비용을 절감할 수 있다. 개인들이 라이프사이클에 따라 소비를 배분할 수 있게 하고 생산성이 높은 산업에 투자자금을 공급한다.

47 본래 포트폴리오는 서류가방, 자료수집철, 자료 묶음 등을 뜻한다. 현대 포트폴리오 이론 (Modern portfolio theory, MPT)은 해리 마코위츠(Harry Max Markowitz, 미국의 경제학자)에 의해 체계화된 이론으로, 자산을 분산투자하여 포트폴리오를 만들게 되면 분산투자 전보다

위험을 감소시킬 수 있다는 이론이다.

48 금융거래에서 역선택(adverse selection)이나 도덕적 해이(moral hazard) 등 정보의 비대칭 (asymmetric information)으로 인한 문제가 제기되는데 이는 차입자의 미래상환 약속을 전제 하여 자금이 일방적으로 이전되는 금융거래의 특성에 기인한다. 금융거래가 성사되려면 차입 자가 상환의무를 성실히 지킬 것이라는 믿음이 전제되어야 하는데 차입자의 상환능력이나 의 지는 외부에 잘 드러나지 않는다. 금융거래시 역선택이란 관찰 불가능한 차입자의 상환능력이 나 상환의사로 인해 양질의 차입자를 선별하는 것이 쉽지 않음을 의미한다. 그리고 도덕적 해 이는 차입자가 실패 확률이 높지만 성공할 경우 수익이 높은 위험자산에 자금을 운용함으로 써 결과적으로 부채상환 가능성을 낮추는 행동을 말한다.

49 표기의 편의상 본장에서는 자본시장중심의 금융제도를 단순히 시장중심의 금융제도라고 약칭 한다.

50 예를 들어 대표적인 직접금융수단인 회사채의 경우 자금수요자인 기업이 자금공급자로부터 자금을 직접 조달하는 데 비해 간접금융수단인 은행대출에서는 은행이 예금 등을 통해 자금 공급자로부터 조달한 자금을 대출계약을 통해 기업에 공급한다. 그리하여 시장중심 금융제도 에서는 주식과 채권이 거래되는 자본시장이 중요한 역할을 하고 은행중심 금융제도에서는 은 행이 중추적인 기능을 한다.

51 F. Allen and D. Gale(1999), 'Diversity of Opinion and Financing of New Technologies', *Journal of Financial Intermediation*, pp.68-89.

52 금융발전과 금융제도의 유형이 경제발전에 미치는 영향에 관한 문헌 조사로는 Ross Levine, 'Finance and Growth: Theory and Evidence'(2004.9), NBER Working Paper No. 10766을 참조.

53 여기서 무임승차 문제(free rider problem)란 생산된 정보에 대한 배타적 사용이 불가능한 경 우 어느 누구도 정보 생산에 소요되는 비용을 지급하려 하지 않기 때문에 정보 생산 자체가 원활히 이루어지지 않는 것을 말한다. 공공재(public goods)를 소비하는 소비자가 자신의 비 용을 부담하지 않으면서 소비하려는 경향에 대한 문제이다. 공공재의 특성은 누구나 사용할 수 있고(비배제성), 각 사람의 소비가 다른 사람들에게 영향을 미치지 않는(비경합성) 성질이 있다. 즉, 사적 재화는 경합성과 배제성을 가지고 있지만, 공공재는 타인의 공동 소비를 배제 할 수 없다고 할 수 있다. 이 때문에 대가를 지불하지 않으면서 소비하는 것을 막을 수 없고, 소비자 입장에서는 자신이 부담해야 하는 비용을 줄이고자 하는 마음이 생기게 된다. 이런 문 제를 경제학에서 '무임승차문제'라고 한다.

54 이를 시장규율(market discipline)이라고 말한다.

55 금융제도의 경로의존성은 금융제도가 이러한 역사적 사건의 발생 순서에 따라 영향을 받는다 는 것을 의미한다.

56 김용재, 『은행법원론』, 박영사, 2010, 252면.

57 김용재, 앞의 책, 251면.

58 http://world.moleg.go.kr/World/NorthAmerica/US/priority/34727

59 https://www.sec.gov/about/laws.shtml#secact1933

60 쑹훙빙, 『화폐전쟁』, 렌덤하우스코리아(주), 2007, 203면.

61 그밖에 대출업무와 증권인수업무간 이익상충(은행이 대출연장 거부나 대출금리 인상을 위협 함으로써 대출고객에게 자신이 인수한 유가증권의 매입을 강요하는 경우), 금융기관의 이익과 외부투자자의 이익 간 상충(대출기업의 경영이 부실한 것을 알고 있음에도 불구하고 유가증 권을 발행 하도록 한 후 동 자금으로 은행대출을 갚도록 하는 경우로서 정보의 비대칭성을 악용하여 부도위험을 외부투자자에게 전가하는 행위), 고객이익 간 상충(증권인수업무 과정에

서 취득한 기업 관련 정보를 직간접적으로 경쟁기업 에 유출하는 행위) 등을 들 수 있다.

62 이에 대해 겸업주의 옹호론자들은 겸영 허용은 분산투자를 통해 투자위험을 줄일 수 있으며 국지적인 충격에 대해서도 지역 간 분산투자 등을 통해 대처 가능하므로 전업주의보다 금융 위기 가능성을 줄인다고 주장한다.

63 이들이 무엇인지에 대해서는 뒤에서 자세하게 다룬다.

64 금융의 글로벌화 또는 국제화를 일컫는다.

65 금융시장에서 증권을 이용하여 자금의 조달과 운용을 확대하는 것을 말한다.

66 윤석헌·정지만, "시스템 리스크와 거시건전성 정책 체계", 『금융연구』, 2010. 29면 이하.

67 금융대개혁을 지칭한다.

68 기업이 주식을 자국에서 발행할 때 외국의 투자자들도 쉽게 투자할 수 있도록 하기 위해 자 국에 존재하는 원주(Underlying Shares)를 기초로 하여 발행하는 일종의 주식 대체증서이다. 이렇게 발행된 DR의 보유자들은 원할 경우 원주로의 전환을 요청하여 직접 원주를 보유할 수 도 있으나, 이러한 경우는 국내 원주가격이 해외 DR가격보다 높게 형성되어 가격차이로 인한 재정거래(Arbitrage Transaction) 차익을 누리고자 하는 때를 제외하고는 매우 드물다고 한다.

69 결국 빅뱅은 1879년 국내외 자본이동규제를 철폐한 결과 증권거래가 미국 쪽으로 옮아간 것 을 영국으로 되돌리려는 실지회복 차원에서 단행되었다.

70 금융위기 이전의 미국의 감독체계는 복잡하였다. 즉, 은행지주회사는 연방준비은행이, 연방법 상의 은행은 통화감독청과 연방예금보험공사가, 주법 상의 은행은 각 주와 FDIC, FRB 등이 중복하여 감독하는 형태로 되어 있었다.

71 사모펀드와 헤지펀드의 근본적인 차이점은 무엇인가? 헤지펀드는 가격의 변동이 있는 모든 자산 주식, 채권, 외환, 원자재, 파생상품 등에 투자할 수는 있지만, 대부분 유동성이 높은 자 산에 대체적으로 분산투자하게 된다. 반면 사모펀드는 기본적으로는 기업의 인수 또는 성장자 본의 공급을 통해 기업가치를 상승시킨 후 주식시장에 상장 시키거나, M&A를 통하여 수익을 올리는 구조로 되어 있고, 이러한 구조를 이용하여 기업경영 참여 및 집중 투자를 지향한다.

72 규모, 연계성, 레버리지, 영업활동 등의 측면에서 해당 금융기관의 부실이나 기능 중단이 금 융시스템의 안정에 큰 영향을 미칠 수 있는 금융기관을 말한다.

73 미국 재무부는 2008년 대형 은행의 부도를 막기 위해, 부실자산구제프로그램(TARP)을 시행하 여 3,425억 달러 규모의 공적자금을 투입하였다.

74 이 법의 정확한 명칭은 『도드-프랭크 월가 개혁 및 금융소비자 보호법(Dodd-Frank Wall Street Reform and Consumer Protection Act, 이하 "Dodd-Frank Act")』이다. 서병호, "도드-프랭크 법의 주요내용 및 시사점", 『기업지배구조리뷰』 28: 김홍기, "미국 도드-프랭크 법의 주요내용 및 우리나라에서의 시사점", 한국금융법학회 2010년 하계(제19회) 학술자료.

75 민주당의 프랭크 하원의원이 2009년 12월 2일 『2009 월가개혁 및 소비자보호법(Wall Street Reform and Consumer Protection Act of 2009, 이하 '프랭크안')』을 입안하였고, 전직 FRB 총재로서 백악관 경제회복자문위원장을 맡은 폴 볼커(Paul Volcker)가 금융회사의 위험투자 행위에 대한 직접적 규제의 필요성을 역설하였으며, 2010년 3월 15일 민주당의 도드 상원의 원은 하원에서 통과된 프랭크안에 볼커룰 등을 추가한 『금융안정개선법(Restoring American Financial Stability Act of 2010, 이하 '도드안')』을 입안하였다. 입안된 법안들은 상·하원 합 동위원회(conference committee)에서 도드-프랭크안으로 통합되었고, 동 법안은 공화당의 협 조를 얻기 위해 볼커룰의 일부분과 링컨수정안(Lincoln Amendment, 은행의 장외파생상품 취 급 금지) 등이 완화된 상태로 2010년 6월 29일과 동년 7월 15일 각각 하원과 상원을 통과하 였다.

76 연방준비은행(FRB), 연방예금보험공사(Federal Deposit Insurance Corporation: FDIC), 통화

감독청(Office of the Comptroller of Currency: OCC) 등 14개 금융감독기관이 참여하는 기관이다.

77 미국의 『연방준비법(1933)』에 따라 설립된 독립적인 정부 기업체이다. 가맹은행들의 도산으로 인한 은행예치금의 손실액을 보상해주고 특정 금융관행을 규제하는 역할을 한다. 1933년 초 금융체계의 붕락사태(崩落事態) 이후 예금주들의 손실액을 보상해주려던 정부계획이 효과를 거두지 못하자 미국정부에 의해 설립되었다. FDIC의 수입은 가맹은행에게 부과한 납입금과 투자를 통해 얻어진다. 가맹은행들의 납입금은 각 은행들의 평균 예금수신고에 기초해서 결정된다.

78 법안의 제안자인 오바마 대통령 정부 경제회복자문위원장 폴 볼커(Paul Volcker)의 이름을 붙여 '볼커룰'이라고 하였다.

79 볼커룰은 은행법인의 자기계정거래 금지와 규제대상펀드를 명시함으로써 금융시장 전체의 안정을 추구하려는 의도가 반영되었다.

80 신보성 외 3명, "미국 금융개혁법의 주요 내용 및 정책적 시사점", 자본시장연구원, 2010, 12, 15면.

81 현물가격 변동에 따라 발생할 수 있는 손해를 최대한 줄이기 위해, 선물시장에서 현물과 반대되는 선물포지션을 설정하는 것을 말한다.

82 『Bank Holding Company Act of 1956』의 Sec.2(d) 및 2(k) 참조.

83 볼커룰의 규제대상 금융기관은 자기 계산으로 하여 자신의 트레이딩 계정으로 금융 상품을 매매할 수 없다. 여기서 트레이딩 계정(trading account)이란 단기차익 목적으로 금융상품을 취득하기 위한 계정 및 이를 헤징하기 위한 계정 등을 말하고, 보유기간이 60일 이하인 경우 트레이딩 계정으로 추정된다. 그러나 자기계정거래라고 하더라도, 인수업무(underwriting) 및 시장조성 관련 업무(market making-related activities), 보유자산 등과 관련한 특정 위험을 완화할 목적으로 이루어지는 헤징업무, 국채거래, 수탁자로서의 거래 또는 이와 유사한 위임에 의한 거래 등은 허용된다.

84 증권회사가 증권발행회사와 증권 인수의 조건 등을 정하여 발행할 증권을 인수하는 것을 말한다.

85 미국 『투자회사법(Investment Company Act)』 Section 3(c)(1) 또는 3(c)(7)의 규정에 따라 제외되지 아니하였다면, 투자회사법상 투자회사에 해당하는 발행인. 즉, 100인 이하의 투자자로 구성되거나 적격투자자로 구성된 사모펀드 또는 헤지펀드가 규제대상이다.

86 이것은 『도드-프랭크 법』 Section 619 및 Section 620으로서 금융지주회사법(Bank holding Company Act of 1956, 이하 "BHCA") Section 13을 개정한 것이다. 운용규모 1억 달러 이상의 헤지펀드와 1.5억 달러 이상의 사모펀드는 「증권거래위원회(Securities and Exchange Commission, 이하 'SEC')」에 투자자문사로 등록해야 하며, 운용자산규모, 레버리지, 거래 상대방 리스크, 자산 포트폴리오, 가치평가 방식 등을 주기적으로 SEC에 보고해야 한다.

87 Goldman Sachs와 Morgan Stanley 등 글로벌 금융위기 기간 중 은행지주회사로 전환한 투자은행들이 은행 부문을 처분하고자 하였는데, 부실자산구제프로그램(Troubled Asset Relief Program, TARP) 자금을 지원받은 은행지주회사는 은행자회사를 처분하더라도 FRB의 감독을 똑같이 받아야 한다는 '캘리포니아호텔 규정(Hotel California Provision)'을 신설함으로써 그러한 움직임을 차단하였다.

88 『도드-프랭크 법』 section 1011.

89 『도드-프랭크 법』 section 729.

90 『도드-프랭크 법』 section 941.

91 『도드-프랭크 법』 section 932.

92 규제의 지속적 유지를 위해서 헤징활동을 내부적으로 반드시 모니터링하고 관리할 것을 명시하고 있다.

93 유사은행업은 금융 중개 기능을 수행할 때 이용되는 MMF, RP, ABCP 등의 금융상품을 포함하기도 한다.

94 유가증권을 매수(또는 매도)하고 일정기간 후에 사전에 정해진 가격으로 다시 매도(또는 매수)하는 거래를 말한다.

95 대한민국은 2010년 11월 세계에서 가장 영향력 있는 G20 정상회의 개최국과 의장국을 겸함으로써 아시아의 변방에서 벗어나 세계의 중심국가로 도약하게 되었다. 대한민국은 회의 개최뿐만 아니라 의제설정, 토론, 결론 도출에 이르는 전 과정에서 주도적인 역할을 맡아 다양한 영향력을 행사할 수 있게 되었다. 세계경제질서의 남들이 짜놓은 국제질서 속에서 기존의 수동적인 역할에서 벗어나 주도적으로 새로운 판을 짜는 나라가 된 것이다.

96 거시건전성정책은 일반적으로 금융부문의 시스템리스크를 억제함으로써 금융위기 가능성을 최소화하는 것으로 정의된다.

97 거시건전성정책은 시스템리스크의 식별, 금융시스템에 대한 영향 평가, 대응 여부 결정 및 집행 등을 통해 수행된다. 시스템리스크는 횡단면 차원과 시계열 차원으로 구분된다. 횡단면 리스크는 구성의 오류, 군집행동 등에 의해 특정 시점의 충격이 금융시스템으로 전파되면서 발생하는 위험이며 시스템 상 중요금융기관을 효과적으로 관리하기 위한 자본·유동성 규제 등이 대응수단으로 검토되고 있다. 시계열 리스크는 거시경제 순환과정에서 실물·금융부문간 경기순응성에 의해 유발되며 경기대응 완충자본, 지급준비제도, 동태적 대손충당금 등의 정책수단이 논의되고 있다.

98 금융기관의 건전성 규제와 영업행위 규제를 별개의 기구에서 담당하는 방식이다. 대체로 종전의 통합금융감독 기구와 달리 은행업 감독기관과 증권업 감독기관으로 분리된다.

99 미국은 연준 내에 독립기구로 「금융소비자보호국(Consumer Financial Protection Bureau)」을 설치하였고 영국은 영란은행 산하의 건전성 규제기구와 별도로 금융소비자보호 등을 위한 「영업행위 규제기구(Financial Conduct Authority)」를 설립하여 2012년부터 시행하였다.

100 개항 이후 우리나라도 본격적인 근대화의 길을 걸으면서 서울에 은행 등 금융기관들이 생겨나고 동시에 해외에 교류할 수 있는 항구의 중요성이 커졌는데, 특히 서울과 가까운 개항장 인천은 당시 대한제국 제1의 항구라 해도 좋을 만큼 교류가 활발하고 비중이 컸다. 고종황제는 1899년 1월 30일 조선의 자주권 확립을 위해 광무개혁을 단행했다. 그 일환으로 금융주권 회복을 외치며 "화폐융통은 상무흥왕의 본"이라는 창립정신을 앞세워 나갔다. 이러한 운동의 일환으로 1899년 5월 10일 최초로 대한천일은행은 인천지점을 설립했다. 서울의 황성본점과 가까운 동시에 중요한 개항장이란 점이 높게 고려됐으며, 또한 광무개혁과도 연관이 깊었다.

101 그러나 곧 이어 6·25 전쟁이 발발하면서 은행법의 시행이 유보되고 금융제도의 정비가 지연되었다.

102 또한 경제개발에 필요한 민간자본 동원 체제를 확립하기 위하여 대구은행, 부산은행 등의 지방은행이 설립(1967년)되었다.

103 1998.4.1. 종합금융회사에 관한 법률의 시행으로 폐지되었다.

104 이와 함께 경제운용방식도 시장기능을 존중하는 방향으로 전환하려는 노력이 강화되었으며 그 일환으로 금융자유화 및 개방화 정책이 추진되었다.

105 그러한 정책의 일환으로 은행 내부경영의 자율성을 제약하는 각종 규정 및 통첩을 축소 정비하였다. 또한 1982~83년 중 2개 시중은행(신한은행 및 한미은행)과 12개 투자금융회사, 58개 상호신용금고 및 1개 투자신탁회사가 신설되었다. 금융기관의 신규 설립은 1988~89년 중 재개되어 여덟 번째 시중은행인 동화은행, 중소기업전문은행인 동남은행과 대동은행이 설립되었

고, 5개 지방 투자신탁회사, 11개 지방 리스회사 등 다수의 비은행금융기관도 추가 설립되었다.

106 갑이 A기업에 돈을 빌려주고 받은 100만 원짜리 채권을 가지고 있는데 어느 날 갑은 사흘 동안만 80만원을 빌려줘야 할 일이 생겼다(사흘 후에는 80만원을 돌려받을 수 있다.) 간단히 생각하면 갑은 A기업 채권을 팔아서 필요한 돈을 조달하면 된다. 그런데 갑이 A기업 채권을 계속 가지고 싶다면 어떻게 해야 할까? 방법은 A기업 채권을 사흘 후 다시 사는 조건으로 판매하는 것이다. 이렇게 일정 기간이 지난 후 다시 매입하는 조건으로 보유채권을 매도하거나, 반대로 일정기간 후 다시 매도하는 조건으로 채권을 매입하는 것을 환매조건부채권매매라고 한다.

107 외상 매출채권(賣出債權)의 매입업무를 뜻하는 것으로, 팩토링 회사가 고객의 매출채권을 구입함으로써 기업에 금융을 제공하는 방법을 말한다.

108 기업어음을 발행할 수 있는 기업은 상장법인 또는 정부투자기관이어야 하고, 한국기업평가, 한국신용평가 등 신용평가기관 중 2개 이상의 기관으로부터 B 등급 이상의 신용등급을 받아야 한다.

109 이와 함께 금리자유화의 기반 조성을 위하여 1980년대 초반 이후 정책금융과 일반금융의 금리격차 축소, 은행대출 금리의 차등금리제 도입, 일반 금융시장상품의 발행금리 자유화 등의 조치가 취해졌다.

110 외국은행의 지점 증설이 허용되고 외국생명보험회사의 지점설치, 합작 회사 또는 현지법인 설립 등이 이루어졌다. 아울러 외국인전용수익증권, 외국투자 전용회사 등을 통한 외국인의 국내증권 간접투자도 허용되었다.

111 이에 따라 정부는 금융자율화 및 개방화를 좀 더 빠른 속도로 추진하게 되었다.

112 이러한 추진으로 8개 투자 금융회사가 합병 또는 단독으로 2개 시중은행(하나은행, 보람은행) 및 5개 증권회사로 전환되었다. 또한 1992년 11월에 근로자에 대한 금융지원을 위주로 하는 평화은행이 설립되었고 특수은행인 국민은행과 한국주택은행이 1995년 1월과 1997년 8월에 각각 일반은행으로 전환하였다.

113 이러한 개정을 통해 종합금융회사의 업무범위에 어음중개업무, 유가증권의 매매·위탁매매·매매의 중개 또는 대리업무 등을 추가하였고 1996년 7월에는 15개 투자금융회사를 종합금융회사로 전환시켰다.

114 이러한 개정을 통해 증권회사와 투자신탁회사에 대하여 자회사방식을 통한 상호 진출을 허용하였고 투자신탁업이 장기적으로 종합자산운용업으로 발전할 수 있도록 자산운용업무와 판매업무를 분리하였다. 즉, 신설회사는 자산운용만을 전담하는 투자신탁운용회사를 설립하고 수익증권 판매는 증권회사에 위탁하도록 하였다. 다만 기존 투자신탁회사에 대해서는 운용과 판매업무의 분리 여부를 자율적으로 선택하도록 하되 분리 시에는 본체는 증권회사로 전환하고 투자신탁운용회사를 자회사로 설립하도록 하였다.

115 상업어음이나 무영어음과는 달리 금액과 기간이 일정하고 이자선지급이 특징이다.

116 2004년 12월 요구불예금에 대한 금리규제를 폐지함으로써 1991년부터 추진된 4단계 금리자유화계획이 완결되었다.

117 이에 따라 1998년 이후 추진된 금융개혁에서는 금융기관의 경영 건전성을 조기에 회복하는 동시에 금융자유화·개방화의 긍정적 효과가 나타날 수 있도록 금융하부구조를 개선하는 데 초점이 두어졌다.

118 금융기관의 생존 가능성을 판단하여 퇴출 또는 인수·합병 등의 방법으로 금융기관을 정리하였다. 그 결과 1997년 말 33개에 달했던 은행이 2005년 말에는 19개로 줄었다. 또한 한때 30개에 달했던 종합금융회사도 거의 대부분 경영부실로 퇴출되어 2005년 말에는 2개사로 줄어들었으며 상호저축 은행 등 서민금융기관도 다수가 경영부실로 퇴출되었다.

119 금융기관 업무영역 확대, 금리자유화 등 규제완화를 추진하였다. 금융기관 경쟁력 강화와 다양한 금융서비스 제공을 위한 것이다.

120 이 법이 시행됨으로써 간접투자증권 판매가 활성화되고 간접투자기구의 자산운용이 확대되었다.

121 1998년 4월 적기 시정조치 제도를 은행, 종합금융회사 및 증권회사를 대상으로 도입한 후 그 대상을 보험사(1998년 6월), 상호저축은행(1999년 12월), 신용협동조합(2003년 12월) 등으로 점차 확대하였다. 1998년 7월에는 금융기관의 자산건전성 분류기준을 강화하여 종전에는 6개월 이상 연체 시 요주의 자산으로 분류하던 것을 3개월 이상 연체 시 요주의 자산으로 분류하도록 하였다.

122 2000년 1월 은행·증권·보험, 2004년 1월 자산운용사의 회계정보 및 경영관련 보고서 공시주기를 반기에서 분기로 단축하였다.

123 1999년 대주주의 부당한 영향력 행사를 금지하기 위해 대주주와의 거래 및 신용공여에 대한 규제를 강화하고 금융기관의 주요 출자자 요건 및 최저자본금 등을 명시하였다. 2000년 1월 외부감사제도의 충실화를 위해 은행, 종합금융회사 및 일정 규모 이상의 증권회사, 보험사, 자산운용사 등에 대해 사외이사 중심의 이사회 제도를 도입하고 감사위원회의 설치를 의무화하였다.

124 2005년 1월에는 증권거래소, 코스닥, 선물거래소 등을 통합하여 한국증권선물거래소가 새로이 출범하였고 2009년 2월에는 명칭을 한국거래소로 변경하였다.

125 코스닥위원회가 운영하는 시장으로서 미국의 나스닥(NASDAQ:National Association of Securities Dealers Automated Quotation)과 유사한 기능을 하는 중소, 벤처기업을 위한 증권시장이다. 거래소의 KOSPI200 구성종목과 KOSDAQ50 구성종목 총 250종목을 거래대상으로 하고 있다.

126 출범 후 거래가 계속 부진하여 2005년 5월 폐쇄되었다.

127 『자본시장법』을 제정한 배경은, 자본시장과 금융투자업에 대한 규제를 재편하여 금융혁신과 경쟁을 촉진하고, 대형 투자은행 육성과 자본시장 활성화 등 직접금융시장을 확충함으로써 기존 은행 중심의 간접금융체계와 조화를 도모하기 위한 기반을 조성하는 것이었다. 금융투자업을 투자매매업·투자중개업·집합투자업·신탁업·투자일임업·투자자문업 등 6개로 구분하고 금융투자업을 영위하려는 자로 하여금 원하는 업무를 복수 또는 단수로 선택적으로 인가를 받거나 등록을 한 후 영업을 할 수 있도록 하였다. 이와 관련하여 이해상충 발생 가능성이 높다고 인정되는 금융투자업 간에는 매매에 관한 정보제공 금지, 임직원의 겸직제한, 사무 공간 등의 공동이용 제한 등을 의무화하였다.

128 금융투자상품을 증권, 장내파생금융상품, 장외파생금융상품으로 구분하고 증권은 다시 채무증권, 지분증권, 수익증권, 증권예탁증권, 투자계약증권, 파생결합증권 등으로 구분하였다. 이러한 자본시장 확대 및 제도 정비 등에 따라 2000년대 중반 이후 증권 관련기관의 신설이 크게 늘어났다. 2005~2010년 중 39개의 집합투자업자와, 11개의 금융투자매매업자(증권회사)가 신설되었고 특히 외환위기 당시 31개이던 집합투자업자는 2010년 말 기준으로 80개로 2.6배나 증가하였다.

129 이러한 결과 한국산업은행은 원칙적으로 『은행법』의 적용을 받고 업무범위도 일반은행의 업무범위 수준으로 확대하는 등 상업은행들과 경쟁할 수 있는 기반을 마련하였다. 2011년 9월말 기준 9개의 은행지주회사와 3개의 비은행 지주회사로 총 12개의 금융지주회사가 설립되어 있다.

130 이에 대응하여 정부는 미등록 사채업자 및 대부업자의 고율이자 및 불법영업으로부터 저신용 서민계층을 보호하고자 관련 제도를 정비하였다.

131 제4절 현행 한국의 금융제도는 한국은행, 『한국의 금융제도』(Financial System in Korea), 2011, 27면 이하를 참조하였다.

132 예금과 대출을 통해 자금이 중개되는 것으로 예대시장이 대표적이다.

133 이 밖에 증권의 법률적 특징에 따라 채무증서시장과 주식시장으로, 금융상품의 거래 단계에 따라 발행시장과 유통시장으로, 거래 장소에 따라 장내시장과 장외시장으로 구분할 수 있다.

134 흔히 단기금융시장이라고도 한다.

135 이준행, "직간접 금융시장 균형발전 방안", 2014.1.27.

136 http://biz.khan.co.kr/khan_art_view.html?artid=201408200748031&code=920100#csidx2e651d9af3a7e7297b9a3f1709aed76

137 이러한 구분은 업종별 분류에 따른 것이라기보다는 금융기관의 제도적 실체에 중점을 둔 것이다. 즉 은행업, 금융투자업, 보험업 등 금융 업무를 구분하고 각 업무별로 해당 업무를 영위하는 기관을 분류한 것이 아니라 각 금융기관의 근거법률을 중심으로 주된 업무의 성격이 유사한 금융기관을 그룹별로 구분한 것이다. 이러한 금융기관 분류는 제도적 실체와 관련 없이 통화성 부채의 보유 여부가 중요한 분류 기준인 국제통화기금(IMF)의 분류체계와도 다소 차이가 있다.

138 자금조달과 운용의 특성을 고려하는 금융업종 분류에서는 한국산업은행과 한국수출입은행을 상업은행(commercial bank)과 구분하여 개발기관으로 분류하지만 여기는 제도적 기준에 맞추어 특수은행에 분류하였다.

139 은행의 경우 국공채 인수·매출 등 일부 증권 업무를 수행할 수 있으나 동 업무를 은행의 주된 업무로 간주하기는 곤란하기 때문에 증권 관련기관에 포함하지 않았다.

140 http://www.fss.or.kr/fss/kr/main.html

141 http://www.kdic.or.kr/index.jsp

142 http://www.kftc.or.kr/kftc/main/EgovkftcHubMain.do

143 http://www.ksd.or.kr/index.home

144 http://www.krx.co.kr/main/main.jsp

145 제5절은 EBS, 『자본주의(EBS 다큐프라임)』, 가나출판사, 2013, 13-94쪽을 참조하였다. 동영상은 https://www.youtube.com/watch?v=0LYMTsj_eqc에서 볼 수 있다.

146 지금으로부터 50년 전 자장면 한 그릇의 가격은 15원이었다. 그런데 요즘에는 보통 4천~5천 원은 내야 한 그릇을 먹을 수 있다. 50년 동안 무려 300배 이상 올랐다는 이야기다. 그러는 동안 자장면의 가격은 단 한 번도 내려간 적이 없다.

147 EBS, 앞의 책, 19면.

148 EBS, 앞의 책, 21면.

149 예를 들면 2000년에 3천 원으로 고등어 한 마리를 살 수 있었다면, 2010년에는 3천 원으로 달랑 고등어 꼬리밖에 사지 못하는 것이다. 이는 곧 돈의 가치가 떨어졌다는 것을 뜻한다.

150 금값을 보면 물가 상승을 좀 더 확실하게 알 수 있다. 1970년 1천 달러를 가지고 있으면 금 28온스를 살 수 있었다. 하지만 2012년 2월 기준 금 시세는 1온스 당 1천 738달러. 1천 달러를 가지고 있어봐야 1온스도 되지 않는 0.58온스의 금을 살 수 있을 뿐이다. 가격이 무려 48배 이상 올랐다는 이야기다. 하지만 이는 곧 돈의 가치가 48배나 떨어졌다는 말과 동일하다. 이 모든 것이 다 통화량의 증대가 만들어낸 현실인 것이다.

151 돈이 많아지지 않으면 정상적인 '수요와 공급의 법칙'이 작동할 것이고, 그러면 물가는 오를 때도 있지만 내릴 때도 있을 것이 아닌가.

152 그것은 마치 '직장인이 월급을 받지 않으면 생계에 위협을 받는다'와 같은 너무도 당연한 말이다. 따라서 '물가를 조절하기 위해서 돈의 양을 줄이라'는 말은 곧 직장인들에게 '월급을 주지 않을 테니 우리 회사를 위해 열심히 일하라'는 말과 비슷하다. 안타깝지만 자본주의 사회에서 물가가 내려갈 것이라고 기대하는 것은 '순진한 생각'에 불과한 것이다.

153 우리는 신문에서 가끔 이런 글을 볼 수 있다. '정부는 올해 소비자물가 상승률이 1.7%에 머물며 안정세를 보일 것으로 전망했다.' 이런 이야기를 들으면 대부분의 사람들은 '물가가 안정되고 있나보다'라고 생각하겠지만 여전히 1.7% 정도의 물가가 올랐다는 사실에는 변함이 없다. 즉, 소비자물가가 안 올랐다는 이야기가 아니라 '1.7%만 올랐다'는 말에 불과하다. 물가 상승의 속도가 아주 빠르지 않고 다만 안정적으로 오르고 있는 것일 뿐이다. 결국 물가는 계속해서 오른다는 사실에는 변함이 없다.

154 EBS, 앞의 책, 25면.

155 니얼 퍼거슨(Niall Campbell Douglas Ferguson). 미국 하버드대 역사학과 교수, 저서:『현금의 지배, 금융의 지배(The Ascent of Money: a financial history of the world)』, Penguin Books, 2012.

156 엘렌 브라운(Ellen Brown). 미국 공공은행연구소 대표, 변호사, 저서:『달러: 화폐제도의 놀라운 진실(Web of Debt: The Shocking Truth About Our Money System And How We Can Break free)』, American Money Institute, 2007.

157 정창영,『경제학원론』제2판, 법문사, 2003년, 477면.

158 정창영, 앞의 책, 478면.

159 통화량은 본원통화와 신용통화를 합친 것이다.

160 제프리 미론(Jeffrey Miron). 미국 하버드대 경제학과 교수, 저서:『자유주의의 모든 것(The Economics of Seasonal Cycles)』, Cambridge University Press, 1994.

161 말하자면, 우리가 '1천 달러를 계좌에 넣는다면 100달러는 은행에 보관되고 900달러는 주택 대출, 자동차 대출, 기업 대출 등으로 대출되어 나간다'는 것이다.

162 반대로 내가 대출을 받는다고 해도 마찬가지다. 은행은 결코 다른 사람들에게 받은 돈의 일부를 나에게 빌려주는 것이 아니라, 그들이 예금한 돈의 90%의 금액을 컴퓨터상에서 내 통장에 찍히게 함으로써 돈을 '창조'한다는 이야기다. 결국 은행이 하는 일은 돈을 보관하고 그것을 그대로 대출해서 어느 정도의 수익을 챙기는 일이 아니다.

163 사실 따지고 보면 새로운 돈이 생기는 과정은 무척 간단한 작업인 셈이다. 은행은 들어온 돈의 지급준비율만큼의 금액만 남겨두고 그저 대출자의 예금담보 계좌에 손으로 숫자를 '타이핑'만 하면 된다.

164 제프리 임햄(Jeffrey Ingham). 영국 케임브리지대 사회학과 교수, 저서:『돈의 본성(The Nature of Money)』, Polity, 2013.

165 정창영,『경제학원론』, 법문사, 1997, 338면.

166 은행이 있기 때문에 돈의 양이 늘어나고, 따라서 물가가 오른다. 우리는 흔히 물가가 오르는 것이 경제 활동이 어려워졌기 때문이라고 말한다. 또 실제 많은 기업들이 물가를 올리면서 '원자재 가격이 올라 어쩔 수 없이 물가를 올릴 수밖에 없다'고 말하기도 한다. 하지만 그것은 지극히 표면적인 설명일 뿐이다. 원자재 가격이 오르는 것 역시 돈의 양이 늘어났기 때문이다. 물가가 오르는 근본적인 원인은 소비가 늘어나기 때문도 아니고, 기업들이 더 많은 이익을 취하기 때문도 아니다. 그것은 바로 은행 때문이며, 은행을 중심으로 움직이는 자본주의 시스템 때문이다.

167 EBS, 앞의 책, 33면.

168 금보다 훨씬 가벼워서 휴대하기 편했을 뿐만 아니라 금세공업자에게 가져다주면 언제든 다시 금화로 바꿀 수 있었기 때문이다.

169 말하자면 대출이 잘 회수되기만 하면 금을 맡겼던 사람들도 눈치 채지 못할 뿐만 아니라 자신은 거의 공짜로 돈을 벌 수 있을 것만 같았기 때문이다. 그렇게 해서 금세공업자는 금화를

대출하고 남몰래 이자를 받으면서 많은 이익을 남길 수 있었다.

170 사람들은 이 제안에 솔깃해졌다. 가만히 앉아서도 돈을 벌 수 있으니 이보다 좋은 거래는 없는 것처럼 여겨졌기 때문이다. 하지만 그렇게 해도 금세공업자는 별로 걱정이 없었다. 어차피 자신은 남의 돈으로 이자를 받으며 돈을 벌 수 있었기 때문이다. 그러자 금세공업자는 더 욕심이 나기 시작했다.

171 (1848)2 HLC 28, 9E.R.1002[1843-60], All ER Rep 16.

172 쑹훙빙, 『화폐전쟁』, 랜덤하우스코리아(주), 2007, 356면.

173 예를 들어보자. 여기 A라는 은행에 1천만 원이 입금되어 있다. 그리고 돈의 주인은 모두 10명, 각자가 100만 원씩 은행에 보관해 둔 것이다. 은행은 지급준비율에 따라 1천만 원 중 100만 원만 남겨두고 900만 원은 다시 대출을 한 상태다. 이것은 100만 원을 입금한 사람이 한번에 100만 원을 모두 꺼내가지는 않으며 10만 원 정도의 범위 안에서 돈을 찾아 쓰더라는 경험에 의한 것이다. 그리고 예금한 10명이 모두 한꺼번에 몰려와서 100만 원씩 모두 1천만 원을 꺼내가지는 않을 것이라는 전제에 따른 것이다. 그런데 어느 날 10명의 사람들이 모두 은행에 맡긴 예금을 찾으러 온다고 해보자. 100만 원의 현금만 가지고 있는 은행은 나머지 9명에게 줄 돈이 없고, 결국 파산하게 된다.

174 존 스틸 고든(John Steele Gorden), 저서: 『위대한 게임(The Great Game)』, Schribner, 1999; 『해밀턴의 은총(Hamilton's Blessing: The Extraordinary Life and Times of our National Debt)』, Penguin Books, 1998.

175 EBS, 앞의 책, 44면.

176 그럼 지급준비율을 3.5%라고 가정하고 돈이 얼마나 불어나는지 한번 상상해 보자. 한국은행이 애플은행에 5천억 원을 대출해 줬다고 해보자. 애플은행은 이 5천억 원을 대기업 사장 남자1호에게 대출해 준다. 남자1호는 그 돈을 A에게 재료값으로 준다. A는 그 중 5% 정도인 250억 원을 회사 금고에 현찰로 넣어두고 쓰기로 하고, 나머지 4천 750억 원을 오렌지은행에 입금한다고 가정해 보겠다. A의 오렌지은행 계좌에 입금된 돈 중에서 3.5%인 166억 3천만 원을 지급 준비금으로 떼어놓고 오렌지은행은 나머지 금액 4천 583억 8천만 원을 남자 2호에게 대출해 준다. 남자 2호는 역시 B에게 대금을 지불하고 B는 다시 5% 정도인 229억 2천만 원만 금고에 남겨두고 나머지 4천 354억 6천만 원을 바나나은행에 예치한다. 이런 식으로 대출할 수 있을 때까지 대출한다면 5천억 원은 6조 60억 원이 된다.

177 시드니 호머(Sidney Homer), 리처드 실라(Richard Sylla) 공저: 『금리의 역사(A History of Interest)』, Rutgers University Press, 1996.

178 아주 간단하게 중앙은행은 경제에 돈이 더 필요하면 돈을 공급할 수 있고, 인플레이션 때문에 통화량을 줄이고 싶으면 중앙은행은 돈을 가져가는 방법으로 관리한다는 것이다.

179 EBS, 앞의 책, 49면.

180 여기에 외부와 전혀 소통을 하지 않는 단일한 통화체제를 가지고 있는 한 섬이 있다고 가정해 보자. 중앙은행 A는 딱 1만 원을 발행했고, 시민 B는 그 돈을 빌린 후 1년 후에 이자까지 합쳐서 1만 500원의 돈을 갚아야 한다고 해보자. 시민 B는 또 다른 시민 C에게 배를 구입한 뒤 그 배로 열심히 물고기를 잡아서 돈을 벌었다고 해보자. 그렇다면 과연 시민 B는 1년 뒤에 1만 500원을 중앙은행에 갚을 수 있을까? 정답은 '절대로 갚을 수 없다'이다. 왜냐하면 섬에 있는 돈은 딱 1만 원일 뿐, 이자로 내야 하는 돈 500원은 그 어느 곳에도 존재하지 않기 때문이다. 자본주의 체제의 금융 시스템에는 애초에 이자라는 것이 없다는 얘기다. 그렇다면 어떻게 해야 할까. 이자를 갚을 수 있는 방법은 딱 하나밖에 없다. 바로 중앙은행이 또 다시 500원을 찍어내고 그 돈을 다시 시민 D가 대출하는 것이다. 이렇게 하면 섬에 있는 돈은 모두 1만 500원이 되고 시민 B가 아주 열심히 일을 해서 섬에 있는 돈을 모두 벌게 되면 그제

야 중앙은행에 1만 500원을 갚을 수 있게 된다. 하지만 문제는 여기서 끝나지 않는다. 시민 D는 또다시 중앙은행에 500원에 대한 이자를 지불해야 한다. 하지만 마찬가지로 섬에는 1만 500원 이상의 돈은 없다. 역시 이때에도 방법은 단 한 가지이다. 중앙은행은 또다시 돈을 찍어내야 하고, 누군가는 그것을 빌려가야 한다는 이야기다.

181 1930년대 세계대공황의 원인과 해법을 제시한 경제학의 근본을 바꾼 현대경제학의 창시자. 1936년 출간된 케인즈의 저서 『고용, 이자, 화폐에 대한 일반이론(The General Theory of Employment, Interest and Money)』은 이제까지의 고전학파 경제학에서 새로운 케인즈 경제학의 탄생 시켰다. 세계공황의 원인을 수요부족에서 발생하였으며 이를 해소하기 위해서는 정부주도의 총수요를 확대해야 한다고 주장하였다. 제1차와 2차 세계대전이 끝난 후 국제금융질서의 구축에 영국대표로 활동하였다.

182 John Maynard Keynes, 『The Economic Consequences of the Peace』, Harcourt, Brace and Howe, 1919, p.234.

183 앨런 그린스펀(Alan Greenspan, KBE, 1926년 3월 6일~)은 미국의 경제학자이자 경제 관료이다. 1987년부터 2006년까지 미국 연방준비제도 이사회 의장을 역임하였다.

184 아인랜드(Ayn Rand), 앨런 그린스팬(Alan Greenspan), 『Capitalism: The Unknown Ideal』, Signet, 1986, p.35.

185 머레이 로스바드(Murray N. Rothbard), 『The Case Against the Fed』, Lidwig von Mises Institute4, 1994, pp.39-40.

186 한 해에 최고 2억 3천100만%라는 상상을 초월하는 물가상승률을 기록한 것이다. 40여 년을 통치한 무가베 대통령의 무지한 정책이 그 원인이었다. 극심한 실업률을 극복하고 외채를 상환하기 위해서 너무나 많은 화폐를 찍어낸 나머지 이러한 하이퍼인플레이션 상태가 온 것이다. 0이 모두 14개가 붙은 100조 짐바브웨 달러 지폐는 당시의 인플레이션이 얼마나 기록적이었는지 잘 보여준다. 심지어 밥을 먹을 당시와 밥을 먹은 후의 밥값이 달라질 정도였다고 한다.

187 1차 세계대전이 끝난 후 연합국과 패전국인 독일 사이에 '베르사유 조약'이 맺어진다. 이때 연합국은 독일에게 엄청난 금액의 배상금을 요구한다. 다음은 그 조약의 내용 중 일부이다. "독일은 배상금으로 매년 20억 마르크씩 합계 1천320억 마르크를 연합국 측에 배상하고, 독일의 연간 수출액 중 26%를 지불한다. 독일이 약정 기한 안에 이를 지불하지 못하면 연합국 측은 제재조치로 독일의 대표적 공업지대인 루르 지방을 군사적으로 점령할 수 있다." 하지만 전쟁에 많은 돈을 쏟아 붓고도 결국 질 수밖에 없었던 패전국 독일에 이 정도의 엄청난 돈이 있을 리가 없었다. 결국 독일은 할 수 없이 중앙은행을 통해 발행하는 화폐의 양을 크게 늘렸고 국채를 발행해 외국에 헐값에 팔기 시작했다. 그 결과 정말로 상상할 수 없는 일이 발생했다. 1923년 7월 독일 내 물가는 1년 전에 비해 7천 500배를 넘어섰고 2개월 뒤에는 24만 배, 3개월 후에는 75억 배로 뛰었다. 우리나라로 치면 5천 원 하던 김치찌개의 가격이 3조 7천5백억이 되었다는 이야기다. 환율로는 1달러당 4조 2천억 마르크가 되기도 했다. 독일인들은 4조 2천억 마르크를 들고 갔을 때 겨우 1달러를 손에 쥘 수 있었다. 그들은 급여를 받는 즉시 물건을 사두어야 했고, 저축은 엄두도 낼 수 없었을 것이다.

188 EBS, 앞의 책, 57면.

189 예를 들면 매달 일정한 고정소득을 얻는 월급생활자나 채권자는 유리하게 되지만 소득이 가변적인 자영업자나 채무자는 불리해지게 된다. 그러나 디플레이션은 일반적으로 경제전체의 생산 및 부의 감소, 실업증가 등을 동반하므로 고정소득자나 채권자 등이 일시적으로 상대적인 이익을 보더라도 궁극적으로는 경기침체의 고통을 피할 수 없다.

190 1942년 『자본주의, 사회주의, 민주주의』를 출간하였다.

191 은행은 대출을 통해 돈의 양을 늘리는 과정에서 처음에는 신용이 좋은 사람에게 우선적으로

대출을 해주지만, 점점 대출받을 사람이 줄어들면 나중에는 돈을 갚을 능력이 없는 사람들에게도 돈을 빌려주게 된다. 그렇게 시중의 통화량은 끊임없이 늘어나고 사람들이 쓸 수 있는 돈이 많아진다. 또 사람들은 그러한 상황이 계속될 것이라고 믿는다. 그래서 사람들은 생산적인 활동에 돈을 쓰기보다는 점점 소비에 많이 쓰기 시작한다. 돈이 많으니 비싼 옷을 사고, 좋은 집을 사고, 차를 바꾼다. 결국엔 더 이상 돈을 갚을 능력이 없는 상태에까지 이르게 된다.

192 "유럽에는 은퇴연금과 의료비용을 관대하게 지급하겠다고 약속하는 프로그램이 있다. 경제성장률이 매우 좋다고 해도 계산을 해보면 그 약속은 지켜질 수 없는 것은 경제가 매년 3%씩 계속 성장한다는 매우 낙관적인 가정을 해도 지출은 계속 늘어나서 지불할 수 있는 능력을 훨씬 넘어선다는 것이다. 그리스의 결정적인 문제는 매우 낮은 이율로 자금을 빌릴 수 있었고 그렇기 때문에 그 빌린 자금을 생산적인 투자가 아닌 곳에 썼다는 것이다. 이것은 학교나 기관의 연구 개발 등 경제가 빠르게 성장할 수 있는 곳에 쓰지 않고 소비에 사용했다는 의미로서 미래의 수익을 전혀 만들어내지 못하는 곳에 썼고, 그렇게 계속 너무 많이 빌려서 영원히 갚을 수 없는 지점에 이르게 된 것이다."라고 설명할 수 있다.

193 말하자면 이제껏 누렸던 호황이라는 것이 진정한 돈이 아닌 빚으로 쌓아올린 것이기 때문이다. 돈이 계속해서 늘어나기는 하지만, 그것은 일해서 만들어낸 돈이 아니다. 돈이 돈을 낳고, 그 돈이 또다시 돈을 낳으면서 자본주의 경제는 인플레이션으로의 정해진 길을 걷고, 그것이 최고점에 이르렀을 때 다시 디플레이션이라는 절망을 만나게 된다.

194 저서: 『Economic Balance and a Balanced Budget』, Harper & brothers, 1940.

195 EBS, 앞의 책, 71면.

196 특히 저신용자들에 대한 대출은 이자가 높기 때문에 은행 입장에서는 원금도 재빨리 회수하고 높은 이자도 받을 수 있는 일거양득의 효과를 누릴 수 있었다.

197 EBS, 앞의 책, 77면.

198 쑹훙빈(Song Hongbin), 『Currency Wars』, CITIC press, 2007.

199 여기에서 국제통화기금(Intranational Monetary Fund)과 세계은행(World Bank)이 창설되었다.

200 금본위제(金本位制)란 금 자체가 화폐가 되어 중앙은행이 금화를 제조하여 시장에 유통하는 것을 말한다. 영국 중앙은행은 고객들이 금을 가지고 오면 그 가치만큼의 파운드화로 바꾸어주었다. 당시의 파운드화는 세계무역의 60%를 차지했다. 그러나 영국은 1914년 금본위제를 포기하겠다고 선언했다.

201 은행권을 금으로 교환하는 것을 금태환이라 하고 이때의 은행권을 태환화폐라고 한다.

202 미국 정부의 막대한 부채와 재정적자를 감당할 능력이 없던 닉슨 대통령은 1971년 8월 15일 달러와 금을 교환하는 금태환정지를 선언하고, 외국 정부가 달러를 금으로 교환해 달라고 요구해도 응하지 않겠다고 밝혔다. 금본위제도(BJR)가 폐지된 것이다.

203 달러에 씌어있는 문구마저 달라졌다. 1971년 이전의 달러에 "TEN DOLLARS IN GOLD COIN"이라고 적혀 있던 것이 1971년 이후에는 그냥 'one dollar'로 바뀌었다. 이는 더 이상 달러가 금에 얽매이지 않는다는 상징적인 문구라고 할 수 있다. 1971년 이후의 달러는 금과는 전혀 무관하다. 그냥 종이돈일 뿐이다.

204 이 조치를 통해서 미국은 마음만 먹으면 무제한으로 돈을 찍어내고 원하는 대로 빚을 질 수 있게 되었다. 금의 보유량과 전혀 무관한 화폐 발행권을 가지게 된 것이다. 마침내 금융업자들의 오랜 숙원사업이 이루어진 것이다.

205 고유의 사용가치와 교환가치를 갖는 통상적인 상품이 스스로 화폐의 기능을 수행하는 경우 이를 실물화폐(commodity money)라고 한다. 반면, 물건이 가진 실질적 가치와는 관계없이 표시되어 있는 화폐단위로 통용되는 화폐를 명목화폐라 한다.

206 EBS, 앞의 책, 84면.

207 빚이 많아져야 수익이 많아진다는 은행의 원칙에서 본다면 이 같은 FRB의 금리인하 정책은 곧 서민들에게 고통을 안기고 자신들의 수익을 늘리기 위한 방법의 하나였다고 볼 수 있다.

208 이는 미국 역사상 가장 엄청난 '사기사건'으로 평가받고 있다. 그들 마음대로 통화량을 늘리고 줄이면서 FRB는 소규모 금융회사와 국민들을 희생양으로 삼을 수 있었던 것이다. 이를 통해서 FRB는 수천 개의 금융회사들에 대해 독점적인 지위를 획득할 수 있었고 지금도 그들에게 막강한 영향력을 행사하고 있다.

209 EBS, 앞의 책, 90면.

제2장 금융기관

1 제2장 제1절 은행의 탄생과 역할은 로버트 쉴러(Robert J. Shiller), 『Fiance and the Good Society』, Princeton University Press, 2012, pp.37를 참조하였다.

2 은행에 대한 일반 시민의 분노는 성격이 조금 다르다. 그들의 과도한 권력과 거만함, 오직 돈만 좇는 태도에 분노한다. 또 위기가 닥쳤을 때 정부가 이미 충분히 부유한 이들을 구제하러 나타나자 시민들은 분노에 휩싸였다. 하지만 그러면서도 사람들은 은행의 중심적 역할과 냉철한 태도와 안정성을 믿는다. 또 은행 관리자들은 이 사회의 경제적 성과를 결정하는데 매우 중요한 역할을 하고 있다는 사실도 알고 있다. 은행 경영자들 역시 자신을 전체 커뮤니티의 관리자, 지도자로 여기고 있다.

3 아마도 이러한 이미지는 은행이 신문에 자주 등장하는 복잡하고 위험해 보이는 시장과 상당히 거리가 멀어보기 때문일 것이다. 은행은 헤지펀드 매니저와는 다르게 수백 년 동안 내려온 전통과 관습을 따르고 있다. 그리고 수백 년 간 진화하면서 여러 문제를 해결해 왔다.

4 전문적인 서비스 회사(professional services firm) 또는 투자은행(investment bank)에 의하여 제공되는 제3자의 서비스(third party services)를 의미한다.

5 Shiller, ibid, p.38.

6 Shiller, ibid, p.39.

7 1390년대에 들어서면서 '메디치'가는 명성을 쌓기 시작해서 금융업을 통해 쌓은 부를 바탕으로 교황 2명, 프랑스 왕비 2명, 공작 3명 등을 배출하기까지 했다.

8 당시 단어에 franc이라는 말의 뜻이 '자유'를 뜻한다고 하여 franc이라는 이름이 붙었다고 한다.

9 쑹훙빙, 『화폐전쟁』, 렌덤하우스, 2008, 121면.

10 남북전쟁은 로스차일드 가문과 남부 앵글로색슨족들이 영국 영란은행처럼 미국의 중앙은행 시스템을 구축하기 위한 계약에서 발생했다는 설도 있지만 정확한 견해는 아니다.

11 밴더빌트는 미국 철도산업을 주도했던 가문이다. 네덜란드 이민자인 코넬리우스 밴더빌트 (Cornelius Vanderbilt)는 뉴욕센트럴철도회사 창립자로 1810년 어머니에게서 빌린 100달러로 사업을 시작했다. 증기선 운송을 시작으로 철도까지 확장했다. 미국과 캐나다에 1만8000km 길이의 철도 노선을 운영할 정도로 번영했던 뉴욕센트럴은 20세기 초반까지 철도업계 1위였다. 코넬리우스가 사망한 1877년 그의 자산은 포브스 추정치로 1억 달러로 당시 미국 정부의 예산보다 많은 액수다(T.J. Stiles, 『The First Tycoon: The Epic Life of Cornelius Vanderbilt』, New York: Knopf, 2009).

12 민간 중앙은행을 설립하자는 의견은 이미 여러 번 나왔다. 여러 국가가 공황에 빠지는걸 보면서 이에 대한 대책으로 중앙은행이 대두된 데다, 실제로 제1차 세계 대전 직후 중앙은행이 존재하지 않았더라면 미국이 천조국으로 발돋움하기 힘들었을 것이란 견해가 지배적이다.

13 로스차일드 가문과 앵글로색슨족 가문은 미국 중앙은행 시스템을 구축하려고 노력하였다.

14 Nelson Rockefeller의 외조부인데 모인 인사들 중에서 유일하게 비금융전문가였다.

15 쑹훙빙, 『화폐전쟁』, 렌덤하우스, 2008, 101면.

16 1901년 미국으로 건너온 유대계 독일인이다.

17 쑹훙빙, 앞의 책, 102면.

18 버지니아 하원의원인 은행가 카터 글래스(Carter Glass)가 정식으로 B 프로젝트라는 명목으로 하원에 부의하였다(쑹훙빙, 『화폐전쟁』, 렌덤하우스코리아(주), 2008, 129면).

19 http://humansarefree.com/2015/06/the-federal-reserve-cartel-rothschild.html

20 쑹훙빙, 앞의 책, 129면.

21 이 보고서는 매년 8회 발간되는데 각 연방준비은행이 파악한 사례형식의 정보(anecdotal information)를 담고 있다.

22 연방준비은행의 할인 창구에서 대출받은 상업은행 및 기타 예금 기관에 부과되는 이자율·할인율은 미래 현금흐름의 현재가치를 결정하기 위해 할인된 현금흐름(DCF) 분석에 사용된 이자율을 나타낸다. DCF 분석의 할인율은 시간가치뿐만 아니라 미래 현금흐름의 위험 또는 불확실성을 고려한다. 미래 현금흐름의 불확실성이 클수록 할인율이 높아진다. "할인율"이라는 용어의 세 번째 의미는 연금플랜 및 보험회사가 부채를 할인하는 데 사용하는 이자율이다.

23 세계 최고부호 빌 게이츠의 자산으로 몇 대가 누릴 수 있을까. 2015년 2월 기준 포브스가 추정한 그의 자산은 793억달러(약 87조9000만원)이다. 매일 100만 달러를 쓴다고 가정하면 그의 자산을 다 쓰기까지 걸리는 시간은 약 217년이다. 한 세대를 30년으로 가정해 단순하게 계산하면 7대가 빌 게이츠의 재산으로만 살아갈 수도 있다.

24 만일 내가 다른 사람에게 돈을 빌려 주었을 때 그 사람이 그 돈으로 사업을 하거나 집을 사기로 했다면, 당장 내가 돈이 필요하다고 해서 갚으라고 요구할 수는 없다. 사업이 성장해서 수익을 내거나 집을 더 비싼 값에 팔 때까지 기다려야 한다. 우리가 다른 투자자에게 쉽게 돈을 빌려 줄 수 없는 것은 잘못하면 현금흐름이라는 면에서 꽉 막히기 때문이다.

25 은행은 고객들에게 받은 예금을 유동성이 적은 투자에 모두 투입하지는 않는다. 평소 인출되는 돈을 커버할 정도의 예금은 남겨 놓는다. 따라서 우리가 예금한 돈은 비유동적 부분에 투자되지만 개인 예금의 유동성은 유지된다. 이는 거의 기적처럼 움직이고 있다.

26 다이아몬드와 디비그는 뱅크런의 문제를 유동성 창출로서의 은행 모델의 목수균형(multiple equilibria)의 문제로 보았다. 따라서 둘 다 은행의 존재와 취약성에 대한 이해를 위한 이유를 제공하고 있다.

27 http://fraser.stlouisfed.org/publications/bms/issu/61/download/130/section10.pdf, Table 130.

28 See Gorton, Gary, and Andrew Winton 1995. "Bank Capital regulation in General Equilibrium.", National Bureau of Economic Research Working Paper w5244. 1982년 전까지 자본 확보량에 대해 일부 규제 방침이 있었지만 국가적이고 체계적이며 정기적으로 규제를 실시하는 법률체계는 없었다.

29 사실 개인이 어떤 회사에 돈을 빌려주거나 주식을 사는 등의 직접투자를 하면 쉽게 사기를 당할 수도 있다. 사업경영자들은 수많은 방법(횡령 등)으로 회사 돈을 꺼내 친척이나 친구에게 보내려고 한다. 같은 패거리가 운영하는 공급 회사에 뻥튀기된 송장을 이용해 그들에게 돈을 필요 이상으로 많이 주거나 나중에 뇌물을 기대할 수도 있다. 일부러 사업을 망하게 하고 (애초에 믿지도 않았던 사업이다) 자산을 현금화하여 관계자들에게 돈을 빼돌릴 수도 있다.

30 George A. Akerlof, and Paul M. Romer 1994. "Looting: The Economic Underworld of Bankruptcy fro Profit.", National Bureau of Economic Research Working Paper R1869.

31 증권시장에서 대규모 자금으로 투자활동을 하는 증권회사, 보험회사, 연금기금과 같이 증권시장의 동향에 상당한 영향력을 행사하는 투자자들을 의미한다.

32 작은 기업에 대한 분석 보고서들을 작성한다 해도 찾는 사람이 별로 없어서 애널리스트들에게 돌아오는 인센티브가 거의 없다.

33 사람들은 어렵게 얻는 보고서의 유용한 투자 정보들을 돈을 지불하지 않은 다른 사람(무임승차자)에게 뿌리게 된다.

34 그런 투자가 불안한 것은 아니다. 회사 사정에 밝은 사람들이 그 회사에 투자하고 있다는 것을 알기 때문이다. 하지만 이번엔 다른 투자자들의 감시를 받는 무임승차라고 할 수 있고 다른 투자자들도 무임승차자일 위험도 있다.

35 이때 회사의 관리자들은 은행과 안정적인 관계를 유지하기 위해 은행과 정보를 솔직하게 공유한다. 그렇지 않으면 바로 대출금이 회수될 위험이 있기 때문이다.

36 Mayer Colin, "Financial Systems, Corporate Finance, and Economic Development" In R. Glenn Hubbard, ed., 『Asymmetric Information, Corporate Finance, and Investment』, 1990. Chicago: University of Chicago Press, pp.307-32. and Mishkin, Frederick, "Understanding Financial Crisis: A Developing Country Perspective.", 1996. National Bureau of Economic Research Working Paper 5600.

37 Gary Gordon, 『Slap by the Invisible hand: The Panic of 2007』, Oxford: Oxford University Press, 2010, Chapter 5.

38 Shiller, ibid, p.42.

39 불완전한 정보 상황 아래에서 은폐된 행등을 할 수 있는 경제주체가 계약상의 의무를 다하지 않고, 자기에게 유리한 행동을 하려는 유혹 혹은 그러한 유인에 의하여 발행하는 행동의 결과를 의미한다.

40 일정기간이 경과한 후 약정된 조건에 따라서 채권을 다시 매입하기로 약정하고 채권을 매도함으로써 만기일에 약정이자와 원금을 상환하는 단기자금조달수단이다. 현재 우리나라의 RP시장에는 한국은행이 공개시장조작의 일환으로 실시하는 RP 및 역RP(reverse RP)시장과 금융기관 간 RP시장 그리고 일반 RP시장이 있다.

41 고튼은 연방준비제도이사회가 통화량 측정 M3를 계산하고 발표하지 않은 실수를 저질렀다고 지적했다. 이 안에는 2006년, 즉 2007년 금융위기 전에 나타난 환매조건부채권도 포함되어 있었다. M3를 환매조건부채권에도 확장했었다면 버블의 원인과 리스크를 파악할 수 있었을 것이다.

42 See Alan J. Marcus, "Deregulation and Bank Financial Policy." *Journal of Banking and Finance* 8(4), 557-65, 1984. 이러한 트렌드는 2007년 금융위기가 시작되기 훨씬 전부터 나타났다.

43 Shiller, ibid, p.43.

44 제2절 한국은행은 한국은행, 『한국의 금융제도』(Financial System in Korea), 2011, 39면 이하를 참조하였다.

45 우리나라는 1970, 80년대 석유파동, 외채위기 등에 따른 물가불안과 경기침체 등에 대응하여 거시경제 안정화 노력을 강화하였고, 이 과정에서 통화신용정책의 중립성을 제고하기 위한 제도 개선에도 진전이 있었다. 1990년대 이후 금융자율화에 따른 새로운 금융상품의 출현 등으로 통화량관리가 한계를 보이면서 한국은행을 포함하여 물가안정목표제를 도입하는 중앙은행이 늘어났다.

46 이것은 통화신용정책의 중립적 수립·집행이 물가안정 도모에 긴요하다는 데 인식을 같이 한 것이기 때문이기도 하지만 금융자유화 진전으로 시장친화적인 경제정책이 중요해진 때문이기

도 하다. 이러한 변화와 함께 중앙은행의 통화신용정책에 대한 책임성도 강조되었다.

47 주요 선진국 가운데 중앙은행의 독립성이 상대적으로 약하였던 일본과 영국도 중앙은행의 독립성을 강화하는 방향으로 중앙은행법을 개정하였다. 일본은 1998년 4월 『일본은행법』을 개정하여 정책위원회 구성 시 정부대표제와 업계대표제를 폐지하였고 재무부장관의 사전승인 대상 예산을 전체 예산에서 경비예산으로 대폭 축소하였다. 영국은 1998년 6월 『영란은행법』을 개정하여 통화신용정책 권한을 재무부장관에서 영란은행 통화정책위원회로 이관하고 동 위원회는 영란은행 총재, 부총재(2인), 이사(2인) 등 영란은행 내부인사 위주(9인 중 5인)로 구성하도록 하였다.

48 중앙은행의 은행건전성 유지에 대한 책임은 바죠트(W. Bagehot, 『Lombard Street: A. Description of the Money market』, Scribner, Armstrong & Co.(1873))가 주장하였다.

49 이러한 중앙은행의 금융안정 기능이 종전에는 금융위기 시 대출이나 공개시장조작 등을 통해 시중에 충분한 유동성을 공급함으로써 금융 불안이 확산되지 않도록 하는 최종대부자 역할이나 지급결제제도의 감시 및 운영을 통해 주로 수행되었다.

50 즉 중앙은행은 금융시스템을 총체적 관점에서 분석할 수 있는 고도의 전문성을 보유하고 있을 뿐만 아니라 금융위기 발생 시 이를 수습해야 하므로 시스템리스크를 사전에 억제하려는 동기도 보유하고 있다.

51 그러나 발권력을 가진 중앙은행의 경우 일반 회사와는 달리 영업활동을 위한 기초자산인 납입자본금의 필요성이 없고 손실발생시 정부가 보전하도록 법에 규정되어 있으므로 자본금이 큰 의미가 없었다.

52 한국은행의 최고의사결정기구인 금융통화위원회가 금융통화운영위원회로 개칭되고 그 구성에 있어 정부 추천위원의 수가 크게 늘어났다. 또한 금융통화운영위원회의 의결사항에 대한 재무부장관의 재의요구권과 한국은행에 대한 정부의 업무검사권 및 예산사전승인제도 등이 신설되었다. 이러한 『한국은행법』 개정은 제한된 자원을 성장유발 효과가 큰 전략산업에 집중시키기 위한 것으로 1960~70년대의 고도성장에 기여한 측면이 없지 않았다. 그러나 이러한 금융억압 하의 압축성장 전략은 금융산업의 상대적 낙후 등 여러 가지 부작용을 야기하였다.

53 1997년 금융통화운영위원회가 금융통화위원회로 환원되고 의장이 재정경제원장관에서 한국은행총재로 바뀌는 등 일부 제도를 개선하였으나 한국은행의 은행감독권이 통합금융감독기구로 이관됨에 따라 한국은행의 금융안정기능이 크게 약화되는 문제도 야기되었다.

54 2003년 한국은행부총재를 당연직 금융통화위원으로 하고 한국은행 예산 중 정부의 사전승인 대상 예산 범위를 종전의 경비예산에서 급여성 경비로 축소하였다.

55 물가안정목표제는 정책목표(물가상승률)를 제시하고 제시된 정책목표를 달성하기 위한 운용목표(주로 단기시장금리)를 정한 후 다양한 정책수단을 활용하여 이를 달성한다는 점에서 다른 통화신용정책 운용체계와 크게 다르지 않다. 그러나 물가안정목표제는 중앙은행이 달성하고자 하는 물가목표를 명시적·공개적으로 제시하고 국민들이 이 목표를 준거로 각종 경제행위에 대한 의사결정을 하도록 유도하는 점에서 국민과 중앙은행간 의사소통이 중시된다. 따라서 물가안정목표제가 소기의 성과를 거두기 위해서는 중앙은행에 대한 국민의 신뢰가 전제되어야 한다. 또한 물가안정목표제에서는 단기금리를 운용목표로 하여 정책이 운영되기 때문에 통화신용정책이 금리경로를 통해 원활히 파급될 수 있도록 발달된 금융시장이 필요하다.

56 정창영, 앞의 책, 472, 473면.

57 '통화'란 시중에 유통되면서 지불수단으로 사용 중인 화폐를 말한다. 따라서 한국은행의 금고 속에 보관되어 있는 주화나 지폐는 화폐이긴 하지만 통화는 아니다. 은행에 맡겨 둔 예금에는 보통 예금처럼 우리가 필요할 때 수시로 현금을 찾을 수 있는 '요금불예금'과 정기예금이나 정기적금과 같이 일정기간이 지난 후에 찾아야만 정해진 이자를 모두 받을 수 있는 '저축성예

금'이 있다. 개인이 소유한 현금과, 보통예금과 같은 요구불예금을 합쳐서 '통화'라고 부르고, M1이라는 기호로 표시한다. 그런데 저축성예금은 필요할 때마다 바로 현금으로 찾을 수 없다는 점에서 화폐의 여러 가지 기능 중 교환의 매개수단으로서의 기능이 약하다. 앞서 정의한 '통화'에 저축성예금을 포함하여 '총통화'라고 부르며, 이를 M2로 표기한다. 한편, 보험회사의 보험금이나 저축성예금도 어느 정도 손해를 부담하면 쉽게 현금화할 수 있기 때문에 이런 것들을 '총통화'에 포함시켜 통화량으로 나타내기도 한다. 이것을 '총유동성'이라 부르고 M3로 표시한다.

58 한국은행은 1998년 통화신용정책 운용체계를 물가안정목표제로 바꾼 이후에도 2000년까지 통화량(M3) 증가율 목표도 함께 공표하였다. 2001년 이후에는 통화량 증가율 목표의 설정을 중단하고 통화지표를 감시지표 내지 정보변수로 활용하고 있다.

59 소비자물가지수는 국민들의 실생활과 연관성이 크고 일반에게 가장 잘 알려져 있는 물가지수이다.

60 예를 들어 석유 값이 갑자기 크게 오르면 일반 소비자물가지수도 일시적으로 크게 오르게 된다. 이때 한국은행이 물가를 낮추기 위해 일반 소비자물가지수를 근거로 긴축정책(정책금리인상)을 도입하면, 갑자기 오른 석유 값이 제자리를 찾았을 때 경제에 큰 충격(디플레이션)을 줄 수도 있다. 이를 예방하기 위해 근원물가지수는 따로 계산하는 것이다. 일반인들의 체감물가를 반영하는 생활물가지수와 달리 근원물가지수는 정부와 중앙은행의 통화정책결정을 위한 도구에 가깝다고 볼 수 있다.

61 2004년부터 시행된 제7차 개정 『한국은행법』에서는 물가안정목표의 연 단위 설정의무 조항을 삭제하였다.

62 물가안정목표제 도입 초기에는 운용목표를 공표하지 않고 시장금리를 내부적으로 사용했으나 정책의 투명성 제고 등을 위해 1999년 5월부터 콜금리를 공식적인 운용목표로서 사용하였다.

63 금융기관들이 자체 능력으로 어려움 없이 금융계약 의무를 이행할 수 있고 시장참가자들이 이를 신뢰하는 상태가 유지되는 것을 말한다.

64 경제성장, 물가, 국제수지 등 국제경제 안정에 필요한 기초적인 경제여건을 의미한다. 이러한 기초적인 조건들이 붕괴되면 각국 간의 통화가치 안정이 파괴되어 결국 세계경제는 안정을 잃게 된다.

65 기업이나 개인 또는 국민경제가 가지고 있는 자산 중 화폐 및 광의의 채권 원료, 건물, 제품, 설비, 토지, 기계 등의 실물자산에 대한 현금이나 보험, 유가증권, 기업 간의 신용 등을 말한다. 즉, 주식이나 채권, 예금, 신탁 등을 가리킨다.

66 이를 위하여 한국은행은 평소 금융기관 경영실태와 관련한 자료를 수집·분석하고 필요시 금융기관에 대한 검사를 실시하는 등 사전적인 상시 감독체계를 구축하고 있다.

67 금융안정보고서의 발간 목적은 금융제도에 잠재한 위험요인을 신속히 파악함과 아울러 금융안정에 대한 금융시장 참가자들의 토론을 활성화하고 금융안정의 중요성에 대한 인식을 제고하는 데 있다.

68 2004년 1월 시행된 제7차 개정 『한국은행법』은 지급결제제도에 있어 한국은행 역할의 중요성을 반영하여 한국은행에 지급결제제도 전반에 관한 총괄·감시 권한을 부여하였다.

69 금융통화위원회가 심의·의결하는 사항은 한국은행권 발행, 대출정책·공개시장조작 등 통화신용정책 관련 사항, 지급결제 관련 사항, 금융기관 검사 및 공동검사 관련 사항 등과 아울러 한국은행의 예·결산, 조직 및 기구, 직원의 보수 등 한국은행의 경영 관련 사항 등이다.

70 기획재정부장관, 한국은행총재, 금융위원회위원장, 대한상공회의소회장 및 전국은행연합회회장

71 통화신용정책의 중립성과 공공성을 확보하기 위하여 금융통화위원회 위원은 정치활동이나 겸직을 금지하고 있으며 특수한 경우를 제외하고는 그 의사에 반하여 해임할 수 없도록 신분을

보장하고 있다.

72 금융통화위원회는 통화정책방향 결정을 위한 정기회의 하루 전에 별도의 동향보고회의를 개최하여 실물경제 및 금융·외환시장동향과 앞으로의 전망 등을 점검하고 수시로 간담회와 위원협의회를 개최하여 금융경제동향과 주요 현안사항에 대해 집행부의 보고를 듣고 위원 간 의견을 교환함으로써 정기회의에서의 정책심의가 더욱 심도 있게 이루어지도록 하고 있다.

73 한편 기획재정부장관은 금융통화위원회의 의결이 정부의 경제정책과 상충된다고 판단되는 경우 금융통화위원회에 재의를 요구할 수 있다. 기획재정부 장관이 재의를 요구하는 경우 이를 즉시 공표하여야 하며 금융통화위원회가 위원 5인 이상의 찬성으로 종전과 같은 의결을 한 때에는 대통령이 최종 결정 한다. 아울러 정부가 금융통화에 관한 중요한 정책을 수립하는 경우에는 금융통화위원회의 의견을 들어야 한다.

74 금융통화위원회 의사록은 당초 회의일이 속한 월로부터 2개월이 경과한 월에 발간되는 조사통계월보에 게재하였으나 2005년 4월 1일 이후부터 의사록 공개시기를 단축하고 공개방식으로 조사통계월보 외에 한국은행 인터넷 홈페이지 게시를 추가하였다.

75 총재는 금융통화위원회의 의장으로서 금융통화위원회의 의사결정에 참여함과 아울러 금융통화위원회가 수립한 통화신용 정책을 집행하고 『한국은행법』 등에 의하여 부여된 권한을 행사한다. 또한 금융통화위원회가 유의하여야 할 사항을 수시로 통보하고 금융통화위원회의 심의·의결을 위하여 필요한 자료 및 의견을 제공할 의무도 지닌다.

76 부총재는 총재의 추천으로 대통령이 임명하며 임기는 3년이고 1차에 한하여 연임할 수 있다.

77 또한 법률에 규정된 사유 이외에는 해임되지 않도록 신분이 보장되어 있다.

78 우리나라의 발권제도는 화폐발행에 대한 준비금으로서 금 또는 외국환의 보유를 요구하지 아니하며 화폐발행 한도에 관하여도 아무런 제한규정을 두지 않는 등 통화당국의 책임 하에 통화공급량을 신축성 있게 조절하는 관리통화제도를 채택하고 있다.

79 그 이전에는 '圓' 및 '圜'표시 화폐가 각각 사용되었으며 원(圓)표시 화폐는 1953년 2월 환(圜)표시 화폐가 발행되면서 유통이 정지되었다. 당시 한국은행은 1원, 5원, 10원, 50원, 100원, 500원의 은행권 6종을 발행하였으며 동년 12월에는 소액거래 편의를 위해 10전권과 50전권을 추가 발행하였다. 다만 10환화와 50환화는 긴급통화조치 이후에도 1원화 및 5원화로서 통용되다가 1966년에 1원화, 5원화 및 10원화 주화가 새로 발행되면서 대체되었다. 그 후 경제규모의 확대와 거래단위의 거액화로 고액권 발행의 필요성이 증대됨에 따라 1,000원 권, 5,000원 권, 10,000원 권, 50,000원 권의 은행권과 100원화, 500원화의 주화가 새로이 발행되었고 500원 권 이하의 은행권은 주화로 대체되어 발행이 중단되었다. 현재 시중에서 사용되고 있는 은행권은 1,000원 권, 5,000원 권, 10,000원 권 및 50,000원 권이며 주화는 1원화, 5원화, 10원화, 50원화, 100원화 및 500원화 이다.

80 공개시장조작정책의 확대 사용을 위해 1986년 11월 전문딜러제도를 도입하여 공개시장조작 대상기관을 선정하고 통화안정증권 발행방식도 동 기관을 통해 매출하는 인수발행방식을 실시하였다. 1993년 3월에는 경쟁입찰방식을 통한 환매조건부 국공채매매조작을 시행하여 실세금리에 의한 공개시장조작의 기반을 마련하였다. 이어 1997년 2월에는 환매조건부 국공채매매조작 및 통화안정증권 발행을 완전공개경쟁입찰방식으로 전환하고 1997년 7월에는 한은금융결제망을 통한 전자입찰방식으로 이행함으로써 시장원리에 의한 통화신용정책 운용을 정착시켰다. 공개시장조작 대상증권도 지속적으로 확충하여 1998년 5월에는 통화안정증권을 환매조건부매매대상 적격증권에 포함하였다. 또한 08년 글로벌 금융위기 시에는 2008년 11월부터 1년간 금융채, 대한주택공사채, 한국주택금융공사채 등을 한시적으로 공개시장조작 대상증권에 포함하여 일시적인 어려움을 겪고 있는 금융기관을 지원한 바 있다.

81 통화안정계정은 경쟁입찰 방식의 기간부예금제도로서 주로 지준자금의 미세조정(fine tuning) 및 예상치 못한 지준수급 변동에 대응하는 수단으로 활용하고 있다.

82 통화안정증권은 경상수지흑자 및 외국인투자자금 유입 등으로 기조적으로 증가하는 초과 유동성을 흡수하기 위하여 발행하고 있다.

83 상대매출은 유동성 조절 또는 통화신용정책의 운영을 위하여 필요한 때에 특정 금융기관 또는 정부출자·출연 기관을 상대로 실시하며 이 경우 통화안정증권의 만기 및 발행금리는 공모발행의 경우와 달리 적용할 수 있다.

84 단순매매는 주로 RP매각 대상증권 확보 또는 채권시장 안정 등 특정한 목적을 위해 제한적으로 이루어지고 있다.

85 환매조건부매매가 주로 사용되는 이유는 단순매매에 비해 대상증권의 유통시장이 활성화되어 있지 않아도 되고, 실시 시기, 조건 등을 수시로 조절할 수 있으며 대상증권의 매도·매수시 발생할 수 있는 손실을 최소화할 수 있기 때문이다. 당초에는 정부가 발행하거나 보증한 증권으로 한정하였으나 1998년 5월부터 통화안정증권도 대상증권에 포함하였다.

86 증권대차는 증권의 대여자가 자신이 소유하는 증권을 차입자에게 대여하고 차입자는 일정기간 후 동종·동량의 증권을 대여자에게 반환하는 거래이다. 이는 법률적으로 증권의 소비대차(민법 제598조)에 해당된다.

87 한편 통화안정증권 및 증권매매의 대상기관은 공개시장조작의 효율성과 대상기관의 자산 및 재무건전성을 감안하여 금융통화위원회의 의결을 거쳐 매년 1회 선정하고 있고, 통화안정계정 대상기관은 환매조건부증권매매 대상 기관으로 선정된 은행으로 하고 있다.

88 과거 한국은행의 고도성장기 중 대출정책은 여타 개발도상국과 마찬가지로 유동성 조절보다는 특정 산업을 지원하기 위한 정책금융의 공급창구로 주로 활용되었다. 그러나 1986년 국제수지 흑자 전환 이후 기업의 자금부족현상이 크게 완화되고 금리자유화의 추진으로 통화관리 방식을 간접조절방식으로 전환할 필요성이 높아짐에 따라 정책금융 성격의 지원제도를 크게 축소·정비 하고 대출제도의 유동성 조절기능을 강화하기 위한 제도 개선을 추진하였다.

89 이와 함께 수출산업 및 수입대체 소재·부품산업 시설자금, 각종 중소기업자금 등 특정부문에 대한 금융지원제도도 폐지하였다.

90 2011년 9월말 기준 한국은행의 금융기관에 대한 대출잔액은 약 9.3조원인데 모두 증권담보대출이다. 이것은 총액한도대출제도 도입 이후 금융기관들이 절차가 번거로운 어음재할인보다 증권담보대출을 선호하였기 때문이다.

91 이것은 말 그대로 '총액'의 '한도'를 미리 정해놓은 '대출'이다. 이전에는 금융기관의 중기 대출 실적에 따라 무제한 지원해주는 방식이었다. 은행들로 하여금 중소기업 대출을 많이 해주도록 유도하기 위해 한은이 낮은 금리로 자금을 지원하는 정책금융이다.

92 총액한도 대출의 대출한도는 개별 금융기관에 배분되는 금융기관별 한도와 한국은행 지역본부에 따라 배분하는 지역본부별 한도로 구분·운용하고 있다. 총액한도는 통화동향, 중소기업 및 지역 금융여건 등을 감안하여 금융통화위원회가 3개월마다 정하고 있다.

93 즉 중소기업 지원제도를 일시에 폐지하기 어려운 현실을 감안하여 자금의 배분기준이 금융기관의 중소기업 대출실적에 연계되어 있으며 대출금리가 시장금리보다 낮다는 점에서 정책금융의 성격이 남아 있다.

94 금융위원회로부터 경영개선요구 이상의 적기 시정조치 또는 긴급조치를 받은 금융기관, 동 조치를 받을 가능성이 현저한 것으로 인정되는 금융기관

95 신용증권은 금융기관 대출 원금의 70%, 국채·정부보증채·통안증권은 시장가격이 형성되어 있는 경우 만기에 따라 이표채는 95~98%, 할인채 등은 94~98%이며 시장가격이 형성되어 있지 않는 경우는 액면금액(할인 발행의 경우 발행가액)의 80%이다.

96 만기는 1영업일이나 금융통화위원회가 금융시장의 원활한 기능수행을 위해 필요하다고 인정할 경우 1개월 범위 내까지 연장할 수 있다. 한편 금리는 금융기관의 재정거래유인 등을 고

려하여 '기준금리+100bp'로 정하고 있다.

97 이 제도를 도입한 것은 경제규모 확대와 금융거래 증대 등으로 금융기관 간 자금 결제 규모가 크게 늘어남에 따라 일시적이나마 제시간에 지급결제를 완료하지 못하고 대기하는 사례가 많아졌기 때문이다.

98 대출금리는 전분기 말 월 3년물 국고채 평균수익률에서 콜금리를 차감한 이율로 지원하였다.

99 한국은행은 1997년 하반기에 금융시장 안정을 위해 총 10조 7,656억 원의 특별대출을 실시하였으며 Y2K(컴퓨터 2000년 문제)로 인한 은행의 지급결제자금 부족가능성에 대비하여 1999년 11월부터 2000년 4월까지 6개월 간 특별대출을 공급한 바 있다.

100 1950년 『한국은행법』 제정 이래 지급준비금 적립대상 채무는 예금 채무에 한정되어 있었으나 2011년 8월 31일에 개정된 『한국은행법』(동년 12월 17일 시행)은 예금채무 외에 대통령령이 정하는 기타 채무에 대해서도 한국은행이 지급준비의무를 부과할 수 있도록 규정하고 있다.

101 지급준비정책은 법적 강제력이 뒷받침되기 때문에 금융기관의 유동성을 직접적으로 조절할 수 있는 장점이 있으나 금융기관 수지에 미치는 영향이 매우 커서 지급준비율을 신축적으로 변경하는 데에는 상당한 제약이 따른다. 지급준비정책은 지급준비율 변경이 금융기관의 가용자금에 영향을 미쳐 통화량을 변동시킨다는 것이 인식되면서 1930년대부터는 유동성 조절을 위한 주요한 수단으로 활용되기 시작하였다.

102 1962년 '긴급통화조치법'에 의거해 단행된 통화개혁조치 후, 1965년 9월 30일을 기하여 금리현실화조치를 단행하였다. 금리현실화 이전의 시중금리는 연 40%에 달하였는데 우리나라 금융기관 여수신금리는 연 3.5~20.0%에 불과했다. 『이자제한법』을 개정하여 금리상한을 연 20%에서 연 40%로 대폭 인상한 다음 금리현실화조치를 단행했다. 그 결과 금융기관의 수신금리는 정기예금의 경우 연 15%에서 연 30%로 2배 인상하였고, 여신금리는 일반 어음대출의 경우 연 15%에서 연 26%로 대폭 인상하였다.

103 그 전까지만 해도 지급준비정책은 융자사전 승인제, 금융기관 대출한도제 등 직접규제수단을 보완하는 수단 정도로만 활용하고 있었다. 특히 해외부문의 통화증발압력이 가중된 1980년대 후반에는 지급준비정책을 기조적인 유동성 조절수단으로 적극 활용하였다.

104 특히 1996년 이후 금융기관의 대외경쟁력 제고와 공정 경쟁을 위해 9%를 상회했던 지급준비율을 대폭 인하(2011년 8월말 기준 평균 지급준비율은 3.7%이다)함으로써 통화정책 수단으로서 지급준비율의 유용성은 크게 낮아졌다.

105 금융기관은 보유기간 중 적립한 실제 지급준비금이 필요지급준비금에 미달하는 경우 보유기간 중 부족금액 평잔의 2%를 과태금으로 한국은행에 납부하여야 한다. 또 금융통화위원회는 지급준비금 부족이 3기 이상 계속되는 금융기관에 대하여는 필요지급준비금을 3기 이상 계속하여 보유할 때까지 신규 대출·투자 또는 주주에 대한 배당금 지급 등을 금지하는 제재조치를 취할 수 있다.

106 이에 따라 2008년 9월에 시작된 글로벌 금융위기에 대응하여 같은 해 12월에 한국은행은 금융기관에 대한 유동성 지원을 위해 총 5,000억 원 규모의 지급 준비금 이자를 지급하였다.

107 한국은행과 정부는 1990년대 이후 금리자유화를 단계적으로 추진하여 왔는데 2004년 2월 일부 당좌예금을 제외한 요구불예금의 금리가 자유화됨으로써 은행의 모든 여신금리와 당좌예금을 제외한 수신금리가 자유화 되었다. 이와 함께 수신과 관련된 기타 규제도 금리자유화에 맞춰 폐지하였다. 가계당좌예금의 경우 가입대상 제한 이외의 모든 규제를 폐지하였고 저축예금 및 기업자유예금의 가입대상제한도 철폐하였다.

108 도입 시에는 중소기업대출의무비율제도였으나 2000년 6월부터 지금의 명칭으로 변경되었다. 이것은 고용과 생산 면에서 중요한 역할을 담당하고 있으면서도 신용도와 담보력 부족으로 대기업에 비해 상대적으로 금융자금을 이용하기 어려운 중소기업에 대하여 금융기관이 원화금융

자금대출 증가액의 일정비율(시중은행 45%, 지방은행 60%) 이상을 지원하도록 하는 제도이다. 중소기업대출비율을 준수하지 못한 은행에 대해서는 총액대출한도에서 미준 수금액의 일정비율 해당액을 차감하고, 이를 동 비율을 준수한 은행에 추가로 배정하고 있다.

109 국제결제은행 지급결제제도위원회(CPSS)가 정한 「중요지급결제시스템의 핵심원칙」, 국제결제은행 지급결제 제도위원회(CPSS)와 국제증권위원회기구(IOSCO)가 공동으로 정한 「증권결제시스템에 대한 권고」 및 「중앙 거래당사자(CCP)에 대한 권고」. 2008년 금융위기 이후 이들 국제원칙을 통합·강화한 단일의 국제원칙인 FMI 국제원칙(Principles for Financial Market Infrastructures) 제정이 논의되고 있다.

110 이 밖에도 지급 결제시스템의 운영관련 규정, 절차의 변경이 시스템의 안전성 또는 효율성에 영향을 미칠 것으로 판단될 경우와 전산시스템의 장애, 재해, 파업, 테러, 영업중단 등 긴급한 상황의 발생으로 시스템을 정상적으로 운영하지 못하게 될 경우에는 그 내용을 한국은행에 즉시 통보하도록하고 있다.

111 즉 문제은행이 생길 경우 그 원인과 파급영향을 분석하여 최종대부자 기능을 발동할 것인지의 여부를 적기에 결정하고 지원 규모와 기간 등에 오류를 범하지 않기 위해서는 평상시 금융시장의 동향은 물론 개별 금융기관의 경영상태를 파악하고 있어야 하기 때문이다.

112 동향분석모형은 각종 분석지표를 종합적으로 활용하여 금융기관의 경영건전성을 평가할 수 있도록 종합평점법(credit scoring method)에 의거 개발하였으며 판별분석법을 보조적으로 활용하도록 하고 있다. 이 밖에 한국은행은 금융기관 대출행태에 관한 조사를 정기적으로 실시하여 금융기관의 대출행태와 변동 상황 등에 관한 현장정보를 수집하여 통화신용정책 수립·운영에 참고자료로 활용하고 있다.

113 2011년 8월 31일에 개정된 『한국은행법』(동 년 12월 17일 시행)에서는 '지체 없이'의 구체적 내용을 대통령령으로 정하도록 하였고, 이에 따라 『한국은행법 시행령』은 한국은행의 검사 또는 공동검사 요구를 받은 금융감독원은 1개월 이내에 검사 또는 공동검사에 착수하도록 규정하고 있다. 또한 한국은행의 요구에 따라 금융감독원이 금융기관에 대해 검사를 하거나 금융감독원의 검사 시 한국은행 직원이 공동으로 참여한 경우 한국은행은 금융감독원에 대하여 검사 결과의 송부를 요청하거나 필요한 경우 금융감독원에 해당 금융기관에 대한 시정조치를 요청할 수 있다.

114 『금융산업의 구조 개선에 관한 법률』 제2조에 의한 금융기관은 다음과 같다. 『은행법』에 따라 설립된 은행, 『중소기업은행법』에 따른 중소기업은행, 『자본시장법』에 따른 투자매매업자·투자중개업자, 『자본시장법』에 따른 집합투자업자, 투자자문업자 또는 투자일임업자, 『보험업법』에 따른 보험회사, 『상호저축은행법』에 따른 상호저축은행, 『자본시장법』에 따른 신탁업자, 『자본시장법』에 따른 종합금융회사, 『금융지주회사법』에 따른 금융지주회사, 그 밖의 법률에 따라 금융업무를 하는 기관으로서 대통령령으로 정하는 기관(여신전문금융업법에 의한 여신전문금융회사, 주택저당채권 유동화회사법에 의한 주택저당채권유동화회사).

115 이 밖에 외국에 있는 금융기관 또는 외국정부로부터의 외화자금의 차입, 채무의 인수 및 보증, 국제금융기구에 대한 출자 및 융자, 외국환은행에 대한 외화자금의 융자, 귀금속의 매매, 외국중앙은행으로부터의 원화예금의 수입, 대외환거래계약 체결, 기타 이에 부대하는 업무 등을 영위한다.

116 외국환포지션은 일정시점에 있어서 특정 경제주체가 보유하고 있는 외화자산과 외화부채간의 차이를 의미하는데 매입초과포지션은 외화자산의 규모가 외화부채의 규모보다 큰 경우를, 매각초과포지션은 외화자산의 규모가 외화부채의 규모보다 작은 경우를, 그리고 스퀘어포지션은 외화자산의 규모와 외화부채의 규모가 같은 경우를 의미한다.

117 종합포지션은 간편 포지션 방법으로 산정하며, 통화별 매입초과포지션 합계와 통화별 매도초과포지션 합계 중 큰 금액을 관리대상 외환포지션으로 산정한다. 반면 선물환 포지션은 순합

산 포지션 방법으로 산정하며, 통화별 선물환 매입초과 포지션 합계에서 통화별 선물환 매도초과 포지션의 합계를 차감한 순금액을 관리대상으로 한다.

118 기획재정부장관은 자본유출입 변동성이 확대되는 등 외환시장 안정 등을 위하여 필요한 경우 선물환 포지션 한도를 50% 범위 내에서 가감하여 정할 수 있다.

119 한국은행의 당좌예금은 한국은행과 금융기관 등과의 당좌거래약정에 의해 개설되고, 통화조절과 관련된 통화신용정책의 수단으로 활용되는 특성을 가지고 있으며 금융기관간의 지급결제, 예를 들어 어음교환차액이나 은행지로 및 현금인출기 공동이용 차액과 국고금수급 등의 결제수단으로 활용되고 있다.

120 결제전용예금은 한은금융망(BOK-Wire+)에서 혼합형결제시스템이 도입됨에 따라 전산시스템의 과부하나 오류 발생 가능성이 높아지면서 이에 대응하기 위해 당좌예금과 별도로 개설되었다. 결제전용예금은 업무개시 직후 당좌예금계좌에서 이체 받은 금액과 타기관으로부터 입금받은 자금으로 운영되며 영업시간 중 원화자금 및 콜거래자금 등의 결제수단으로 사용되다가 마감 시점에 남은 잔액은 당좌예금계좌로 자동이체 된다. 당좌예금거래 약정을 체결한 기관은 대부분 결제전용예금 거래약정도 체결하고 있다.

121 자금조정예금은 금융기관이 자금수급 과정에서 발생한 여유자금을 한국은행에 예치하는 대기성 수신제도로서 지준예치대상 금융기관이 1영업일 동안 예치할 수 있고, 한국은행은 이에 대해 기준금리보다 100bp(1bp(basis point)는 1퍼센트(percent)의 100분의 1을 말한다.) 낮은 금리를 지급한다. 단, 금융통화위원회가 금융시장의 원활한 기능 수행에 필요하다고 인정하는 경우 금리를 기준금리 수준까지 올릴 수 있다.

122 별단예금(special deposit)은 예금, 환, 대출 등 업무에 수반하여 발생하는 미결제 또는 미정리 거래나 기타 특수한 사정으로 다른 계정과목으로 처리하기가 적당치 않은 거래를 일시 처리하는 계정으로 약관이 없다.

123 외화예수금은 외국환은행으로부터 외화예금에 대한 지급준비금과 스왑 또는 시장거래 등에 따른 환결제자금을 받을 때에 처리하는 계정이며 외국환평형 기금으로부터 받은 외화자금도 이 계정에서 취급하고 있다.

124 한국은행이 취급하고 있는 정부대출금은 국고금의 일시적 부족을 보전하기 위하여 제공되며 당해 연도의 세입금으로 상환되어야 하는 일시대출금이다.

125 현재 국고대리점은 계약형태에 따라 국고수납대리점(위탁)과 국고금수납점(재위탁)으로 구분되며, 2011년 10월말 기준 국고수납 대리점은 7,579개, 국고금수납점은 9,470개이다.

126 2011년도 한국은행의 대정부 일시대출금 한도는 27조원이며, 대출 금리는 재정증권 발행금리보다 다소 높은 91일물 통화안정증권의 수익률 +0.1%p로 책정되었다.

127 건국 이후 지금까지 발행된 국채 중 건국국채(1950~1963년), 도로국채(1968~1970년), 징발보상증권(1970~1977년), 국고채권(1972~1983년), 대일민간청구권보상증권(1975~1980년), 철도채권(1982~1983년), 국민투자채권(1974~1991년), 공공용지보상채권(1992~2000년), 외국환평형기금채권(원화표시, 1987~2003년) 등은 전액 상환되었다.

128 1993년 이후에는 국채의 유동성 제고와 합리적 관리를 위하여 각종 국채를 통합하는 방향으로 관련 법령이 정비되면서 농지채권, 농업발전기금채권, 철도채권, 양곡증권, 외국환평형기금채권(원화표시) 등 각종 국채가 단계적으로 현행 국고채권(1998년 이전에는 국채관리기금채권)에 통합되어왔다.

129 국가 또는 지방자치단체가 재정상의 수입을 목적으로 발행하는 유가증권을 말한다.

130 농어가목돈마련저축장려기금은 농어가목돈마련저축에 가입한 농어민에게 저축장려금을 지급하기 위하여 1986년 1월 설치된 기금이다. 현재 동 기금은 정부와 한국은행의 출연금 등으로 자금을 조성하여 이를 농어가목돈마련저축 원리금 상환 시 저축장려금으로 지급하고 있다.

131 외국환평형기금은 외국환거래의 원활화를 통한 외환시장의 안정을 도모하기 위하여 1967년 3월 설치된 기금이다. 현재 외국환평형기금은 공공자금관리기금 예수금, 외국환평형기금채권 발행 등으로 자금을 조달하여 외국환의 매매, 한국은행 등에의 예치, 한국자산관리공사 위탁 등에 운용하고 있다.

132 설치 초기에는 기획재정부가 운용·관리하였으나 2000년 4월 국채관리기금을 흡수 통합하면서 한국은행이 위탁 관리하고 있다. 동 기금은 국고채권 발행, 여타 기금 등으로부터의 예수 등을 통해 자금을 조달하여 일반회계, 공적자금상환기금, 외국환평형기금 등에 대한 예탁, 국고채권 원리금 상환 등에 사용하고 있다.

133 『공적자금상환기금법』은 『예금자보호법』에 따른 예금보험공사와 『금융회사부실자산 등의 효율적 처리 및 한국자산관리공사의 설립에 관한 법률』에 따른 한국자산관리공사가 금융구조조정을 위하여 부담한 채무의 원활한 상환(償還)을 위한 공적자금상환기금의 설치 및 그 운용·관리 등에 필요한 사항을 규정하고 있다(2011.5.19.시행). 동 기금은 2003년부터 2006년에 걸쳐 정부가 부담하기로 한 공적자금 49조 원을 국고채권 발행자금 예수 등을 통해 조달하여 이를 예금보험기금채권상환기금과 부실채권정리기금에 출연하였다. 이로 인해 발생한 채무는 2003년부터 2027년까지 25년에 걸쳐 국고채권 발행자금 예수, 일반회계 전입금 및 세계 잉여금 등의 재원으로 충당된다.

134 『한국은행법』 제93조는 정부가 금융통화에 관한 중요한 정책을 수립하는 때에는 금융통화위원회의 의견을 듣도록 규정하고 있다.

135 http://ecos.bok.or.kr

136 국제금융기구의 영문 본래 명칭은 다음과 같다. IMF(International Monetary Fund), ADB(Asian Development Bank), EBRD(European Bank for Reconstruction and Development), AfDB (African Development Bank), CFC(Common Fund for Commodities), IDB(Inter-American Development Bank), SEANZA(South East Asia, New Zealand and Australia), SEACEN (South East Asian Central Banks), EMEAP(Executives 'Meeting of East Asia-Pacific Central Banks), BIS(Bank for International Settlement), ABF(Asian Bond Fund)

137 2016년 4월 11일 한국과 중국은 3600억 위안(약 64조원) 규모의 한·중 통화스왑 만기를 2020년 10월 10일까지 3년 연장하기로 원칙적으로 합의했다.

138 한일 통화스왑 계약은 미국과의 통화스왑 계약이 체결된 한 달쯤 후 300억 달러 규모로 확대됐고 한일 관계가 호전됐을 때인 2011년 700억 달러 규모까지 늘어났다. 그러나 한일 관계가 악화되기 시작하면서 2012년 당시 이명박 대통령의 독도방문 전후 급격히 줄기 시작해 2015년에는 모두 해지됐다.

139 제3절 일반은행은 한국은행, 『한국의 금융제도』(Financial System in Korea), 2011, 87면 이하를 참조하였다.

140 2011년 6월말 기준 7개 시중은행, 6개 지방은행, 37개 외국 은행 국내지점 등 총 50개 일반은행이 영업 중이며 이들 일반은행의 총자산 규모는 1,415조원이다.

141 외국은행 국내지점은 1967년 미국의 체이스맨해턴은행이 서울지점을 처음 설치한 이래 그 숫자가 꾸준히 증가하여 왔다. 그러나 대형은행간 합병에 따른 중복 점포의 폐쇄 및 금융·외환위기 이후 지점 철수 등으로 감소하여 2010년 말 기준 37개 은행의 53개 지점이 영업 중이다. 국적별로는 미국계 은행이 5개이며 유럽계가 24개, 중국계가 9개, 일본계 은행이 4개이다. 또한 2010년 말 19개 외국은행이 국내에 사무소를 설치하여 경제조사 및 거래처와의 연락업무를 수행하고 있다.

142 여수신 금융기관은 단일점포로 운영(unit banking)하는 것보다 다수의 지점을 가지고 운영 (branch banking) 하는 것이 유리하다. 지점수가 늘어나면 고객에 대한 접근성이 높아지는 데

다가 여수신이 특정지역 경제에 의존하는 정도를 낮출 수 있어 손실분산과 수신변동으로 인한 유동성 리스크를 줄일 수 있고 이를 통한 추가적 수익창출도 가능해진다. 반면 단일점포은행 제도는 금융독점의 폐해를 방지할 수 있고, 소재지의 소비자와 사업자에게 충분한 지원을 할 수 있다는 장점이 있어 과거 미국에서 채택되었다.

143 농업협동조합중앙회의 신용사업부문은 2011년 3월 『농업협동조합법』 개정에 따라 2012년 3월 2일부터 농협금융 지주회사소속 자회사인 농협은행으로 분리된다.

144 그 주요 내용으로는 금융통화위원회가 정하는 대출의 최장 기한 및 담보의 종류에 대한 제한, 자회사 출자 제한, 이익금 적립에 대한 규제 등을 들 수 있다.

145 1980년 이후 신한은행(1982년), 한미은행(1983년), 동화은행(1989년), 동남은행(1989년), 대동 은행(1989년) 및 평화은행(1992년) 등이 신설되었으며 하나은행은 한국투자금융이, 보람은행 은 한양투자금융과 금성투자금융이 각각 합병하여 1991년에 일반은행으로 전환하였다. 이 밖 에 한국외환은행(1989년), 국민은행(1995년) 및 한국주택은행(1997년)은 특수은행에서 일반은 행으로 전환하였다.

146 1998년 6월 부실정도가 심한 동화은행·동남은행·대동은행이 퇴출되었으며 1999년에는 한일 은행이 한빛은행(舊 한국상업은행)으로, 보람은행이 하나은행으로 각각 합병되었다.

147 2001년 11월에는 주택은행이 국민은행에, 동년 12월에는 평화은행이 한빛은행(2002년 5월 우 리은행으로 명칭 변경)에, 2002년 11월에는 서울은행이 하나은행에, 2006년 4월에는 조흥은행 이 신한은행에 각각 합병되었다.

148 외국은행 국내지점은 1980년대 후반 한국은행의 재할인 및 대출확대로 무역어음담보대출(1985 년 3월), 상업 어음재할인(1986년 8월), 결제부족지원자금(1988년 8월) 수혜대상으로 포함되었 고 이후 CD발행(1986년 9월), 불특정금전신탁(1985년 9월) 및 금외신탁(1991년 6월)으로 업 무내용이 확대되었다. 1991년 5월에는 CD발행한도 및 동일인 여신한도의 산정기준이 되는 갑 기금의 상한선 폐지로 외국은행 국내지점의 영업규모 확충이 용이해졌으며 1994년 4월에는 외국은행 국내지점 설치 시 경제적 수요심사 제도가 폐지되고 1997년 2월에는 국내지점 최초 설치 시 요구되는 자산규모 요건(세계 500대 은행 이내)도 폐지되었다. 이후 1999년 8월에는 국내은행으로 한정하였던 한국은행의 지점별 총액대출한도 배정대상에 외국은행 국내지점을 포함시켰다.

149 『은행법』상 각종 규제를 적용하는데 있어서 1인으로 보는 범위를 말한다.

150 그러나 1998년 『은행법』 개정 시 금융산업 구조조정과정에서 부실규모가 큰 은행에 대한 정 부의 증자지원 등의 원활화를 위해 정부 및 예금보험공사에 대해서는 은행지분 소유한도를 적 용하지 않고 있다.

151 비금융주력자는 『은행법』 제2조 제1항 제9호에서 ① 동일인(본인 및 특수관계인) 소유 비금 융회사의 자본총액이 당해 동일인 소유 전체 회사 자본총액의 합계액의 25% 이상인 경우, ② 동일인 소유 비금융회사의 자산총액이 2조원 이상으로서 대통령령으로 정하는 금액 이상인 경우, ③ 자본시장법에 의한 투자회사로서 ①, ②의 자가 그 발행주식 총수의 9%를 초과하여 주식을 보유하는 경우, ④ 자본시장법에 따른 사모투자전문회사로서 1) ①~③중 어느 하나가 사모투자전문회사 출자총액의18%이상지분을 보유하는 유한책임사원인 경우, 2) ①~③중 어 느 하나가 사모투자전문회사의 무한책임사원인 경우, 3) 다른 상호출자제한기업집단에 속하는 각각의 계열회사가 취득한 사모투자전문회사 지분 합이 사모투자전문회사 출자총액의 36% 이 상인 경우, ⑤ ④에 해당하는 사모투자전문회사가 투자목적회사의 주식 또는 지분의 9%를 초 과 취득·보유하거나 임원의 임면 등 주요 경영사항에 대하여 사실상의 영향력을 행사하는 경우로 규정하고 있다.

152 1998년 말 당시 한미은행은 최대주주인 Bank of America, 대우 및 삼성그룹이 각각 16.8%의 지분을 보유한 합작은행이었다.

153 제일은행은 1999년 12월 뉴브릿지 캐피탈에 매각된 후 2005년 4월 스탠다드차타드은행에 재매각되었으며 한미은행은 2000년 9월 칼라일 그룹에 매각된 후 2004년 3월 씨티그룹에 재매각되었다. 한편 외환은행은 2003년 9월에는 외환은행이 미국계 사모펀드인 론스타(Lone Star)에 매각된 이후 2010년 6월말 재매각 협상을 하였고, 현재 하나은행에 합병되었다.

154 광주은행과 경남은행은 2001년 12월 우리금융지주회사에, 제주은행은 2002년 5월 신한금융지주회사에 각각 편입되었다.

155 그러나 인터넷전문은행에 한해 산업자본 지분 소유한도를 기존 4%에서 34~50%까지 높이는 특례법이 발의된 상태다.

156 종래에는 시행령 및「은행업무 중 부수업무의 범위에 관한 지침」(금융위원회 고시)에서 규정하고 있었으나 2010년 5월 은행법 및 11월 시행령 개정으로 법률과 시행령으로 이관하였다.

157 투자신탁의 설정·운용 및 간접투자증권의 판매 및 환매업무는 2004년 1월『구(舊) 간접투자자산운용업법』의 시행에 따라 겸영이 가능해졌다.

158 신탁업은 금전, 부동산 및 동산, 기타 재산권을 수탁 받아 위탁자(또는 위탁자의 지정인)의 이익이나 특정목적을 위해 관리하는 업무이다. 은행의 겸영업무로서 신탁업무는 1972년 12월 이후 서울신탁은행에서만 취급해 왔으나 지방은행(1983년 5월), 시중은행(1984년 2월)으로 취급기관이 점차 확대되었고 1985년 9월부터는 외국은행 국내지점에 대하여도 취급이 허용됨으로써 모든 일반은행이 신탁업무를 취급하게 되었다.

159 은행의 신용카드업무는 1980년 9월 국민은행이 처음 취급한 이래 모든 일반은행이 취급하였으나 신한·하나·국민은행이 신용카드 사업부문을 분사시킴에 따라 2011년 9월 기준 이들을 제외한 나머지 은행만이 취급하고 있다. 은행은 신용카드에 의한 외상구매관련 업무뿐 아니라 신용카드회원에 대해 일정 한도 내에서 현금서비스를 제공하는 등 카드금융업무도 취급하고 있다.

160 2003년 7월에는 금융겸업화 및 전자금융거래의 확대 등에 따라 방카슈랑스, 골드뱅킹(금실물의 매매 및 대여), 기업구조조정 중개·주선·대리업무 등이 부수업무로 추가되었다.

161 금실물의 매매·대여 및 금적립계좌 등 관련 금융상품 개발 및 판매하는 업무이다. 한편 2010년 5월『은행법』개정으로 부수업무에서 제외됨에 따라 은행들은 금융위원회의 인허가를 필요로 하는 겸영업무, 즉『자본시장법』상 파생결합증권 매매업무로 취급하고 있다.

162 일반은행이 취급하고 있는 예금은 지급결제 편의 또는 일시적 보관을 목적으로 하는 요구불예금과 저축 또는 이자수입을 주목적으로 하는 저축성예금으로 대별된다. 요구불예금과 저축성예금은 당초 거치기간의 설정 여부를 기준으로 구분했지만 최근 들어서는 저축 및 결제기능이 혼합된 새로운 예금상품이 도입되면서 이러한 기준이 불분명해졌다. 2010년 말 기준 일반은행 예금의 종별 구성을 보면 요구불예금이 8.6%, 저축성 예금이 87.2%, 그리고 양도성예금증서가 4.1%를 각각 차지하고 있다. 이 중 요구불예금은 보통예금 및 별단예금의 비중이 높고 저축성예금은 정기예금, 저축예금, 기업자유예금 순으로 비중이 크다. 은행별로는 시중은행과 지방은행의 경우 예금의 구성이 대체로 비슷하지만 외국은행 국내지점의 경우에는 양도성예금증서의 비중이 상대적으로 높은 편이다.

163 대법원 1987.11.10. 선고 86다카371 판결.

164 다만 당좌예금에 대한 이자지급 금지 규정은 유지되고 있는데 이는 고객이 발행한 당좌수표 또는 어음의 지급업무를 은행이 대행하는 과정에서 여타 예금에 비해 높은 비용이 발생하고 예입자금의 안정성이 낮아 운용자금원으로서의 활용도가 낮은 것을 감안한 것이다.

165 예금의 기타조건에 관한 규제(금융기관 여수신 이율 등에 관한 규정, 2003년 12월)
  • 기한부예금: 정기예금 1개월 이상, 정기적금 등 적립식 예금 6개월 이상
  • CD 및 표지어음: 최단만기 30일 이상, 중도해지·환매는 불가능

166 은행이 당좌예금 거래자에 대하여 예금잔고 이상으로 발행된 수표나 어음에 대해서도 일정한도까지 지급에 응하는 초단기 신용을 말한다.

167 한국수출입은행을 제외한 특수은행도 각각의 특수은행법에 의거 당좌예금을 취급하고 있다.

168 동 예금의 명칭은 가계당좌예금에서 1981년 7월 가계종합예금으로 변경되었다가 1992년 12월 다시 가계당좌예금으로 환원되었다. 동 예금은 연 1.0%(3개월 평잔 1백만 원 초과분: 연 3.0%) 내외의 금리가 주어졌으나 요구불예금 금리가 완전 자유화된 2004년부터는 대부분의 은행이 무이자로 운용하고 있다.

169 당좌예금계정을 개설하지 않은 중소상공업자의 출납예금으로 많이 이용되고 있는데 금리는 대부분 은행이 무이자 또는 0.1% 수준의 낮은 금리를 적용하고 있다.

170 따라서 일정한 거래기한이나 거래약관이 없고 예금증서나 통장도 발행하지 않으며 필요한 경우 예치증, 영수증 또는 확인서 등을 발행해 줄 뿐이다.

171 이자율은 일반적으로 보통예금 이율이 적용된다.

172 정기예금은 예치한도 및 가입대상에 대한 제한이 없고 예치기간은 1개월 이상이며 금리는 자유화되어 있다.

173 정기적금은 예금주가 일정기간(일반적으로 1/4회차 정도) 납입하면 적금계약액 범위 내에서 대출이 가능하며(적금대출) 또한 적금납입액의 90% 범위에서 대출(적금담보대출)을 받을 수 있는 장점이 있다.

174 과거에는 가입대상을 개인으로 한정하였으나 2003년 12월 『금융기관 여수신 이율 등에 관한 규정』 개정 시 제한을 폐지하였다.

175 은행의 보통예금처럼 수시로 입출금이 가능한 실적배당펀드이다.

176 본래 어음관리계좌로 부르는 실적배당형 상품과 자유 입출금식 보통예금 계좌를 접목한 것으로 종금사만이 판매할 수 있는 상품으로 국공채나 기업어음(CP)에 투자해 올린 수익을 투자자들에게 돌려주는 상품이다. 그러나 선입선출법을 적용한다. 금융투자회사들도 국공채나 기업어음 대신에 머니마켓펀드(MMF)나 환매조건부채권(RP)에 투자하는 CMA 상품을 내놓고 있다.

177 미국 의회가 MMF와 질적으로 같고 경쟁이 가능한 신종예금계정을 만들 수 있도록 한 『예금금융기관법(Garn-St.Germain Depository Institutions Act of 1982)』을 통과시켜 법적인 토대를 이루어 주었다. 1982년 12월 14일부터 미국에서 은행이 취급하기 시작한 자유금리부 예금계정이다.

178 과거 무진회사(無盡會社) 형태로 성행되어 온 이 제도는 1962년 12월 법률 제1201호로 국민은행법이 제정됨에 따라 제도금융으로 흡수되었다.

179 한편 상호부금은 1990년 8월 급부금 취급방식이 부금을 계속 납입한 후 만기 시에 동 원리금으로 급부금을 일시 상환하는 방식에서 급부 시 부금을 중도 해지하고 급부원리금은 당초 부금 만기 시까지 매월 균등상환하는 방식으로 개편되었다. 이와 같은 취급방식 개편으로 상호부금의 성격이 여타 예·적금과 더욱 유사해짐에 따라 1991년 2월부터 상호부금에 대한 지준예치의무가 새로이 부과되었다.

180 통상 기관·법인인 경우 10억 원 이상, 개인의 경우 1천만 원 이상을 발행단위로 한다.

181 과거 은행별 발행한도는 자기자본, 예수금 규모 등을 감안하여 한국은행총재가 정하도록 하였다. 동 발행한도는 수차례에 걸쳐 상향조정되었는데 폐지 직전에는 시중은행 및 지방은행의 경우 전월 말 자기자본의 150%(국민은행은 300%), 특수은행은 전월 말 자기자본의 400%, 외국은행 국내지점은 전월 말 갑기금의 400% 또는 350억 원 중 큰 금액이었다.

182 정기적금은 해외이주자계정에서 취급되지 않는다.

183 동 계정의 예금은 자기명의 및 다른 거주자 명의 거주자계정에의 이체, 자기명의 거주자계정에의 예치를 위한 다른 외국통화 표시 대외지급수단 또는 외화채권의 매입, 대외지급수단으로의 인출, 인정된 거래에 따른 대외지급수단으로서의 지급, 원화를 대가로 한 매각 등의 용도로만 처분할 수 있다. 다만 외국 환은행으로부터 원화를 대가로 매입한 대외지급수단을 예치하는 경우에는 인정된 거래의 지급을 위한 경우를 제외하고는 거주자계정으로 이체하거나 대외지급수단으로 인출할 수 없다.

184 외국환은행이 한국은행에 예치하여야 할 외화예금 지급준비금의 최저율은 다음과 같다.
　　– 만기 1개월 이상 외화정기예금, 만기 30일 이상 외화양도성예금증서, 만기 6개월 이상 외화정기적금: 2%
　　– 대외계정, 해외이주자계정 및 외국환은행이 개설한 거주자계정예금과 동계정 개설대상해당자의 양도성예금: 1%
　　– 기타예금: 7%

185 2010년 말 기준 원화대출금의 구성을 보면 일반자금 대출이 84.6%로 대부분을 차지하고 있는 가운데 주택관련대출(6.7%), 외상매출채권담보 대출(2.1%) 순으로 비중이 크다. 은행별로는 시중은행과 지방은행은 대출금 구성이 유사하지만 외국은행 국내지점의 경우 일반자금 대출이 거의 대부분을 차지하고 있다. 한편 차주별 대출을 보면, 가계대출(49.6%)과 기업대출(50.2%)이 비슷한 비중을 차지하고 있다. 이러한 현상은 1997년 금융·외환위기 이후 부채비율 축소 등 기업의 재무건전성 강화 노력에 따라 기업의 대출수요가 감소하였을 뿐만 아니라 은행 역시 신용위험에 대한 민감도가 증가하면서 위험도가 높은 기업대출을 줄이는 대신 상대적으로 안정적인 가계대출 비중을 확대하였기 때문이다.

186 어음대출은 금전소비대차계약에 의한 『민법』상 채권 이외에 『어음법』상의 채권도 확보할 수 있어 채권보전 상 증서대출에 비해 유리할 뿐만 아니라 동 어음을 담보증권으로 활용하여 한국은행으로부터 대출을 받을 수 있는 이점이 있기 때문에 은행으로서는 가장 좋은 대출방법이다.

187 금융감독원장이 정한 대차대조표 계정과목에 따른 분류이다.

188 COFI is a regional average of interest expenses incurred by financial institutions, which in turn is used as a base for calculating variable rate loans. COFIs, in turn, are usually calculated by a self-regulatory agency like Federal Home Loan Banks.

189 코픽스(COFIX)는 대한민국 내 9개 은행들이 제공한 자금조달 관련 정보를 기초로 하여 산출되는 자금조달비용지수이다. ≪콜금리≫에 이어 2010년 2월에 도입된 새로운 대출 기준금리이다. '코픽스'는 1개월마다 자본을 조달하는 것이 목적인 상품들인 CD, 금융채, 환매조건부채권, 표지어음, 정기예금 등의 비용을 모두 고려하여 9개 은행(기업, 국민, 농협, 신한, 우리, 외한, 하나, 한국씨티, SC제일)으로부터 결정된다.

190 농협중앙회, 신한은행, 우리은행, SC제일은행, 하나은행, 중소기업은행, 국민은행, 한국외환은행, 한국씨티은행.

191 『근로자의 주거안정과 목돈마련 지원에 관한 법률』에 의거 설치되었으나 2003년 12월 『한국주택금융공사법』 제정으로 동 법이 폐지됨에 따라 근거법도 변경되었다.

192 한편 은행은 할인·매입한 어음을 한국은행으로부터 재할인 받을 수 있는데 종래에는 한국은행의 대출과 관련하여 적격업체제도가 있었으나 총액대출제도 시행 이후 적격업체제도는 폐지되었다.

193 대법원 1996.6.11. 선고 96다2064 판결.

194 선적서류지급도. 수출업자가 수입업자와의 매매계약에 따라 물품을 자신의 책임 하에 선적한 후, 관련서류가 첨부된 일람불환어음(documentary sight bill)을 수입업자를 지급인(drawee)으로 발행하여 자신의 거래은행인 추심의뢰은행(remitting bank)에 추심을 의뢰하면, 수출업자의

거래은행은 그러한 서류가 첨부된 환어음을 수입업자의 거래은행인 추심은행(collecting bank)으로 송부하여 추심을 의뢰한다. 그러면 수입업자의 거래은행인 추심은행은 그 환어음의 지급인인 수입업자로부터 대금을 지급받으면서 서류를 인도하고, 지급받은 대금은 추심을 의뢰하여 온 수출업자의 거래은행인 추심의뢰은행으로 송금하여 결제하는 방법이다.

195 수출상이 수입상과의 매매계약에 따라 물품을 자신의 책임아래 선적하고, D/A 계약서에서 요구하는 운송서류에 기한부 환어음(usance bill)을 첨부하여 자신의 거래은행인 추심의뢰은행(remitting bank)에 추심을 의뢰하고 수입상의 거래은행인 추심은행(collecting bank)에 추심을 요청함으로써, 환어음의 지급인인 수입상으로 하여금 기한부어음의 인수를 맡아 만기에 대금결제를 약속받고 선적서류를 인도하는 조건의 결제방식이다.

196 생산자금은 수출용 완제품 또는 원자재를 직접 제조·가공하는 데 필요한 자금으로 융자대상은 신용장 등의 금액에서 원자재 수입액 및 국산원자재 구매액을 차감한 가득액 부분이다. 원자재자금은 수출용 원자재를 수입하거나, 내국신용장에 의하여 국내의 유통업자로부터 수입원자재를 원상태로 조달할 때 지원하는 자금이다. 완제품구매자금은 국내에서 생산된 수출용 원자재를 내국신용장에 의하여 구매하는 데 소요되는 자금으로 내국신용장에 의하여 발행된 어음을 결제할 때 지원한다.

197 이것은 자금용도에 대한 특별한 제약이 없고 대출과목도 따로 정하여 지지 않은 대출을 총칭한다. 대출기간은 기업의 운전자금과 가계자금의 경우 보통 1년 이내이며 기업시설자금은 통상 3~7년 사이에서 취급하지만 일정한 기간을 경과하여야 수입이 발생하는 경우에는 거치기간을 설정할 수 있다. 또한 3년을 초과하는 시설자금 대출은 자금의 고정화를 방지하기 위하여 1년 이하의 할부내입으로써 정기적으로 분할상환 하도록 하고 있다.

198 당좌대출은 은행대출 가운데 가장 신속하고 간편하기 때문에 자금의 입출금이 빈번한 기업에게는 대단히 편리한 제도이다. 그러나 은행의 입장에서 볼 때는 대출의 규모, 시기 등을 예측할 수 없어 거래관계가 긴밀하고 신용상태가 양호한 기업에 대하여만 당좌대출거래를 허용하고 있다.

199 적금대출과 적금담보대출의 두 가지 종류가 있다.

200 상업어음 사용에 따른 부작용을 해소하고 기업 간 거래의 현금결제 확대를 유도하기 위하여 2001년 5월 도입되었다. 기업구매자금의 융자기간은 융자취급은행이 구매기업의 자금사정 및 실제 자금 소요기간 등을 감안하여 자율적으로 결정하며 대출금액은 구매대금(납품업체가 발행한 환어음 금액) 범위 내에서 결정된다. 한편 융자대상은 사업자등록증을 교부 받은 업체이며 30대 계열기업군 소속기업은 대상에서 제외된다.

201 과거 외화대출은 외채관리, 통화 및 환율 관리상의 목적으로 융자대상이 제한되었으나 2001년 10월 전면자유화되었다. 그러나 원화사용목적의 외화대출로 외채가 급증하고, 원화절상 압력이 커짐에 따라 2007년 8월 및 2008년 1월에는 외화대출 취급대상을 해외사용 실수요자금, 국내 시설자금 등으로 다시 제한하였다. 이후 일부에 대한 제한을 완화하였으나 2010년 7월 이후에는 외화대출 용도를 해외 사용용도로 제한하고 있다. 대출한도는 소요자금 범위 내로 하며 대출기간은 외국환은행이 자금의 용도 및 기업의 자금사정 등을 감안하여 적절하게 운용하도록 되어 있다.

202 리보금리(LIBOR: London inter-bank offered rates)는 '런던 은행 간 제공되는 금리'를 말한다. 영국은행들끼리 자금수요를 맞추기 위해 단기(통상 6개월 이내)에 주고받는 금리조건을 지칭한다. 리보금리가 전세계 금융거래의 벤치마크 역할을 하는 이유는 금융산업이 발달한 영국은행들의 신용도가 한 때 세계 최고수준을 자랑했기 때문이다. 우리나라에도 코리보(KORIBOR)라는 이름의 기준금리가 있다. 코리보는 국내 시중은행 7곳과 기업은행 등 특수은행 3곳, 대구·부산은행 등 지방은행 2곳, 홍콩상하이은행, 칼리온은행, JP모건체이스 등 외국계 은행 3곳의 기간별 금리를 통합 산출한 단기 기준금리다.

203 은행은 환업무를 통하여 수수료 수입을 얻을 뿐 만 아니라 송금 또는 추심대전을 단기간 은행에 머물게 함으로써 운용자금의 확대효과를 누릴 수 있다. 또한 환업무는 현금수수에 따른 위험배제, 시간과 경비의 절감 등을 통해 국민경제 내의 자금유통을 원활히 하는 데도 기여한다.

204 2011년 6월말 기준 한국수출입은행을 제외한 17개 국내은행과 우체국 및 농업협동조합·수산업협동조합 회원 조합, 새마을금고연합회, 신용협동조합중앙회, 상호저축은행중앙회, 외국은행 국내지점이 참가하고 있다.

205 금융결제원이 서울어음교환소를 운영하고 있다.

206 타행환 송금에 따른 은행 간 자금결제는 송금거래 다음 영업일 11시 30분에 한국은행금융결제망을 통해 한국은행에 개설된 각 은행의 당좌예금계정에서 차액결제되며 동 차액결제에 필요한 자료는 금융결제원이 일괄 작성한다.

207 이에 따라 은행의 외국환업무도 상당히 제한적이었다. 그러나 1980년대 후반 이후 국제수지의 흑자전환 등을 배경으로 일련의 외환자유화 조치가 시행되면서 은행의 외국환업무 취급범위 및 규모가 크게 확대되었다. 1997년 금융·외환위기 이후에는 외환자유화가 더욱 급속히 진전되어 주식 및 단기금융상품에 대한 외국인투자 자유화, 기업의 중장기 외화차입 및 해외증권 발행 자유화 등의 조치가 단행되었다.

208 이에 따라 기존의 외국환은행 뿐만 아니라 여타 금융기관도 외국환업무 취급기관으로 등록할 경우 업무를 취급할 수 있게 되었다.

209 외국환 발행업무는 은행이 해외에서 자금을 차입하기 위해 외화표시채권 또는 외화증권을 발행하거나 기업 등 다른 기관의 발행에 관여하여 인수를 담당하는 업무를 말한다.

210 외국환 매매업무는 일반적인 외국환 매매업무와 외국환은행 등과의 외국환 매매업무로 구분된다. 일반적인 외국환 매매업무는 주로 무역거래에 수반하는 수출 환어음 매입, 수입대금 결제 등과 여행자에 대한 외화현찰 및 여행자수표 등의 매매, 기타 외채원리금 상환을 위한 외국환 매매 등이 있다.

211 우리나라와 외국간의 지급·추심 및 영수업무는 경상거래에서 발생하는 외국환 결제업무에서 파생된다. 이는 내국환의 경우와 마찬가지로 결제 방법에 따라 송금환과 추심환으로 나누어진다. 송금환은 국내의 채무자(수입상 등)가 외국환은행을 통해 해외의 채권자(수출상 등)에게 대금을 송금하는 것이다. 반대로 추심환은 채권자가 채무자를 지급인으로 하고 어음매입(또는 추심)은행을 수취인으로 하는 환어음을 발행하여 채무자에게 대금을 추심하는 방식이다.

212 영업일 전일중 장내시장을 통한 외국환은행간 외국환거래를 거래량으로 가중평균하여 산출한 시장평균환율을 말한다.

213 2011년 6월말 기준 한국자금중개(1996년 7월 설립), 서울외국환중개(2000년 5월), ICAP(2004년 10월), Tullet Prebon(2005년 5월), KIDB 자금중개(2006년 3월), GFI(2007년 3월), Nittan Capital(2007년 3월), Tradition(2007년 4월) 및 BGC(2007년 5월) 등 9개사가 영업중이다.

214 서울고등법원 2009.11.19. 선고 2009나27984 판결 참조.

215 국채증권, 지방채증권, 특수채증권(법률에 의하여 직접 설립된 법인이 발행한 채권을 말한다. 이하 같다), 사채권(상법 제469조 제2항 제3호에 따른 사채의 경우에는 제7항 제1호에 해당하는 것으로 한정한다. 이하 같다), 기업어음증권(기업이 사업에 필요한 자금을 조달하기 위하여 발행한 약속어음으로서 대통령령으로 정하는 요건을 갖춘 것을 말한다. 이하 같다), 그 밖에 이와 유사(類似)한 것으로서 지급청구권이 표시된 것을 말한다.

216 은행(제2조 제1호 가목) 및 종합금융회사(아목)가 금융위원회가 정하는 바에 따라 기존의 대출금 등을 출자(出資)로 전환함으로써 소유하게 된 주식과 정부가 원리금의 지급을 보증한 채권(債券)[전문개정 2010.3.12.]

217 기초자산의 가격·이자율·지표·단위 또는 이를 기초로 하는 지수 등의 변동과 연계하여 미

리 정하여진 방법에 따라 지급하거나 회수하는 금전등이 결정되는 권리가 표시된 것을 말한다.

218 채무증권(채권), 지분증권(주식), 수익증권, 투자계약증권, 파생결합증권, 증권예탁증권을 말한다.

219 국제결제은행의 기준에 따른 기본자본과 보완자본의 합계액을 말한다(은행법 제2조 제1항 제5호).

220 동 한도는 자기자본의 100% 이내에서 대통령령으로 정하도록 되어 있는데 현행 은행법 시행령에는 자기자본의 60%로 규정되어 있다. 한편 국채와 통화안정증권, 정부가 원리금의 지급을 보증한 채권은 재정금융정책 운용상의 필요성에 의해 보유한도 산정대상에서 제외된다.

221 신탁업무에 의하여 취득하는 주식도 포함하나 특정금전신탁 위탁자의 운용지시에 따른 취득은 제외한다.

222 『은행법』 제2조 제10호에 정의되어 있다. 즉, '은행의 주주 1인을 포함한 동일인이 은행의 의결권 있는 발행주식 총수의 100분의 10[전국을 영업구역으로 하지 아니하는 은행(이하 "지방은행"이라 한다)의 경우에는 100분의 15]을 초과하여 주식을 보유하는 경우의 그 주주 1인', '은행의 주주 1인을 포함한 동일인이 은행(지방은행은 제외한다)의 의결권 있는 발행주식 총수(제16조의2 제2항에 따라 의결권을 행사할 수 없는 주식은 제외한다)의 100분의 4를 초과하여 주식을 보유하는 경우로서 그 동일인이 최대주주이거나 대통령령으로 정하는 바에 따라 임원을 임면(任免)하는 등의 방법으로 그 은행의 주요 경영사항에 대하여 사실상 영향력을 행사하고 있는 자인 경우의 그 주주 1인'이다.

223 『은행법』 제37조 제2항에 의하면 금융위원회가 정하는 업종에 속하는 회사 또는 기업의 구조조정 촉진을 위해 필요한 것으로 금융위원회가 승인한 경우에는 15%를 초과한 주식보유가 가능하다.

224 1997년 7월에는 환매조건부매도 대상채권에 종전 발행시장의 인수분 외에 유통시장에서의 매입분이 추가되었으며 2002년 1월에는 은행에 대한 환매조건부채권 매매의 최단만기(15일) 제한이 폐지되었다.

225 금융채(金融債)는 금융기관이 발행하는 채권으로 이자를 붙여 발행하는 기간이 1년인 이부채(利付債)와 할인하여 발행하는 기간이 5년인 할인채가 있다. 금융기관은 금융채의 발행에 의하여 조달한 자금을 장기 산업자금으로 대출하는 것이다. 금융채의 발행 한도는 은행 또는 금고의 자본 및 준비금의 합계 금액의 20배로 되어 있다.

226 일반은행의 주요 자금조달원인 원화예금 비중은 1990년 말 44.6%에서 2010년 말 기준 53.2%로 높아졌다. 그리고 1997년 2월 일반은행의 원화금융채 발행 허용 이후 채권발행을 통한 자금조달 규모도 크게 늘어나 2000년 말 전체 자금 조달액의 2.9%(16.6조 원)를 차지했으며 2010년 말에는 6.7%(90.0조 원)로 더욱 높아졌다. 반면 과거 중요한 자금조달원의 하나였던 한국은행 차입금의 비중은 1990년 말 8.3%에서 2010년 말 0.4%로 낮아졌다. 주요 자금조달수단을 은행그룹별로 비교해 보면 시중은행과 지방은행 간에는 특징적인 차이가 없으나 외국은행 국내지점은 국내은행과 큰 차이를 보이고 있다. 즉 외국은행 국내지점의 경우 2010년 말 기준 원화예금 비중은 2.6%에 불과한 반면 본지점 차입이 28.4%, 외화차입금이 4.5%를 점하여 주요 자금조달수단으로 이용되고 있다.

227 운용 내역을 보면 유가증권투자 비중이 가장 높게 나타나고 있다. 총자금 운용액 중 원화대출금 비중은 1990년 말 기준 40.7%에서 2010년 말에 51.9%로 상승하였으며 유가증권투자 역시 같은 기간 중 10.3%에서 18.9%로 높아졌다. 이러한 현상은 최근 가계대출의 큰 폭 증가와 함께 자본시장 확충에 따라 채권 및 주식투자 비중이 늘어났기 때문으로 보인다. 한편 은행그룹별로 자금운용 면에서의 특징을 비교해 보면 외국은행 국내지점의 경우 국내은행에 비해 원화대출금 비중이 낮은 반면 유가증권, 기타부문 및 외국환 등에 대한 운용비중이 높게 나타났다. 즉 외국은행 국내지점의 원화대출금 비중은 2010년 말 기준 3.1%로 국내은행(58~60%)에 비해 크게 낮은 반면 유가증권 및 기타부문의 비중은 각각 26.2% 및 51.0%로 국내은행에 비

해 높게 나타났다.

228 제4절 투자은행은 Robert J. Shiller, 『Fiance and the Good Society』, Princeton University Press, 2012, pp.45를 참조하였다.

229 Shiller, ibid, p.45.

230 뉴욕증권가의 세계적인 투자은행 그룹인 모건스탠리그룹과 소매 중개업무를 전문으로 하는 딘 위터디스커버사가 1997년 세계 최대 증권사의 하나로 합병되었다.

231 메릴린치(Merrill Lynch)는 미국에 본사를 둔 세계최대의 증권 회사이다. 현재는 뱅크 오브 아메리카에 인수되어 초대형 투자은행으로 자리매김했다.

232 미국 최초의 근대적인 투자은행은 남북전쟁 중 필라델피아 금융가인 Jay Cooke가 설립하였다 (Harold Glenn Moulton, 『The financial organization of society』, University of California Libraries 1921, pp.212f).

233 리사 엔들리크, 『골드만삭스』, 세종서적, 1999.

234 프란시스 베어링(Francis Baring)과 그의 형인 존 베어링(John Baring)을 말한다. 베어링 형제는 1762년부터 1995년까지 존속했던 영국의 베어링스 은행(Barings Bank)을 창업하였다.

235 Gerald Krefetz, 『Jews and Money: The Myths and the Reality』, Ticknor & Fields, 1982. p.267: Lance Edwin Davis: Robert E. Gallman, 『Evolving financial markets and international capital flows: Britain, the Americas, and Australia, 1865-1914』, Cambridge University Press, 2001, p.304.

236 Solomon Loeb와 Jacob H. Schiff가 설립했다. 리먼 브라더스(Lehman Brothers)는 러일전쟁 (1904~1905) 당시 일본에 전비를 조달해줬던 쿤로브를 인수하였다.

237 K. Thomas Liaw, 『The Business of Investment Banking』, John Wiley & Sons, 2011.

238 Ulrike Malmendier, "Roman Shares." In William Goetzmann and K. Geert Rouwenhorst, eds., 『The Origins of Values: The Financial Innovations that Created Modern Capital markets』, International Center for Finance at the Yale School of Management, 2005, p.38 quotes Cicero refiring to "partes illo tempore carrissimae" (shares that had a very high price at that time).

239 원시적인 방법으로 거래되었고, 발행되는 주식의 숫자가 워낙 적었기 때문에 투자은행가라는 직업은 그렇게까지 발전하지 않았을 것이고, 투자은행들이 지금 쓰는 방법들은 없었을 것이다.

240 이 회사는 새로운 주주들을 기록하기 위한 장부를 일 년에 한번 공개했지만, 법적으로 주식을 매일 사고 팔수가 있었다.

241 Shiller, ibid, p.46.

242 문자 그대로 엄격히 번역하면 '공동주식회사'라고 할 수 있다. 주주는 주식을 양도할 수 있지만, 회사의 채무에 대해서는 책임을 지는 형태의 주식회사라고 말할 수 있다. 영국에서는 회사의 채무에 대하여 무한책임을 지는 주주와 유한책임을 지는 주주로 구성되는데, 우리나라의 합자회사와 유사한 회사형태라고 볼 수 있다.

243 미국법에서는 주주(stockholder)가 무한책임(unlimited liability)을 지는 주식회사로 설립된다.

244 이는 아마도 당시에 분명 거품 안에서 치솟고 있던 영국 남해회사(South sea company)의 주식 가격 상승을 지원하기 위한 움직임으로 보인다.

245 "Modern Banking in Europe", *Bankers Magazine and Statistical Register* 14(3): 183-214 (1984), p.188.

246 Shiller, ibid, p.47.

247 David Moss, 『When All Else Fails: Government as the Ultimate Risk Manager』, Cambridge

MA: Harvard University Press, 2004.

248 Stewart Myers, "Capital Structure Puzzle", *Journal of Finance* 39, 1984. pp.575~92. 마이어 스가 썼듯이 회사의 직원들에게 인센티브로 주기 위해 주식이 발행되는 경향도 있다. 특별한 상황에서 발행되는 주식이 있다고 해도 여전히 발행한 주식이다. 회사가 자본을 모으기 위해 서는 계속 주식의 시장 가치에 의지하지 않을 수 없다.

249 Eugene F. Fama, "Random Walks in Stock Market Prices." *Financial Analysts Journal* 21(5), 1965. pp.55~99.

250 Shiller, ibid, p.49.

251 헤지펀드사가 필요로 하는 금융서비스 제공을 목적으로 특화된 금융투자회사를 말한다.

252 전담중개업무란 헤지펀드 등을 대상으로 재산보관·관리, 대출, 컨설팅 등의 종합서비스를 제 공하는 것을 말한다.

253 개정된 『자본시장법』 제8조 제9항.

254 금융위원회는 2013.10.30. 투자은행(IB)으로 KDB대우증권과 삼성증권, 우리투자증권, 한국투 자증권, 현대증권 등 5곳을 지정하였다.

255 개정 전 『자본시장법』에서 프라임브로커와 같은 역할을 하는 자로서, 일반사무관리회사와 자 금중개회사가 있었지만, 헤지펀드에 종합적인 서비스를 제공하기는 부족하였다. 이에 『자본시 장법 개정안』 제8조 제8항에서 전담중개업자(프라임브로커)의 업무를 신설하였다.

256 개정된 『자본시장법』 제77조의2 제1항.

257 제5절 부채와 레버리지는 Robert J. Shiller, 『Fiance and the Good Society』, Princeton University Press, 2012, pp.151를 참조하였다.

258 한편 익숙한 것을 향한 충동은 자신이 안고 있는 리스크에도 보호조치를 취하지 않는다. 따라 서 재앙이 찾아오면 심각한 문제에 직면한다. 사람들이 역사적으로 이런 실수를 되풀이해왔다 는 것은 전혀 놀랄 일이 아니다. 이런 기본적인 충동들은 정말로 강력하기 때문이다.

259 부채 중에서 지급기간이 결산일로부터 1년을 초과하는 채무로 예를 들면, 사채가 여기에 해당 한다.

260 이런 일은 시대를 막론하고 거듭하여 일어났다. 빚을 지는 관행은 어떤 형태든 무척 간편하고 자연스러운 것이었기 때문이다.

261 Shiller, ibid, p.152.

262 개인, 그리고 기업과 정부에서 일하는 사람들은 그들의 상식이나 일반적인 견해로 괜찮다고 여기는 신용대출을 순순히 받아들이는 경향이 있다. 대다수 사람들은 보통 이런 결정을 내릴 때 전문가의 도움을 얻지 못한다.

263 개인과 회사, 그리고 정부는 이런 부채로 인해 옴짝달싹 못하게 된다. 이런 일이 생겼을 때 재무자문가의 도움 없이 근본적인 문제를 이해하고 해결할 수학적 능력을 가진 사람은 거의 없다.

264 Shiller, ibid, p.153.

265 Shiller, ibid, p.154.

266 Adelino, Manuel, Antoinettte Schoar, and Felipe Severino, "Credit Supply and House Prices: Evidence from Mortgage Market Segmentation.", Unpublished paper, Tuck School, Dartmouth Colleger, 2011은 모기지 신용의 접근 범위가 미국의 주택 가격에 큰 영향을 미쳤 다는 점을 확인했다. 이들은 대출한도 변화를 이용해 신용공급의 경제 외적인 변화를 감지할 수 있다고 밝혔다.

267 Atif Mian, and Amir Sufi, and Francesco Trebbi, "Foreclosure, House Prices, and real

Economy.", Narrational Bureau of Economic Research Working paper 16685, 2011.

268 미국에서는 금융위기 전까지 신용카드 광고가 범람했다. 심지어 신청하지 않았는데도 신용카드가 가정에 발송되기도 했다. 동봉되어 있는 번쩍거리는 종이에는·아첨하는 광고 문구가 가득 쓰여 있었는데, 수취인에게 신용카드가 명예와 성취의 상징인 것처럼 유혹했다. 대출에 대한 본능적인 의구심을 희석시키기 위한 의도에서였다. 중국에서는 그런 신용카드나 광고지를 받는 사람들이 상대적으로 매우 드물었다.

269 Atif Mian, and Amir Sufi, "Household Leverage and Recession of 2007 to 2009.", *IMF Economic Review* 58, 74-117, 2010.

270 Shiller, ibid, p.155.

271 아마도 그들이 정말로 리스크가 없다고 믿지는 않았을 것이다. 마치 등 뒤의 다리를 불태워 앞으로 계속 나아가게 하는 것과 비슷한 일이었다. 하지만 사실 거의 아무도 이 문제에 관심을 두지 않았는데, 인간이 지닌 관심의 사회적인 토대를 생각해 볼 때, 대다수 사람들이 채무 과잉에 신경 쓰지 않은 것은 자연스런 일이었다.

272 2015말 기준 평균 BIS비율은, 은행 13.92%, 은행지주회사 13.72%로 나타났다.

273 이런 위원회를 설립했다고 해서 위기를 낳은 정치적 충동을 바꿔놓지는 못할 것이다. 그러나 이로써 문제를 개선시킬 연구와 대화의 물꼬가 텄다고 할 수 있다.

274 국가채무의 범위에 대해서는 다양한 기준이 존재한다. 현재 『국가재정법』에 따른 국가채무는 '국가의 회계 또는 기금이 부담하는 금전채무로 규정되어 있다. 이에 따르면 지방정부의 채무나 공기업 채무 등은 국가채무에 포함되지 않는다. 그러나 정부는 국제비교 등을 위해 지방정부 순 채무를 포함한 국가채무(일반정부 채무)를 발표하고 있으며, IMF 등 국제기구의 최근 기준은 국가채무 대신 '일반정부 부채'라는 개념을 적용함에 따라 지방정부 및 일부 공공기관의 채무도 포함하고 있다. 국제(IMF)기준에 따르면 '정부가 직접적인 상환의무를 부담하는 확정채무'를 의미한다. 여기에는 국채, 차입금, 국고채무부담행위, 지방정부순채무로 구성된다(국가채무＝국채＋차입금＋국고채무부담행위＋지방정부 채무－지방정부의 대중앙정부채무). 그런데 공기업 부채는 시장성을 갖추고 있는 공기업이 정부와 독립적인 경영활동을 하는 과정에서 발생한 부채로서 국가채무에 포함되지 않는다.

275 국가지표체계(http://www.index.go.kr/potal/main/EachDtlPageDetail.do?idx_cd=1106) 참조.

276 에스토니아(10%), 룩셈부르크(23%), 뉴질랜드(31%) 등 한국보다 인구와 경제 규모가 작은 나라를 제외하면 멕시코(36%) 정도만 GDP 대비 국가채무 비율이 더 낮다. 일본(245%), 이탈리아(132%), 미국(123%), 캐나다(107%), 프랑스(106%), 스페인(103%)은 100%가 넘는다.

277 Glick Reuven, and Kevin J. Lansing, "Global Household Leverage, House Prices, and Consumption.", *FRBSF Economic Letter* 2010-01, http://www.frbsf.org/pubicatinos/economic/letter'2010/el2010-01.html 2010. Figures 3 and 4.

278 레버리지 주기에서 과잉채무는 민간이나 기업이나 정부에서, 아니면 이 세 부문 모두에서 비롯될 수 있다. 레버리지 주기가 경제적 요동의 원인이 된다는 아이디어는 오로지 경제이론가들로부터 제한적인 관심만을 받아왔을 뿐이다. 아마도 경제학자들이 빈번하지 않은 대규모의 경기 후퇴보다는 자주 일어나며 상대적으로 규모가 작은 경제적 요동에 더 주의를 기울였기 때문일 것이다.

279 Irving Fisher, "The Deflation Theory of Great Depressions.", *Econometrica* 1(4), 337-57, 1933. See Schiller Robert, J., "Irving Fisher, Debt Deflation and Crisis.", *Journal of the History of Economic Thought*, 2012b.

280 John Geanakopolos, "The Leverage Cycle." in NBER Macroeconomics Annual 2009 1-65 Cambridge, MA, National Bureau of Economic Research.

281 호황기는 과도한 낙관과 만족이 지배하는 시기로 '정부'가 일어날지도 모를 모든 문제를 해결해줄 것이라는 생각과, 수백만 명의 사람들이 채무를 늘리면 그 숫자에서 비롯된 안정감이 팽배해 있는 것이다. 호황 뒤에 심각한 채무과잉의 시기에도 정부를 궁극적인 구원자로 여기고, 도움을 바라며 부채를 그냥 갖고 있는 경향은 여전히 남아 있다. 이렇게 부채를 그냥 안고 있는 패턴은 그 자체가 경제적인 곤란을 낳는다.

282 John Geanakopolos, "Solving the Present Crisis and Managing the Leverage Cycle.", Working Paper 1571, New Haven, CT: Cowels Foundations for Research in Economics, Yale University, 2010.

283 사실 새로운 정부는 대개 전임정부의 채무를 거부하려고 하지 않을 뿐 아니라 간혹 전임정부가 거부했던 채무까지 다시 떠안으려고 한다. 히틀러는 1933년 정권을 잡자 독일의 제1차 세계대전 배상금 지불을 거부했다. 그러나 제2차 세계대전 뒤 독일 정부는 이런 배상금의 일부를 재인정했다. 잔혹했던 전쟁 뒤에 신뢰를 다시 확립하기 위해서였다. 9억 4000만 달러를 마지막으로 지불한 것은 2010년 10월이었다. 부채(배상금)가 처음 생겨난 지 90년도 더 지난 뒤의 일이었다.

284 대형 복잡(too-big-to-fail)한 금융회사나 복잡한 금융거래 등이 초래할 수 있는 시스템위험을 사전에 감시·대응·차단할 목적으로 2010년 『도드-프랭크 법』에 의해 설립되었다.

285 진정한 효과를 얻기 위해서는 규제당국의 감독뿐만 아니라 더 나은 금융 절차와 수단-현재 우리의 완고한 정신적 태도와 전통에 기대지 않고 우리의 근본적인 행동 방식을 변화시킬 수단-의 개발이 요구된다.

286 Shiller, ibid, p.157.

287 이자를 받으려고 돈을 꾸어 주지 아니하며 뇌물을 받고 무죄한 자를 해하지 아니하는 자이니 이런 일을 행하는 자는 영원히 흔들리지 아니하리이다(시 15:5).

288 Shiller, ibid, p.157.

289 양심의 가책 따위는 없는 대출업자라고 해도 이런 정부에는 돈을 빌려주지 않을 것이다. 왜냐하면 그 후임 정부로부터 지불을 요구할 수 있는 도덕적 권리를 갖지 못할 것이기 때문이다.

290 Seema Jayachandran, and Michael Kremer, "Odious Debt.", *American Economic Review* 96(1), 82-92, 2006.

291 Shiller, ibid, p.158.

292 당시 유럽 국가들은 독일에 무거운 배상금을 요구했는데, 이런 요구를 충족하려면 독일은 자본 대부분을 외국으로 유출해야 할 판이었다. 사실 이 같은 요구는 억누르기 힘든 뿌리 깊은 분노와 적개심이 그 바탕을 이루고 있었다.

293 Heldge Berger, and Albrecht Ritschl, "Germany and the Political Economy of the Marshall Plan 1947-52: A Re-Revisionist View.", In Barry J. Eichengreen, ed., 『Europe's Post-War Recovery』, Cambridge: Press Syndicate of the University of Cambridge, 1995, pp.199-245.

294 물론 미국의 동기가 완전히 이타적인 것은 아니었다. 유럽이 안정과 번영을 찾는 게 미국에게 이로웠던 것이다.

295 Shiller, ibid, p.158.

296 한국은행에 따르면 2002년 4분기 말 기준 우리나라 전체 가계 부채는 약 465조원이었는데, 2016년 말 약 1300조원으로 14년 만에 3배 가까이로 빠르게 늘었다고 한다.

297 2016년 5월까지만 해도 한국의 가계부채가 관리가능한 수준이라고 평가해 왔다. 그것은 가계의 재정상태가 안정적이고 금융자산 역시 증가하고 있고, 고금리 대출을 저금리로 전환하는 안심전환대출의 시행과 신규여신 심사강화 등 정책당국의 가계부채 관리노력이 효과를 보고

있다고 평가했기 때문이다.

298 가계 및 비영리단체의 금융부채를 순처분가능소득(ND)으로 나눈 것이다.

299 2017년 6월 기준 우리나라의 소득 대비 가계부채 비율은 179%로 사상 최고를 기록했다.

300 제6절 모기지대출과 자산유동화는 Robert J. Shiller, 『Fiance and the Good Society』, Princeton University Press, 2012, pp.50를 참조하였다.

301 일반적으로 집에 대한 욕구는 결혼 후에 아이가 생겼거나 아이를 가지려고 할 때 고개를 든다. 문제는 부부의 적은 자산으로는 욕구를 충족시킬 수 없다는 것이다.

302 http://www.hf.go.kr/

303 쑹훙빙, 『화폐전쟁』, 렌덤하우스코리아(주), 2008, 454면.

304 Ibid.

305 이 셋은 각각의 필요가 있고, 근심도 있고, 정책 시계(time horizons)도 있다. 이 과정에서 실제 집주인들은 대출자들의 필요를 등한시하거나 더 나아가 그들을 이용할 수 있는 가능성이 매우 크다.

306 주택금융공사의 '아낌 e-보금자리론'이 연 2.80~3.05%의 10~30년 고정금리로 가장 저렴하다.

307 쑹훙빙, 『화폐전쟁』, 렌덤하우스코리아(주), 2008, 458면.

308 Ibid.

309 Ibid, 460면.

310 Ibid, 459면.

311 Shiller, 『Fiance and the Good Society』, Princeton University Press, 2012, p.51.

312 Ibid, p.52.

313 쑹훙빙, 『화폐전쟁』, 렌덤하우스코리아(주), 2008, 454면.

314 Ibid.

315 업계에서 '유독성폐기물'이라고 불렀다.

316 쑹훙빙, 『화폐전쟁』, 렌덤하우스코리아(주), 2008, 454면.

317 Ibid.

318 쑹훙빙, 『화폐전쟁』, 렌덤하우스코리아(주), 2008, 466면.

319 Ibid, 465면.

320 Ibid, 468면.

321 구조화채권(또는 구조화증권)이란 주식, 채권, 금리, 통화, 상품, 신용 등의 기초자산들에 기반을 두고 원금 또는 이자를 지급하거나 리스크를 회피할 목적으로 파생금융상품과 결합하여 만들어지는 새로운 형태의 금융상품을 말하며, 구조설계채권, 신종채권, 합성증권, 장외파생금융상품 등 다양한 표현으로 통용되고 있다.

322 Shiller, ibid, p.53.

323 쑹훙빙, 『화폐전쟁』, 렌덤하우스코리아(주), 2008, 468면: 그러나 일반의 상식과 달리, 2004년과 2007년 사이에 발행된 미국의 AAA등급 서브프라임 모기지 트렌치 중 극히 일부(0.17퍼센트)만이 2011년 모기지가 설정된 채무불이행으로 인한 손실(underlying default losses)을 보았다는 것이다. 그에 따르면, 주요한 손실을 본 몇 개의 AAA 서브프라임에 대해 설명한 뉴스와 그보다 낮은 등급의 트렌치의 채무불이행으로 인한 손실, 그리고 전반적인 시장가격 하락 때문에 사람들이 트렌치 시스템 전체에 대해서 부정적인 인식을 갖게 되었다. 디폴트 손실과 시장 혼란 사이의 차이의 속성에 대해서는 개리 고튼이 쓴 마이클 루이스와 그레고리 주커만의 책 리뷰에 자세히 나와 있다.

324 어떤 모기지 증권은 이미 1968년 국립주택저당금고(1968년에 설립된 정부 주택 금융 기관인 Ginnie Mae)에서 발행하기도 했다. See Fabozzi and Modigliani(1992).

325 Viaral Acharya, Thomas Cooley, Matthew Richardson, and Ingo Walter. 2010. "Manufacturing Tail Risk: A Perspective on The Financial Risk of 2007-9", *Foundations and Trends in Finance* 4, pp.247-325.

326 Ibid.

327 공저: 『Saving Capitalism from the Capitalists』, Princeton University Press, 2004.

328 부동산 가격이 내려가자 사람들은 원금은 물론 더 이상 이자를 갚을 능력도 잃어버리게 됐다. 심지어 가지고 있는 집을 팔아도 빚을 갚을 수 없는 경우가 속출했다.

329 대출받은 사람이 모기지를 못 갚더라도 대출기관이 집을 압류하고 집을 판 다음에 갚으면 되기 때문이다. 사실 대부분의 경우에는 압류도 없었다. 모기지를 갚을 수 없게 된 집주인이 대출기관의 설득을 받고 집을 팔아 압류를 피했던 것이다.

330 저서: 『Empire of Wealth: The Epic History of American Economic Power』, Harper, 2006.

331 캐나다에도 페니 메이와 프레디 맥과 매우 비슷한 기관이 있다. 「캐나다연방정부주택청(Canada Mortgage and Housing Corporation-CMHC)」으로 모기지를 발행하고 모기지를 사서 대중에게 채권이 형태로 되파는 것이다. 캐나다의 주택가격이 폭락한 적은 없기 때문에 이 기관이 파산하지는 않았지만 페니 메이나 프레디 맥의 사례를 볼 때 앞으로 문제가 생길 가능성은 분명히 있다. 일본 「주택금융공사(Japan Housing Finance Agency)」에서도 모기지 증권화를 시도하고 있지만 비교적 매우 작은 규모이다. 대부분의 국가에서 모기지 증권에 대한 제한적인 시도는 있었지만 투자자들은 모기지 대출 은행의 주식을 보유하는 식으로 간접적으로 모기지에 투자하는 편이다.

332 프랑코 모딜리아니와 머톤 밀러(1963)는 투자자들은 자신들이 투자하는 자산에 대한 정보를 입수한 자원을 갖고 있지 못하다고 가정했다. 조지 에커로프는 1970년에 비대칭성(Information Asymmetry)이 시장을 방해한다는 논문으로 2001년 노벨 경제학상을 공동 수상했다. 애커로프의 이론에서는 만일 판매자가 나쁜 물건을 파는 것 같으면, 구매자는 최저가격 이상을 내지 않으려고 한다. 그러므로 판매자 또한 시장에 굳이 좋은 물건을 가져다주려 하지 않는다.

333 George A. Akerlof, "The Markets for 'Lemons': Quality Uncertainty and the Market Mechanism", *Quarterly Journal of Economics* 84(3), 1970, pp.488-500.

334 Claire A. Hill, "Securitization: A Low-Cost Sweetener for Lemons" *Journal Applied Corporate Finance* 10(10), 1997, pp.64-71.

335 Shiller, ibid, p.54.

336 2007년 레오니트 후르비치, 로저 마이어슨 등과 함께 노벨 경제학상을 수상한 바 있다. 저서: 『Incentives, Scale Economics, and Organization Form』

337 기업이나 국가의 파산 위험 자체를 사고 팔 수 있도록 만든 파생금융상품을 말한다.

338 기업들은 가능한 한 규제기관의 마음에 들기 위해서 노력했고, 정부 관료들은 자신들이 집행하는 규제에 대해서 깊이 생각하지 않았다.

339 Shiller, ibid, p.55.

340 National Commission on the Causes of the Financial and Economic Crisis in he United Sates(U.S. Financial Crisis Inquiry Commission). 2011. *Financial Crisis Inquiry Report*, Washington D.C.: U.S. Government Printing Office, *http://www.gpoaccess.gov/fcic/fcic.pdf*

341 Shiller, ibid, p.56.

342 사실 모기지금융증권화가 사회에 미친 이익은 눈에 잘 띄지 않았다. 집주인들에게 낮은 차입

대출 이자율을 보장하는 식이었기 때문이다. 사람들은 이자율이 어떤 의미를 갖는지 알 길이 없었다. 그러나 어쩌면 사람들이 집에서 살지 않을 수 있는 가능성을 생각지 못했을 것이다. 또한 그들이 인생에서 소중하게 생각하는 것-아이들이 어릴 때 내 집을 갖는 것-이 이것 때문에 가능하다고는 생각하지 못했을 것이다.

343 Robert J. Schiller, 『The Subprime Solution: How Today's Global Financial Crisis Happened and What to Do about it』, Princeton: Princeton University Press, 2008.

344 John E. Davis, 『Shared Equity Ownership: The Changing Landscape of Resale-Restricted, Owner-Occupied Holmes, Montclaire』, NJ: National Housing Institute, 2006 and Caplin, Andrew, Sewin Chan, Charles Freeman, and Joseph Tracey, 『Housing Market Partnership: A new Approach to a Market at Crossroads』, Cambridge: MIT Press, 2006.

345 Shiller, ibid, p.56.

제 3 장 보험회사

1 제3장 제1절 보험회사의 역사와 기능은 Robert J. Shiller, 『Fiance and the Good Society』, Princeton University Press, 2012, pp.64를 참조하였다.

2 Ibid.

3 어떤 보험정책에서도 이들을 다시 살아 돌아오게 할 수는 없었다. 하지만 오일 누출 같은 비극은 대부분 보험으로 처리하는 것이 가능하다. 언론은 지역경제의 해체나 해변 리조트들의 임시 휴업, 혹은 관광객 감소로 인한 실업 증가 등을 자세히 보여주었다. 이 모든 게 하나도 보험 처리가 안 될 것처럼 다루었다.

4 보험세계는 굉장히 침착하고 한결같다. 주요 포트폴리오 투자자들이 원유 손실로 손해를 보았다고 해도 그들의 행복을 완전히 해치는 정도까지는 아니었다. 보험이 적용되었다면 개개인이 체험하는 비극은 지극히 줄어든다.

5 Shiller, ibid, p.65.

6 하지만 아직까지 원유는 한 번도 바닥난 적이 없으므로 이는 모두 추상적인 가정일 뿐이다. 공급이 줄어들면 세계경제는 원유 구입비용을 절약하는 방향으로 움직일 것이다. 그리고 대체 에너지가 출현하고, 단계적으로 도입될 것이다. 따라서 이러한 원유 유출 사태는 완전한 보험이 갖춰진 사회에서는 다음 세기에 약간의 기름 값 상승을 예고할 따름이다. 물론 이 정도는 사회가 충분히 감당할 수 있다.

7 Shaohua Chen, and Martin Ravallion, 『Absolute Poverty Measures for the Development World, 1981-2004』, Washington D.C., World Bank, Development Research Group, 2007.

8 Robert M. Townsend, "Risk and Insurance in Village India.", *Ecometrica* 62(3), 539-91 1994. 가족은 농사가 실패했을 때 모두가 고통을 받았으며, 이러한 접근은 리스크 관리의 이상과는 거리가 멀다.

9 특정 농장에서 발생할 수 있는 곡물 수확 실패를 직접 겨냥한 보험상품이었다.

10 Barry J. Barnett, and Oliver Mahul, "Weather Index Insurance for Agricultural and Rural area in Loer-Income Countries.", *American Journal of Agricultural Economics* 5, 1241-47, 2007.

11 Shiller, ibid, p.66.

12 우리나라 생명보험업계도 그동안 기후변화에 무관심했으나 이제 전 세계적 이상 기후에 따른

국민 사망률과 질병발생률 증가 등에 주목하여 생명보험업계의 '블루오션'이 기후변화에 취약한 개발도상국을 중심으로 열릴 것이란 전망을 하고 있다.

13 그래서 갑작스런 비극적 사건이 아니라, 더디게 나타나는 이런 위험들에 대한 관리는 매우 소홀해지기 쉽다.

14 Robert J. Schiller, 『The Financial Order: Risk in the 21st Century』, Princeton, NJ, Princeton University Press, 2003.

15 지금 있는 것보다 훨씬 더 구체적으로 보험을 선택할 수도 있다. 어떤 사람이 특정 직업에 대해 관심이 있어 보험에 든다고 해보자. 그러면 특정 직업에 시도한 결과가 좋지 않다고 해도 그 사람은 결과에 대한 두려움이 없이 전문적으로 훈련을 받아볼 수가 있다. 또 몇 년이나 몇 십 년 후에 해당 직업 시장이 줄어들거나 아예 없어진다 해도 들어두었던 보험금을 받을 수가 있다.

16 Andrew E. Scharlach, and Amanda J. Lehning, "The Government Role in Aging and Long-Term Care.", in Jacob Hacker and Ann O'Leary, eds., 『Shared Responsibility, Shared Risk』, Chapter 12, New York, Oxford University Press, 2012.

17 하지만 일시적으로만 그렇게 될 것이다. 보통 가족의 병은 몇 년간 혹은 평생 지속될 수 있다.

18 하지만 현재의 보장하는 보험 기간은 너무하다 싶을 정도로 짧다. 때문에 허리케인의 증가로 발생할 수 있는 리스크로부터 거의 보호받기 어려운 상황이다.

19 Dwight Jaffee, Howard Kunreuther, and Erwann Michel-Kerjan, "Long-Term Care Insurance(LTI) for Addressing Catastrophe Risk., National Bureau of Economic Research Working Parer, 2008 and Kunreuther, Howard and Michael Useem, 『Learning From Catastrophe: Strategies for Reaction and Response』, Philadelphia, Wharton School, 2010.

20 Ann O'Leary, "Risk Sharing When Work and family Clash: The Need for Government and Employer Innovation.", in Jacob Hacker and Ann O'Leary, eds., 『Shared Responsibility, Shared Risk』, Chapter 12, New York: Oxford University Press, 2012.

21 Robert Shiller, Alan N. Weiss, "Home Equity Insurance", *The Journal of Real Estate Finance and Economics*, 1999.

22 Robert J. Schiller, 『Macro Markets: Creating Institutions to Mange Society's Largest Economic Risks』, Oxford: Oxford University Press, 1994. Robert J., 『The Financial Order: Risk in the 21st Century』, Princeton, NJ, Princeton University Press, 2003. Robert J., 『The Sub-Prime Solution: How Today's Global Crisis Happened and What to Do about it』, Princeton: Princeton University Press, 2008.

23 보험의 개념을 새로운 지평으로 끌어올리는 작업은 어쩌면 매우 감격적인 일이 될 수도 있다. BP 오일 유출이나 아이티 지진, 혹은 전 세계의 기근에 따른 인간의 고통에 좀 더 현명하게 반응하는 자세는 앉아서 걱정하는 것이 아니다.

24 Shiller, ibid, p.68.

25 제2절 보험회사는 한국은행, 『한국의 금융제도』(Financial System in Korea), 2011, 189면 이하를 참조하였다.

26 그 밖에 겸영이 가능한 보험 상품으로는 연금저축, 퇴직보험 등이 있다.

27 국가나 지방자치단체 또는 공법인이 경영하는 공영보험에는 국민연금, 건강보험, 산업재해보상보험, 공무원연금, 사립학교교원연금 등도 포함되나 이들은 특정 회원을 상대로 보험기능을 제공한다는 측면에서 불특정 다수를 상대로 하는 우체국보험과 차이가 있다.

28 조선생명보험은 해방 이후에도 영업을 하였으나 6·25로 1950년 이후 휴업상태에 있다가

1962년 9월 면허가 취소되었다.

29 대한생명(1946년), 협동생명·고려생명(1947년), 흥국생명(1950년), 제일생명(1954년), 삼성생명(1957년, 舊 동방생명), 교보생명(1958년, 舊 태양생명), 동아생명(1959년).

30 그러나 보험에 대한 일반의 인식부족과 보험회사 공신력의 취약 등 구조적 제약요인으로 1970년대 중반까지 생명보험업은 부진을 면치 못하였다.

31 한편 보험금 지급절차 개선, 보험약관 간소화, 생명 보험료에 대한 소득공제제도 도입 등 획기적인 제도 개편을 이룸에 따라 보험산업 발전의 새로운 전기를 마련하였다.

32 1980년대 들어 소득수준 향상 및 인구고령화 등으로 보험에 대한 수요가 증대되고 보험서비스에 대한 인식이 크게 높아지면서 보험회사의 신설 필요성이 점증하는 한편, 미국 등 외국으로부터의 보험업 개방요구도 증대되었다. 이에 따라 정부는 1986년 12월 외국생명보험회사 설립기준을 제정하고, 이와 함께 외국생명보험회사의 국내지점 설치와 합작회사 및 현지법인 설립을 허용하고 국내생명보험회사 신설을 대거 인가함으로써 대내외 시장개방이 동시에 이루어지게 되었다.

33 생명보험과 손해보험의 성격을 모두 갖고 있는 보험으로 상해보험, 질병보험, 간병보험 등이 이에 해당된다.

34 불어의 은행(banque)과 보험(assurance)의 합성어이다. 은행 등 금융기관이 보험회사의 대리인 또는 중개인으로 등록하여 보험상품을 판매하는 것을 말한다.

35 당초 정부가 2008년 12월 국회에 제출한 『보험업법』 개정안에는 보험회사에 대한 자금이체업무 허용이 포함되었으나 소관 상임위원회인 정무위원회에서 지급결제시스템의 안전성 저하 등에 대한 논란으로 개정안 처리가 지연되다가 2010년 2월 자금이체업무 허용 부분은 제외하고 개정안을 의결하였다.

36 특히 진입규제 완화를 배경으로 1988~1994년 중 15개 생명보험회사가 신설 되었다.

37 1998년 11월 생명보험회사에 대한 구조조정 과정에서 부실보험회사로 판정된 국제생명보험, 태양생명보험, BYC생명보험(이상 지방회사) 및 고려생명보험(합작회사)의 4개 회사가 각각 삼성생명보험, 교보생명보험, 흥국생명보험 및 제일생명보험으로 통합되었다.

38 2000년에는 동아생명이 금호생명에, 조선생명은 현대생명에, 태평양생명은 동양생명에, 국민생명 및 한덕생명은 SK생명에 흡수·합병되었다. 그 후 2001년에는 삼신생명 및 현대생명이 대한생명으로, 2003년에는 대신생명이 녹십자생명에, 2004년에는 한일생명이 KB생명에 각각 흡수·합병되었다. 한편 2010년에는 아이비케이연금보험이 신설되었다.

39 생명보험 상품은 그 기능에 따라 보장성보험과 저축성보험으로도 분류된다. '보장성보험'은 보험사고가 발생할 경우에는 약정보험금이 지급되지만 보험사고 없이 계약이 만료되는 경우 보험금이 이미 납입한 보험료를 초과하지 않는 보험상품(예: 암보험)이다. '저축성보험'은 생명보험 고유의 위험보장 기능보다는 만기생존 시에 보험이 지급되는 저축기능에 중점을 둔 보험상품(예: 교육보험)이다.

40 그러나 실제로는 이와 같은 순수한 형태의 생존보험 상품은 없고 피보험자가 사망 시 별도의 보험금을 지급하는 보장내용을 부가하는 것이 일반적이다.

41 생존보험의 저축기능과 사망 보험의 보장기능을 겸비한 절충형 보험이다.

42 특별계정은 계정간 자산을 엄격히 구분하고 발생손익을 명확하게 구분하기 위해 보험회사가 일반계정과 별도로 보험상품을 운용할 수 있는 계정으로 1994년 도입된 개인연금저축(2001년 이후 판매중지)의 관리를 위해 1995년 1월 보험업법이 개정되면서 법적 근거가 마련되었다.

43 이외에도 장기유지특별배당이 있는데 이는 보험계약의 장기화를 유도하기 위한 제도로서 일반화된 배당제도로 보기는 힘들고 현재 우리나라, 일본 등 일부 국가에서만 이용되고 있다.

44 자동차보험은 처음에는 한국자동차보험이 독점적으로 운영하다가 1982년부터 모든 손해보험 사로 확대되었다.

45 2000년 2월 규제개혁위원회는 손해보험사의 자동차보험사업에 대한 진입규제 완화를 위해 「자동차보험 경영 지침」을 폐지하도록 함에 따라 모든 손해보험사에서 자동차보험 판매가 가 능해졌다.

46 2000년대 초반 신설된 국내보험사는 다음자동차보험(2003년 12월)와 교원나라자동차보험(2003 년 11월)이 있고 외국계는 CologneRe(2001년 4월), FirstAn(2001년 7월), Mitsui Sumitomo (2002년 10월), SwissRe(2001년 7월), MunichRe(2001년 7월), EmployersRe(2003년 3월), 동 경해상(2003년 6월), ScoreRe(2004년 4월) 등이 있으며 이후 하이카다이렉트(2005년 12월), 다스법률비용보험(2009년 3월) 등이 추가 신설되었다.

47 자동차보험의 경우 2001년 8월 자동차보험료 완전자유화, 자동차 등록대수의 증가세 둔화, 온 라인 자동차보험 판매 등에 따른 가격경쟁 심화로 비중이 하락해 온 반면 장기저축성보험은 신상품 개발, 모집조직 확대 등으로 큰 폭의 성장세를 지속하고 있다.

48 해방 이후에는 국민생명보험으로 명칭을 바꾸었으나 불안한 정치·경제적 여건으로 영업규모 는 해방 전보다 오히려 위축되었다. 국민생명보험은 1952년 12월『국민생명보험법』이 제정되 면서 지식경제부(당시 체신부)의 부대업무로 되었다. 그러다가 농업협동조합, 새마을금고 등 농어촌지역 저축기관과의 업무 경합 등이 문제가 되자 정부는 1977년 1월 국민생명보험법을 폐지하고 체신관서의 보험사업을 중단하였다.

49 다만『보험업법』제127조 제2항의 규정에 의하여 금융위원회가 정하는 기준의 범위 안에서 보험의 종류를 정하고자 하는 때에는 지식경제부장관이 자율적으로 결정한다.

50 우체국보험의 종류는『우체국 예금·보험에 관한 법률 시행규칙』제35조 제1항에 규정되어 있다.

51 한편 종전에는 수급권 보호를 위해 보험금 또는 환급금에 대한 압류도 금지하였으나 2008년 5월 일반보험과 비교하여 평등원칙에 위배된다는 헌법재판소의 헌법불합치 결정에 따라 보험 상품 종류나 수급권자 유형별로 보호범위를 달리하여 제한적으로 금지하는 방향으로 2009년 4월『우체국예금·보험에 관한법률』이 개정되었다.

52 다만『국가공무원법』제52조에 의해 국가공무원의 후생·복지를 위하여 판매되는 단체보험상 품의 경우에는 1인당 한도액이 2억 원이다.

53 2001년 12월『우체국보험특별회계법』개정을 통해 우체국적립기금을 우체국보험적립금으로 명칭을 변경하고『기금관리기본법』의 적용을 받지 않도록 하였다.

54 처음에는 화재공제, 농경우공제사업 등의 손해공제업무만 취급하였으나 1965년부터는 일반인 대상의 생명공제업무까지 그 업무범위가 확대되었다.

55 신용협동조합공제는 금융위원회가 신용협동조합법에 따라서 인가 및 감독권한을 가지고 있다.

56 다만 농림수산식품부의 경우 2005년 7월 보험업법과 대등한 수준의「농업협동조합 공제사업 감독기준」을, 2010년 10월에는「수산업협동조합 공제사업 감독기준」을 제정하여 운용하고 있다.

제 4 장 금융보조기관

1 제4장은 한국은행,『한국의 금융제도』(Financial System in Korea), 2011, 243면 이하를 참조 하였다.

2 제1절 예금보험공사는 한국은행, 『한국의 금융제도』(Financial System in Korea), 2011, 243 면 이하를 참조하였다.

3 http://www.kdic.or.kr/index.jsp

4 수산업협동조합의 회원조합은 예금보험공사 설립 당시부터, 신용협동조합은 1997년 12월 기금통합 시부터 예금보험 적용 대상기관이었으나 조합원간의 상호부조를 목적으로 한다는 점에서 부보금융기관에서 제외되었다.

5 한국산업은행, 중소기업은행, 농협은행, 수협은행은 부보금융회사이다(예금자보호법 제2조).

6 정보통신망이나 전자정보처리장치를 이용하여 투자중개 업무를 영위하는 전자증권 중개회사는 제외한다.

7 투자매매업자·투자중개업자가 투자자로부터 예탁받은 금전을 말한다(예금자보호법 시행령 제3조 제3항).

8 다만 이자가 지급되지 않는 결제성 예금에 대해서는 2003년 말까지 한시적으로 예금전액을 지급하였다.

9 1996년 6월 출범 당시에는 동 한도가 1인당 2천만 원이었으나 외환위기 발생 직후인 1997년 12월 5일 『예금자보호법』, 『신용관리기금법』, 『증권거래법』, 『보험업법』 등의 시행령을 개정하여 2000년 말까지 한시적으로 부보금융기관이 파산하는 경우 이들 기관의 예금에 대해 원리금 전액을 보장하기로 하였다. 그 후 유동성 부족에 직면한 일부 금융기관들이 높은 금리로 무리하게 예금을 유치하는 등 부작용이 발생함에 따라 1998년 7월 『예금자보호법 시행령』을 개정하여 1998년 8월 이후 가입한 예금 등에 대해서는 원금이 2천만 원 이내일 때에는 2천만 원 한도 내 원리금을, 원금이 2천만 원을 초과할 때에는 원금만을 보장하도록 하였다.

10 또한 금융권별로 부실이 이전되지 않도록 예금보험기금과 상환기금 내에 금융권별로 계정을 설치하여 구분 계리하고 있다.

11 출연금은 신규로 영업 또는 설립 인가를 받은 부보금융기관이 납부하며 그 금액은 납입자본금 또는 출자금의 1%이다. 다만 종합금융회사 및 상호저축은행의 경우는 5%를 납부하여야 한다.

12 정부, 한국은행, 부보금융기관, 대통령령이 정하는 금융기관으로부터 차입할 수 있다. 또한 한국은행 차입금의 원리금 상환에 대해 정부가 보증할 수 있다.

13 이렇게 조성된 기금은 보험금 지급, 정리금융기관에의 출자, 부실 금융기관 정리 등을 위한 자금지원, 예금보험기금채권 및 차입금의 원리금 상환 등으로 지출된다. 한편 2009년 1월에는 목표기금제도를 도입하여 예금보험기금이 시스템위기를 제외한 최대손실까지 감당할 수 있도록 적립규모를 확대하였다.

14 정부산하 기관인 예금보험공사, 자산관리공사 등이 자금을 조달, 채권을 발행하고 정부가 이에 대해 지급보증을 해 주기 때문에 "공적"이란 개념을 쓰고 있다.

15 공적자금 상환대책은 25년 이내에 공적자금 부채상환을 완료하고 공적자금 상환 재원의 일부를 재정에서 부담하기 위해 공적자금상환기금을 설치하는 것을 주요 내용으로 한다. 공적자금 상환기금은 국채발행 등으로 조달한 자금을 예금보험기금채권 상환기금과 부실채권 정리기금 출연에 사용하고 있다. 동 기금은 2027년 말까지 한시적으로 존속된다.

16 부보금융기관은 2003년부터 2027년 말까지 매년 예금 등의 잔액에 일정비율을 곱한 금액(보험회사의 경우 책임준비금을 감안하여 대통령령이 정하는 금액)을 예금보험공사에 납부해야 한다.

17 이 중에서 16.7조원은 회수자금으로 상환하고 20조원은 금융기관 특별기여금으로 상환하며 나머지 45.7조원은 국채로 전환하여 공적자금상환기금으로부터 출연 받아 상환하도록 되어 있다.

18 이에 반해 금융기관 특별기여금은 2027년까지 분할 수납하도록 되어 있으므로 상환자금의 조달과 상환 간 기간 불일치를 해소하기 위해 예금보험채권 상환기금채권을 발행하였다. 2010년까지 총 41조의 상환기금채권이 발행되었다.

19 보험회사의 경우 책임준비금 등을 감안하여 대통령령으로 정하는 계산법으로 산출한 금액을 사용한다.

20 부보금융기관의 예금 등 채권의 지급정지(제1종 보험사고)나 부보금융기관의 영업인가·허가의 취소, 해산결의 또는 파산선고(제2종 보험사고)가 있는 경우를 말한다.

21 보험금이나 가지급금을 지급하고자 하는 경우 예금보험공사는 지급의 기간, 방법, 기타 필요한 사항을 일간신문 등에 공고하여야 한다.

22 이와 같이 예금 등 채권을 매입하는 경우 예금자 등의 청구에 따라 채권의 가치를 개산하여 예금자에게 지급하는 금액을 개산지급금이라 한다. 예금보험공사가 매입한 예금 등 채권을 회수한 금액에서 소요된 비용을 공제한 금액이 개산지급금을 초과하는 경우 그 초과 금액을 당해 예금자들에게 추가로 지급한다.

23 『예금자보호법』 제2조에서 정의한 부실금융회사는 다음의 세 가지 경우를 말한다.
① 경영상태를 실사(實査)한 결과 부채가 자산을 초과하거나 거액의 금융사고 또는 부실채권의 발생으로 부채가 자산을 초과하게 되어 정상적인 경영이 어렵게 될 것이 명백하다고 금융위원회 또는 예금보험위원회가 결정한 부보금융기관
② 예금 등 채권의 지급 또는 다른 금융기관으로부터의 차입금 상환이 정지 상태에 있는 부보금융기관
③ 외부로부터의 자금지원 또는 별도의 차입 없이는 예금 등 채권의 지급이나 차입금의 상환이 어렵다고 금융위원회 또는 예금보험위원회가 결정한 부보금융기관

24 『예금자보호법』상 부실금융기관은 다음의 세 가지 경우를 말한다.
① 부채가 자산을 초과하거나 거액의 금융사고 또는 부실채권의 발생으로 부채가 자산을 초과하게 되어 정상적인 경영이 어렵게 될 것이 명백하다고 금융위원회 또는 예금보험위원회가 결정한 부보금융기관
② 예금 등 채권의 지급 또는 다른 금융기관으로부터의 차입금 상환이 정지 상태에 있는 부보금융기관
③ 외부로부터의 자금지원 또는 별도의 차입 없이는 예금 등 채권의 지급이나 차입금의 상환이 어렵다고 금융위원회 또는 예금보험위원회가 결정한 부보금융기관

25 예금보험공사는 자금지원이 예금보험기금의 손실이 최소화되는 방식으로 이루어졌음을 입증하는 자료를 작성·보관하여야 한다.

26 자금지원 대상 부보금융기관의 부실에 책임이 있는 자의 공평한 손실분담을 전제로 이루어져야 함을 말한다.

27 자금지원의 재원은 2002년 12월 31일 이전에 보험사고가 발생하였거나 금융위원회 또는 예금보험위원회가 부실금융기관 등으로 결정한 경우에는 예금보험기금채권상환기금에서, 2003년 1월 1일 이후에 보험사고 등이 발생한 금융기관의 경우에는 예금보험기금에서 각각 부담한다. 예금보험공사가 1997년 11월 이후 2005년 말까지 출자, 출연, 예금대지급등의 형태로 110조 원을 지원한데 이어 2006년부터 2011년 6월말까지 0.9조 원을 추가 지원함에 따라 총 자금지원 규모는 110.9조원에 이르고 있다. 그리고 2011년 6월말까지 이 중 47.7조 원을 출자금 회수, 파산배당, 자산매각 등을 통해 회수하였다.

28 재무구조가 취약하여 부실금융회사가 될 가능성이 매우 크다고 제8조에 따른 예금보험위원회가 결정하는 부보금융회사를 말한다.

29 또한 제출된 자료 등을 기초로 하여 부실우려가 있다고 인정되는 부보금융기관 등에 대하여

는 업무 및 재산상황을 조사할 수 있다.

30 이를 위해 필요한 경우 예금보험공사는 공공기관 등으로부터 부실채무자의 재산 및 업무에 관한 자료를 제공받을 수 있다. 이 밖에 2002년 5월부터는 금융부실관련자 은닉재산 신고센터를 설치하여 부실관련자의 국내외 은닉재산에 대한 일반인의 신고도 접수하고 있다.

31 제2절 한국거래소는 한국은행, 『한국의 금융제도』(Financial System in Korea), 2011, 252면 이하를 참조하였다.

32 한국증권거래소는 당초 1956년 2월 비영리법인인 대한증권거래소로 설립되었다가 1962년 4월 『구(舊)증권거래법』 제정에 의해 주식회사로 개편되었다. 그러나 증권파동(대한증권거래소가 주식회사로 개편될 가능성이 높아지게 된 1961년 말경부터 일부 증권회사들이 거래소의 대주주가 되기 위해 대한증권거래소 출자증권을 매입하기 시작하였고 이에 따라 1961년말 60전에 불과하였던 출자증권(주식회사로 개편된 1962년 5월부터 주권)의 시세가 1962년 5월에는 60원까지 폭등하였다. 그러나 매수측이 대금청산을 이연시킬 수 있었던 당시 거래규정의 허점을 악용하여 많은 거래가 공매도로 이루어져 급기야는 1962년 5월말 대규모의 수도불이행 사태가 발생하게 되었는데 이를 5월 증권파동이라 한다.)으로 인해 1년 후인 1963년 5월 정부 및 증권회사가 공동출자한 공영제 조직인 한국증권거래소로 다시 개편되었다. 그 후 증권시장 규모의 확대 및 자본시장의 국제화 진전 등 증권시장 환경의 변화에 대처하기 위해 『구(舊)증권거래법』 개정이 이루어지면서 1988년 3월부터 증권회사를 회원으로 하는 회원제 조직의 사단법인으로 개편되어 유가증권시장의 개설 및 관리, 유가증권 상장 및 관리, 공정거래 질서 유지 등의 업무를 수행해 왔다.

33 한국선물거래소는 개방경제 하에서 환율 및 금리의 급격한 변동에 적절히 대응하기 위해 국내 선물거래소의 필요성이 대두됨에 따라 1995년 12월 『선물거래법』 제정을 거쳐 1999년 2월에 설립되었다.

34 ㈜코스닥증권시장은 증권거래소에 상장되지 않은 장외거래 대상종목으로 증권업협회에 등록된 주식들의 중개를 목적으로 1996년 5월 설립되었다. 1998년에는 코스닥시장 운영의 공정성과 투명성을 확립하기 위해 시장운영에 관한 의사결정기구인 코스닥위원회가 증권업협회 내에 설치되었다.

35 『자본시장법』 제7편에 자세하게 규정하고 있다.

36 https://info.krx.co.kr/main/main.jsp

37 한국거래소의 본사와 파생상품시장본부는 부산에, 유가증권시장 본부와 코스닥시장 본부는 서울에 설치되어 있다.

38 사외이사는 공익대표 5명과 투자매매업자 또는 투자중개업자 대표이사 3명으로 구성된다.

39 감사의견 부적정·거절, 최종부도, 은행거래 정지, 주식양도 제한, 자본 전액 잠식 등의 사유에 해당할 경우에는 관리종목의 기간 없이 상장폐지된다.

40 ETF(Exchange Traded Fund)는 특정지수 및 자산 가격의 움직임에 수익률이 연동되도록 설계된 상품으로 거래소에 상장되어 주식처럼 거래되는 펀드를 말한다.

41 ELW(Equity Linked Warrant)는 특정 주가 또는 주가지수의 변동과 연계해 미리 정해진 방법에 따라 만기시 주권의 매매 또는 현금을 수수하는 권리가 부여된 신종증권이다.

42 기타시장에서는 REITs(부동산 투자를 전문으로 하는 뮤추얼펀드), 뮤추얼펀드 등이 거래되고 있다.

43 파생상품시장에 상장된 상품은 KOSPI200선물, KOSPI200옵션, 스타지수선물, 개별주식선물, 개별주식옵션, 3년국채선물, 5년국채선물, 10년국채선물, 미달러선물, 미달러옵션, 엔·유로선물, 금선물, 미니금선물, 돈육 선물의 14개이다.

44 유가증권 또는 장내파생상품 매매품목의 가격이나 거래량에 뚜렷한 변동이 있는 경우 또는

매매품목의 가격 등에 영향을 미칠 수 있는 공시·풍문·보도 등이 있는 경우 등의 이상매매 혐의가 있는 경우 이를 심리하는 것을 말한다.

45 거래소의 업무관련 규정을 준수하는지를 확인하기 위하여 그와 관련된 회원의 업무, 재산상황, 장부, 서류 및 그 밖의 물건을 조사하는 것을 말한다.

제5장 금융상품과 금융자본주의 시대에서 금융투자

1 제5장 제1절 금융상품의 비밀은 EBS, 『자본주의(EBS 다큐프라임)』, 가나출판사, 2013, 95-189쪽을 참조하였다.

2 한자 '재무(財務)'와 영어 '(technology)'의 합성어인 '재무 테크놀로지'를 줄여 만든 말로서 잉여자금으로 증권시장·외환시장에 참여하여 이자·이익배당금·유가증권 매매수익·외환차익 등으로 금융수익을 올리는 활동이다.

3 EBS, 앞의 책, 102면.

4 『Fault Lines: How Hidden Fractures Still Threaten the World Economy』, Harper Collius India, 2017를 썼다.

5 EBS, 앞의 책, 102면.

6 EBS, 앞의 책, 105면.

7 어느 미국의 저명한 교수는 월스트리트에서도 잘 알지 못하는 상품을 한국에서는 일반 개인들에게 판매하고 있다는 말을 한 적이 있다.

8 EBS, 앞의 책, 110면.

9 이 펀드는 대대적인 광고와 함께 판매되었으며 4개월 만에 무려 12조 원의 돈이 몰렸을 정도로 큰 인기를 얻었다. 펀드는 금세기 최고의 투자방법이라는 말까지 나오기도 했다. 그러나 본격적인 활황세를 이어나가던 국내 펀드 시장은 좋은 시절이 그리 오래 가지 않았다. 2000년 벤처 열풍이 꺼지기 시작하면서 바이 코리아의 펀드 수익률은 -70%가 될 정도로 크게 폭락하고 말았다.

10 그간의 펀드는 일정 금액을 한꺼번에 투자했지만, 적립식 펀드는 정기적금처럼 일정 시기마다 일정 금액을 지속적으로 투자하는 방식이었다. 목돈이 없어도 투자가 가능했고 한꺼번에 많은 돈을 투자하지 않기 때문에 투자 위험도 낮다는 장점이 있었다. 심지어 대학생들마저도 펀드에 투자했으니 당신의 펀드 광풍이 어느 정도인지 알 수 있을 것이다.

11 EBS, 앞의 책, 131면.

12 펀드에 투자하기 위해 내가 10만 원을 내면 펀드 통장에는 9만9천원이 찍혀 있다. 이럴 때 '왜 1천 원이 모자르지?'라고 생각하겠지만 모자라는 1천 원은 바로 은행이 판매에 대한 수수료로 가져가는 돈으로서 선취수수료 1천원이 빠져나갔다는 의미가 된다.

13 어떻게 보면 1%가 뭐 그리 큰돈이냐고 생각할 수도 있다. 그러나 매월 40만 원씩 투자한다고 했을 경우를 계산해보면 엄청난 차이가 난다. 30년 후에는 무려 1억 4천600만 원의 돈을 수수료로 더 내야 한다는 이야기다.

14 즉, 1이라고 씌어 있으면 해당 펀드의 첫 번째 시리즈이고, 2라고 씌어 있으면 두 번째 시리즈라는 의미다. 이 숫자가 올라갈수록 나름대로 잘 나가는 인기 있는 펀드라고 할 수 있다. 전체 모집금액이 1조 원이 넘었을 때에만 다음 시리즈가 허용되기 때문에 3이라고 씌어 있으면 이미 그전의 시리즈에서 2조 원에 달하는 펀드를 모집했다는 뜻이 된다.

15 EBS, 앞의 책, 138면.

16 앞으로 이 펀드가 어떤 수익을 낼지 과거와 같은 수준의 수익률을 낼 수 있을지 아는 사람은 아무도 없다.

17 실제로 최근 3년간 상장폐지 사유 등이 발견된 부실기업의 2014년도 자금조달 현황을 보면 사모 비중(81.6%)이 공모 비중(18.4%)의 4배가 넘었다. 기업이 어떤 방법으로 자금을 조달하는지는 사업보고서의 11장 '그 밖에 투자자 보호를 위하여 필요한 사항'란의 '사모자금의 사용 내역', '직접금융자금의 사용', '채무증권 발행 실적' 등에서 확인할 수 있다.

18 2016년 1월 상장폐지된 코스닥 상장사 승화프리텍은 2010년부터 6년간 최대주주가 10차례나 바뀌었다. 이 회사는 2015년에 법정관리를 졸업했지만 경영진이 줄줄이 횡령 혐의로 재판을 받은 가운데 자본잠식을 해소하지 못해 결국 상장폐지에 이르렀다. 금융감독원에 따르면 최근 3년간 최대주주가 2회 이상 변동된 회사(106개)는 절반 이상(51%)이 재무상태 악화 등을 이유로 상장폐지되거나 관리종목으로 지정됐다고 하였다.

19 의료기기 벤처 코스닥 기업인 인포피아도 2015년 8월, 올해 2월 횡령·배임 혐의가 발생했다고 공시했는데, 2016년 5월 '감사의견 거절' 등으로 결국 상장폐지 되었다. 이와 같은 사실유무는 사업보고서의 '그밖에 투자자 보호를 위하여 필요한 사항'란의 '제재현황'에서 해당 내용이 있는지 확인할 수 있다.

20 금융위원회는 증권신고서에 투자자의 투자 판단에 영향을 미칠 중요사항의 기재가 누락되거나 불분명할 경우 기업에 이를 정정하도록 요구한다.

21 일례로 2015년 7월 상장폐지된 코스닥 상장기업 피엘에이는 2014년 7월 금융감독원으로부터 계속기업 불확실성, 유전개발 사업 관련 위험에 대한 기재 미흡 등의 이유로 증권신고서 정정 요구를 받고 수정했다. 금융감독원 전자공시시스템(dart.fss.or.kr·다트)에 접속해서, '정정보고서 검색'란에서 회사명을 검색하거나 회사에 '정정신고서 제출 요구'항목이 있는지 확인해 신고서의 정정내용을 확인하면 된다.

22 금융감독원 전자공시시스템에 접속해서 사업보고서, 증권신고서를 검색해보면 개인 투자자들도 손쉽게 투자 위험이 높은 기업을 골라낼 수 있다

23 EBS, 앞의 책, 137면.

24 EBS, 앞의 책, 119면.

25 사람은 '이자를 많이 준다'는 말에 현혹되어 정작 이 상품이 어떤 상품인지도 모르는 상태에서 서둘러 구매를 한 경우가 많았다. 2011년 2월 영업정지를 당한 대전저축은행의 피해자 사례들을 보면 얼마나 많은 사람들이 후순위채권으로 피해를 입었는지 알 수 있다.

26 http://cafe407.daum.net/_c21_/home?grpid=d6Y7

27 기업이나 담보자산이 부실화되었을 때 채권 중에서 상대적으로 먼저 원리금을 변제받는 채권을 말한다.

28 EBS, 앞의 책, 120면.

29 EBS, 앞의 책, 124면.

30 EBS, 앞의 책, 146면.

31 즉, 한 달 보험료 20만 원 중 17만 7천500원 정도만 투자되며 1년에 약 3% 수익을 얻는다고 가정하면 10년 후 23만 750원을 받을 수 있다.

32 이 조사 결과를 발표한 이후 변액연금보험의 가입률은 50~70%가량 뚝 떨어졌다. 사람들은 '보장도 받고 투자수익도 얻을 수 있으니 일거양득이다'라고 생각했겠지만, 실제로는 물가상승률에도 미치지 못하는 투자상품이었다.

33 결국 보험에 쓸 수 있는 돈이 10만원이 있다면 모두 저축성 보험에 쓰지 말고, 3만 원은 보장성 보험에 들고 나머지 7만 원은 다른 곳에 투자하는 것이 훨씬 낫다는 이야기다.

34 자신이 불입한 돈이 사업비를 떼고 원금을 다시 회복하기까지는 최소 16년에서 20년이 넘게 걸린다. 이 말은 곧 16~20년이 지나기 전까지는 원금보다 많이 받을 수 없다는 무서운 이야기다. 또 20년이 지난 후에는 돈의 가치가 떨어질 것이니 결국 '20년 동안 돈을 납입하고 겨우 원금만 되찾는다'는 것은 별 의미가 없을까라고 생각할 수 있겠지만 오히려 손해라고 해도 과언이 아니다.

35 EBS, 앞의 책, 148면.

36 약관에는 굉장히 복잡한 예외 규정들이 많이 있다. 판매할 때는 예를 들어 병원에 3일 이상만 입원하면 보험금을 지급한다고 하지만, 실제 3일 이상 입원해서 보험금 청구를 해보면 '이러이러한 예외 때문에 보험금 지급이 안 된다' 하는 경우가 많다.

37 EBS, 앞의 책, 149면.

38 제2절 자산운용사는 Robert J. Shiller, 『Fiance and The Good Society』, Princeton University Press, 2012, pp.27를 참조하였다.

39 뮤추얼펀드(mutual fund)는 주식회사 방식으로 운영되는 펀드를 뜻한다. 보통 뮤추얼펀드는 개방식 투자신탁이다. 뮤추얼펀드의 가입자는 피계약자가 아닌 '주주'이다. 거래소에서 뮤추얼펀드를 매입한다. 예를 들면 A기업 주식을 A기업에서 매매하는 것이 아니라 증권거래소에서 사고 팔듯이, 뮤추얼펀드도 뮤추얼펀드운용사에서 매매하는 게 아니라 거래소에서 매매한다. 그리고 A기업 주식을 가진 사람은 자신이 가진 지분만큼 A기업 운영에 관한 권리, 즉 의결권이 주어지게 되듯이, 뮤추얼펀드도 뮤추얼펀드에 투자한 지분만큼 그 회사 운영에 대한 권리를 가진다.

40 우리나라에서 실시되고 있는 투자신탁에는 단위형과 추가형의 두 가지 종류가 있다. 단위형 투자신탁은 매회 10억 원이나 20억 원이라는 목돈을 모집하고 이것을 한 단위로 하여 각 호별로 따로따로 운용하는 투자신탁이다. 투자신탁업자에 의해 단위별로 투자기금(fund)이 조성되어 독립적으로 운용되므로 일단 단위기금이 설정되고 나면 추가로 설정하지 않는다. ⇔ 추가형 투자신탁.

41 Shiller, ibid, p.27.

42 자산운용사는 전세계 수백만 사람들, 그중에서도 도움이 필요한 사람들인 은퇴자, 환자, 교사, 경찰, 피부양자, 학생 등에게 도움을 주고 있다. 이처럼 자산운용사들은 굉장히 중요한 역할을 담당하고 있다.

43 물론 그것이 전부가 아니다. 실은 이들이 고객의 자산을 잘 운용하겠다고 장담하고서는 별로 좋지 않은 결과를 냈기 때문이다. 다시 말해 이들은 고객의 자산을 가지고 평균정도의 수익률밖에는 내지 못했다는 것이 자산운용사의 신용을 떨어뜨리고 말았다. Shiller, ibid, p.28.

44 상응하는 기대수익율보다 더 높은 투자이익을 얻기 위해 적극적으로 투자하는 것을 의미한다.

45 궁극적으로 펀드매니저들을 '사기꾼'이라고 인식하는 까닭은 그들이 시장에서 대단한 성과를 거두지 못해서가 아니다. 그들은 여러 가지 서비스를 제공하고 고객들이 필요에 맞게 포트폴리오를 구성하고, 투자에 분명 뛰어난 감각을 보기도 한다. 이들은 자산의 흐름을 유도하고 정보를 시장 가격에 반영시킨다. 앞으로 일반 투자자들을 위해 더 나은 규제와 재무 상담의 주어진다면, 자산운용 사업은 전체적으로 더 발전할 수 있을 것이다.

46 Martin J. Gruber, 1996. "Another Puzzle: The Growth in Actively Managed Funds.", *Journal of Finance* 51(3), p.783-810.

47 Andriy Bodnaruk, and Andrei Simonov 2011. "Do Financial Experts Make Better Investments Decisions?" Unpublished paper, Department of Economics, Univeristy of Notre Dame.

48 Shiller, ibid, p.28.

49 물론 현재 시스템에서 투자자들이 최악의 서비스를 받는 것만은 아니다. 다만 자산운용사를 현명하게 선택하지 못한 투자자들이 있다면, 앞으로 개선점과 해결방안을 찾으면 된다. 이것만으로 뮤추얼펀드 운용사가 고객에게 서비스를 전혀 제공하지 못한다고 결론을 내린다면 그 또한 부당한 일이다.

50 그러나 그런 논리라면 똑 같은 효율적 시장의 이론에서 거래를 하는 모든 사람이 실수를 할 수 있다. 또 누구든 잘못 분산된 포트폴리오를 산 뒤 투자 포트폴리오 교체를 하면 될 것이다.

51 Andrew Redleaf, and Richard Vigilante 2010. 『Panic: The Betrayal of Capitalism by Wall Street and washington』, Minneapolis: Vigilante, p.8.

52 개인의 자산을 전문가적인 관점으로 보는 것이 장기적으로 사회에 해로울 수는 없다. 이런 전문가들은 돈을 받고 투자자들을 대신해 생각하는 사람들인 것이다.

53 김종석·김경환 역, 편집 『맨큐의 경제학』(N. Gregory Mankiw), 2009, 제5판, 727-729쪽.

54 특히 개념이 그렇다. 만일 모든 사람들이 그렇게 이성적이라면, 왜 이토록 많은 거래가 이루어지는 것일까? 수익이 나는 거래도 아닌데, 이토록 많은 거래가 이뤄지는 것이 과연 이성적이라고 할 수 있느냐는 의문을 가질 수 있다.

55 Paul Milgrom, and Nancy Stokey. 1982. "Information, trade and Common Knowledge." *Journal of Economic Theory*, 26.

56 Shiller, ibid, p.29.

57 Grossman, Sanford and Joseph Stiglitz, 1980. "On The Impossibility of Informationally Efficient Markets.", *American Economic review* 70, 393-408.

58 1985년부터 예일 대학교의 기부금(endowment) 운영을 26년째 맡아 관리하고 있는 데이비드 스웬슨(David Swensen) 포트폴리오는 연 평균 14.2%라는 높은 수익률을 냈다. 이 비율은 2007년 금융위기에서도 떨어지지 않았다고 한다.

59 사실 누가 더 똑똑한지 알아내기 어렵고, 일반적으로 똑똑한 사람들이 시장을 이긴다고 말하기도 어렵다. 하지만 자산운용자들이 어떤 대학을 나왔는지, 그 대학 입학생들의 평균 SAT 점수가 얼마인지는 그들의 이력을 통해 알 수 있다.

60 Judith Chevalier, and Glenn Ellison 1999. "Are Some Mutual Fund Managers Better Than Others? Cross-Sectional Patterns in Behaviour and Performance", *Journal of Political Economy* 54(3), 875-99.

61 Li Haitao, Rui Zhao, and Xioyen Zhang. 2008. "Inversing in Talents: Manager Characteristics and Hedge Fund Performance." Unpublished Paper, Department of Finance, University of Michigan.

62 1982년과 2001년 군대에 입대한 사람들 중 아이큐가 더 높았던 사살들이 2000년 포트폴리오에서 더 높은 샤프 지수를 기록했다. 다른 조건은 동일했으며 이들은 소형주와 가치주에 투자하고 다양한 분산투자를 했던 것으로 나타났다.

63 Harry Kat, and Faye Menexe. "Persistence on Hedge Funds Performance: The True Value of Track Record." *Journal of Alternative Investments* 5(4), 2003, pp.66-72.

64 Steven N. Kaplan, and Antoinette Schoar. "Private Equity Performance: Returns, Persistence, and Capital Flows.", *Journal of Finance 60(4)*, 2005, pp.1791-823.

65 표준 경제이론에 따르면 투자대상에 대한 경쟁이 심해질수록 펀드매니저들이 달성할 수 있는 초과 수익률은 운용능력에 따른 결과인지조차 분간하기 어려울 정도로 미미해진다. 그런데도 불구하고 펀드매니저에게는 높은 보수가 지급된다.

66 Jonathan B. Berk, and Richard C. Green 2004. "Mutual Fund Flows and Performance in

Rational Markets." *Journal of Political Economy* 112(6), 1269‑95.

67 시장에 실력 있는 펀드매니저가 수적으로 부족하면, 그 사람은 높은 수익을 얻는다. 다른 업계에 있던 사람이 그 정도의 실력을 갖추어 이 분야로 진입하기도 어렵고, 이제 입문한 사람이 그 정도로 올라가기까지는 몇 년이 걸릴 수도 있기 때문이다. 마찬가지로 후보 경쟁자가 기존의 경쟁자처럼 똑똑하게 투자하여 높은 수익을 올린다는 보장도 없다. 어쨌든 그때부터 이 분야에 사람이 넘치고 투자 수익률은 생각보다 실망스러울 수밖에 없다. 그렇게 몇 년이 흐르면 투자자들은 펀드매니저들에게 높은 수익률은 주지 않으려고 하므로 자연스럽게 펀드매니저들의 연봉에 낀 거품은 꺼진다. 보상금 역시 낮아지거나 사라진다.

68 이러한 거품 때문에 대중들은 불만이 커졌고, 이후 펀드매니저의 수익이나 다른 고위 경영자들의 수익을 제한하자는 요구도 나왔다. 하지만 일부러 정부가 개입해서 펀드매니저들의 연봉을 조정할 필요가 없을지도 모른다. 이미 시장 자체의 힘으로 그렇게 되고 있다. 펀드매니저의 연봉에 낀 거품이 꺼지는 것을 보면, 앞으로 이 업계에 종사하는 사람들의 앞날이 팍팍해 할 것이라고 예측해 볼 수도 있다. 만일 이 업계에 들어가려고 준비하는 사람들은 이런 점도 고려해야 할 것이다.

69 Shiller, ibid, p.33.

70 John C. Bogle, 『Enough: True Measures of Money, Business, and Life』, New York: Wiley, 2009, p.47.

71 Ross. Levine, "Financial Development and Economic Growth: Views and Agenda." *Journal of Economic Literature* 35(2), 1997, pp.688‑726.

72 Shiller, ibid, p.34.

73 Shiller, ibid, p.34.

74 Shiller, ibid, p.34.

75 William Goetzmann, Roger Ibbostson, Matthew Spiegel, and Ivo Welch. 2002. "Sharpening Sharpe Ratio." National Bureau of Economic Research Working Pater 9116.

76 외가격 콜옵션은 기초자산 가격이 행사가격보다 낮아서(기초자산<행사가격, 풋옵션에서 높다.) 옵션으로 행사할 가치가 없다.

77 Shiller, ibid, p.35.

78 Ianthe Jeanee, Dugan, Thomas M. Burton, and Carrik Mollenkamp. 2002. "Portrait of Loss: Chicago Institute Learns Tough Lesson about Hedge Funds." *Wall Street Journal*, February 1, A1.

79 Ianthe Jeanee Dugan, 2005. "Sharp Pont: Risk Gauge Misused.", *Wall Street Journal*, August 31, C1.

80 Shiller, ibid, p.35.

81 Viral Acharya, Thomas Cooley, Matthew Richardson, and Ingo Walter., 2010. "Manufacturing tail Risks: A Perspective on the Financial Crisis of 2007‑9.", *Foundations and Trends in Finance* 4, pp.247‑325.

82 Shiller, ibid, p.35.

83 Henry Kaufmann, 『On Money and Markets: A Wall Street Memoir』, New York: McGraw‑Hill, 2005, p.313.

84 Anna Bernasek, 『The Economics of Integrity, New York: HarperCollins』, 2010, p.48.

85 제3절 파생상품 거래자는 Robert J. Shiller, 『Fiance and The Good Society』, Princeton University Press, 2012, pp.75를 참조하였다.

86 한 농부가 사과 농사를 짓고 있다고 하자. 그런데 사실 농부도 올해의 사과 농사가 잘 될지 아니면 잘 되지 않을지 모른다. 그런데 한 판매업자가 사과 한 개당 100원을 보장해 주겠다고 제안한다. 만약 실제 농사를 해본 결과 사과 값이 100원이 넘으면 농부가 손해를 보는 것이고, 100원이 안 되면 이 제안을 했던 판매업자가 손해를 보는 것이다. 이는 예측할 수 없는 행운을 기대한다는 점에서 도박이나 투기와 크게 다르지 않다.

87 인류 최초의 수학자인 탈레스는 수학적 연역법을 고안해낸 걸로 유명하다. 오랜 옛날부터 수학자들은 금융에 남다른 관심이 있었던 모양이다.

88 Shiller, ibid, p.76.

89 Avinash K. Dixit, and Robert S. Pindyck, 『Investment under Uncertainty』, Princeton: Princeton University Press, 1994.

90 Shiller, ibid, p.77.

91 아리스토텔레스가 이 이야기를 한 의도는 학자들도 실제로 세상에서 약삭빠를 수 있다는 것을 보여주기 위해서였을 것이다. 설마 옵션 시장이 좋은 것이라고 말해주기 위해서 이 이야기를 하지는 않았을 것이다. 그래서 그런지 이 이야기는 한 똑똑한 개인이 우매한 시민을 이용해 자기 이익을 챙긴 것처럼 들린다. 그럼에도 우리가 이 이야기에서 배울 점은 올리브 압착기의 주인이 옵션 판매에 마음이 열려 있었다는 것이다. 아마도 그는 이전에도 이런 거래를 했을 것이다. 왜 그는 자신이 가장 손해를 본 것 같은데 이걸 기꺼이 하자고 했는지 그가 탈레스에게 속은 것인지 분명하지는 않다.

92 한편, 올리브 옵션거래는 올리브 가격 변화의 리스크를 걱정하는 옵션 구매자가 있을 때 성립한다. 예를 들어, 올리브 오일 상인은 흉년이 들 것 같아 올리브 수확이 적을 것이라 예상되면 올리브 옵션을 팔고 싶을 것이다. 이 경우 옵션거래를 통해 손해의 일부를 상쇄할 수도 있다. 이때 압착기 주인과 올리브 오일 상인 사이의 옵션거래는 미래의 올리브 가격에 대한 정보가 없는 상태에서는 둘 다에게 이익이 된다. Shiller, ibid, p.77.

93 Aristotle, 『Politics』, trans. Benjamin Jowett. New York: Forgotten Books, 1977, p.16.

94 Shiller, ibid, p.76.

95 Paul Milgrom, and Nancy Stokey, "Information, trade and Common Knowledge", *Journal of Economic Theory* 26, 1982.

96 Shiller, ibid, p.77.

97 Keneth Arrow, "The Role of Securities in the Optimal Allocation of Risk Bearing.", *Review of Economic Studies* 31, 1964, pp.91-96.

98 Stephen A. Ross, "Options and Efficiency." *Quarterly Journal of Economics* 90(1), 1976, p.75.

99 Shiller, ibid, p.78.

100 KOSPI 200지수와 가장 가까운 행사가격의 콜·풋옵션을 등가격옵션(ATM: at-the-money option)이라고 한다. 등가격옵션은 대상자산의 시장가격이 옵션의 권리행사 가격과 동일한 상태에 있는 옵션을 말한다. 그리고 행사가격이 KOSPI 200지수보다 낮은 콜옵션과 높은 풋옵션을 내가격옵션(ITM: in-the-money option)이라고 하고, 행사가격이 기초자산의 가격보다 높은 콜옵션과 낮은 풋옵션을 외가격옵션(DTM: deep-out-of-the-money option)이라고 한다. 즉, 권리행사를 하면 옵션 매수자가 유리한 옵션을 내가격옵션이라고 부르고, 권리행사를 하면 옵션 매수자가 불리한 옵션을 외가격옵션이라고 부른다.

101 정기보험은 기간이 정해져 있다.

102 Fred Schwed, 『Where are the Customers Yachts? A Good Hard Look at Wall Street』,

New York: Simon and Schuster, 1940, p.140.

103 Louis Bachelier, "Theorie de la Speculation.", Annales Scientifiques de L'Eclore Normale Superieure, 3e Serie 17, 1900, 21-86.

104 A.J. Bonnes, "Elements of a Theory of Stock Option Value, *Journal of Political Economy* 72, 1964, pp.163-75 and Sprenkle, Case, "Warrant Prices and Indicators of expectations and Preferences.", In Paul Cootner, ed., 『The Random Characters of Stock Markets Prices』, Cambridge: MIT Press, 1964, pp.412-74.

105 A.J. Bonnes, "Elements of a Theory of Stock Option Value, *Journal of Political Economy* 72, 1964, p.163.

106 Shiller, ibid, p.80.

107 아마도 과거의 잘못된 행태 때문일 것이다. 사람들은 이제 옵션거래를 하지 않으려고 한다. 이것들은 투자 조언 칼럼이나 언론이나 다른 투자지침에서 유용한 금융상품 리스트에 들어가 있지 않다.

108 이러한 행태도 우리가 더 많은 대중에게 재무 조언을 한다면 줄어들 것이다. 조 세일즈맨의 사기에 관해서는 금융을 공부한 사람이라면 대부분 알 것이다. 고객들의 이익을 대변하는 변호사나 재무 관련 전문가들은 이러한 판매전략을 꿰뚫어보고 고객들에게 이것을 피하도록 조언할 것이다. 사람들이 더 나은 재무 조언을 받을 수 있게 된다면, 옵션시장 또한 케네스 애로와 스티븐 로스 같은 이론가들이 비전을 품었던 그 이상적인 시장에 가까워질지도 모른다. 이 시장은 유용성을 늘려서 사람들의 진짜 이익에 가까이 다가갈 것이다.

109 Shiller, ibid, p.80.

110 제4절 금융투자업자는 한국은행, 『한국의 금융제도』(Financial System in Korea), 2011, 153면 이하를 참조하였다.

111 이러한 체제는 금융상품의 개발이 활발하지 않은 금융시장에서는 금융업자와 투자자가 규율대상 금융상품을 사전에 명확하게 인식할 수 있기 때문에 법적안정성을 높이는 장점이 있다.

112 『은행법』, 『보험업법』 등을 제외한 자본시장을 규율하는 15개 법률 중 『구(舊)증권거래법』, 『선물거래법』 등 6개의 법률을 통합하고 나머지 『여신전문금융업법』, 『부동산투자회사법』, 『선박투자회사법』 등 9개 법률은 관련 규정을 일괄 정비하였다.

113 금융투자업자란 일정한 요건을 갖추어 금융투자업 인가를 받거나 등록한 자로 투자매매·투자중개·집합투자·투자자문·투자일임·신탁업자가 있다.

114 '투자성'이란 권리취득을 위해 지급하였거나 지급할 금액이 그 권리로부터 회수하였거나 회수할 수 있는 금액을 초과하게 될 위험이 있는 것을 말한다. 『자본시장법』에서는 원화 양도성예금증서 및 관리신탁의 수익권의 경우 투자성이 적다고 보아 금융투자상품에서 배제하고 있다.

115 제한하거나 금지규정이나 사항을 열거하고 나머지는 자유화하는 규제원칙이다.

116 '구조화채권(Structured Notes)'은 채권과 파생상품이 결합되어 만들어진 상품으로 채권의 원금과 이자가 금리, 주식, 통화 등의 기초자산에 연동되어 결정된다. 구조화채권에는 대개 Call, Cap, Floor 등 옵션성격의 파생상품이 내재되는데, 보통 투자자가 파생상품의 매도 포지션, 발행자가 매수 포지션에 놓인다. 기초자산의 종류에 따라 금리연계채권, 신용연계채권, 주식연계채권, 통화연계채권, 상품연계채권 등으로 분류가 가능하다. 스왑·옵션 등 다양한 파생상품의 발달로 발행자의 입장에서 복잡한 구조의 구조화 채권 설계가 용이해졌다. 투자자의 입장에서도 구조화채권의 리스크를 원하는 시기에 선별적으로 분해·전가가 가능해졌다.

117 특정 투자자가 그 투자자와 타인(다른 투자자를 포함) 간의 공동사업에 금전 등을 투자하고 주로 타인이 수행한 공동사업의 결과에 따른 손익을 귀속 받는 계약상의 권리가 표시된 것을 말한다(자본시장법 제4조 제6항). 자본시장법상 투자계약증권이 적용되는 것은 주로 집합투자

적 성격을 가진 계약 가운데 자본시장법에 규정된 집합투자기구(펀드)를 이용하지 않는 투자 구조이다. 다음과 같은 기준을 모두 충족할 때 투자계약증권으로 판별한다. ① 투자자의 「이익 획득 목적」이 있을 것, ② 금전 등의 투자가 있을 것, ③ 주로 타인이 수행하는 공동사항에 투자할 것, ④ 원본까지만 손실발생 가능성이 있을 것, ⑤ 지분증권, 채무증권, 집합투자증권 등 정형적인 증권에 해당되지 않는 비정형증권일 것. 예를 들면, 인터넷으로 투자자를 모집하는 Netizen Fund에 대한 지분이 있다.

118 기초자산의 가격·이자율·지표·단위 또는 이를 기초로 하는 지수 등의 변동과 연계하여 미리 정하여진 방법에 따라 지급하거나 회수하는 금전 등이 결정되는 권리가 표시된 것을 말한다(자본시장법 제4조 제7항).

119 장내파생상품이란 다음 각 호의 어느 하나에 해당하는 것을 말한다(자본시장법 제5조 제2항).
   1. 파생상품시장에서 거래되는 파생상품
   2. 해외 파생상품시장(파생상품시장과 유사한 시장으로서 해외에 있는 시장과 대통령령으로 정하는 해외 파생상품거래가 이루어지는 시장을 말한다)에서 거래되는 파생상품
   3. 그 밖에 금융투자상품시장을 개설하여 운영하는 자가 정하는 기준과 방법에 따라 금융투자상품시장에서 거래되는 파생상품

120 『자본시장법』은 금융업종이 서로 다르더라도 동일한 금융기능을 수행할 경우 원칙적으로 동일하게 분류하여 동일한 진입·건전성·영업행위 규제 등을 적용하고 있다.

121 예컨대, 종래의 증권회사는 유가증권의 매매, 위탁 매매, 인수·주선 등 현재 투자매매 및 투자중개 업무를 주로 영위하였으나 현재의 증권회사는 원칙적으로 인가취득에 따라 집합투자업 등 모든 금융투자관련 업무를 영위할 수 있다. 여타 선물회사, 자산운용회사 등도 동일하다.

122 업종별로는 투자매매업은 투자중개업에 비해, 신탁업은 집합투자업에 비해, 인가대상 업무는 등록대상 업무에 비해 각각 높은 자기자본을 요구하고 있다. 금융상품별로는 장외파생상품, 증권, 장내 파생상품 순으로, 투자자 유형별로는 일반인 대상으로 하는 경우 높은 자기자본을 요구하고 있다.

123 이후 1980년대까지는 증권회사가 신설되지 않다가 1990년대에 들어 증권업의 대외개방과 함께 국내 증권회사의 신규 설립도 허용되었다.

124 또한 같은 기간 중에 6개 증권회사가 구조조정의 결과 퇴출되었으며 이후에도 부실 누적 등으로 2개 증권회사가 추가로 퇴출되고 6개 증권회사가 여타 증권회사에 합병되었다.

125 유가증권 인수업무는 수행하지 않으면서 유가증권 위탁매매업무 또는 유가증권 매매업무와 위탁매매업무를 같이 영위하는 증권회사.

126 2011년 6월말 기준 62개(12개 외국증권회사 지점 포함) 증권회사가 영업 중이고, 이들의 총자산 규모는 249조원이다.

127 대법원 2012.10.11. 선고 2011다12842 판결 [증권위탁계좌확인]

128 증권회사는 자기매매업무를 통해 증권시장 또는 장외거래에서 일시적인 수급불균형을 조정하는 한편 금융투자상품 가격의 연속성을 확보함으로써 시장조성자(market maker)로서의 역할을 수행한다.

129 『자본시장법』상 인수는 제3자에게 그 증권을 취득시킬 목적으로 전부 또는 일부를 취득하는 행위 및 그 증권의 전부 또는 일부에 대하여 취득하는 자가 없는 경우 그 나머지를 취득하는 내용의 계약을 체결하는 행위로 정의된다.

130 청약의 권유는 권유받은 자에게 유가증권을 취득하도록 하기 위하여 신문·방송·잡지 등을 통한 광고, 안내문·홍보전단 등 인쇄물 배포, 투자설명회 개최, 전자통신 등의 방법으로 유가증권을 발행 또는 매도한다는 사실을 알리거나 취득의 절차를 안내하는 활동을 말한다.

131 일반 투자자로부터 증권투자에 운용할 목적으로 자금 등을 납입 받은 위탁자가 그 자금 등을

수탁자(전문투자자 또는 투자대행기관)로 하여금 당해 위탁자의 운용지시에 따라 특정 유가증권에 투자·운용하고, 그에 따른 수익증권을 분할하여 당해 투자자에게 취득하도록 하는 것(운용성과를 투자자에게 분배)이다. 펀드매니저란 펀드에 투자하고자 하는 의사가 있는 사람이 맡긴 자산을 책임지고 운용하는 사람이다.

132 2010년 말 기준 투자중개업자별 펀드판매 비중을 보면 증권회사 60%, 은행 31.7%, 보험회사 4.2%, 기타 4.1%로 국내에서 판매되는 대부분의 펀드는 증권회사 및 은행을 통해 판매되고 있다. 한편 증권회사가 판매하는 펀드는 채권형 및 MMF의 비중이 높고, 은행은 주식형펀드 및 MMF를 가장 많이 판매하고 있다.

133 한마디로 목돈을 맡기면 증권사 전문가들이 운영하는 맞춤형 종합자산관리 서비스다.

134 '유동자산기금(liquid asset fund)'이라고도 한다.

135 'RP(Repurchase Agreements, 환매조건부 매매)'란 유가증권을 매수(또는 매도)하고 일정기간 후에 사전에 정해진 가격으로 다시 매도(또는 매수)하는 거래로 그 법적인 성격은 유가증권의 매매거래로 분류되나 거래의 실질은 담보부소비대차거래라고 할 수 있다. 즉, 고객의 입장에서는 유가증권을 담보로 자금을 빌려주고 약정기간 후에 원금과 약정이자를 받는 확정금리상품이라고 볼 수 있고, RP 매도자는 보유하고 있는 유가증권을 담보로 단기자금을 조달하며, RP 매수자는 유가증권을 담보로 단기자금을 운용할 수 있으므로 안정성인 자금의 조달과 운용이 가능하다.

136 운용자산의 종류에 따라 RP형, MMF형, 종금형 및 예금형(일임형) 등으로 구분된다.

137 CMA는 1984년 8월 종합금융회사법에 따라 종금사 수신 상품의 하나로 도입되었으며 증권회사들은 2003년 11월부터 약관에 의해 취급하기 시작했다. 그리고 『자본시장법』 시행으로 2009년 7월부터 은행 요구불예금 수준의 지급결제서비스도 가능해졌다.

138 증권회사가 전문투자형 사모집합투자기구(일명 '헤지펀드')에 대해 전담중개업무(prime brokerage)를 제공하는 경우 동 집합투자기구도 포함한다.

139 주식을 빌려주는 것을 말한다.

140 2011년 6월말 기준 증권회사의 자금조달 내역을 보면 RP, 파생결합증권 등 차입부채의 비중이 전체 자금조달 액의 52.4%로 가장 크고 이어 투자자예수금이 10.2%를 차지하고 있다. 자금운용에서는 증권이 49.1%를 차지하였으며 현금·예금 비중도 17.6%로 높은 것으로 나타났다.

141 증권회사 전체의 순영업수익은 2010년 말 기준 11조 1,470억 원이며 이 중 위탁매매와 자기매매 수익 비중이 각각 50%와 24%로 대부분을 차지하고 있다. 펀드 및 자산관리와 인수주선 및 자문 업무 수익은 각각 10%와 8%를 차지하고 있다.

142 선물거래는 『선물거래법』과 『한국증권선물거래소법』에 의하여 설립된 구(舊)한국증권선물거래소(현 한국거래소)가 정하는 기준 및 방법에 따라 선물시장에서 이루어지는 거래를 통틀어 일컫는 말이다(구(舊)선물거래법 제3조 제1호).

143 『선물거래법』 제정 이전에는 상품선물의 경우 「주요물자 해외선물거래 관리규정」(대통령령)에 의해 조달청장의 지정을 받은 상품선물중개회사가, 금융선물의 경우 외국환관리규정(재무부 고시)에 의해 외국환은행이 해당 업무를 수행하였다.

144 이를 출자자별로 보면 은행 9개, 증권회사 10개, 생명보험회사 2개, 종합금융회사 3개, 리스회사 1개, 기존 중개회사 10개로 구분된다.

145 그러나 금융·외환위기 이후 선물회사의 주요 출자자인 금융기관의 구조조정이 추진되고 선물거래소의 위치선정 지연 등으로 선물시장 개설 일정이 늦춰지면서 많은 업체가 선물회사 설립을 포기한 데다 일부 선물회사가 대주주의 경영난 등으로 해산됨에 따라 1999년 4월 선물거래소 개장 당시에는 11개 회사가 선물거래업을 영위하였으며, 이후 1999~2000년 중 3개

선물회사가 선물거래업 허가를 신규 취득하였다.

146 http://www.yonhapnews.co.kr/bulletin/2017/02/16/0200000000AKR20170216183600008.HTML

147 선물회사는 위탁자로부터 선물거래의 위탁을 받는 경우 수량・가격 및 매매의 시기에 한하여 그 결정을 일임 받아 선물거래를 할 수 있다.

148 현재 취급하고 있는 주요 선물상품으로는 KOSPI200 선물 및 옵션을 포함한 주식상품, 금리상품(3년 국채선물), 통화상품(달러선물, 엔선물), 금 및 돈육선물과 같은 일반상품이 있다. 해외상품으로는 Dow Jones, S&P500, T-Note, T-Bond, FX Margin Trading, Euro FX 등이 있다. 한편 1999년 4월 선물거래소가 개장한 이래 선물 및 옵션거래 실적을 보면 초기에는 거래량(계약기준)이 그리 많지 않았으나 2000년 이후 선물상품 다양화 등을 통해 선물시장이 정비되면서 크게 증가하고 있다.

149 그러나 한국투자공사는 비영리법인으로서 증권시장 육성을 위한 정책업무에 역점을 두었기 때문에 증권투자신탁업무는 부진을 면치 못하였다.

150 이어 1982년 7월 국민투자신탁이 설립되고 1989년 11월에는 5개 지방투자신탁회사(한일투자신탁(인천), 중앙투자신탁(대전), 한남투자신탁(광주), 동양투자신탁(대구) 및 제일투자신탁(부산))가 신설되었다. 그리고 1996~97년에는 투자자문회사에서의 전환 등으로 23개 투자신탁운용회사가 신설되었다.

151 먼저 그간의 경영부실로 인해 2개의 기존 투자신탁회사(신세기투자신탁(1998년 2월), 한남투자신탁(1999년 1월))가 퇴출되고 신설 투자신탁운용회사 가운데에서도 5개 투자신탁운용회사(고려・동서(1998년 6월), 으뜸(1998년 8월), 동방페레그린(1998년 9월) 및 보람투자신탁운용(1998년 10월))가 인가 취소되거나 정리되었다. 다른 한편으로는 증시 활황 등을 배경으로 1998~2004년 중 11개 투자신탁회사가 새로이 설립되기도 하였다.

152 도입 당시 기존의 투자신탁운용회사에 대해서는 재정경제부장관의 인가를 통해 회사형 증권투자신탁업무를 겸영할 수 있도록 하였다.

153 통합되기 전까지 『구(舊)증권투자회사법』에 의해 설립・운영되었던 자산운용회사는 13개에 이르렀다. 2003년 제도 개편은 당시 은행신탁계정의 불특정금전신탁이 투자신탁회사의 취급업무와 상충되고 있었던 데다 간접투자와 관련한 투자기구가 계약형 투자신탁(투자신탁회사)과 회사형 투자신탁(증권투자회사)으로 이원화되어 복잡해짐에 따라 간접투자와 관련한 금융기관 체계를 합리적으로 조정해야 할 필요성이 제기된 데 따른 것이었다.

154 펀드의 통계는 금융투자협회 홈페이지에서 볼 수 있다(http://freesis.kofia.or.kr/)

155 연합뉴스 2016.11.20.자 보도에서 확인할 수 있다(http://www.yonhapnews.co.kr/bulletin/2016/11/19/0200000000AKR20161119034000008.HTML)

156 이에 따라 집합투자업자가 투자신탁재산을 편입할 경우 주식은 유통시장 매매를 통해야 하지만, 채권은 유통시장 매매 이외에 발행시장에서의 인수로도 가능하다.

157 자산보관회사는 투자회사의 위탁을 받아 자산을 보관하는 회사로 투자회사의 자산을 자신의 고유재산 및 다른 수탁자산과 구분・관리한다. 자산보관회사는 투자신탁에서의 수탁회사와 마찬가지로 신탁회사 또는 신탁업을 겸영하는 금융기관으로 제한되어 있다.

158 판매회사는 투자회사의 위탁을 받아 주식의 모집 또는 판매를 담당하는데 주로 은행, 증권회사, 보험회사 등이 동 업무를 수행한다.

159 일반사무관리회사는 투자회사의 위탁을 받아 주식명의개서, 주식발행 사무, 증권투자회사의 운영에 관한 사무 등을 담당하는 회사로 주로 자산운용회사가 맡고 있다.

160 2011년 6월말 기준 집합투자기구 투자대상별 수탁고 현황을 보면 증권집합투자기구가 225.3조원으로 전체 설정잔액의 72.3%, 단기금융집합투자기구가 53.8조 원으로 17.3%를 차지하고 있다. 증권집합투자기구 내에서는 주식형이 2009년 이후 감소세를 보임에도 불구하고 100.4조

원으로 전체 설정잔액의 32.2%를 차지해 가장 크다.

161 『구(舊)간접투자자산운용업법』에서는 운용대상 간접투자기구를 증권·파생상품·부동산·실물·특별자산·재간접·단기금융간접투자기구 등 7종류로 구분하고 투자기구 종류별로 투자대상자산을 투자증권, 장내·외파생 상품, 부동산, 실물자산, 특별자산 등으로 제한하였다. 그러나 『자본시장법』 시행 이후 유가증권, 단기금융, 부동산은 기존대로 분류되나 실물은 특별자산으로 변경되었다. 또한 파생상품은 단기금융을 제외한 나머지 유형으로, 재간접은 증권과 부동산으로, 특별자산은 증권(집합투자증권 제외), 부동산, 특별자산으로 재분류되었다.

162 RP, 잔여만기 6개월 이내 CD, 잔여만기 5년 이내 국채증권, 잔여만기 1년 이내 지방채증권·특수채증권·사채권·CP, 잔여만기 1년 이내 금융기관 발행·할인·매매·중개·인수·보증어음(CP 제외), 30일 이내 단기대출, 만기 6개월 이내 금융기관 예치, 다른 단기금융집합투자기구의 집합투자 증권 등으로 규정하고 있다(자본시장법 시행령 제241조).

163 2004년 10월 『구(舊)간접투자자산운용업법』 개정으로 사모투자전문회사가 처음 도입되었다. 사모투자전문회사의 재산운용 방법은 다른 회사 발행주식 총수(또는 출자총액)의 10% 이상이 되도록 하는 투자, 임원의 임면 등 투자하는 회사의 주요 경영사항에 대하여 사실상의 지배력 행사가 가능하도록 하는 투자, 투자대상기업이 발행한 투자증권에의 투자위험을 회피하기 위한 투자 등으로 제한되어 있었다.

164 일반 투자자를 대상으로 모집하는 공모(公募)펀드는 펀드 규모의 10% 이상을 한 주식에 투자할 수 없는 등 운용에 제한이 있지만, 사모펀드는 49명 이하의 고액 자산가 또는 기관투자자로부터 자금을 받아 주식, 헤지펀드, 부동산, 인프라, 선박, 유전 등 다양한 자산에 비교적 자유롭게 투자할 수 있다. 조선일보 ChosunBiz, 2016.12.12.자 보도를 참고(http://biz.chosun.com/site/data/html_dir/2016/01/12/2016011200090.html)

165 헤지펀드(hedge fund)란 투자 지역이나 대상 등에 있어 당국의 규제를 받지 않고, 위험을 감수하면서도 고수익을 노리는 투기성 자본을 뜻한다. 일반적으로 소수의 투자가들에게서 자금을 모아 카리브 해의 버뮤다제도와 같은 조세회피지역에 거점을 설치하고 자금을 운영하는 펀드를 가리킨다. 국내에서는 헤지펀드가 아직 본격적으로 허용되지 않고 있다. 투자자 보호 문제 등으로 당국에서 개인들의 헤지펀드 직접 투자를 법적으로 막고 있기 때문이다.

166 Kane, Alex, Marcus, Alan J. Bodie, Zvi, 『Essentials of investments』, McGraw-Hill, 2002 참조.

167 첫째, 적격투자자의 범위에 대한 제한이다. 『자본시장법 시행령』 제271조의2 제1항에서 적격투자자의 범위를 국가와 외국정부, 은행, 한국산업은행, 중소기업은행 등 소수의 전문투자자로 한정하고 있어 전문성을 갖춘 법인이나 고액 자산가 등에게 대안 투자로서의 기능을 하지 못하고 있어 헤지펀드 활성화에는 한계가 있었다. 둘째, 헤지펀드에 있어서 금전차입은 중요한 투자전략 중의 하나이고, 절대수익을 추구하고 고율의 수익을 창출하기 위해서는 투자전략으로써 금전차입은 필수적이다. 그러나 자본시장법은 집합투자기구의 금전차입을 원칙적으로 금지하고 있고, 사모집합투자기구의 경우에도 이를 금지한다. 다만, 적격투자자만을 대상으로 하는 사모집합투자기구의 경우 집합투자재산 총액의 최대 400%까지 금전차입이 가능하고(제249조의2 제3항), 시행령 제271조의2 제2항에서는 300%로 한도를 제한하고 있었다. 셋째, 공매도는 시장거래의 활성화와 시장의 효율성을 위해 필요한 거래방법이자, 헤지펀드의 중요한 자산운용 전략에 해당한다. 현행 『자본시장법』 제180조 제1항에서는 원칙적으로 소유하지 아니한 상장증권의 매도, 차입한 상장증권으로 결제하고자 하는 매도를 금지하고, 예외적으로 증권시장의 안정성 및 공정한 가격형성을 위해 대통령령이 정하는 방법을 따른 경우에는 일부 허용하고 있다. 그리고 유가증권시장업무규정에서는 공매도호가의 제한(유가증권시장업무규정 제17조), 공매도호가의 가격(유가증권시장업무규정 제18조)을 제한하고 있다. 넷째, 일반적으로 헤지펀드는 제한 없는 자산운용을 특징으로 하고 있으나, 『자본시장법』은 적격투자자만을 대

상으로 하는 사모집합투자기구에 대하여도 이를 배제하고 있지만(자본시장법 제249조의2 1 항), 시행령에서 적격투자대상 사모집합투자기구의 자산을 운용함에 있어 집합투자재산의 50%이상을 구조조정대상 기업 등에 투자하도록 제한하고 있다.

168 2015.7.24. 전문개정, 『자본시장법』 제249조의2.

169 『자본시장법 시행령』 개정안 제271조의2 제1항 제5호(신설).

170 2015.7.24. 전문개정, 『자본시장법』 249조의7 제1항.

171 『자본시장법 시행령』 개정안 제271조의2 제1항 단서 삭제, 제7항(신설).

172 『자본시장법』 제249조의2.

173 『자본시장법』 제249조의2 제2항: 『자본시장법 시행령』 개정한 주요내용, 금융위원회 자료, 2015.7.23.(http://m.fsc.go.kr/01Sub/001Sub/bodoData.do?FLAG=VIEW&CPAGE=1&NUM=30535) 2016년 8월 4일 금융투자업계에 따르면 국내 헤지펀드 운용사들이 운용하는 총자산규모(AUM: assets under management)는 7월 말 기준 5조6천126억 원으로 추정됐다.

174 빈손으로 있지도 않은 물건을 팔아먹는 예는 영국에서도 볼 수 있다. 18세기 영국 상류층에선 곰 가죽이 부의 상징으로 큰 인기를 끌었다. 품귀 현상으로 재고가 바닥났는데도 일부 거래상은 "몇 개월 뒤 주겠다"며 비싼 값에 팔아먹었다. 그렇게 할 수 있었던 것은 곰 사냥꾼들이 너도나도 달려드는 것을 보고 머지않아 값이 폭락할 것을 눈치 챘기 때문이다.

175 상장증권 또는 장내파생상품의 매매를 유인할 목적으로 그 증권 또는 장내파생상품의 매매가 성황을 이루고 있는 듯이 잘못 알게 하거나 그 시세(증권시장 또는 파생상품시장에서 형성된 시세, 다자간매매체결회사가 상장주권의 매매를 중개함에 있어서 형성된 시세, 그 밖에 대통령령으로 정하는 시세를 말한다)를 변동시키는 매매 또는 그 위탁이나 수탁을 하는 행위를 말한다.

176 임재연, 『자본시장법』, 박영사, 2017, 959면 이하.

177 조지 소로스(George Soros, 1930년 8월 12일~)는 헝가리계 미국인으로서 금융인이자 투자가이다. 소로스 펀드 매니지먼트((Soros Fund Management LLC)의 의장을 맡고 있다. 본명은 슈바르츠 죄르지(헝가리어: Schwartz György)이다. 조지 소로스는 미국 '헤지펀드의 전설'이자 20세기 최고의 펀드 매니저로 불린다. 소로스는 진보자유주의운동을 지지한다(liam Shawcross, "Turning Dollars into Change", *Time Magazine*, September 1, 1997).

178 2016년 4월 경 공매도와 연계된 허위 공시 의혹까지 제기됐다. 중국원양자원은 2016년 4월 '대여금 74억원을 못 갚아 소송을 당했다'고 공시했는데 거짓으로 드러났다. 주가는 연초 대비 반 토막이 났다. 금융감독원이 공매도 세력의 연루 가능성을 염두에 두고 조사에 착수했다. 사실이라면 다시는 한국 땅에 발을 들여놓기 어려울 정도로 무거운 처벌을 내려야 할 것이다.

179 금융시장에서 사용하는 '롱(Long)'이란 단어는 '길다'라는 뜻이 아니라 상승 시에 이익을 내는 투자방법, 즉 장기적으로 주식시장에서 저평가될 주식 등을 '매수'하는 것을 말하고, 반면 '숏(Short)'은 짧다는 뜻이 아니라 떨어질 것 같은 종목을 공매도로 팔아서 단기이익을 내는 투자방법을 의미한다. 공매도와 지수선물, 옵션 등을 매도하는 것이 여기에 해당한다. 기존의 투자방법이 주식을 싸게 사서 오르는 것을 기다리는 것이었다면 롱숏으로는 가격이 고평가된 주식까지 노릴 수 있어서 시장이 상승하지 않더라도 수익달성이 가능하게 된 것이다. 그런 측면에서 롱숏은 좋은 투자 대안을 제공해주고 있다.

180 투자자문업은 1984년 7월 대우경제연구소가 Korea Fund와 투자자문계약을 체결하여 우리나라의 시장정보를 제공한 것이 효시가 된다.

181 이에 따라 1988년 25개 투자자문회사가 등록하였고 1989년에 4개 회사가 추가 설립되었다. 그 후 1995년 말 개정된 『구(舊) 증권투자신탁업법』에 의거 증권투자신탁의 위탁회사도 투자자문업을 영위할 수 있게 됨에 따라 1996년 중 29개 투자자문회사 가운데 15개 회사가 투자

신탁운용회사로 전환하였다.

182 이에 따라 1989년 12월 이후 중단되었던 신규 등록이 허용되면서 새로이 9개 회사가 등록하기도 하였다.

183 불특정 다수인을 대상으로 발행 또는 송신되고 불특정 다수인이 수시로 구입 또는 수신 가능한 간행물·출판물·통신물 또는 방송 등을 통하여 투자자문회사 이외의 자가 일정한 대가를 받고 영위하는 투자조언을 말한다.

184 기존의 투자자문업 영위 회사에 대해서는 재정경제부장관의 허가를 받은 경우 투자일임업도 취급할 수 있도록 하였다.

185 투자대상이 되는 유가증권의 종류·종목·수량 및 가격과 매매의 구분·방법 및 시기 등에 대한 판단을 말한다.

186 한편 랩어카운트(wrap account)는 증권회사가 투자자에게 투자중개와 투자일임의 결합서비스를 제공하기 위한 증권계좌를 지칭하는 실무상 개념이다. 투자일임과 랩어카운트가 혼동되는 경향이 있으나 개념상 구분할 필요가 있다. 한편 전업 투자자문회사의 수는 등으로 큰 폭으로 증가해 2011년 6월말 기준 148개 전업 투자자문회사가 등록·영업 중이다. 2011년 6월말 기준 전업 투자자문회사의 투자자문 계약자산은 14.8조원, 투자일임 계약자산은 13.2조원 규모이다.

187 이러한 유스 제도는 5~6세기에 걸쳐 영국으로 이동한 게르만족의 관습법상 유언집행인(salman) 제도가 전승된 것으로 알려져 있다.

188 형평법에서는 위탁자와 수탁자간의 신뢰관계를 존중하여 수탁자가 조건을 이행하지 않는 경우 수익자에 대하여 형평법상의 구제수단을 허용하고 있다.

189 투자매매중개업자(증권회사)의 경우 신탁업자로서의 대출업무가 제한된다. 부동산 신탁업무와 관련하여 은행의 경우 토지신탁 업무가, 투자매매중개업자 및 보험회사는 담보 및 토지신탁 업무가 제한된다.

190 그 후 신탁업체수가 급속도로 늘어나 1930년에는 80여사에 달하는 신탁전업 또는 신탁겸영 회사가 난립하게 되었다. 그러다가 1931년 6월 조선신탁업령의 제정으로 신탁회사 수가 5개로 정비되었으며 1933년 1월에는 조선신탁주식회사가 설립되어 이들 5개 회사를 다시 흡수·통합하여 8·15해방 이전까지 국내 유일의 신탁회사로 영업을 하였다.

191 신탁관계 기본법령을 정비하였으며 1962년 11월에는 여타 4개 시중은행이, 1968년에는 지방은행인 부산은행이 각각 신탁업무에 참여하게 되었다.

192 새로운 상품의 개발이 극히 부진했던 데다 수탁자금의 대부분이 은행계정으로 전용되는 등 질적인 면에서 별다른 발전을 이루지 못했다.

193 이에 부응하여 1968년 12월 자본금 15억 원의 한국신탁은행을 설립하는 한편 기존의 신탁업 겸영은행에 대해서는 신규 수탁을 금지하였다. 이후 1970년 12월에는 5개 시중은행과 지방은행의 신탁계정을 한국신탁은행으로 이관하도록 함으로써 신탁업 전담체제가 확립되었다. 1976년 8월 한국신탁은행과 서울은행의 합병으로 서울신탁은행(1995년 서울은행으로 개명)이 설립되면서부터는 서울신탁은행이 신탁업을 독점적으로 겸영하게 되었다.

194 신탁업무는 비로소 경쟁체제로 바뀌었다.

195 한편 은행들이 과도하게 수신경쟁에 나섬에 따라 신탁의 본질과는 거리가 먼 단기성자금의 유치, 우회적 방법을 통한 배당률의 인상 등 부작용이 나타나 1996년 5월에는 신탁만기를 장기화(최단만기를 종전 1년에서 1년 6개월로 조정)하고 확정배당형 신탁상품을 단계적으로 축소하는 조치를 취하기도 하였다. 그러나 1997년 말 종합금융회사의 업무정지에 따른 보완책으로 은행신탁계정의 CP할인·매입을 촉진하기 위해 만기 6개월의 신종적립신탁을 도입한 데 이어 1999년 들어서는 투자신탁회사로의 자금 유입에 대응하여 투자신탁 수익증권과 비슷한

단위신탁상품이 등장하였다.

196 특히 2000년 7월에는 채권시가평가제 도입 영향으로 장부가평가 실적배당상품 신규수탁이 중지되고 2004년 1월에는 『구(舊) 간접투자자산운용업법』 시행으로 개인연금 및 퇴직연금을 제외한 불특정금전신탁의 신규수탁이 중지되었다.

197 단일 계약으로 금전, 유가증권, 부동산, 무체재산권 등 여러 유형의 재산을 함께 수탁하여 통합·관리하는 것으로 미국은 기본적으로 개인신탁이 종합재산신탁으로 발전해 왔으며 일본의 경우 1982년 '포괄신탁'이라는 제도로 도입한 바 있다.

198 금융·외환위기 이후 금전신탁 부실화 등으로 신탁업이 위축되었다.

199 고객에게 보다 다양한 금융상품을 제공하고 증권회사 및 보험회사의 수익기반을 확충해 금융산업의 균형적 발전을 도모하기 위해 허용되었다.

200 겸영이 가능해짐에 따라 2005년 12월 9개 증권회사(굿모닝신한·대신·대우·동양종금·미래에셋·삼성·우리투자·한국투자·현대증권)가, 2007년 9월에는 미래에셋 생명보험이 최초로 신탁업무에 참여하여 이후 증권회사 및 보험사의 신탁업 겸업이 확대되었다. 2011년 6월말 기준 신탁겸업사는 한국수출입은행을 제외한 국내은행 17개 모두와 3개 외국은행 지점, 21개 투자매매중개업자(증권회사), 5개 보험회사 등이 있다. 한편 부동산신탁회사는 11개사가 영업 중이다.

201 한편 부동산신탁회사는 인가조건으로 그 수탁가능재산이 부동산 등으로 제한됨에 따라 현재 부동산을 수탁 받아 그 관리, 처분, 개발을 대행하는 업무를 수행하고 부수업무로서 주로 부동산컨설팅, 대리사무, 부동산매매의 중개 등을 수행한다.

202 처분의 방법과 절차에 어려움이 있는 부동산, 매수자가 제한되어 있는 대형 부동산, 소유관리에 안전을 요하는 부동산 등이 주된 수탁대상이 된다.

203 그러나 저당권 설정방식은 담보물 평가비용, 채무불이행시 법원경매의 장기화, 저가경락 등으로 금융기관의 부담이 증가할 가능성이 있다.

204 저당권의 경우 후순위권리(임대차 및 저당권) 설정에 관여할 수 없다.

205 그러나 저당권은 파산재단을 구성하여 처분이 제한될 수 있다.

206 부수업무로는 보호예수, 채무의 보증, 부동산매매의 중개, 금전 또는 부동산대차의 중개, 공사채·주식의 모집 및 그 불입금의 수입과 원리금·배당금 지급의 취급, 재산에 관한 유언의 집행, 회계의 검사, 재산의 취득·관리·처분 또는 대차, 재산의 정리 또는 청산, 채권의 추심, 채무의 이행, 보험 등에 관한 대리사무 등이 있다.

207 금융투자업규정 제4-82조에서 신노후생활연금신탁(노후생활연금신탁을 포함), 연금신탁(신개인연금신탁 및 개인연금신탁을 포함), 퇴직일시금신탁의 손실보전만을 허용하고 있다.

208 가계금전신탁(household money trust), 기업금전신탁, 개인연금신탁, 신종적립신탁, 단위금전신탁 등이 있었으나 2004년 1월 이후 『구(舊) 간접투자자산운용업법』 시행으로 2004년 7월부터 신규수신이 대부분 금지되었다.

209 유가증권신탁은 유가증권관리신탁, 유가증권운용신탁, 유가증권처분신탁으로 구분된다. 유가증권관리신탁은 유가증권의 보관, 이자·배당금·상환금의 수령, 증자대금의 불입 등 유가증권의 관리를 목적으로 하는 신탁을 말한다. 유가증권운용신탁은 유가증권을 대여하여 대여료를 수취하거나 유가증권을 담보로 수탁자가 차입하여 운용하는 등 유가증권 운용수익을 목적으로 하는 신탁이며, 유가증권처분신탁은 수탁 유가증권을 처분하기 위한 신탁이다.

210 금전채권신탁은 수익자를 위해 금전채권의 추심·관리·처분을 목적으로 금전채권을 신탁하고 신탁 종료시 수익자에게 원본과 수익을 금전으로 교부하는 신탁이다.

211 부동산신탁은 인수하는 신탁재산의 형태가 토지 및 그 정착물인 부동산이다. 앞에서 자세하게

살펴보았다.

212 수탁회사는 위탁회사의 지시에 따라 유가증권 및 실물자산에 투자·운용하고 동 자산의 구입 대금 지급, 매각에 따른 자산인도, 이자 및 배당 수령, 수익증권 환매대금 및 이익금의 지급, 집합투자업자 감시 등 관련 사무를 처리한다.

213 사채매입자에 대한 위탁자의 개별적 담보제공에서 오는 불편과 법률관계의 번잡성을 피하는 한편 위탁자의 자금조달을 용이하게 하는 제도이다.

214 위탁자가 공익사업을 목적으로 위탁한 재산을 신탁회사(수탁자)가 관리·운용하는 제도인데 여기서 발생한 이익 또는 그 원본은 위탁자가 공익사업을 수행하는 데 이용한다.

215 또한 신탁운용자산의 처분은 이익상충 방지를 위해 시장을 통하여 매매함을 원칙으로 하며 특정 신탁상품의 수익률을 제고할 목적으로 운용자산을 편출하거나 편입할 수 없다.

제 6 장   지급결제전문기관

1 제6장은 한국은행, 『한국의 금융제도』(Financial System in Korea), 2011, 303면 이하를 참조 하였다.

2 여기서 말하는 결제란 청산과 결제를 합친 개념이다. 지급에 따라 발생하는 금융기관 간 채권 과 채무를 상계 처리하는 것을 청산(clearing)이라 하고, 채무의 전액 또는 청산되지 않은 차 액을 금융기관이 한국은행 당좌계정을 통해 이체함으로써 채권·채무관계를 종료시키는 것을 (좁은 의미의) 결제(settlement)라 한다.

3 현금으로 거래대금을 지급한 경우 지급으로써 지급결제가 완료되는 반면, 현금 이외의 지급수 단의 경우 지급수단을 제공한 금융기관 간에 채권·채무관계가 발생하여 이를 해소하는 결제 절차가 필요하다.

4 국제결제은행(BIS)의 「지급결제제도위원회(CPSS: Committee on Payment and Settlement System)」 와 국제증권위원회 기구(IOSCO: International Organization of Securities Commissions)는 글 로벌 금융위기 이후 FMI의 위기대응 능력을 제고하고 장외파생상품시장의 등장 등 금융환경 변화에 대응하기 위해 기존 3대 국제기준*을 통합한 「FMI에 관한 원칙」의 제정을 추진 중이 며 2012년 3월중 공표되었다.

* 지급결제제도 관련 3대 국제기준: ① 중요지급결제시스템의 핵심원칙(Core Principles for Systemically Important Payment Systems, CPSS, 2001), ② 증권결제시스템에 대한 권고 (Recommendations for Securities Settlement Systems, CPSS/IOSCO, 2001), ③ 중앙거래당 사자에 대한 권고(Recommendations for Central Counterparties, CPSS/IOSCO, 2004)

5 한은금융망(BOK-Wire, 1994년 12월 개시)을 통한 결제규모가 크게 늘어나면서 금융기관의 일 중 결제유동성 부담 및 결제처리업무가 급증함에 따라 한국은행은 2009년 4월 실시간총액 결제 (RTGS)방식의 기존 한은금융망에 혼합형결제시스템을 가미한 새로운 한은금융망(BOK -Wire+)을 도입하였다.

6 한은금융망의 결제시스템은 총액결제시스템과 혼합형결제시스템으로 구분되는데 전자는 순수 총액결제방식만이 적용되는 반면 후자는 순수 총액결제 방식과 양자 간 및 다자 간 동시처리 방식이 모두 적용된다. 또한 금융기관의 일 중에 신청하는 거액의 자금이체거래는 접수 즉시 처리되지만 금융결제원이 다자간 차액결제금액을 산출하여 의뢰하는 차액결제업무, 상환기일 이 명시된 콜자금의 상환, 금융기관이 수납한 국고자금 회수 등은 특정시점을 지정하여 처리 하고 있다.

7 금융결제원 본부(서울어음교환소), 9개 지역본부 및 41개 지부가 어음교환소 역할을 해왔으나

전자어음 도입 등으로 지역본부 및 지부가 2005년 8월부터 2011년 1월까지 차례로 폐지되어 서울어음교환소에서만 어음교환업무를 하고 있다.

8 참가은행 간 어음교환에 따라 발생하는 교환 차액은 한국은행에 개설된 참가은행의 당좌예금 계정에서 대차 결제된다.

9 여기서 어음은 약속어음, 환어음 외에 당좌수표, 가계수표 및 자기앞수표 등을 포함한다.

10 2000년 5월 수납장표 전자정보교환제도(truncation) 도입을 추진하여 2010년 11월에는 전국을 대상으로 실물 이동 없이 전자정보의 전송만으로 어음·수표의 교환업무가 가능하게 되었다.

11 지로(giro)는 회전이라는 의미의 희랍어 guros에서 나온 말인데 원시적 형태의 지로는 고대 이집트 및 바빌론 에서 영주 또는 군주의 창고에 곡물을 보관한 농민이 자신의 곡물 한도 내에서 곡물반출청구서를 발행하여 채무변제의 수단으로 사용한 데서 유래되었다.

12 지로를 이용하기 위해서는 금융결제원으로부터 거래 승인을 받아야 한다. 지로는 거래 승인시 부여받은 지로번호에 의해 자금이체를 일괄 처리한다. 지로번호는 지로이용기관의 업체명, 대표자, 주소, 거래은행, 계좌번호, 예금주명 등을 나타내는 7자리 숫자로 구성된다.

13 전기·전화요금 및 물품판매대금 등 대량의 수납·지급거래에 편리한 지급수단이다.

14 신용카드의 경우에는 별도의 은행 간 결제시스템은 없다. 은행계 카드는 카드회사가 매일 은행 간 결제차액을 계산하면 각 은행이 이를 어음교환에 회부하여 결제하고 있으며 전문회사의 카드는 카드회사가 가맹점의 거래은행계좌에 직접 입금하는 방식을 취하고 있다.

15 결제대금은 유가증권시장과 코스닥시장의 거래대금을 합하여 산정된다.

16 한편 채권기관투자자결제 시스템은 건별로, 주식기관투자자결제시스템은 거래상대방별로 한국예탁결제원이 청산하고, 증권의 수수는 장내시장과 같이 한국예탁결제원 계좌에서 대체되나 결제대금은 한국은행에 개설된 한국예탁결제원 계좌를 통해 증권과 동시에 결제된다.

17 2011년 12월 26일 대금결제은행이 시중은행(신한, 우리)에서 한국은행으로 변경되었다.

18 외환시장은 거래 당사자에 따라 은행간시장과 대고객시장으로 구분하는데 장내거래와 장외거래는 은행간시 장에서의 거래 분류이다.

19 외환시장에서 외환거래에 따라 발생하는 채권·채무관계를 서로 다른 통화의 이전을 통해 해소하는 것을 말한다.

20 https://www.swift.com/ 국제은행 간 자금결제통신망은 국제은행 간 자금결제를 위한 정보통신망으로 국제금융기관의 대차업무, 즉 국제자금결제(international financial system)를 종전의 전통적인 결제방법(예컨대 mail or paper, facsimile, telex 등)에서 탈피하여 보다 신속하고 정확·안전한 자금결제업무처리를 위한 EDI방식에 의한 문서전달체제이다. 전신신용장을 암호(code)로 발행하는 방법과 비슷하게 신용장의 Format이 표준화 되고 Code화되어 있는 바 Authenticator Key는 Test Key와 같이 금액, 통화종별, 거래일자 등을 숫자화하여 가감승제하는 형태가 아니라 16진법의 기본숫자인 0~9, A~F까지의 임의의 숫자 및 알파벳 문자를 중복하지 않고 사용한 16자리의 암호로 구성되어 있다.

21 우리나라는 2004년 원화가 CLS 결제적격통화로 지정된 이후 한은금융망과 CLS은행을 연결하는 CLS연계시스템을 가동하고 금융결제원에 CLS공동망을 구축하였다.

22 제2절 금융결제원은 한국은행, 『한국의 금융제도』(Financial System in Korea), 2011, 312면 이하를 참조하였다.

23 http://www.kftc.or.kr/kftc/main/EgovkftcHubMain.do

24 현재 사원 11개 기관, 준사원 10개 기관, 그리고 특별 참여기관 43개 기관이 참여하고 있다.

25 총회는 한국은행총재, 농협중앙회 신용대표이사, 한국산업·신한·우리·SC제일·KEB하나·중소기업·국민·씨티은행 은행장 등으로 구성된다.

26 금융결제원은 어음의 실물교환을 위해 과거 전국 50개 지역에 어음교환소를 설치하였으나 어음·수표전자정 보교환시스템 도입 등에 따라 현재 서울어음교환소 1개만 운영하고 있다.

27 제3절 한국예탁결제원은 한국은행, 『한국의 금융제도』(Financial System in Korea), 2011, 315면 이하를 참조하였다.

28 http://www.ksd.or.kr/index.home

29 예탁결제제도는 증권시장에서 거래되는 모든 증권을 예탁기관에 집중예탁 시켜 놓고 거래참가자들의 매매·양도 등의 이전 및 담보거래에 따른 결제와 증권 실물이동의 문제를 장부에 의한 대체기재로 갈음하도록 함으로써 증권발행을 촉진하고 유통 합리화를 기하기 위해 도입되었다.

30 1974년 설립되었다.

31 증권 등의 집중예탁이란 실물 대신 발행 및 결제 등의 권리 행사를 장부상으로 할 수 있게 함으로써 실물 이동에 따른 물류비용이나 분실위험 등을 줄이기 위한 제도이다.

32 보관 및 관리 효율성 제고를 위해 예탁증권을 예탁자별로 구분하지 않고 종류별로 혼합보관하며 예탁자계좌부에 예탁자의 명칭과 주소, 증권의 종류 및 수량, 수량의 증감원인 등을 기록하는 방식으로 권리관계를 명확히 한다. 2011년 6월말 기준 한국예탁결제원에 예탁되어 있는 증권으로 주식, 채권, CD, CP 등이 있으며 시가총액 기준으로 총 2,624조원 규모이다.

33 대금의 지급은 한국은행이나 결제은행의 지급결제시스템을 통해 증권결제와 동시에 처리한다.

34 증권·대금 차감 동시결제 방식으로 증권과 대금을 다자간 차감한 이후 그 잔액을 결제일 종료시점에 결제하는 방식이다.

35 청산 업무는 한국거래소가 수행한다.

36 채권은 건별로, 주식은 거래상대방별로 동시결제 되고 있다. 2010년 중 한국예탁결제원의 증권결제시스템을 통한 장·내외 결제규모는 총 29.1조 원이다.

37 대부분 무기명인 채권과 달리 기명식인 주권의 경우 권리행사에 있어 주주의 권리를 보호하고 원활한 사무 처리를 도모하기 위해 집중예탁제도와 함께 실질주주제도를 도입하고 있다. 실질주주제도란 예탁주권의 명의를 한국예탁결제원으로 명의개서하여 발행회사의 주주명부에 한국예탁결제원이 주주로 기재되어 관리되고, 특정 권리기준일이 설정되는 경우 발행회사가 작성하는 예탁주권의 실질소유자의 주식 소유현황이 기재된 실질주주명부에 의거하여 실질주주가 발행회사에 대해 직접 권리를 행사할 수 있도록 함으로써 예탁결제원에 주권을 예탁한 실제 소유자의 권리를 보호하기 위한 제도이다.

38 고유 업무는 아니지만 한국예탁결제원이 국내 최초로 서비스를 시작하였고 현재 최대 규모를 유지하고 있다. 2010년 중 한국예탁결제원이 권리 행사한 예탁증권 규모는 810조 원이다.

39 외국통화로 표시된 증권 또는 외국에서 지급을 받을 수 있는 증권이다.

40 외국인이 선임할 수 있는 보관기관 및 상임대리인에는 한국예탁결제원 외에도 외국환은행, 증권회사, 선물업자 및 국제적으로 인정된 보관기관이 있다.

41 채권등록제도란 채권의 소유자가 실물을 보유하지 않고 등록기관에 권리내역을 등록함으로써 권리를 확보하는 것으로 채권의 발행 및 기타 관련 업무의 효율성을 도모하고 사고위험을 해소하며 유동성을 증대시키는 효과가 있다. 예탁결제제도는 이미 발행된 증권의 원활한 유통에 그 목적을 두는 반면 채권등록제도는 발행단계부터 관련 사무를 쉽게 하고 권리를 보호한다는 점에서 차이가 있다.

제7장 금융시장

1 한국은행 "2013년 중 자금순환", 2014.3.17.: 통계청.

2 FRB, "Flows of funds", 2014.3.6.

3 한국은행, 『한국의 금융시장』(Financial Markets in Korea), 2012, 153면 이하.

4 이 장에서는 자본시장의 범위를 채권 및 주식시장으로 제한하다. 외환위기 이후 기업 및 금융기관 구조조정과 관련하여 그 중요성이 크게 부각되고 있는 자산유동화증권시장은 지면관계로 자세한 설명은 생략한다.

5 미래 수익성이 높고 성장성이 기대되는 기업으로 자본이 집중되도록 하여 이들 기업이 다른 기업보다 낮은 비용으로 필요한 자금을 조달하고 생산능력을 확충할 수 있게 한다. 이 결과 국민경제는 이들 기업을 중심으로 생산효율이 극대화되고 산업구조의 고도화가 촉진 되면서 경제전체의 부(富)도 늘어난다.

6 주식 및 채권 등 장기금융상품과 단기금융상품의 차이에 대해서는 제1장 개관 참조.

7 제2절 채권시장은 한국은행, 『한국의 금융시장』(Financial Markets in Korea), 2012, 153면 이하를 참조하였다.

8 한국은행, 앞의 책, 157면 이하.

9 채권은 만기 전에 매각할 경우 가격변동에 따라 자본이익(capital gain) 또는 손실(loss)이 발생할 뿐 더러 발행자가 부도를 내면 원리금 회수가 곤란해지기 때문에 투자시점에서 수익이 확정되는 것은 아니다.

10 넓은 의미로는 여러 개의 자산이 결합된 자산군을 말하며, 좁은 의미로는 증권시장에서 거래되는 주식·사채 등의 금융자산의 집합을 말한다.

11 할인채(割引債)는 이자가 붙지 않지만 채권가격이 액면가격보다 낮은 채권이다. 15세기 르네상스 시대 때 처음 등장한 이후로 계속 이용된 이자지급 방법이며, 한국에서 할인채가 적용되는 대표적인 예로는 1년 만기 은행채, 통화안정증권, 장기신용채 등이 있다. 백화점에서 물건을 할인하여 판매하는 경우 10,000원짜리 상품의 할인율이 10%라면 10,000원에 대한 10% 즉, 1,000원을 공제하고 9,000원에 판매하는데 이것이 할인채와 같은 개념이다. 다만, 상품의 할인율이 물건 값에 대한 단순비율인데 반해 채권의 할인율은 연(年)율이라는 차이점이 있다. 이처럼 할인채는 액면금액에서 할인율 표면이율에 의해 계산된 이자를 공제하고 발행하여 만기에 가서 액면금액을 상환하는 구조를 갖고 있다.

12 이표채는 표면이율에 따라 연간 지급해야 하는 이자를 일정기간마다 나누어 지급하는 채권으로서 이자계산 기간 초일에 이자를 먼저 지급하는 선급방식과 말일에 지급하는 후급방식이 있는데, 후급방식이 일반적이고 선급방식은 사모채권에 가끔 사용된다. 현재 이표채의 이자지급주기는 3개월 혹은 6개월이 대부분인데 간혹 만기 5년이 넘는 국고채 등에서 6개월 이표 등이 있으나, 최근 발행된 것은 전환사채를 제외하고는 3개월 이표채가 대부분이다.

13 발행된 사채권은 존속하며 단지 그 사채에 신주인수권이라는 옵션이 부여되어 있어서 그 옵션은 정해진 기간 내라면 언제든지 사채권자가 행사할 수 있다. 따라서 신주인수권부 사채를 보유한 사채권자가 신주인수권을 행사하면 발행회사는 구주주들의 신주인수권이 배제되는 일시적이고 부분적인 유상증자가 일어나게 되는 셈이다.

14 국채의 발행·상환업무를 종합적으로 관리하기 위해 만들어진 공공자금관리기금의 부담으로 발행하는 국채이다. 2000년 1월에는 양곡증권이, 2003년 11월에는 외국환평형기금채권이 국고채권으로 통합되었으며 2004년 12월까지는 외환시장안정을 위해 발행될 경우 외환시장 안정용이라는 부기가 별도 표시되었다.

15 부동산 등기 및 각종 인허가와 관련하여 매입의무를 부과하는 1종 국민주택채권(hosing bond)과 주거전용면적이 85㎡를 초과하는 분양가상한제 적용주택을 공급받을 경우 매입해야 하는 2종 국민주택채권이 있다. 2종 국민주택채권은 1999년 7월 발행이 중단되었으나 2005년 정부의 8.31 부동산대책으로 2006년 2월 재도입되었다가 2013년 5월 31일부터 폐지되었다. 3종 국민주택채권은 택지를 공급받는 자로부터 개발이익을 환수할 목적으로 발행 되었으나 2종 채권의 재도입으로 2006년 2월 발행이 중단되었다.

16 2000년 6월 이후 신규발행은 없었으며, 2003년 1월 시행된 공익사업을 위한 토지 등의 취득 및 보상에 관한 법률에 의거 공공용지보상채권의 명칭이 보상채권으로 변경되었다.

17 재정증권(treasury bills)의 경우에는 일반적으로 경쟁입찰 방식으로 발행하나 필요시 금융기관, 정부출자기관, 보험회사 등에 대하여 상대매매방식으로 발행하는 것이 가능하다.

18 낙찰금액의 합계가 발행금액에 도달할 때까지 가장 낮은 수익률을 제시한 입찰자부터 낙찰자를 순차적으로 결정하고 발행수익률은 낙찰자가 제시한 수익률 중 가장 높은 수익률을 모든 낙찰자에게 일률적으로 적용한다.

19 낙찰금액의 합계가 발행금액에 도달할 때까지 가장 낮은 수익률을 제시한 입찰자부터 순차적으로 낙찰자를 결정하고 발행수익률은 각자가 제시한 수익률을 적용한다.

20 국고채전문딜러를 제외한 금융기관, 기타 법인, 개인 등을 의미한다.

21 일반인의 낙찰 금리는 국고채전문딜러 간 경쟁 입찰에서의 최고낙찰 금리를 적용한다.

22 이를 비경쟁입찰 I 이라고 하며 발행시장의 저변확대 차원에서 발행예정액의 20% 범위 내에서 배정이 가능토록 되어 있으나 실적이 극히 미미한 실정이다.

23 이를 비경쟁입찰 II 라고 하며 국고채전문딜러들의 시장조성기능 강화, 국고채 인수경쟁 독려 등을 통한 발행비용 절감을 위해 도입되었으며 우수딜러의 경우 인수금액의 25%, 차상위 5개 딜러는 15%, 기타 딜러는 10% 범위 내에서 배정되고 있다.

24 2008년 12월 『국가재정법』 개정으로 총발행한도제를 유지하면서도 차환발행에 대해서는 국회 사전 보고를 통해 발행한도 이상으로 발행이 가능하게 되었다.

25 국민주택채권은 KB국민은행(구 주택은행)이 관련 사무를 담당한다.

26 국고채의 경우 통상 낙찰금액 납입일 1영업일 전에 국고채전문딜러를 대상으로 BOK-Wire+를 통해 경쟁입찰을 실시하여 발행한다.

27 다만, 30년 만기 국고채의 경우 오전 9:40~10:00까지, 변동금리부국고채의 경우 오전 10:20~10:40까지 진행된다.

28 채권의 매출 또는 인수 시 청약자 또는 인수자의 신청에 의하여 발행 채권을 예탁기관(한국예탁결제원) 명의로 등록하는 것을 말한다.

29 한국은행이 원리금 지급일에 한국예탁결제원의 한국은행 당좌예금계좌로 원리금 해당금액을 일괄 입금하면 한국예탁결제원은 이를 국채 보유기관의 한국은행 당좌예금계좌 또는 거래은행의 한국은행 당좌예금계좌에 입금함으로써 끝난다.

30 공모란 불특정 일반인에게 신규로 발행되는 증권 취득의 청약을 권유하는 행위를 말한다. 『자본시장법』상 청약을 권유 받는 자가 50명 이상이면 공모(모집)에 해당되고 이에 해당되지 않으면 사모이다.

31 발행당시 미매각분은 인수기관이 보유하거나 추후 시장에 매각한다.

32 순자산액의 4배까지 회사채를 발행할 수 있다는 발행한도도 폐지되었다.

33 이사회는 대표이사에게 사채의 금액 및 종류를 정하여 1년을 초과하지 아니하는 기간 내에 사채를 발행할 것을 위임할 수 있다.

34 『자본시장법』상 모집 또는 매출의 방법에 의하고(공모) 동시에 모집가액 또는 매출가액이 10

억 원 이상인 경우 증권신고서를 금융위원회에 제출해야 한다.

35 2012.1~6월중 회사채 발행액 중 만기 3년 이하의 비중은 55.4%를 차지한다.

36 2003년 이후 시장금리 수준이 낮아지면서 표면금리와 유통수익률간의 괴리가 0.5%p 이내로 좁혀졌으며, 표면금리를 유통수익률에 맞춰 발행하는 경우도 많아졌다. 이 경우 발행가격과 액면가격이 거의 동일하게 된다.

37 대한민국에서는 『신용정보의 이용 및 보호에 관한 법률』에 따라 50억 원 이상의 자본금, 공인회계사 5인 이상을 포함한 20인 이상의 상근인력, 일정 수준 이상의 전산설비 등을 갖추어야 신용평가회사로 허가받을 수 있다. 세계 3대 국제신용평가 기관은 영국의 피치 그룹(Fitch Group, Fitch Ratings: 뉴욕 시에서 피치 퍼블리싱 컴퍼니-Fitch Publishing Company-라는 이름으로 출발시켰고, 1997년 영국 런던의 IBCA 유한회사와 합병되었으며, 프랑스 파리의 지주회사인 Fimalac가 과반 이상의 주식을 보유하고 있다.), 미국의 무디스(Moody's)와 스탠더드 앤드 푸어스(S&P)가 세계금융시장을 좌지우지하는 세계 3대 국제신용평가기관이다.

38 신용평가회사들은 회사채 발행시점에서 발행내용이 확정된 경우 신용등급을 공시하고 발행 후 통상 1년마다 새로 발표되는 재무제표를 근거로 신용평가등급을 조정하고 있다.

39 기업이 원리금 상환 및 이자의 지급을 제3자 보증이나 물적담보의 제공없이 신용에 의해 발행하는 회사채를 말한다.

40 2012년 상반기에 발행된 회사채를 신용등급별로 보면 A등급 이상(22.7조원)이 92.7%, BBB등급(1.3조원)이 5.2%, BB이하 투기등급(0.5조원)은 2.1%이다.

41 2001년 12월 유가증권인수업무에 관한 규칙을 개정하여 2002년 2월 유가증권신고서 제출분부터 적용하였다.

42 금융결제원(어음교환소)이 원리금지급 대행은행에 교환확인을 하여 결제금액이 확정된 후 원리금 지급이 이루어진다.

43 현재 증권회사는 전화, 인터넷 메신저 등을 통해 매도 또는 매수를 원하는 투자자의 호가를 받은 후에 반대거래를 원하는 상대방을 찾아 거래를 중개한다.

44 금융시장(주식, 외환, 채권, 파생상품 등이 모두 거래됨)에서 제도화된 장내시장을 제외한 모든 시장을 통칭하는 용어이다. 한국의 주식시장에서는 금융투자협회가 운영하는 K-OTC 시장(舊 제3시장, 프리보드 혹은 現 제4시장)까지를 장내시장으로 보고 이 외의 시장을 장외시장으로 본다.

45 2012년 1~6월중 기준으로 장외시장에서의 채권거래는 전체 거래실적의 약 82% 수준이다. 장외시장은 장내시장에 비해 거래가 압도적으로 많기 때문에 증권사를 통해 중개되는 점두시장의 경우 증권사나 금융기관 쪽이 더 많은 정보를 가지고 있는 경우가 많다. 애초에 은행이나 저축은행 등의 후순위채권이나 파생상품들도 주로 장외시장에서 팔리는 것이다.

46 증권회사는 동 중개거래를 상품계정을 통한 채권매수 또는 매도로 계정처리 하는데, 실제 중개수수료 수입(1억 원당 10,000원을 채권매도자가 부담)은 회계상 채권매매차익으로 계상된다.

47 국채전문딜러의 지표채권 장내거래 의무는 2008년 7월 폐지되었다가 2009년 10월 지표채권 거래량의 70%로 변경되었으나 2009년 12월 다시 폐지되었다.

48 2003년 크게 증가한 후 국고채유통시장 조성의무 강화 등 지속적인 제도 개선에 힘입어 2011년 중 대폭 늘어났다.

49 금융투자인가업자(투자매매, 투자중개, 집합투자업, 신탁업)를 정회원으로 하는 회원 상호간의 업무질서 유지 및 공정한 거래를 확립하고 투자자를 보호하며 금융투자업의 건전한 발전에 기여하는 목적으로 설립되었고, 자본시장법령에서 정한 조직에 관한 사항에 따라 증권·파생상품·집합투자본부 등으로 구분·운영되고 있다(http://www.kofia.or.kr/index.do).

50 금융투자협회는 거래실적 등을 감안하여 6개월마다 지정하며 2012년 6월말 기준 10개(통안증권 364, 일물의 경우 15개) 금융투자회사가 지정되어 있다.

51 금융투자협회는 특정시각(11:30 및 15:30)에 유통시장에서 체결 또는 호가되는 채권수익률을 보고 받아 이중 최고치와 최저치 각각 2개(통안증권 364일의 경우 3개)를 제외한 수익률을 산술평균한 최종 호가수익률을 12시와 16시에 발표한다.

52 시장에서 거래가 활발한 채권은 시장가격(market value)으로, 거래부진으로 시장가격의 발견이 어려운 경우에는 보유채권을 시장에 매각할 경우 받을 수 있을 것으로 합리적으로 추정되는 공정가격(fair value)으로 평가한다.

53 첫째, 투신 및 은행신탁에 대한 고객의 인식을 저축상품에서 투자상품으로 전환시키고 둘째, 운용실적에 따른 배당을 실시하여 신탁재산간 또는 고유재산과 신탁재산 간의 손익이전문제를 해소시키며 셋째, 채권가격변동에 따른 매매유인을 제공하여 채권유통시장을 활성화시킴으로써 외국인의 투자를 활성화시키고 국제적 정합성을 높이는데 목적이 있다.

54 2인 이상으로부터 모은 금전 등으로 투자대상자산을 취득·처분하여 그 결과를 투자자 등에 배분하는 업을 영위하는 자(자본시장법 제6조).

55 금융투자협회 채권정보센터(http://www.kofiabond.or.kr/index.html)에서 확인할 수 있다.

56 국내은행의 경우 단기매매증권, 매도가능증권, 만기보유증권의 비중은 2012년 6월말 기준으로 각각 5.2%, 59.5%, 35.4%이며 외은지점의 경우는 42.3%, 46.5%, 11.2%이다.

57 현재 한국자산평가, KIS채권평가, NICE채권평가, 에프앤자산평가 등 4개기관이 수익률을 공표하고 있다.

58 MMF 운용자산은 시가에 따라 평가한 기준가격과 장부가에 따라 평가한 기준가격과의 차이가 0.5% 이내인 경우 장부가에 따라 평가할 수 있다. 그러나 0.5% 이상 벌어지면 시가평가로 전환해야 한다.

59 증권대금동시결제제도는 일반적으로 중앙은행의 자금이체시스템과 중앙예탁기관의 증권계좌대체(book-entry)시스템을 연계하여 증권거래시 증권의 실물과 대금을 동시에 결제하는 제도로서 종래 증권인도시기와 대금결제시기가 서로 달라 거래당사자중 일방이 계약을 불이행할 경우 발생하는 원금손실위험(증권결제리스크)을 근본적으로 제거해 주기 때문에 증권결제리스크를 관리하는 데 가장 효과적인 수단이며 국제적으로도 증권결제시스템이 준수해야 할 표준이다.

60 이 제도는 한국예탁결제원의 예탁자계좌 간 대체에 의한 채권인도와 한국은행 금융결제망(BOK-Wire＋)에 개설된 한국예탁결제원의 계좌를 통한 대금결제를 연계하여 동시에 처리하는 시스템이다.

61 이에 따라 기관투자자들이 증권결제리스크에 대해 점차 인식하게 되고 2003년 6월 채권인도일이 당일에서 이튿날로 변경되면서 동 제도의 이용도가 크게 제고되었다. 이에 따라 2001년 중 346조 원에 불과하였던 증권대금동시결제제도 이용실적이 2002년 중에는 505조 원, 2008년 중에는 2,587조 원, 2011년 중에는 6,884조 원으로 크게 증가하였다.

62 발행자 입장에서는 실물 발행비용이 절감되고 원리금을 지급할 때 실물 확인절차를 생략할 수 있는 등 업무처리가 간편해지는 이점이 있다. 채권자의 입장에서도 실물보관에 따른 위험부담이 없고 보관비용이 절감되게 된다.

63 국민주택채권의 경우 한국예탁결제원을 통해 등록발행이 이루어진다.

64 한국예탁결제원은 예탁받은 채권을 다른 동종의 채권과 혼합하여 별도의 구분 없이 보관하고 예탁을 종료할 때에도 권리의 차이가 없는 동일 종류의 채권으로 반환한다.

65 채권예탁자는 계좌부의 대체기재를 통하여 채권 점유자격 수여적 효력, 양도 및 질권설정 등 권리변동 효력, 제3자에 대한 대항력 등을 보유한다.

66 즉, 한국예탁결제원에 예탁계좌를 갖고 있는 채권 매수자는 별도의 등록절차를 밟지 않아도 되므로, 채권을 매매하기 위해 본인명의로 등록필증을 교부받아 한국예탁결제원에 이를 다시 예탁해야 하는 번거로움을 피할 수 있다.

67 국고채 발행의 경우 한국은행의 국채등록부상에 소유권자가 한국예탁결제원으로 기록되고 실제 소유권의 관리 및 원리금 지급업무 등을 한국예탁결제원이 수행하게 되는데 국공채는 모두 한국예탁결제원에 일괄등록되어 계좌대체방식으로 결제되고 있다.

68 이러한 예탁제도가 유통시장에서의 원활한 채권거래에 유용하여 채권 발행자나 인수자 모두가 선호하기 때문이다. 즉, 채권 투자자의 입장에서는 한국예탁결제원에 계좌를 개설하여 채권을 예탁한 후 채권의 매매 등에 따른 채권 및 자금결제를 실물의 이동 없이 계좌 간 대체로 처리할 수 있다. 또 채권 발행기관의 입장에서는 원리금을 한국예탁결제원으로 한꺼번에 지급하면 한국예탁결제원이 예탁자계좌를 통하여 개별 예탁자에게 원리금을 지급하게 되므로 사무처리 절차가 간소해지는 이점이 있다.

69 채권을 기초자산으로 하여 발행되는 자산담보부증권(ABS: asset backed securities)을 말한다. 2001년 현대자동차는 자동차 할부채권('자산')을 '담보'로 미국에서 6억달러 규모의 자산담보부증권을 발행하였다. 그리고 유통되고 있는 기존 채권을 기초로 발행되는 CBO를 Secondary CBO(유통시장 CBO), 신규발행 채권을 기초자산으로 발행하는 CBO를 Primary CBO(발행시장 CBO)라고 한다. P-CBO는 신용도가 낮아 채권시장에서 회사채를 직접 발행하기 어려운 기업의 회사채 차환 발행 또는 신규 발행을 지원하기 위해 2000년 도입됐다.

70 연방정부채는 크게 시장성국채와 비시장성국채로 분류하는데 시장성국채는 일반적으로 재무부채권을 지칭하고 비시장성국채는 만기 전 매각불능조건으로 발행되는 채권으로 저축채권(US savings bonds)이 대표적이다.

71 Treasury Bill은 단기 채무증권으로 만기가 1년 이하로 발행이 된다. 또한 이표(Coupon)가 존재하지 않고, 할인가격(Discount Price)에 발행되어 만기에 원금을 받게 되는 형태이다.

72 Treasury Note는 가장 일반적인 형태의 재무성 채권으로, 발행 당시 만기가 1년에서 10년에 해당하는 국채이다. 반기에 한 번, 혹은 1년에 두 번 이자지급을 하며, 만기에 원금을 받는 구조이다.

73 Treasury Bond는 발행 당시 10년 이상의 장기국채를 의미한다. Treasury Note와 마찬가지로, 반기에 한 번, 혹은 1년에 두 번 이자지급을 하고, 만기에 원금을 받는 구조이다.

74 비교적 최근(2013년 7월 31일 발표)부터 발행되는 미국 국채의 형태로, 13주 Treasury Bill의 입찰최고금리(USBMMY3M)에 연동하여 매 분기별로 금리를 지급하는 변동채이다(이는 일반적인 변동채가 LIBOR를 그 변동금리 지표로 사용하는 사실과 구분된다).

75 미국의 물가연동국채(TIPS)는 1997년부터 발행되기 시작했으며, 미 노동통계청에 의해 측정된 도시 지역 소비자물가지수(CPI-U, Consumer Price Index for All Urban Consumers)에 따라 원금이 증가 혹은 감소한다. 미국의 물가연동국채는 그 원금과 이자를 계산하는 방식으로 Canadian Model을 사용하고 있으며, 조정된 원금 금액에 고정금리를 반기에 한 번 지급한다.

76 한편 경쟁입찰에 앞서 입찰신청을 마감하는 비경쟁입찰에는 주로 국내 소액투자자, 외국 중앙은행, 국제금융기구 등이 참가한다. 이들 비경쟁입찰 참가자는 5백만 달러(재정증권의 경우에는 1백만 달러) 범위 내에서 응찰할 수 있으며 낙찰 금리는 경쟁 입찰에서 낙찰 범위에 든 응찰금리의 가중평균금리를 적용한다.

77 수익률이 매우 높은 반면에 신용도가 취약한 채권을 말한다. 고수익 채권 또는 열등채라고도 한다. 채권등급에서 무디스사 등급은 Ba이하이거나 S&P사 등급은 BB이하인 채권이다.

78 다른 채권들의 수익률을 결정할 때 수익률의 산출 근거가 되는 채권을 말한다.

79 만기 30년물은 2001년 10월 발행을 중단하였으나 2006년 2월 발행을 재개하였다.

80 제3절 주식시장은 한국은행, 『한국의 금융시장』(Financial Markets in Korea), 2012, 263면 이 하를 참조하였다.

81 주식은 이익배당 및 잔여재산분배 등에 있어서 우선적 지위가 인정되나 의결권이 제한되는 우선주(preferred stock)와 표준적 성격의 보통주(common stock)로 나누어진다. 한편 우선주 는 우선배당 이후 잔여이익분배에의 참여 여부 및 우선배당권의 차기이월 허용 여부에 따라 참가적·비참가적 우선주 및 누적적·비누적적 우선주로 다시 구분된다.

82 1997년 1월에는 『구(舊)증권거래법』 개정에 따라 협회중개시장(코스닥시장)으로 법적 지위를 갖게 되었으며 2005년 1월 구(舊)한국증권선물거래소 내로 편입되었다.

83 1981년 11월 외국인전용수익증권이 국내 투자신탁회사에 의해 발매되기 시작하였으며 1984 년 7월 Korea Fund가 최초의 country fund로 설립된 이후 Korea Europe Fund(1987년 4월), Korea Asia Fund(1991년 4월)가 추가 설립되었다.

84 이후 외국국적의 개인, 외국법인 등으로 제한하던 외국인투자자의 범위를 1992년 1월 및 3월 두 차례에 걸쳐 외국정부, 연기금 등으로 확대하였다.

85 종목별 외국인 및 외국법인 등의 전체 취득한도는 해당 종목 지분증권 총수의 100분의 40, 1 인 취득 한도는 해당 종목의 정관에서 정한 한도를 따르도록 하고 있다.

86 주가지수의 산정방식은 크게 주가평균식(다우존스산업평균지수, 니케이225지수 등)과 시가총 액식(코스피지수, 코스닥지수, 나스닥지수, S&P500지수 등)으로 구분할 수 있다. 주가평균식 은 대상종목의 주가합계를 대상종목수로 나누어 산출하는데 유무상증자, 액면분할, 감자 등 시장외적인 요인이 발생하면 대상종목수를 조정한다. 시가총액식은 비교시점의 시가총액을 기 준시점의 시가총액으로 나누어 산출한다.

87 『자본시장법』상 투자매매업(누구의 명의로 하든지 자기의 계산으로 금융투자상품의 매도·매 수, 증권의 발행·인수 또는 그 청약의 권유, 청약, 청약의 승낙을 영업으로 하는 것)을 영위 하는 자를 말한다.

88 코스닥에서 유가증권시장으로 이전하는 경우, 코넥스시장에 주권을 상장하려는 경우, 기업인 수목적회사 상장의 경우에는 회계감사인 지정 신청의 예외로 한다.

89 기업체가 주식이나 사채의 모집, 매출을 하는 경우, 채권발행인으로부터 위임장을 받고 업무 추진의 중심이 되어 채권의 발행시기와 발행조건을 결정하고, 관계서류를 작성하여 간사단, 인수단, 판매단을 구성하는 등 알선역을 하는 증권회사를 말한다.

90 상장 후 최대주주 등의 보유주식 매각에 따른 일반투자자의 피해를 방지하기 위하여 최대주 주 등이 소유하고 있는 주식 등에 대해서 상장예비심사청구일 전일부터 상장 후 6개월까지의 기간 동안 매각을 제한하고 한국예탁결제원에 보호예수하도록 하고 있다. 또한 상장예비심사 청구일 전 1년 이내에 최대주주 등으로부터 취득한 주식과, 3자 배정에 의하여 취득한 신주도 마찬가지로 상장 후 6개월 동안 보호예수하도록 하고 있다. 다만, 공공적법인, 금융회사, 코스 닥시장 상장 후 1년 이상 경과한 법인의 경우에는 이러한 보호예수의무가 적용되지 않는다.

91 발행회사의 대표이사는 최대주주 등으로부터 소유주식 등의 보호예수와 관련된 업무를 위임 받아 대표주관회사와 "최대주주 등의 확약서 제출에 관한 약정"을 체결하고, 이 약정에 따라 발행회사는 최대주주 등의 소유주식을 대표주관회사 또는 상장주선인에게 예탁하며 대표주관 회사 또는 상장주선은 당해 예탁주식 등을 한국예탁결제원에 주주별로 보호예수시켜야 한다.

92 발행인이 증권을 모집·매출(50명 이상의 투자자에게 청약을 권유)할 경우 그 모집가액 또는 매출가액 각각의 총액이 10억 원 이상일 때는 발행인은 금융위원회에 증권신고서를 제출하여 야 한다(자본시장법 제119조, 시행령 제120조).

93 일반 공모 증자 및 제3자 배정 증자 방식의 경우 청약일전 과거 제3거래일부터 제5거래일까

지의 가중산술 평균주가(그 기간 동안 증권시장에서 거래된 해당 종목의 총 거래금액을 총 거래량으로 나눈 가격)이다.

94 일반공모 증자 방식의 경우에는 30% 이내, 제3자배정 증자 방식은 10% 이내로 제한한다.

95 대차대조표상의 순재산액에서 자본금 및 이익·자본준비금을 차감하여 구한다.

96 주식의 시장가격이 액면가 이상인 기업에 대해서는 100%까지 허용하고 있다.

97 모집이란 50인 이상의 투자자에게 새로 발행되는 증권의 취득 청약을 권유하는 것이고, 매출은 50인 이상의 투자자에게 이미 발행된 증권 매도 또는 매수 청약을 권유하는 것을 의미한다(자본시장법 제9조 제7항 및 제9항). 『자본시장법』 제9조 제7항은 모집·매출 해당 여부의 기준을 청약의 권유를 받은 자가 50인 이상인지 여부에 두고 있다. 다만, 청약의 권유를 받고 실제로 청약에 이른자가 50인 미만인 경우에도 50인 이상의 자에게 청약을 권유를 하였다면 모집·매출에 해당된다. 또한 당해 증권 발행시 청약의 권유 대상이 50인 미만인 경우에도, 6개월 이내 '동일한 증권' 발행 시 사모(모집이나 매출에 해당하지 않는 경우)로 청약을 권유받은 자를 합산하여 50인 이상에 해당되는 경우에는 당해 증권발행은 모집에 해당된다(자본시장법 시행령 제11조 제1항).

98 절차·시간과 비용을 절약할 수 있는 장점이 있으나, 고객과 직접 교섭하므로 발행수익률이 높아지는 단점이 있다.

99 이 방식은 미청약분이 발생하면 발행규모를 축소하거나 재모집해야 하므로 발행규모가 작고 소화에 무리가 없는 경우에 주로 이용된다.

100 주식회사의 합병·영업양도 등 주주의 이익과 중대한 관계가 있는 법정 사항에 관하여 주주총회의 결의가 있는 경우, 이에 반대하는 주주가 보유주식을 공정한 가격으로 매수해 줄 것을 회사에 청구 할 수 있는 권리를 의미한다.

101 2012년 9월 말 기준으로 총 22개의 SPAC(총 공모금액: 5,867억 원)이 상장되었으며 이중 6개가 다른 기업과 합병을 완료하였다.

102 타인의 계산으로 금융투자상품의 매도·매수, 그 청약의 권유, 청약, 청약의 승낙 또는 증권의 발행·인수에 대한 청약의 권유, 청약, 청약의 승낙을 영업으로 하는 것을 말한다.

103 한국거래소 회원 간에는 차감결제방식이 적용되고 있는데 구체적으로 보면 대금결제는 회원별 총매도 대금에서 총매수대금을 차감한 금액을 한국거래소 결제계좌를 통해 회원 은행계좌로 이체함으로써 이루어진다. 증권결제는 회원별·종목별로 총매도 수량에서 총매수 수량을 차감한 수량을 한국거래소 예탁계좌를 통해 회원의 예탁계좌로 대체하는 방법으로 이루어진다.

104 http://listing.krx.co.kr/contents/LST/04/04010101/LST04010101.jsp 거래소 홈페이지 참조.

105 연말일이 공휴일이나 토요일인 경우는 직전의 매매거래일이다.

106 호가접수시간은 정규시장의 경우 08:00~15:00이며, 시간외시장의 경우 개장 전 시장은 07:30~09:00, 장 종료 후 시장은 15:00~18:00이다.

107 시간외종가매매는 07:30~08:30, 15:10~15:30이고 시간외 단일가 매매는 15:30~18:00이다.

108 2016년 8월 1일부터 주식시장과 외환시장의 정규거래 시간이 30분 늘어났다. 장 개장시간(오전 9시)은 변함이 없고, 종료시간이 오후 3시에서 3시30분으로 연장되었다.

109 단주매매는 2004년 12월 이후 10만 원 이상 종목, 2006년 6월 이후에는 5만 원 이상의 종목에 한해 허용된다. 한편 시간외시장에서는 종목가격에 관계없이 단주거래가 가능하다.

110 가격우선원칙(매수주문에는 고가의 호가가 우선하고 매도주문에는 저가의 호가가 우선), 시간우선원칙(동일가격호가에 대해 먼저 접수된 호가가 우선), 수량우선원칙(동시호가나 동일가격호가에 대하여 수량이 많은 호가가 우선), 위탁매매우선원칙(고객의 호가가 금융투자회사의 자기매매호가에 우선) 등이다.

111 한국거래소 회원 간에는 차감결제방식이 적용되고 있는데 구체적으로 보면 대금결제는 회원별 총매도대금에서 총매수대금을 차감한 금액을 한국거래소 결제계좌를 통해 회원 은행계좌로 이체함으로써 이루어진다. 증권결제는 회원별·종목별로 총매도 수량에서 총매수 수량을 차감한 수량을 한국거래소 예탁계좌를 통해 회원의 예탁계좌로 대체하는 방법으로 이루어진다.

112 유가증권시장과 코스닥시장 주식과 상장지수펀드(ETF), 상장지수증권(ETN) 등의 주식시장 가격제한폭이 기존의 ±15%에서 ±30%로 확대되었다(http://www.ohmynews.com/NWS_Web/View/at_pg.aspx?CNTN_CD=A0002118290).

113 발동시점부터 20분간 모든 종목의 호가접수 및 매매거래가 중단되며 20분 경과 후에는 10분 간 동시 호가 접수 후 단일가격에 의한 매매계약이 체결되면서 거래가 재개된다.

114 선물 기준종목의 가격이 기준가 대비 5% 이상 변동하여 1분간 지속될 경우 발동하며 상승 시 에는 매수 호가, 하락 시에는 매도 호가의 효력이 5분 동안 정지된다.

115 코스피지수(KOSPI, Korea Composite Stock Price Index)는 유가증권시장에 상장되어 있는 모든 기업을 대상으로 산출되는 시가총액방식 지수로 1980년 1월 4일을 기준시점(=100)으로 하여 1983년 1월 4일부터 발표되고 있다.

116 명목 GDP대비 상장주식 시가총액 비율(2011년말 기준)

117 상장회사수, 시가총액 같은 지표는 http://www.index.go.kr/potal/main/EachDtlPageDetail.do? idx_cd=1079를 참조하고, 다른 국가지표체계는 http://www.index.go.kr/potal/main/Potal Main.do를 참조.

118 거래비중은 2012년 1~6월 기준으로 외국인 22.6%, 기관투자자 23.7%, 개인투자자가 52.1% 등이다.

119 유가증권시장과 더불어 거래소가 개설한 시장이며 유가증권시장 상장요건에 미달하는 유망 중소기업, 벤처기업 등에게 자본시장을 통한 자금조달 기회를 제공하는 한편 투자자에게는 고위험·고수익 투자수단을 제공하는 역할을 한다.

120 벤처기업은 15억 원 이상이다.

121 현재 유가증권시장의 경우 기업규모요건은 자기자본 300억 원 이상 또는 경영성과요건으로서 기준 시가총액 2000억 원 이상이며, 분산요건은 일반주주 수 700명 이상 등이다.

122 코스닥지수(KOSDAQ Index)는 코스닥시장에 상장되어 있는 모든 종목을 대상으로 산출되는 시가총액방식 지수로 1996년 7월 1일을 기준시점(주가지수=1,000)으로 하여 1997년 1월 3일 부터 발표되고 있다.

123 2011년 말 기준 시가총액기준 투자자별 상장주식 보유 비중은 개인 및 일반기업(85.5%), 외국인투자자(7.9%), 기관투자자(6.6%) 등의 순이다.

124 http://www.k-otc.or.kr 유가증권시장 및 코스닥시장에 상장되지 못한 기업주권의 매매를 활성화함으로써 비상장 주식의 유동성 부여, 벤처기업의 육성, 다양한 투자수단 제공 등의 기능을 수행한다.

125 금융위원회 등록을 마친 법인에 대하여 한국금융투자협회가 프리보드에서 거래가 가능하도록 자격을 부여하는 것으로 유가증권시장에서의 상장과 같은 개념이다.

126 양도차익에 대해 대기업 발행주식은 20%, 중소기업 발행주식은 10%를 양도소득세로 납부하며 2개월 내 자진 납부 세액의 10%를 공제받는다. 매도자는 양도차손이 발생할 경우 기납부액 범위 내에서 환급을 받는다.

127 기준시점은 2006년 12월 1일 오후 3시(종가기준)이며 기준지수는 1,000P이다.

128 이밖에 기업의 주가를 BPS(Book-value Per Share, 주당순자산)로 나눈 PBR(Price on Book-value Ratio, 주가순자산비율)도 많이 활용되고 있다.

129 PER 산출시 주당순이익은 통상 향후 12개월간의 예상 순이익을 적용한다.

130 주요국 PER(2012년 6월 기준)

한국	미국	일본	독일	중국	인도	브라질
8.3	11.9	10.8	8.7	8.2	12.4	9.0

자료: Thomson One Analytics.

131 ETF는 특정지수의 성과를 추적하는 인덱스 펀드를 거래소에 상장시켜 주식처럼 거래하는 "상장지수펀드"로 인덱스 펀드와 주식거래의 장점을 모두 갖춘 혁신적인 투자상품이다. 특정지수라 함은 국내에서 가장 많이 거래되는 KOSPI200지수를 추적하도록 하는 주가지수형 뿐만 아니라, 해외지수, 채권지수를 추적할 수도 있으며 해외에서는 통화, 상품(에너지, 귀금속, 산업자재 등) 등을 지수화 하여 ETF 상품으로 상장시키기도 한다. 그러므로 ETF는 주식, 원자재, 채권 등 자산으로 구성되며, 거래되면서 순자산가치로 수렴한다. 대부분의 ETF는 S&P 500 또는 MSCI EAFE와 같이 인덱스(Index)를 따라간다. 거래비용이 낮고, 세금이 적으며, 주식과 비슷한 특징이 있어서 투자자산으로서 매력적이다. ETF는 상장지수 상품 중 가장 인기 있는 유형이다.

132 보통의 인덱스펀드를 매수하려면 통장에 이체하고 매도(환매)는 따로 신청을 해야 한다. 중요한 것은 매수, 매도 시점이 바로 바로 이루어지지 않는다. 기준일에 따라서 다르겠지만 매수하는 경우 오늘 자동이체하면 하루나 이틀 정도 뒤 종가에 실제 매수가 이루어지고 매도(환매)는 더 확실하지 않다. 이러한 단점을 보완하여 주는 것이 주식처럼 바로 바로 매매거래를 할 수 있는 ETF이다.

133 ETF는 특정 지수를 추종하는 인덱스 펀드지만, 상장주식과 동일하게 실시간 거래가 가능하고 펀드보다 보수가 저렴해 개인 투자자들 사이에서 인기를 끌고 있다. 다만 은행 예금과 달리 원금보장 상품이 아니기 때문에 손실에 주의해야한다. 금감원은 특히 ETF에 투자하기 전에 반드시 ▲ 자산구성내역 ▲ 수수료와 보수 ▲ 추적오차와 괴리율을 따져봐야 한다고 설명하였다.

134 바스켓 매매라는 것은 주식시장에서 다수 종목을 대량으로 일괄매매할 수 있는 제도이다. 바스켓, 즉 다발로 거래한다는 것에서 유래한다.

135 레버리지 ETF는 지수가 상승하더라도 손실을 입을 수 있다.

136 예를 들어 KODEX200 인버스 ETF는 KOSPI200 지수가 하락했을 때 그만큼 수익률이 높아진다.

137 https://www.sec.gov/

138 NYSE MKT, BATS Exchange, BATS Y-Enchange, BOX Options Exchange, NASDAQ OMX BX, C2 Options Exchange, Chicago Board Options Exchange, Chicago Stock Exchange, EDGA Exchange, EDGX Exchange, International Securities Exchange, The Nasdaq Stock Market, National Stock Exchange, New York Stock Exchange, NYSE Arca, NASDAQ OMX PHLX. https://www.nyse.com/index

139 거래소가 지정하는 종목(매매 부진 종목 등)은 100주 미만으로도 거래가 가능하다.

140 가격변동에 대한 별도의 제한을 두지 않고 있으나 시장조성 기능을 수행하는 스페셜리스트 제도를 운영하여 이들로 하여금 시장에 유동성을 제공하게 하는 한편 가격안정화를 위해 자기계산으로 매매토록 함으로써 가격급변을 완충시키고 있다. 또한 시장감독관(Floor Director)에게 시가결정의 연기 및 매매거래 중단의 승인권 등을 부여하여 매수 또는 매도주문이 과도하게 편중될 때 가격 급등락을 완화토록 하고 있다.

141 월스트리트 저널 편집자이자 다우존스앤컴퍼니(Dow Jones & Company)의 공동창립자 찰스 다우(Charles Dow)가 창안한 주가지수로서 DJIA, Dow 30 또는 비공식적으로 다우지수 등으로도 불린다. 오늘날 다우지수는 미국의 증권거래소에 상장된 30개의 우량기업 주식 종목들로 구성된다.

142 매매거래 중단 요건 및 중단시간

매매거래 중단요건	매매거래 중단시간
다우존스산업평균지수 전일대비 10% 하락시	오후 2시 이전: 60분간 거래중단 오후 2시~2시 30분: 30분간 거래중단 오후 2시 30분 이후: 거래중단 없음
다우존스산업평균지수 전일대비 20% 하락시	오후 1시 이전: 120분간 거래중단 오후 1시~2시: 60분간 거래중단 오후 2시 이후: 당일 장종료
다우존스산업평균지수 전일대비 30% 하락시	당일 장종료

143 1971년 설립되어 미국의 대표적인 장외시장으로 자리매김해오다, 2006년에는 증권거래소로 등록되었다.

144 일본에는 동경, 오사카, 나고야, 후쿠오카, 삿포로 등 총 5개의 거래소가 설립되어 있다.

145 신흥기업 대상 시장으로 IT, 생명공학 기업이 중심이며 2012년 6월말 기준 총 177개의 회사가 거래되고 있다.

146 가격제한폭제도는 정률제와 정액제로 구분된다. 우리나라가 채택하고 있는 정률제는 가격대와 관계 없이 일률적으로 동일한 율의 제한폭을 설정하는 방식인 데 반해 정액제는 기준가격대별로 차등하여 제한폭을 설정하는 방식이다. 가격제한폭을 등락률로 환산하여 보면 동경증권거래소의 경우 가격대마다 등락률의 차이는 있으나 평균은 전일종가대비 ±18% 수준이다.

147 JASDAQ(Japanese Association of Securities Dealers Automated Quotations)은 오사카증권거래소 내에 설치된 중소·벤처기업 중심 유통시장으로 2012년 6월말 기준 총 1,656개사가 거래되고 있다.

148 2012년 6월말 기준 상장기업 수는 945개, 시가총액은 15.3조 위안이다.

149 2012년 6월말 기준 상장기업 수는 1,499개, 시가총액은 7.3조 위안이다.

150 1992년 자본자유화 및 외환자유화가 되지 않은 상태에서 외국인투자 유치 목적으로 B주가 발행되었다.

151 QFII(Qualified Foreign Institutional Investor)는 중국 금융당국의 심사를 거쳐 중국내 증권시장에 투자할 수 있도록 인가를 받은 해외 기관투자자를 말한다.

152 2002년에는 BVLP(포르투칼증권거래소)도 합병하였다.

153 2003년 OMX그룹(스톡홀름증권거래소의 소유주)은 Helsinki(핀란드) 거래소를 인수한 후 Tallinn(에스토니아)과 Riga(라트비아) 거래소를 인수함으로써 북유럽 국가 간 거래소 M&A를 시작하였다. 이후 Vilnius(리투아니아, 2004), Copenhagen(덴마크, 2005), Iceland(아이스란드, 2006) Oslo(노르웨이, 2006), Armenia(아르메니아, 2007) 거래소를 순차적으로 인수하였다.

154 2011년에는 런던증권거래소와 캐나다 토론토증권거래소간 합병이 추진되었으나 토론토거래소를 소유한 TMX그룹 주주들의 반대로 무산되었다.

155 MSCI는 외국인투자등록 제도, 역외 원화시장 부재 등에 따른 환전 불편 등을 잔류 결정 이유로 제시하고 있다.

156 제4절 주식파생상품 시장은 한국은행, 『한국의 금융시장』(Financial Markets in Korea), 2012, 300면 이하를 참조하였다.

157 파생상품이 통상적인 거래와 한 가지 다른 점이 있다면, 기초자산을 거래소에서 즉시 거래하지 않는다는 것이다. 다만, 후일 어떤 상품을 얼마에 팔겠다는 약속부터 돈을 미리 지불하고 상품은 후일 받는 약속까지, 약속 즉, 계약이 거래대상이 된다. 즉, 파생상품이란 근원자산을

거래하는 행위 그 자체를 상품화한 것이다.

158 유가증권과 파생금융상품이 결합한 증권으로서, 기초자산의 가치변동과 연계한 증권이다. 파생결합증권은 원금파생결합증권보장 정도(100% 원금보장, 90% 원금보장, 비(非)보장 등), 옵션의 종류 및 투자 기간 등에 따라 매우 다양한 구조를 만들 수 있어 시장상황 혹은 투자자의 투자성향에 따라 탄력적인 상품구성이 가능하다는 특징이 있다.

159 『자본시장법』 제5조 제1항에서 선도는 '기초자산이나 기초자산의 가격·이자율·지표·단위 또는 이를 기초로 하는 지수 등에 의하여 금전 등을 장래의 특정 시점에 인도할 것을 약정하는 계약'으로, 옵션은 '당사자 어느 한쪽의 의사표시에 의하여 기초자산이나 기초자산의 가격·이자율·지표·단위 또는 이를 기초로 하는 지수 등에 의하여 산출된 금전 등을 수수하는 거래를 성립시킬 수 있는 권리를 부여하는 것을 약정하는 계약'으로, 스왑은 '장래의 일정 기간 동안 미리 정한 가격으로 기초자산이나 기초자산의 가격·이자율·지표·단위 또는 이를 기초로 하는 지수 등에 의하여 산출된 금전 등을 교환할 것을 약정하는 계약' 등으로 각각 정의하고 있다.

160 『자본시장법』은 파생상품의 기초자산으로서 (i) 금융투자상품, (ii) 외국통화를 포함한 통화, (iii) 일반상품(농산물·축산물·수산물·임산물·광산물·에너지에 속하는 물품 및 이 물품을 원료로 하여 제조하거나 가공한 물품, 그 밖에 이와 유사한 것을 말한다), (iv) 신용위험(당사자 또는 제3자의 신용등급의 변동, 파산 또는 채무재조정 등으로 인한 신용의 변동을 말한다), (v) 그 밖에 자연적·환경적·경제적 현상 등에 속하는 위험으로서 합리적이고 적정한 방법에 의하여 가격·이자율·지표·단위의 산출이나 평가가 가능한 것을 예시하고 있다(자본시장법 제4조 제10항).

161 『채무자 회생 및 파산에 관한 법률』 제14조 제1항은 『자본시장법』과 동일한 내용으로 기초자산을 정의하고 있다.

162 다음 중 하나를 충족하는 경우 차액결제가 가능한 것으로 본다.
(1) 거래당사자는 파생상품의 계약단위의 수량을 직접 인도할 의무가 없다.
(2) 만기 이전에 시장에서의 거래 등에 의해 차액결제가 가능하다.
(3) 거래당사자가 파생상품의 약정내용에 따라 계약단위의 수량을 직접 인도해야 할지라도 해당 자산은 즉시 현금화 될 수 있다.

163 17세기 경 일본의 봉건 제후들은 기후, 전쟁, 기타의 요인으로 인한 쌀 가격의 변동을 관리하기 위하여 쌀 시장을 이용하였으며, 1730년에는 오사카에 도지마 쌀 시장(Dojima Rice Market)이 개설되었다.

164 '선물'이란 말은 일본말이지만 정확하게는 '미래물'이라고 해야 한다.

165 1848년에 미국의 시카고에 설립된 농부와 상인을 연결시켜주기 위한 기관이다. 설립 당시의 주요 업무는 거래되는 곡물의 수량과 품질을 표준화하는 것이었는데, 이후 선물의 거래가 가능하게 하는 형태의 계약이 개발되었고 투자자들은 농산물 그 자체보다 농산물 인도 계약의 권리를 사고 파는 것에 주목하게 되었다.

166 쑹훙빈, 『화폐전쟁』, 랜덤하우스코리아(주), 2008, 323면.

167 김석진·김태혁·차명준·정성창·김민호·김희호, 『글로벌 시대 파생상품의 이해』, 청람, 2007, 36쪽.

168 포지션(position)이라는 것은 어떤 금융투자의 '행위' 또는 '상태'의 의미가 있다. A회사 주식을 매수하였다고 하면 그것을 A회사 주식의 '매수포지션'을 취했다고 말한다. 즉 주식 상품을 '매입하는 행위'와 그럼으로써 그것을 '보유하게 된 상태'를 동시에 말한다.

169 김석진 외 5인, 앞의 책, 31쪽.

170 김석진 외 5인, 앞의 책, 32쪽.

171 선도계약(forward contracts)과 선물(futures)은 기초금융자산을 미래 특정시점에 특정가격으로 사고 팔기로 약정하는 계약이라는 점에서 동일한 성격을 가진다.

172 일반적으로 증권유통시장은 거래소시장과 장외시장으로 구별되는데, 광의의 장외시장은 거래소 시장 밖에서 유가증권의 거래가 이루어지는 시장의 총칭으로, 상장유가증권은 물론 비상장유가증권에 대하여 고객과 증권회사, 증권회사 상호간 또는 고객 상호간의 개별적인 접촉에 의해 거래가 이루어지는 비조직적·추상적 시장이다. 거래방법에 따라 '직접거래시장(no broker market)'과 '점두시장(over the counter market)'으로 구분되는데, 직접거래시장은 투자자 상호간의 개별적 접촉과 협상에 의해 주식거래가 이루어지는 시장이고, 점두시장은 중개기관인 증권회사의 창구에서 주식거래가 이루어지는 시장으로 이를 일반적으로 협의의 장외시장이라 한다.

173 예를 들어 콜옵션의 경우 기초자산 가격이 '행사가격(exercise price)+프리미엄(옵션가격)'보다 높을 경우 기초자산 가격 상승폭에 비례하여 수익이 커지게 되나 기초자산 가격이 '행사가격(exercise price)+프리미엄(옵션가격)'보다 낮을 경우에는 매입권리 행사를 포기함으로써 손실규모가 가격 하락폭과 상관없이 프리미엄 수준으로 한정된다.

174 선도계약 및 선물의 경우 거래시점에는 단순히 계약만이 이루어지고 매매에 따른 프리미엄을 주고 받지는 않는다. 다만 계약이행을 보증하기 위한 증거금을 거래소에 납입해야 하는 등 자금운용 제약에 따른 기회비용은 존재한다.

175 옵션매입자가 권리를 갖는 대가로 옵션매도자에게 지급하는 금액을 말하고 옵션시장에서 결정되는 옵션가격이 바로 옵션프리미엄이다.

176 이때 콜 옵션 매도와의 차이는 옵션의 행사가격보다 기초자산의 가격이 클 경우 매수자가 옵션의 권리행사를 포기하게 되어 의무가 면제되므로 이미 받은 프리미엄만큼만 이익을 취하게 되고, 반대로 기초자산의 가격이 행사가격보다 낮아 매수자가 옵션을 행사하는 경우 행사가격에서 현물가격을 뺀 차액만큼 손실을 보는 손익구조로 되어 있다.

177 신민식, 『파생상품시장론』(초판), 법문사, 1999, 627면.

178 강철준, 『파생금융상품 1』(3판), 한국금융연수원, 1998, 4면.

179 대표적인 예로서 원유시장에서 3년 동안에 걸쳐서 매 6개월마다 1억 배럴의 WTI(서부텍사스중질류)에 대하여 배럴당 18 US Dollar의 고정가격과 결제일에 시장에서 형성되는 변동가격을 상호 교환하는 원유 스왑거래를 들 수 있다.

180 백투백론(back to back loan)에서는 양 당사자가 리스크 커버를 위하여 자금을 상호 교환하는 것을 말하는데, 반면에 평행적 대출(parallel loan)에서는 양 당사자가 직접 자금을 교환하는 것이 아니라 각각 상대방의 지사에게 자금을 대출하는 형식을 취하게 된다. 먼저 백투백론에 관하여 알아보기로 하자. 예컨대 미국에 있는 A사는 프랑스 프랑(franc)자금이 필요하고 프랑스에 있는 B사는 미 달러(dollar)자금이 필요한 경우, 양사가 일정한 비율로 자금을 교환하면 된다. 즉, 미국의 A사는 프랑스의 B사에 US$10,000,000을 대출한다. 또 금리도 각각 상이하므로 약정된 금리를 지급하게 된다. 예컨대 미 달러 자금의 금리가 12%이고 프랑스 프랑자금의 금리가 16%라면 차입자는 각각 해당금리를 지급하여야 한다. 약정기간이 5년이라면 5년 만기에 다시 자금을 교환하게 된다. 다음, 평행적 대출에 관하여 살펴보기로 하자. 예컨대 미국의 본사 A사가 프랑스에 지사를 가지고 있고, 프랑스의 본사 B사가 미국에 지사를 가지고 있는 경우를 살펴보자. 미국 A사의 프랑스 지사는 현지에서는 영업상 프랑스 프랑(franc)자금이 필요하고 프랑스 B사의 미국지사는 반대로 미 달러(dollar)자금이 필요하다고 하면, 미국에 있는 A사가 프랑스 B사의 미국 지사에 US$10,000,000을 대출하고 프랑스 B사는 미국의 프랑스 지사에 FFr.75,000,000을 대출하면 훌륭한 대출교환이 이루어지게 된다. 이자는 지사가 각각 지급하면 되고 만기에 대출을 변제하면 된다.

181 투자상품 매수 거래를 체결할 때 계약을 잘 이행하겠다는 증거로써 제공하는 돈을 말한다.

182 프리미엄은 행사가치와 시간가치의 합계이다.

183 이를 레버리지효과(leverage effect)라고 한다.

184 파생상품시장은 현물시장에 비해 거래비용이 낮고 레버리지효과를 누릴 수 있어 일반적으로 현물시장보다 정보가 반영되는 속도가 빠른 것으로 알려져 있다.

185 다만 파생상품시장의 변동성이 과도할 경우에는 현물시장의 변동성을 증폭시키면서 시장 전반에 부정적인 영향을 미칠 수도 있다.

186 옵션가격에 영향을 미치는 가장 중요한 요소는 지수, 행사가격, 만기까지 남은 시간, 변동성 네 가지다.

187 장내거래의 경우에는 상품의 표준화, 일일정산 및 증거금 적립, 거래소의 이행보증 등을 통해 이러한 신용위험을 대부분 제거하고 있다.

188 레버리지(leverage)를 우리말로 번역하면 지렛대(lever)의 힘에 해당되고, 경제용어로 사용되어 '빚을 이용한 투자' 즉, '빚을 지렛대로 삼아 투자수익률을 극대화하는 전략'을 의미한다.

189 예를 들어 영국 베어링은행(Bearings Bank)은 1994년 12월 일본 닛케이지수의 변동성이 크지 않을 것으로 예상하고 동 지수의 풋옵션과 콜옵션을 동시에 매도하는 숏 스트래들(short straddle)을 구성하였으나 1995년 1월 일본 고베 지진으로 닛케이지수가 급락하면서 손실이 급증하여 결국 파산하였다.

190 FSB(Financial Stability Board, 금융규제 관련 국제기준 제정을 총괄·조율하는 국제기구) 회원국들은 2012년 말까지 각국별로 장외파생상품 관련 국제기준에 따라 장외파생상품 규제 관련 법률 및 규제체계를 마련할 계획이다.

191 기초자산에서 전통적인 미국이나 유럽의 옵션 그 구조 또는 투자자가 언제 얼마나 보전받는가 하는 계산 면에서 다른 옵션이다.

192 대출채권, 회사채 등 보유자(Protection Buyer, 보장매수자)는 동 자산에 내재하는 신용위험을 분리하여 보장매도자(Protection Seller)에게 매각하고 대가를 지급하며, 지급불능·파산 등 신용사건이 발생하면 보장매도자로부터 손실을 보전 받는 거래이다.

193 CDS는 기업이나 국가의 파산 위험 자체를 사고팔 수 있도록 만든 파생금융상품이다. CDS는 보증(保證)계약과 유사하다고 볼 수 있지만, CDS는 보증의 대상이 기업이나 국가라는 점이 특징이고, 해당 기업이나 국가에 어떠한 신용사건(credit event)이 발생할 경우에 보증의 효력이 발생된다. 여기서 신용사건이란 파산, 지급 불능, 채무 재조정 등을 의미한다. 예를 들어, 어떤 기업이 파산할 경우 그 기업의 회사채를 보유하고 있는 투자자들은 손실을 입게 되는데, CDS는 이러한 손실을 떠안아 주는 역할을 하는 것이다. CDS는 주로 은행, 보험사, 헤지펀드 등 금융회사 사이의 계약으로 이뤄지는데, 보증계약에 비유하자면, CDS를 사는 매입자는 피보증인(돈을 빌리고 대신 보증을 세운 사람), CDS를 파는 매도자는 보증인(보증 서준 사람)과 지위가 같다. 또한, CDS 매입자는 파산 등 신용 위험을 이전하는 대가로 CDS 매도자에게 보증료와 비슷한 CDS 프리미엄(premium)을 주기적으로 지불한다.

194 파생금융상품의 시장규모를 나타내기 위해 명목원금(notional principal)이 통상 사용되고 있는데 명목원금이란 거래의 대상이 되는 기초자산의 원금을 나타내는 것으로 파생상품 거래시 발생하는 자금흐름과는 다르다. 예를 들어 고정금리채권과 변동금리채권의 현금흐름(원금 및 이자)을 서로 교환 하는 금리스왑의 경우 실제 자금흐름은 두 이자의 차액에 불과하나 명목원금은 원금전체를 표시하고 있다.

195 KOSPI200 선물 및 옵션은 2011년 전 세계 거래소별 주가지수 선물 및 옵션상품 거래량 중 각각 6위, 1위를 기록하였다.

196 확정일인도 선물환(outright forward)과 외환스왑(FX swaps)을 포함한다. 외환스왑이란 동일한 거래상대방과 현물환과 선물환(spot-forward swap), 만기가 상이한 선물환과 선물환

(forward-forward swap) 등을 서로 반대방향으로 동시에 거래하는 일종의 선물환 계약으로서 이종통화채무의 원리금을 서로 교환하기로 약정하는 통화스왑(CRS: currency swaps)과 다르다.

197 만기 시 계약금액 전체를 결제하는 일반적인 선물환거래와는 달리 약정환율과 만기 시 환율 간의 차액만큼을 계약당사자간 수수하는 거래이다.

198 듀레이션(duration)이란, 채권에서 발생하는 현금흐름을 가중 평균한 만기로 실질적인 투자자금의 평균 회수기간을 뜻하며, 채권가격의 이자율 민감도로 사용되기도 한다.

199 제2항 주식관련파생상품시장은 한국은행, 『한국의 금융시장』(Financial Markets in Korea), 2012, 158면 이하를 참조하였다.

200 주가지수선물은 현재 거래되고 있는 선물상품 중에서 가장 최근에 도입된 금융상품으로서, 실제로 존재하는 농산물, 금속, 통화, 채권, 주식 등 현물을 대상으로 하는 여타 선물거래와는 달리, 한 가지 종류의 주식을 대상으로 하는 것이 아니라 여러 종류의 주식으로 구성된 주가지수를 대상으로 하는 상품이다.

201 김석진 외 5, 『파생상품의 이해』, 도서출판 청람, 2007, 136면.

202 주가지수는 해당상장주식의 가격수준을 나타내는 수치일 뿐 실물이 없는 추상물이므로 실물(현물)의 인도가 불가능하기 때문에 주가지수 선물거래는 다른 선물거래와 달리 최종결제시에 현물을 인수하지 않고 현금결제(Cash Settlement)되는 특징이 있다.

203 따라서 법적으로 수많은 종목을 편입해야만 하는 기관투자자들이 전체시장의 흐름에 따라 포트폴리오 가치가 변동할 수 있어 위험회피 거래를 주로 한다. 한편 투기거래자들은 개별기업보다는 거시경제에 영향을 받기 때문에 주가지수의 방향 예측이 쉽다고 판단하여 주가지수선물거래를 하는 경향이 있다. 주가지수선물도 현물과 선물의 가격차(베이시스, basis)가 존재하므로 이 차이를 이익으로 확보하려는 차익거래자들이 존재한다. 다만, 주가지수 자체를 현물로 보유할 수는 없으므로 주식 포트폴리오를 현물로 설정하게 된다. 그런데 이는 주가지수를 정확하게 추정할 수 없을 가능성(추적오차)이 많으므로 상대적으로 다른 상품들보다 차익거래에 참여하는 기관투자자의 비중을 높이는 요인으로 지적되고 있다. 현물 주식투자가 향후 개별 주식가격이 오를지 내릴지 여부를 판단해 투자에 나서는 것과 마찬가지로 주가지수선물은 매매 대상이 되는 KOSPI200 지수를 하나의 현물 주식으로 생각하고 투자에 나서면 된다. 즉, KOSPI200지수가 앞으로 상승할지 하락할지 여부를 판단해 KOSPI200지수가 약세를 보일 것으로 예상되면 선물을 팔고 강세를 보일 것으로 전망되면 선물을 사면되는 것이다.

204 주가지수선물 투자는 위와 같은 대부분의 걱정을 해결하는데, 우선, 개별 주식의 등락이 반드시 지수(index)의 등락으로 이어지지 않기 때문에 개별 주식을 염두에 둘 필요가 없다. 지수의 등락은 전체 주식 시장의 흐름에 따라 등락이 결정된다. 주식은 거래가 정지되면 휴지가 되지만, 선물은 매도포지션(가격이 내려가면 돈을 벌겠다고 파는 것, Sell을 먼저 하는 것)을 가지면 위험을 회피할 수 있게 된다.

205 캔자스시티상품거래소(KCBT)는 미국 중부 곡창지대의 중심지인 미주리주 캔자스시티의 상인들이 1856년에 설립하였는데, 당시는 지금의 상공회의소와 유사한 형태의 조직이었다. 1869년에는 거래소의 이름을 Commercial Exchange라고 개칭하기도 하였으나 2년 후에 다시 Board of Trade로 환원하면서 거래소 체제로 확립하였고 1876년부터 선물거래를 개시하였다. 캔자스시티상품거래소는 주가지수 선물거래를 최초로 도입한 것으로 유명한데, 1970년대 초 시카고 양대 거래소에서 금리물과 통화를 대상으로 금융선물거래를 시작함에 따라 거래소 간 경쟁이 치열해지자 시카고 이외의 선물거래소들은 살아남기 위한 방편으로 새로운 상품개발에 고심하였다. 이에 따라 캔자스시티상품거래소는 1977년 신상품개발을 위한 자문위원회를 구성하였는데 주가지수나 주가평균을 선물거래의 대상으로 하는 것이 가장 경제적 효용성이 있다고 결론짓고 1982년 2월에 Arnold Bernhard 사가 산출하는 Value Line 종합주가지수를 대상으로 주가지수 선물거래를 개시하였다.

206 코스닥시장에 상장된 주식 중 유동성, 경영투명성, 재무안정성 등을 감안하여 선정되는 30개 우량 종목을 대상으로 산출되는 지수이다. 동 지수는 기존의 코스닥 우량 종목 지수인 코스닥 50을 대체하기 위해 2004년 1월 26일부터 산출, 발표되고 있다. 기준시점은 2003년 1월 2일 이며 기준지수는 1,000이다. 동 지수는 주가지수선물, 상장지수펀드(ETF), 인덱스펀드 등의 거 래대상으로 활용되고 있다.

207 그러므로 만기 시 실제 주가지수가 거래 시 약정한 주가지수를 상회할 경우에는 선물매수자 가 이익을 수취하게 되는 반면 반대의 경우에는 선물매도자가 이익을 수취하게 된다.

208 매일 매일의 기초자산가격 변동에 따른 평가손익을 개별투자자의 증거금에 가감하여 결제이행 을 담보하는 제도이다. 증거금이 일정수준 이하가 되면 추가적으로 증거금을 납입(margin call)하게 함으로써 증거금이 항상 일정수준 이상으로 유지되도록 한다.

209 주가지수선물 이론가격(기본모형)=$S \times [1+(r-d) \times T/365]$
여기에서 S: 기초자산의 현재가격 r: 차입이자율(연율)
        d: 기초자산의 배당수익률(연율) T: 만기일까지의 잔존일수

210 결제월물을 기준으로 선물거래 종목을 구분하는 이유는 결제월이 다를 경우 거래할 수 있는 기간 뿐만 아니라 결제월간 가격도 상이하여 투자자의 이해 등 권리내용이 달라지기 때문이다.

211 파생상품계좌 최초 설정자 또는 보유 미결제약정을 전량 해소하고 결제시한(다음 거래일 12시) 이후에 주문을 내는 위탁자를 말한다.

212 본 예탁금제도는 종전에는 주식파생상품 및 돈육선물거래에 대하여만 적용되었으나 2009년 2 월부터는 모든 파생상품에 적용되고 있다. 적격기관투자가(사후증거금계좌)는 기본예탁금제도 의 적용을 배제하며, 최초로 선물을 거래하는 투자자는 3단계 구분 중 1,500만 원 이상 3,000 만 원 미만 또는 3,000만 원 이상의 기본예탁금을 예탁해야 한다.

213 위탁증거금은 주가지수, 주식, 채권, 통화, 일반상품 등 기초자산의 특성이 유사한 상품군 별 로 산출한다.

214 결제월이 서로 다른 종목을 동시에 매도·매수하는 선물스프레드 거래의 경우 위험이 상당부 분 상쇄되므로 주문증거금은 주문위탁액의 1.5%, 유지증거금은 미결제포지션의 1.0%이다.

215 다음날 12:00 이전에 미결제약정을 해소하여 주문증거금 기준을 충족하면 추가납부로 간주된다.

216 한국거래소가 작성·발표하며 앞서 언급한 기본모형과 원리는 동일하지만 현실적인 배당수익 추정을 위해 약간 변형된 공식을 적용한다.

217 (선물가격/이론가격－1)×100.

218 1일 1회에 한정되며 14:20 이후에는 발동되지 않는다.

219 프로그램매매는 선물거래와 연계된 차익거래 및 선물거래와 관련 없이 일시에 KOSPI 구성종 목 중 15종목 이상을 거래하는 비차익 거래로 구분된다.

220 가격 상승 시 매수호가의 효력을 정지하며 가격 하락 시 매도호가의 효력을 정지한다.

221 다만 선물스프레드 증거금률이 KOSPI200선물거래의 경우 1.5%(주문증거금률)과 1.0%(유지증 거금률)인데 반해 스타지수선물거래는 각각 3.0%과 2.0%이다.

222 스타지수선물시장의 적은 거래량(2012년 상반기 중 거래 전무) 등으로 프로그램매매체결지연 제도가 시장 상황과 관계없이 발동되는 경우가 발생함에 따라 동 제도 개선방안에 대한 논의 가 진행되고 있다.

223 KB금융지주, 삼성전자, 이마트, 신한금융지주, SK텔레콤, 우리금융지주, LG전자, 엘지디스플레 이, KT, 케이티앤지, 포스코, 하나금융지주, 한국전력공사, 현대중공업, 현대자동차, 기아자동 차, 대우증권, 대한항공, 두산인프라코어, 삼성물산, SK하이닉스, 현대제철, GS건설, NHN, SK 이노베이션.

224 유가증권시장과 주식선물시장 호가 가격단위 비교.

225 오늘이 휴일이고 다음날이 영업일인 경우 오늘 17:00에 개장된다.

226 전산시스템의 유지보수를 위해 16:30~17:00에는 모든 주가지수선물 거래를 중단한다.

227 2012년 10월 8일의 경우 2012년 12월물, 2013년 3월물, 6월물, 9월물, 12월물 2014년 3월물, 6월물, 9월물이 거래된다.

228 또한 각 결제월의 세 번째 금요일을 만기일로 하여 직전 영업일에 최종거래가 이루어진다.

229 다만 시간외시장의 가격제한폭은 정규시장 종가의 상하 5%이다.

230 1987년 6월 오사카증권거래소에 50개 종목의 개별주식 바스켓을 거래대상으로 하여 실물인수도가 이루어지는 '株先 50'이 도입되었으나 1992년 3월에 신규상장이 폐지되었다.

231 2012년 10월 8일의 경우 2012년 12월물, 2013년 3월물, 6월물, 9월물, 12월물이 거래된다.

232 Nikkei225는 주가평균방식으로 산정됨으로써 엔 단위로 표시되며 Nikkei300은 시가총액방식 (1982.10.1 = 100.0)에 입각하여 포인트로 구해진다.

233 유로지역 50대 기업 주가를 대상으로 하는 블루칩지수로 유로지역 주식시장 전체의 주가 상황을 나타내는 대표적인 지수이다. 1998년 유로화 출범을 대비하여 독일의 Deutsche Börse AG, 미국의 Dow Jones & Company, 스위스의 SWX(Switzerland Stock Exchange) Group이 공동 출자하여 설립한 Stoxx Ltd.에서 편제하고 있다.

234 통화선물, 국채선물 등 전체 파생금융상품 거래량도 2011년 기준으로 전 세계의 11.3%로 한국(15.7%)과 미국(13.6%)에 이어 세계 3위 수준이다.

235 2012년 10월 8일의 경우 2012년 12월물, 2013년 3월물, 6월물이 거래된다.

236 한국거래소에서 유통주식 수, 소액주주 수, 거래대금 등을 감안하여 선정하며 2002년 1월에 7개 회사 주식을 대상으로 출발하였으나 주식옵션거래의 수요를 확충하기 위해 2005년 9월 이후 26개 회사 주식을 추가로 선정하였다. 2012년 6월말 기준 주식옵션의 기초자산은 강원랜드, KB금융지주, 기아 자동차, 대한항공, 삼성물산, 삼성전기, 삼성전자, 삼성증권, 삼성화재해상보험, 삼성SDI, 신한금융지주, 케이티, 케이티앤지, 포스코, 하나금융지주, 한국가스공사, 한국전력공사, 한국타이어, 한진해운, 현대모비스, 현대자동차, 현대중공업, CJ, GS홀딩스, 현대제철, LG, LG전자, LG화학, SK이노베이션, SK텔레콤, 엘지디스플레이, 우리금융지주, 이마트이다.

237 거래부진 등으로 2005년 11월에 폐지되었다.

238 옵션은 만기일에만 권리행사가 가능한 유럽형 옵션(European option)과 만기일 이전에도 언제든지 권리행사가 가능한 미국형 옵션(American option)으로 구분되는데 우리나라는 유럽형 옵션을 이용하고 있다.

239 대표적인 이론가격 산정방식으로는 블랙-숄즈모 형(Black-Scholes model)과 이항모형(binomial model)이 있는데 우리나라의 KOSPI200옵션 및 주식옵션은 이항모형으로 이론가를 산정하고 있다.

240 선물옵션 만기일을 의미한다.

241 예를 들어 2012년 10월 8일의 경우 최근 연속 3개월물인 10월물, 11월물, 12월물 및 2013년 3월물이 거래된다.

242 따라서 최종거래일의 다음날 새로운 결제월물이 상장된다.

243 콜옵션(풋옵션)의 권리행사가격이 당시의 기초자산 가격보다 높아(낮아서) 옵션매수자가 권리행사를 할 경우 이익이 발생하는 상태를 말한다.

244 내가격과 반대로 옵션매수자가 권리행사할 경우 손실이 발생하는 옵션을 말한다.

245 거래개시일 다음 날부터는 전일 KOSPI200 종가의 변동으로 등가격이 변동되면 연속 3개월물의 경우에는 내가격 또는 외가격이 6개가 될 때까지 2.5포인트 간격으로 권리행사가격을 추가

로 설정하고 원월물의 경우에는 내가격 또는 외가격이 3개가 될 때까지 5포인트 간격으로 권리행사가격을 추가로 설정한다.

246 원월물이 처음으로 연속 3개월물이 되는 날에는 기존 5포인트 간격 사이에 2.5포인트 간격으로 행사 가격을 추가 설정한다.

247 옵션 거래승수는 10만원이었으나 2012년 3월부터 선물의 거래승수와 동일하게 50만원으로 상향하였다.

248 신규주문위탁증거금은 옵션매수의 경우 프리미엄으로, 옵션매도의 경우 계약 당 5만원을 하한으로 하여 KOSPI200 전일 종가의 15% 변동 시 최대이론가격에서 옵션 전일 종가를 차감한 수치에 50만원을 곱한 금액으로 구해진다. 옵션매수와 옵션매도 시 신규위탁증거금을 차등화하는 것은 옵션매수의 경우 최대손실이 프리미엄으로 한정되는 반면 옵션매도 시 최대손실이 무한정 발생할 수 있기 때문이다.

249 옵션가격증거금은 종목별 순매도수량에서 전일의 옵션종가 및 50만원을 곱하여 산출된다. 옵션가격증거금으로 실제로는 KOSPI200선물과 연계하여 선물가격변동증거금 및 선물스프레드증거금과 합산하여 구해진다. 한편 다음날의 예탁금 추산액이 유지증거금을 밑도는 것으로 나타나면 주가지수선물과 마찬가지로 자금을 익일 12:00까지 추가로 납입하여야 한다.

250 옵션가격변동증거금은 계약당 5만원을 하한으로 하여 KOSPI200 가격변화(주문증거금률 15%)와 변동성 변화를 모두 고려한 최대손실액으로 산출된다.

251 장중옵션순매수금액은 그날 중 매매거래가 성립된 옵션거래의 각 종목에 대한 매수의 약정금액 합계액에서 매도의 약정금액 합계액을 차감하여 구해지며 다음날 결제에 대한 일시적 충당금의 성격을 지닌다.

252 종전에는 주식관련선물거래는 가격제한폭제도로, 그 밖의 거래는 호가한도가격제도(호가한도가격을 설정하여 이를 벗어나는 호가는 접수가 불가능하도록 함)로 운영되었으나, 도입 취지와 기능이 동일함에 따라 2009년 2월부터 가격제한폭제도로 단일화하였다.

253 KOSPI200 선물시장에서와 마찬가지로 시스템 장애가 10분 이상 지속되어 정상적인 거래가 불가능 하거나 현물시장의 시스템 장애가 10분 이상 지속되어 KOSPI200 구성종목 중 100종목 이상의 거래가 이루어지지 않을 경우 매매가 일시 중단되며 동 사유가 해소되면 지체 없이 거래가 재개된다.

254 당초 주식옵션의 결제는 실물(주권)인수도 방식을 채택하였으나 거래활성화 등을 위해 2005년 10월에 현금결제방식으로 변경하였다.

255 시카고선물옵션거래소(CBOE)에 상장되어 있는 S&P500 지수 옵션 가격으로부터 산출된다.

256 주가지수 관련 옵션시장이 거래소별로 이원화된 것은 주가지수옵션은 「증권거래위원회(SEC)」에 그리고 주가지수선물옵션은 상품선물거래위원회(CFTC)에 관할권이 귀속되는 데 기인한다.

257 주가지수옵션 도입에 앞서 1973년 4월 시카고 옵션 거래소에서 개별 종목(16개)을 대상으로 콜옵션이 개시되었다.

258 Nikkei225, Nikkei300 선물의 경우 가격변동 폭은 한 방향(상한 혹은 하한)으로 제한되어 있으나 Nikkei225 옵션은 양방향 모두 가능하다.

제 8 장 금융규제와 금융감독

1 제8장 제1절 경제안정과 정책결정자는 Robert J. Shiller, 『Fiance and The Good Society』, Princeton University Press, 2012, pp.111를 참조하였다.

2 경제 호황이나 불황의 원인은 여러 가지가 겹쳐 있고, 이때 인간의 판단력이 필요하다. 사람들의 동기에 대한 판단, 그들의 사고 패턴에 대한 판단, 정치 상황의 변화에 대한 이해도 필요하다.

3 Shiller, ibid, p.111.

4 See Ray C. Fair, and Robert J. Schiller, 1990. "Comparing Information in Forecasts from Econometric Models.", *American Economic Review* 80(3), 375-89. 이 연구에서 구조적인 계량 경제학 모델. 단일 자기 회귀 모델, 벡터 자기회귀 모델(Vector Auto regressive: 경제변수들의 관계를 바탕으로 구축된 시계열 모형으로 경제이론을 떠나 통계적 검증을 통해 모수를 추정하는 방법), 또 '자기회귀 요소'라고 부르는 자기회귀 모델에서 대량의 외표본을 추출해 성과를 비교했다. 이 모델들은 자료를 추론하는 수준을 뛰어넘었으며, 이것들을 만든 사람들은 경제 데이터들을 어떻게 추론하는지를 배웠다. 그들이 제시한 경제 이론도 건강한 것처럼 보인다.

5 매우 드물게 찾아와서 주요 경제 기관들을 무너뜨리는 사건을 예상하기 어려운 것은 어찌 보면 당연하다. 하지만 우리가 사실 가장 관심을 갖고 지켜봐야 할 것은 이러한 혹독한 시련이다.

6 Shiller, ibid, p.112.

7 See Philip E. Tetlock, Expert Political Judgement: How Good is It? How Can We Know? Princeton, NJ: Princeton University Press 2006. '전문가의 정치적 결정'(Expert Political Judgment)이 유용한 전망을 내놓을 수 있는지를 확인하기 노력했으나 해석이 어렵다는 결론을 내렸고 이는 경제적 예측이 근본적인 모호한 작업이라는 사실을 반영한다고 볼 수 있다. 그래서 경제안정이란 임무를 수행하기 위해 정책 결정자들이 하는 노력을 평가하는 것 또한 어렵다.

8 유재수, 『세계를 뒤흔든 경제 대통령들: 역사를 만든 경제정책 결정자 18인의 영광과 좌절』, 서울: 삼성경제연구소, 2013.

9 Shiller, ibid, p.112.

10 미국에선 연방제도이사회(연방준비은행)가 부분적으로 다른 미국 기관들의 모델이 되었다. 연방제도이사회가 설립되기 전 거의 50년 동안 은행 예금 일시적 유동성 중단의 위기는 회원은행이 소유한 민간기관의 도움으로 넘어갈 수 있었다. 이러한 개인 기관에서 어음교환소를 통해 은행에 대출증서를 발행했다. 뉴욕 어음교환소의 여신 심사위원회는 정부기관이 아니라 민간기관이었지만 오늘날 연방제도이사회의 연반 공개 시장위원회와 거의 같은 일을 수행했다. 이 민간부분의 기관은 지금은 거의 잊혀졌다. 그 당시에 상황에 맞은 목적을 수행했지만 원칙적으로 이 시스템은 지급을 지연하는 은행으로부터 대중을 보호하지 않았고 이는 경기 불황과 직결되었다.

11 Walter Bagehot, 『Lombard Street: A Description of the Monetary Market』, 10th Edit., London: Kegan Paul, Trench, Trubner & Co., Ltd., 1896. p.131, 189.

12 1987년부터 2006년까지 의장직을 수행한 그린스펀은 당시 굉장히 존경받았고 천재로 불렸다.

13 Bob Woodward, 『Maestro: Greenspan's Fed and the American Boom』, New York: Simon and Schuster, 2001.

14 Shiller, ibid, p.113.

15 US Federal Open market Committe, Press release, May 10, 2006, p.1, http://www.feralreserve.gov/newsevents/press/monetary/20060510a.html.

16 Jean-Claude Trichet and Lucas Papademos, "Introductory Statement", July 6, 2006, p.1, http://www.ecb.int/press/pressconf/2006/html/is060706.en.html.

17 International Monetary Fund, *World Bank Economic Outlook*, April 2006, p.1.

18 The IMF *World Bank Economic Outlook* for April 2006 did mention concerns about the US housing market, calling it "key uncertainty" (p.17) 하지만 이 보고서를 읽은 사람들은 다른 것은 건너뛰고 '긍정적인 금융시장 조건'으로 인한 '지속적인 강한 성장'만을 기억할 것이다.

19 Bank for International Settlements, Quarterly Review, June 2006, p.6.

20 Martin Cihak, 2006. *How Do Central Banks Write on Financial Stability?* Working Paper WP/06/163. Washington D.C.: International Monetary Fund, 19.

21 Shiller, ibid, p.114.

22 그들의 판단은 정치적으로 중요하지만 정치적인 전망을 하기는 힘들다. 은행가들은 구체적인 증거(objective evidence)를 보기 전까지는 경고를 피하려고 한다. 하지만 다가오는 위기를 예측하기 위해서는 개인적인 직감과 판단력이 있어야 하고, 그들이 이런 직감을 공개적으로 표현하는 것은 정치적으로 올바른 행동이라고 할 수는 없다.

23 Raghuram G. Rajan이 사용한 용어. 소득차(income gap)를 메꾸기 위해 쉽게 신용을 공여하는 것을 말한다(https://schott.blogs.nytimes.com/2010/07/06/let-them-eat-credit/?_r=0).

24 Raghuram Rajan, 『Fault Lines: How Hidden Fractures Still Threaten the Word Economy』, Princeton, NJ: Princeton University Press, 2010.

25 하지만 이러한 기관들은 어려운 임무를 맡고 있다. 이들은 다가올 문제를 미리 알아내서 우리가 행동을 취할 수 있게 해야 한다. 아마도 그 자체로 어려운 정치적 행동이 될 것이다. 중앙은행은 이미 엄청난 연구 부서를 휘하에 두고서 정기적으로 국제 컨퍼런스에 참석했지만, 현재의 위기에 대해 어떤 힌트도 얻지 못했다. 따라서 이들 기관에 대한 회의적인 시선도 당분간은 계속될 것이다.

26 Shiller, ibid, p.115.

27 정부가 불경기에 공공사업을 통해 통화를 주입하는 것을 말한다. 미국의 F.D. Roosevelt 대통령이 경기회복의 위해 공공토목공사를 시행한데서 비롯된 것이다. 이는 곧 작은 국고의 부양책으로 경제에 큰 변화를 만들고 싶어 하는 소망이 표현된 것이라고 할 수 있다.

28 경기 침체가 몇 년 동안 계속되면 국가부채가 점점 늘어나 짐이 될 것이고, 국민은 곧 긴축재정을 요구할 것이다. 이것은 경기 부양책을 너무 빨리 종료시키는 요인이 될 수도 있다.

29 http://idioms.thefreedictionary.com/dollar+for+dollar

30 Shiller, ibid, p.115.

31 Shiller, ibid, p.116.

32 Benjamin Higgins, "Problems of Planning Public Work." In Seymour E. Harris, ed., 『Postwar Economic Problems』, 187-206. New York: McGraw-Hill. 1943. p.188.

33 책임은 여러 다른 기관에게 나뉘어졌지만 곧 잊혀졌다. 공공사업 준비기구가 단기적으로 끝났다고 해서, 이런 프로그램이 성공하지 못했다고 말할 수는 없다. 우리는 마치 국립과학재단처럼 좀 더 앞을 내다볼 수 있는 기관이 필요하다.

34 Martin Shubik, *A Proposal for a Federal Employment Reserve Authority*. Economics Policy Note 09-5. New York: Levy Economics Institute, 2009.

35 Shiller, ibid, p.116.

36 Robert J. Schiller, 『The Case for A Basket: A New Way of Showing the True Value of Money』, London: Policy Exchange, 2009.

37 Robert J. Schiller, 『Macro Market: Creating Institutions to Mange Society's Largest Risks』, Oxford: Oxford University Press 1994; 『The New Financial Order: Risk in the 21st

Century』, Princeton: Princeton University Press, 2003; 『The Sub-Prime Solution: How Today's Global Financial Crisis Happened and What to Do About It』, Princeton: Princeton University Press, 2008, 2011. and Athanasoulis, Stefano G., and Schiller Robert J., "World Income Component: Measuring nd Exploiting Risk-Sharing Opportunities.", *American Economic Review* 91(4):, 1031-54, 2001.

38 Mark Kamstra, and Schiller Robert J., "Trills Instead of T-Bills: It's Time to Replace Part of Government Debt with Shares in GDP.", *The Economist's Voice* 7(3), Article 5, 2010. http://www.bepress.com/ev.vol7/iss3/art5.

39 Robert J. Schiller, "Give People Shares o GDP", *Harvard Bossiness Review* 90(1/2), 50-51, 2012a.

40 사람들은 좋은 일을 하기 위해서는 인센티브를 받아야 하고, 인센티브는 감정적인 요소 때문에 완벽하게 설계하기 힘들다. 국가경제의 역할을 알아보기 위해 국가경제를 가지고 통제된 실험을 할 수도 없다. 하지만 우리는 현대 금융 경제에서의 불안정성 더 잘 이해하여 최대한의 행동을 해야 하고, 이 이해를 가능한 한 창의적으로 적용할 줄도 알아야 한다.

41 19세기에 은행 부도를 다루는 방식이었던 청산소 대부증이 사라진 것과 같다. Shiller, ibid, p.117.

42 Shiller, ibid, p.118.

43 Ibid.

44 제2절 금융감독기구는 한국은행, 『한국의 금융제도』(Financial System in Korea), 2011, 271면 이하를 참조하였다.

45 Ibid.

46 은행을 제외한 모든 금융기관에 대한 감독업무를 담당하고 있었다.

47 금융감독위원회는 1998년 4월 금융감독기구의 설치 등에 관한 법률 시행과 함께 설립되었으나 금융감독원은 한국은행으로부터 분리·신설된 은행감독원과 증권감독원, 보험감독원, 신용관리기금이 금융감독원 업무를 각각 나누어 수행하다가 1999년 1월 통합·설립되었다.

48 David T. Llewellyn, 『The Economic Rationale for Financial Regulation』, Financial Services Authority, 1999.

49 www.m.fsc.go.kr

50 http://www.fss.or.kr/fss/kr/main.htm

51 보험업의 경우 회사설립이 아닌 보험업의 영위 즉 보험영업의 허가로서 금융위원회의 허가를 받아야 한다.

52 금융위원회는 허위로 영업 인·허가를 받거나 인·허가 내용·조건 또는 금융위원회의 시정명령을 위반하는 등 중대한 법규위반을 한 금융기관에 대해 일정기간 영업을 정지하거나 영업 인·허가 자체를 취소할 수 있다.

53 동일인 중 비금융부문의 자본비중이 25% 이상이거나 비금융부문의 자산합계가 2조원 이상인 자 또는 이들이 9% 초과 투자한 투자회사(뮤추얼펀드)이다. 사모투자전문회사(PEF)의 경우 이들 중 어느 하나가 18% 이상 지분을 보유한 유한책임사원이거나 무한책임사원인 경우 및 다른 상호출자제한기업집단 소속 계열회사 지분 합이 36% 이상인 경우이며, 투자목적회사의 경우 동 PEF가 투자목적회사의 주식 또는 지분을 9% 초과 취득·보유하거나 임원의 임면 등 주요 경영 사항에 대하여 사실상의 영향력을 행사하는 경우 비금융주력자로 분류된다.

54 건전성규제는 금융기관의 부실경영으로 야기될 수 있는 사회적 손실을 방지하거나 그 규모를 줄이는 데 핵심적인 역할을 한다.

55 BIS 기준 자기자본비율은 금융환경 변화를 반영하여 당초 위험가중자산 개념을 도입한 Basel I에서 시장리스크를 반영한 자기자본규제제도로, 다시 은행의 다양한 리스크를 반영하기 위한 Basel II로 개편되었으며, 글로벌 금융위기를 계기로 Basel III를 마련해 2013년부터 단계적으로 시행되었다.

56 우리나라는 1992년에 도입하여 1993년 말부터 7.25%, 1995년 말부터는 8% 이상을 유지하도록 하였다.

57 은행의 보유자산·부채를 보유 목적에 따라 트레이딩계정(trading book)과 은행계정(banking book)으로 구분하고, 트레이딩계정에 대해 시장위험을 측정하여 동 위험을 담보할 수 있는 수준의 자기자본을 추가적으로 보유하도록 하였다. 다만 최저자기자본비율은 8%로 이전과 동일하였다.

58 신용리스크의 측정 시 위험가중치를 차주의 신용도에 따라 차등 적용하도록 하였다.

59 감독기능 강화는 은행의 최저자기자본 산정의 적정성 여부를 감독당국으로 하여금 점검·평가하고 필요한 경우 적절한 조치를 취하도록 한다.

60 시장규율 강화는 은행의 리스크 수준 및 자본적정성에 대한 공시 강화를 중점적으로 다루고 있다.

61 이것은 글로벌 금융위기 속에서도 은행들이 자체 재무건전성이 악화되고 있는 상황에 처해 있음에도 불구하고 여전히 이익배당을 지속함으로써 자본충실의 악화를 초래하였다는 경험에 따른 대처방안이다.

62 총위험액은 시장위험액, 신용위험액, 운영위험액의 합계로 구성된다. 시장위험액은 시장성 있는 증권 등에서 시장가격의 변동으로 인한 발생할 수 있는 잠재적인 손실액을, 신용위험액은 거래 상대방의 계약불이행 등으로 인하여 발생할 수 있는 잠재적인 손실액을, 운영위험액은 부적절하거나 잘못된 내부의 절차, 인력 및 시스템의 관리부실 또는 외부의 사건 등으로 인하여 발생할 수 있는 잠재적인 손실액을 말한다.

63 영업용순자본은 대차대조표상의 자산총액에서 부채총액을 차감한 순재산액에서 즉시 현금화되기 곤란한 자산 및 평가손실 등을 차감하고 상환의무가 없거나 자본의 보완적 성격을 지닌 부채를 가산하여 산출한다.

64 이와 관련하여 금융투자업자는 영업용순자본비율과 산출내역을 금융감독원에 제출하여야 한다.

65 2009년 4월 보험회사가 직면하는 각종 위험을 세분화하고 위험측정방식을 개선한 위험기준자기자본(RBC: Risk Based Capital) 규제제도가 도입되었고 금융위기 등 경제여건을 감안하여 2011년 3월까지 2년 동안 지급여력비율과 RBC 비율에 의해 병행·운영되다가 2011년 4월부터 RBC 비율을 통해서만 관리되고 있었다.

66 이것은 둘 이상의 기업이 지배종속관계에 있는 경우 이들 기업집단을 단일한 경제적 실체로 보고 재무제표를 연결하여 작성한 것이다. 여기에는 연결손익계산서, 연결현금흐름표 등이 포함된다.

67 자산총액 2조원 이상의 대형저축은행에 대해 우선 적용하는데 구체적인 상향조정내용은 2012년 7월~2014년 6월까지 6% 이상으로, 2014년 7월부터는 7% 이상으로 되어 있다. 나머지 상호저축은행에 대해서는 2014년 6월부터 단계적으로 상향조정하였다.

68 상호저축은행에 대하여 BIS 기준 자기자본비율 즉, 위험가중 자산에 대한 자기자본의 비율을 과거 5% 이상으로 유지하도록 하고 있었다.

69 예금보험공사(http://www.kdic.or.kr/pds/savings_guide.jsp)

70 조정총자산은 총자산-(현금+담보약정이 없는 단기성 예금+만기 3개월 이내의 국공채)-공제항목(이연법 인세자산+창업비+개발비+환율조정차+영업권)으로 산출된다.

71 조정자기자본은 기본자본＋보완자본－공제항목(이연법인세자산＋창업비＋개발비＋환율 조정차＋영업권)으로 산출된다.

72 신용협동조합의 순자본비율은 다음과 같이 산정된다.

$$순자본비율 = \frac{총자산 - 총부채 - 출자금 + 후순위차입금 + 대손충당금}{총자산 + 대손충당금} \times 100$$

73 그리고 금융감독원은 금융기관의 자산건전성 분류 및 대손충당금 등 적립의 적정성을 점검하고, 부적정하다고 판단되는 경우 시정을 요구한다.

74 국내 은행들이 1999년 새롭게 도입한 기업여신제도로 기업이나 개인의 신용등급은 물론 장래의 사업전망, 수익성, 경영자의 전문성 등을 종합 평가한 미래현금흐름을 기준으로 대출여부와 대출금액을 산정한다. 즉, 현재 자금이 많아도 사업전망이 나빠 자금을 소진할 기업보다 당장에 자금이 부족하더라도 사업전망이 밝아 성장할 기업의 신용도를 높게 평가하는 것이다.

75 경영실태의 평가등급 결정은 우선 각 부문별로 평가등급을 확정한 다음 이를 바탕으로 종합 평가등급을 결정하는 방식으로 이루어진다. 각 부문별 평가 등급 및 종합평가등급은 1등급(우수), 2등급(양호), 3등급(보통), 4등급(취약), 5등급(위험) 등 5단계로 구분된다.

76 『금융산업의 구조개선에 관한 법률』에서는 금융위원회가 권고·요구 또는 명령할 수 있는 사항으로서 ① 금융기관 및 임직원에 대한 주의·경고·견책 또는 감봉 ② 자본증가 또는 감소, 보유 자산의 처분 또는 점포 및 조직의 축소 ③ 채무불이행 또는 가격변동 등의 위험이 높은 자산의 취득 금지 또는 비정상적으로 높은 금리에 의한 수신의 제한 ④ 임원의 직무정지 또는 임원의 직무를 대행하는 관리인의 선임 ⑤ 주식의 소각 또는 병합 ⑥ 영업의 전부 또는 일부 정지 ⑦ 합병 또는 제3자에 의한 해당 금융기관의 인수 ⑧ 영업의 양도 또는 예금·대출 등 금융거래에 관련된 계약의 이전 등의 조치를 나열하고 있다.

77 전통적으로 리스크 기반 금융상품이 실질적인 영업행위 규제의 대상으로 여겨지면서 과거 오랜 기간에 걸쳐 증권 관련 규제를 중심으로 영업행위 기준이 발전되어 왔다. 최근 은행들이 고유업무 외에 투자업무 비중을 확대하면서 리스크 기반 금융상품을 소매 고객에게 적극적으로 판매하고 있어 영업행위 규제가 은행감독업무에 있어서도 그 중요성이 높아지고 있다.

78 http://dart.fss.or.kr/

79 http://finlife.fss.or.kr/main/main.do

80 금융거래 자문은 금융에 대한 전문적인 지식이 없거나 관련 정보를 취득할 충분한 시간이 없는 금융고객에게 금융상품에 대한 전문적 정보를 제공함으로써 금융고객의 이익을 증진시키는 것을 목적으로 한다.

81 고객이 금융회사가 제시한 약관에 동의하면 금융거래계약은 체결된 것으로 간주된다.

82 펀드를 금융회사가 판매하고자 하는 경우 펀드의 목표, 방침 및 제약사항을 설명하는 법률상의 문서를 말한다.

83 이 규정은 금융위원회의 설치 등에 관한 법률 및 동법 시행령, 금융업관련법 및 그 시행령과 기타 관계법령에 의하여 금융감독원장이 실시하는 검사의 방법, 검사결과의 처리 및 제재, 기타 필요한 사항을 정한 것이다.

84 1987년 12월에 처음 도입되었다. 도입 당시에는 금융업종별로 금융분쟁조정기구를 두었으나 1999년 금융감독원 설립과 함께 금융업종별 분쟁조정기구를 금융감독원 내 금융분쟁 조정위원회로 통합하였다.

85 2011년 6월말 기준 부원장 1인, 부원장보 1인, 법조계 9인, 금융계 4인, 학계 4인, 소비자단체 6인, 의료계 3인, 손해사정인 1인, 전자금융관련 종사자 1인 등 총 28인으로 구성되어 있다.

제 9 장 금융과 인간의 투기행위

1 제9장 제1절 금융에 내재된 추잡함과 애석한 장려는 Robert J. Shiller, 『Fiance and The Good Society』, Princeton University Press, 2012, pp.159를 참조하였다.

2 회사에 다니는 많은 사람들은 적어도 일정한 기간 동안은 삶의 목적보다 실적을 우위에 두고 절차나 법을 무시하면서도 일만 잘하면 충분히 만족을 느끼는 것처럼 보인다. 그리고 그들에 게는 무엇보다 돈에 관심을 두고 있기 때문에 일을 통해서 도덕적 목표를 달성하는 따위는 거의 추구하지 않는다. 그러나 현실 세계에 사는 사람이라면 이런 사람들과 함께, 나아가 이런 사람들을 위해 일해야 한다는 것이 바로 현실이다. 여기에는 나락으로 떨어질 위험이 도사리고 있는데, 옳지 않은 줄 알면서도 윗 사람들의 지시를 수행해야 하기 때문이다. 이런 위험과 끊임없이 싸워야 하는 게 현실이고 인생의 일부다.

3 Shiller, ibid., p.160.

4 Daniel Kahneman, and Amos Tversy, "Prospect Theory: An Analysis of Decision under Risk", *Econometrica* 47(2), pp.263-932, 1979.

5 만일 어떤 사람이 다른 사람에게 동전을 던져 앞면이 나오면 20달러를 받고 뒷면이 나오면 오히려 10달러를 상대방에 주어야 하는 게임을 한다고 할 때, 수학적으로는 평균 기대수익이 5달러임에도 불구하고 대다수 사람들은 게임을 거절한다.

6 카지노의 환경은 실제 도박의 현실로부터 주의를 빼앗고 리스크 감수를 부추기도록 만들어졌다. 카지노 운영자들은 비록 심리학자가 아니지만, 여러 번 세팅을 실험해보고 효과가 있으면 어떤 것이든 똑같이 만들어놓는다. 그들은 얼핏 사소해 보이는 많은 사항도 세심하게 다루는데, 이런 것들이 사람들이 깨닫지 못하는 사이에 도박 충동에 영향을 미치는 것으로 알려져 있다. 카지노들 간에 벌어진 적자생존을 위한 경쟁은 리스크 혐오를 극복하도록 정교하게 디자인된 카지노 환경을 낳았다고 한다. 또한 카지노는 어떤 특정한 방식으로, 그 가운데 일부는 속이 뻔히 들여다보이기는 하지만, 억제 심리를 낮추는 환경을 조성한다. 예컨대 술을 무료로 제공하고, 카지노를 자주 찾는 사람들은 부유하고 성공한(rich and successful) 사람들이라는 인상을 퍼뜨린다. 이런 방법은 일부 사람들에게 잘 먹힌다. 그러면 그들은 혼란을 일으켜 테이블에서 계속해서 돈을 잃어도 현실을 보지 못한다.

7 Joseph P. Simmons, and Nathan Novemsky, "From Loss Aversion to Loss Acceptance: Context Effects on Loss Aversion in Risky Choice", Working Paper, New Haven, CT: Yale School of Management, 2009.

8 소규모 업자들이 민간인을 대상으로 주식과 옵션을 거래하도록 한 곳이다.

9 한 고객은 1879년 뉴욕의 금융 지구에 있는 어떤 버킷 숍을 이렇게 묘사했다. 버킷 숍은 늘 경마 도박장을 생각나게 한다. 사실 둘은 거의 차이가 없다. 나는 이미 죽어 사라진 '독 언더우드(경마 도박장의 유명한 프로모터)'의 낭랑한 목소리가 갑자기 다시 들려온다고 해도 놀라지 않을 것이다. "신사 여러분, 이제 팔라딘이 600달러로 최고 베팅액을 기록했습니다" "Mr. Prowler Discourses This Week on One Kind of Bucket Shop," National Police Gazette, June 14, 1879, p.14.

10 한동안은 경찰이 불법 버킷 숍을 급습했다는 보도가 정기적으로 신문에 등장하곤 했다.

11 Fred Schwed, *Where Are Consumers' Yacht? A Good Hard Look at Wall Street*, New York: Simon Schuster 1949, p.19. 그는 이런 중개인들의 쇼맨십을 중점적으로 파헤쳤는데, 그들은 많은 부유한 고객을 통해 부의 인상을 풍기고 그럴듯하게 꾸민 거짓 조언으로 그들에게 열심히 확신을 심어주었다. 중개인들은 투자에 관한 자신의 조언이 사실 아무런 가치도 없

다는 것을 잘 알면서도 그런 일들을 서슴지 않았다. 슈웨드는 전형적인 증권 중개인이나 자문 역할을 했던 사람들을 다음과 같이 묘사했다. "그리고 빅 씨에게 향후 15년에 대한 그의 견해가 어떤 근거를 갖고 있는지 물어보면 그는 많은 이유를 댈 것이다. 하지만 그 얘기를 들으면 아마도 여러분은 차라리 물어보지 말 걸 그랬다 싶을 것이다. 그는 더 많은 것을 알아야 한다. 만일 그가 그 매혹적인 금융 업무의 세세한 내용에서도 머리를 들고 그 전체 역사를 본다면 (15년은 고사하고) 2년간이라도 어떤 주식군이 어떻게 될지 알고 있었던 금융 전문가는 애처로울 정도로 소수라는 슬픈 사실을 인정할 수 밖에 없을 것이다. 대다수는 보통 그보다 훨씬 짧은 기간에 대해서도 두드러지게 틀린 견해를 제시한다"

12 Shiller, op. cit., p.162.

13 선거에서 선출된 관리는 수십억 달러의 예산을 손에 쥔 초고위직이라고 해도 온전한 권력을 쥐었다고 할 수 없다. 왜냐하면 적어도 민주주의 국가에서는 견제와 균형의 제약 아래 일정 기간 동안만 권력을 보유하기 때문이다.

14 서구 사회에서는 고대 그리스와 로마 시대 이후 대개 일부다처 관행이 불법이거나 적어도 사회적으로 광범위한 반대를 받아왔다. 하지만 그렇다고 해도 부유한 남성에게는 외도를 하거나 인기 있는 매춘부를 찾는 것이 언제나 손쉬운 일이었다.

15 미국 출신의 사회학자 겸 경제학자이다.

16 Shiller, op. cit., p.166.

17 Shiller, op. cit., p.167.

18 그는 1957년에 발표한 인지부조화 이론을 통해 인간의 행동과 태도의 부조화로 인해 심리적 갈등이 유발되고, 이러한 갈등 상황을 해소하고 자신에 대한 일관성을 유지하기 위해 동기화되는 현상을 설명했다. 그의 실험에서, 적은 보수를 받고 등록금 인상에 대해 자신의 신념과 상반되는 글('등록금을 인상할 필요가 있다')을 쓴 실험 참여자들이 이후의 등록금 인상에 대한 자신의 태도를 변화시킴으로써 생각과 행동 간의 부조화를 해소하는 것으로 나타났다. 이처럼 사람들은 태도, 생각과 행동 사이에 부조화가 발생하는 상황에 직면할 때, 자신의 행동을 정당화하는 방법을 선택함으로써 심리적 부조화를 해소하고 자기에 대한 일관성을 유지한다는 것이다.

19 Leon Festinger, 『A Theory of Cognitive Dissonance』, Stanford: Stanford University Press, 1957.

20 Vincent Van Veen, Marie K. Krug, Jonathan W. Schooler, and Cameron S, Cater, "Neutral Activity Predicts Attitude Change in Cognitive Dissonance", *Nature Neuroscience* 12(11), 2009, pp.1469-74.

21 Shiller, op. cit., p.163.

22 Ibid.

23 Ibid.

24 그러나 그들은 관습적이고 정치적으로만 올바른 사고에 반대함으로써 전체적으로는 사회에 이득을 가져온다. 금융분야에서 이런 식으로 행동하는 사람들의 존재는 대부분의 대중에게 제대로 이해받지 못하고 있지만 현대 금융제도(financial institution)의 성공 스토리 가운데 일부를 이루고 있다.

25 많은 이론가들은 인간을 오로지 이익의 극대화를 추구하는 완벽히 합리적이며, 또한, 완벽히 이기적인 존재로 제시한다.

26 Shiller, op. cit., p.163.

27 누군가가 평생에 걸쳐 많은 재산을 모아 말년에 그 돈을 베푼다고 하자. 그런데 그는 생애

대부분의 기간 동안 도덕적 평판이 매우 안 좋을 수 있다. 사람들은 그가 이렇게 모은 돈을 타인에게 베풀 거라고는 생각지 못했을 것이기 때문이다. 우리 대부분은 남들의 도덕적 목표는 고사하고, 어느 누구도 살면서 일일이 자신의 도덕적 점수를 기록하지 않기 때문에 자신의 도덕적 목표에 대해서도 진정으로 제대로 평가하지 못하고 있다. 사람들이 죽고 난 뒤 인생을 이끈 도덕적 목표라는 관점에서 그들의 순위를 매기는 사람은 분명 이 세상에 많지 않을 것이다.

28 Ida M. Tarbell, 『The History of Standard Oil Company』, New York, McClure, Phillips, 1904.

29 그리고 존 D. 록펠러 1세는 여섯 명의 자녀에게 공익적 관점을 가지고 교육시켰고, 이 여섯 명의 자녀들은 모두 공익과 자선사업에서 중요한 역할을 했다. 그중 한 명인 넬슨 록펠러(Nelson Rockfeller)는 미국 부대통령의 자리에까지 올랐고, 4대손인 존 D. 록펠러(John D. Rockfeller IV)는 미국 웨스트버지니아 상원의원으로 4반세기 이상 그 자리를 지켜오고 있다.

30 제2절 금융투기의 중요성은 Robert J. Shiller, 『Fiance and The Good Society』, Princeton University Press, 2012, pp.168를 참조하였다.

31 투자의 기본은 최소한 원본(원금)을 지키면서 수익을 추구하는 것이다. 전설적인 주식투자가인 워렌 버핏(Warren Edward Buffett)은 "첫 번째 투자 원칙은 돈을 잃지 말 것, 두 번째 투자원칙은 첫 번째 원칙을 잘 지킬 것"이라고 하였다. 그만큼 손실에 철저이 대비할 것을 경고했다.

32 투기라고 하면 단연 1630년대 네덜란드의 튤립버블이 떠오른다. 에드워드 챈슬러에 따르면 당시 네덜란드인들은 꽃의 색깔에 따라 튤립을 다양하게 분류했다고 한다. 위계서열에 따라 군 계급과 같은 이름을 붙였다. 최상급 꽃은 잎에 황실을 상징하는 붉은 줄무늬가 있어 황제라고 불렀고, 또 총독, 제독, 장군 순으로 이름이 붙여졌다. 황제튤립 한 뿌리는 당시 암스테르담 시내의 집 한 채 값과 맞먹었다고 한다. 지금의 시각으로 보면 미쳤다고 보지 않을 수 없다. 그러나 투기의 광풍은 집단적 이성 마비현상을 불러 일으켰고 마침내 1637년 2월 튤립 시장이 붕괴하면서 많은 투자자들이 비참한 최후를 맞이했다.

33 컬럼비아 대학 교수로 워렌 버핏의 스승이기도 하다.

34 원문은 다음과 같다. An investment operation is one which, upon thorough analysis, promises safety of principal and an adequate return. Operations not meeting these requirements are speculative.

35 Benjamin Graham, 『The Intelligent Investor: The Definitive Book on Value Investing』, Collins Business Essentials(Paperback), February 21, 2006.

36 The essay, "The Functions of the Stock and Produce Exchanges" was printed in Conant, 1994, pp.83-116: quote on p.83.

37 Karl Marx, 『Capital: A Critique of Political Economy』, New York, Modern Library, 1906, p.440.

38 John Maynard Keynes, 『The Theory of Employment, Interest and Money』, London, Mcmillan, 1939, p.159.

39 Shiller, op. cit., p.169.

40 Ibid.

41 John Maynard Keynes, 『The General Theory of Employment, Interest and Money』, London, Mcmillan, 1965[1936], pp.161-162.

42 George A. Akerlof and Robert J. Shiller, "Animal Spirits: How Human Psychology Drives the Economy and Why It Matters for Global Capitalism, Princeton, NJ: Princeton

University Press, 2009.

43 Marcel Proust, 『Swan's Way』, translated by Lydia davis, new York, Penguin, 2002[1913], pp.46-47.

44 Eugne F. Fama, "Random Walks in Stock Market Prices.", *Financial Analysis Journal* 21(5), 1965, p.56.

45 많은 학자들은 효율적 시장 가설의 한 가지 측면을 시험하는데 관심을 두고 있었다. 그것은 바로 현명한 거래자가 시장을 쉽게 이길 수 있는가 하는 것이었다. 가설의 또 한 가지 측면, 그러니까 시장이 정말로 잘 작동할 때, 가격이 마땅히 반응해야 하는 대로 그러한지 여부는 시험하기가 훨씬 어려웠다. 이러한 질문에 대한 분수령이 된 파머(위 Eugne F. Fama)의 1965년 논문 이후 효율적인 시장 가설에 대한 열정이 과도한 수준에 이르자, 사람들이 무턱 대고 돈을 금융시장에 맡기는 불건전한 상황이 야기되었다. 투자자들은 시장의 가격이 단순히 견해의 문제이고, 그 움직임이 상당부분 쉽게 바뀌는 대중의 기분을 나타내는 것임을 잊어버 렸다.

46 1934년 홀브룩 워킹(Holbrook Working)과 1953년 모리스 켄달(Maurice Kendall)이 이루어 놓았다.

47 Holbrook Working, "A Random‐Difference Series for Use in the Analysis of Time Series.", *Journal of American Statistical Association* 29(185), 1934 and Maurice Kendall, "The Analysis of Economic Time Series I.", *Journal of Royal Statistical Society, Series A 116*, pp.11-25, 1953.

48 주가(株價)의 변동을 예측하는 지표는 존재하지 않는다는 투자 이론으로서 난보(亂步) 이론 (random walk theory)이라고 한다.

49 상당히 업데이트된 이 'CRSP 테이프'는 오늘날에도 여전히 1926년까지 거슬러 올라가는 개별 주식의 일일 가격에 관한 중요한 출처가 되고 있다. 컴퓨터로 금융 분석을 하는 시대에 효율 적인 시장 가설은 마침내 우상의 지위를 얻었고, 그 결과 사람들은 시장의 완벽성을 상당히 신뢰하게 되었다. Shiller, op. cit., p.170.

50 만일 하루에 0.1퍼센트만큼 꾸준히 이익을 낼 수 있는 단순한 거래 전략이 있다면, 그 전략을 취했을 때 연간 수익은 30퍼센트가 넘는다. 아마도 누군가가 이미 이런 거래 전략을 시도해 보았을 것이다. 그리고 그를 뒤따른 무리가 서로 경쟁하면서 시장에서는 그 기회가 사라지는 결과를 낳았을 것이다. 이런 결과는 필연적이어서 이렇게 함께 거래를 하면 모두가 부자가 될 수는 없다. Shiller, op. cit., p.170.

51 Robert J. Schiller, "Do Stock Price Move Too Much to Be Justified by Subsequent Changed in Dividend?", *American Law Review* 71(3), pp.421-36, 1981.

52 For a discussion of the controversy see for Example Cochrane, John "Volatility Tests and Efficient Markets: a Review Essay.", *Journal of Monetary Economics* 27, pp.468-85, 1991.

53 제3절 투기적 거품과 사회적 비용은 Robert J. Shiller, 『Fiance and The Good Society』, Princeton University Press, 2012, pp.178을 참조하였다.

54 Edward Chancellor, 『Devil Take the Hindmost: A History of Financial Speculation』, A Plume Book, 2000: 에드워드 챈슬러, 『금융투기의 역사』(강남규 역), 국일증권경제연구소, 2001, 35면.

55 Edward, Ibid, 46면.

56 Ibid.

57 사전에서 찾아보면 '거품'에 관해서만 나와 있고, 그 일반적인 정의는 경제적 맥락에서는 모호 하기만 했다. 속이 빈 혹은 공기로 채워진 구형 혹은 반원형의 얇은 막이라는 게 사전적 정

의였다.

58 로버트 쉴러(Robert J. Shiller)는 2005년 『이상 과열(Irrational Exuberance)』(2판)을 쓸 때, '투기적 거품'에 관한 적절한 정의가 없다는 사실을 발견했다. 효율적 시장 이론의 시대에 나온 금융 교과서들은 보통 그런 말을 언급조차 하지 않는다고 하고, 적어도 최근까지, '거품'은 학자보다는 뉴스 미디어에 의해 사용되는 용어였다고 설명하였다.

59 Robert J. Schiller, 『Irrational Exuberance』, 2nd edit., Princeton University Press, 2005, p.2. 몇 년 뒤 이 정의를 되돌아보았을 때, Shiller는 여기에 정열(enthusiasm)이나 심리적 전염(psychological contagion), 의심(doubts), 부러움(envy), 도박꾼의 흥분(gambler's excitement) 같은 많은 심리적 혹은 감정적 단어가 들어 있는 것을 알고 놀랐다고 한다. 대다수 경제학자들은 경제 용어의 정의에 이런 단어들을 쓰지는 않을 것이다. 왜냐하면 이런 단어들의 존재는 경제적 결정에 있어 원초적 감정의 우월성을 시사하기 때문이다. 그러나 이런 감정을 지닌 수많은 사람들의 존재가 거품이 무엇인지 알려주는 것처럼 보였다.

60 체제가 안정을 유지하기 위해 필요한 정보를 얻는 과정이다. 디자인 법칙중 하나로 어떤 작용이든 크기는 같고, 방향만 반대인 반작용이 있게 마련이다. 반작용이 다시 돌아와 스스로에게 영향을 미칠 때. 이를 피드백 고리라고 한다.

61 Robert J. Shiller, 『Fiance and The Good Society』, Princeton University Press, 2012, p.180.

62 어떤 집에 수년에 걸쳐 부속 건물을 이어 만들 때 추운 곳이나 외풍이 드는 곳이 어쩔 수 없이 생기는 것처럼, 뇌의 구조는 진정으로 통합된 하나가 아니며 불완전한 곳이 분명 있는 것이다.

63 Dean Bounomano, 『Brain Bugs: How the Brain's Flaws Shape Our Lives』, New York, W.W.Norton, 2011.

찾아보기

진 홍 기

[약   력]

서울대학교 법과대학 졸업
서울대학교 대학원 졸업(법학석사)
사법연수원 수료(16기)
University College London 졸업(Master of law)
오사카대학교 법과대학(대학원) 초빙교수
Duke Law School 객원교수
(사)한국재정법학회 회장(역임)
(사)은행법학회 부회장
(사)한국경영법률학회 이사
(전)법무법인 충정 Partner 변호사
(현)건국대학교 법학전문대학원 교수
    변호사

[주요 논문]

"Sports Agency Contract and the related Legal Issues(스포츠 에이전트 계약과
    그 법적쟁점)", 『스포츠엔터테인먼트와 법』 제20집 제4호, 2017. 11. 30.
"영국법상 보험계약 체결 후 최대선의와 우리 법에 대한 시사점", 『무역보험연구』
    제17권 제2호, 2016. 9.
"자기거래 대상과 그 유형의 확대에 대한 소고", 『일감법학』 제22호, 2012. 6.
    31.
"프로젝트 파이낸스와 구조화금융－프로젝트 파이낸스(PF)의 본질과 그 구조화－",
    『比較私法』 제19권 2호, 2012. 5. 31.
"意思表示의 瑕疵(1)－法律行爲 內容의 重要部分에 대한 錯誤－", 『民事法學』 제
    58호, 2012. 3. 30.
"債權讓渡에 대한 異議를 保留하지 않은 承諾과 諸抗辯의 承繼·切斷效", 『比較
    私法』 제18권 1호, 2011. 3. 31.
"債權讓渡에 대한 異議를 保留하지 않은 承諾과 擔保權의 復活", 『民事法學』 제
    51호, 2010. 12. 31.
"株式會社의 理事의 報酬에 대한 小考", 『경영법률』 제20집 3호, 2010. 4. 31.
"株主들간 契約의 內容과 效力에 관한 硏究－英·美를 중심으로 우리나라와 比較
    法的 觀點에서－", 『상사법연구』 제26권 4호, 2008. 2.

현대인을 위한 필수금융법

2018년 2월 25일 초판 인쇄
2018년 2월 28일 초판 1쇄 발행

	저 자	진	홍	기
	발행인	배	효	선

발행처 도서
      출판 **法 文 社**

주 소 10881 경기도 파주시 회동길 37-29
등 록 1957년 12월 12일/제2-76호(윤)
전 화 (031)955-6500~6 FAX (031)955-6525
E-mail (영업) bms@bobmunsa.co.kr
      (편집) edit66@bobmunsa.co.kr
홈페이지 http://www.bobmunsa.co.kr
조 판 법 문 사 전 산 실

정가 25,000원   ISBN 978-89-18-09148-8